南粤大地创新篇

世纪之交广东改革发展的探索与实践

（上）

曾庆红

人民出版社

广东人民出版社

增創新優勢更上一層樓率先基本實現社會主義現代化

江澤民

二〇〇〇年二月二十五日于廣州

　　2000 年 2 月 23 日，李长春陪同中共中央总书记、国家主席江泽民视察深圳富金精密工业有限公司。

　　2000 年 2 月 24 日，李长春陪同中共中央总书记、国家主席江泽民视察广州市上下九商业步行街。

1999年6月28日，李长春陪同中共中央政治局常委、国家副主席胡锦涛视察深圳莲花山。

2000年11月6日，李长春陪同中共中央政治局常委、全国人大常委会委员长李鹏在珠海出席第三届中国国际航空航天博览会开幕式。

2002 年 2 月 16 日，李长春陪同全国人大常委会原委员长万里视察广州奥林匹克体育中心。

1999 年 2 月 8 日，李长春在佛山与全国人大常委会原委员长乔石亲切交谈。

　　1999 年 10 月 5 日，李长春陪同中共中央政治局常委、国务院总理朱镕基在深圳视察首届中国国际高新技术成果交易会展馆。

　　2002 年 4 月 16 日，李长春陪同中共中央政治局常委、全国政协主席李瑞环视察广州火车东站广场。

2002 年 3 月 26 日，李长春陪同中共中央政治局常委、中央书记处书记、中央纪委书记、中华全国总工会主席尉健行视察广东省总工会陈列室。

1998 年 11 月 25 日，李长春陪同中共中央政治局常委、国务院副总理李岚清视察华南师范大学附属中学。

1999 年 2 月 7 日，李长春在深圳看望中共中央政治局原委员、全国人大常委会原副委员长习仲勋。

2000 年 11 月 21 日，李长春陪同中共中央政治局委员、中宣部部长丁关根在深圳调研。

1999年3月6日，李长春与中共中央政治局委员、全国人大常委会副委员长田纪云参加九届全国人大二次会议广东代表团的审议。

1998年11月5日，李长春在珠海参加第二届中国国际航空航天博览会开幕式时与全国政协副主席叶选平亲切交谈。

1999 年 12 月 5 日，李长春陪同中共中央政治局委员、全国人大常委会副委员长姜春云出席广东省关于《立法法》（草案）征求意见座谈会。

1999 年 5 月 14 日，李长春陪同中共中央政治局委员、国务院副总理钱其琛在顺德市陈村镇考察花卉生产情况。

1998 年 3 月 2 日，在广东省领导干部会议上，李长春与中共中央政治局委员、广东省委原书记谢非亲切握手。

2002 年 11 月 23 日，在广东省领导干部会议上，李长春与中共中央政治局委员、新任广东省委书记张德江亲切握手。

1999 年 2 月 8 日，李长春在珠海看望全国人大常委会副委员长邹家华。

1999 年 11 月 30 日，李长春与全国政协副主席霍英东（左三）参观南沙科学展览馆。

1999 年 8 月 18 日，李长春在广东珠岛宾馆会见全国政协副主席、澳门工商界知名人士马万祺。

1998 年 3 月 30 日，首次粤港合作联席会议在广州举行。图为李长春与香港特别行政区行政长官董建华亲切握手。

1999 年 8 月 18 日，李长春在广州会见澳门特别行政区行政长官何厚铧。

2000 年 2 月 1 日，李长春看望慰问中共广东省委原第一书记任仲夷。

2000 年 2 月 1 日，李长春看望慰问中共广东省委原书记林若。

1998 年 5 月 22 日至 27 日，中共广东省第八次代表大会在广州召开。图为李长春与广东省原省长刘田夫亲切交谈。

2000 年 12 月 9 日，李长春在深圳会见新加坡内阁资政李光耀。

2001 年 12 月 24 日，李长春在广州会见巴基斯坦总统佩尔韦兹·穆沙拉夫将军。

改革创新中的广东

韶关市

枫树坝水库

梅州市

新丰江水库

清远市

河源市

潮州市

揭阳市

广州市

汕头市

肇庆市

佛山市

惠州市

云浮市

东莞市

汕尾市

江门市

深圳市

中山市

珠海市

阳江市

茂名市

湛江市

北江　西江　东江

广州新白云国际机场。

广州南沙港。

深圳盐田港。

广州火车南站。

大亚湾核电站。

向香港供水的大型调水工程——东深供水工程。

港珠澳大桥。

广州天河中央商务区。

深圳市深南路中段。

中国（广东）自由贸易试验区横琴新区。

广州大学城。

广州体育馆。

广州琶洲会展中心。

2002 年广州广重企业集团有限公司制造的首台国产 Φ6.3m 盾构机。

雷州半岛徐闻县现代农业（菠萝）生产基地，当地人戏称"波罗的海（菠萝的海）"。

韶关石灰岩地区为解决缺水问题修建的蓄水池。

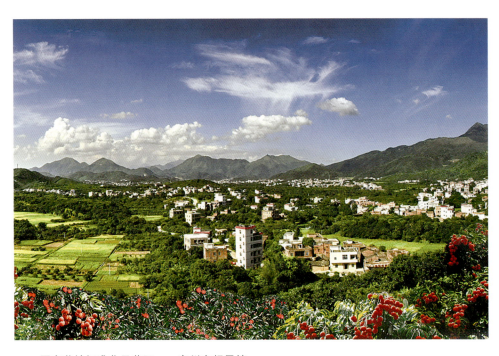

国家荔枝标准化示范区——高州市根子镇。

目　录

（上）

用科学理论武装头脑，
为广东率先发展提供精神动力

增创发展新优势，
率先基本实现社会主义现代化

积极应对亚洲金融危机，
确保经济持续快速健康发展

深化经济结构调整，
提升综合竞争力

坚持以市场为导向推进改革，
完善社会主义市场经济体制

大力发展外向型经济，
增创对外开放新优势

统筹协调、分类指导，
构建区域发展新格局

出版前言

　　1998 年，我国改革开放事业已走过了整整 20 个年头，历史的脚步即将迈进 21 世纪。世纪之交的中国，面临着改革开放的新形势。1997 年 9 月召开的党的十五大确立了邓小平理论在全党的指导地位，制定了社会主义现代化建设跨世纪的经济、政治、文化纲领和发展战略；社会主义市场经济体制逐步建立，改革正在向纵深阶段迈进；我国加入世界贸易组织的谈判紧张进行，对外开放即将掀开新的一页……中国正在以新的面貌走向新世纪。

　　同全国一样，作为改革开放先行地区的广东，也进入了改革发展的新阶段。经过 20 年艰苦奋斗，广东的经济总量、发展速度都处于全国领先位置。进入世纪之交，国际国内形势的深刻变化，给广东的发展提出了新要求。特别是 1997 年的亚洲金融危机，引爆了广东的金融危机，对广东造成巨大冲击，广东的改革开放事业面临诸多新的考验。如何应对亚洲金融危机冲击，在建立和完善社会主义市场经济体制上继续先走一步，形成体制上的新优势；如何在加入世界贸易组织和全国全方位开放的新格局下，特别是在以上海浦东新区开发开放为标志的长三角地区迅猛发展的追赶下，迎接新挑战，继续提高对外开放水平，形成开放新优势；如何通过科技创新加快经济结构调整，形成创新驱动和产业转型升级新优势；如何破解省内发展不平衡的难题，形成区域协调发展新优势；如何进一步完善精神文明建设和社会管理、法制建设，加大两手抓、两加强的力度，形成文明法治环境的新优势；等等。这一系列新任务新课题现实地摆在了广东面前。世纪之交的广东处于一个关键时期，机遇和挑战并存。形势逼人，不进则退。担负先行先试重任的广东需要再次勇立潮头，以"杀出一条血路来"的气势和胆魄，继续领跑改革开放，实现新发展，创造新经验。

在这样一个承前启后的关键历史节点，1998 年 2 月，中央从全国工作大局出发，决定中共中央政治局委员李长春同志任广东省委书记。1998 年初春，李长春同志离开了辛勤耕耘 8 年的河南，踏上了处于改革开放前沿的南粤大地。在广东工作期间，李长春同志和省委一班人一道，团结带领广大干部群众，以中央要求"增创新优势，更上一层楼，率先基本实现社会主义现代化"为总目标统揽工作全局，坚决贯彻中央精神，紧密结合广东实际，与时俱进，开拓创新，实施外向带动、科教兴粤、可持续发展、协调发展四大战略，增创体制、产业、开放、科技、文明法治环境五大优势，努力开创广东改革开放新局面，使广东发展继续走在全国前列，谱写出广东改革发展新的恢宏篇章，为全国改革开放事业创造了鲜活的"广东实践""广东经验"和"广东首创"。《南粤大地创新篇——世纪之交广东改革发展的探索与实践》一书，收录了李长春同志在广东工作期间的一些重要文稿，生动地展现了当时广东改革开放的鲜明特色和历史印记。

第一，坚持用马克思主义中国化最新成果武装头脑，指导实践。这是世纪之交广东改革发展的强有力思想武器。20世纪末，广东的改革开放和现代化建设进入了新阶段，单靠"闯"已不能适应新形势，单靠"摸着石头过河"已不能满足新要求，迫切需要用科学理论武装头脑，指导实践。李长春同志和省委一班人高度重视通过理论学习，解放思想、凝聚共识，解决发展中遇到的新矛盾新问题，为广东改革发展增添新动力。书中《学习理论一定要紧密联系实际》（1998年9月8日）、《六个方面下功夫，深入学习邓小平理论》（1998年10月7日）、《学习贯彻"三个代表"重要思想，增创广东发展新优势》（2000年3月30日）等很多篇章，都全面、深刻地记录了李长春同志对加强理论学习的论述，内容丰富，实践性强。针对一些干部不重视理论学习，思想上存在盲目性的问题，李长春同志鲜明地指出，"越是在发展的关键时刻，就越要重视理论学习和理论指导，这也是广东改革开放实践的一条重要经验。""当前我省改革发展处于关键时期，我们只有以科学理论来武装思想，才能用正确的立场和科学的态度，认识纷繁复杂的客观事物，把握经济社会发展规律，从而提高执政和领导水平。"针对一些同志满足现状、观念固化、不思进取的状况，李长春同志和省委一班人推动形成以"五破五树"为中心内容的解放思想活动，强调要把学习理论同广东实际情况紧密结合起来，同解决经济社会生活中的突出矛盾紧密结合起来，不断研究新情况，解决新问题，总结新经验，开创新局面。2000年2月，江泽民同志在广东考察时，提出了"三个代表"重要思想，成为进入新世纪后党的重要指导思想。李长春同志和省委一班人深入学习贯彻"三个代表"重要思想，深入开展"致富思源、富而思进"教育活动，使之成为推进广东持续发展的强大思想武器。实践证明，广泛地、持续不断地开展理论学习，使广东干部群众的精神面貌焕然一新，为广东增创新优势，更上一层楼，率先基本实现社会主义现代化奠定了坚实的理论基础，提供了强大的思想保证。

第二，增创发展新优势，率先基本实现社会主义现代化。这是世纪之交广东经济社会发展的主旋律。世纪之交，国际国内形势发生深刻变化，改革步入深水区，对外开放进入新阶段。时代呼唤先行者和探路人。党中央将目光再次投向广东，赋予其跨世纪历史任务，就是增创新优势，更上一层楼，在21世纪初叶率先基本实现社会主义现代化，继续为全国创造新经验，作出新贡献。李长春同志和省委一班人深入贯彻落实中央要求，紧紧围绕"增创"和"率先"这条主线，努力走出一条符合国情、具有广东特点的社会主义现代化建设新路子。从本书很多篇章可以清晰看到，广东增创新优势是一个增强信心，不断克服前进中困难的过程。在《正确分析和把握形势，确保经济持续健康发展》（1998年12月23日）一文中，李长春同志说，"综观当前国内外形势，挑战与机遇并存，机遇大于挑战；困难与希望同在，希望多于困难。""要看到，我省有困难，其他地方一样也有困难。谁的精神状态好，办法多，谁就能争得发展的先机。""大发展，小困难；小发展，大困难；不发展，更困难。"广东增创新优势是一个与时俱进，内涵不断丰富的过程。在广东省第八次党代会上，李长春同志提出，广东要围绕推进经济体制和经济增长方式两个根本性转变，突出抓好外向带动、科教兴粤和可持续发展三大发展战略，努力增创体制、产业、开放、科技四个新优势。广东增创新优势是一个经济社会各个领域都得到发展完善的过程。李长春同志说，"经济体制改革要按照重点突破、整体推进、综合配套、完善框架的总体要求，在深化、配套、攻克难点上下功夫，实现所有制结构调整和国有企业改革有新突破，社会保障体系和市场体系继续完善。"（《实施三大战略，增创四大优势》，1998年5月22日）广东增创新优势同时还是一个站在世界前沿、抢抓发展机遇的过程。在21世纪初，李长春同志敏锐地观察到信息技术产业对未来经济社会发展的重要性，在《关于抢抓历史机遇，实施信息技术及产业发展战略的建议提纲》（2000年10月）中，他提出，"信息技术本质上是全球性的技术。处于不同发展阶段的世界各国无一例外地将卷入到信息化潮流中。""这就意味着当今我国和我省正在创造一种工业化与信息化并举的新模式。而信息化的迅速发展和以信息化促进工业化对于我国和我省经济社会发展来说显然是一个实现跨越式发展的极好机遇。"这一系列论述，对当时广东干部群众振奋改革探索精神，勇立潮头，实现跨越式发展起到了重要的思想引领和实践指导作用。

第三，妥善应对亚洲金融危机，推动广东经济可持续发展。这是世纪之交广东经济社会发展的当务之急。20世纪末爆发的亚洲金融危机引爆了广东多年积累的金融问题，对广东经济社会产生重大影响，大有乌云压顶之势。如果处理不当，不仅当时经济社会发展会陷入停顿甚至倒退，而且会对广东长远发展产生不利影响。李长春同志和省委一班人从统一干部群众思想入手，旗帜鲜明地提出应该历史地、全面地、辩证地看待金融风险问题，提出了"不埋怨、不争论、不刮风，有什么问题解决什么问题"的"三不一有"方针，并且一针见血地指出，广东在金融上暴露出问题,关键是经济体制不适应、经济结构不合理、经济效益不理想、经济管理不得力。面对一系列风险和问题,在党中央、国务院的坚强领导和有力支持下,李长春同志和省委一班人沉着应对、果断处置,推出了一系列化解风险的举措,制定了应对金融危机的"二十四字"方针,即"内紧外松、标本兼治、分级负责、未雨绸缪、维护信用、确保稳定",提出了根据不同情况的分类处置办法,落实防范和化解金融风险责任制。在采取积极措施防范和化解金融风险的同时,李长春同志敏锐意识到危机中蕴藏着机遇,要把握机遇,化危为机,制定一系列立足长远的发展战略。他提出,要把经济发展转移到依靠两个根本性转变上来,努力提高国民经济素质和效益;要以深化国有企业改革为重点,大力推进各项体制改革;要以开拓国际国内市场为重点,提高对内对外开放水平。从书中的《着力化解地方金融风险》(1998 年5 月 13 日、2000 年 12 月 9 日)、《加强对经济形势的研判》(1998 年 12 月 4 日)、《辩证分析,知难而进,化危为机》(1999 年 2 月 25 日)等篇目中,可以看到李长春同志和省委一班人为防范和化解金融风险作出的重要决策部署,可以感受到当年广东应对亚洲金融危机,促进经济持续快速健康发展的艰难历程。

第四,以完善社会主义市场经济体制为主线深化经济体制改革,以加入世界贸易组织为契机推动对外开放上新水平。这是世纪之交广东经济社会发展克服重重困难、焕发新的生机活力的关键所在。不断深化改革开放,是广东总结过去发展成就的主要经验,也是克服前进中困难,增创新优势的重要法宝。紧紧围绕深化体制改革、大力发展社会主义市场经济这一主线,李长春同志和省委一班人向改革要速度、要效益、要动力,进行了大量探索实践。关于国有企业改革，李长春同志提出，检验国有企业改革效果的标准是：现代企业制度的框架是否建立起来了；是否有适销对路、有一定市场占有率的主导产品；企业管理水平是否提高了；长期困扰国有企业发展的几个机制是否建立起来了；企业经济效益是否提高了。(《关于国有企业改革的几点思考》，1999年12月1日)关于流通体制改革，李长春同志指出，"世界经济发展的历史表明，小流通促进小生产，大流通促进大生产"。"广东要率先基本实现社会主义现代化，不仅生产、科技要实现现代化，流通更要实现现代化。"(《加快发展现代流通业，提高广东经济的综合竞争力》，2001年12月6日)他强调，"大力发展现代连锁经营等先进的流通模式，从源头上杜绝假冒伪劣商品进入市场，这才是治本之策。"(《改革流通体制，规范市场秩序》，2001年6月17日)关于提高对外开放的水平和层次，李长春同志反复强调，"引进来"的质量要高，"走出去"的步伐要稳。他在东莞调研时提出，要突破"三来一补"加工贸易的制约，变加工基地为制造和服务基地，大力引进高新技术企业，把引进、消化、吸收、创新结合起来，有自己的品牌，自己掌握核心技术。2001年12月，中国加入世界贸易组织，这是我国对外开放的一件大事，将对外向型经济占有主导地位的广东产生重要影响。对此，李长春同志和省委一班人未雨绸缪，多方调研、深入分析，多层次提出应对之策，指出对于加入世界贸易组织带来的冲击，不仅要积极应对，更要主动出击。李长春同志强调，"要把加入世界贸易组织作为进一步增强我们的国际竞争力、进一步增强我们自立于世界民族之林能力的机遇，而不是拱手相让，束手待毙。国际竞争力的核心，归根到底就是看能够拿出多少国际知名品牌到国际市场上去参与竞争。"（《以加入世界贸易组织为契机，掀起广东新的发展潮》，2001年12月21日）在本书的许多篇章中，可以清晰地看出，在推动改革开放的实践中，李长春同志和省委一班人不断进行着闪烁创新火花的大胆探索，使广东全省充满改革发展的创造活力，使广东的改革发展冲破一个又一个难关，取得一步又一步的进展。

第五，依靠科技进步，推进自主创新和转型升级。这是世纪之交广东经济社会发展的强大动力。过去，广东在全国能先行一步主要依靠的是政策优势、区位优势、吸引人才优势等。然而，在20世纪末，一方面广东原有的优势在不断减弱，另一方面科技基础薄弱、产业结构不合理等劣势不断凸显。在这种情况下，如何继续增创发展新优势？如何调整优化经济结构，实现产业转型升级？李长春同志深入工厂、高校、科研机构密集调研，为广东经济可持续发展和调整优化产业结构寻找新动力。他鲜明地提出，这个新动力就是要充分利用对外开放的条件，依靠科技进步，大力推动自主创新。要全面落实邓小平同志"科学技术是第一生产力"的思想，加快实施科教兴粤战略，"第一把手要抓第一生产力"，把广东发展真正转到依靠科技进步和提高劳动者素质的轨道上来。他高度重视科技成果转化问题，一针见血地指出，在传统体制下，广东科技和经济是"两张皮"，科技开发活动基本上游离在产业之外，科技成果转化率很低。广东必须走一条科技和经济紧密结合的新路子，推动产业结构优化升级。他高度重视企业在技术创新中的重要作用，指出走科技与经济结合新路子的重点是要使企业成为技术创新的主体，强调要建立起以企业为主体的技术创新体系，加快科研机构改革步伐，通过资产管理、人员分流、分类指导，动员绝大多数科技力量投入经济建设主战场。科技与经济的紧密结合，为广东的发展开辟出一片崭新的天地。书中《依靠科技进步推动产业结构优化升级》（1998 年 8 月 19 日）、《把加速科技进步放在经济社会发展的关键地位》（1998 年 9 月 11 日）、《坚定不移地实施科技"五个一"工程》（1999 年 10 月 11 日）、《关于抢抓历史机遇，实施信息技术及产业发展战略的建议提纲》（2000 年 10 月）、《关于振兴广东技术装备工业的思考》（2002 年 10 月 15 日）等篇目，对广东依靠科技进步、推动转型升级的思路和实践，都有着详细记录和全面展现。今天，我们看到广东涌现出一批像华为、中兴这样在世界上有影响的高科技企业，就能深切地感受到科技进步对广东经济社会发展的重大意义和决定性作用。

第六，统筹区域协调发展，构建全省发展新格局。这是世纪之交广东增强发展活力的重要一环。当时广东经济总量虽然高居全国首位，但省内区域发展不均衡、不协调的问题很突出。珠江三角洲地区改革开放走在前面，经济发达，但粤东、粤西和粤北山区发展滞后，人均国内生产总值达不到全国平均水平。对于区域发展不平衡，李长春同志和省委一班人不搞"一刀切"，而是坚持统筹协调、分类指导，突出广州、深圳两个中心城市的带动作用，努力形成中心城市、珠江三角洲、粤东粤西两翼和山区的"雁阵"式发展结构。同时，对粤北山区等发展相对滞后的地区给予特殊的关照与厚爱。产业发展中，农业是弱势产业。农业由弱变强靠局部的修补效果不明显，需要克服原先一家一户经营的弊端，走出新路子。这条新路子，就是积极推进农业产业化经营。这种农业产业化模式既是农业生产经营方式的一个转变，也是农村改革的延伸。广东大力推广"公司＋基地＋农户"的农业产业化模式，推动农业生产跃上新台阶。对于特殊贫困地区的发展，广东更给予了不遗余力的扶持。在雷州半岛加快治旱进程中、在韶关山区石灰岩地区坡改梯的进程中，都可以看到广东扶持农村发展决策部署的落地。广东统筹协调发展的理论创新和实践探索，在书中《扎实推进广州城市建设实现"三变"》（1998年7月31日）、《紧密结合本地实际，增创区域发展新优势》（1999年2月7日）、《加快城乡建设步伐，推进城市化进程》（2000年5月31日）、《走农业产业化经营的路子》（2000年8月9日）等众多篇目，都有全面而深刻的体现。现今看来，李长春同志和省委一班人当时对广东各地的发展定位既符合当地实际，又具有战略性、前瞻性，对推动广东区域协调发展，加快工业化、城市化步伐起到了重要作用。

第七，始终关心困难群众，着力改善和保障民生。这是世纪之交广东改革发展的出发点和落脚点。在改革深入推进和经济快速发展的过程中，如何让广大人民群众特别是基层困难群众充分享受到改革发展的成果，是当时广东面临的重要问题。李长春同志和省委一班人高度重视保障和改善民生工作，他指出，"建立和完善覆盖全社会的社会保障体系，重点是社会养老、失业、医疗保险、最低工资和国有企业下岗职工基本生活保障、社会救济等制度。"（《实施三大战略，增创四大优势》，1998年5月22日）一枝一叶总关情。李长春同志十分关注困难群众疾苦，要求切实解决他们"上学难、住房难、看病难、打官司难"的"四难"问题。他十分关心下岗职工的生活保障和再就业问题，提出要把解决下岗职工的生活困难问题提高到全心全意为人民服务的宗旨的高度，急群众之所急，想群众之所想，办群众之所盼。他亲自过问解决下岗职工开办肠粉店遇到的难题。李长春同志十分关心山区困难群众的生产生活问题。他和省委一班人全力实施实现贫困户稳定脱贫的"四个一"工程。在韶关的石灰岩地区蓄水池前、在清远山区的贫困户家中、在湛江雷州半岛亚热带农业示范区的果园里，都留下了他对困难群众的声声问候和长久牵挂。李长春同志十分关心受灾群众的生活困难。当重大自然灾害来临时，他统筹指挥，第一时间将救灾资金和物资落实到位，送到受灾群众手中；他不辞辛劳奔波在救灾一线，给受灾群众带去温暖和信心。李长春同志十分关心困难群众子女上学难的问题。他提出，要落实好免收农村困难群众子女义务教育阶段书杂费的工作，高等学校要做到不能让一个学生因家庭困难而上不了学。广东也是全国较早实现农村社保全覆盖、贫困家庭子女普通教育免学杂费的省份之一。在广东工作期间，李长春同志和省委一班人对保障和改善民生的有关论述和采取的有力举措，不仅最大程度地使广东改革发展的成果惠及了广大人民群众，而且为广东进一步深化改革和加快发展奠定了坚实基础，营造了良好环境。

第八，坚持"两手抓、两手都要硬"，扎实推进社会主义精神文明和法治建设。这是世纪之交广东全面发展的内在要求。广东毗邻港澳，作为全国改革开放的先行区，在大量先进事物进入的同时，也不可避免地出现一些腐朽落后的思想和现象，加强精神文明建设和法治建设更加具有重要性。李长春同志和省委一班人充分认识广东精神文明建设的长期性、艰巨性、复杂性，始终坚持"两手抓、两手都要硬"。李长春同志在全省党员干部会议上强调，要坚持一手抓物质文明的发展，一手抓精神文明的发展，在率先基本实现社会主义现代化的过程中，积极探索在发展市场经济条件下搞好精神文明建设和促进两个文明协调发展的新路子，努力实现社会全面进步。他积极推广中山市创建文明城市的经验，指出创建文明城市把精神文明建设为经济建设这个中心服务的有效形式体现出来了，是两个文明建设的最佳结合点（《提高思想认识，切实加强精神文明建设》，1998 年 9 月 25 日）。他提出并督促解决了广州火车站脏乱差问题。与此同时，李长春同志高度重视法治建设，加强社会治安综合治理，坚决清除黄赌毒等社会丑恶现象。安徽姑娘洪招娣跳楼抗争逼良为娼一事报道后，他立即作出重要批示，要求全力救治，严惩凶手，指派专人慰问、安置洪招娣，并要求全省严厉打击各种刑事犯罪活动。通过一系列举措和实践，李长春同志鲜明地提出，广东要率先建立文明法治环境，具体地说，就是要建立廉洁高效的政务环境、公平公正的法治环境、规范有序的市场和社会信用环境、良好的人文环境、舒适美好的生活环境（《优化投资软环境，推进软环境建设上水平》，2002 年 10 月 29 日）。广东的实践证明，坚持不懈地进行社会主义精神文明和法治建设，不仅使社会面貌发生很大改变，人民群众得到实惠，而且为改革发展创造了良好的社会环境。

第九，加强和改善党的建设，深入开展反腐倡廉。这是世纪之交广东改革发展的根本保证。在广东工作期间，李长春同志和省委一班人立足实际，坚持不懈地加强党的思想建设、组织建设、作风建设、反腐倡廉建设和制度建设。在加强党的思想建设上，要求广大党员干部努力学习邓小平理论和"三个代表"重要思想，全面准确把握其科学体系，用以指导思想和行动。在加强党的组织建设上，要求广东各级党组织从经济发展的实际出发，广泛吸收社会各方面的优秀分子，巩固党的阶级基础和扩大党的群众基础；坚持完善和发展党的民主集中制，充分发挥全体党员干部的积极性和创造性。李长春同志特别重视干部队伍建设，他强调，"没有班子的团结，一事无成，必然使一些想干事的人，欲干不能，欲罢不忍。"（《加强领导班子的团结》，1998年4月17日）在加强党的作风建设上，李长春同志和省委一班人充分认识到加强和改进党的作风建设的极端重要性和紧迫性，大力倡导刻苦学习、勇于实践的风气，克服浅尝辄止、学用脱节的态度；倡导紧跟时代、开拓创新的风气，克服因循守旧、不思进取的思想；倡导艰苦深入、求真务实的风气，克服官僚主义和形式主义。李长春同志非常重视广东的反腐倡廉工作，指出这关系到党的执政地位，关系到党的生死存亡，是必须抓好的一项重要政治任务。广东坚决查处了湛江特大走私案，遏制了歪风邪气。李长春同志反复强调，要加强理想信念教育，提高思想道德水平，筑牢拒腐防变的思想防线，使人"不想腐败"；加强制度建设和监督管理，使人"不能腐败"；依法严肃执法执纪，做到警钟长鸣，使人"不敢腐败"（《越是改革开放和发展市场经济，越要坚持反腐败斗争》，2001年7月）。加强党的领导和建设，是本书的重要内容。在本书很多篇章中，都全面地展现了李长春同志和省委一班人对加强党的建设的思考与实践，具有很强的指导意义。

综观世纪之交广东改革发展的历程，不难看出，这一时期是广东实现发展方式转变的重要时期。在广东省委、省政府的坚强领导下，广东广大干部群众锐意改革、开拓创新，使这一时期成为从冲破旧体制束缚、解放生产力，开始向破字当头、立在其中，建立规范的社会主义市场经济体制转变的重要时期；从以"三来一补"加工贸易为主要形态的对外开放初级阶段，开始向以拥有自主品牌、提高核心竞争力为标志的引进消化吸收再创新和全方位对外开放的新阶段转变的重要时期；从以"广东粮""珠江水""岭南衣"、箱包等为主的工业化初级阶段，开始向以信息产业、重大装备制造业为代表的工业化中高级阶段转变的重要时期；从快速发展、迅速扩张的粗放型经济，开始向全面实施科教兴粤战略，以技术创新为动力、以依靠科技进步和提高劳动者素质为核心的好中求快的质量效益型经济转变的重要时期；从珠三角一花独放，开始向统筹区域协调发展、构建全省发展新格局转变的重要时期；从破除一些地方存在的经济建设和文明法治建设"一手硬一手软"的倾向，开始向扎扎实实地把经济建设与文明法治建设有机结合起来，推动社会全面进步转变的重要时期。

一滴水可以折射太阳的光辉，一个地区的发展变化可以成为一个时代变迁的缩影。当我们再次审视世纪之交南粤大地那段不平凡的改革发展历程，不仅真切感受到改革创新带来的启迪和冲击，更深刻感悟到这背后蕴含的规律和奋斗之中凝结的精神，从而收获引领未来发展的历史智慧。作为全国改革开放的试验田和先行者，广东的成功实践充分证明了解放思想、实事求是、与时俱进的思想路线是改革发展的强有力武器，是我国进一步深化改革的法宝；充分证明了改革开放是决定当代中国命运的关键一招，必须将这一伟大事业毫不动摇地坚持下去，并不断深化；充分证明了中央路线方针政策的正确性，要坚决把中央精神与地方实际结合起来，创造性地开展工作；充分证明了体制创新是我国现代化建设的强大动力，要大胆探索，勇于实践；充分证明了科技在当代经济社会发展中的第一推动力作用，要切实依靠科技进步增创发展新优势；充分证明了保障和改善民生是一切工作的出发点和落脚点，要千方百计使改革发展的成果惠及广大人民群众；充分证明了党的领导是改革开放和社会主义现代化事业的根本保证，要始终不渝地加强和改善党的领导。

从 1998 年 2 月至 2002 年 11 月的四年零九个月，李长春同志以高度的责任感，心系广大人民群众，满腔热情地投入到广东的改革开放和现代化建设中。在这四年零九个月时间里，李长春同志走遍了南粤大地的山山水水，与省委一班人团结带领广东广大干部群众解放思想、勇于实践、开拓创新，克服了一个又一个艰难险阻，取得了一个又一个胜利。2016 年 11 月 9 日，李长春同志在广州主持召开座谈会，听取对本书的意见时强调："这部书收录的虽然是我个人的讲话、报告、文章、书信等文稿，但它实际上是广东省委集体智慧的结晶，是全省干部群众创造的实践经验的积累，是南粤大地世纪之交转危为机、迎难而上，增创新优势，更上一层楼，进一步推进波澜壮阔的改革开放事业的历史记录。"李长春同志深爱着南粤大地这片热土，深爱着这里的一草一木、一人一物。担任中共中央政治局常委后，他仍时刻牵挂广东的发展，曾经多次到广东考察工作，对广东提出新的要求，寄予更高期望。

继往开来，奋力创新。当前，广东人民同全国各族人民一道，正紧密团结在以习近平同志为核心的党中央周围，统筹推进"五位一体"总体布局，协调推进"四个全面"战略布局，牢固树立和贯彻落实创新、协调、绿色、开放、共享的新发展理念，为全面建成小康社会、率先基本实现社会主义现代化而奋斗。我们相信，广东一定能够取得更加辉煌的成绩，广东的明天一定更加美好。

人民出版社　广东人民出版社

接稳跑好广东发展"接力棒"*

（1998 年 3 月 2 日）

一个地区工作的发展，好比运动场上的接力赛。我们广东前几届省委和前几任省委书记，已为今后的工作打下了一个好的基础。我决心接好这一棒，跑好这一棒，把广东作为我新的故乡，全身心地投入到广东的改革开放和社会主义现代化建设事业中，努力实践毛主席的教导："我们共产党人好比种子，人民好比土地。我们到了一个地方，就要同那里的人民结合起来，在人民中间生根、开花。"

我衷心拥护党中央的决定，完全赞成张全景〔1〕部长的重要讲话，决心与省委一班人一道，团结全省广大干部群众，竭尽全力把广东的事情办好。

谢非〔2〕同志长期在广东工作，为广东的两个文明建设做了大量的工作，特别是主持省委工作期间，做了卓有成效的工作。

---

* 这是李长春同志在广东省领导干部大会上的讲话。

他在前几位老书记工作的基础上，作出了重要的贡献，打下了很好的基础。在此，我向谢非同志表示崇高的敬意！

广东是祖国的南大门，毗邻港澳，战略地位非常重要。党的十一届三中全会以来，在邓小平理论的指引下，在党中央的正确领导和亲切关怀下，历届广东省委坚定不移地贯彻执行党的基本路线，率领广大干部群众解放思想、实事求是、开拓进取、励精图治、勇于探索、敢为人先，使广东发生了天翻地覆的变化，取得了令人瞩目的成就，很多经济指标都排在全国之首，不仅为国家作出了重要贡献，而且作为全国改革开放的先行区，也为全国提供了重要的经验。

改革开放以来，我曾有幸三次来广东参观学习，第一次是1984年我任沈阳市市长的时候，第二次是1988年我任辽宁省省长的时候，第三次是1992年邓小平同志视察南方发表重要谈话后，当时我已经奉调河南省工作。每次参观学习，我都被广东日新月异的变化所感染，受到了深刻的启迪，受到了党的基本路线的生动教育。这次中央决定调我到广东工作，我为能身临其境向大家学习，和同志们一道建设这块热土，感到非常高兴和荣幸。到广东工作，我深感责任重、压力大，这是因为：一是党中央、国务院对广东高度重视，寄予厚望，希望广东在实现"九五"计划和2010年远景目标的征途上，继续走在全国的前面，为国家作出更大的贡献；二是因为国内外、海内外十分关注广东的改革和发展；三是以谢非同志为代表的历届省委主要领导同志工作做得好，为广东省委书记这一职务立下了很高的标杆；四是随着形势的发展，在前进的道路上还会遇到许多新情况、新问题，需要我们不断研究新情况，解决新问题，总结新经验，开创新局面。

我虽然在工业大省、农业大省工作多年，但与中央的要求和广东所处重要位置的要求相比，深知自己的水平和能力都是不相适应的。刚才，张全景部长讲了很多鼓励的话，对我确实有所过奖。我的工作离党的要求还有很大的距离，但我决心以这些鼓励作为努力的方向和前进的动力。

一个地区工作的发展，好比运动场上的接力赛。我们广东前几届省委和前几任省委书记，已为今后的工作打下了一个好的基础。我决心接好这一棒，跑好这一棒，把广东作为我新的故乡，全身心地投入到广东的改革开放和社会主义现代化建设事业中，努力实践毛主席的教导："我们共产党人好比种子，人民好比土地。我们到了一个地方，就要同那里的人民结合起来，在人民中间生根、开花。"我将紧紧地依靠以江泽民同志为核心的党中央的坚强领导，紧紧地依靠省委一班人和省人大、省政府、省政协的同志们，紧紧地依靠曾经为广东的新民主主义革命、社会主义革命和社会主义建设事业作出重要贡献的一大批老干部、老同志，紧紧地依靠中国人民解放军驻粤部队全体指战员和武警官兵，紧紧地依靠港澳台同胞、海外侨胞和一切关心广东改革开放、现代化建设事业的海内外朋友们，紧紧地依靠全省各级干部和 7000 万人民，同心同德，把广东的事情办得更好。

今年是全面贯彻落实党的十五大所提出的各项任务的第一年。今年的工作做得如何，至关重要。当前，又正值省人大、省政府、省政协刚刚换届，各委办厅局的负责同志正在进行新老交替，省委主要负责同志又有变动，接着我们将到北京参加全国人大会议。借此机会，我提出两点希望：第一是要按照省委、省政府原来所制定的"九五"计划和 2010 年远景目标，以及省委、省政府根据党的十五大、中央经济工作会议、十五届二中全会精神对今年工作作出的安排,迅速抓好部署和落实,确保全省工作的连续性。特别是新年伊始,各方面的工作要抓得很紧很紧,要正视和克服当前存在的困难,继续发展我们的好形势。第二是省委、省政府领导同志原来的分工都不变,政府各部门的新老交替要有序地进行。希望大家恪尽职守,确保干部队伍的稳定和工作的衔接。

让我们团结起来,高举邓小平理论伟大旗帜,坚决贯彻党的基本理论、基本路线、基本纲领,在以江泽民同志为核心的党中央领导下,把广东的改革开放和社会主义现代化建设事业继续推向前进。

注　释

〔1〕张全景,时任中共中央组织部部长。
〔2〕谢非,时任中共中央政治局委员。

广东改革开放 20 年成就与经验 *

（1998 年 12 月 17 日）

> 我们每一项改革开放重大举措的出台和实施，都是以解放思想、实事求是的思想路线开辟道路的；而每一次大的思想解放、观念更新，都有力地推动了改革开放，带来了经济建设和社会各项事业的大发展。广东人民坚持解放思想、实事求是的思想路线，不是停留在口头上，而是实实在在地体现在改革的探索和实践中，体现在以解放思想、更新观念为先导，从实际出发探索和开辟前进道路上。

20 年前，中国共产党召开了具有划时代伟大意义的十一届三中全会，拉开了中国改革开放的序幕，翻开了我们党和国家历史崭新的一页。今天，我们隆重纪念这次伟大的历史性盛会，纪念以这次盛会为开端的中国改革开放 20 周年，坚定不移地坚持

---

    * 这是李长春同志在广东省纪念党的十一届三中全会 20 周年大会上的讲话。

十一届三中全会以来形成的党的路线、方针、政策，把改革开放和现代化建设全面推向 21 世纪。

一

十一届三中全会作为我们党的历史上一次非常重要的会议，其伟大的历史功绩在于：打破"左"倾路线的长期禁锢，拨乱反正，重新确立了解放思想、实事求是的马克思主义思想路线，实现了党和国家工作中心的转移，作出了以经济建设为中心，实行改革开放的伟大决策，从而开辟了建设有中国特色社会主义的新道路。由此，我们党和国家的命运发生了伟大的转折，中国的历史进入了一个新时期。这是一个结束"以阶级斗争为纲"，把全党工作重点转移到社会主义现代化建设上来的新时期；是一个破除教条主义和"左"的错误思想束缚，解放思想、实事求是、开拓前进的新时期；是一个从计划经济走向社会主义市场经济，从封闭走向对外开放，在改革开放中建设有中国特色社会主义的新时期；是一个党和国家的各项事业蓬勃发展，社会主义两个文明建设蒸蒸日上，人民生活水平明显改善，中国的国际地位日益提高、国际影响日益增大的新时期！

在这一伟大的历史进程中，广东人民在邓小平理论的指引下，在党中央的正确领导下，在全国人民的大力支持下，承担起了在前无古人的改革开放伟大实践中"先行一步"的历史重任。从 1979 年率先创办深圳、珠海、汕头三个经济特区和进一步开放广州、湛江沿海港口城市，到全省 21 个地级以上市全部实行沿海经济开放区政策，形成全方位对外开放、发展外向型经济的格局；从 1980 年在全国率先放开部分农副产品价格，率先进行冲破计划经济旧体制的一系列改革，到调整所有制结构、建立现代企业制度、探索农村股份合作制、建立健全社会保障体系以及投资、外贸、财税、金融等一系列以建立社会主义市场经济体制为目标的日益全面深刻的改革；从经济领域的改革到完善人民代表大会制度和政治协商、民主监督制度，转变政府职能，推进依法治省等政治领域的改革，以及科技、教育、文化体制的改革等。广东在过去的 20 年中，不管遇到多大的阻力、多大的困难，始终坚持并全面实践邓小平理论，坚持党的十一届三中全会以来的路线、方针、政策不动摇，坚持以经济建设为中心、改革开放不动摇，不断深化改革，扩大开放，促进发展，保

1998 年 12 月 17 日，广东省纪念党的十一届三中全会 20 周年大会在广州召开。

持稳定。

回顾 20 年的历程，广东在改革开放中崛起，在改革开放中发展，在改革开放中焕发出无限的生机和活力。在短短 20 年中，广东从原来一个经济比较落后的边陲省份，一跃成为全国经济最发达的省份之一：1978 年至 1997 年，国内生产总值从 185 亿元增加到 7315 亿元，平均每年增长 14.2%，今年预计达到 7937 亿元，并可完成比去年增长 10% 的发展目标；国内生产总值、地方财政收入、实际利用外资、外贸出口、固定资产投资总额、第三产业增加值、社会商品零售总额等多项重要经济指标均居全国首位，经济总量约占全国的十分之一；在短短 20 年中，随着地方财政收入持续稳定增长，广东对国家的贡献也越来越大，仅 1994 年至 1997 年实行分税制以后，每年上缴中央财政由 198 亿元增至 509 亿元，累计达到 1426 亿元。在短短 20 年中，广东人民的生活水平不断提高：1997 年，城镇居民人均可支配收入比 1978 年增长 20 倍；农村居民人均纯收入增长 18 倍；全省城乡居民储蓄存款余额增长 312 倍；珠江三角洲等经济发达地区已迈进了小康，广大山区也有了很大的改善，80 万绝对贫困人口解决了温饱问题。在短短 20 年中，广东在物质文明建设长足发展的同时，精神文明建设也迈开前进的步伐，教育、科学、文化、新闻、出版、卫生、体育等各项事业蓬勃兴旺，城乡环境明显改善，人们的精神面貌焕然一新。在今年我国长江、松花江、嫩江流域发生特大洪灾期间，广东人民心系灾区，慷慨解囊，捐款、捐物总值达 6.2 亿元，这就是当代广东人精神风貌和思想情操的一个缩影。我们完全可以自豪地说，一个初步繁荣、富裕、文明的广东正在祖国南方崛起！

二

20 年的道路是难忘的，20 年的成就是巨大的，20 年的经验更是宝贵的。我们过去 20 年创造的物质成果，为今后的发展打下了坚实的基础；我们过去 20 年积累的精神财富，为继续前进提供了有益的启示和强大的动力。

20 年的经验告诉我们，作为十一届三中全会以来党的基本路线、方针、政策的理论基础的邓小平理论，是指导中国改革开放和现代化建设，解决我国社会主义前途和命运问题的正确理论。江泽民同志指出："在社会主义现代化建设新时期，有了邓小平理论，这是我们党最大的思想政治优势。"回顾 20 年的历程，广东改革开放和现代化建设每前进一步，都是靠邓小平理论的指导；所取得的一切成就，都是坚持和实践邓小平理论的结果。邓小平同志生前对广东的改革发展倾注了极大的关怀，多次亲临广东视察和指导工作。特别是 1992 年邓小平同志南方视察并发表重要讲话，更是如一股强劲的东风，在南粤大地掀起了解放思想、改革开放和经济发展的新高潮。广东的广大干部和群众从实践中深切感受到邓小平理论的巨大威力，对这一理论怀有深厚的感情，自觉在实践中学习和运用这一理论。"以经济建设为中心""发展才是硬道理"、坚持"三个有利于"标准、"两手抓，两手都要硬"，这些邓小平理论的基本思想，成了广大干部群众的基本共识和自觉遵循的行动指南。同时，广东人民以自己的创造性实践，为邓小平理论的形成和发展提供了宝贵的经验材料和实践园地。高举邓小平理论伟大旗帜，建设有中国特色社会主义，无论过去、现在还是将来，都是广东人民坚定不移的政治信念。

20 年的经验告诉我们，党的坚强领导，是改革开放和社会主义现代化建设事业顺利发展的根本保证。20 年来，尽管在前进的道路上常常遇到来自"左"的或右的两方面干扰，尽管世界风云急剧变幻、国际社会主义运动遭受挫折，尽管遇到诸如亚洲金融危机[1]和国内特大自然灾害等严峻的考验，以邓小平同志为核心的党的第二代中央领导集体和以江泽民同志为核心的党的第三代中央领导集体，始终坚定不移地领导中国人民走改革开放、建设有中国特色社会主义的道路，使我国在新中国成立后 30 年建设的基础上，只用了短短 20 年时间就走完了发达资本主义国家曾经用几十年甚至上百年才走完的经济发展道路，以强大的综合国力和崭新的精神风貌屹立于世界民族之林，向全人类展示了中国特色社会主义的坚强生命力和巨大优越性。在党中央的坚强领导下，广东省委和地方各级党组织在改革开放过程中自觉加强党的建设，不断提高领导现代化建设和反腐防变的能力，发挥了坚强的领导核心作用、基层党组织的战斗堡垒作用和 300 万名共产党员的先锋模范作用，为我省的改革开放和社会主义现代化事业提供了重要的组织保证。广东的实践进一步证明，只有在中国共产党的领导下，才能实现中华民族的伟大振兴。

20 年的经验告诉我们，改革开放和发展社会主义市场经济，是一项前无古人的开创性事业，必须始终不渝地坚持解放思想、实事求是的思想路线，一切从实际出发，大胆探索创新，积极开拓进取。回顾广东 20 年的历程，可以清楚地看到：我们每一项改革开放重大举措的出台和实施，都是以解放思想、实事求是的思想路线开辟道路的；而每一次大的思想解放、观念更新，都有力地推动了改革开放，带来了经济建设和社会各项事业的大发展。广东人民坚持解放思想、实事求是的思想路线，不是停留在口头上，而是实实在在地体现在改革的探索和实践中，体现在以解放思想、更新观念为先导，从实际出发探索和开辟前进道路上。历届省委坚决贯彻中央的方针政策，把中央要求与广东实际紧密结合起来，创造性地开展工作；各级党组织尊重人民群众的首创精神，支持改革，鼓励探索，对各地的改革试验，不急于下结论，不争论，不刮风，不搞"一刀切"，保护广大干部群众从实际出发进行改革的积极性；始终坚持经济建设这个中心不动摇，求真务实，敢为人先，只要是符合"三个有利于"标准的事情，就大胆地试，大胆地闯，看准了就赶快做，错了就马上改；等等。这些都是解放思想、实事求是的具体表现。正因为自觉坚持解放思想、实事求是，广大干部群众的积极性、主动性、创造性才能充分调动起来，广东的改革发展才能冲破一个又一个难关，取得一步又一步的进展。

20 年的经验告诉我们，坚持对外开放，大胆学习、吸收和借鉴人类文明发展的一切优秀成果，是促进改革和社会主义现代化建设的重要条件。改革开放以来，广东发挥地处沿海、毗邻港澳、海外侨胞众多的独特优势，以创办经济特区为突破口，循序渐进扩大开放，实施由经济特区向沿海开放城市，由珠江三角洲向东西两翼，再向广大山区腹地梯次推进的对外开放战略，逐步形成了全省多层次、全方位的对外开放格局。通过发挥经济特区的窗口作用，以开放推动各项改革，在改革中扩大对外开放，成为广东改革开放的显著特色，也是广东 20 年来体制改革进展比较快，经济保持持续快速健康发展良好态势的重要原因。在对外开放中，尽管遇到各种各样的实际问题和困难，省委、省政府始终保持清醒的头脑，先后提出了"对外更加开放，对内更加放活，对下更加放权"和"有所引进、有所抵制""排污不排外"等一系列正确的方针，坚定不移地把扩大对外开放、引进先进技术和管理经验、发展外向型经济，作为发挥优势、扬长避短、推动整体经济上新台阶的重要措施。同时，坚决抵制各种腐朽思想文化和生活方式的侵蚀，保证对外开放事业的健康发展。在对外开放中，各级政府还积极发挥侨乡优势，吸引广大港澳台同胞和海外侨胞投资支持家乡经济建设，捐资兴办教育文化医疗等公益事业，为我省的现代化建设作出了重要的贡献。

20年的经验告诉我们，坚定不移地推进以市场为取向的改革，大力发展社会主义市场经济，是实现社会主义现代化的必由之路。广东在改革开放中先走一步，因而也较早遇到了社会主义

1998年12月17日，李长春在广东省纪念党的十一届三中全会20周年大会上讲话。

能不能搞市场经济的问题，并率先进行了大胆的探索。尽管我们的改革先后遇到过很多困难和阻力，但广东人民在省委的领导下，始终坚持以"三个有利于"为标准，排除各种阻力和干扰，义无反顾地把以市场经济为取向的改革探索坚持下去。经过 20 年的努力，我省的经济体制发生了重大变化：以公有制为主体，多种所有制经济共同发展的格局初步形成；以效率优先、兼顾公平，按劳分配与按生产要素分配相结合为主要内容的分配制度日趋成熟；以商品市场为基础、生产要素市场为支柱的市场体系逐步健全；以间接管理为主的地方政府经济管理职能和方式有了明显转变；以社会化服务为主体的多渠道、多层次社会保障体系不断完善。实践证明，以市场为取向的改革，有效地调动了方方面面的积极性和创造性，优化了资源配置，提高了劳动生产率和经济效益，给我省的经济发展和现代化建设注入了强大的生机和活力。

20 年的经验告诉我们，只有坚定不移地以经济建设为中心，抓住机遇发展自己，才能加快现代化建设的步伐，赢得发展的先机。党的十一届三中全会提出把全党全国工作中心转移到经济建设上来，我们党形成了"一个中心，两个基本点"的基本路线。实践证明，这条基本路线顺乎潮流，合乎国情，深得民心。20 年来，广东的改革和建设发展迅速，关键一条就是坚信发展才是硬道理，锲而不舍地抓住经济建设这个中心。面对国内外形势的各种变化，省委始终保持清醒头脑，把发展经济当作最大的政治来抓，正确处理经济建设与其他各项工作的关系，使各项工作都紧紧围绕经济建设这个中心，服从和服务于这个中心。我省各级党组织和广大干部群众，以经济建设为中心，越是形势严峻，越是注意抢抓机遇，发展自己。20年来，我们以改革开放为动力，通过认真抓好农业、能源和交通、教育和科技三大战略重点，通过实施以广州、深圳等珠江三角洲城市为龙头、粤东粤西为两翼、带动广大山区腹地的区域经济发展战略，通过鼓励和允许一部分地区、一部分人先富起来，同时采取先富帮后富、不断加大扶贫力度等措施，不失时机地加快发展，使我省经济落后的面貌得到了根本的改变，社会生产力快速发展，综合经济实力显著增强，为今后的发展打下了良好的物质基础。

20年的经验告诉我们，越是改革开放、越是发展社会主义市场经济，就越要加强社会主义精神文明建设和民主法制建设，这样才是有中国特色的社会主义。广东在改革开放中先走一步，因而较早遇到了在改革开放、发展市场经济的新条件下，如何有效地加强社会主义精神文明建设，抵制外来腐朽思想影响和市场经济的负面作用的问题，也较早进行了这方面的实践探索。面对广东精神文明建设任务艰巨复杂的现实情况，历届省委始终坚持"两手抓，两手都要硬"的方针不动摇，积极探索在新的历史条件下加强宣传思想工作、精神文明建设和民主法制建设的新路子；努力倡导建设有中国特色社会主义的共同理想、价值观念和道德风尚；坚持正确的舆论导向，促进哲学社会科学和文学艺术的全面繁荣；广泛开展群众性精神文明创建活动；认真加强党风建设和廉政建设；坚持和完善人民代表大会制度这个根本政治制度，坚持和完善中国共产党领导的多党合作和政治协商制度，最广泛地调动各个方面的积极性；不断加大依法治省和社会治安综合治理的力度，坚持不懈地打击各种违法犯罪活动，扫除各种社会丑恶现象，为改革开放和现代化建设的健康发展创造良好的环境。

20 年的经验归结到一点，就是高举邓小平理论伟大旗帜，坚持党的基本路线不动摇，坚持改革开放、建设有中国特色的社会主义不动摇。这是党的十一届三中全会留给我们的最宝贵的财富，是 20 年巨变的根本缘由，也是我们迈向新世纪、迎接新挑战、增创新优势、开创新局面的立足点和出发点！

回顾 20 年的历程，我们也深切体会到，社会主义改革是一项探索性、开创性的事业，是一场涉及各个领域、各个方面的伟大社会变革，因此，不可能是一帆风顺的，难免会遇到这样那样的困难和问题，有时甚至要付出一定代价。广东过去 20 年在取得巨大成就和宝贵经验的同时，在前进的道路上也遇到了一些困难和问题。当前存在的问题主要是：经济总体素质和效益仍然不高，实现经济工作两个根本性转变的任务还很艰巨；国有企业改革进展缓慢，下岗职工增加、部分职工生活出现困难；一些地方一度出现开发区、房地产过热和金融秩序混乱的影响尚需逐步化解；经济快速发展和人口、资源环境的矛盾日益突出，可持续发展的任务繁重；封建迷信活动在一些地方仍然猖獗；黄赌毒等社会丑恶现象和走私贩私、逃税骗汇等违法犯罪活动屡禁不止；一些地方社会治安秩序问题还较严重；少数党员干部脱离群众，有的甚至以权谋私，腐化堕落，违法乱纪，等等。这些问题，有的是在改革开放过程中难以避免的付出，有的是传统体制深层次矛盾的暴露，有的是在过去 20 年的经济高速发展中积累下来的，有的是由于我们理论准备不足、经验欠缺、法规和管理跟不上带来的，也有的是我们贯彻邓小平理论和落实中央的路线方针政策还不够，一些干部素质还跟不上迅猛发展的伟大事业的需要等原因造成的。在这样伟大的社会变革中，一点问题不出是不可能的。面对这些问题，我们既要防止分不清主流和支流因而信心不足的偏向，也要防止看不到存在问题的严重性而不重视加以解决的倾向。要实事求是，客观冷静，把握主流，充分认识20年改革开放所取得的伟大成就，认识改革的长期性、艰巨性、复杂性，认识当前碰到的问题是前进中的问题、发展中的问题，只有通过进一步深化改革、扩大开放，加快发展，才能从根本上解决这些问题。绝不能因为暂时存在这样那样的困难和问题，就对邓小平理论在广东的成功实践产生怀疑，对党的基本路线产生怀疑，对20年广东广大干部群众改革发展的伟大成就产生怀疑。同时，对前进道路上遇到的问题，要高度重视，花大力气、下大功夫加以解决。不埋怨、不争论、不刮风，有什么问题就解决什么问题。广东在改革开放中先走一步，在解决前进道路上的困难和问题上也应该先走一步。如果我们能够率先妥善解决这些问题，不仅对我省的改革和现代化建设是一个有力的推动，而且对全国的大局也是一个新的贡献。

三

当前，我们正处在世纪之交，千年之交。回首千年，广东曾以海上丝绸之路的发源地之一而闻名于世；回首百年，广东又以产生了中国本世纪第一位站在时代前列的伟大人物孙中山，并作为中国近代民族革命的策源地之一而载入史册；回首20年，广东更是以在中国伟大的改革开放中先行一步而举世瞩目。我们要承前启后，继往开来，把改革开放和现代化建设的伟大事业全面推向 21 世纪，在总结 20 年的基础上，超越 20 年，开创新局面！

江泽民同志强调："创新是一个民族进步的灵魂，是一个国家兴旺发达的不竭动力。"只有不断地解放思想，才能不断地实践创新；只有不断地超越自我，才能不断地创造辉煌。广东过去的 20 年，是以解放思想推动改革开放的 20 年，是大胆开拓、勇于创新的 20 年。认真总结和发挥我们在 20 年积累的好经验、好做法，是今后进一步发展的重要基础。但同时也要清醒地认识到，我国的改革和发展已经进入了一个新的历史阶段。随着形势的发展，面对全面建立和完善社会主义市场经济体制的深层次改

2000 年 2 月 22 日，李长春陪同江泽民总书记视察深圳华为技术有限公司。前排左一为华为总裁任正非，左二为深圳市市长李子彬，右二为中共中央政治局候补委员、中央书记处书记、中央组织部部长曾庆红。

革，面对新的情况、新的问题，我们原有的一些观念和经验已经不能完全适应了，迫切需要在新的起点、新的水平上，推动新一轮的思想解放和实践创新。因此，我们今天总结 20 年，不能满足于过去的成就，不能停留在过去的思想认识和经验水平上，更不能骄傲自满，故步自封，而是要在充分肯定 20 年伟大成就、继承 20 年宝贵经验的基础上，超越 20 年，开创新局面。我们要增创改革发展的新优势，首先要进一步解放思想、更新观念。只有这样，我们完成跨世纪改革和发展的历史重任才有强大的思想基础和精神动力，才能把 20 年的辉煌带到下一个世纪，在新世纪改革和发展中继续走在前面。

世纪之交的广东，面临着严峻的挑战，也面对着许多有利条件和机遇。我们必须清醒地认识到：国际竞争日趋激烈，贸易保护主义抬头，亚洲金融危机影响加深，世界经济增长放缓，我省的外向型经济面临的压力将会越来越大；随着全国改革开放的整体推进和水平提高，一些兄弟省市在改革发展的一些方面已经走到我省前面，我省原有的一些相对优势有的不复存在，有的正在减弱，而且在 20 年高速发展中积累的一些问题也逐渐显露出来。同时，我们又要充分地看到：世界经济一体化和科技革命突飞猛进的发展趋势，特别是知识经济的崛起，为我省提供了难得的机遇；20 年来我省改革开放所取得的巨大成就和积累的丰富经验，为我们克服前进道路上的困难和进一步发展创造了良好的物质基础、思想基础和体制基础。特别重要的是，党的十五大制定了我国跨世纪经济、政治、文化发展的宏伟纲领和发展战略，作出了深化改革、扩大开放、加快发展、保持稳定的一系列重要部署，为我省跨世纪的发展绘就了蓝图。这些都是我们今天面临的有利条件和机遇。形势逼人，不进则退；机遇催人，稍纵即逝。我们一定要审时度势，牢牢抓住世纪之交的历史机遇，在跨世纪的征途中迈出新的、更大的步伐！

党中央赋予广东的跨世纪历史任务，就是"增创新优势，更上一层楼"，在下世纪初叶率先基本实现社会主义现代化，继续为全国作出新贡献。我们有决心、有信心完成这个光荣而又艰巨的历史任务。增创新优势、迈向新世纪，要求我们继续解放思想，振奋精神，适应跨世纪改革发展的新形势、新任务的要求，努力破除小进则满、小富即安的小农意识，树立干大事业、求大发展、力争上游、不断开拓的创业精神；破除在困难面前无所作为的思想，树立敢为人先、勇于探索、在困难中抢抓机遇的意识；破除贪图享乐的思想，树立艰苦奋斗、励精图治、无私奉献的精神；破除粗放经营发展经济的传统观念，树立依靠科技进步，大力推进两个根本性转变，注重质量效益的新发展观；破除"一手硬一手软"的倾向，树立"两手抓，两手都要硬""交出两份好答卷"，推动社会全面进步的思想。要求我们紧紧抓住全面建立社会主义市场经济体制这个中心任务，围绕推进经济体制和经济增长方式两个根本性转变，突出抓好外向带动、科教兴粤和可持续发展三大发展战略，努力增创体制、产业、开放、科技四个新优势，加快我省改革开放和现代化建设的步伐。要求我们更加坚定不移地贯彻"两手抓，两手都要硬"的方针，认真扎实地把我省的精神文明建设提高到一个新的水平，营造良好的发展环境，促进社会全面进步。要求我们进一步从政治上、思想上、组织上和作风上全面加强党的建设，从严治党，从严治政，增强各级党组织的凝聚力和战斗力，增强广大党员特别是各级领导干部在新形势下领导现代化建设的水平和反腐防变的能力。

20 年前党的十一届三中全会，给我们指引了改革开放、建设有中国特色社会主义的道路。20 年来的实践雄辩地证明，这是一条强国富民之路、民族振兴之路。我们要坚定不移地沿着这条道路走下去！展望即将到来的 21 世纪，我们的事业任重而道远，我们的任务光荣而艰巨，我们对广东的前途充满信心！完全可以预期：再过十多年或者更长一点时间，到广东基本实现社会主义现代化的时候，我们可以更加自豪地说，我们这一代广东人，没有辜负历史的重托。让我们同心同德，奋起开拓，再创我省改革开放和现代化建设新的辉煌！

注 释

〔1〕亚洲金融危机，指 1997 年至 1998 年间发生于亚洲的区域性金融危机。1997 年 7 月，在国际游资攻击及资本恐慌性出逃等因素影响下，东南亚和东亚地区的泰国、印度尼西亚、马来西亚、菲律宾、韩国、新加坡等国以及我国香港、台湾等地区的金融市场先后出现剧烈波动，多数货币快速贬值，居民财富大幅缩水，企业大规模倒闭，实体经济陷入衰退，部分经济体出现政治和社会局势动荡。这次金融危机波及很广，影响了全球资本市场的稳定。

用科学理论武装头脑，
为广东率先发展提供精神动力

学习理论一定要紧密联系实际*

（1998 年 9 月 8 日）

历史经验一再证明，没有理论上的清醒，就不可能有政治上的坚定。改革和建设的任务越是繁重，越是要用科学的理论武装头脑，指导实践。没有科学的世界观、方法论，就难以贯彻执行党的路线方针政策，难以驾驭大局，难以正确处理各种复杂矛盾，就不可能担负领导改革和保证建设健康发展的重任。从这个高度看，领导干部学不学理论，学得好不好，绝不是一件小事。

党的十五大突出强调要高举邓小平理论伟大旗帜，把建设有中国特色社会主义全面推向新世纪，并号召全党进一步兴起学习马列主义、毛泽东思想特别是邓小平理论的新高潮。党的十五大召开之后，党中央又多次强调要加强邓小平理论的学习，中央作出了决定，专门召开了学习邓小平理论的工作会议。可见党中央

———————————

* 这是李长春同志发表在《南方日报》上的文章。

对用邓小平理论武装全党工作的高度重视。

党中央为什么一再强调要深入学习邓小平理论呢？首先，这是贯彻落实党的十五大确定的各项工作任务，把我国改革开放和现代化建设全面推向 21 世纪的需要。党的十一届三中全会以来，在面临十分复杂的国际国内形势的情况下，靠邓小平理论的指导，经过将近 20 年的努力，我国改革开放和现代化建设取得了举世瞩目的成就。在世纪之交，我们面临着机遇和挑战并存的国内国际形势。从国内环境来看，建立社会主义市场经济体制的改革进入攻坚阶段。其特点是，一方面中央采取了一系列的政策措施，解决了前进道路上的一系列重大问题，取得了很大成绩，形势很好；但另一方面，改革发展任务仍很艰巨，出现了许多新的矛盾、新的问题，如国有企业职工下岗问题，国际金融风波对国内的影响问题，等等。从我们所面临的国际形势来看，也是错综复杂的。世界政治格局多极化趋势更加明显，经济全球化的趋势在发展，世界科技进步、知识更新的速度大大加快。这样的国际形势对我们跨世纪发展既提供了重大的发展机遇，同时也要求我们勇敢地迎接挑战，在下个世纪的世界大格局中争取更加主动的地位。党的十五大全面分析了我们所面临的形势，为我们制定了跨世纪的行动纲领。为了全面地完成党的十五大确定的各项任务，必须依靠邓小平理论的指导。所以江泽民同志强调："深入学习邓小平理论，要同学习和贯彻十五大精神结合起来，紧紧围绕十五大的主题，在全面、正确地理解和掌握邓小平理论科学体系和精神实质上下功夫，把全党的思想和行动进一步统一到十五大精神上来，把全国各族人民的智慧和力量进一步凝聚到实现十五大确定的任务上来。"

其次，这也是提高领导干部思想政治素质，使之达到党的十五大所要求的新水平的需要。在错综复杂的国际国内环境下，能不能坚持党的基本路线、基本纲领不动摇，保持改革开放和社会主义现代化建设的好势头，始终使我们的干部队伍保持全心全意为人民服务的本色，对全党同志特别是领导干部是一个严峻的考验。政治路线确定之后，干部就是决定的因素。理论修养是一个领导干部政治成熟的基础，政治的坚定性、工作的创造性都取决于干部的理论素质和运用科学理论解决实际问题的能力水平。

再次，这还是党重视理论武装、理论建设的需要。中国共产党是非常重视理论武装和理论建设的党，以马克思列宁主义作为自己的指导思想。自从马克思列宁主义传到中国之后，中国革命就为之一新。中国共产党建立以来，马克思列宁主义同中国革命实践相结合，产生了两次历史性飞跃，产生了两大理论成果。第一次飞跃的理论成果是毛泽东思想，第二次飞跃的理论成果就是邓小平理论。党的十五大第一次把邓小平理论写进党章，确立为我们党的指导思想。十五大之后，理所当然就要把用邓小平理论武装全党的任务提到十分重要的位置上来。

从我省的实际情况看，兴起学习邓小平理论的新高潮，可以为我们提供巨大的政治动力。现在我省社会主义现代化建设事业进入新的发展阶段，改革也进入攻坚阶段。过去在高速发展中积累下来的一些矛盾和问题开始暴露出来，我们面临的任务非常艰巨。江泽民同志对广东提出了"增创新优势，更上一层楼，率先基本实现社会主义现代化"的要求，并向我们提出三个具体任务：一是依靠科技进步促进产业结构升级；二是进一步扩大对外开放，提高利用外资的水平；三是坚持"两手抓，两手都要硬"

的方针，交好物质文明和精神文明建设两份答卷。完成这些任务靠什么？首先要靠理论的武装。我省广大干部群众对党的十五大在思想认识上真心拥护，对邓小平理论有很深的感情，在实践上也积极认真地贯彻执行。这个主流要充分肯定。但我们也要清醒地看到，同全国一样，我省部分党员甚至少数领导干部的理论素质还不适应新形势和新任务的要求，只凭一股热情干工作。现在暴露出来的问题，有的就与少数同志理论学习、理论素质不够，单凭主观热情干工作有关。还有一些同志，对邓小平理论和党的十五大精神在认识理解上存在这样那样的片面性，或把它们绝对化、简单化。江泽民同志在学习邓小平理论工作会议上的讲话中指出的当前对邓小平理论和十五大精神在全面理解和正确把握上存在的四个方面的偏差，我省也不同程度地存在着。广东地处改革开放的前沿，毗邻港澳，是祖国的南大门，对内对外的经济交往多，联系渠道多，在这样的环境条件下，如果不注意学习，稍不谨慎，就很容易在政治上、在党风廉政建设上出现这样那样的问题。过去几年，我省有几位县委书记出了问题，说明我们确有少数干部不注意学习，不清醒，被淘汰了。历史经验一再证明，没有理论上的清醒，就不可能有政治上的坚定。改革和建设的任务越是繁重，越是要用科学理论武装头脑，指导实践。没有科学的世界观、方法论，就难以贯彻执行党的路线方针政策，难以驾驭大局，难以正确处理各种复杂矛盾，就不可能担负领导改革和保证建设健康发展的重任。从这个高度看，领导干部学不学理论，学得好不好，绝不是一件小事。各级领导干部要充分认识学习邓小平理论的重要性，增强学习邓小平理论的自觉性和紧迫感。

学风问题是一个关系党的兴衰和事业成败的重大政治问题。理论学习新高潮能不能扎扎实实地兴起来，理论武装工作能不能取得明显的成效，关键在于能不能坚持理论联系实际的马克思主义学风。

江泽民同志在学习邓小平理论工作会议上的讲话中严肃批评了当前党内学风不正的种种表现。我们要按江泽民同志讲话的要求，高度重视学风问题。当前，在学风上存在的主要问题，一是经验主义，凭经验办事，拍脑袋决策，对理论学习和理论指导不感兴趣；二是事务主义，认为学习是虚的，工作才是实的，只要把工作做好，学不学无所谓，甚至以干代学，成天忙于具体事务；三是应付主义，奉命而学，表面应付，满足于一知半解，不深入钻研，不掌握理论的科学体系和精神实质；四是教条主义，照本宣科，理论与实际脱节，与工作脱节；五是实用主义，断章取义，为我所用，甚至把自己不正确的理解说成是邓小平理论的原意和重要精神；六是形式主义，摆样子，做表面功夫，不是真正用科学理论武装自己，而只是从外表上包装自己，甚至言行不一，说一套做一套。如此等等。

坚持理论联系实际的好学风，从根本上讲，就是要按中央提出的"一个中心，三个着眼于"的要求去努力，即"以我国改革开放和现代化建设的实际问题、以我们正在做的事情为中心，着眼于马克思主义理论的运用，着眼于对实际问题的理论思考，着眼于新的实践和新的发展"。从我省的具体情况看，当前要围绕增创发展新优势这个主题，做好五个结合，即把学习邓小平理论同深入贯彻党的十五大精神相结合，同科学总结广东改革开放和现代化建设的经验相结合，同认真落实省第八次党代会所确定的跨世纪发展任务相结合，同积极推进我省的改革开放和现代化建设事业相结合，同改造主观世界、树立正确的世界观人生观价值观相结合。这五个结合，归根到底就是两个问题：联系客观实际，改造客观世界；联系主观实际，提高改造主观世界的自觉性。

联系客观实际，改造客观世界，就是全面贯彻落实党的十五大提出的各项任务，把我省的改革开放和社会主义现代化建设全面推向新世纪。要善于运用邓小平理论，在我国经济体制改革处于攻坚阶段，在面临复杂的国际环境下，同我省各地、各部门、各单位的实际情况紧密结合起来，同解决当前经济社会生活中的突出矛盾结合起来，坚持发展不动摇，不断研究新情况，解决新问题，总结新经验，开创新局面。当前要以落实"增创新优势，更上一层楼，率先基本实现社会主义现代化"的总要求为动力，落实好省第八次党代会制定的我省跨世纪的各项任务，突出抓好以下七项重点工作：

一要加快改革步伐，增创体制新优势。在这次调研中，大家普遍认为，在突破旧体制上，广东无疑是走在前面的，而且创造了很多好经验。但是在建立规范的社会主义市场经济的新体制上，我们的力度不够，特别是同上海比起来某些方面显得落后了。因此，今后我们应加大建立社会主义市场经济体制力度，增创体制新优势。包括推进国有企业改革，建立国有资产运营机制，建立完善的、覆盖全社会的社会保障制度，探索公有制经济的多种实现形式，建立和完善规范的有形的要素市场，鼓励发展非公有制经济等。与此同时，大力推进非经济领域包括宣传文化事业在内的各方面改革。

二要实施外向带动战略，增创开放新优势。全省各地都要展开新一轮招商引资热潮，把招商引资与发展高新技术产业结合起来，与推进国有企业改革结合起来，与促进投资软、硬环境的改善结合起来。尤其要进一步发挥广州、深圳两个中心城市在对内对外开放中的作用。要进一步办好广交会[1]，提高其作为我国重要对外开放窗口的服务水平。要把深圳办成科技交易的窗口。要加快外贸体制改革，特别是试办综合商社。要把对外开放与对内开放结合起来，把产品输出和资本输出结合起来，扩大广货的市场覆盖率，进一步增强我省对全国广大腹地的吸引力和辐射力。要积极推进珠江三角洲地区和国际大财团的合作与交流，加快实现珠江三角洲经济区的发展规划。要努力推动粤港澳全面合作进入新发展阶段，增强我省的区位优势和竞争力。

三要大力推进科技进步，促进产业优化升级。省委、省政府《关于依靠科技进步，推进产业结构优化升级的决定》将在最近出台，这个《决定》要涵盖科技人才、产业结构升级、科技体制改革等方面，尤其是要建立起适应社会主义市场经济要求的新的科技进步机制，其核心是要使大企业成为科技进步的主体，走出一条科技和经济紧密结合的新路子。在这个问题上，如果我们能有大的突破，我省的经济发展后劲就会不断得到增强，就能保持综合竞争力的优势。

四要调整优化经济结构、产业结构、产品结构，从广东的实际出发，发展一批支柱产业、一批骨干企业、一批名牌产品。围绕"三个一批"，加大技改力度。特别是珠江三角洲的一些市，要研究如何在"三来一补"[2]的基础上尽快建立我们自己的支柱产业。

1998年5月27日，在中共广东省委八届一次全会上新当选的部分省委常委，从左至右分别为：蔡东士、刘凤仪、欧广源、温玉柱、张高丽、黄华华、李长春、卢瑞华、高祀仁、黄丽满、王岐山、卢钟鹤、于幼军。

五要加大"两手抓"的力度，交好两个文明建设的答卷。要以学习上海和推广中山市创建文明城市的经验为途径，把全省创建文明城市、文明村镇、文明小区、文明街道的活动扎扎实实地开展起来，并通过这个载体，把弘扬社会公德、提高公民素质、搞好小区服务工作和交通秩序、治理脏乱差、落实社会治安综合治理的各项措施等工作都开展起来。要制订好开展文明创建活动的意见和扫除黄赌毒的实施办法这两个文件，落实责任制。

六要大力培养适应社会主义现代化建设需要的人才。我们要高度重视培养跨世纪的能够担当重任的高层次的党政领导干部，同时要十分重视培养企业高层次的管理人才和专业技术骨干。解决人才问题要培养现有人才和大力引进人才并举，关键是要为他们创造一个有利创业的环境。在深圳和广州等有条件的地方，兴办出国留学人员创业园，以吸引出国留学人员回来创业。

七要加强以各级领导班子建设为重点的党的建设，加强党风廉政建设，提高领导班子素质，促进干部交流。要按照政治坚定、开拓创新、团结实干、廉洁为民的要求，把各级班子建设成为领导现代化建设的核心。

改造主观世界，要重点解决好四个问题。

一要认真学习邓小平理论，进一步解放思想，更新观念，推动新一轮思想解放。广东过去20年改革开放和现代化建设取得的巨大成绩，很重要的一条经验就是解放思想，更新观念，敢为天下先。当前，广东改革开放和现代化建设处在一个重要关头，面临新的机遇和新的挑战。要解决前进中出现的各种困难问题，完成党中央和邓小平同志嘱托的在下个世纪初赶上亚洲"四小龙"的任务，不辜负江泽民同志对广东"增创新优势，更上一层楼，率先基本实现社会主义现代化"的殷切期望，更加需要进一步解放思想，转变观念，保持开拓进取、奋发有为的创业精神。要认识到解放思想不可能一劳永逸，人们对客观世界的认识是无止境的。在解放思想、更新观念的同时，要进一步振奋精神，始终保持良好的精神状态。当前，我省解放思想、振奋精神要有针对性地抓好"五破五树"：破除小进则满、小富即安的满足感，树立干大事业、求大发展、力争上游、不断开拓的创业精神；破除在困难面前束手无策、无所作为的懦夫懒汉思想，树立不怕困难、抓住机遇、迎接挑战的大无畏的革命精神；破除贪图安逸、追求享受、不思进取的享受主义，树立艰苦创业、无私奉献的拼搏精神；破除粗放经营，重复建设发展经济的传统观念，树立依靠两个根本性转变提高经济整体素质的新的发展观；破除一手软、一手硬的片面认识，树立"两手抓，两手都要硬"，交好物质文明和精神文明两份答卷，推动社会全面进步。

二要通过兴起学习邓小平理论新高潮，进一步坚定政治信念，忠诚于党的建设有中国特色社会主义伟大事业，坚持党的基本路线不动摇。邓小平理论中对社会主义的本质、社会主义的根本任务、社会主义初级阶段理论都有精辟的论述。邓小平同志在总结我国社会主义的胜利与挫折、其他社会主义国家兴衰成败的历史经验的基础上，科学地阐述了社会主义必胜、共产主义一定能够实现的深刻道理，这使我们在国际社会主义遇到暂时困难的情况下，更加坚定走建设有中国特色社会主义道路的信心。我们要高举邓小平理论伟大旗帜，坚持党的"一个中心、两个基本点"的基本路线不动摇，在思想上、政治上、行动上与以江泽民同志为核心的党中央保持高度一致，坚决把社会主义事业进行到底。

三要通过认真学习邓小平理论，牢记党的宗旨，进一步增强全心全意为人民服务观念，牢固树立群众观点，自觉坚持党的群众路线。特别是要把邓小平同志强调的以群众拥护不拥护、赞成不赞成、答应不答应、满意不满意作为一切工作的出发点和归宿的思想，体现到我们的实际工作中去。各级领导干部都要强化公仆意识，正确看待和用好党和人民授予的权力，自觉运用手中的权力为民造福。

四要通过学习邓小平理论，进一步增强党的纪律观念、法制观念、道德观念，构筑起拒腐防变的强大思想防线。改革开放以来，我们少数党员干部经不起考验，以权谋私、贪污受贿、挥霍浪费、腐化堕落，原因是多方面的。从主观上看，主要是放松了学习，放松了世界观的改造，在改革开放、发展社会主义市场经济的条件下，价值观发生扭曲，头脑中的党纪观念、法制观念和道德观念淡薄。总结过去的经验教训，各级领导干部一定要加强学习，注重自身的党性修养和世界观改造。

总之，我们一定要在党中央领导下，高举邓小平理论的伟大旗帜，全面贯彻党的十五大精神，用"增创新优势，更上一层楼，率先基本实现社会主义现代化"的总要求，统一思想，凝聚力量，团结全省人民为实现跨世纪的宏伟目标而努力奋斗。

注　释

〔1〕广交会，即在广州举办的中国进出口商品交易会，创办于1957年春季，每年春秋两季举办，是中国目前历史最长、层次最高、规模最大、商品种类最全、到会客商最多、成交效果最好的综合性国际贸易盛会。自2007年4月第101届起，广交会由中国出口商品交易会更名为中国进出口商品交易会，由单一出口平台变为进出口双向交易平台。

〔2〕"三来一补"，即来料加工、来样加工、来件装配及补偿贸易。

坚持以邓小平理论为指导，
解放思想开创新局面*

（1998 年 9 月 9 日）

> 解放思想要破除小进则满、小富即安的满足感，树立干大事业、求大发展、力争上游、不断开拓的创业精神；破除在困难面前无所作为的思想，树立敢为人先、勇于探索、抢抓机遇的意识；破除贪图享乐思想，树立艰苦奋斗、励精图治、无私奉献的精神；破除粗放经营发展经济的传统观念，树立依靠科技进步，注重质量效益的新发展观；破除一些地方存在的"一手软一手硬"的倾向，树立"两手抓，两手都要硬"的思想，推动经济体制和经济增长方式两个根本性转变，提高经济整体素质，推动社会全面进步。

　　高举邓小平理论的伟大旗帜，是党的十五大的灵魂，也是贯穿省第八次党代会报告的一根红线。邓小平同志生前对广东的改革发展始终倾注了极大的关怀，多次亲临广东视察，作过许多重

要指示，对广东工作提出很高的要求。《邓小平文选》第三卷中，多次提到广东。回顾广东改革开放 20 年的历史，每前进一步都是靠邓小平理论的指引；所取得的一切成就，都是邓小平理论与广东实际相结合的丰硕成果，都是在党中央的直接领导和亲切关怀下取得的。

当前，我省的改革发展正处在一个关键阶段，面临着充满机遇和挑战的国际国内新形势。我们要全面贯彻党的十五大精神，完成省第八次党代会提出的各项艰巨任务，更要发挥邓小平理论作为我党最大的思想政治优势，坚持以邓小平理论为指导。广大干部尤其是各级领导干部，要认真学习贯彻最近中共中央关于在全党深入学习邓小平理论的通知，以及江泽民同志在学习邓小平理论工作会议上的讲话精神，采取切实的措施，在全省各地迅速兴起学习邓小平理论的新高潮。要通过学习邓小平理论，坚定不移地坚持党的基本路线和基本纲领，提高贯彻党的十五大精神的自觉性；认清当前我们面临的形势和所处的方位，增强抢抓机遇的意识和克服困难、开拓新局面的信心；全面提高各级领导干部的思想政治素质，提高创造性地开展工作和驾驭两个文明建设全局的能力。

坚持邓小平理论的指导，要针对改革开放和现代化建设的实际问题，以我们正在做的事情为中心，着眼于理论的运用，着眼于对实际问题的理论思考，着眼于新的实践和新的发展。这"一个中心，三个着眼于"是江泽民同志非常强调的学风问题。当前，要围绕贯彻江泽民同志"增创新优势，更上一层楼，率先基本实现社会主义现代化"的重要指示，落实省第八次党代会提出的各项任务，在学习内容上突出七个方面的重点，推动各项工作的发展。一是学习理解关于"解放思想，实事求是"的论述和社会主义初级阶段的理论，加深对党的十五大在理论上的重大突破重要意义的认识，从社会主义初级阶段这个最大的国情和我省的实际出发，不断解放思想，更新观念，努力做到认识和实践相统一，主观与客观相一致，始终保持良好的精神状态。二是深刻理解关于社会主义本质和"发展是硬道理"的论述，集中力量发展社会生产力，坚持"三个有利于"的标准，以经济建设为中心做好各项工作，保持国民经济持续、快速、健康发展，确保今年国民经济增长目标的实现。三是深刻理解"改革也是解放生产力"的思想，把改革作为推动经济社会前进的强大动力，加大改革力度，加快建立规范的社会主义市场经济新体制。四是深刻理解对外开放是一项长期基本国策的战略思想，努力提高我省对外对内开放的水平和质量，充分利用国内国外两个市场、两种资源，实施外向带动战略，加快发展自己。五是学习掌握"科学技术是第一生产力"的思想，把发展高新技术产业作为第一经济增长点，依靠科技进步，推动产业结构优化升级，提高我省经济素质和综合竞争力。六是学习理解重视农业的论述，推进我省农业产业化和珠江三角洲农业现代化，促进农业增产、农民增收、农村稳定。七是学习贯彻"两手抓，两手都要硬"的方针，加强精神文明建设，搞好党风廉政建设，加强社会治安综合治理，严厉打击各种严重的刑事犯罪活动，扫除黄赌毒等社会丑恶现象，提高社会文明程度，交出物质文明和精神文明建设两份好的答卷。各级领导要带头学习和运用邓小平理论，学以致用，讲求实效，使邓小平理论真正成为推动我省改革开放和现代化建设、增创发展新优势的有力武器。

从宏观上正确判断把握形势，明确自己所处的方位，是科学决策，统一思想步调，做好工作的前提。当前，国际国内形势正发生着深刻的变化。国际上，多极化趋势更加明显，在全球范围内，各国和地区之间在政治、经济、军事领域的相互关系正经历着重大而深刻的调整。我国经过 20 年的改革发展，综合国力增强，在国际事务中的回旋余地增大，国际地位日益提高。同时，在经济领域，也面临三个突出的挑战。

一是经济全球化的挑战。经济全球化使世界各国经济上的关系越来越密切，逐步形成互相渗透、互相依存、互相促进、互相制约的关系。它要求各个国家和地区的经济发展，都必须面向世界开放，最大限度地破除以行政手段设置的各种经济贸易壁垒，积极参与国际分工。这既有力地推动了全球的投资贸易、产业转移，加强了各国和地区之间的经济合作，也为我省提高开放水平和质量，加快发展提供了有利机遇。同时，由于各个国家和地区为了取得发展的主动权，都在不断调整经济结构，制定新的发展战略，扩展海外市场，这就使各个国家和地区之间的竞争更加激烈，民族经济面临着新的考验。所以，如何尽快提高经济竞争力，已成为十分重要的课题。

二是世界科学技术迅速发展的挑战。人类正向知识经济时代迈进，信息和知识在经济发展中越来越具有举足轻重的作用，科学技术对经济增长的贡献率大大提高，并成为推动经济增长的决定因素和主要动力。发达国家利用先进科学技术的优势，在科技竞争当中咄咄逼人，展开了没有硝烟的战争。这一方面为我们扩大对外开放，提高利用外资水平，进一步引进先进技术，实现跨越式发展提供了机遇。同时也要看到，不论是从全国来讲，还是从我省来讲，工业化任务都未完成，科技基础仍比较薄弱，这使得我们在国际竞争中面临空前的压力。

三是去年开始的亚洲金融危机持续蔓延，对亚洲各国经济冲击严重，对我省经济发展造成一些消极影响。这次金融危机来势很猛，波及面大，持续时间长，而且还在继续发展，给一些国家和地区造成了严重的经济和政治后果，对我国和我省也带来较大影响，增加了实现经济增长目标的难度。这次金融危机警示我们，在开放的条件下，必须高度重视国家经济安全，防范金融风险；必须对外债加强管理，对金融类的企业加强监管；必须大力提高经济素质，转变经济增长方式，防止泡沫经济，走效益型、集约化发展路子；必须实行多元化市场战略和优化出口商品结构，不断增强抗御国际市场风险的能力。对当前这场来自国际的经济风波，我们能不能顶得住，对于我们今后几年能不能保住经济健康发展良好势头，事关重大。这不仅是个经济问题，也是个政治问题。打好这一仗对于继续保持国民经济持续快速健康发展的势头，对于我们国家在下个世纪、在世界多极化大格局的演进中占据更加主动的地位，对于全党全国人民坚持邓小平理论不动摇，坚持党的基本路线不动摇，对于增强我们当前克服前进道路上困难的能力，继续发展我们的好形势，都有着非常重要的意义。

在国内，党的十五大确立了邓小平理论在全党的指导地位，以江泽民同志为核心的党的第三代中央领导集体坚强有力，全国政治社会稳定。在经济方面，经济体制改革进入攻坚阶段，各项改革全面展开，经济结构调整步伐加快，经济发展继续保持了高增长、低通胀的良好势头。虽然上半年全国经济增长 7%，未达到预定目标，但是在当前的国际形势下，这个速度已很不容易，目前世界上没有任何一个国家有这样一个速度。当前我国物质丰富，人民生活日益改善，形势总的来说是好的，这是主流。但也必须看到，我国正处于发展的关键时期，前进道路上出现了很多新情况和新问题。经济体制改革在一些难点重点问题上还未取得突破，很多国有企业效益不好，下岗职工增多，再就业压力加大，市场需求不旺，结构调整的任务还很艰巨。最近，长江、嫩江、松花江流域又遭受了特大洪涝灾害，造成严重经济损失。这些都给我们的工作带来了很大困难，但是我们坚信有党中央的坚强领导，这些前进中的困难是完全可以克服的。党的十五大以来，党中央对国有企业职工下岗和再就业问题；防范和化解金融风险问题；打击走私活动，禁止军队、武警、政法系统经商办企业问题；发行财政债券，加大基础设施投资，扩大内需，启动市场问题；粮食流通体制改革问题等作出了一系列重大决策。只要认真贯彻落实好这些决策，就能保持国民经济持续、快速、健康发展的好势头。特别是在党中央的正确领导下，抗洪抢险斗争取得了决定性胜利，这充分体现了我们党的巨大号召力、战斗力，体现了社会主义制度的无比优越性，体现了全国各族人民的强大凝聚力，也表现了人民解放军不愧是保卫国家和人民的钢铁长城。这场抗洪救灾斗争的胜利，正使坏事变好事，伟大的抗洪精神将成为我们做好各项工作的宝贵的精神财富。灾后重建工作使水利设施建设和生态环境建设的力度加大，同时也为启动内需提供了机会。

总而言之，在国际国内复杂多变的形势下，我们面临着各种严峻的挑战，也面临着许多有利的发展机遇。我们既不能盲目乐观，对面临的新情况、新问题估计不足，也不能消极畏难，束手无策。要看到，我们有困难，别人也存在困难，关键就看思想观念和精神状态，只要思想不滑坡，办法总比困难多。谁观念更新快，精神状态好，谁就能赢得发展的先机和主动权。当前，我省广大干部的思想观念和精神状态主流是好的，但是，通过前一段的调查研究，也发现少数干部的思想观念和精神状态与新的形势还不适应。因此，省委认为有必要在全省普遍开展"五破五树"的教育，掀起新的思想解放的热潮，在广大干部中形成与新形势、新任务相适应的思想观念和良好精神状态。

一要破除小进则满、小富即安的满足感，树立干大事业、求大发展、力争上游、不断开拓的创业精神。要使大家认识到，改革开放和社会主义现代化建设是一项前无古人的光荣而艰巨的事业，我们要走的路还很长。我省经济发展实力虽然相对国内其他

1999 年 7 月 15 日，李长春考察佛山市惠景城安居工程时与居民拉家常。

一些地区强，但总体素质还不高，基础还不扎实。当前遇到的困难还不少，下世纪初基本实现社会主义现代化和追赶亚洲"四小龙"的任务仍十分艰巨。在这种情况下，任何盲目骄满、故步自封的思想都是极其有害的。我们必须树立雄心壮志，瞄准更高的目标，按照党的十五大和省第八次党代会的要求，锐意进取，开拓前进，真正创出发展新优势，为全国作出更大的贡献。

二要破除在困难面前无所作为的思想，树立敢为人先、勇于探索、抢抓机遇的意识。我们党的历史，就是领导广大人民群众克服无数艰难险阻，夺取革命和社会主义建设胜利的历史。毛泽东同志有一句名言："下定决心，不怕牺牲，排除万难，去争取胜利。"这是我们共产党人对待困难应有的态度。回顾20年改革开放的历程，我们广东之所以能够走在全国的前列，靠的就是敢为人先，大胆实践，大胆探索，勇于克服各种困难的开拓精神。今天，我省的发展正处在重大的转折时期，体制改革需要攻坚，经济结构调整需要加快，金融风险需要化解，精神文明建设、社会治安综合治理许多工作亟待加强，各种矛盾错综复杂，困难确实很多。我们必须继续发扬敢为人先、勇于探索的大无畏精神，在困难中敢于拼搏，在压力中抢抓机遇，始终坚持"三个有利于"标准，真抓实干，满怀信心地战胜各种困难，开拓工作的新局面。

三要破除贪图享乐思想，树立艰苦奋斗、励精图治、无私奉献的精神。广大党员干部都应树立远大的革命理想，增强事业责任感，把党的事业和人民的利益放在第一位，时时刻刻做到吃苦在前，享受在后，无私奉献。领导干部必须在勤政廉政、奉公守法遵纪方面起表率作用。丧失革命意志，工作不负责任，不关心群众疾苦，个人利益第一，贪图吃喝玩乐，搞不正之风是我们事业的腐蚀剂，必须严肃地批评教育，迅速改正。要通过讲学习、讲政治、讲正气的党风党纪教育，通过学习先进模范人物的榜样，引导党员和干部树立新风，弘扬正气，艰苦奋斗，励精图治。

四要破除粗放经营发展经济的传统观念，树立依靠科技进步，大力推进"两个根本性转变"，注重质量效益的新发展观。粗放经营是在一定历史阶段不可避免的经济增长方式。随着短缺经济的结束和买方市场的初步形成，原来那种依靠高投入、高消耗带动经济高增长的粗放型发展模式，已经不适应发展新阶段的需要。今后要保持我省国民经济持续、快速、健康发展，推动经济再上一个新台阶，必须摒弃一些地方那种不注重质量效益和信贷质量，不惜浪费资源，甚至牺牲环境换取一时发展，片面追求高速度的观念和做法。在规划和组织经济发展中，要尊重科学，尊重客观规律，以市场为导向，以质量效益为中心，以科技进步为动力，以持续协调发展为目标，切实把发展的思路调整到实行集约经营、追求有效增长上来，真正把经济发展转到依靠科技进步和提高劳动者素质的轨道上来。

五要破除一些地方存在的"一手软一手硬"的倾向，树立"两手抓，两手都要硬"，"交出两份好答卷"，推动社会全面进步的思想。两个文明协调发展是有中国特色社会主义的根本要求。精神文明不仅仅是实现社会主义现代化的手段和保障，其本身就是社会主义现代化建设总体布局中的重要组成部分和重要建设目标。我们建设的是社会主义的现代化和社会主义的市场经济，这就要求我们在建设物质文明的同时，发展反映社会主义基本特征的民主政治、思想文化和道德规范，这是我们与资本主义的本质区别。因此，我们在发展社会主义市场经济，推进社会主义现代化建设的进程中，必须始终坚持"两手抓，两手都要硬"，在吸收和借鉴世界各国优秀文明成果的同时，要旗帜鲜明地抵制各种腐朽没落的思想、观念和意识。必须坚决克服少数地方存在的把两个文明建设割裂对立的错误倾向，切实把精神文明建设摆到更突出的位置，使这一手真正硬起来。

六个方面下功夫，
深入学习邓小平理论 *

（1998 年 10 月 7 日）

从我们党历史来看，每当革命和建设处在重大历史关头，我们党总是十分强调加强理论学习，重视理论指导，这是我们党一条宝贵的经验。越是在发展的关键时刻，就越要重视理论学习和理论指导，这也是广东改革开放实践的一条重要经验。我们只有以科学理论来武装思想，才能用正确的立场和科学的态度认识纷繁复杂的客观事物，把握经济、社会发展规律，从而提高执政和领导水平；才能适应不断变化的形势，丰富自己，提高自己；才能经受住权力、地位和金钱等的考验，增强拒腐防变能力。

邓小平理论是一个科学体系，内容博大精深。学好邓小平理论，全面掌握其科学内涵，对于建设有中国特色社会主义事业和

---

　　* 这是李长春同志在广东省市厅级党委（党组）学习中心组理论学习汇报会上讲话的一部分。

增创广东发展新优势具有十分重要的意义。

第一，在进一步明确学习目的、增强学习的自觉性上下功夫。

学习邓小平理论，首先要明确学习目的，变外部推动为自觉行动。为什么党中央反复强调要认真学习邓小平理论？因为形势发展要求我们这样做。

从我们党历史来看，每当革命和建设处在重大历史关头，我们党总是十分强调加强理论学习，重视理论指导，这是我们党一条宝贵的经验。延安时期的整风学习是这样，新中国成立初期的学习是这样，党的十一届三中全会前后的学习也是这样。没有这一次次全党的广泛、深入的学习，就不会有革命时期全党在毛泽东思想基础上的空前团结，不会有新中国成立初期马克思主义在全党的大普及和大提高，不会有新时期解放思想、实事求是思想路线的恢复和确立。我们党的事业，就不会战胜重重艰难险阻，取得一次又一次的伟大胜利。

越是在发展的关键时刻，就越要重视理论学习和理论指导，这也是广东改革开放实践的一条重要经验。在改革开放初期，广东各级党组织和广大干部群众认真学习邓小平同志关于对外开放的思想，克服种种思想阻力，成功创办了经济特区，迈开了对外开放的步伐，在全国树立了榜样，走在了前面；80年代中期，广东干部群众认真学习邓小平同志的改革理论，树立起发展商品经济、市场经济的观念，在全国率先放开流通领域，进行物价改革，较早打破了传统体制的束缚；80年代末90年代初，在国际国内政治风云变幻，改革开放面临严峻考验的形势下，广东各级党组织坚持用党的基本理论和基本路线统一全省人民的思想，排除干扰，使改革和建设稳步进行。1992年邓小平同志视察南方发表重要谈话和党的十四大召开，标志着我国改革开放事业进入了一个新时期，广东又抓住时机掀起学习邓小平同志重要谈话、学习十四大精神的热潮，以此为思想武器，在改革和发展中加快步伐，大胆突破，全面推进。回顾20年走过的路，我们在改革和发展进程中的每一个关键时刻，都是靠科学理论来指引方向。

当前我省改革发展处于关键时期，我们只有以科学理论来武装思想，才能用正确的立场和科学的态度，认识纷繁复杂的客观事物，把握经济、社会发展规律，从而提高执政和领导水平；才能适应不断变化的形势，丰富自己，提高自己；才能经受住权力、地位和金钱等的考验，增强拒腐防变能力。理论学习对领导

2001年6月29日，广东省庆祝中国共产党成立80周年大会在广州举行。图为李长春为荣获广东省先进基层党组织称号单位的代表颁奖。左二为广东省省长卢瑞华，左三为广东省政协主席郭荣昌，左四为广东省委原书记林若。

干部来讲，是掌握马克思主义认识论和方法论的武器，是改造世界观的重要途径。领导干部政治上的坚定来自于理论上的成熟。当前，我们讲领导干部的政治坚定性，首先看是不是忠诚于建设有中国特色的社会主义事业，是不是坚持党的基本理论、基本路线不动摇。这种信念取决于我们对邓小平理论学习的深度，取决于我们的理论素养。各级领导干部要明确学习目的，充分认识学习邓小平理论的重要性，切实增强学习自觉性，变"要我学"为"我要学"。

第二，在全面正确理解邓小平理论的科学体系和精神实质上下功夫。

要学好邓小平理论，就要下功夫全面掌握它的丰富内涵。对基本的思想观点，更要反复学习，重点掌握。关于什么是社会主义和怎样建设社会主义的问题，是邓小平理论体系的核心。这个体系的所有论述，都是围绕这个核心展开的。掌握了这一思想，对社会主义的本质、根本任务、发展动力、目标模式等一系列重要观点，就能够获得更清晰的认识，从而更自觉、坚定地贯彻党的基本路线和基本纲领。关于社会主义初级阶段的理论，是邓小平理论体系的重要基石。站在这块基石上，我们就能够更好地明确为什么要坚持社会主义，又不能超越初级阶段；理解邓小平同志关于改革开放和现代化建设的一系列思想观点；掌握党的十五大创造性运用邓小平理论解决我国经济、政治、文化建设一系列重大问题取得的新成果，正确认识我国现阶段为什么只能实行十一届三中全会以来我们党所制定的路线方针政策，而不能实行别样的路线方针政策，从而排除来自"左"的和右的干扰。关于以经济建设为中心，实行改革开放和发展社会主义市场经济等经济建设的思想，是邓小平理论体系最主要的内容。党的十五大提出，学习马克思主义要以我国改革开放和现代化建设的实际问题、以我们正在做的事情为中心。我们当前的中心工作，正在做的最重要的事情，就是搞好经济建设，把改革开放和现代化建设事业推向前进。在亚洲金融危机下，能否保持国民经济持续、快速、健康发展的好势头，对于我们增强信心，在迎接挑战中争取更加主动的地位，对于实现下个世纪宏伟目标，都至关重要。关于"两手抓，两手都要硬"的思想，坚持四项基本原则，搞好社会主义精神文明建设，加强党的建设等等，都是邓小平同志所反复强调的，是他的理论体系极其重要的组成部分，也是现代化建设的一个重要方面。全面掌握邓小平理论体系，就要全面学习领会并在实践中正确把握邓小平理论的这些重要的思想观点。

第三，在学习理论与全面正确地理解和掌握党的十五大精神上下功夫。

当前深入学习邓小平理论，必须同学习党的十五大报告结合起来。要深刻理解党的十五大把邓小平理论确立为党的指导思想并写入党章的重大意义；深刻理解中国现在处于并将长期处于社会主义初级阶段的科学论断，准确把握国情；深刻理解党的十五大关于建设有中国特色社会主义经济、政治、文化的一系列重大决策是对邓小平理论的坚持、运用和发展，具有长远的指导意义；深刻理解实现跨世纪发展的宏伟蓝图，关键在于加强和改善党的领导。特别是要以十五大所达到的新的认识水平、新的理论突破来指导和推动新的思想解放、观念更新，指导我们正确认识和解决当前改革发展中的各种深层次的理论问题和实践问题，澄清模糊认识，避免思想上和工作上的盲目性、片面性和绝对化。

当前，要通过认真学习邓小平理论和十五大精神，着重解决好以下几个方面的认识问题：正确认识社会主义初级阶段的基本经济制度问题；正确认识国有企业改革"抓大放小"的问题；正确认识"发展是硬道理"的问题；正确认识"两手抓，两手都要硬"的问题。

第四，在自觉改造主观世界上下功夫。

深入学习邓小平理论，必须在改造客观世界的同时努力改造主观世界。这里我想结合我省的情况，着重提出通过理论学习增强"四个意识"，与大家共勉。一是通过理论学习努力增强政治意识和大局意识。我们所说的政治意识、大局意识，应该包括三个层次的内涵：第一个层次是政治上的坚定性，即坚定建设有中国特色社会主义的信念，坚持党的基本路线不动摇；在政治上、思想上、行动上同以江泽民同志为核心的党中央保持高度一致。第二个层次是思想上的敏锐性，即掌握马克思主义的世界观和方法论，注意从政治上和全局上观察事物、思考问题，在重大原则问题上明辨是非，始终保持清醒的头脑。第三个层次是工作上的全局性，即在工作的指导思想上要注意围绕全国、全省的工作大局，善于把本单位、本地区的工作放到全省、全国的大局中去考虑。二是通过理论学习努力增强科学决策的意识。要通过坚持不懈地学习，掌握科学的世界观和方法论，提高正确贯彻执行党的路线方针政策，把握事物发展规律，驾驭全局，正确处理各种复杂矛盾的能力。三是要通过理论学习努力增强民主与法制意识。通过学习，积极贯彻民主集中制，开展党内正常的批评与自我批评，摆正同志之间以及个人同组织之间的关系，搞好领导班子的团结。四是要通过理论学习增强廉政意识。在学习邓小平理论过程中，要联系干部的思想实际和世界观的改造，切实增强廉政意识。

第五，在运用邓小平理论指导广东增创发展新优势上下功夫。

主要应从以下几个方面努力：通过学习邓小平理论精髓，掀起新一轮的解放思想、实事求是、更新观念、振奋精神的热潮，深入开展"五破五树"的教育，增创我省思想观念上的新优势。学习邓小平同志关于改革的理论，加快经济体制改革的步伐，增创体制的新优势。学习邓小平同志关于对外开放理论，大力实施外向带动战略，增创开放新优势。学习邓小平同志关于科学技术是第一生产力的思想，增创科技新优势。学习邓小平同志关于以经济建设为中心的理论，增创产业新优势。学习邓小平同志关于经济、人口、资源、环境持续发展的思想，增创可持续发展新优势。以邓小平同志精神文明建设理论为指导，交出物质文明建设和精神文明建设两份好答卷。

第六，在加强组织领导，进一步拓展理论学习的深度和广度上下功夫。

各级党委要进一步提高认识，把理论学习作为党要管党、加强党的建设的一项根本任务来抓，切实加强组织领导。用邓小平理论武装全党，县级以上领导干部是重点。要进一步健全中心组学习制度，提高中心组学习的质量和水平。在重点抓好领导干部学习的同时，努力在全社会广泛兴起学习邓小平理论的新高潮。要通过加强理论研究、扩大理论宣传来拓展理论学习的深度和广度。

加强理论学习，建设高素质干部队伍 *

（1998 年 10 月 15 日）

> 一个干部理论上的成熟，是政治成熟的基础。我们党的领导干部是特殊的群体，我们要为贯彻执行党的路线方针政策，为坚定自己的政治信仰而奋斗。加强干部的理论学习，建设高素质的干部队伍，就是要有一批在政治信仰上不动摇，不管在前进的道路上遇到什么困难，都始终坚持高举邓小平理论旗帜不动摇，始终坚持党的基本路线不动摇，紧密团结在党中央周围的干部，来开拓前无古人的开创性的事业。

党中央非常重视全党的理论学习，前不久作出了兴起学习邓小平理论新高潮的决定。江泽民同志在多次重要会议上都反复强调，要加强理论学习，建设一支高素质干部队伍。省委根据中央的要求，也在全面布置兴起理论学习新高潮这一项工作。举办这次新进省委的委员、新进班子的领导干部培训班，也是我们兴起

---

　　* 这是李长春同志发表在《岭南学刊》1998 年第 5 期上的文章。

学习理论新高潮的重要措施之一。重视理论学习，并从理论与实践的结合上来学习理论，有利于提高我们的干部素质，进一步统一全党的思想，卓有成效地做好各项工作。

一、从我们全面贯彻落实党的十五大确定的各项任务，把我国的改革开放和现代化建设全面推向 21 世纪出发，需要很好地学习理论

当前我国的社会主义事业正在蓬勃发展，改革开放和现代化建设进入了一个关键的阶段。改革开放 20 年来，在邓小平理论指引下，在党中央的正确领导下，我们取得了令世人瞩目的伟大成就，奠定了丰厚的物质基础。然而，当前我们的这场伟大的社会变革，也进入了攻坚阶段。前进道路上遇到的新情况、新问题、新矛盾也越来越多。例如国有企业改革，金融体制改革，基层的民主政治建设以及国家的机构改革等，都是非常艰巨的任务。又如我国经济从长期以来的"短缺经济"进入到买方市场，面临着产业结构、经济结构调整的问题。还有东南亚的金融危机，也给我们在前进的道路上增加了新的困难。现在看来，国际上的这一场经济风波，不是短时间的。我们要经受住考验，克服遇到的困难，使我们的事业继续前进。这就要求我们必须在邓小平理论的指引下，全党团结奋斗，开拓创新，不断地研究新情况，解决新问题，总结新经验，开创新局面。

当前，国际政治经济环境日益复杂多变，世界格局多极化的趋势正在形成和发展，我们能不能够抓住机遇，加快发展，为我们在下个世纪争取更加主动的地位，成为世界格局变化中进步力量的代表，为人类作出更大的贡献，至关重要。国际上经济全球化的发展，科学技术革命的突飞猛进，既给我们提供了重要机

遇，也使我们面临着严峻的挑战。经济的全球化，就是随着经济的发展，一个国家、一个地区的经济活动，不可能在封闭的情况下运行，必然会冲破国家或地区的界限，走向国际化。邓小平同志很早就指出，从我们几十年建设的经验来看，不能关起门来搞社会主义建设。那么，要对外开放，就必然要参与国际分工。中国努力加入世界贸易组织，目的也就是要尽早参与国际分工，融入国际经济。经济全球化根本一点，就是要最大限度地减少行政壁垒，使产品在世界的各个角落展开竞争。因此我们将会在国内市场上遇到愈来愈激烈的国际竞争。随着对外开放的扩大，这种情况已经越来越明显。我们要加快民族经济的发展，就必须要有很强的竞争力。经济全球化，也必然使资本出现超国界的流动，这对一个国家经济的宏观调控能力、法制的健全程度、金融的监管能力也是一个检验。同时，这也给我们提出了一个国家经济安全的问题。随着经济全球化的进程，国家的安全已不仅仅是表现在抵抗外敌入侵上，而是更多地表现在经济安全方面。因此，金融的安全、经济的安全就摆到重要的议事日程上来。东南亚的金融危机就是一个殷鉴。这些国家在没有完善的法制，没有高素质的经济结构，没有一个公正、廉洁的环境的情况下，过早地开放了资本市场，结果被国际炒家按照通行的国际准则彻底打垮，几个月的时间就倒退十几年。甚至有的国家由金融危机演变为经济危机，由经济危机进一步导致政治危机，出现国家的动乱。我国在这次波及亚洲的金融危机中没有受到直接冲击，原因就是党中央很早注意了这个问题。从 1993 年开始，就进行了宏观调控，整顿了金融秩序，规定银行不准炒股，不准搞房地产等等。同时我们在金融的开放上也采取了十分慎重的态度，我们的资本市场没有对外开放，或者基本上没有对外开放，我们的货币市场还没有形成，外汇不允许自由兑换，所以构成了天然的屏障。但是，在经济全球化这样一个复杂的国际环境中，我们今后该怎么发展，这确实是一个需要不断地学习，不断地思考，不断地探索的大问题。另外，我们还遇到世界科学技术迅猛发展的挑战。实现现代化，必须是科技现代化。应该承认，目前科学技术的优势还主要掌握在西方发达国家手中。作为西方发达国家，它一方面看准了我们的市场，想和我们合作；另一方面，它又不愿意看到一个发达的社会主义国家——中国的崛起。所以，它会通过各种渠道进行"渗透""西化""分化"，试图把我国的改革引导到他们所希望的方向。而我们为了得到先进的技术，必须对外开放，因此我们就得用革命的两手来对待他们搞我们的两手。经济全球化下的激烈竞争，是知识和人才的竞争，是高科技的竞争，我们必须勇于面对这个现实。为此，我们要花大力气来提高我国的高新技术水平，发展我国的高新技术产业，这是当务之急。因为高新技术对一个国家形成高素质的经济有着至关重要的作用。可见，在这样一个复杂的国际政治经济环境下，要加快我们的改革开放和现代化事业，就要面对很多新的情况、解决很多新的问题。既要有斗争，又要有合作；既要抓住机遇，又要迎接挑战。我们要把党的十五大确定的各项任务贯彻落实下去，把我们的改革开放和现代化建设事业全面推向新世纪，就必须加强理论学习，提高我们驾驭全局的能力。

二、从建立一支高素质的干部队伍的需要出发，必须注重理论学习

当前，要完成党的十五大确定的各项任务，在组织战线上，就必须要培养一支高素质的干部队伍为政治路线服务。政治素质是高素质的干部队伍中最关键的素质。它关系到我们的干部能不能够确立正确的世界观、人生观、价值观，掌握马克思主义的认识论和方法论，能不能够把党的全心全意为人民服务的宗旨付诸实践，能不能够有良好的个人修养和品格等。政治素质的提高，一是靠学习，二是靠实践锻炼。一个干部理论上的成熟，是政治成熟的基础。我们党的领导干部是特殊的群体，我们要为贯彻执行党的路线方针政策，为坚定自己的政治信仰而奋斗。而坚定的政治信仰来自世界观、人生观、价值观。在严酷的革命战争形势下存在这个问题，在改革开放和现代化建设的今天也同样存在这个问题。战争时期要求要有抛头颅洒热血的思想准备，为推翻三座大山，建立新中国奉献力量甚至生命。在改革开放和现代化建设中，我们要建设有中国特色的社会主义，也要求我们要无限忠于党的事业，要求为党的政治路线作奉献。比如在发展社会主义市场经济当中，我们的领导干部可能就要后富，群众就要先富。如果你连这个思想准备都没有，怎能谈得上你的政治信仰是为党的事业奋斗终身、忠于你入党宣誓的誓词呢？

发展社会主义市场经济是邓小平理论的重要组成部分，是邓小平同志总结了国际国内社会主义建设的经验而得出的结论，中国必须要建立这样一个经济模式。但任何事物都有两重性，市场经济对于优化配置资源确实有着明显的优越性，能够加快社会财富的积累，加快发展社会生产力。但另一方面，市场经济本身也有它的负面效应，如容易滋生拜金主义。反映在社会层面上是为不择手段地搞钱而产生了各种各样的经济犯罪，而反映在干部队伍里就是腐败。我们党清醒地看到了这个问题，因而提出了社会主义市场经济就是要把市场经济的普遍原则和社会主义的基本制度结合起来，用社会主义制度固有的政治优势去抵御市场经济的负面影响。这也是一个前无古人的开创性的伟大事业，需要建设一支宏大的干部队伍。为什么我们在改革开放这样一个伟大社会变革当中，少数干部被淘汰掉了呢？首先就是不注意学习，不注意改造世界观，在历史前进的道路上摔跤了。因此，我们加强干部的理论学习，建设高素质的干部队伍，就是要有一批在政治信仰上不动摇，不管在前进的道路上遇到什么困难，都始终坚持高举邓小平理论旗帜不动摇，始终坚持党的基本路线不动摇，紧密地团结在党中央周围的干部，来开拓这样一个前无古人的开创性的事业。

三、从我们党是用马克思主义理论武装起来的党出发，当前必须把用邓小平理论武装全党这样一个任务落到实处

我们党是一个高度重视理论武装的党。在我们党的前进道路上，马克思列宁主义同中国实际相结合有两次历史性飞跃，产生了两大理论成果。第一次飞跃的理论成果是被实践证明了的关于中国革命和建设的正确的理论原则和经验总结，它的主要创立者是毛泽东，我们党把它称为毛泽东思想。第二次飞跃的理论成果是建设有中国特色社会主义理论，它的主要创立者是邓小平，我们党把它称为邓小平理论。党的十五大明确提出把邓小平理论作为全党的指导思想，并且写入了党章。因此，全党学习邓小平理论就成为新时期我们党的理论建设的重要任务。

在党的思想建设、组织建设、作风建设当中，第一位的是思想建设、理论建设。我们要通过科学理论来凝聚全党的认识，因为党员、党的干部的政治信仰来自科学理论，党的路线方针政策的根据在于科学的理论，党的所有的实践，都是在科学的理论指导下进行的，没有革命的理论就没有革命的实践。改革开放 20 年，以邓小平同志为核心的党的第二代中央领导集体，以江泽民同志为核心的党的第三代中央领导集体，把邓小平同志提出来的思想和观点，总结概括出邓小平理论，这是全党的集体智慧的结晶，是当代中国的马克思主义。因此，贯彻党的十五大精神就要把用邓小平理论武装全党的任务落到实处。武装全党，首先是要把各级党的领导干部武装起来，通过这些领导干部来带动、影响全体党员。因此，我们要兴起理论学习的新高潮。

四、从我省增创发展新优势的需要出发，必须加强理论学习

广东改革开放 20 年所取得的成就都是邓小平理论指导的结晶。改革开放 20 年来，广东在把邓小平理论变成现实的实践中，创造了丰富的经验，许多经验对全国都有很深的影响。我在其他省工作时，也曾经先后三次带队到广东学习，每次都是满载而归，推动了我当时所在地区的工作。但是，随着时代的发展，现在回过头来看，特别是与一些发展快的省份比较，我们应该冷静地看到，广东在某些方面的发展确实是滞后了。这次我们组织了一部分厅局和市的主要领导同志到上海学习，大家都感到上海在某些方面走到了我们的前面。其中最主要是两个方面：一个方面就是在冲破旧的体制，建立新的体制，处理破和立的关系上。在冲破旧的体制，放开搞活进入市场经济方面，广东是走在全国的前面，也自然走在上海的前面，上海也曾经多次来我们这里学习。所以在破这一步，我们是走好了。但是在怎样逐步地建立起一个规范的社会主义市场经济体制上，上海有很多方面走到我们前面。上海是破字当头，立在其中，破立结合，协调发展。比如

　　1998 年 7 月 4 日至 10 日，李长春率领广东省学习考察团在上海市参观学习。图为李长春考察上海大众汽车有限公司。前排左一为上海市市长徐匡迪，右三为广东省副省长钟启权。

覆盖全社会各种所有制成分的社会保障体系、社会保险制度，上海搞得比我们好。还有要素市场的发展、劳务市场的规范、产权市场的完善等方面，上海都做得比我们好。可见，在建立一个规范的社会主义市场经济体制方面，上海已经走在我们前面，这是我们一起去考察的同志们共同的感受。另一个方面是在建立社会主义市场经济体制的过程中，上海始终注意用社会主义制度固有的政治优势来抵御市场经济的负面效应。如党的建设，基层组织建设，社会管理，城市管理，思想政治工作等，上海都做得很出色。他们始终注意抓基层、打基础，始终抓好基层党的组织的建设，强化思想政治工作，强化社区的服务网络，使整个社会风气良好，安定团结。我们感到在这两点上，一是冲破旧体制，建立新的体制，二者衔接紧密；二是始终利用社会主义制度固有的政治优势，抵御市场经济的负面影响，我们确实走在上海的后面，差距还是比较明显的。广东发展到今天，下一步就面临着增创新优势，提高整体水平的问题。省第八次党代会提出要实施三大发展战略，增创四大优势。如果我们的干部素质上不去，理论指导上不去，干部的思路不清晰，就很难实现这些战略，增创这些优势，就还会在冲破旧体制后，规范的新体制长时间建立不起来。这就是我们的当务之急。所以，从我们省增创新优势这个实际情况出发，也需要加强理论学习，迅速地提高我们干部队伍的理论素质。

学习贯彻"三个代表"重要思想,
增创广东发展新优势 *

（2000 年 3 月 30 日）

> 江泽民同志在视察广东的讲话中,第一次全面深刻阐述了"三个代表"重要思想。广东要以"三个代表"重要思想总揽工作全局,推进科技创新和体制创新,增创广东发展新优势,率先基本实现社会主义现代化,努力交出社会主义物质文明建设和精神文明建设两份好答卷。

2000 年 2 月 19 日至 25 日,江泽民同志亲临广东视察工作,对我省今后的工作作了重要指示,并亲笔题词"增创新优势,更上一层楼,率先基本实现社会主义现代化"。这充分体现了以江泽民同志为核心的党中央对广东的亲切关怀和厚望,是对我省各级党组织和全省人民的巨大鼓舞和鞭策,必将对我省跨世纪的发展产生重大而深远的影响。

---

* 这是李长春同志在广东省党员领导干部会议上的讲话。

一、深刻学习领会江泽民同志重要讲话的精神实质

第一，深刻认识广东率先基本实现社会主义现代化的重要性和紧迫性。江泽民同志明确要求："广东在东部地区率先基本实现社会主义现代化的进程中担负着光荣的任务，应该努力走在前列。"这是党中央赋予广东的新的历史使命，也是对我们的殷切期望。中央提出东部地区在全国率先基本实现社会主义现代化，是实现邓小平同志"三步走"设想，实现中华民族伟大复兴的重大战略部署。广东毗邻港澳，地理位置特殊，是邓小平同志亲自耕耘的改革开放试验田，在全国改革开放和社会主义现代化建设中地位重要。广东率先基本实现社会主义现代化，关系到全省人民的切身利益，关系到坚定人们建设有中国特色社会主义的信心，关系到坚持邓小平理论和党的基本路线不动摇，关系到全国实现"三步走"战略设想的进程，关系到港澳繁荣稳定和祖国和平统一。因此，我们必须充分认识广东在东部地区率先基本实现社会主义现代化中走在前列的重大意义，进一步增强历史使命感和责任感，不负重托，不辱使命，以实际行动回答"率先基本实现社会主义现代化"这一历史性命题。

第二，深刻认识增创广东发展新优势必须紧紧依靠科技创新和体制创新。江泽民同志指出："到 21 世纪，广东以及经济特区的进一步发展，主要应该依靠科技创新和体制创新。"这为我省在新形势下增创新优势指明了根本途径。科技创新是变革生产力，它对优化生产力要素组合，提高经济素质起着决定性作用。体制创新是变革生产关系，为生产力的发展创造内在动力机制。当前，我省的改革发展进入了新阶段。我们已不可能再依靠优惠

政策和过去那种高投入、高消耗的办法和手段来获得经济的高增长，必须树立依靠科技创新和体制创新实现两个根本性转变，提高经济增长质量的新的发展观。只有加快两个创新，才能形成产业、科技、体制等方面的新优势。

第三，深刻认识"发展是硬道理"的全面内涵，始终坚持"两手抓"的方针。江泽民同志在讲话中指出："小平同志讲'发展是硬道理'，内涵是全面的，他反复地强调要两个文明一起抓。物质文明的发展要搞好，精神文明的发展也要搞好。这才是真正坚持'发展是硬道理'。"我们要深刻领会邓小平同志发展理论的内涵，纠正理解认识上的偏差和实际工作中存在的问题，始终坚持"两手抓，两手都要硬"的方针，一手抓物质文明的发展，一手抓精神文明的发展，在率先基本实现社会主义现代化的过程中，积极探索在发展市场经济条件下搞好精神文明建设和促进两个文明协调发展的新路子，努力实现社会全面进步。

第四，深刻认识开展"致富思源、富而思进"教育的必要性。江泽民同志强调，当前很有必要在广大干部群众特别是在发展较快地区的干部群众中开展"致富思源、富而思进"的教育活动。改革开放以来，广东的经济和社会发展取得了巨大成就，人民生活水平显著提高。广东的巨大变化，最根本的原因，是邓小平理论的指引，党中央的正确领导，社会主义制度集中力量办大事的优越性和全国人民的大力支持，这就是"源"。"思源"就是生动的理想信念教育。必须通过"思源"，使全省广大干部群众更加自觉地坚持邓小平理论和党的基本路线，更加坚定不移地走有中国特色社会主义道路。通过"思进"，清醒认识我们现在的富裕仅是初步的、局部的，与实现社会主义现代化的宏伟目标相比，只是万里长征走完了第一步，没有任何骄傲自满的理由，从而激发我们的进取精神，戒骄戒躁，居安思危，励精图治，努力创造更加美好的未来。

第五，深刻认识实施"走出去"和西部大开发两大战略的重要意义。"走出去"和西部大开发是党中央的重大战略部署，是关系我国现代化建设全局的两个大战略。江泽民同志要求广东抓紧实施"走出去"的战略，明确指出："能不能抓住这个机遇，把'走出去'这篇大文章做好，也是直接关系广东的经济发展能否'增创新优势，更上一层楼'的又一个重要前提。"我们必须充分认识到，"走出去"和"引进来"是对外开放国策中两个相辅相成的侧面。"引进来"是为了"走出去"，"走出去"才能更好地"引进来"。两者都有利于我们充分利用国内外两种资源、两个市场，优化资源配置，使我们获取比较利益，发展壮大自己。实施西部大开发战略，是邓小平同志"两个大局"思想的具体体现，是全党全国的大事。全省上下必须增强全局意识，充分认识西部大开发的重大意义，积极支持和服务西部大开发。同时，要紧紧把握西部大开发的发展良机，在支持、服务和参与西部大开发中，更充分利用其资源和市场来促进自己的发展。

第六，深刻认识新时期必须按照"三个代表"重要思想的要求加强党的建设。江泽民同志在视察广东的讲话中，第一次全面深刻阐述了"三个代表"重要思想，指出："我们党所以赢得人民的拥护，是因为我们党在革命、建设、改革的各个历史时期，总是代表着中国先进生产力的发展要求，代表着中国先进文化的前进方向，代表着中国最广大人民的根本利益，并通过制定正确的路线方针政策，为实现国家和人民的根本利益而不懈奋斗。""三个代表"重要思想，既坚持和继承了马克思主义的建党学说和邓小平同志关于党的建设的思想，又科学分析总结了新时期党建工作的新情况、新问题和新经验，丰富和发展了我们党的建党学说，对于在新的历史条件下全面加强党的建设，提高党的领导水平和执政水平，保证党和国家事业永远兴旺发达，具有重要的理论意义和实践指导意义。我们一定要认真领会"三个代表"重要思想的深刻内涵，以"三个代表"重要思想作为党的建设的总目标、总要求，全面加强党的建设，努力探索新时期党建工作的有效途径和方法，把我省各级党组织真正建设成为体现"三个代表"重要思想的富有战斗力的坚强集体。

二、深入开展"致富思源、富而思进"教育活动，加大"两手抓"的力度

第一，紧密联系干部群众的思想实际，把"两思"教育活动扎扎实实引向深入。要把"致富思源、富而思进"活动引向深入，必须在内容上贴近干部群众的思想实际，善于抓住干部群众感到困惑的一些深层次思想认识问题，有的放矢地做好宣传和思想教育工作。

一是以"两思"教育为切入点，有效地推进理想信念教育。要讲清楚社会主义理想反映了全人类对美好社会的共同向往和追求，讲清楚马克思主义是关于世界本质和人类历史发展的科学理论，尽管这个思想理论的个别论断因历史的局限和时代的推进需要重新审视和发展，但其科学性和正确性没有过时，从而坚定对马克思主义和共产主义的信仰。要讲清楚当代资本主义的某些新

变化并不意味着其社会性质已根本改变、基本矛盾已经解决，社会主义实践可以有多种模式，中国共产党开辟了建设有中国特色社会主义道路并取得巨大成功，说明只要把马克思主义的基本原理同中国实际相结合，就能够发挥社会主义的优越性，从而坚定对社会主义的信念。要讲清楚搞现代化建设必须从本国实际出发，不能照搬别国的模式。历史已经证明，邓小平同志指出的中国特色社会主义道路，是使国家走向富强，人民走向富裕，民族走向振兴，社会走向文明进步的唯一正确的道路。要讲清楚我们取得巨大成就的同时，前进道路上出现的一些矛盾、消极现象和暂时困难，是难以避免的，我们党一定能够带领人民克服前进中的困难和问题，取得社会主义现代化建设的成功，从而增强对党和政府的信任。

二是通过"两思"教育，增强广大干部群众的大局意识、全局意识，自觉与党中央保持高度一致。通过对"致富思源"的"源"的认识，引导干部群众增强全局观念，树立大局意识，自觉地做到局部服从全局、小局服从大局，坚定不移地贯彻党的路线方针政策，坚决贯彻社会主义共同发展、共同富裕的原则；同时引导干部群众正确处理长远利益与眼前利益、国家利益与个人利益的关系，自觉支持和推动改革向纵深发展。

三是通过"两思"教育，进一步振奋精神，开拓进取，为增创广东发展新优势，率先基本实现社会主义现代化注入新的思想动力。"富而思进"就是要引导人们继续"五破五树"，特别是要破除小进则满、小富则安、故步自封、贪图享乐的思想，树立锐意进取、艰苦奋斗、励精图治的创业精神。提倡"富而尚勤"，越是富裕，越要保持勤劳作风和艰苦奋斗的传统，自觉抵制好逸恶劳的恶习，坚决反对以歪门邪道致富的行为；提倡"富而好学"，越是富裕，越要努力学习党的方针政策，学习科学文化知识，倡导文明生活方式，破除封建迷信思想和陈腐落后观念，遏制有些地方富裕之后出现的大建庙宇之风；提倡"富而重教"，越是富裕，越要重视科技和教育事业的发展，重视对青少年一代的培养，大力发展教育、科学、文化事业，全面提高人的素质；提倡"富而崇德"，越是富裕，越要加强社会主义精神文明建设，加强社会公德、职业道德、家庭美德建设和个人品德修养，弘扬社会主义道德风尚，自觉建立起道德防线，抵制各种腐败丑恶现象的侵蚀；提倡"富而求序"，越是经济发展了，人们的物质文化生活丰富多样了，越要加强民主法制建设和强化社会管理。总之，要通过"两思"教育，思出信心，思出干劲。

四是通过各种有效的形式和途径，把"两思"教育活动搞得生动活泼，扎实有效。在开展教育活动中，既要坚持正面教育，又要引导干部群众自己教育自己。开展"三讲"教育的单位，要把"两思"教育纳入集中学习的计划安排中。各级都要通过举办报告会、组织党员过组织生活进行专题学习。在城乡基层要组织干部群众开展大讨论，使干部群众在参与中达到自我教育的目的。要通过各种群众喜闻乐见的方式，如组织报告团巡回报告，举办图片展览、演讲比赛、征文活动，通过正反典型现身说法、参观走访，以及通过广场文化、文艺作品、影视作品等形式和渠道，开展生动活泼的教育。各级新闻传媒要密切配合，加大宣传报道力度，营造浓厚的舆论氛围。同时，要坚持分类指导，在城乡基层选择若干先行点、示范点，以点带面，带动面上教育活动的开展。与此同时，要继续开展行之有效的群众性精神文明创建

1999 年 7 月 26 日，李长春参观关山月作品展。前排左二为著名国画家关山月，左三为广东省委常委、宣传部部长于幼军。

活动。

第二，净化社会环境，全力确保全省社会政治稳定。

一是继续开展打黑除恶的专项斗争，严厉打击各类严重暴力犯罪活动。对境外黑社会的"渗透"及黑恶犯罪团伙，要树立主动进攻意识，坚持露头就打，始终保持高压态势。近期，要重点打击黑恶势力、抢劫、拐卖妇女儿童等刑事犯罪和制贩假币、走私贩私、金融诈骗等严重经济犯罪。特别是要与香港、澳门警方共同探索更加密切、务实的警务协作机制，更有力地打击黑社会跨境犯罪活动，全力维护粤港澳社会政治稳定。继续依法打击和取缔邪教组织。

二是坚决扫除黄赌毒等社会丑恶现象，切实加强文化市场和宣传文化阵地的管理。要继续在全省开展扫除黄赌毒专项斗争，力争侦破一批大案，抓获一批犯罪分子，摧毁一批窝点和毒品地下销售网络。对利用"六合彩"等各种方式赌博严重的地方，要严厉打击为首分子，坚决遏制其蔓延发展。要加强对报刊特别是小报小刊、书籍出版、电视电影、光盘磁带、网络以及其他传媒阵地的管理。要教育广大干部群众抵制购买不健康甚至黄色的刊物。

三是积极推进社会治安综合治理。狠抓社会治安综合治理责任制的落实，各级党政一把手要切实负起责任，确保一方平安。进一步加强流动人口和出租屋管理，继续开展安全文明小区创建活动，开展预防青少年违法犯罪的法制宣传教育。各地要高度重视和妥善处理新形势下的人民内部矛盾，深入排查各种群体性矛盾纠纷，及时解决在基层，解决在萌芽状态。要大力加强安全生产、交通和消防管理，切实把各种安全事故减少到最低限度。

三、依靠科技创新和体制创新，增创广东发展新优势，加大推进率先基本实现社会主义现代化的力度

推进科技创新和体制创新是增创广东发展新优势，率先基本实现社会主义现代化的关键性措施。

第一，加强技术创新，加快产业结构优化升级。各地要落实好党中央、国务院《关于加强技术创新发展高科技实现产业化的决定》和省委、省政府《关于依靠科技进步推动产业结构优化升级的决定》的要求，结合本身发展实际，选准主攻方向，突出发展重点。珠江三角洲地区和有条件的地方要加快发展高新技术产业，各地都要加快用高新技术改造传统产业的步伐，广泛应用先

进适用技术武装农业，第三产业和社会各领域要加快信息化。力争经过几年努力，形成各自的优势和特色，使全省的产业提升到一个新的水平。

第二，加大改革力度，加快建立社会主义市场经济体制。省委、省政府制定的《关于加快建立社会主义市场经济体制增创体制新优势的若干意见》《关于贯彻〈中共中央关于国有企业改革和发展若干重大问题的决定〉的意见》以及一系列配套政策措施，有力推动了全省体制改革。各地要继续抓好这些政策措施的落实，全面展开体制创新和制度创新，努力在建立社会主义市场经济体制上走在前面。

一是加快国有企业改革的步伐。各市党委、政府和有关部门要进一步加大工作力度，全力以赴确保国企改革和脱困目标的实现。要按照建立现代企业制度的要求，重点抓好国有资产管理、监督、运营体系和法人治理结构的建立和完善。要把改革和管理创新结合起来，强化国有企业内部的各项管理。今年6月，省里将在广州召开国企改革经验交流会，进一步推动全省国企改革的深入开展。

二是加快建立和完善社会保障体系，提高社会保障程度。今年要千方百计实现社会保障覆盖全社会的目标。要像抓降低农村电价工作一样，采取法律的、行政的、经济的，尤其是通过加强思想政治工作等多管齐下的办法，把这项工作切切实实抓出成效。省政府及相关部门要对这项工作进行检查跟踪，定时通报情况。

三是要以这次政府机构改革为契机，切实转变政府职能。要按照政企、政事、政社分开的原则，巩固政府审批制度改革的成果，建立办事高效、运转协调、行为规范的行政管理体制，把政府职能切实转变到经济调节、社会管理、公共服务上来。要依法行政，依法管理经济和社会，规范政府行为，强化政府廉洁自律。

四是进一步整顿和规范市场秩序。要完善市场体系，强化规范运作。要继续坚决打击各种经济犯罪行为，加强对重点地区、重点行业、重点企业的管理，净化市场环境。继续采取有力措施化解金融资产风险，消除金融隐患，保证经济的健康发展和安全运行。清理和整治"三乱"，切实减轻企业负担。要加强专利、商标等方面的知识产权保护，反对行业和部门垄断，营造公开、公平、公正的市场竞争环境。

第三，抓紧实施"走出去"战略，提高对外开放水平。要以加入世界贸易组织为契机，积极实施"走出去"的战略。当前，要在继续扩大外贸出口和做好招商引资工作的同时，重点推动有条件的企业利用品牌、设备、技术到境外、海外开展加工贸易，建立生产基地、销售网络，开拓国际市场。"走出去"是企业行为，主体是工业企业。政府的任务是支持、引导和服务，而不是去搞直接投资。

实施"走出去"战略，一是选准目标市场，贸易开路，带动加工。要把独联体、中东欧、非洲、拉美和东南亚周边国家和地区作为我省开展境外加工贸易的重点区域。开展境外加工贸易必须严格审查和选好投资企业、投资方式、合作对象，努力降低投资风险。二是抓紧制定鼓励扶持"走出去"的办法措施。对国家出台的鼓励"走出去"的政策措施，各地要认真贯彻落实；省里的有关措施和管理办法要尽快出台，并不断完善。政府部门要为企业提供信息，简化办事程序，为"走出去"的企业开绿灯。三是各涉外企业要下决心培养一批懂外语、熟悉世界贸易组织规则和国际经贸业务、有较高专业水平的高素质国际经营人才，为"走出去"提供组织保证。四是加强对"走出去"企业的引导和监管，防止一哄而起，无序竞争，防止国有资产流失。

要继续加强粤港澳的经济技术合作，重点加快构筑粤港澳旅游"大三角"，提高合作水平。

第四，加大推动珠江三角洲和经济特区率先基本实现社会主义现代化的力度。要以江泽民同志讲话为动力，全面落实珠江三角洲和经济特区在 2010 年左右率先基本实现社会主义现代化的规划。各有关市按全省经济特区和珠江三角洲改革开放座谈会的要求，已于去年分别制定了规划，并已付诸实施，现在要加强领导，加大力度，以率先基本实现社会主义现代化为总目标、总任务，统揽全局，推动两个文明建设上新台阶，每年要有新进展。

四、积极支持西部大开发，大力扶持我省欠发达地区发展

积极支持西部大开发是我们应尽的责任和义务。全省上下要增强全局意识，用实际行动支持和参与西部大开发。一要完成好中央确定的对口帮扶任务。我省承担对广西、贵州等地的对口帮扶，要一如既往扎扎实实做好，并在中央西部大开发决策思想的指导下，用多种形式进一步加大扶持力度，使对口帮扶更有成效。二要按照市场经济原则，"政府搭台，企业唱戏"。鼓励和组织有条件的企业，结合企业的市场战略，利用资金、技术、品牌、管理，到西部投资设厂，共同开发优势资源，盘活存量资

2000年6月，李长春率广东省学习考察团赴广西壮族自治区学习考察时，在百色特少数民族学生班听学生朗读课文。

产，发展高新技术产业或新兴产业，积极参与西部开发。三要发挥广东对外开放的窗口作用，为西部地区对外招商引资、举办展销活动等提供帮助和服务。四要加强科技合作，在科技开发、成果转让等方面发展合作。五要通过各种形式，包括领导干部挂职考察等帮助西部地区培训各类人才。六要把参与西部开发作为发展自己的机遇。结合我省的经济结构调整、产业梯度转移、拓展发展腹地和扩大内需，积极寻求合作，主动开拓市场，发展壮大自己，获取更好效益，从而为国家多作贡献，增强国家对西部地区的财政转移支付能力。参与西部大开发，要防止"一窝蜂"，盲目跟进；要遵循市场经济规则，讲法制、讲信用、讲文明，树立"胸怀全局，开拓进取，依法办事，文明守信"的良好形象。

要加快我省欠发达地区的发展。必须高度关注我省粤北、粤西和广大山区等欠发达地区，采取切切实实的得力措施，加快发展。一要加强基础设施建设。原规划通往韶关、河源、梅州、清远等山区的四条高速公路，要落实资金，加快建设速度，确保 2003 年建成，改善区位环境。今年，要基本实现所有行政村"四通"，即通路、通邮、通信、通电，特别要通公路。二要继续落实"东学梅州，西学高州"，加快以山水田林综合治理为主要内容的山区综合开发。三要加大对 16 个特困县的扶持力度。四要对连山、连南、乳源 3 个少数民族贫困县进一步予以政策倾斜。五要加大推进雷州半岛治旱工程建设的力度，加快南亚热带农业开发区的开发进程。六要加大对困难地区财政转移支付的力度，确保编制内人员的基本工资。帮助贫困山区实实在在解决一些问题。七要结合珠江三角洲产业升级，通过政策引导，鼓励一些产业向山区和腹地转移。贫困地区各级党组织要率领广大群众发扬自力更生、艰苦奋斗的优良传统，在各方的支持下，努力改变贫困面貌。同时，我们也要深刻认识发达与欠发达地区的辩证关系，既要增强先富带后富的紧迫感，又要认识到实现共同富裕需要一个历史过程，必须进行长期的艰苦奋斗，不能静止地、孤立地看待这个问题，用正确的观点评价各地区的工作。

五、按照"三个代表"重要思想 要求，全面加强党的建设

各级党组织要把"三个代表"重要思想作为党的建设的总要

2000年1月30日，李长春在肇庆慰问贫困户家庭。右一为肇庆市委书记陈均伦。

求、总目标，切实增强做好党建工作的责任感和紧迫感。

第一，扎扎实实搞好"三讲"教育。开展县级"三讲"教育，必须严格按照相关文件的要求和省委的统一部署，查找并解决领导班子和个人在党性党风和工作中存在的突出问题。要把学习理论，提高认识，端正学风贯穿于"三讲"教育始终。要联系"致富思源、富而思进"和想一想参加革命是为什么，在领导岗位上应该做什么，将来身后应该留点什么，进一步解决理想信念和世界观、人生观问题。要拿起批评和自我批评的武器，开展积极、健康的思想斗争。要充分发扬民主，依靠群众开门搞"三讲"。要抓好整改，边整边改，使群众不断看到"三讲"教育的成效，增强对"三讲"教育的信心。

第二，认真研究探索"三个代表"重要思想和新时期党建问题。目前，我们党的建设同新形势新任务不相适应的地方还相当不少，党内在思想上、组织上、作风上存在的不符合甚至违背党的先进性和人民利益的问题也相当不少。随着改革开放的深入和市场经济的发展，党的建设正面临许多新的课题。如何保持党的先进性和发挥党员的先锋模范作用，使党执政的政治和社会基础得以巩固；如何加强对全省305万名党员的管理，提高他们的思想政治素质，真正经受起改革开放和执政的考验，达到"三个代表"重要思想的要求，务请各级党委及组织部门、党校组织力量深入研究。广东处于对外开放的前沿，江泽民同志这次视察第一次提出了"三个代表"重要思想，意义重大。我们有责任把这个问题与广东的改革开放实际结合起来加以研究，不断探索解决问题的办法，努力提高我省党建工作的水平。

总之，全省上下要以崭新的精神风貌投入到"增创新优势，更上一层楼，率先基本实现社会主义现代化"的伟大实践中去，努力交出社会主义物质文明建设和精神文明建设两份好的答卷。

领导干部重要的是
加强学习和善于学习 *

（2000 年 6 月）

　　"讲学习、讲政治、讲正气"，首先是讲学习。我们必须坚定这个认识，始终坚持把讲学习摆在"三讲"的首位。讲学习，必须牢固树立马克思主义的学风，在理论联系实际、改造主观世界方面下功夫；必须联系广东实际，深入学习领会江泽民同志考察广东重要讲话精神，统一思想认识，加快推进率先基本实现社会主义现代化。各级领导干部，只有加强学习，勤于思考，用科学理论武装头脑，努力掌握新的知识，才能找准社会主义制度同市场经济的结合点，才能突破一个一个难点，做好马克思主义普遍原理同当代中国的具体实际结合的大文章。

　　江泽民同志多次强调，讲学习、讲政治、讲正气，首先是讲

---

　　* 这是李长春同志发表在《党政高级干部"三讲"文选》一书中文章的一部分。

学习。学习是个前提，不学习，政治上就不可能成熟，也无法真正树立正气。学习问题，关系到广大干部自身的进步，关系到国家、民族的兴衰和社会主义现代化事业的成败。我们必须坚定这个认识，始终坚持把讲学习摆在"三讲"的首位，切实加强并努力做到善于学习，用发展着的科学理论和先进知识武装头脑，推动我们的事业获得更大的进步。

我们强调讲学习，首先必须从政治上、大局上深刻认识加强和善于学习的重要性和紧迫性。

首先，形势和任务要求我们必须加强和善于学习。邓小平同志告诫我们："实现四个现代化是一场深刻的伟大的革命。在这场伟大的革命中，我们是在不断地解决新的矛盾中前进的。因此，全党同志一定要善于学习，善于重新学习"。这是时代对共产党人提出的迫切任务。党的十五大绘就了跨世纪的蓝图，实现这一宏伟目标，把我国的改革开放和现代化建设事业全面推向21世纪，需要不断地学习。

在世纪之交，我们面临着机遇和挑战并存的国际国内环境。从国内环境看，以建立社会主义市场经济体制为目标的改革进入了攻坚阶段。改革进入攻坚阶段的特点是，一方面，中央以邓小平理论为指导，并采取了一系列的政策，解决了前进道路上的一系列重大问题，使建立社会主义市场经济体制不断取得进展，国内政治、经济形势很好。但另一方面，任务仍很艰巨，出现了许多新的矛盾、新的问题。我国正处于新旧体制转换的伟大变革之中，各种利益关系呈现出错综复杂的状况。这些现实问题和矛盾摆在我们面前，需要正确回答和处理。各级领导干部只有加强学习，勤于思考，用科学理论武装头脑，努力掌握新的知识，才能找准社会主义制度同市场经济的结合点，才能突破一个一个难点，做好马克思主义普遍原理同当代中国的具体实际结合的大文章。

在国际上，我们正面临着世界多极化、经济全球化、知识更新日益加快的形势。和平与发展是当今世界的主题，世界要和平，国家要发展，经济要繁荣，生活要提高，已经成为各国人民的普遍要求。经济因素成了影响世界的第一因素。经济发展与科学技术密不可分，科学技术成为推动社会生产力发展的最活跃的因素。这既为我们提供了不可多得的发展机遇，也使我们面临发达国家在经济、科技竞争中占优势的压力。要使我国在国际竞争中处于有利地位，就必须加快科技和经济发展，缩小同世界发达国家和地区的差距，在多极化的演进中争取更加主动的地位。这就要求领导干部牢牢把握这一难得的历史机遇，努力学习现代科学技术知识，提高决策的科学性，承担起艰巨而繁重的改革和建设任务。

江泽民同志今年在广东考察时，对广东的各项工作提出了具体的要求和指示。他要求我省依靠科技创新和体制创新，加快进行经济结构的战略性调整，加快建立和完善社会主义市场经济体制，实施"走出去"的战略，服务和支持西部大开发，加强与港澳和内地的经济技术合作，大力推进社会主义精神文明建设，特别要在广大干部群众中广泛开展"致富思源、富而思进"的教育活动，全面加强党的建设，等等。归结为一点，就是要求我们增创新优势，更上一层楼，率先基本实现社会主义现代化。江泽民同志的讲话勾画出了广东的发展目标和美好前景。这是以江泽民同志为核心的党中央对我省的殷切期望，也是我省广大干部群众的强烈愿望。实现这一发展目标，增创新的发展优势，使我省两个文明建设都走在全国的前面，当务之急是使我们的干部特别是领导干部充分认识到，加强和善于学习是在适应中提高、在竞争中取胜的根本法宝、根本优势，从而大力增强学习的自觉性和紧迫感。

其次，领导干部思想政治素质的实际状况迫切要求我们加强和善于学习。思想政治素质，是领导干部素质的灵魂。广东干部队伍的素质总的来说是好的，是基本适应改革开放和社会主义现代化建设的总要求的。但这并不意味着我们干部的素质特别是思想政治素质已经完全适应形势的需要。中央关于开展"三讲"教育的意见和胡锦涛同志在"三讲"教育电视电话会议上的讲话，列举了当前一些领导干部在思想政治素质方面存在的突出问题。归纳起来，就是理论修养不深，政治意识不强，思想境界不高，精神状态不好。这些问题在广东的干部队伍中也不同程度地存在，有些方面还比较突出。出现这些问题，原因有多种，但说到底还是忽视学习，放松主观世界的改造和党性锻炼。解决的根本办法，就是从讲学习入手，为提高思想政治素质打下良好的理论和文化知识基础。

发展社会主义市场经济和在对外开放的条件下建设社会主义，是对全党同志的严峻考验。如何把市场经济和社会主义基本制度相结合；如何在以经济建设为中心的前提下，使物质文明建设和精神文明建设相互促进，协调发展，防止和克服"一手硬，一手软"；如何在深化改革，建立市场经济体制的条件下形成有利于社会主义现代化建设的共同理想、价值观念和道德规范，防止和遏制腐朽思想和丑恶现象的滋生蔓延；如何在扩大对外开放中努力吸收外国优秀文明成果，防止和消除不良文化的传播，抵御敌对势力对我"西化""分化"的图谋；如何使我们的各级干部既旗帜鲜明地坚持改革开放，又始终坚持共产党人的理想信念和发扬党的优良传统，防止消极腐败的东西侵蚀党的肌体。这些，都是在建设有中国特色社会主义进程中必须认真对待的历史性课题。

经受历史的考验，解决历史性的课题，首要的是学习理论。只有学习理论，才能增强政治上的坚定性和实际工作中的原则性，才能总揽全局，开拓创新。时代要求我们应该具有较高的政治素质，具有坚定的政治信念，始终保持清醒的头脑，自觉坚持党的基本理论、基本路线、基本纲领，经得起各种风浪的考验。特别是面对日益复杂多变的国际国内形势，我们只有时刻保持政治上的清醒和坚定，不断提高从政治上观察、处理问题的能力，才能站稳脚跟，排除干扰，集中精力发展壮大自己。保持政治敏锐性，关键就是要居安思危，见微知著，在重大原则问题上始终头脑清醒、立场鲜明。不学习，思想空虚，没有开阔的胸怀和眼界，没有政治意识和大局意识，事事从小处着眼，就干不成大事业；就会陷于以局部利益损害全局利益、以眼前利益损害长远利益、以单一工作取代全面工作的片面性之中；就很容易丧失原则性，在大是大非面前头脑不清醒，甚至跟着错误的东西跑。湛江特大走私案[1]的出现，根本原因就是市委的原主要负责人不学习、政治观念淡薄，教训十分深刻。我们必须下大功夫、下苦功夫学习马克思主义基本理论特别是邓小平理论，提高我们个人的思想政治素质和水平，提高我们整个班子的思想政治素质和水平。

再次，保持党的先锋队性质，保持共产党人的政治优势必须加强和善于学习。对于一个马克思主义政党而言，学习首先是一个政治问题，是保持党的无产阶级先锋队性质，提高党的执政水平的问题。比起其他政党，我们党的先进性、战斗性最根本的表现就是有科学先进的理论作指导。执政党的领导，首先是理论上的领导。没有科学先进的理论指引，就不能感召人民、凝聚人民，党的工人阶级先锋队的性质就不复存在。不讲学习，不讲理论，党和党的干部，也难以承担起领导革命和建设的重任。正因为如此，我们党一贯重视和坚持党的理论建设，把思想理论建设放在首位，一贯重视和坚持全党讲学习。

讲学习是我们党的优良传统和政治优势。回顾建党 70 多年来，党的三代中央领导核心都非常强调学习的重要性。特别是每当革命和建设处于重要历史关头，更是号召全党通过学习来获得正确的理论指导，迎接挑战，接受考验，推动事业大变化、大发展。延安时期，我们党进行整风，实质上就是对全党进行普遍的马克思主义学习教育运动，用毛泽东思想统一全党的思想，为夺取革命胜利奠定了坚实的思想基础。邓小平同志在党的十一届三中全会前后号召全党重新学习马克思主义、毛泽东思想，从思想上推动我们党实现伟大的历史转折。党的十四大以后，为适应从计划经济体制向社会主义市场经济体制转变的需要，以江泽民同志为核心的党中央又提出在全党树立讲学习的风气，号召各级领导干部特别是高级干部要"学习、学习、再学习"。党的三代中央领导核心不但反复强调学习的重要性，而且以身作则，带头做讲学习的模范。无论是战争年代还是和平建设时期，毛泽东同志读书从不间断。他不但反复研读马列著作，而且研读大量的中国文化历史典籍，对许多古典名著都能通读数遍并作出点评。邓小平同志和江泽民同志也都是博览群书、知识渊博、具有深厚的马克思主义理论修养的政治家。正因为我们全党和党的领导人善于结合不断发展的实际进行学习，从学习中汲取新的营养，获得新提高，开拓新境界，我们这个有近八十年光荣历史的大党，才始终能够站在时代前列，始终保持着工人阶级先锋队的性质，带领全国人民夺取革命、建设和改革的一个又一个的伟大胜利。

当前，我们又处于一个新的历史关头。时代对我们的思想理论水平和政治素质提出了更高的要求。我们驾驭复杂局势的能力还有待提高，我们原有的知识已远远不够。领导现代化建设，不讲学习，不首先提高自身的理论素质，以其昏昏使人昭昭是绝对不行的。只有大兴学习之风，使广大干部特别是领导干部，在学习中得到更有力的理论武装，获取更多更新的知识，才能够担负起领导改革开放和社会主义现代化建设事业的重任，才能在群众中有威信、有号召力，才谈得上带领群众前进。

我们强调讲学习，必须牢固树立马克思主义的学风，在理论联系实际、改造主观世界方面下功夫。

我们强调讲学习，就是要高举邓小平理论伟大旗帜，认真学习毛泽东、邓小平、江泽民同志在各个时期的有关重要著作、讲话，在把握科学体系和精神实质上下功夫。在全面系统学习的基础上，要结合当前"三讲"教育的要求和干部队伍思想实际，突出以下重点：关于坚定政治理想、政治信念的思想；关于党的宗旨的思想；关于群众观点、群众路线的思想；关于思想战线、思想方法和工作作风；关于坚持党的民主集中制原则的思想。

必须牢固树立马克思主义的学风，这是对待马克思主义的态度问题，是关系党的兴衰和事业成败的重大政治问题。能不能坚持理论联系实际的马克思主义学风，是理论上和政治上是否成熟的一个重要标志。在"三讲"教育中，我们一定要牢固树立马克思主义的学风，在理论联系实际、改造主观世界方面狠下功夫。通过"三讲"教育，解决各级领导班子和领导干部在党性党风方面存在的突出问题，重点是解决领导干部改造主观世界的问题。从"三讲"的实践来看，主要是要通过学习，着力从四个方面取得实际效果。

要通过学习，进一步坚定政治信念，增强政治意识和大局意识。江泽民同志在高州市领导干部"三讲"教育会议上强调，改

1999 年 4 月 14 日，李长春在广东省级领导班子"三讲"教育学习会上讲话。

造客观世界和改造主观世界，始终是每个党员和党的领导干部的重要任务。改造主观世界，关键是要陶冶革命情操，提高精神境界，牢固地树立正确的世界观、人生观和价值观，牢固地树立为党和人民的事业不懈奋斗的信念。在广东考察中，他也多次强调政治信念问题。我认为，领导干部要解决好政治信念问题，必须做到"三个坚定不移"：一是必须坚定不移地高举邓小平理论的伟大旗帜，才能解决中国的前途和命运问题，才是实现共产党人崇高理想的唯一正确的选择。对建设有中国特色的社会主义充满信心，就会无限忠于党的事业。二是必须坚定不移地坚持党的基本路线，以经济建设为中心，把坚持改革开放和坚持四项基本原则统一起来。三是必须坚定不移地维护以江泽民同志为核心的党中央的领导权威。维护这个权威，最重要的就是在政治上同以江泽民同志为核心的党中央保持高度一致，保证政令畅通，坚决贯彻执行党中央的路线方针政策。其次，就是在工作上要服从大局和服务于大局，增强大局意识，坚决反对分散主义和地方保护主义。要善于在坚决贯彻中央的决议决定中，紧密联系本地实际创造性地工作。

要通过学习，进一步解决宗旨和行为准则问题。我们党来自于人民，根植于人民，服务于人民。从诞生之日起，党就把全心全意为人民服务写在自己的旗帜上，为了人民的利益而英勇奋斗，不畏艰难，不怕牺牲，赢得了人民群众的真心爱戴和拥护，取得了革命和建设的一个又一个胜利。但是，也应当看到，在当前，有的领导干部在全心全意为人民服务这个根本问题上并没有很好地解决。有的不是立党为公，而是以权谋私；有的不是全心全意为人民服务，而是欺压群众，损害人民群众的利益；有的在工作中不走群众路线，遇事不同群众商量，独断专行，凭主观意志办事，引起群众反感，甚至出现失误，使国家和人民蒙受损失。这些问题的出现，说到底是这些同志的心中只有自己而没有群众。江泽民同志指出："党同人民群众的关系如何，是关系到党的事业兴衰成败和党的生死存亡的一个根本政治问题。"通过这次"三讲"教育的学习，我们一定要认真解决这个问题。

要通过学习，进一步解决民主与集中、个人与组织的关系问题。民主集中制是我们党的根本组织原则、组织制度和领导制度。党的十五大指出："在改革开放和建立社会主义市场经济体制的条件下，民主集中制不仅不能削弱，而且必须加强。"因此，必须坚持讲纪律，正确执行民主集中制。从我个人的体会来说，要正确执行民主集中制，最主要和最基本的是要自觉做到如下四条：一是要在思想上、政治上同党中央保持高度一致，坚决维护党中央的权威。党章规定，党员个人服从党的组织，少数服从多数，下级组织服从上级组织，全党各个组织和全体党员服从党的全国代表大会和中央委员会。在党的基本路线和总方针总政策总目标以及关系全局的重大问题上，全党必须与中央保持一致。要处理好保持一致和创造性工作的关系，防止两种倾向。不能借口创造性工作，搞上有政策下有对策。必须坚决贯彻执行中央的决议决定，结合实际创造性地工作，重大问题要请示报告。对于存在的突出问题，比如长期走私得不到有效制止的地方，要从执行路线方针政策上联系实际，深刻认识，认真反省。同时，也不能以保持一致为名，而不调查不研究本地情况，不和本地实际相结合，照抄照转，照搬照套。这样中央的决议决定同样是贯彻不好的，更无法担负起为全国提供新鲜经验的重任。而两者结合好的关键是学习。二是要坚持和完善集体领导和个人分工负责相结合的制度。这也是民主集中制的重要方面，是把各级班子建设成为坚强的领导核心的制度性保证。三是要建立健全议事制度、报告制度、通报制度、表决制度、督察制度，实行决策的民主化、科学化。四是要增强组织观念，服从组织安排。

要通过学习，进一步解决思想观念、精神状态和工作作风问题。把建设有中国特色社会主义事业全面推向21世纪，实现中华民族的全面复兴，使中华民族以崭新的面貌屹立于世界民族之林，这不仅是中国共产党人的强烈追求，而且是全国各族人民和海外中华儿女的殷切期望。在世纪之交的关键时刻，能够为这一伟大事业的最终实现贡献自己的力量，无疑是光荣而神圣的。广东是进行伟大探索和追求的一片热土，是邓小平同志亲自指导耕耘的试验田，江泽民同志也寄予无限期望，做好广东的工作意义十分重大。广东改革开放20年为今后的进一步发展奠定了良好的基础。尽管当前遇到了一些新情况、新问题、新挑战，也完全有条件在建设有中国特色社会主义事业中，继续走在全国的前边，创造新鲜经验，率先基本实现社会主义现代化。我们已按江泽民同志"增创新优势，更上一层楼"的总要求制定了实施三大战略和增创四大优势的发展战略。今年江泽民同志再次勉励我们要增创新优势，更上一层楼，率先基本实现社会主义现代化，我们要不负重托，不辱使命。完成这项光荣而神圣的历史使命，关键是能不能继续保持良好的思想观念、精神状态和求真务实的工作作风。因此，省委在调查研究的基础上，提出要进一步掀起解放思想的热潮，对广大干部进行"五破五树"的教育。一是破除"小进即满，小富即安"的满足感，树立干大事业，求大发展，力争上游，不断开拓的创业精神，为率先基本实现社会主义现代化再立新功。二是破除在困难面前无所作为的思想，树立敢为人先、勇于探索，在困难中抓住机遇的意识。三是破除贪图享乐思想，树立艰苦奋斗、励精图治、无私奉献的思想。四是破除粗放经营发展经济的传统观念，树立依靠科技进步，大力推进两个根本性转变，注重质量效益的新发展观。五是破除一些地方存在的一手硬、一手软的倾向，树立两手抓、两手都要硬，交出两份好答卷，推动社会全面进步的思想。同时，要牢固树立"四防四实"的工作作风，就是防止主观主义、官僚主义、形式主义、虚报浮夸，说实话、办实事、鼓实劲、求实效。

我们强调讲学习，当前要联系广东的实际，深入学习领会江泽民同志考察广东重要讲话精神，统一思想认识，加快推进率先基本实现社会主义现代化事业。

讲学习，首要的是学好邓小平理论。同时，还必须加强并善于把学习邓小平理论同学习以江泽民同志为核心的党中央坚持、运用、丰富和发展邓小平理论的主要成果和基本经验结合起来。实践证明，以江泽民同志为核心的党中央高举邓小平理论伟大旗帜，始终以改革开放和现代化建设的实际问题、以我们正在做的事情为中心，着眼于邓小平理论的运用，着眼于对实际问题的理论思考，着眼于新的实践和新的发展，形成了一系列坚持、运用、丰富和发展邓小平理论的重要成果。认真学习这些成果，对于指导我们更好地学习和掌握邓小平理论，更现实、更有效地解决实际问题，是非常有益的。江泽民同志最近考察广东的重要讲话，就是这些重要成果的集中体现之一。

江泽民同志的重要讲话，站在党和国家跨世纪发展的战略高度，在理论和实践的紧密结合上，深刻而精辟地论述了我国改革发展的一系列重大问题，提出了许多新思想、新观点，是对邓小平理论的丰富和发展。讲话对广东新形势下改革开放和现代化建设提出了全面、明确的要求，完全符合广东的实际。江泽民同志这次重要讲话同邓小平同志1992年春视察南方发表的重要谈话一样，对广东在跨世纪征程上沿着建设有中国特色社会主义道路阔步前进将产生巨大的激励和推动作用。在当前的"三讲"教育中，我们必须集中精力，认真学习江泽民同志的重要讲话，深刻领会和把握其精神实质，并切实用于指导广东的各项工作。

注　释

〔1〕湛江特大走私案。香港走私分子李深、张猗、邓崇安、陈励生和内地走私分子林春华、姜连生、李勇等人互相勾结，自1996年初至1998年9月期间，通过贿赂收买湛江海关、边防等部门及党政机关的工作人员，采取少报多进、伪报品名、不经报检直接提货以及假退运、假核销等手法，大肆进行汽车、成品油、钢材等货物的走私活动，偷逃关税，从中牟取非法暴利，涉及走私、受贿金额达100余亿元，给国家税收造成巨大损失，严重影响社会经济的健康发展。1998年9月，由中央纪委牵头，最高人民检察院、公安部和广东省委、省纪委组成的联合工作组，对湛江走私案进行查处。1999年，广州、湛江、深圳、茂名、佛山五个市中级人民法院分别对已查清的走私、受贿案66宗、80人依法判决。其中，走私团伙头目

李深、张漪、林春华、邓崇安，湛江海关原关长曹秀康、调查处原处长朱向成等 6 人被判处死刑；湛江市委原书记陈同庆、原副市长杨衢青，茂名海关副关长杨洪中等 9 人被判死缓；茂名海关原副关长王思源等 11 人被判无期徒刑。

党的一切奋斗都是为了
解放和发展社会生产力 *

（2000 年 7 月 1 日）

> 始终代表先进社会生产力的发展要求，是由我们党的工人阶级先锋队性质所决定的。代表先进社会生产力的发展要求，就要顺应经济全球化的趋势，坚定不移地走改革开放之路，站在社会生产力发展的最前沿，大力推动科技进步和技术创新，抢占先进生产力的制高点。

江泽民同志在广东考察工作时郑重地向全党提出，在新的历史条件下，我们党如何始终成为中国先进社会生产力的发展要求、中国先进文化的前进方向、中国最广大人民的根本利益的忠实代表，这是摆在全党面前的一个重大理论和实践课题。在这"三个代表"里，江泽民同志把代表先进社会生产力的发展要求放在首位，既符合马克思主义生产关系必须适应生产力，上层建筑必须适应经济基础的历史唯物主义的基本原理，又是从保持

---

* 这是李长春同志关于学习江泽民同志在广东考察工作时重要讲话的理论文章，原载《求是》杂志 2000 年第 7 期。

我们党的先锋队性质出发，总结我们党 70 多年的历史经验，结合新的形势得出的科学结论。我们要深刻领会江泽民同志关于代表先进社会生产力发展要求的重要思想，紧密结合国内外形势和广东的实际，坚持党的基本理论和基本路线，不断地推进改革开放，大力推进科技进步和技术创新，努力站在发展先进社会生产力的最前沿，把社会主义现代化建设推向前进。

一、始终代表先进社会生产力的发展要求，是由我们 党的工人阶级先锋队性质所决定的

生产力是推动社会历史发展的根本动力。在人类历史的发展中，哪个阶级、哪个政党或政治组织代表了当时社会生产力发展的水平和要求，它就顺应了历史发展的方向和趋势，掌握了领导和推动社会变革进步的主动权。封建社会取代奴隶社会，是由于封建地主阶级代表了当时以小农经济为特点的社会生产力发展的水平和要求。资本主义取代封建主义，是由于资产阶级代表了以机器大工业生产为标志的新兴社会生产力发展的水平和要求。而社会主义之所以必然要最终取代资本主义，也正是在于资本主义社会生产资料私人占有与社会化大生产之间的矛盾，终将阻碍生产力的发展，要进一步解放和发展生产力，就必须打破旧的生产关系，建立新的生产关系；在于随着大工业的发展，无产阶级作为新的先进生产力和生产关系的代表，走上了历史舞台。这是共产党诞生、发展和社会主义制度必定胜利的根本原因。

马克思主义的建党学说一贯强调，共产党是工人阶级的先锋队，是由工人阶级中的先进分子所组成，必须始终反映和代表工

人阶级和最广大人民群众的根本利益。而工人阶级作为先进生产力和生产关系的代表，作为人类历史上最先进最革命的阶级，其历史使命和最高利益就是要发展社会生产力，并随着历史进程，消灭剥削，消灭一切阶级和阶级差别，最终实现共同富裕。因此，共产党作为工人阶级的先锋队，其先进性不仅表现在以科学理论作指导，具有严格的组织纪律性等，更重要的是要体现和代表工人阶级的历史使命和最高利益，把解放和发展社会生产力作为自己的根本任务，根据生产力发展的要求去变革旧的生产关系，为生产力的发展开辟道路，最终实现物质生产和精神生产高度发达，物质财富和精神财富高度充裕的共产主义目标。所以说，代表先进社会生产力的发展要求，是由党的性质所决定的，是与党的宗旨和奋斗目标相一致的。

1998 年 6 月 5 日，李长春考察珠海伟创力科技有限公司。右一为珠海市市长黄龙云。

从我们党的历史看，中国共产党建党 70 多年所做的一切努力和奋斗，归根到底都是为了解放和发展社会生产力，以维护和促进中国最广大人民的利益。这是我们党始终具有强大的生命力、凝聚力和战斗力，始终赢得人民拥护的根本原因所在。毛泽东同志早在党的第七次全国代表大会上就明确提出：中国一切政党的政策及其实践在中国人民中所表现的作用的好坏、大小，归根到底，看它对于中国人民的生产力的发展是否有帮助及其帮助之大小，看它是束缚生产力的，还是解放生产力的。在民主革命时期，我们党号召人民起来"打土豪，分田地"，推翻三座大山，就是为了打破半殖民地半封建的生产关系，为生产力的发展开辟新的道路。社会主义建设初期，我们党充分发挥社会主义制度的优越性，在经济文化比较落后的基础上努力加快经济发展步伐，初步建立起社会主义现代化建设的物质技术基础。但后来一段时期，由于错误地估计了国际国内的形势，提出"以阶级斗争为纲""无产阶级专政下继续革命"的口号，忽视了发展社会生产力这个根本任务，致使国民经济遭到严重破坏，使党在人民群众中的威信受到很大影响。党的十一届三中全会以后，邓小平同志带领全党解放思想，实事求是，重新认识和解决了"什么是社会主义，怎样建设社会主义"等一系列重大理论和实践问题，特别是指出社会主义的本质是解放生产力，发展生产力，消灭剥削，消除两极分化，最终达到共同富裕，把对社会主义的认识提高到新的科学水平；同时确定把全党工作重点转移到以经济建设为中心上来，开辟了建设有中国特色社会主义的发展道路。我们党通过改革不断调整和变革不适应社会生产力发展的生产关系，使我国的社会生产力得以迅速发展，社会主义现代化建设取得举世瞩目的巨大成就，也使我们党的先进性和社会主义制度的优越性得到进一步的发挥。特别是邓小平同志提出把"是否有利于发展社会主义社会的生产力，是否有利于增强社会主义国家的综合国力，是否有利于提高人民的生活水平"，作为衡量党的一切工作的根本标准，从理论上进一步阐明了发展社会生产力同党的性质、宗旨之间的关系，为全党坚定不移地贯彻"一个中心、两个基本点"的基本路线，坚定不移地领导全国各族人民走建设有中国特色社会主义的道路奠定了思想基础。

总之，我们党70多年的历史经验从正反两个方面证明，只有忠实代表了先进社会生产力的发展要求，我们的事业才会兴旺发达，如果违背了这个要求，我们的事业就会走弯路，就会遭受挫折。我们对此务必保持清醒认识，在任何时候、任何情况下，都要自觉顺应历史发展规律，代表先进社会生产力的发展要求，自觉地站在领导和推动社会主义现代化建设的最前列。

二、我们党代表先进社会生产力的发展要求，主要体现在制定和执行正确的路线方针政策及发展战略上

历史经验证明，一个马克思主义的政党，要按照先进社会生产力发展的要求，领导人民进行革命和建设，必须在正确的理论指导下，制定正确的路线方针政策。从根本上讲，党的领导是通过其路线方针政策来实现的。路线方针政策对头了，革命和建设就能够顺利发展，路线方针政策不对头，就无法代表先进社会生产力的发展要求。

新时期以来，我们党把马列主义同中国实际相结合，在领导

全国人民开辟建设有中国特色社会主义道路的过程中，形成了当代中国的马克思主义——邓小平理论，并在邓小平理论的指导下，制定了党的基本路线、基本纲领、发展战略，以及各项方针政策，领导人民全面进行社会主义现代化建设实践。短短20年，我国社会发生了翻天覆地的巨大变化：社会生产力迅猛发展，人民生活水平大幅度提高，经济建设和社会各方面的发展都取得了举世公认的伟大成就。历史已经并将继续证明，我们党在新时期所形成和确立的基本理论、基本路线和基本纲领及发展战略，集中代表和反映了中国最广大人民的根本利益，充分体现了我们党的先进性质，能够使国家走向富强，人民走向富裕，民族走向振兴，社会走向文明进步。

作为地方党委，要坚持党代表先进社会生产力发展要求的性质，我们就要在邓小平理论的指导下，全面正确地贯彻党的基本路线，忠诚积极地为实现党在现阶段的基本纲领而奋斗。广东20多年来改革开放和现代化建设取得巨大成就，就是实践邓小平理论的结果，是坚决贯彻执行党的路线方针政策的结果。这个成就，离不开党中央的正确领导，离不开社会主义制度集中力量办大事的优越性，离不开全国人民的大力支持，一句话，离不开全党、全国工作这个大局。因此，地方党委一定要增强全局观念，树立大局意识、正确处理全局和局部的关系，自觉地做到局部服从全局，小局服从大局，在政治上、思想上同党中央保持高度一致，坚定不移地贯彻党的路线方针政策，自觉地维护中央权威，在中央的统一领导下，创造性地开展工作，通过发展地方经济，整体推进我国经济社会的发展，提高我国生产力整体水平，为全局作贡献。只有这样，才能说是代表了我国先进社会生产力的发展要求。最近，中央作出了西部大开发的战略部署。实施好这个战略，加快中西部地区发展，对于促进地区协调发展和最终实现全国人民的共同富裕，具有深远的意义。广东要自觉服从全国这一发展大局的要求，通过产业转移和地区协作等市场经济的手段和方式，全力支持西部大开发战略的实施。同时，加快自身发展，努力率先基本实现社会主义现代化，为国家支持西部发展提供雄厚的物质基础。

代表先进社会生产力的发展要求，要不断提高对现代化建设的领导水平，提高对重大问题的决策能力。要注意把主要精力放在抓战略问题、全局指导和宏观决策上，根据先进生产力发展的要求，制定具体的发展战略，以驾驭和统揽全局。党的十五大以后，广东省委按照江泽民同志提出的"增创新优势，更上一层楼"以及率先基本实现社会主义现代化的要求，在全省上下广泛开展以"增创新优势"为主题的大规模调查研究的基础上，探求推进改革发展的思路和对策措施，制定了实施外向带动、科教兴粤、可持续发展的三大战略，提出增创体制、产业、开放、科技四大优势的要求，并作出了特区和珠江三角洲2010年左右率先基本实现社会主义现代化、带动全省基本实现社会主义现代化的战略决策，以此为总目标和总任务统揽全省工作的全局，推动广东经济持续、快速、健康发展。

提高领导现代化建设的水平，保证党的路线方针政策的贯彻落实，还要及时研究解决改革发展新阶段上出现的新情况、新问题、新困难。党的十四大、特别是十五大以来，广东与全国一样，改革从过去冲破计划经济旧体制的束缚，转到全面建立社会主义市场经济的体制和机制；发展从过去以速度规模的扩张为主，转到以质量效益的提高为主；目标任务也从过去的脱贫奔小康，转到率先基本实现社会主义现代化上来。随着形势任务的发展变化，出现了一些新困难、新问题，亚洲金融危机给外向依存度较高的广东经济造成了新的困难。过去十多年高速发展中积累的一些问题和矛盾也逐步显露出来。省委在党中央的坚强领导和关怀支持下，团结依靠广大干部群众，采取坚决有力的措施，认真整顿金融秩序，积极防范和化解金融风险；坚决打击走私贩私、骗汇套汇、制假售假等经济违法犯罪行为，进一步规范市场秩序；认真解决人口和环境问题，推动实施可持续发展战略等，及时解决存在的突出问题，化解各种矛盾，保证了经济社会的健康发展。1999 年，在比较困难的情况下，各项经济发展指标均取得比预期更好的成绩。

三、坚定不移地走改革开放之路，站在社会生产力发展的最前沿

马克思主义认为，人类社会的基本矛盾是生产力与生产关系、经济基础与上层建筑的矛盾。在无产阶级掌握政权以前，解决社会基本矛盾的根本途径是革命，为生产力的发展扫除障碍。在社会主义条件下，生产关系与生产力，上层建筑与经济基础，总体上是适应的，但在一些具体方面还不适应。解决这些不适应的方面，就要靠改革。邓小平同志指出，革命是解放生产力，改革也是解放生产力。改革是社会主义制度的自我完善，是社会主义社会发展的直接动力。这是邓小平同志对马克思主义社会发展动力学说的丰富和发展。开放也是改革。在科技进步日新月异和经济

全球化的今天，人类社会生产力的发展要建立在全人类创造的全部物质技术基础之上，是世界性的发展。先进的社会生产力是在开放的环境中发展起来的。封闭只能导致落后。只有充分继承和利用人类共同创造的物质和精神成果，学会利用两种资源、两个市场才能发展先进的社会生产力。因此，代表先进社会生产力的发展要求，就要用马克思主义的宽广眼界观察世界，顺应经济全球化的趋势，坚定不移地走改革开放之路。通过深化改革，以经济体制的创新来实现生产关系的变革，为生产力的发展开辟更加广阔的道路；通过扩大开放，积极参与国际经济的合作与竞争，掌握发展的主动权，努力跻身于当代世界先进生产力的最前沿。

党的十一届三中全会以来，广东的改革同全国一样，从农村实行家庭联产承包责任制，率先实施价格改革、流通改革，大力冲破旧体制的束缚开始，进入到明确改革的目标模式，努力进行制度创新、体制创新、建立社会主义市场经济体制的新阶段，社会主义初级阶段的生产关系发生了根本性的转变，有力地促进了社会生产力的发展。广东的发展还得益于对外开放，通过建立经济特区，扩大对外贸易，积极引进国外的资金、技术、管理和人才，也就是说，主要通过"引进来"，推动了经济发展水平和质量的提高，与国际经济的联系越来越紧密，参与国际经济竞争的实力大大增强。

当前，我省改革已进入攻坚阶段。要进一步解放和发展社会生产力，就必须全面贯彻落实党的十五大精神，加快推进和深化以建立社会主义市场经济体制为目标模式的改革。具体来说，就是要对国有经济实行战略性改组，形成以公有制为主体、多种经济成分共同发展的新格局；深化国有企业改革，加快建立现代企业制度，形成国有资产保值增值的新机制；加快市场化进程，建立以商品市场为基础、以要素市场为主体，统一开放、竞争有序的市场体系；加快行政管理体制改革，建立适应社会主义市场经济规律和要求的政府宏观管理经济的新体制；加快建立和完善社会保障体系，为全面深化改革和维护社会稳定提供有力保障；深化农村改革，在进一步巩固家庭联产承包责任制的基础上，建立起适应农业产业化、市场化的新体制；大力推进依法治省，强化经济和社会管理，建立经济新秩序和文明法治的社会环境。

在对外开放方面，我们要科学分析并正确把握我国加入世界贸易组织所带来的机遇和挑战，以积极进取的精神和胆略气魄，把"引进来"和"走出去"有机地结合起来，在进一步提高引进外资质量和水平的同时，不失时机地实施"走出去"的战略，更好地利用国内外两种资源、两个市场，在更加广阔的空间里进行经济结构调整和资源优化配置，在直接参与国际经济的合作与竞争中提高生产力的质量和水平，增强经济发展的动力和后劲。我省实施"走出去"的战略，当前要突出抓好两件事情：一是按照江泽民同志对我们提出的"特别注意鼓励和支持广东有条件的国有企业和其他企业，到国外进行加工贸易和其他经济合作，不断拓展国际市场，努力走在全国前列"的要求，制定政策，明确规范，鼓励和支持有实力、有拳头产品、有较高管理水平和发展潜力的优势企业，以及部分目前生产能力富余的产业和行业，以设备和技术为资本、以带料加工装配等方式，逐步扩大对外投资，利用国外资源，参与国际分工，开拓国际市场，促进企业在更大范围内进行专业化、集约化和规模化的跨国经营，培育一批广东自己的跨国集团。二是大力推进粤港澳区域性经济、科技、

2001 年 12 月 21 日，李长春在广州会见全国政协副主席霍英东（左二）和以全国政协常委庄世平（左一）为团长的香港特别行政区全国政协委员赴广州视察团。右一为广东省政协主席郭荣昌。

信息、贸易等方面的全面合作，进一步增强广东"走出去"的实力。要以高新技术产业为主导，以加工贸易为基础，以"三高"[1]农业和服务贸易为新的增长点，高新技术产业和高增值产业并举，通过资金、技术、人才等资源要素的双向流动，促使粤港澳经贸关系合作上新台阶，共同培育支撑三地经济持续快速发展的新兴产业，共同建立面向世界市场的国际销售体系，提高我们利用国外资源、占领国际市场的能力。

四、大力推动科技进步和技术创新，
抢占先进生产力的制高点

科学技术是现代生产力发展的根本动力。现代科技每前进一步，都引起社会生产力的深刻变革。特别是本世纪以来，量子力

学、相对论等具有划时代意义的科学成果，孕育产生了第三次新技术革命；以信息技术和生命科学为核心的当代科学和高新技术突飞猛进，使世界生产力的发展发生了革命性的变革；初见端倪的知识经济，更是为社会生产力发展和人类的文明进步开辟了广阔的空间，产生了深刻的巨大的影响。总之，科技已越来越成为生产力解放和发展的重要基础和标志。特别是高新技术，已成为当代人类社会生产力的制高点。谁掌握了高新技术的优势，谁就掌握了经济和政治竞争的主动权。我国作为独立的社会主义大国，必须在高科技的发展上占有自己的位置。只有大力推进科技进步、发展高科技，实现高新技术产业化，抢占当代先进生产力的制高点，才能代表先进社会生产力的发展要求，才能在国际竞争中立于不败之地。

要抢占高新技术这一现代生产力发展的制高点，就必须立足于创新。当今世界各国综合国力的竞争，其核心和关键在于知识创新和技术创新，以及高新技术产业化。正如江泽民同志精辟指出的那样，创新是民族进步的灵魂，是国家兴旺发达的不竭动力。科技创新越来越成为当今社会生产力解放和发展的重要基础与标志，越来越决定着一个国家、一个民族的发展进程。如果不能创新，一个民族就难以兴盛，难以屹立于世界民族之林。因此，在当代历史条件下，要代表先进社会生产力的发展方向，不断地解放和发展生产力，就必须高度重视技术创新和知识创新。从这些年广东的实践看，推进科技进步和技术创新，要不断解决六个方面的问题，我们称之为"六个一工程"：

第一个"一"，就是要在指导思想上牢固树立"科学技术是第一生产力"的思想。这是邓小平同志对马克思主义社会发展动力学说的又一丰富和发展。当今经济全球化和科学技术突飞猛进，给我们带来新的机遇和挑战，广东能不能够率先基本实现社会主义现代化，继续走在全国的前面，最终要靠科技进步。我们要求广东各级领导干部必须有强烈的科技意识，要在思想上、行动上自觉地依靠科学技术来发展经济，推动社会进步。第二个"一"，就是要明确，依靠科技进步，推动产业结构优化升级，必须走出一条科技和经济紧密结合的新路子。要建立起以企业特别是大型国有和国有控股企业为主体的技术创新体系。这是问题的要害。我们要求广东所有的大型企业和企业集团，都毫无例外地建立起工程技术开发中心。同时要对科研机构和科技管理体制进行改革，从体制上解决科技和经济"两张皮"的问题。第三个"一"，就是要把发展高新技术产业和以高新技术改造传统产业作为第一经济增长点。用高新技术来创新消费，发展新产业，开发新市场，具有无穷的潜力。发展经济、加快速度、提高质量，都要把劲往这上面使。第四个"一"，就是要制订一套扶植高新技术产业发展的政策措施。核心是要支持企业增加科技投入，支持企业吸引更优秀的人才。要通过政策的引导和鼓励，使企业科技开发的投入有大幅度的提高，科技开发人员占职工总数的比例有大幅度增长。第五个"一"，就是树立人才资源是第一资源的观点。在所有资源中，人才是最宝贵的资源。科技的竞争是人才的竞争。有了人才就有了一切。要创造浓烈的尊重知识、尊重人才的气氛，高度重视人才的培养。重点培养产业技术带头人、优秀专家和拔尖人才，特别是既懂现代科技，又有经营管理才能的复合型人才。第六个"一"，就是一把手抓第一生产力。各地区各单位各部门的党政一把手都必须有强烈的科技意识，有强烈的责任感和使命感，下决心亲自抓科技，采取一切办法，发动和组织各方面的力量，推动科技进步，促进经济发展。要通过若干年的努力，把从广州到深圳的珠江三角洲，建设成广东的高新技术产业带，在全省发挥龙头带动作用。

代表先进社会生产力的发展要求，不断解放和发展生产力，要求我们大力加强党的建设。中国共产党是领导中国现代化建设事业的核心力量。要把中国的事情办好，关键取决于我们党，取决于党的思想、组织、作风、纪律状况，取决于我们党的领导水平和执政水平。我们必须不断加强和改进思想政治工作，用邓小平理论武装广大党员，坚定马克思主义的信仰，坚定社会主义、共产主义的信念，坚定走建设有中国特色社会主义道路的信心，坚定对共产党领导的信任，增强政治意识、大局意识、责任意识和全局观念，全心全意为党和人民的事业而努力奋斗。江泽民同志最近指出，当今世界，科学技术给生产力的发展带来了巨大推动力量，这就要求全党同志必须加强学习，能够敏锐地把握世界科技和生产力的发展趋向。我们一定要按照这个要求，刻苦地学习现代科学文化知识，自觉增强科技进步和创新意识，不仅要成为政治上、思想上的先进分子，还要成为熟悉和掌握现代科技知识的先进分子，努力提高党的队伍的整体素质，使党永远真正代表先进生产力的发展要求，团结和带领人民为解放和发展生产力而不懈奋斗。

注　释

〔1〕"三高"，即高产量、高附加值、高科技含量。

解放思想，开拓创新，为率先
基本实现社会主义现代化而奋斗*

（2001 年 8 月 12 日）

马克思主义是我们立党立国的根本指导思想，是全国各族人民团结奋斗的共同理论基础。马克思主义的基本原理，任何时候都要坚持，否则我们的事业就会因为没有正确的理论基础和思想灵魂而迷失方向，就会归于失败。但是马克思主义是科学，具有与时俱进的理论品质，如果不顾历史条件和现实情况的变化，拘泥于马克思主义经典作家在特定历史条件下针对具体情况作出的某些个别论断和具体行动纲领，我们就会因为思想脱离实际，而不能顺利前进，甚至会发生失误。从根本上讲，马克思主义是社会实践的结果，社会实践是不断发展的，我们的思想认识也必须不断地前进，必须勇于和善于根据实践的要求进行创新。

＊ 这是李长春同志在中共广东省委学习中心组学习江泽民同志《在庆祝中国共产党成立 80 周年大会上的讲话》时作的体会报告。

江泽民同志在庆祝中国共产党成立 80 周年大会上的重要讲话，全面总结了党的历史经验，系统阐述了"三个代表"重要思想，深刻回答了新形势下的许多重大理论和实践问题。讲话内涵丰富，思想深刻，是我们党理论创新的最具代表性的丰硕成果，是中国共产党人对马克思主义的新贡献和新发展。

一、解放思想，开拓创新，以科学的态度对待马克思主义

江泽民同志的重要讲话全篇贯穿着一条主线，这条主线就是解放思想、实事求是的思想路线；全篇体现了一种精神，这种精神就是继往开来、与时俱进的创新精神。讲话中有两个"第一条"，使得解放思想、开拓创新成为这篇讲话的鲜明特色。一个是在总结党的历史经验的时候，江泽民同志把解放思想、开拓创新作为最基本的历史经验加以总结和论述；一个是在对新时期全面推进党的建设，深入贯彻"三个代表"重要思想提出五个要求的时候，把解放思想、开拓创新放在首位，深刻阐明了解放思想、开拓创新的重大现实意义，为我们今天进一步解放思想、开拓创新指明了方向，把解放思想、开拓创新的任务摆到全党和全国人民面前。学习这篇讲话，最主要的就是要学会以科学的态度对待马克思主义，科学的态度就是解放思想、开拓创新。

第一，我们党奋斗 80 年的实践，就是解放思想、开拓创新的 80 年，就是把马克思主义基本原理同中国具体实际相结合的 80 年。在这 80 年里，马克思主义同中国具体实践相结合，实现了两次飞跃。第一次是毛泽东同志开辟了农村包围城市、最后夺取政权的革命道路，产生了第一次飞跃的理论成果，那就是毛泽东

思想。第二次飞跃，就是邓小平同志在一个经济贫穷落后的国家，开辟了建设有中国特色社会主义的道路，创立了邓小平理论。这个理论我们实践了20多年，取得了巨大成就。所以，以毛泽东同志为代表的党的第一代中央领导集体和以邓小平同志为代表的党的第二代中央领导集体，都是解放思想、开拓创新的典范，他们用自己的革命实践丰富和发展了马克思主义，保持了马克思主义鲜明的与时俱进的理论品质。

第二，江泽民同志的"七一"讲话，是对马克思列宁主义、毛泽东思想、邓小平理论的创造性发展，是我们全党在新的历史条件下解放思想、开拓创新的光辉典范。以江泽民同志为核心的党中央高举邓小平理论伟大旗帜，在领导全党和全国人民继续推进建设有中国特色社会主义伟大事业的进程中，坚持把马克思主义基本原理与当代中国的现代化建设实际紧密结合，不断总结历史和实践经验，不断深化对执政党建设规律、社会主义建设规律和人类社会发展规律的认识，不断吸取科学的新经验、新思想、新成果，及时作出新的理论概括，创造性地提出了一系列符合新的实际的思想观点、战略方针。比如正确处理改革、发展、稳定的关系；依法治国与以德治国相结合；开展"三讲"教育活动；按照"三个代表"重要思想要求全面加强党的建设；等等。特别是这次"七一"讲话，紧紧围绕着在新的历史条件下，建设一个什么样的党、怎样建设党的问题，深刻阐明了中国共产党必须始终代表中国先进生产力的发展要求，代表中国先进文化的前进方向，代表中国最广大人民的根本利益。就党的建设和社会主义现代化建设的一些重大理论和实践问题，提出了许多新思想和新观点，为党和国家的各项事业在新世纪的发展指明了方向。在讲话里，新思想、新观点、新论断很多，比如：关于始终保持党的先进性问题，必须根据经济发展和社会进步的实际，不断地增强党的阶级基础和扩大党的群众基础的思想观点；关于我国新的社会阶层中的广大人员，是有中国特色社会主义事业的建设者的思想观点；关于结合新的实际，深化对社会主义社会劳动和劳动价值理论的研究和认识的思想观点；关于我们党要始终成为中国工人阶级先锋队，同时成为中国人民和中华民族先锋队的思想观点；关于共产党人是最低纲领和最高纲领的统一论者，我们对社会未来发展的方向可以作出科学上的预见，但未来的事情具体如何发展，应该由未来的实践去回答，而不可能也不必要对遥远未来作具体的设想和描绘的思想观点；等等。特别是"三个代表"重要思想，是与毛泽东思想、邓小平理论一脉相承的思想体系，是我们党理论创新的重大成果。"三个代表"重要思想赋予党的先进性以新的时代内涵，对新形势下进一步加强党的建设、保持党的先进性、实现党的建设的总目标，指明了前进方向，提供了根本保证。所以，江泽民同志"七一"讲话本身就是我们党在新的历史时期解放思想、开拓创新的典范。

第三，作为马克思主义的经典作家，马克思恩格斯一向以科学的态度对待马克思主义。在"七一"讲话发表以前，江泽民同志就多次提醒中央政治局委员要重视理论创新，提醒我们再一次阅读马克思恩格斯为《共产党宣言》所作的七篇序言。重温《共产党宣言》的七篇序言，我们进一步体会到，作为革命导师的马克思恩格斯，他们本身都是以科学的态度来对待马克思主义。重温这七篇序言，我们也深刻体会到，作为马克思主义的创始人，马克思恩格斯时时处处突出了解放思想、开拓创新的科学态度。

这七篇序言贯穿着一个基本精神：马克思主义的基本原理是完全正确的，它的基本立场、观点和方法是科学的。同时，马克思主义是对当时历史运动的理论概括，必须根据时代和实践的进步而不断丰富和完善，必须结合各国具体国情和时代要求加以灵活运用。

《共产党宣言》是马克思主义的奠基之作和科学社会主义的第一个纲领性文件，它对于人类社会历史的发展和社会主义实践具有重大的理论价值和长远的指导意义。但是，《共产党宣言》并不是永远停滞的固定本本，不是可以到处拿来照抄照搬的教条，不是穷尽了一切真理的封闭体系。从 1848 年《共产党宣言》发表到 1895 年恩格斯去世，在不到 50 年的时间里，马克思恩格斯为《共产党宣言》的多种版本写下的七篇序言，有三个观点给我们以深刻的启发：

一是在《共产党宣言》发表之后仅仅 25 年，马克思恩格斯为《共产党宣言》的德文版作序时就明确指出，由于时代的变迁和实践的发展，《共产党宣言》中的一些观点、一些论述"是不完全的"，有的"已经过时"了，如果可以重写，"许多方面都会有不同写法"。这就告诉我们，即使像《共产党宣言》这样的马克思主义经典著作，其中的思想、观点、结论、措施等也不是永远有效的绝对真理，而是随着客观条件的变化会成为"过时"的东西。因此，马克思恩格斯本人从不把自己的著作当作一成不变的本本，要求后人固守他们的每一个词句、每一个结论而无所作为。而是要求我们，应当根据社会历史的变化和世界社会主义运动的发展，不断地有所发现，有所发明，有所前进。江泽民同志提出，要自觉地把思想认识"从对马克思主义的错误的和教条式的理解中解放出来"，就是要我们不拘泥于马克思主义经典作家的本本，不要把一些甚至在马克思恩格斯在世时就已经过时的东西当作教条，束缚我们今天的思想和行动，而是要运用马克思主义的基本立场、观点和方法，认识世界和改造世界，在实践中丰富和发展马克思主义。

二是马克思恩格斯指出，即使是《共产党宣言》的基本原理，其实际运用"随时随地都要以当时的历史条件为转移"。这就告诉我们，不仅对马克思主义中一些过时的具体结论不能加以固守，就是对那些真理性的认识，我们也不能不顾历史条件而简单地加以照抄照搬。具体问题具体分析是马克思主义的活的灵魂。时间、地点、条件不同，对马克思主义基本原理的运用也就不同，不能主观主义、形而上学地生搬硬套。随时随地运用马克思主义指导革命和建设实践，根据时代的要求和本国实际情况的变化发展马克思主义，这是我们事业胜利前进的根本保证。在当代中国，随时，就是要紧跟时代潮流，牢牢把握时代脉搏，站在时代的前列；随地，就是要立足于当今中国的实际，从社会主义初级阶段的国情出发，确定我们的路线方针政策，解决改革开放和社会主义现代化建设的实际问题。

三是在《共产党宣言》中，马克思恩格斯明确指出，"共产党人的理论原理，决不是以这个或那个世界改革家所发明或发现的思想、原则为根据的"，而是对"我们眼前的历史运动的真实关系的一般表述"。在这七篇序言中，马克思恩格斯总是强调应当根据当时的历史进步及社会发展变化来提出自己的认识。这就告诉我们，马克思主义不是从本本和教条出发，而是从实践特别是从眼前的实践出发提出科学论断的。实践是认识的源泉。不同时代的人们，置身于不同的客观实践，当然要根据新的实践大胆进行理论创新，用新的理论指导新的实践。

从中国共产党根据中国革命、建设和改革的实际不断丰富和发展马克思主义的伟大实践中，我们可以得出这样一个启示：马克思主义是我们立党立国的根本指导思想，是全国各族人民团结奋斗的共同思想理论基础。马克思主义的基本原理，任何时候都要坚持，否则我们的事业就会因为没有正确的理论基础和思想灵魂而迷失方向，就会归于失败。但是马克思主义是科学，具有与时俱进的理论品质，如果不顾历史条件和现实情况的变化，拘泥于马克思主义经典作家在特定历史条件下针对具体情况作出的某些个别论断，我们就会因为思想脱离实际，而不能顺利前进，甚至会发生失误。从根本上讲，马克思主义是社会实践的结果，社会实践是不断发展的，我们的思想认识也必须不断地前进，必须勇于和善于根据实践的要求进行创新。因此，在讲话中，江泽民同志也给我们提出了新时期解放思想的重点，明确指出在党的基本理论的指导下，一切从实际出发，自觉地把思想认识从那些不合时宜的观念、做法和体制中解放出来，从对马克思主义的错误的和教条式的理解中解放出来，从主观主义和形而上学的桎梏中解放出来，坚持科学态度，大胆进行探索，使我们的思想和行动更加符合客观实际，更加符合社会主义初级阶段的国情和时代发展的要求。这"三个解放"和"两个符合"，为我们在新的历史时期解放思想、开拓创新指明了方向。我们通过学习，一定要旗帜鲜明，立场坚定，排除来自"左"的和右的思想干扰，把思想认识统一到"七一"讲话精神上来。

二、解放思想、开拓创新是改革开放和
现代化建设的强大动力

回顾党的十一届三中全会以来所走过的道路，我们就会清楚地看到，我们党在理论和实践上的每一步前进，改革和建设的每一步发展，都是解放思想、开拓创新的结果。特别是在重大的历史关头，面对新的实践课题，我们党总是以解放思想为先导，以思想理论上的新突破，推动我们的事业不断前进。改革开放以来，我觉得有这么几次比较大的解放思想、开拓创新。第一次是党的十一届三中全会恢复并重新确立了党的解放思想、实事求是的思想路线，在指导思想上完成了拨乱反正的艰巨任务，实现了党和国家工作重心的历史性伟大转变；第二次是党的十二大提出了把马克思主义基本原理同我国的具体实际相结合，走自己的路，开创了建设有中国特色社会主义的新道路；第三次是党的十三大系统论述了我国社会主义初级阶段理论，明确概括和阐发了党的"一个中心，两个基本点"的基本路线，保证了我们沿着有中国特色社会主义道路继续前进；第四次是党的十四大提出了建立社会主义市场经济体制的目标，改革开放和现代化建设事业进入了一个新的阶段；第五次是党的十五大高举邓小平理论的伟大旗帜，全面论述了党在社会主义初级阶段的基本路线和基本纲领，提出了建设有中国特色社会主义的经济、政治、文化的基本目标和基本政策，党领导全国人民胜利迈入了 21 世纪。

改革开放以来，广东和全国一样，经过持续不断的思想解放、开拓创新，全省广大干部群众逐步从"左"的错误和教条主义的束缚下解放出来，从旧的思维定式和小生产的落后意识中解

放出来，不断扫除改革开放的思想障碍，树立与改革开放和现代化建设相适应的新的思想观念，为广东经济社会发展注入了强大的动力。早在改革开放起步阶段，广东就提出，要解放思想、开拓创新，敢于和善于把中央和上级政策文件精神同本地区的具体实际结合起来，充分发挥广大干部群众的主动性、积极性和创造性，开拓进取，大胆探索改革开放和发展经济的新路子。20 多年来，历届省委坚决贯彻中央的方针政策，认真研究广东的省情，创造性地开展工作；各级党组织始终尊重人民群众的首创精神，支持改革，倡导创新，坚持和发扬求真务实、敢闯敢试、敢为人先的精神，推动广东的改革和发展冲破一个又一个难关，取

2002 年 2 月 5 日，李长春考察惠州 TCL 移动通讯有限公司。左一为广东省副省长李容根，左二为广东省人大常委会副主任、广东省总工会主席汤维英。

得一个又一个胜利。没有思想解放和观念更新，就不可能有广东 20 多年经济持续快速健康发展的大好形势，就不可能有广东两个文明协调发展的可喜成绩，就不可能取得如此辉煌的建设成就。同样，改革开放这样一个伟大事业，在前进的道路上，难免有教训、有挫折、有不足、有不完善的地方，特别是从 1997 年下半年开始的一段时间，由于亚洲金融危机也引爆了我们多年积存的问题。省委及时提出，我们对于前进中所积存的这些问题，采取"三不一有"的方针，本身就是进一步把广大干部群众解放思想、开拓创新的积极性引导好、保护好、发挥好，因此我们经受住了亚洲金融风暴的冲击，克服了或者基本克服了多年积存的一些困难，继续保持了多年健康发展的好势头。

解放思想、开拓创新，也是我们进入新世纪继续全面推进改革开放和现代化建设事业的强大动力。从现在开始，中华民族又进入了一个大变革大发展的重要时期。今后的 10 年、20 年、50 年，将是中国发生更加深刻变革的伟大时代。到 2010 年的时候，我们将为实现第三步战略目标奠定坚实的基础；到 2021 年建党 100 周年的时候，在各方面将形成一整套更加成熟、更加定型的制度；到本世纪中叶，新中国成立 100 周年的时候，我们将基本实现社会主义现代化。我们的任务光荣而艰巨。当今世界，经济全球化趋势增强，产业结构调整步伐加快，以信息科学和生命科学为代表的现代科学技术迅猛发展，为我国的信息化带动工业化、发挥后发优势、争取实现社会生产力的跨越式发展提供了现实可能。同时，世界经济的竞争与合作、政治的分化与重组、文明的冲突与融合，都在不断地发生变化。国际竞争更加激烈。发达国家在经济和科技方面占优势的压力、霸权主义和强权政治的压力将长期存在。中华民族面临着千载难逢的历史机遇，也面临着前所未有的严峻挑战。只有解放思想、开拓创新，我们才能紧跟世界进步潮流，站在时代前列，从容应对错综复杂的国际经济政治文化发展局势，抓住机遇，迎接挑战，缩小与国际先进水平的差距，实现中华民族的伟大复兴。

解放思想、开拓创新，是广东增创新优势，更上一层楼，率先基本实现社会主义现代化的强大动力。经过 20 多年的奋斗，广东的改革开放和经济发展取得很大成绩，在国家的经济发展全局中占有重要地位。广东的经济总量、发展速度，以及诸多行业的各项指标，都处于全国领先位置。广东已成为名副其实的经济大省。这是举世瞩目的成就，也是我们进一步发展的一大优势。但是，我们也必须看到，进入新世纪，国际上日趋激烈的竞争对广东的外向型经济会带来越来越大的压力，特别是我国加入世界贸易组织以后，我们的一些传统产业必将受到很大的冲击，而我们的高新技术产业还处于起步阶段。随着全国改革开放的整体推进和水平提高，各省市之间的区域竞争、产业竞争和科技文化竞争越来越明显。有的兄弟省市在改革发展的一些方面已经走到广东前面，这对广东的改革和发展带来了很大的竞争压力。要应对国际国内的竞争态势，我们必须以更加积极的姿态，切实地解放思想、开拓创新，变压力为动力，视困难为挑战，振奋精神，扎实工作，确保在新一轮竞争中继续在整体上保持先行一步的良好势头，不辜负中央对广东提出的"增创新优势，更上一层楼，率先基本实现社会主义现代化"的殷切期望。我们必须以代表先进生产力的发展要求为标准，高度重视研究国际经济形势出现的新情况，不断找出解决问题的对策，增强我们的应对能力；高度重视以上海为龙头的长江三角洲经济区发挥后发优势、迅猛发展给我们带来的强大竞争压力，变压力为新的发展动力；高度重视在经济运行中我省自身暴露出来的问题，不断增强我们的后劲和综合竞争能力。

当今世界经济发展的实践证明，先进生产力及其发展要求，更多地体现在它的后劲、结构和质量上。因此，分析经济形势，把握发展趋势，也要解放思想、开拓创新，打破旧观念、旧框框的束缚，用新的观念、新的标准来分析和认识问题。只有这样，我们才能保持清醒的头脑，增强忧患意识，才能变压力为动力。讲经济发展，不仅要看眼前，更要讲后劲；不仅要看总量，更要讲结构；不仅要看速度，更要讲质量。眼前有增长并不等于有后劲，总量大并不代表结构优，速度快并不一定代表质量高。我们要防止表面上、总量上的第一掩盖问题的实质。只看眼前，只看总量，只看速度，这是旧的发展观。我们要从代表先进生产力发展要求的高度，破除这种不合时宜的发展观。比如，我们经常讲广东的技术创新能力强。事实上我们也确实有很大进步，从广东每年的专利批准量看，去年全省共有 21123 项，连续 6 年居全国第一位。但值得注意的是，在这些专利中，标志着技术开发水平、创新能力的发明专利仅有 1760 项，占批准总量的 8.3%，仅居全国第三位。其他如实用新型专利、外观型专利占了 90% 以上。这些类型的专利对改进产品造型与包装、增加产品功能、提高产品质量有一定的作用。但是，真正衍生一个新的产品，进而催生或改造一个行业，有力地带动整个经济增长的是发明专利。发明专利的数量是一个地区创新能力的根本体现。看一个国家和地区创新能力的强弱，不仅要看专利的总量，更要看结构，也就是要看发明专利的比重。类似这样的例子还有一些。比如 IT 产业、高新技术产品的产值，我省在全国总量是大的，但如果进一步研究自有知识产权怎么样，核心技术我们拥有多少，那我们就有很大的差距了。所以我们要按照江泽民同志讲话的要求，掀起新一轮的解放思想、开拓创新的高潮，重申"五破五树"，即破除"小进则满、小富则安"的满足感，树立干大事业、求大发展、力争上游、不断开拓的创业精神；破除在困难面前无所作为的思想，树立敢为人先、勇于探索、在困难中抢抓机遇的意识；破除贪图享乐的思想，树立艰苦奋斗、励精图治、无私奉献的精神；破除粗放经营发展经济的传统观念，树立依靠科技进步，大力推进两个根本性转变，注重质量效益的新发展观；破除"一手硬，一手软"的倾向，树立"两手抓，两手都要硬"，"交出两份好答卷"，推动社会全面进步的思想。要按照讲话指引的方向，用更加清醒的头脑和深刻的眼光认识、分析形势，善于透过表面现象把握事物的本质，既看到经济发展的大好形势，增强信心，也看到存在的差距和问题，坚决克服因循守旧、消极等待、怕苦畏难、满足现状、不思进取的精神状态，增强紧迫感、责任感，增强忧患意识，使我们的思想适应不断变化的新形势，使我们的工作水平适应不断发展变化的新需要，把我省改革开放和现代化建设事业大步推向前进。

三、解放思想，开拓创新，为率先基本
实现社会主义现代化而奋斗

以江泽民同志为核心的党中央交给我们广东"率先基本实现

社会主义现代化"这一光荣而艰巨的任务，这是党中央对我们的期望，对我们的信任，对我们的鞭策。我们在学习"七一"讲话的过程中，就要认真回答中央对我们提出的要求。当前，我们要认真落实中央"十五"计划提出的坚持把发展作为主题，把结构调整作为主线，把改革开放和科技进步作为动力，把提高人民生活水平作为根本出发点的方针，不断地推动经济发展，这是我们解放思想、开拓创新，贯彻落实好江泽民同志讲话精神的根本体现和根本要求。

第一，大力推进结构调整，增强我省经济综合实力。一是优化技术结构，增强我们的技术创新能力。改革开放以来，我们通过引进技术使全省的经济技术水平有了很大提高，并且在引进的基础上，逐步地开始消化吸收，提高了我们自己的技术开发能

1998 年 8 月 27 日，李长春考察东莞伟易达电子有限公司。

力。现在我们要在继续大力引进技术的同时，尽快地形成以大企业为主体的技术创新体系，增强自主技术开发的能力，特别是要掌握一些核心技术。二是优化企业组织结构，要做大做强一批有竞争能力的企业集团。改变企业组织结构小、散、杂的状况，形成一批有竞争能力的"航空母舰"。三是优化产品结构，实施"整机带动""名牌带动""重大技术装备带动"战略，形成一批拳头产品。四是优化外资结构，提高利用外资的水平。在继续发展和港澳台合作的同时，大力吸引欧、美、日跨国公司的投资；在继续发展加工贸易的同时，把部分外商独资的加工贸易企业转变为合资、合作企业，形成自己的支柱产业。五是优化民间资本结构。在大力发展民营企业的同时，特别要鼓励民营资本的联合，创名牌，上规模，引导民营企业上水平。六是优化农业生产组织结构，增强农业组织化的程度，催生农业龙头企业，加快产业化经营的步伐。七是优化产业结构，大力发展第三产业，特别是现代物流业。八是优化市场结构。实施多元化的市场战略，适应加入世界贸易组织的新形势。大力开发农村市场和中西部市场，努力扩大发展空间。九是优化所有制结构，继续完善以公有制为主体、多种所有制经济共同发展的格局。一手加快国有企业改革的步伐，使其发挥骨干作用；另一手大力发展民营经济。按照加入世界贸易组织的原则，凡是对外资开放的领域，首先对民资开放，使民营企业有更大的发展空间。十是优化区域经济结构，使全省区域经济协调发展。要发挥广州、深圳两个中心城市的龙头带动作用，加快建设珠江三角洲高新技术产业带和现代化的先行区，加快东西两翼的崛起；广大山区要加大基础设施建设的力度，加快脱贫奔康。

第二，切实树立"人才是第一资源"的思想，形成新的人才吸引潮。要适应新的形势和任务的需要，进一步深化干部人事制度改革，认真研究和调整人才政策，大力吸引人才，使我省成为对海内外人才最有吸引力的地方之一。全省在科技人员、企业家、党政干部等三个队伍方面都要对全国各地的优秀人才和海外优秀的留学人员开放。既要重视吸引人才，又要提高培养人才的能力，还要想办法用好人才。各级组织人事部门要进一步解放思想，抓紧抓好人才的引进和培养工作。同时，要在全社会营造一个尊重知识、尊重人才、有利于人才成长和干事创业的良好环境。

第三，坚持"两手抓"方针，以改善软环境为重点，努力营造良好的发展环境。当前，我们要以江泽民同志"七一"讲话精神为指导，坚持"两手抓"的方针，坚持依法治国与以德治国相结合，以改善软环境为重点，采取更加切实有力的措施，在更大范围、更深层次上把整治市场经济秩序、社会治安秩序和生态环境工作继续向前推进，扩大整治成果。一是要大力整顿和规范市场经济秩序，严厉打击严重经济犯罪活动。要把信誉建设作为重要的软环境来抓，整顿社会信用，提高全社会的信用意识和水平。二是要继续坚持重典治乱，大力整治社会治安秩序。深入开展声势浩大的"严打"整治斗争，坚决扫除黄赌毒等各种社会丑恶现象，严惩违法犯罪分子，迅速扭转一些地方社会治安混乱的局面。同时，要正确及时地化解人民内部矛盾，正确处理改革、发展、稳定的关系，确保全省社会政治稳定和广大人民群众安居乐业。三是要大力治理和保护生态环境，坚持可持续发展。要坚定不移地执行现行的计划生育政策，继续严格控制人口增长。坚持资源开发与节约并重的方针，合理使用和保护资源，避免低水平重复建设。进一步完善有关资源保护的政策法规，依法保护和开发水、土地、矿产、森林、海洋等国土资源，特别要高度重视做好防治水污染的工作。

第四，不断增强党的阶级基础和扩大党的群众基础。在新的历史时期，我们党要始终保持工人阶级先锋队性质，就必须增强党的阶级基础，始终全心全意依靠工人阶级。关于扩大党的群众基础，是"七一"讲话一个非常重要的理论创新。我省改革开放比较早，多种所有制经济发展比较迅速，出现了一些新的社会阶层。如何用科学的理论和观点认识这些新的社会阶层，是现代化建设过程中的一个重大理论和实践问题。在党的路线方针政策指引下，这些新的社会阶层的广大人员已经成为社会主义的建设者。对新出现的社会阶层不要因为少数人有这样那样的问题，而在感情上、政治上歧视他们。对于出现的问题，我们要把它纳入社会主义初级阶段这个历史背景来看，就可以看得更加客观一些，引导他们健康成长。我们也要积极地把承认党的纲领和章程、自觉为党的路线和纲领而奋斗、经过长期考验、符合党员条件的社会其他方面的优秀分子吸收到党内来，并通过党这个大熔炉不断提高广大党员的思想政治觉悟，从而不断增强我们党在全社会的影响力和凝聚力。特别是从事高新技术产业和已经把家庭资本转向社会资本的这样一些民营企业家，符合党员条件的，应该首先把他们吸收到党内来。要抓紧研究，抓紧试点。当然一定要防止一哄而起。同时要大力加强非公有制企业党的建设，使党组织覆盖社会各个角落。

第五，以密切与人民群众的联系为核心，加强党的作风建设，做最广大人民的根本利益的忠实代表。作为我们领导干部，要切实防止主观主义、官僚主义、形式主义和虚报浮夸的歪风。要倡导说实话、办实事、鼓实劲、求实效，倡导务实精神。这个问题处理不好，是最容易脱离群众的。这是作风建设的第一个关键。第二个关键是，一定要认认真真为人民群众办实事，群众的困难就是我们党委、政府议程中迫切要解决的问题。我们要认真地解决特困群众的"四难"，即住房难、医疗难、法律援助难、子女入学难的问题。要认真落实"两个确保"[1]和城市最低生活保障线，使得弱势群体也能够分享到改革开放的成果。要尽快解决少数县欠发工资问题，要加大扶贫开发的力度，要重视群众来信来访工作。第三个关键是反腐倡廉。要教育我们的干部过好权力关、金钱关、美色关。加强源头管理，从制度上、体制上堵塞漏洞，这是使干部少犯错误的最好办法。

注　释

〔1〕"两个确保"，指确保企业离退休人员基本养老金按时足额发放，确保国有企业下岗职工基本生活费按时足额发放。

增创发展新优势，
率先基本实现社会主义现代化

特区要在增创新优势上走在前面 *

（1998 年 4 月 29 日、6 月 4 日）

特区要把发展高科技产业作为鲜明特色突出出来，走出一条科技和生产紧密结合的新路子。要使更多的企业从引进—生产—再引进—再生产这样一个低水平的循环转向引进—消化吸收—自主创新—再出口上来。要努力探索适应科技创新机制的科技投入机制，扩大国民收入一次分配中的科技投入，增加企业科技投入占销售额的比重。要不断提高高新技术产业面向资本市场筹集资金的能力，积极探索科技风险投资的新途径。要从保护知识产权、承认科技成果的价值以及户籍管理等多方面提供方便，在发展知识经济上走在前面。特区在机制上有明显的优势，就是把经济体制改革和科技体制改革紧密结合起来，所以发展得快。在这个基础上，特区要继续加快完善社会主义市场经济体制，与内地保持一个梯度差，抓住发展机遇。

---

* 这是李长春同志在深圳、珠海考察时讲话的一部分。

一

深圳是邓小平同志亲自确定的经济特区，也是邓小平同志开辟的改革开放路线的"试验田"。短短的 18 年时间，深圳从一个落后的小渔村，建设成为现代化的新兴工业城市。我这次用将近两天的时间在深圳考察，感到收获很大，令人振奋。深圳建设的成就意义重大，标志着邓小平建设有中国特色社会主义理论的伟大胜利，标志着党的改革开放的路线和创办经济特区的战略决策的正确性，也标志着社会主义制度的优越性。

深圳毗邻香港，有着非常优越的地缘优势，实行改革开放 18 年来，取得了很大的成绩，奠定了雄厚的物质技术基础。同时，在建立社会主义市场经济体制上先走了一步，有着明显的体制优势，再加上多年来通过灵活、优惠的政策吸引了全国方方面面的优秀人才。当前，按照"增创新优势，更上一层楼，率先基本实现社会主义现代化"的总要求，抓住机遇、深化改革、扩大开放、保持稳定、加快发展，深圳完全有条件走在全省的前面。希望深圳能够在各个方面在全省起到龙头作用、带动作用，希望深圳在两个文明建设上跻身于全国先进城市的行列，希望深圳在落实科学技术是第一生产力、努力提高经济质量和效益上，走在全国的前面。

第一，进一步提高对外开放的水平，使外向型经济这一传统优势能有新的发展。深圳是靠对外开放发展起来的，外向型经济占有很大的比重，这是我们的传统优势。在当前研究"增创新优势，更上一层楼"的工作中，我们的传统优势要有新的发展。一是要在坚持"一国两制"的前提下，大力推进粤港经济合作，使深圳和香港相辅相成，互相促进，共同发展。毗邻香港，是深圳独有的优势。在国务院批准粤港之间成立粤港合作联席会议这一有利条件下，希望深圳进一步加强与香港的合作，在基础设施、通关服务、前店后厂等方面进行密切合作。二是要努力扩展国际合作的空间。目前，主宰世界高科技潮流的国家和地区，主要是美、日和欧盟。在继续发展与香港合作的同时，要主动、自觉地扩展国际合作，特别是与美、欧、日的合作。要探索一些加强联

1999 年 8 月 26 日，李长春考察深圳盐田港。前排左一为广东省委副书记、广州市委书记黄华华，左二为广东省委副书记高祀仁，右一为广东省人大常委会主任朱森林，右二为广东省委副书记、深圳市委书记张高丽，后排右一为广东省政协副主席王宗春。

系的渠道，大力吸引世界前100名的大企业跟我们合作，到深圳来建总部，交流知识和经验，提高深圳的开放水平。三是要发挥好"二传手"的作用，加强与国内其他地方的联系，不断优化产业结构，提高经济效益。随着深圳产业结构的调整升级，初期的一些项目、产业可以逐步向广大中西部扩展，向广大腹地，包括省内的腹地，如粤北、粤西等地方延伸。

第二，把发展高科技产业作为深圳经济的鲜明特色突出出来，增创科技新优势。这次来，我非常高兴地看到深圳在计算机、通信、大规模集成电路、视听设备、家电等领域的技术水平在全国处于比较先进的位置。高新技术产业的产值占全市工业总产值的35%，这是深圳的希望所在，后劲所在。要使全市广大干部群众对此增强自觉性，以高新技术作为深圳的特色经济，在发展高新技术上再创新优势。在这方面，市委、市政府的指导思想很明确。深圳搞了"22条"[1]，在全国有很大的影响，这方面的经验难能可贵。这次我很高兴地看到，深圳在努力形成技术创新机制、走出一条科技和生产紧密结合的新路子方面，出现了很可喜的现象。一些大企业和企业集团已经成为技术开发的主体，也像发达国家的企业一样，根据人才和市场战略，在企业内外，甚至境外布局了一批开发机构，在这些开发机构中科技人员的比重大大上升，吸纳了一大批硕士、博士，这很有远见。我们要在政策上、体制上、服务上大开绿灯，尽快落实在一批重点企业设立若干个技术开发中心的计划，使其占据行业技术的制高点。要使更多的企业从引进—生产—再引进—再生产这样一个低水平的循环转向引进—消化吸收—自主创新—再出口上来。要努力探索适应科技创新机制的科技投入机制，扩大国民收入一次分配中的科技投入，增加企业科技投入占销售额的比重。这个投入比政府通过国民收入二次分配的科技投入效益好，更能与市场和生产紧密结合。要不断提高高新技术产业面向资本市场筹集资金的能力，积极探索科技风险投资的新途径，政府拿一些，企业也拿一些，方方面面筹一些，组成股份制的风险投资公司，探索科技投入的新机制。要努力改善人才环境，大力吸引中高级人才。要从保护知识产权、承认科技成果的价值以及户籍管理等多方面提供方便，使深圳成为对海内外高级人才有吸引力的首选城市之一，使深圳在广东全省发展知识经济上走在前面。

第三，加快完善社会主义市场经济体制，进一步增创体制上的新优势。深圳在机制上有明显的优势，就是把经济体制改革和科技体制改革紧密结合起来，所以发展得快。希望深圳在这个基础上，继续加快完善社会主义市场经济体制，与内地保持一个梯度差，这就能抓住发展机遇。这不是希望内地发展慢，而是我们要搞得更好。当前，全国市场经济宏观调控的框架已经形成，发展的关键看两个环节，一个是微观基础，也就是企业改革，另一个是城市的配套改革。微观改革，就是要建立现代企业制度，使企业成为自负盈亏、自主经营、自我约束、自我发展的市场主体。城市的配套改革，首要的是建立社会保障体系，养老、失业、医疗、住房等，特别要强调覆盖面。如果仅仅是在国有、集体这个范畴里，全国进程差不多，难点是覆盖全社会。覆盖了全社会，企业的负担就减轻了，而且给人才的流动创造了条件。其次是转变政府职能，提高工作效率，提高服务水平。1988年我来调查研究的时候，找了几家辽宁在深圳办的企业座谈，问他们在深圳办企业和在辽宁办企业有什么差别，他们的反映中有一条就是干扰少。深圳从街道办事处到市政府都在为企业服务,这就非常好。深圳的这个优势要巩固住。再次就是完善市场体系,特别是生产要素市场。此外,在改革中,要研究我们传统的事业单位怎样区别对待,应该进入市场的怎么样进入市场。希望深圳在进一步完善市场经济体制上,继续增创新的优势。

第四,坚持"两手抓",交出物质文明建设和精神文明建设两份好答卷,增创环境新优势。环境有硬环境和软环境。深圳的城市环境比较漂亮,绿地增加了,交通秩序不错,小区管理比较好,这些是好的方面。外界也有一些不好的反映,认为我们的社会秩序不好,社会风气不好。当然,这里面有渲染、夸大的因素,但是确实要承认我们工作的力度不够。我用一句比较重的话,就是要痛下决心,搞好社会治安,搞好社会风气。这已成为深圳能不能继续增强吸引力、凝聚力,加快发展的一个主要障碍。诚然,有难度大的一面:毗邻香港,经济上得快,内地来的流窜犯比较多,任务艰巨。但是为什么大家对上海的环境感到安全呢?我们也得承认,工作力度不一样,效果就不一样。"晏子使楚"的典故中,晏子和楚王辩论,晏子说,"得无楚之水土使民善盗耶"。楚王讲,我们这里的小偷都是从你们国家过来的。晏子说,这些人在我们国家不偷,到你们这里就偷,这不是说明你们的水土使人容易学坏吗?就是这个意思。在这个问题上,我们一定要高标准、严要求,必须看到它的严重性。要尽快找到一个载体,把环境质量好好改善改善。我提出一个建议,供你们参考,就是开展"创三优"活动,创优美环境、优良秩序、优质服务。优美环境,主要是指城市建设,净化、绿化、美化。优良秩序,既包括交通秩序、社会治安秩序,也包括市场经济的经济秩序，就是说不能有假冒伪劣、合同诈骗、假增值税发票等现象。优质服务涉及方方面面，作为公务员、社会服务窗口，怎样做到优质服务，怎样体现社会主义精神文明建设的社会公德、职业道德、家庭美德。一定要提高深圳的环境质量，以崭新的面貌和姿态出现在全国人民面前，这个问题意义十分重大。如果我们能够把深圳的社会治安搞好，把社会风气搞好，本身就是对全国人民坚定不移地高举邓小平理论旗帜、坚持党的基本路线不动摇的一个教育。现在为什么少数人对改革开放有看法？其中一个方面就是认为什么黄赌毒等社会丑恶现象泛滥，社会治安秩序不如以前。对这些东西，邓小平同志当初就预料到了，提出要"两手抓"。这不是路线方针政策的问题，而是我们实际工作的问题，是我们"两手抓"的力度问题。

第五，把深圳建设成为有较强辐射力、吸引力，功能比较完善的中心城市，增创城市功能新优势。80年代深圳发展很快，但总的大家认为是一个新兴的工业城市，或者叫出口基地型的工业城市。进入90年代后，深圳的城市功能日臻完善。刚才深圳的领导在汇报中突出了关于把深圳建成什么样的城市，在功能上如何发展的问题，讲得很好。我讲有较强的辐射力、吸引力，范围多大，要看我们的工作。咱们先把它确定为区域性的，话不说满，工作往前做。在哪些方面发挥中心城市的作用，我想一个是作为区域性的高新技术开发中心，起码应包括珠江三角洲、东南沿海地区。另外是出口贸易中心、航运中心、信息中心、金融中心，前面都冠上"区域性的"。在城市功能上，要很好地向上海学习。上海是在全国发挥了以上几个中心的作用，我们是在区域范围内发挥作用，发挥我们这个区域内的"上海作用"，更好地为广东的发展服务，为东南沿海地区的发展服务。比如要搞成航运中心，基本条件有了，这次我看了盐田港，条件很好，没有内陆河流泥沙淤积的问题，一公里的航程就进入航道，而且周围的山体构成天然屏障，风平浪静，是很好的深水港、避风港。盐田港的发展快慢，取决于腹地开拓的快慢。这就要做工作。就是说要用扎扎实实的工作，向腹地延伸辐射。

（1998 年 4 月 29 日在深圳考察时讲话的一部分）

二

珠海的建设，因起步稍晚，在借助全国方方面面的支持等方面，条件不如深圳，也就是讲在某种程度上主要是靠自力更生搞起来的。珠海的工作很有创造性，特别是珠海提出来的土地管理"五统一"〔2〕，实际就是垄断土地的一级市场、搞活二级市场，对内地影响很大。珠海的实践对全国影响也是很大的。所以尽管珠海在前进过程中，还有不完善的地方，有些方面还需要总结一下，但总的来说，已经取得了不起的成就。现在珠海的基础设施更加完善了，城市环境十分诱人，地理位置有着明显的区位优势，物质技术基础明显壮大了，所有这些都为今后的进一步发展奠定了非常好的基础。我们应该有理由坚定信心，克服暂时的困难，坚定不移地走下去。

下面就怎样贯彻好省八次党代会的精神，讲几点意见，供大家参考。

第一个意见，希望珠海市委认真组织学习、宣传好省八次党代会的精神，使之成为全市上下在新的历史时期统一思想，克服困难，继续前进的强大动力。省八次党代会是我们省在关键的历史时刻召开的重要会议。改革开放 20 年来我们取得了巨大成就，同时，当前也遇到了很多新情况、新问题，对下一步怎么走也提出一些问号。珠海的情况就是我们全省的一个缩影。省八次党代会对我们跨世纪的征程作出了全面部署，应该要求每一个党员干部都能够深刻领会这次会议精神。概括起来，党代会报告的主要精神是"一、二、三、四、五"：

"一"就是突出了一条主线，即高举邓小平理论伟大旗帜，全面落实十五大提出的各项任务，贯彻中央对广东提出的"增创新优势，更上一层楼"的要求。

"二"就是交好两份答卷。在前 20 年，我们两个文明建设都取得了很大成绩，我们今后要继续坚持经济建设这个中心，坚持改革开放不动摇，朝着基本实现社会主义现代化的目标前进，同时要切实加大"两手抓"的力度。

"三"就是实施三大发展战略，即外向带动战略、科教兴粤战略、可持续发展战略。发展外向型经济是我们这 20 年实践走的路子，是一个重要经验，也是广东的一大优势，所以我们今后要继续坚持这条路子不动摇，而且我们要把它提高为外向带动，而不是简单的进口、出口，要自觉地、全面地参与国际分工，争得我们的席位，带动国民经济发展，这应作为三大战略之首。同时我们也鲜明地提出科教兴粤的战略，用科技进步推动产业结构升级，这是我们广东今后一段时间增创新优势的重点。可持续发展战略就是要把经济发展、人口控制、环境保护、资源利用紧密地结合起来。珠海一直非常注意这个问题。

　　"四"就是增创四大新优势。当然各个市可以论证要增创多少个，但在全省有共性的，也是最重要的，是要在四个方面增创新优势，实现更上一层楼的目标。首先是加快建立社会主义市场经济体制，增创体制上的新优势。最关键的是在经济活力上要同内地有一个梯度差，形成我们的优势。中央已经明确了建立社会主义市场经济体制，对全国都是这样的一个目标，关键在于我们要先走一步，先走就出优势。其次是调整优化经济结构，增创产业新优势。我们要在若干个领域，占据全国同行业制高点，不断拓宽在国内外的发展空间。三是实施外向带动战略，增创开放新优势。要在我们走过的 20 年的基础上进一步总结提高，在提高当中形成新的优势。比如，过去有的地方主要同港澳打交道，现在我们要在继续发挥毗邻港澳的优势的同时，加强同世界上排名在 100 名以内的大财团打交道，把大财团、大企业吸引到我们这儿来，跟踪国际先进科技水平。比如，过去有的地方发展工业主要是靠"三来一补"，那么现在要在这个基础上逐步形成自己的优势产业。四是实施科教兴粤战略，增创科技新优势。为了增强我们的后劲，广东要在科技、教育上进入全国的强省行列，特别是在形成技术创新机制上要走出新路子来，不能停留在引进—生产—再引进—再生产这个层面上，要形成技术创新的机制。技术创新机制的重要标志，是在若干领域有我们的知识产权。要形成以大企业为主体，以大专院校和科研单位作为广泛的社会技术依托，各种投入相结合的新的科技体制。

　　"五"就是牢记五条经验，也是长期应该坚持的。第一条是高举邓小平理论伟大旗帜，解放思想，实事求是，更新观念。第二条是坚决贯彻中央的路线方针政策，并且努力和广东实际结合起来，创造性地开展工作。第三条是在扩大开放中发展外向型经济。这是我们广东最明显的优势，要坚持和发扬。第四条是坚持"两手抓"方针。特别对于广东这个改革开放的前沿来说，坚持"两手抓，两手都要硬"，本身就是对坚持邓小平理论不动摇、坚持党的基本路线不动摇的贡献；我们的经验越有说服力，就越是有利于排除来自"左"和右的干扰。第五条是切实加强党的建设，这是根本保证。对这些精神，要认真地组织党员干部和群众学习、领会好。

省八次党代会的报告里面，对特区、对珠江三角洲、对高新技术开发区，都有专项要求，对珠海而言，这些要求归结到一点，就是要求珠海继续走在前面，把特区办好，在全省发挥示范带动作用，在珠三角高新技术产业带上发挥骨干作用。

1998年6月5日，李长春考察珠海亚洲仿真公司。前排右三为珠海市委书记梁广大。

　　第二个意见，当务之急是抓住机遇，大力发展新的经济增长点，提高珠海经济的热度和启动活力。经济不能过热，过热是不行的，这在过去是有教训的；但也不能过冷。根据珠海目前的情况，应当加加温，主要在努力提高经济效益上加温。珠海一直在全国特区建设中走在前面，而且毗邻澳门，有着很大影响力。中央提出今年全国国内生产总值增长 8% 的目标，作为改革开放先走一步的广东，作为经济特区的珠海，必须显示出活力，作出应有的贡献。这不是简单的要数字，它实质是个什么问题呢？90年代初，我们国家抵御了来自国际上政治风波的冲击，经受住了这个考验，"柳暗花明又一村"。当前实际上我们又遇到了来自国际的经济风波的冲击，只要我们经受住这个冲击，我们国家的国际地位将更加提高，我们国家在国际竞争中和多极化格局中，将更处于主动地位。所以我们讲今年抓好经济工作不单是一个经济问题，也是一个政治任务，意义也就在此。

　　对珠海发展新的经济增长点我提几点建议。

　　第一个是大力发展高新技术产业，优化产业结构，在若干领域占据全国同行业制高点。珠海要有这个目标，也应该有这个志气。今天看了格力空调，我感到还是很不错的，可以说高新技术应用到传统产业上了，电脑和家电结合。而且它的设计、制造过程全部实行电脑的辅助设计，新产品的开发周期大大缩短。希望能够发展这么一批建立起技术创新机制、在高新技术领域占有一席之地的企业。

　　第二个是发展旅游业。要推出一批旅游优秀项目，比如珠三角一周游、珠海海岛三日游，甚至珠海跟三峡旅游线或海南岛旅游线连起来等等。旅游一搞活，商业也就带动起来了，消费需求就增强了。

第三个就是发展"三高"农业。我看珠海发展"三高"农业的条件非常好，特别是发展高档的水产品，跟优越的机场条件结合起来，跟农民的海水养殖结合起来，争取供应全国的星级宾馆。要在仓储、保鲜、加工系列服务上培植几个经营水产品的龙头企业，搞活流通。这既有利于群众致富，也把航空运输搞活了。

再一个就是大力发展"三资"企业[3]，掀起一个招商引资的新高潮。要把现有的"三资"企业都排排队，对凡是要扩大规模的，我们要主动服务上门，包括审批土地、规划地盘等，动员他们尽快开工。我们所参观的外资企业就有现实的要求，有的是要把在东南亚的企业迁来，有的还苦于现有厂区周围没有地方发展了。对此，我们要主动地衔接，主动地服务，积极创造条件，争取让现有外资企业扩大规模。与此同时，采取走出去、请进来的办法，掀起新一轮的招商引资高潮。我建议市里的领导可以分分工，有的在家主持日常工作，抓省党代会精神的贯彻，有的就带队走出去招商。我们要实行政企分开，但作为"造势"，介绍一个地方的投资环境，政府的作用是企业代替不了的。所以，在掀起新的招商引资高潮方面，希望珠海带个头，造个势。除了要巩固传统的港澳台、东南亚市场，对美欧等市场也要以积极的姿态主动出击，搞大规模招商引资。我想，这几点都可以成为珠海新的经济增长点，要抓住不放。

第三个意见，谈一谈粤澳合作，特别是珠海与澳门的合作问题。毗邻港澳，这是广东独特的优势；另一个，作为侨乡，拥有2000万华侨，也是我们独特的优势。所以我们必须不断地发掘这方面的潜力。目前要推动粤澳合作，首先是珠海与澳门的合作。怎么合作，请珠海进一步论证，进一步研究，我也提点建议。首先，当前最现实的是利用澳门作为对台的窗口，在两岸实现"三通"之前，打个"时间差"，扩大对台湾的招商引资。这项工作既有利于贯彻中央关于两岸统一的方针，也有利于我们地区的经济发展，还有利于珠海和澳门的合作。其次，就是发展珠澳两地游。开展珠澳游，可以跟国务院港澳办汇报，争取得到批准，扩大点范围。第三，就是推动基础设施的合作，要避免重复建设，影响效益。

（1998 年 6 月 4 日在珠海考察时讲话的一部分）

注　释

〔1〕"22 条"，指深圳市 1998 年出台的《关于进一步扶持高新技术产业发展的若干规定》，提出 22 条在资金、住房、减免税、土地使用、调干调工等方面大力扶持高新技术企业的政策。

〔2〕"五统一"，即土地统一规划、统一征用、统一开发、使用权统一出让、统一管理。

〔3〕"三资"企业，即依法在我国境内建立的中外合资经营企业、中外合作经营企业和外商独资经营企业。

实施三大战略，增创四大优势 [*]

（1998 年 5 月 22 日）

世纪之交，广东要大力实施外向带动战略，充分发挥对外开放的优势，大力发展外向型经济，带动全省国民经济持续快速健康发展；实施科教兴粤战略，科技先行，教育为本，贯彻科学技术是第一生产力的战略思想，把高新技术产业作为今后广东发展的第一经济增长点；实施可持续发展战略，使全省经济发展与人口控制、环境和资源保护协调发展。增创体制、产业、开放、科技四大优势。

党的十五大确立邓小平理论为全党的指导思想，对社会主义现代化建设跨世纪发展战略作出全面部署，要求东部地区充分利用有利条件，在推进改革开放中实现更高水平的发展，有条件的地方率先基本实现社会主义现代化。江泽民同志对广东作了"增创新优势，更上一层楼，率先基本实现社会主义现代化"的重要

---

* 这是李长春同志在中共广东省第八次代表大会上报告的一部分。

指示，进一步为我省指明了发展方向。

今后五年，是我省基本实现社会主义现代化进程由第一个十年转入第二个十年的重要时期；是承前启后，继往开来，增创新优势，更上一层楼的关键阶段。

从国际上看，多极化的世界政治格局正在形成，世界经济科技一体化趋势明显，各国之间的经济联系更加紧密，区域经济合作日益增强，新技术革命浪潮蓬勃兴起，知识经济时代正在来临，产业结构调整加快，经济和科技竞争更加激烈。而我省参与国际竞争的能力仍然不强，既面临着发达国家和地区经济和科技占优势的压力，又面临条件与我省相类似的发展中国家和地区的激烈竞争，加上世界贸易保护主义抬头，使我们争取国际资金、技术和贸易机会的难度加大。去年以来东南亚等地发生的金融危机对全省的经济也产生一定影响。

从国内来看，全国已形成全方位开放格局，各地改革步伐加快，我省原有的一些相对优势已不复存在或正在减弱，兄弟省份在改革发展的不少方面已经走在我省前面；我省的经济发展已由解决短缺经济、数量扩张为主要特征的快速增长阶段，进入追求质量效益、提高经济整体素质和可持续发展为主要特征的稳定增长阶段，结构调整和产业升级成为经济增长的关键环节；体制改革已由点面结合、单项突进、破除旧体制阶段，进入整体推进、综合配套的阶段，体制创新成为改革的主题；对外开放已由部分地区、部分领域的有限度开放，转向平等竞争、全方位开放、提高开放质量和水平的新阶段；社会发展已由满足人民温饱生活等基本需求，转向提高生活质量和追求社会全面进步的新阶段。

形势逼人，不进则退；机遇催人，稍纵即逝。我们应该奋起拼搏，力争继续走在全国前列。省第七次党代会确定力争二十年基本实现社会主义现代化的奋斗目标，提出前后两个十年全省国内生产总值年均递增速度分别为 13.4% 和 12.4%。经过努力，前七年已达 16.7%，奠定了良好的发展基础。我省的发展条件仍然看好，粤港澳三地合作、与内地省份经济合作前景更广阔，区位优势更明显；体制、机制较活，人们的市场经济意识较强；物质技术基础较雄厚；山区和海洋资源丰富，开发山区和建设海洋经济强省的潜力很大；发展外向型经济和高新技术产业面临新的契机。我们对广东的未来充满信心。

今后五年的基本任务是：高举邓小平理论伟大旗帜，坚持党的基本路线，全面贯彻党的十五大精神，围绕经济建设中心，增创发展新优势，大力推进经济体制和经济增长方式两个根本性转

1998 年 5 月 22 日，李长春在中共广东省第八次代表大会上代表七届省委向大会作报告。

变，突出抓好外向带动、科教兴粤和可持续发展三大发展战略，切实加强思想道德文化建设、民主法制建设和党的建设，交好物质文明建设和精神文明建设两份答卷，实现广东各项建设事业更上一层楼。

三大发展战略是：外向带动战略，即充分发挥对外开放的优势，大力发展外向型经济，带动全省国民经济持续快速健康发展；科教兴粤战略，就是科技先行，教育为本，贯彻科学技术是第一生产力的战略思想，把高新技术产业作为今后广东发展的第一经济增长点；可持续发展战略，就是使我省经济发展与人口控制、环境和资源保护协调发展。

今后五年的主要奋斗目标是：

——经济发展水平上新台阶。国内生产总值年均增长速度在10%以上，主要经济指标和综合经济实力保持在全国先进行列。广州、深圳及珠江三角洲其他地区朝着基本实现社会主义现代化的目标迈出更大步伐，东西两翼沿海地区达到比较富裕的小康水平，山区基本实现小康。

——基本建立起社会主义市场经济体制。攻克国有企业改革的难关，推进机构改革，继续完善各项配套改革，形成适应社会主义市场经济要求的相对完善的所有制结构和分配制度，市场体系和社会化服务体系，国有资产管理监督运营体系和宏观经济调控体系，社会保障体系以及法规体系。经济运行机制充满活力。

——以高新技术产业迅速发展为主要特征，经济结构明显优化。科技进步对经济增长的贡献更加明显，高新技术产品产值占工业总产值的比重明显加大。以高新技术产业为先导，三大产业协调发展，结构有较大改善。基础设施建设更加适应国民经济和社会发展的需要，基础产业继续加强。

——地区生产力布局更趋合理。在实施三大战略中，继续增强广州作为中心城市的吸引力和辐射力，加快深圳经济中心城市的建设，充分发挥这两个城市发展高新技术产业、带动全省城乡发展的龙头作用；充分发挥经济特区和珠江三角洲经济区的示范和辐射作用；东西两翼扩大开放上新水平；山区腹地特色经济发展加快。四个层次的地区都有各具特色和互相促进的优势产业。

——经济国际化水平显著提高。建立起比较完善的外向型经济运行机制。外贸出口稳定增长，利用外资水平明显提高。

——政治体制改革和民主法制建设继续推进。民主政治进一步发展，民主选举、民主决策、民主管理、民主监督机制进一步建立健全。政企分开、精简机构有明显进展。依法治省取得较大进展，治安秩序继续好转，社会保持安定。

——社会文明程度与经济发展水平同步提高。社会主义道德风尚进一步形成，公民整体素质提高。科技和教育综合实力居全国前列，文化事业有较大发展。人口自然增长率控制在计划目标以内。资源、环境保护成效显著。

——城乡人民生活水平和质量有较大提高。城镇居民人均可支配收入和农民人均纯收入分别年均增长 6% 和 5%，消费结构趋向合理，居住条件进一步改善，精神文化生活更加丰富活跃。

这五年的奋斗目标展示了 21 世纪初广东社会主义现代化建设的宏伟蓝图。要使蓝图成为现实，必须抓住机遇而不丧失机遇，开拓进取而不因循守旧，力争上游而不故步自封。在实现社会主义现代化的整个进程中，要善于吸收人类社会一切文明成果，也要注意总结吸取一些国家和地区以及我们自己的经验教训，力求避免出现大的失误，努力走出一条符合中国国情、具有广东特点的社会主义现代化建设路子。

实现跨世纪的奋斗目标，为基本实现社会主义现代化奠定坚实基础，必须按照"统揽全局，突出重点，稳中求进，有效增长"的要求，着力增创四大新优势，促进经济发展五年跃上一个新的台阶。

第一，加快建立社会主义市场经济体制，增创体制新优势。

经济体制改革要按照重点突破、整体推进、综合配套、完善框架的总体要求，在深化、配套、攻克难点上下功夫，实现所有制结构调整和国有企业改革有新突破，社会保障体系和市场体系继续完善。在建立新的经济体制上先走一步，形成优势。

调整和完善所有制结构，改革分配制度。关键是加快国有经济布局的战略性调整，把财力、物力、人力适当集中到国民经济的关键领域和支柱产业上来。通过资产重组、参股控股、技术进步和加强管理，提高公有资产质量，提高国有经济的控制力和竞争力。积极探索公有制的多种实现形式，大力发展股份制、股份合作制等各种形式的集体经济。进一步鼓励、扶持和引导"三资"企业、个体私营企业、民营科技企业健康发展。依法加强税收征管工作。把按劳分配和按生产要素分配结合起来，允许和鼓励一部分人通过诚实劳动、合法经营以及投入资本、技术等生产要素参与分配而先富起来。

国有企业改革是当前经济体制改革必须突破的一个重点。要切实转换经营机制，力争用三年左右的时间使大多数国有大中型骨干企业建立起现代企业制度，大多数国有大中型亏损企业特别是纺织、煤炭、制糖等特困行业摆脱困境。把国有企业改革同改组、改造、加强管理结合起来，贯彻"抓大放小"的方针，鼓励和组织大企业以资本为纽带，以市场为导向，以产品为龙头，实施跨地区、跨行业、跨所有制的兼并联合，发展一批大企业和企业集团；采用一切反映社会化生产规律的组织形式和经营方式，全面彻底放开放活小企业。建立健全国有资产监管运营机制，切实加强和改善政府对国有企业的监督管理。

建立健全基本社会保障，推进再就业工程。建立和完善覆盖全社会的社会保障体系，重点是社会养老、失业、医疗保险、最低工资和国有企业下岗职工基本生活保障、社会救济等制度。采取积极措施，依靠各方力量，全面推进个人自主择业、市场调节

1998年5月22日至27日，中共广东省第八次代表大会在广州举行。图为李长春与少数民族代表赵雄英亲切握手。

就业、政府促进就业三结合的再就业工程。

继续深化农村改革，加快农业市场化进程，推进农业产业化经营。坚持和完善以家庭联产承包责任制为主的双层经营体制。加大乡镇企业改革和管理力度，进一步完善和发展股份制、股份合作制。加强农村集体资产管理。

以培育要素市场为重点，完善市场体系。把发展完善金融市场作为要素市场建设的关键，改革投融资体制，积极稳妥地培育资本市场和保险市场。依法加强对金融业的监管，加强对企业财务的监管，努力防范和化解金融风险。大力发展和规范产权、技术、人才、劳动力、房地产、信息等要素市场。深化流通体制改革，完善价格机制，繁荣商品市场，尽快形成统一开放和竞争有序的市场体系。

第二，调整优化经济结构，增创产业新优势。

调整优化经济结构是实现经济增长方式根本转变的重要途径。要强化第一产业，提高第二产业，大力发展第三产业。三大产业都要以市场为导向，以效益为中心，以科技为依托，扶强项，创名牌，扩规模，上水平，在产业结构上形成优势。

强化第一产业。要充分发挥广东气候和区位等有利条件，决不放松粮食生产，积极发展多种经营，大力发展创汇农业、"三高"农业和乡镇企业。粮食生产要稳定面积，提高单产，增加总产。实行山区开发和海洋开发并重，种养业和加工业配套。积极稳妥地推动农业产业化经营，立足优势资源，确立主导产业，创办龙头企业，建设商品基地，辐射带动农户，形成"公司＋基地＋农户"的生产、加工、销售有机结合，贸工农一体化的经营实体。重点抓好 50 家农业骨干龙头企业。通过强化产前、产中、产后服务，使千家万户的分散经营与千变万化的大市场联系起来。各级政府都要增加农业投入，加强以水利为重点的农业基础设施建设，推进农业机械化。大力推广良种、良法，推进生物技术的应用。落实保护耕地责任制。对各种所有制形式的农业开发企业，在政策上一视同仁，扶持发展。珠江三角洲要加快农业现代化的进程，在全省发挥示范带动作用。

提高第二产业。要推进产品、产业和企业组织三个结构的调整优化，进一步实施"三个一批"战略。着力发展一批规模大、技术高、效益好、带动性强的支柱产业，重点是发展电子信息产业、电气机械及专用设备制造、石化工业等三大产业。依靠高新技术改造传统产业，重点改造和提高纺织服装、食品饮料、建筑材料等三大产业。抓好一批列入国家和省重点扶持的大企业和企业集团。增创一批名牌产品，提高产品竞争力。按照适度超前的要求，继续加强水利、能源、交通、通信等基础设施建设。

大力发展第三产业。要突出重点，体现特色，提高比重，全面发展。在建设商品市场、完善现有商业网络的基础上，发展各种现代经营方式和生产要素市场，大力开拓城乡市场。发展和规范社会中介服务，进一步放开发展各种所有制形式的信息咨询、房地产经营和旅游业。建立健全社会化服务体系，促进服务社会化。

产业结构的调整优化要与区域经济的协调推进结合起来，形成合理的生产力布局。广州、深圳要加强城市规划、建设与管理，进一步增强区域中心城市功能，重点在金融、科技、信息、商贸、交通、文化、旅游等方面成为区域中心，发挥辐射作用。珠江三角洲经济区要落实整体发展规划，加快以技术密集型、轻型和出口型为主的结构优化进程，引导部分加工业向腹地转移，帮助培训和吸纳山区劳动力，促进共同发展；跟踪世界技术潮流，尽快形成高新技术产业带。粤东粤西要大力发展加工业、商贸业、重化工业、海洋产业，发展民营经济，加强与周边省区的经济合作，提高经济外向度和技术水平。山区要继续加强基础设施建设，立足于开发利用当地资源，发展优势产业，加快农业产业化，巩固和发展造林绿化成果，重视发展加工业，实现奔康致富。继续实施对山区、老区、少数民族地区和贫困地区的扶持措施，努力缩小地区发展差距。

第三，实施外向带动战略，增创开放新优势。

扩大开放，发展外向型经济是广东发挥优势的强省之路。全省要进一步发挥毗邻港澳和华侨众多的优势，形成全方位、多层次、宽领域、高水平的开放新格局。

要继续扩大粤港澳台经济合作和国际经济技术合作与交流。在"一国两制"原则下，按优势互补、互惠互利和共同发展的原则，加强政府间对粤港两地经济社会发展的重大问题的协调沟通，促进两地经济全面合作，尤其要加强商务、科技及人才交流、口岸建设与管理等方面的合作。努力扩大与澳门的合作。积极做好对台工作，扩大对台合作与交流。要不断拓展与世界各国和地区特别是欧、美、日等的合作，注重扩大与国际上实力强、信誉高的大公司、大财团的合作，跟踪世界先进科学技术。

提高开放水平必须加大招商力度，改进招商方式，积极合理有效地利用外资。利用外资要与全省经济结构的战略性调整相结合，与提高经济增长质量相结合，与国有经济战略性改组相结合，更多地投向支柱产业、高新技术产业特别是信息产业、海洋

2001 年 11 月 7 日，李长春在广州会见台湾宝成国际集团总裁蔡其瑞。

产业、开发性农业和环保产业。积极发展加工贸易，引导其向深加工和规模化发展。充分发挥深圳、珠海、汕头经济特区的窗口示范作用，为全省扩大开放提供新鲜经验。继续办好各类国家级经济技术开发区和保税区，更好地发挥其辐射带动作用。珠江三角洲地区要通过提高开放水平，进一步优化产业结构。广大腹地要努力改善投资环境，扩大招商，提高开放度。全省要努力按国际惯例办事，提高管理服务水平和效率。进一步开放市场，对外商投资企业逐步实行国民待遇，依法保护外商投资企业权益，同时加强引导和监管。

实施大经贸、多元化市场和"以质取胜"的外贸发展战略，确保外贸出口增长高于国内生产总值的增长。增强外贸对全省经济发展的拉动力。深化外贸体制改革和国有外贸企业改革，组建贸工农技相结合的外经贸大企业集团；大力推行外贸代理制，扩大企业外贸经营权，支持帮助民营企业产品出口。积极发展技术贸易和服务贸易，进一步调整优化出口商品结构，提高高新技术产品和名牌产品的出口比重。进一步开拓多元化国际市场，大力拓展远洋贸易。鼓励有实力、有拳头产品、有较高管理水平的企业到国外投资或兴办加工贸易企业。扩大先进技术和关键设备的进口，并积极消化吸收，为我省经济发展和产业升级服务。

在扩大对外开放的同时，按照优势互补、辐射内地、共同发展的原则，拓展同兄弟省区市的经济联系和交流合作。通过建立以区域中心城市为依托的营销网络和举办展销会、博览会等方式，大力拓展"广货"的国内市场，特别是农村市场。支持本省有条件的企业到内地投资，跨区域进行资产重组。欢迎外省企业和产品进入我省，平等竞争，互相促进。坚决完成中央要求我省对口支援内地建设的光荣任务。

第四，实施科教兴粤战略，增创科技新优势。

综合经济实力的竞争，核心是科技和人才的竞争，教育是科技发展的基础。为迎接知识经济时代的挑战，必须在全省进一步增强科教兴粤意识，采取切实可行措施，开创科学技术领先发展、优秀人才脱颖而出、科教与经济紧密结合、高新技术产业蓬勃发展的新局面，在依靠科技进步和优化产业结构上形成优势。

科技体制改革要与经济体制改革结合起来，逐步建立和完善包括科学管理体系、科学研究体系、技术开发体系和科技推广服务体系的新型科技体制。建立健全技术创新机制和知识产权保护制度。大型企业和企业集团应成为技术开发的主体，自觉加大对技术改造和技术创新的投入，建立完备的技术开发机构。充分用好国家和省对高新技术的扶持政策，加快发展高新技术产业，把高新技术产业开发区建设成高新技术产业的先行区、新经济体制的试验区、现代化城市建设的示范区。高新技术企业要大力增强国际竞争意识，积极实施低成本扩张，发展成大型企业集团。地方科研机构要面向市场，着重技术开发，可以多种形式进入大企业、企业集团或转变成科、工、贸经济实体。有条件的大专院校和科研院所要建成一批为发展高新技术产业服务的重点实验室，或积极参与地方和企业共建高新技术产业孵化基地，实现产学研结合。各级政府要切实增加研究与开发投入，组织对关键技术进行攻关，加速科技开发。积极创办工程技术研究开发中心和生产力促进中心，培育技术交易市场，建立科技风险投资机制，形成以大企业为主体、大专院校和科研机构为技术依托、多渠道增加投入的技术创新机制。支持科技人员创办科技企业或以技术入股形式联合开发新技术，加快科技成果转化为现实生产力。全省要重点扶持50家大型企业建立国家级或省级工程技术开发研究中心，并努力占据全国行业技术制高点。以"公司＋科研机构＋生产基地"的形式，推动技术创新和成果转化。吸收国外先进技术要立足于增强自主创新能力，变"引进—生产—再引进"为"引进—消化吸收—自主开发"。

科技进步需要优秀人才。要坚持教育优先的方针，加快建设教育强省的步伐。加快教育体制改革。加大对教育的投入。建立以政府投入为主、多渠道筹集资金的投资体制，鼓励和支持社会办学。巩固提高普及九年义务教育成果，大力发展职业教育和成人教育，积极稳步发展高等教育，全面提高教育质量和办学效益。强化对学生的素质教育，培育"四有"[1]新人。建立竞争和激励机制，调动广大教师的积极性。切实改善教师的工作和生活条件，进一步形成尊师重教的良好风尚。力争再经过五年的努力，使广东进入教育强省的行列。

注　释

〔1〕"四有"，即有理想、有道德、有文化、有纪律。

开展十大专题调研，谋划广东新发展[*]

（1998年6月10日）

> 广东经济正处于重要的转型期，要从长期以来的粗放经营，转到依靠经济体制和经济增长方式两个根本性转变上来。发动各级干部调查研究，就是要充分认识我们所处的关键阶段的基本特征，克服盲目乐观情绪，增强紧迫感、危机感。

　　省十大专题调研活动汇报会开了一天，省直单位根据省委、省政府的部署进行了两个多月的调查研究，各专题组就前阶段的调查情况和下阶段打算进行了汇报。大家对这次调研工作高度重视，工作卓有成效，主要表现在：一是组织落实上，省委、省政府分管专题的领导同志都主动挂帅，而且亲自调研，把有关的部门组织起来了，各专题组计划周密，参加的同志全力以赴。各市县也按照省里的办法，主要领导同志都亲自调研，动的面比较大。二是各课题组通过走出去，请进来，采取各种形式开展调

---

　　* 这是李长春同志在广东省十大专题调研活动汇报会上的讲话。

查，掌握了很多情况，占有了大量的第一手材料，为下一步综合分析，提出思路对策提供了坚实的基础。三是对这次调查研究的重要性有了更深刻的认识。大家感到，这次调研活动确实是在我省发展的关键时刻，落实江泽民同志指示的有力举措，对我省跨世纪的征程怎么走，意义重大，影响深远，是一个大动作。总的来说，前段已取得了重大的阶段性成果。

一

要进一步认识这次调研活动的重大意义，善始善终搞好这次调研工作。开展这次调研活动，是经过省委常委会议慎重研究作出的决策。主要是基于这么几个理由。

第一，我省改革发展正处在一个关键阶段，处在一个节骨眼儿上。

广东改革开放 20 年，取得了巨大成就，发生了巨大变化。但是，随着形势的发展，我们也面临着很多新情况、新问题、新挑战。有的是客观形势出现的一些新情况、新变化，有的是我们前进过程中暴露出来的新情况，遇到的新问题。在这种情况下，作为一个阶段，我们来一个回头看，来一个向外看，来一个向周围看，然后进一步明确下一步怎么走，本身就十分必要。

首先，我省由于多年的快速发展，地价上涨，劳务成本提高，以及资源匮乏、能源价高，因此原有的产业、产品面临着竞争能力下降的局面。如何实现产业结构升级，保持较强的产品竞争能力，就成为十分突出的问题。

其次，在对外开放上，我省借助于毗邻港澳、地处祖国南大门的地缘优势，拥有 2000 万海外华侨的人缘优势以及经济特区、沿海开放城市的优惠政策，率先开放，外向型经济有了长足的发展。现在，我国已由 80 年代的沿海地区对外开放，发展成为 90 年代沿边（边境）、沿江（长江水道）以及广大中西部地区全方位开放的新格局。由此逐步弱化了地区倾斜政策，而由产业政策取而代之，这样一来，大家都享受同等的国民待遇。特别是上海浦东的对外开放，以其产业基础的优势、人才优势和科技优势，形成竞争优势。如何提高我们的对外开放水平，发展原来的优势，就成了十分紧迫的课题。

再次，我国的经济体制改革也进入了一个新阶段。由过去主要是冲破旧体制，经历一段摸着石头过河的探索，现在已经进入了全面建立新体制的改革攻坚阶段。在冲破旧体制中，我们广东是走在全国前面的。中央通过几年的宏观调控、宏观改革，现在作为新体制的宏观框架，已经基本搭起来了，进行了财政、税制、外贸、金融、物价等七大改革，全国各地的情况差不多。现在亟须加快微观基础的改革及其配套改革，特别是国有企业的改革，社会保障体系的完善，以及政府转变职能，推进政企分开。在改革上哪个地方进展快，先走一步，就形成体制上的新优势，赢得了活力。改革开放 20 年的发展，全国的市场形势也由长期的短缺经济，即卖方市场变为买方市场，这是社会主义现代化建设的重大的阶段性成果。在卖方市场条件下，经济的增长，主要是资金约束，只要抓到资金，上了项目，就有市场。这个阶段已经过去，现在已由过去的资金约束转为市场约束，能不能占领市场是第一位的，这使我们面临全新的形势。过去，我们缺资金，可以从海外引；缺技术，可以花钱买；缺人才，可以高薪聘。而

1998 年 4 月 4 日，李长春在韶关宏大齿轮厂调研。右二为韶关市委书记汤维英。

唯有缺市场，是花钱买不到的。这就要求我们研究如何在全国新的市场形势下，再创我们的产业优势，增强我们的竞争能力。

我们还要看到，20 年来，我省得益于外向型经济的发展，现在也遇到了新情况。我们借助于毗邻港澳的地缘优势、海外华侨众多的人缘优势，获得了快速发展。但去年 7 月开始的东南亚金融危机及其后发展成的亚洲金融风暴，对我省外向型经济的影响不能低估，因为这些地区和我省经济联系十分紧密，这也再一次提醒我们，要加快国际市场多元化格局，在继续发挥原有的地缘优势、人缘优势，发展与港澳台、东亚国家和地区合作的同时，要扩大同世界上前 100 名大财团的合作，特别是同美、欧、日的经济合作。

我们也要看到，由于我省改革开放先走一步，没有现成经验可供借鉴，在探索中遇到的问题、积累的矛盾也比较突出。由于一度出现的开发区过热、房地产过热，遗留下一些问题，一些地方金融秩序混乱，成为我省改革发展稳定的制约因素，还需要艰苦的努力来消化。

综上所述，我省经济正处于重要的转型期，要从长期以来的粗放经营，转到依靠两个根本性转变上来。发动各级干部调查研究，就是要充分认识我们所处的关键阶段的基本特征，克服盲目乐观情绪，增强紧迫感、危机感。

第二，当前我们虽然面临新挑战和暂时困难，但也面临着难得的机遇。

面对这一个客观情况，我们通过调查研究，明确方位，进一步振奋精神，克服困难，继续前进，是非常有意义的一个举措。

一是从大的方面看，党的十五大召开以后，我国政治形势很好。全党确立了邓小平理论的指导地位，鲜明地提出了高举邓小平理论伟大旗帜，确保贯彻党的基本路线不动摇，这对全党和全国人民是一个很大的鼓舞，同时也被外界看好。国际上对我们的政治稳定是有信心的。这也是我们在国际上越来越主动的一个重要原因。这为我们进一步扩大对外开放、发展外向型经济奠定了政治基础。

二是我国经济在亚洲金融危机的冲击下，仍然保持好的形势，人民币币值稳定。去年是高增长、低通胀，今年第一季度总体上仍然保持这种态势。特别是人民币在东南亚发生金融风波的情况下保持币值稳定，这在国际上是一个很大的事情，反响很好，也使外商对我国的投资环境更加看好。现在的情况是，过去在东南亚投资的外商，比较来比较去，感到还是中国的投资环境好。在这种形势下，我们广东能不能及时抓住机遇，像80年代初期靠国家的优惠政策来赢得一个时间差一样，赢得一个更大的发展，事关重大。现在外部环境是好的，外商纷纷来了，国家在大的方面又为我们创造了非常好的条件，我们能不能充分利用这些好的环境和条件，这也是善不善于抓机遇的问题。

三是困难中蕴藏着机遇，要在转化上做文章。我们遇到一些新问题、新挑战、新困难。同样，各省都会遇到这些问题。在这种情况下，谁能找出解决问题的办法，走出困境，谁就创造了优势，赢得了机遇。因此，要在困难中抓机遇。全国市场形势由卖方市场转为买方市场，正是我们调整、优化产业结构的动力，东南亚金融风波正是我们优化国际市场结构的好时机，是我们追赶亚洲"四小龙"，互相借鉴、共同发展的好时机。

四是我省已有改革开放20年积累的丰厚的物质技术基础，干部群众对社会主义市场经济体制适应能力较强，特别是省第八次党代会的胜利召开，全省的政治形势更好，只要我们审时度势，善于引导，这些都是克服困难、继续前进的有利条件。

第三，这是落实江泽民同志对广东重要指示，不辜负党中央重托的重大举措。

改革开放以来，中央对广东十分关心，高度重视。这次九届全国人大一次会议期间，江泽民同志到广东团，讲了一番对广东寄予厚望的热情洋溢的话，特别是把过去针对深圳特区的要求扩大到全省，要求广东"增创新优势，更上一层楼，率先基本实现社会主义现代化"。我们开展这次调查研究，就是贯彻以江泽民同志为核心的党中央对我们广东工作的要求。省委决定把这个指示作为我省两个文明建设的总要求，作为进一步动员广大干部群众实现跨世纪宏伟目标的强大思想武器和政治动力。

第四，推动我省广大干部深入基层调查研究，转变作风，提高领导水平，增强驾驭社会主义市场经济的能力。

这次调查研究不是关起门来调查研究，不是少数人来调查研究，而是从省领导做起，把各级都发动起来，实行上下结合，内外结合。这次调查研究，不是理论探讨性的调查研究，也不是纯粹的中长期战略研究，而是一个对策研究。就是要指导我们当前的工作，就是要跟贯彻省第八次党代会精神紧密结合起来，就是要求我们的各级干部不断地研究新情况、解决新问题、总结新经验、开创新局面，就是要求我们的干部求真务实、转变作风、科学决策、民主决策。所以，我们一定要善始善终把调查研究工作继续抓紧抓实。时间服从质量，不能走过场，不能搞应付任务式的调查。

二

要在前阶段调查的基础上，抓紧消化和分析综合材料，把调查研究结果变成实用的成果。这次调查研究大体上分三个阶段。第一阶段是通过调查听取各方面的意见，取得丰富的第一手资料。主要是摸清情况，包括我们所处的方位和所遇到的问题，进行横向比较和纵向比较，把情况摸透。我看通过今天这个汇报，这个阶段基本上解决了这个问题，当然还不平衡，还要做拾遗补缺的工作。第二阶段就是分析研究阶段，就是根据已掌握的大量素材，进行去粗取精，去伪存真，把大量的素材通过我们的头脑这个加工厂进行加工，从纷繁的第一手资料里找到内在的、规律性的东西，加以归纳、提炼、升华，变成新的认识，产生认识上的一次新飞跃，就是说提出新的思路对策。这项工作现在我们正在进行当中，有的还未完成，有的已初步有了新的思路。第三阶段是用新认识新思路指导实践阶段，即提出能动的、能正确指导实践的、可操作的意见，变成省委的决策。这还有一个过程，需要做大量的工作。我们还可以延长一个月时间，把新的思路变成省委可决策的东西和可操作的东西。希望大家按照这三个阶段开展工作。第一阶段觉得不足的缺啥补啥；第一阶段感觉可以的，就可转入第二阶段，进行深入分析，深度挖掘，深度研究，使大家都能够在思想认识上有一个新的飞跃，这样，我们整个工作就能上水平。第三阶段就是把思路转化为可行动的决策。这样，我们就算初步完成了从实践—认识—再实践这个过程。当然这个过程不是一次就完结的，实践—认识—再实践—再认识，无限往复以至无穷，这就是马克思主义认识论。人们改造客观世界的认识是没有止境的。

三

下一步该如何运用这次调研成果呢？这个问题请大家结合实际工作，再进一步研究一下，给省委提出建议和意见。我有一些想法，今天先跟大家初步交换一下，下一步省委还要作进一步的研究。

第一个考虑是：准备在大家调查研究的基础上，7月初书记、省长带队组团到上海去考察学习。我们必须看到，进入90年代以后，上海以浦东开发开放为契机，加上原来多年积聚的雄厚基础和人才优势，发展很快，有很多方面值得我们学习。省委采取这个步骤，就是要虚心地学习上海的好经验好做法。这是一个大动作。

第二个考虑是：我们到上海调查研究和十大专题调研工作完成之后，要争取形成一个精辟的"增创新优势，更上一层楼"的总报告，把我们的调研成果，包括认识、思路、对策、措施等，汇集起来。然后，再开一个干部大会，做个动员，也等于为这次调研做个小结。这个总报告是一个求得共识和统一行动的东西，是贯彻省第八次党代会精神的具体化。

第三个考虑是：要根据各个专题的不同内容及其成果，以不同的形式体现到省委、省政府的决策里面去，并用不同的形式加以贯彻落实。譬如，依靠科技进步大力推动产业结构升级问题，要在深入研究的基础上，搞一个省委、省政府的决定，在过去省委、省政府已经搞的决定的基础上，把新的认识、新的政策措施补充进去。这个决定要搞出水平来，要集全国各省市优秀经验之大成。这也是今后广东三大战略的重点，就是通过科教兴粤战略，提高产业水平，推进产业升级。我们今后若干年能不能把这项工作抓好，决定着我们广东发展的命运。其他的那些成果，我们就不一定都搞决定了，可以搞成关于进一步加强某一方面工作的意见。比如，外贸体制改革，我省外向型经济比重大，应该在外贸体制改革上闯出一条路来。现在全国外贸特别是国有外贸公司到底怎么办，还没有很成套的经验。国际上经济一体化步伐越来越快，世界经济的区域化带来区域壁垒越来越严重，我们的外贸经营，到底怎么走？要好好研究一下，特别是研究借鉴日本综合商社的经验，看我们能不能在这方面走出一条路子来。再如，农业产业化，这是我们广大丘陵山区脱贫奔康的一个重要出路，可以说是一个"牛鼻子"。抓住农业产业化这个"牛鼻子"，山区开发就上轨道了。在特别贫困地区，用行政的办法，"千干扶千户"[1]是十分必要的。不仅要解决他们温饱，还要稳定脱贫，下一步还要奔小康，长期靠这种行政的方法是奔不了小康的。必须找适合市场经济的办法，那就是由原来的"政府＋农户"转向"公司＋农户"，在千家万户的小生产和千变万化的大市场之间，搭起一个桥梁，这就要发挥农业龙头企业的作用。要在适当时候，专门开一个山区推进农业产业化的座谈会或经验交流会，总结一批好典型，搞一个这方面工作的文件。文件中要有对龙头企业支持的具体办法，催生它们，这就叫作选好苗，"快速育肥"，增强它们的辐射力和带动力。为此，要对龙头企业科学地加以界定，请有关专题组对此进一步深入研究，并将之具体化。再如，深化经济体制改革增创体制新优势问题，要深入研究究竟在哪些环节上我们跟外地比还比较落后，用什么方法来解决，也要搞个意见，然后考虑开个会议来推动。精神文明建设方面，当前，中山市是中宣部推出的典型。过去中央颁发了精神文明建设的决定，省里也搞过一个意见，这次就不一定再搞什么意见了，就用典型引导。要抓一批典型，包括文明城市的典型、文明村镇的典型、文明行业的典型，以典型引路把群众性的精神文明创建活动引向深入。我们要抓紧把中山这个典型完善。最近我到中山调研，从外部层面看很不错，但扫除黄赌毒的情况到底怎么样？要深入了解调查，有不足的加把劲帮助完善。省委宣传部要派人帮助完善，可以搞点私访，主要是为了帮助引导，不是找毛病。在珠江三角洲这个改革开放的前沿阵地，又是紧靠香港的地方，有这么一个典型，十分可贵。有什么问题，就努力帮助它完善，什么时候比较完善了，我们就开个会议，推广经验，加大推进力度。

注　释

〔1〕"千干扶千户"，即广东在扶贫开发中建立的机关干部"一对一"结对帮扶贫困户的机制。

坚持"三不一有"，
创造干事创业环境[*]

（1998 年 6 月 23 日、11 月 12 日，1999 年 1 月 25 日）

> 在广东改革开放的探索实践中，要做到两个"坚定不移"，即查处严重经济犯罪活动坚定不移，坚持改革、开放、发展坚定不移；要做到"三不一有"，即不埋怨、不争论、不刮风，有什么问题就解决什么问题，进一步解放思想，实事求是，团结一致向前看，努力创造一个干事创业的大环境。

一

我们面临着困难，这是现实的问题，但困难和机遇是辩证的关系。只要我们有一个良好的精神状态，善于把困难转化为机遇，那么我们就能赢得主动权。现在我们正在做这方面的工作。问题复杂，首先必须分清主流和支流。广东作为改革开放的

---

　　*　这是李长春同志分别在中共广东省委民主生活会、省委八届二次全会和省"两会"党员负责同志会上的讲话摘要。

前沿，20 年来取得了巨大的成绩，这一点我在多个场合都强调过。我们把邓小平理论和党的基本路线在几千万人口的大省变为现实，广东大地发生了天翻地覆的变化。至于在前进过程中，出现这样那样的问题，这是难以避免的。所以在金融问题上，我也多次讲，我们要采取"三不一有"方针，就是"不埋怨、不争论、不刮风，有什么问题解决什么问题"。因为如果埋怨，就会破坏团结一致、艰苦奋斗的氛围，越是在困难的时候，越需要大家齐心协力克服困难；如果争论，就会贻误时机，影响我们抓住机遇、知难而进。我们存在困难，别人也存在困难，在这个时候，谁能知难而进，谁就能抓住发展机遇。如果刮风，就会带来政策的左右摇摆，就会干扰党的基本路线；有什么问题解决什么问题，是什么问题就解决什么问题，就是不能以偏概全，不能无限上纲，也不能上挂下连。如果指责这是谁弄的，什么时候弄的，是谁的责任，就会影响班子的团结，我们不搞这样的事。我们集体总结经验教训。当然，我省是祖国的南大门，毗邻港澳，社会环境比内地省份要复杂一些，这也对我们的工作提出了更高的要求，我们更应提高自己的素质，以适应广东改革开放实际的需要。

（1998 年 6 月 23 日在中共广东省委民主生活会上的讲话摘要）

二

在当前面临不少困难和问题的情况下，全省上下，特别是各级领导干部尤其需要保持清醒的头脑，振奋精神，团结一致，克服困难，继续前进。当前省内的问题，主要是国家决定关闭省国投[1]和中央查处湛江特大走私案这两大问题。国投问题实际上代表了全省的金融问题，湛江特大走私案说明了我省打击走私任务的艰巨性。这两件事在省内外都产生了很大的震动，一定要严肃认真处理好。

第一，要统一思想认识。一方面，要正视这些问题的严重性，不讳疾忌医。省国投和湛江特大走私案所暴露出来的问题，说明我省金融和走私问题的严重性。不认真解决好这些问题，将严重影响我省改革开放和社会主义现代化建设事业，严重影响广东在海内外的形象。对金融问题，我来广东之前，听中央讲过广东、海南两省金融问题比较严重。到广东几个月，特别是最近了解了一些情况后，发现比我原来预想的严重。这些问题，有的是体制问题，有的是经验不足造成的，比如有些项目预测不准，出现失误，我们对此勇于承担责任。有的是少数人明目张胆地胡来，甚至通过各种手段把国有资产掏成空壳，盈了是个人的，亏了是国家的，出现严重的资不抵债。省国投就是突出的一例。对于后者必须严肃查处，否则，无法向全省人民交代。国投问题，实际上已累积了很长时间，由于亚洲出现金融风波，加速了它的问题的暴露。内因是根本，外因是条件，根本问题是自身的问题。国投问题不是暂时的债务周转不开的问题，而是严重资不抵债，触目惊心啊！湛江特大走私案牵连了方方面面，案值巨大，党政机关的腐败、执法部门的腐败，到了十分惊人的程度，不抓怎么得了。因此，全省上下在这个问题上，一定要是非分明，旗帜鲜明，和中央保持高度一致。另一方面，要坚定信心，分清主流和支流，勇敢地克服困难，继续前进。对出现的这些问题，要历史地、辩证地、全面地看。在改革开放的形势下，我们在许多方面没有经验，如金融问题，过去缺乏经验，缺少这方面的知识，出了些问题是难免的。如走私问题，在对外开放的情况下，国家的监管工作跟不上，制度、办法不完善，特别是广东到处是口岸，毗邻港澳，内外联系便利，容易产生走私问题，这是客观情况。广东又是改革开放的先行区，建设有中国特色社会主义是前无古人的开创性事业，没有现成的经验可资借鉴。在探索过程中，既取得了许多好经验，也难免出现这样那样的问题。要改革，要探索，就难免出现问题，也应允许出现问题，总不能因为担心出现问题，就不改革吧！中央一再强调，这些问题与邓小平同志倡导的改革开放路线没有任何联系，也无损于广东省委和各级党组织率领广大干部群众 20 年来改革开放取得巨大成就的形象。我们在正视问题的同时，要更加坚定信心。没有理由自己乱了阵脚。因为这些问题从反面给我们提供了经验，使我们今后的工作可以做得更好。要坚定不移地高举邓小平理论伟大旗帜，坚定不移地贯彻党的基本路线，坚定不移地贯彻中央关于整顿金融秩序和打击走私等各项部署，排除前进道路上的障碍，在党中央的领导下，继续保持开拓创新、敢为人先的良好的精神状态，把广东改革开放和社会主义现代化建设事业推向前进。

第二，要认真贯彻落实中央的指示精神，总结经验教训，保证我省改革开放和社会主义现代化建设沿着健康的轨道继续前进。国投问题及其他金融机构的问题暴露出来，我们要深刻地吸取教训。要学会怎样管理好我省的窗口公司和地方金融机构，制定出有效的监管办法来。要按照中央的要求，管好国投、整顿好粤海[2]，并根据中央对处理这两个公司的原则要求，认真整顿好地方金融机构，切实把金融工作做好。打击走私问题，也是这样。要针对湛江特大走私案暴露出来的问题，认真地吸取教训，加强各级领导班子建设，加强执法队伍建设，进一步端正经济工作的指导思想，坚持两手抓，旗帜鲜明地打击走私。走私不仅损害了国家全局利益，对地方经济也没有丝毫的好处，而且腐蚀了干部，败坏了社会风气，扰乱了市场秩序。最近两个月我省工业经济好转，其中就有打击走私的成果。所以，要认真吸取教训，解决存在问题，以利再干。

第三，在关闭国投、查处湛江特大走私案以及今后处理类似的问题时，要始终注意保护好广大干部群众改革开放、发展经济的积极性。要做到两个"坚定不移"，即查处严重经济犯罪活动坚定不移，坚持改革、开放、发展要坚定不移。要始终保持全省有个团结向上干事创业的大环境。首先，省委一再强调，对待这些问题，要做到不埋怨、不争论、不刮风，有什么问题就解决什么问题，这要作为一个大原则，即"三不一有"。不埋怨，就是不怨天尤人，在我们这一届暴露出来的问题，我们就必须面对现实勇敢地承担起来。要求全省各级都是这样的态度。不争论，就是不要争论谁该负责任，就领导层来讲，主要是大家总结经验教训。除了个人贪污受贿要严肃查处外，对工作上的责任，一般不要追究个人责任。不刮风，就是有什么问题，解决什么问题，不要形成"多米诺骨牌"效应，不搞什么风暴。我们希望，各市的窗口公司通过整顿、改革、注入优质资产、调整领导班子、资产重组和完善制度等，会办得更好。省里也正在全力地支持、抢救粤海。在前进道路上，遇到什么问题，就解决什么问题，不能刮风。其次，省委强调，要注意政策，在任何时候都要保护大多数干部群众改革开放、发展经济的积极性。这次全会审议通过的《关于加强各级领导班子思想政治建设的决定》指出：要旗帜鲜明地鼓励干事者，支持改革者，教育失误者，鞭挞空谈者，惩治腐败者，追究诬告者，努力创造一个干事创业的大环境。即便是对于这两个大案，也是立足于对多数干部进行教育，除了少数严重贪污受贿、给国家造成巨额损失的之外，对有轻微问题的人，也要创造条件，立足于教育，给他们有一个解脱的机会。对待这些问题，重在教育，重在今后完善制度、法规，重在今后加强监管。对省国投问题，我们仍然认为那里的干部职工绝大多数是好的和比较好的，多年来为我省改革开放与发展经济做了大量的工作，它的问题是少数决策者造成的，是少数人在搞腐败，责任不在广大干部职工。而且，要在关闭国投过程中考验每一个干部职工，对表现好的，还要很好地安排、使用。对严重贪污受贿、给国家造成巨额损失的，严肃查处。再次，省委强调，要始终坚持改革、发展、稳定这个主旋律，抑制来自各个方面的杂音。各级干部要把思想认识统一到中央的决策上来，增强政治坚定性和敏感性，做到不听谣、不信谣、不传谣。在这个问题上，我们要保持清醒的头脑，旗帜鲜明，始终同以江泽民同志为核心的党中央保持高度一致，始终坚持党的基本路线不动摇，把广东改革开放和社会主义现代化建设推向前进。最后，省委强调，要增强信心，振奋精神，克服困难，继续前进。经过 20 年改革开放，我省的经济总量大大增加了，抵御风险、克服困难的物质基础比较丰厚了。我们有党中央的亲切关怀，这将变成全省广大干部群众做好工作的巨大动力。我们有敢为人先、勇于拼搏的广大干部和群众，我们将把压力变为继续前进的动力。越是遇到问题，我们越要把工作做好，越要深化改革、扩大开放、加快发展，增强我们克服困难的能力。我们完全有信心，通过几年的努力，解决好金融问题所造成的困难，省委一定能够带领全省人民克服困难，继续前进。越是困难的时候，越是对每个干部的考验。我们相信绝大多数干部会按照省委的要求，振奋精神，增强信心，克服困难，继续前进。

（1998 年 11 月 12 日在中共广东省委
八届二次全会上的讲话摘要）

三

在这次省"两会"上，党员代表和委员要以党的十五大和省第八次党代会精神以及省委提出的今年工作方针为指导，认真参与审议和讨论各种议案。在会议过程中，要立足全局，正确把握形势，积极出谋献策，提出解决困难的意见和建议。特别是对当前群众关注的一些热点问题，包括金融风险问题、省国投破产问题和湛江特大走私案等问题，要按照去年省委两次工作会议的精神，引导大家有一个正确的认识和科学的态度。这些问题是我们取得巨大成就的同时存在的问题，是前进道路上遇到的问题，有的还是在全国带有共性的问题，是多年积累、在亚洲金融危机的情况下暴露出来的问题。省委提出的原则是不埋怨、不争论、不刮风，有什么问题解决什么问题，是什么问题就处理什么问题。不埋怨，因为越是在前进的道路上遇到新情况和新问题，越是要上下团结一致，形成合力，克服困难。埋怨就会影响团结的氛

2000 年 7 月 28 日，李长春考察广东省边防总队。左三为广东省副省长钟启权，右二为广州市委副书记石安海。

围，会增加我们工作上的困难。不争论，因为当前是机遇与困难并存，争论就会延误时机，就会影响抓住机遇，知难而进。不刮风，就是要始终坚持党的路线、方针、政策不动摇，因为刮风就会出现政策摇摆，就会干扰党的路线、方针、政策的贯彻。有什么问题解决什么问题，就是对出现的这些问题，不上纲上线，不以此类推，不上挂下连，是什么事就是什么事，实事求是地妥善处理好。省委认为，这是我们当前克服前进道路上困难的一个重要指导方针。在这些问题当中，特别是对金融问题，我们要正确引导大家分析讨论。如对于省国投问题，大家可以献计献策，也可以帮助省委、省政府总结教训，通过简报或个别谈话等形式来反映意见。对金融中的其他问题，如城市信用社、农村基金会、企业债券、非法集资等问题，也要注意方式、方法，可以个别反映意见。金融问题是个敏感问题，省委对处理金融问题提出"二十四字"方针，就是"内紧外松、标本并治、分级负责、未雨绸缪、维护信用、确保稳定"，目的是软着陆，特别是"内紧外松"这四个字，很重要。金融问题与人们的信心、心理预期是紧密联系在一起的。如果把本来是应在内部研究、化解的问题，在社会上炒得很热，反而会加剧了风险，由个别风险演变成系统风险和地区风险。这个问题，请大家在讨论时要注意引导，这样做是符合全省人民的根本利益和长远利益的。总之，要使大家的思想统一到落实党的十五大和省第八次党代会精神上来，统一到贯彻省委最近两次工作会议提出的工作方针、原则和任务上来，为实现广东跨世纪发展的战略目标而共同奋斗。

（1999年1月25日在广东省"两会"
党员负责同志会上的讲话摘要）

注　释

〔1〕省国投，即广东国际信托投资公司，是广东省在香港设立的一个窗口公司，因受亚洲金融危机冲击，经营困难，资不抵债，1999年申请破产清算。

〔2〕粤海，即粤海企业（集团）有限公司，是广东省在香港设立的一个窗口公司，2000年1月与南粤（集团）有限公司、广东省东江—深圳供水工程管理局重组为广东粤海控股有限公司。

经济特区和珠江三角洲
要率先基本实现社会主义现代化 *

（1999 年 8 月 27 日）

> 经济特区、珠江三角洲地区率先基本实现社会主义现代化，对于全党和全国人民坚持邓小平理论和党的基本路线不动摇，坚定建设有中国特色社会主义的信心，意义十分重大。到 2010 年左右，要把经济特区和珠江三角洲地区建设成为我国高新技术产业的重要基地，与港澳密切合作、与国际经济紧密联系的外贸出口基地，社会主义市场经济体制的先行区和可持续发展的示范区，基本达到经济繁荣、结构优化、设施完善、城乡一体、法制健全、社会文明，为全省基本实现社会主义现代化起示范、带动作用。

全省经济特区和珠江三角洲改革开放工作座谈会是一个很重要的会议，是省委、省政府实行分类指导，动员组织经济特区、

---

　　* 这是李长春同志在广东省经济特区和珠江三角洲改革开放工作座谈会上的讲话。

珠江三角洲加快改革开放发展，推动率先基本实现社会主义现代化进程的一个实际步骤。我谈几点意见。

一、以率先基本实现社会主义现代化作为
总任务、总目标统揽工作全局

今年九届全国人大二次会议期间，江泽民同志在广东代表团全体会议上发表重要讲话，提出广东要率先基本实现社会主义现代化，要在若干领域创造新鲜经验，继续走在全国前列。这是对邓小平同志提出的广东要力争用20年时间赶上亚洲"四小龙"要求的进一步深化，体现了党中央第二代、第三代领导集体对广东的深切期望。全省各级党委、政府和广大干部群众，要鲜明地以率先基本实现社会主义现代化作为总任务、总目标来统揽工作全局。

经济特区、珠江三角洲地区率先基本实现社会主义现代化，对于全党和全国人民坚持邓小平理论和党的基本路线不动摇，坚定建设有中国特色社会主义的信心，意义十分重大；对于实现"一国两制"构想，确保香港、澳门长期繁荣稳定，促进祖国的统一大业，将产生重大的、不可估量的影响。从我省自身的发展来说，经过20年的改革开放发展，全省已总体上迈上小康，经济特区和珠江三角洲地区正走向初步富裕，要进一步发展，需要有一个新的更高的目标，去鼓舞、鞭策广大干部群众继续前进，实现新的发展蓝图。因此，不论从全国的大局，还是从我省自身发展，从引导好、保护好、发挥好广大干部群众建设有中国特色社会主义的积极性，都迫切要求各级党委和政府必须把率先基本实现社会主义现代化作为总任务、总目标，坚定不移地推动这一进程。

　　事实上，经济特区、珠江三角洲地区已经具备了率先基本实现社会主义现代化的可能性。改革开放 20 年来，珠江三角洲地区经济社会发展取得了令人瞩目的成就。全区面积虽然占全省的23.5％，常住人口占 40％，但国内生产总值占全省的 67％，财政收入占 80％，实际利用外资占 78.6％，外贸出口占 88％。目前，人均国内生产总值已达 22785 元（折合 2745 美元），城市化水平已达 67％，成为全国比较发达的地区之一。近几年来，珠江三角洲产业结构调整步伐加快，拥有一批高新技术企业和在全国有较大市场占有率的产品，形成较好的产业基础；体制改革有新突破，形成较灵活的运行机制；干部群众思想观念新，开拓创新意识强；海外华侨、华人众多，对外联系广、渠道多、信息

　　1999 年 8 月 26 日至 28 日，广东省经济特区和珠江三角洲改革开放工作座谈会在深圳召开。图为李长春和与会人员考察深圳高新技术产业开发区。前排左一为东莞市委书记李近维，左二为汕头市委书记庄礼祥，左三为广东省人大常委会主任朱森林，右一为广东省委副书记、广州市委书记黄华华，右二为江门市委书记钟阳胜，右三为广东省委副书记高祀仁。

灵，这一人文地理区位优势，得天独厚。所有这些，都为率先基本实现社会主义现代化打下良好的产业基础、体制基础、思想基础和物质基础。

经济特区和珠江三角洲地区率先基本实现社会主义现代化既有可能，也十分紧迫。从国际看，知识经济的浪潮正迅速兴起，在经济全球化进程中，发展中国家和地区面临巨大的挑战；亚洲逐步走出金融危机的阴影，经济开始复苏，东南亚新兴工业化国家和地区正加紧调整产业结构，大力发展高新技术产业，力求在今后的国际竞争中占据主动地位，珠江三角洲地区在参与国际分工、吸收外商投资、开拓国际市场、实现产业结构优化升级等方面，面临新的挑战。从国内看，党的十五大以来，各地改革、开放、发展你追我赶，沿海地区的体制创新、新产业群发展以及市场结构重组正日益加快，特别是以上海为龙头的长江三角洲正以其文化、科技、人才和产业优势迅速后来居上，我们面临不进则退的境地。珠江三角洲虽然改革开放先走一步，经济建设取得了巨大成就，但离基本实现社会主义现代化还有很大差距：经济发展水平同亚洲先进国家和地区比，不论在总量上还是在人均占有量上，都还有较大差距；经济素质不高，产业缺少科技优势，结构尚须大力调整，产业创新和产业再转移扩散的能力较弱；服务业发展水平不高，软硬环境建设亟待加强；环境污染严重，城市规划管理滞后，人口过度膨胀，可持续发展任重道远。同时还要看到，经济发展不只是量的扩张，更需要质的提高，要把经济发展的着眼点转向依靠科技进步和提高劳动者素质的轨道上来，加速两个根本性转变。特别要重视的是，经济发展并不等于现代化，还需要使社会文明程度、民主法制水平、人民群众素质等都达到较高水准，这方面的任务更加艰巨。率先基本实现社会主义现代化是一场硬仗，需要付出巨大的努力。必须果断把握机遇，勇敢迎接挑战，才能继续走在全国前面。

率先基本实现社会主义现代化的总体思路是：以邓小平理论为指导，以江泽民同志"增创新优势，更上一层楼，率先基本实现社会主义现代化"指示为动力，以率先基本实现社会主义现代化为总任务、总目标统揽工作全局，全面贯彻党的十五大和省第八次党代会精神，继续解放思想，开拓创新，实施外向带动、科教兴粤、可持续发展三大战略，增创体制创新、扩大开放、产业升级、科技创新四大优势，率先创建文明法治环境，到 2010 年左右，要把经济特区和珠江三角洲地区建设成为我国高新技术产业的重要基地，与港澳密切合作、与国际经济紧密联系的外贸出口基地，社会主义市场经济体制的先行区和可持续发展的示范区，基本达到经济繁荣、结构优化、设施完善、城乡一体、法制健全、社会文明，率先基本实现社会主义现代化，为全省基本实现社会主义现代化起示范、带动作用。

根据国际的历史经验，现代化进程大体可分为三个阶段：初始阶段、中等发达阶段和高度发达阶段。我省要率先实现的是现代化的初级阶段，即要基本完成由传统农业经济向现代工业经济的转变，建立起较完善的社会主义市场经济体制，社会主义民主和法制建设有明显进展，基本实现社会城市化、城乡一体化、人口知识化等社会进步。其中人均国内生产总值要达到 5000 美元以上，广州、深圳的水平还应该更高一些。对各市的具体时间不作硬性规定，可有先有后，决不准层层压指标，搞脱离实际的高指标，重蹈低水平建设的覆辙。

二、继续解放思想，勇于开拓，大胆创新，是率先基本实现社会主义现代化的重要前提

经济特区和珠江三角洲地区要率先基本实现社会主义现代化，关键在思想领先。必须继续解放思想，实事求是，勇于开拓，大胆创新。

首先，要克服畏难情绪，要坚持通过发展化解困难，通过化解困难为发展创造条件。实际上，困难本身就孕育着机遇。当前我们正面临十分有利的机遇：国际经济环境趋于好转，亚洲金融危机的影响虽然有蔓延的一面，但正趋于改善，亚洲经济开始复苏，向好的方向发展；针对国内市场启动乏力，中央正采取一系列政策措施，全面启动消费需求、投资需求、出口需求。谁能够抓住这一有利机遇，谁就能够赢得加快发展的主动权。经济特区和珠江三角洲地区要对这个信息作出灵敏的反应，抢抓这一重大机遇，用好这些政策。

其次，要克服盲目骄满思想。我们的国力还较弱，要在下个世纪的世界大格局中处于更加主动的地位，必须加快社会主义现代化建设。要在总结 20 年改革开放经验的基础上，引导干部群众一分为二地看问题，找出不足，反骄破满，艰苦奋斗，励精图治。

再次，要勇于开拓，大胆创新。要把中央的要求和本地实际结合起来，创造性地开展工作。要把中央给予的各项试验权用足用好，如中央批准我省为科技体制综合改革试验省，批准珠江三角洲作为国家高新技术产业带试点，允许广东进行国有外贸企业同外商合作的试点，允许外资银行经营人民币业务试点，批准广州进行保险业务对外开放的试点，同意深圳证券交易所积极准备、

创造条件进行"创业板"试点等。中央还要求我们在建立市场经济新体制特别是建立现代金融体系，在发展社会主义市场经济中有效遏制社会丑恶现象、进一步提高对外开放水平、推进科技与经济相结合等方面大胆探索，为全国创造新鲜经验。我们必须大胆探索，进一步增强特区意识，把经济特区和开发区的各项政策用活用好。对于重大的探索，要勇于提出，经请示批准后大胆实践。要充分发挥广州、深圳中心城市的功能和作用，在中央赋予的权限范围内创造性地探索实践。省里确定顺德市作为率先基本实现社会主义现代化试点市，为全省县级市率先基本实现社会主义现代化带头探路。

三、以加快改革开放、实施三大战略、增创四大优势为基本途径，加快率先基本实现社会主义现代化进程

一要加快产业升级的步伐，增创产业新优势。加快实现"三个一批"。一是新上一批。上一批高新技术产业、进口替代产品、填补空白产品。高新技术产业要重点发展电子信息、光机电一体化、新材料、生物工程等产业。进口替代，就是要从我国我省的进口订单上找方向，选项目。填补空白，就是生产国内省内没有的产品。广州、深圳、珠海等地要大力发展软件产业，重点扶持发展一批有自主知识产权的软件产品和软件龙头企业，使经济特区和珠江三角洲成为我省和全国软件产业的重要基地。各市要发展各具特色、各具优势的产业，努力打好产业发展基础，树立起产业建设的新形象。二是提高一批。就是用高新技术改造传统产业，重点是要采用高新技术改造纺织服装、食品饮料和建筑材料等优势传统产业。每一个市、每一个县都要创出一些在国内外有

影响、有较大规模生产批量、有较高市场占有率的名牌产品，推动传统产业上规模、上新品种、上质量、创品牌、增效益。三是转移一批。产业梯度转移是产业升级的必然规律。要把特区和珠江三角洲区内劳动密集型、一般资源加工型产业，有计划、有步骤地转移出去。运用资产重组、资本经营、兼并联合、低成本扩张等办法，到内地或粤北、粤西去搞合作，对一些污染严重、没有前途的产业、产品则要坚决淘汰，从而腾出产业发展空间，优化产业结构。此外，要加快农业产业化、现代化步伐，扩展和提升第三产业，向现代服务业进军。广州、深圳要结合发展现代化中心城市，完善现代市场体系、服务体系。从省到市都要制定产业政策和产品目录，明确支持、限制、不发展的产业、产品。

二要加快建立技术创新机制，增创科技进步新优势。经济特区和珠江三角洲要尽快建立健全技术创新机制和技术创新体系，实现跨越式发展。技术创新的核心是要走出一条科技与经济紧密结合的新路子，解决科技与经济"两张皮"问题，使知识尽快变成财富。要充分利用经济特区和珠江三角洲 80 年代以来大规模的技术设备引进所形成的有利条件，加大消化、吸收、创新的力度，建立若干领域的技术开发基地，并在某些方面占据全国行业制高点。国有和国有控股企业都要建立起工程技术开发机构。依托企业建立国家、省、市级工程技术研究开发中心，使之成为工业技术开发基地，真正做到生产一代、储备一代、开发一代，有条件的要做到预研一代。要做到在三个比例上有明显提高：一是企业科技开发人员占职工总数的比例大幅度提高；二是企业科技投入占销售总额的比例大幅度提高；三是各市的科技投入占地区生产总值的比例大幅度提高。高等学校要成为发展高新技术产业的生力军，成为企业科技进步的社会依托。对外资企业要千方百计动员、引导他们将技术开发机构转移过来，推动珠江三角洲地区的技术创新。要建立起小企业的社会技术依托，通过企业化的技术服务中心，为小企业提供技术服务。要加快地方科研院所的改革，大力发展民营科技企业，大力吸引国内外科技人才。广州、深圳要办好科技园、软件园和留学生创业园，以更优惠的政策，增强对海内外科技人员的吸引力，成为全国重要的科技创新基地。

三要加快建立社会主义市场经济体制，增创体制新优势。要从过去的以破为主，重点转向新体制的建立和规范，敢破善立，以立为本，加快推进组织创新、机制创新和制度创新。经济特区和珠江三角洲要力争在 2000 年前后建立起社会主义市场经济体制的基本框架，再经过五年左右的努力，建立起比较完善健全的社会主义市场经济新体制。当前，增创体制新优势，重点是要下决心攻克国有企业改革这一难关。要建立有利于政企分开的三个层次的国有资产监管、营运、经营体系；要加快公司制改造，建立现代企业制度；要按"调整布局、优化结构、有进有退、加强重点"的原则，对国有经济实行战略性重组；要加快建立企业的技术创新和管理创新体系；要改革企业领导干部管理体制，改革企业经营者的分配制度，并力争在这些方面取得新的突破。国有企业改革要把住"三关"，即资产流失关、债务逃废关、社会稳定关。同时，要继续推进所有制改革，形成以公有制为主体，多种所有制经济共同发展的格局；要进一步完善要素市场体系和覆盖全社会的社会保障体系；结合政府机构改革，加大行政管理体制改革力度，切实转变政府职能。

四要进一步提高对外开放的水平，增创开放新优势。一是进一步提高粤港澳经济合作水平。要在坚持"一国两制"方针的条件下，把分散的、自发的经济联系，发展为更加紧密的、整体性的合作；把主要是民间往来上升到包括政府间联席磋商机制在内的多渠道、多层次、多形式的合作和交流；要把经贸合作扩展到加强旅游、基础设施、科学技术，以及联手打击走私等经济犯罪活动方面的多领域合作。要把深港、珠澳合作作为粤港澳合作的重点，切实抓出成效。二是大力鼓励和吸引不同层次的台湾企业来粤投资，发展多方面合作。三是在发展粤港澳台合作的同时，要大力发展同欧美、日本等跨国集团直接合作，提高对外引资和合作的层次和水平。四是进一步调整出口产品结构，调整销售市场结构，改变贸易方式，提高出口水平。要依靠技术创新提高出口产品技术含量，增加高新技术产品、机电产品等高附加值产品的出口；要在继续发挥香港转口作用的同时，大力拓展远洋直接贸易，快捷进入国际销售网络；要把产品出口和实物形态的资本输出结合起来，实行"三来一补"等灵活贸易方式，把商品贸易与经济合作紧密结合起来；要使更多的生产企业进入外贸第一线，把国有外贸企业改造为公司制企业，发展一批工贸结合的大型综合商社和外资、合资企业。五是在加强和改善对加工贸易监管的同时，引导加工贸易上档次、上水平。要切实提高广州、深圳和经济特区、经济技术开发区、高新技术产业开发区、保税区的加工贸易水平，使之成为国际性出口加工贸易基地。要鼓励加工贸易企业增资扩股，加强地区产业协作配套，广泛采用国产原材料、零配件，促进加工贸易从劳动密集型向技术、资金密集型转变，从受托加工向自营加工自主开发转变，从简单加工向深加工转变。六是全面改善投资软环境。提高政府办事效率，按照国际惯例和准则，完善市场机制，规范市场秩序，健全法律法规，以良好的环境吸引力增强招商引资的竞争力。

四、率先建立文明法治环境，为率先基本实现社会主义现代化提供重要条件

率先建立文明法治环境，核心是加大依法治省力度，依法行政，依法管理经济，依法治理社会。一要规范市场秩序。要继续整顿金融秩序，依法打击金融犯罪，严格内部监管，防范和化解金融隐患。要旗帜鲜明地打击假冒伪劣商品，打击经济欺诈，打击走私贩私，打击逃汇、骗汇、套汇，打击骗税逃税，打击各种经济犯罪活动。二要规范行政执法行为。重点是解决"三乱"（乱罚款、乱收费、乱摊派）。与此同时，要加快政府机构改革，精兵简政，提高工作效率，减少行政审批，转变政府职能。城市管理实行综合执法。三要以创建文明城市活动为载体，推进社会主义精神文明建设。要在城乡广泛开展文明创建活动，反对封建迷信，倡导科学、文明、健康、卫生的生活方式，努力创造优良秩序，营造优美环境，提高人的素质和社会文明程度。四要进一步加强社会治安综合治理，有效遏制黄赌毒等社会丑恶现象，确保社会秩序稳定和人民生活安全。五要坚持可持续发展战略，依法控制人口增长、加强自然资源的管理和保护，加大环境整治保护的力度。要切实推行环境质量和人口控制的领导责任制，使经济特区、珠江三角洲的经济发展与人口增长和环境改善进入良性循环，创造良好的生态生活环境。

以崭新姿态迈向 21 世纪 *

（2000 年 1 月 3 日）

　　进入 21 世纪，广东要以率先基本实现社会主义现代化作为总目标、总任务统揽全局，坚持实施外向带动、科教兴粤和可持续发展三大发展战略，增创体制、产业、开放、科技等四个方面的优势，突出抓好扩大内需、结构调整、国有企业改革和发展、科技教育和对外开放，坚持"两手抓，两手都要硬"的方针，切实加强思想道德文化建设、民主法制建设和党的建设，正确处理改革、发展、稳定的关系，保证国民经济持续快速健康发展，社会全面协调进步，为在 21 世纪初基本实现社会主义现代化而努力奋斗。

---

　　* 这是李长春同志发表在香港《大公报》上的文章，原题为《广东正以崭新的姿态阔步迈向 21 世纪》。

一、改革开放 20 年，广东经济发展成绩辉煌

1978 年以来，广东在邓小平理论的指引下，认真贯彻执行党的路线、方针和政策，充分利用中央赋予的特殊政策和灵活措施，解放思想，先行一步，大胆探索，勇于实践，积极推进改革开放，从一个原来经济比较落后的边陲省份，迅速崛起为经济实力雄厚、外向型经济发达的强省。1978—1998 年，广东国内生产总值从 185 亿元增加到 7937 亿元，年均增长 14%。1997 年下半年以来的亚洲金融风暴，对外向度比较高的广东也带来了较大影响。在党中央的正确领导下，在全省人民的艰苦努力下，广东闯过了这一难关，国民经济持续快速健康发展，1998 年国内生产总值增长 10.1%，1999 年国内生产总值增长 9.3%。经济秩序不断改善，社会环境更加健康。在物质文明建设长足发展的同时，党的建设不断加强，民主法制建设和精神文明建设也取得较大进步，各项事业蓬勃兴旺，城乡环境明显改善，人们的精神面貌焕然一新。

广东经济发展具有以下八个方面的特点：

一是综合经济实力雄厚，发展后劲足。1999 年，广东国内生产总值约达 8400 亿元，占全国的比重约十分之一。按现汇率人均国内生产总值已达到 1400 美元，提前完成第一和第二步发展战略目标，成为全国经济发展最快的地区之一。地方财政收入、固定资产投资、城乡居民储蓄额、社会消费品零售总额等多项重要经济指标位居全国前列，综合经济实力较强，为新阶段的发展打下了坚实的基础。

二是以公有制为主体、多种所有制经济共同发展的新格局初

步形成，成为全国经济比较活跃的地区之一。改革开放以来，广东的公有制经济迅速发展，在国企改革取得成效的同时，非公有制经济迅猛发展，形成了较为合理的、有生机活力的所有制结构。目前，广东公有经济实现国内生产总值占整个国民经济的近六成，总体上仍处于主导地位，重要行业如基础产业部门，科教、医疗、卫生、金融保险以及其他关系国民经济命脉的重要部门和关键领域，仍然占据绝对优势和具有较强的控制力。非公有制经济在一般竞争性行业比重超过六成，具有很强的适应性和较强的竞争力。

三是社会主义市场经济体制的框架初步形成，市场化程度较高。广东是全国最早以市场为取向进行经济体制改革的省份之一，目前已初步形成了社会主义市场经济新体制的基本框架。资源配置绝大部分通过市场，统一的多层次的市场体系基本形成。特别是在价格改革方面，经过 20 年的努力，建立了在国家宏观调控下以市场形成价格为主的价格体制。目前价格市场化指数已达到 95％以上。与此同时，也推动了政府职能的转变和社会保障体系的完善。

四是外向型经济发展迅速，经济国际化程度较高。广东外向型经济规模大，增长速度快，出口额约占全国的 40％，经济国际化程度相对较高。利用外资方面，广东累计利用外资占全国四分之一以上，也是全国最多的省份。此外，广东已形成了多层次、宽领域的对外开放格局，特别是深圳、珠海、汕头三个经济特区已成为中国改革开放的窗口。

五是科技综合实力迅速增强，高新技术产业发展迅速。广东科技教育事业和高新技术产业发展迅速，一批技术含量高、有市

场前景的高新技术名牌产品逐步形成。今年，高新技术产品出口
增长 3%，在高新技术产品中拥有自主知识产权的增长 30%。目
前，广东已成为全国最大的电子信息产业基地。在电子信息产
业、高档家用电器、医药等新的产业上形成了明显的比较优势，
不少产品已成为新"广货"的主力军。

　　六是粤港澳三地之间携手合作、共同发展的潜力很大，逐步
形成优势互补的区域优势。经过 20 年的合作，粤港澳经济由交
流、渗透到融合，相互依存度不断提高，粤港澳经济一体化的格
局已初步形成。三地之间合作发展的优势更为明显。毗邻港澳仍
然是广东最大的和不可替代的优势。

1999 年 4 月 21 日，李长春会见香港合和实业有限公司主席胡应湘。

七是基础设施建设较为完善，城市化水平较高。广东城乡建设突飞猛进，特别是珠江三角洲地区，城镇密度高，城市化水平达50%以上，经济特区达85%以上，城乡一体化的格局已初步形成。投资结构逐步优化，基础设施建设上了一个新台阶，第三产业稳步发展，通讯发展和服务水平居全国前列。投资的软环境也日臻完善。

八是资本构成多元化，资金融通能力强。1998年，全省金融机构存贷款余额、城乡居民储蓄存款余额占全国的比重，远高于其他省区市；人均储蓄存款是全国平均水平的2.06倍。除金融资产外，其他方面的资金筹集和动员能力相对较好，有较强的资本融通能力，特别是利用外资和从资本市场筹资能力较强。

所有这些特点为21世纪广东率先基本实现社会主义现代化奠定了坚实的基础。

二、进入21世纪，广东整体发展思路与战略

进入21世纪，广东将坚持以邓小平理论和党的十五大精神为指导，全面贯彻中央的工作部署和一系列方针、政策、措施，以经济建设为中心，以率先基本实现社会主义现代化作为总目标、总任务统揽全局，落实省第八次党代会精神和增创广东发展新优势的各项决策，坚持实施外向带动、科教兴粤和可持续发展三大发展战略，增创体制、产业、开放、科技等四个方面的优势，突出抓好扩大内需、结构调整、国有企业改革和发展、科技教育和对外开放，坚持"两手抓，两手都要硬"的方针，切实加强思想道德文化建设、民主法制建设和党的建设，正确处理改

革、发展、稳定的关系，保证国民经济持续快速健康发展，社会全面协调进步，为在 21 世纪初基本实现社会主义现代化而努力奋斗。

在经济建设方面，今后重点是实施三大发展战略，增创四大优势，努力走出一条符合国情、具有广东特点的社会主义现代化建设的路子。

具体要做好六个方面工作：

第一，加快建立社会主义市场经济体制，增创体制新优势。经济体制改革要按照重点突破、整体推进、综合配套、完善框架的总体要求，在深化、配套、攻克难点上下功夫，实现所有制结构调整和国有企业改革有新的突破和进展，社会保障体系和市场体系继续完善，在建立新的经济体制上先走一步，形成优势。

第二，调整优化经济结构，增创产业新优势。这方面概括起来是"强化第一产业，提高第二产业，大力发展第三产业"。强化第一产业，就是充分发挥广东气候和区位等有利条件，决不放松粮食生产，积极发展多种经营，大力发展创汇农业、"三高"农业和乡镇企业，实行山区开发和海洋开发并重，种养业和加工业配套，大力推动全省农业产业化经营和珠江三角洲农业现代化。提高第二产业，就是推进产品、产业和企业组织三个结构的调整优化，着力发展一批规模大、技术高、效益好、带动性强的支柱产业，重点发展电子信息、电气机械及专用设备制造、石化工业等三大产业，用高新技术改造传统产业，扶持发展一批大企业集团，增创一批名牌产品，继续加强基础设施建设。大力发展第三产业，就是突出重点，发展各种现代经营方式和生产要素市场，大力开拓城乡市场；进一步放开发展信息咨询、房地产经营和旅游业，建立健全社会化服务体系。三大产业都要以市场为导向，以效益为中心，以科技为依托，扶强项、创名牌、扩规模、上水平，在产业结构上形成优势。

第三，实施外向带动战略，增创开放新优势。以我国即将加入世界贸易组织为契机，全面提高我省的对外开放水平，这对我省加快发展是一个难得的历史机遇。从现在开始，我们将全面启动加入世界贸易组织的准备工作。这包括统一各级领导干部的思想；对世界贸易组织的有关规则和条款要认真加以研究，制定对策，扬利抑弊；紧紧抓住我国实施世界贸易组织规则的几年过渡期，变压力为动力，全面提升相关产业、企业的国际竞争力；抓紧培养相关人才，提高我省涉外队伍素质等。同时，突出抓好四个方面的工作：一是加快调整出口产品结构，实行科技兴贸；深化外贸体制改革，走集团化、集约化的路子，提高国际化经营能力。二是更加积极有效地利用外资，掀起新一轮招商引资热潮。积极发展同世界上前 100 位的大财团、大企业合作。要进一步扩大广东国际经济咨询会的影响，进一步提高广交会和深圳高交会[1]的水平。三是进一步发挥毗邻港澳的优势，全面扩大粤港澳经济合作，继续扩大同台湾的经济技术合作。四是拓展同兄弟省区市的经济交流合作。

第四，实施科教兴粤战略，增创科技新优势。把技术创新作为广东经济的灵魂和希望。进一步落实省委、省政府 1998 年制定的《关于依靠科技进步推动产业结构优化升级的决定》精神，积极推进科技事业发展，继续深化科技体制改革，尽快走出一条科技与经济紧密结合的新路子。加快发展以电子信息为重点的高新技术产业，加快产业结构和产品结构优化升级，使科技进步和技术创新成为我省经济和社会发展的主导力量。

要突出抓好教育改革与发展。抓紧调整教育结构，扩大高中阶段教育和高等教育规模，大力发展高等职业教育，改革招生和教学制度，促进教育与经济、科技的密切结合。力争经过几年的努力，使广东进入教育强省的行列。

第五，实施可持续发展战略，促进经济社会可持续发展。要以全局观念和战略眼光，正确处理经济发展同资源、环境、人口的关系，保护与合理开发利用资源，优化生态环境。把环境保护与城乡建设及产业、产品结构调整有机结合起来，搞好城乡发展建设规划，把居民住宅和小城镇建设作为重点，提高城乡建设水平，推进城乡一体化。严格控制人口增长，推行优生优育，提高人力资源质量和人口素质。重视研究人口老龄化问题。

第六，以率先基本实现社会主义现代化为总目标、总任务统揽工作全局，使全省梯度推进，共同发展。经济特区和珠江三角洲地区要在率先基本实现社会主义现代化方面先走一步，到2010 年左右，建设成为我国高新技术产业的重要基地，与港澳密切合作、与国际经济紧密联系的外贸出口基地，社会主义市场经济体制的先行区和可持续发展的示范区，基本达到经济繁荣、结构优化、设施完善、城乡一体、法制健全、社会文明。广州、深圳两个中心城市将加强城市规划、建设与管理，进一步增强区域中心城市功能，重点在金融、科技、信息、商贸、交通、文化、旅游等方面成为华南地区区域中心。粤东粤西地区要大力发展加工业、商贸业、重化工业、海洋产业，发展民营经济，加强与周边省区的经济合作，提高经济外向度和技术水平。山区则继续加强基础设施建设，立足于开发利用当地资源，发展优势产业，加快农业产业化，重视发展加工业。继续实施对山区、老区和贫困地区的扶持措施，努力缩小地区发展差距。

注 释

〔1〕高交会，即在深圳举办的中国国际高新技术成果交易会，从1999年起，每年举办一次。

培育高新技术产业，
壮大珠海经济实力[*]

（2000 年 11 月 1 日）

> 必须大力发展实业经济，坚持把发展高新技术产业放在首位，特别是以信息技术作为先导，作为龙头。这是实现珠海经济跨越式发展的根本途径。要大力催生一批技术创新能力强、有一定规模的大企业和企业集团，特别是拥有自主知识产权、有自主知名品牌的企业。

省委、省政府希望珠海通过若干年的努力，建设成为一个以信息技术产业为龙头的高新技术产业基地，有较强吸引力的产学研基地，高附加值的产品出口创汇基地，有较强辐射力、吸引力、环境优美、经济繁荣、秩序优良、文明富庶的社会主义现代化区域性中心城市。

一要千方百计加快发展。珠海是一块难得的发展宝地，也是令人注目的一方创业热土。经过 20 年的创业，珠海从一个落后的渔村建成一个环境优美的社会主义现代化城市。珠海建设的很

---

[*]　这是李长春同志在广东省委、省政府珠海现场办公会上讲话的一部分。

多成果都被社会方方面面所赞誉，人均国内生产总值、人均财政收入都处于全省的前列，基础设施比较完善，高新技术产业发展的势头良好，社会环境、市场秩序总体上也是良好的。珠海创造了很多很好的经验，包括尊重知识、重视人才的经验，加强对土地市场管理、实行"五个统一"的经验，对全国都有重大影响。珠海已经具备了加快发展的良好条件和基础：具有难以取代的区位优势和令人向往的环境优势，获得联合国授予的"改善居住最佳范例奖"和"环保模范城"等称号；基础设施完善，拥有机场、港口、电厂、通讯网络等一批大型基础设施，为承接大型产业发展奠定了良好的基础；拥有国家级的高新技术产业开发区、保税区，省级的横琴经济开发区、临港工业区、万山海洋开发试验区等，这些经济区开发建设已经初具规模，正在成为珠海新的经济增长点；高新技术产业特别是电子信息、计算机软件、生物技术与医药业、环保产业迅速崛起，大学园区和科技创新海岸正在全面启动。这些都为珠海加快发展创造了很好的条件。另一方面，珠海加快发展也有现实的紧迫性，特别是加快实业经济的发展，是发挥珠海现有基础设施的潜力，进一步提高经济综合效益的需要；是进一步化解金融风险，解决当前面临困难的需要；也是进一步发挥特区的窗口作用、龙头带动作用、改革开放试验田作用的需要。希望珠海以贯彻党的十五届五中全会精神为契机，坚持发展是硬道理，在发展中解决问题，在解决前进道路上的困难中促进发展，在"十五"期间再上一个新台阶，为率先基本实现社会主义现代化奠定坚实的基础。

二要大力发展高新技术产业。珠海经济发展的结构性缺陷是什么呢？工业化进程迟缓，实业经济还比较薄弱，没有充分发挥现有基础设施的潜能，从而影响综合经济效益的提高，这是珠海一切问题的症结所在。因此，必须大力发展实业经济，坚持把发展高新技术产业放在首位，特别是以信息技术作为先导，作为龙头。这是实现珠海经济跨越式发展的根本途径。希望珠海加快南方软件园的建设，争取把珠海建设成为全省乃至全国重要的软件基地之一。要充分利用自然条件好的优势，积极发展集成电路产业。充分利用省里设立的高科技成果产业化示范基地的条件，吸引更多优势企业、附加值高的研究成果在珠海实现产业化，尽快进入规模化生产，使珠海成为高新技术成果转化的基地。要大力催生一批技术创新能力强、有一定规模的大企业和企业集团，

　　2000 年 11 月 1 日，李长春考察珠海粤科清华电子陶瓷有限公司。左一为广东省人大常委会主任朱森林，左二为广东省副省长钟启权，右一为广东省省长卢瑞华，右三为广东省委常委、副省长卢钟鹤。

特别是拥有自主知识产权、有自主知名品牌的企业。要帮助这些企业面向国际国内资本市场，由企业直接融资，把企业迅速做大做强，形成一批有代表性的高新技术企业或有较大规模和较强竞争能力的大企业集团。要掀起招商引资的新热潮，抓住我国即将加入世界贸易组织的历史机遇，扩大招商引资，特别是吸引国际上前100家大财团到珠海来投资。要放手发展个体民营、私营科技企业。海洋经济是珠海的优势产业，旅游业也是珠海的重要优势，要与澳门合作，充分利用144小时落地签证的优惠政策，把旅游业搞活。要高度重视推进珠海国民经济和社会信息化，把信息化和工业化、城市化紧密结合起来，以信息化带动工业化和城市化。

三要大力兴办产学研基地。人才是支撑进一步发展的关键，也是增强珠海招商引资吸引力的重要条件。要以建设中山大学珠海校区为契机，抓紧落实已经签订协议的国内名牌大学来珠海办学。中山大学珠海校区要成为我省高等教育对外交流与合作的窗口，成为珠海高新技术产业发展的推进器，成为培养高素质人才的摇篮。校区的建设，起点要高。要加快建设与科技部合作创办的科技创新海岸，真正把这个区域建设成为全省重要的产学研基地。要通过这些措施，增强人才的聚集效应，推动珠海高新技术产业的发展。

四要营造有利于发展的良好环境。要保证有一个良好的社会环境和经济环境。在加快发展的进程中，珠海不能以牺牲生态环境为代价，换取经济的一时发展。要进一步改善投资软环境，包括进一步改革行政管理体制，切实转变政府职能，提高办事效率，提高公共服务水平，提高依法行政、依法管理经济和社会的水平。要下大力气搞好社会治安，加大力度打击黄赌毒等社会丑恶现象和境外黑社会的"渗透"活动，为加快经济发展提供良好的投资软环境。

再创深圳特区改革发展新辉煌 *

（2000 年 11 月 14 日）

> 改革开放的岁月，培养了一代特区人的精神风貌。随着时间推移，事业在发展，创业环境也在变化，而特区创业者的精神将发扬光大，彪炳千秋。特区人努力实践邓小平理论、坚决贯彻党中央指示的决心，重"时间为财富"、视"效率为生命"的观念，大胆探索、开拓进取的开荒牛精神，正熏陶着千千万万后来人。

　　20 年是人类历史长河的一瞬间，而在经济特区的热土上，却发生了天翻地覆的变化。经济特区这个全新的历史命名，及其所创造的辉煌业绩，举世瞩目，载入史册。深圳从一个贫穷落后的边陲小镇，一跃变为充满生机活力的社会主义现代化中心城市。经济体制改革不断深入，社会主义市场经济体制初步建立；以公有制为主体，多种所有制经济共同发展的基本经济制度基本确立；全方位、多层次、宽领域的对外开放格局基本形成；高新

---

　　* 这是李长春同志在深圳经济特区建立 20 周年庆祝大会上讲话的一部分。

技术产业迅速发展，经济结构调整步伐加快；坚持"两手抓"的方针，文明法治环境不断改善。珠海、汕头经济特区也同全国各兄弟经济特区一样，沐浴着改革开放的春风甘露，以前所未有的速度，实现了跨越式的发展。经济特区前进的每一步，都倾注着党中央两代领导核心的亲切关怀，凝聚着兄弟省区市和各方面大力支持的深厚情谊，渗透着特区干部群众艰苦创业的汗水。经济特区的发展成就再次雄辩地证明：创办经济特区是党中央英明的决策、伟大的探索；建设有中国特色社会主义的道路，是强国之路、富民之路；只要我们坚持党在社会主义初级阶段的基本理论、基本路线和基本纲领，我们就能创造出人间奇迹，充分显示社会主义制度的无比优越性和强大生命力！

经济特区是我国改革开放的窗口，也是广东尤其是珠江三角洲改革开放先行一步的缩影。全国五个经济特区，广东拥有其三，得益匪浅。经济特区的试验作用、示范作用和带头作用，

2000 年 11 月 14 日，深圳经济特区建立 20 周年庆祝大会在深圳召开。

首先直接辐射带动广东。20年来，广东得改革开放政策的天时、毗邻港澳的地利和海内外同胞齐心协力的人和，经济持续快速发展，综合实力大大增强，城乡面貌发生巨变，人民生活水平显著提高，精神文明不断进步。广东的发展，特区功不可没。在迈向新世纪征程上，深圳等经济特区还要继续发挥对外开放的窗口、改革的试验田和发展高新技术产业的示范区的作用，继续在全省社会主义现代化建设中当好龙头。深圳尤其要努力学先进，找差距，再接再厉，再创辉煌，更好地服务广东，服务全国。

经济特区的今日，昭示着珠江三角洲乃至广东全省的明天。江泽民同志提出的"致富思源、富而思进"的要求，正在成为强大的精神动力，激励鞭策全省人民富而尚勤，富而好学，富而重教，富而崇德，富而求序，富而奋进。在江泽民同志"增创新优势，更上一层楼，率先基本实现社会主义现代化"的号令下，全省各地都在努力增创经济体制新优势、产业结构新优势、对外开放新优势和科技教育新优势，大力实施外向带动、科教兴粤和可持续发展三大战略。经济特区和珠江三角洲将加快产业结构优化升级，推动高新技术产业和现代服务业的发展，率先基本实现城乡一体化、基础设施现代化、国民经济和社会信息化，努力使这一地区成为以电子信息业为先导的高新技术产业带、具有较强吸引力的国际经贸重要基地、社会主义市场经济体制的先行区和可持续发展的示范区，在2010年左右率先基本实现社会主义现代化。特区带动珠三角，珠三角带动全省，广东的明天一定会更美好。

改革开放的岁月，培养了一代特区人的精神风貌。随着时间推移，事业在发展，创业环境也在变化，而特区创业者的精神将发扬光大，彪炳千秋。特区人努力实践邓小平理论、坚决贯彻党中央指示的决心，重"时间为财富"、视"效率为生命"的观念，大胆探索、开拓进取的拓荒牛精神，正熏陶着千千万万后来人。全省人民对特区建立 20 周年的最好纪念，就是要弘扬特区创业精神，学习兄弟省、市的先进经验，全面贯彻落实"三个代表"重要思想，继续解放思想，开拓创新，不辱使命，不负党中央的信任和人民的重托。

展望新世纪，任重而道远。让我们满怀强烈的使命感和责任感，更加紧密地团结在以江泽民同志为核心的党中央周围，高举邓小平理论伟大旗帜，抢抓机遇，敢迎挑战，振奋精神，扎实工作，为广东率先基本实现社会主义现代化而努力奋斗！

深圳要成为全国金融中心之一[*]

（2001 年 8 月 29 日）

高丽^{〔1〕}、幼军^{〔2〕}：

深圳发展现代化中心城市不仅要有发达的制造业，更要有现代化的服务业。金融业是重点之一，要成为全国金融中心之一，特别是在金融创新服务上完善功能，原有的基础要巩固，新的内容要不断充实。要作为大事，认真研究。

注 释

〔1〕高丽，即张高丽，时任中共广东省委副书记、深圳市委书记。

〔2〕幼军，即于幼军，时任中共广东省委常委，深圳市委副书记、市长。

---

* 这是李长春同志在中共广东省委办公厅信息《中外投资性公司齐聚上海浦东带动大量民资涌入》上所作的批语。

改革开放以来，深圳着力强化金融业的支柱产业地位，加大金融改革创新力度，构建多层次资本市场体系，深化深港金融合作交流。2016 年 9 月，深圳金融业总资产达 12.44 万亿元人民币（含保险业总部数），金融业占国内生产总值比重居全国前列；上市公司 IPO 规模位居全球前列；培育出招商、平安等一批具有世界影响的本土金融企业。深圳金融中心地位全球排名持续提升。

把深圳建成中国特色社会主义示范市 *

（2001 年 12 月 7 日）

> 创新，是深圳率先基本实现社会主义现代化和建设中国特色社会主义示范市的根本途径。创新应该成为深圳经济特区的灵魂，是新的发展阶段经济特区"特"的根本标志。也可以说，创新就是深圳的代名词。要把创新贯穿于率先基本实现社会主义现代化和建设中国特色社会主义示范市的全过程。

按照中央和省委的要求，深圳市担负着率先基本实现社会主义现代化和建设有中国特色、中国风格和中国气派的社会主义示范市的新任务。深圳市委、市政府要充分认识所担负的重任，以高度的历史责任感和时代紧迫感，在新的世纪、新的发展阶段，把深圳建设、发展得更好。

省委、省政府对深圳市今后一段时间发展的总体要求是：全面贯彻落实江泽民同志对经济特区提出的"三个继续"（继续当

---

* 这是李长春同志在深圳市"十五"计划汇报会上讲话的一部分。

203

好改革开放和社会主义现代化建设的排头兵，继续争当建设有中国特色社会主义的示范市，继续充分发挥技术的窗口、管理的窗口、知识的窗口和对外政策的窗口作用）以及"五个带头"（带头加快体制创新、带头推进科技创新、带头增强服务全国的大局意识、带头始终不渝地坚持"两手抓，两手都要硬"的方针、带头按照"三个代表"重要思想的要求全面加强党的建设）的要求，加快率先基本实现社会主义现代化的步伐，并在建设具有中国特色、中国风格和中国气派的社会主义示范市的进程中，不断取得阶段性成果，争取在深圳经济特区成立 30 周年时，能够向党中央交出一份满意的答卷。

第一，要以加快率先基本实现社会主义现代化和建设有中国特色社会主义示范市作为总任务、总目标统揽工作全局。江泽民同志提出这两方面的要求，就是今后深圳经济特区的发展方向和目标要求。我们要以这两方面的要求作为总任务、总目标统揽工作全局。要继续动员广大干部群众发扬"拓荒牛"精神，使"拓荒牛"精神在新的时期进一步发扬光大，并赋予其创新这一时代特色。创新，是深圳率先基本实现社会主义现代化和建设有中国特色社会主义示范市的根本途径。创新应该成为深圳经济特区的灵魂，是新的发展阶段经济特区"特"的根本标志。也可以说，创新就是深圳的代名词。要把创新贯穿于率先基本实现社会主义现代化和建设有中国特色社会主义示范市的全过程。在建设有中国特色社会主义的道路上，深圳要始终在创新上能够不断地提供新鲜经验、新鲜成果。

第二，要以提高国际竞争力为核心，加大科技创新的力度。深圳应该产生一些"国家队"水平的企业。看一个地方是否具有国际竞争力，就看你这个地方能拿出多少知名品牌，拥有多少有自主知识产权、主业突出、开发能力强的大企业和企业集团。经过20多年的改革开放，深圳在这个方面做出了显著的成绩。以通讯为例，全国著名的四大通讯生产企业是"巨（龙）大（唐）中（兴）华（为）"，四家企业中有两家是深圳的。但应该承认，这样的大公司、大企业集团还太少。引进外商独资企业，搞一些高新技术产品的加工，仍然需要，但是不能停留在这个层次上。深圳要研究在"十五"期间或更长一点时间，力争实现四个根本的转变：一是从以输出普通劳务为主，逐步转向输出知识、技术和输出普通劳务相结合，在输出技术、知识及其载体上有明显的突破。二是从主要是"引进来"转向以"引进来"和"走出去"相结合，在"走出去"上有明显的突破。参与经济全球化，最重要的就是要提高国际竞争力，而不是让出市场，束手待毙。三是从注重引进技术，转向把引进技术和消化、吸收、创新紧密地结

2001年6月2日，李长春考察深圳华为技术有限公司。左一为广东省委副秘书长唐国忠，左二为广东省委副书记、深圳市委书记张高丽，右一为华为公司总裁任正非。

合起来，在创新上有明显的突破。四是从以制造基地为主，逐步地转向研发基地和制造基地相结合，力争在成为研发基地方面有一个明显的突破。要引进海内外的人才、大企业、大学、科研单位到深圳来创业，以大企业为主体，以大学、科研单位为科技依托，建立产学研基地，走出科技和经济紧密结合的新路子。对全国各地那些在高新技术领域崭露头角的企业，要一个一个地做工作，将其总部或研发机构引到深圳来。

第三，继续坚持体制创新，在建立完善的社会主义市场经济体制上走在前面，创造经验。深圳要在体制创新上先走一步，特别要在进一步转变政府职能、加强全社会的信用建设、率先建立文明法治环境、规范市场经济秩序等方面加快步伐。

第四，要进一步完善城市功能，加快建设成为辐射力强的社会主义现代化经济中心城市。一个城市的辐射力，现在已经不是从出口基地、加工基地来体现，而主要是从现代服务业来体现。深圳要成为人流、商流、物流、信息流、资金流的汇集地。要围绕发展现代服务业，成为这"五流"的汇集地，进行新一轮的基础设施建设。要以加入世界贸易组织为契机，引进跨国公司在深圳设中国总部、研发机构。要引进金融机构，强化深圳开放窗口的功能、对内对外的辐射功能。

第五，继续加强精神文明建设，提高全社会的文明水平。要在贯彻落实《公民道德建设实施纲要》精神上先走一步，创造经验，交出高水平的两个文明建设的好答卷。要进一步推进依法治市，加强社会治安综合治理，始终保持"严打"的态势，狠狠打击各种黑恶势力、暴力犯罪和多发性犯罪活动，狠扫黄赌毒丑恶现象，确保社会稳定。

把南沙开发作为珠三角
经济发展的新支点 *

（2002 年 4 月 29 日）

> 南沙开发是珠江三角洲经济发展的一个新支点。以建设适宜创业发展和生活居住的现代化海滨新城为目标，以发展现代物流业、临港工业和资讯产业为重点，按照统一规划、分期实施、生态优先、产业起步、项目带动、滚动发展的原则，努力把南沙建成产业布局合理、基础设施配套、科技水平先进的现代化新区，成为人口、资源、环境和经济协调发展的生态示范区，成为高水平的对外经济技术合作的新区。

省委、省政府这次到广州现场办公，是在我国加入世界贸易组织，我省对各级党组织、各级干部进行动员，号召全省人民抢抓机遇、主动出击、迎接挑战、趋利避害，增创加入世界贸易组织先发优势这样一个大背景下召开的，也是继 1998 年省委、省

---

* 这是李长春同志在广东省委、省政府广州南沙开发现场办公会上的讲话。

政府在广州召开第一次现场办公会之后又一次重要的现场办公会。上次会议主要解决广州的城市建设问题，这次现场办公会主要是研究通过加快南沙开发以加速广州发展的问题。

一、从全局和战略的高度认识加快南沙开发的重大意义

我来过南沙三次，这次是第四次，认识一次比一次加深。第一次来南沙时我说过，南沙开发是珠江三角洲经济发展的一个新支点。这次听了广州市的系统汇报，我对这个问题有了更深刻的认识。

首先，加快南沙开发，有利于进一步发挥广州中心城市的辐射带动作用。加快南沙开发，一是有利于增强广州的发展后劲。南沙开发，将建设一个新的临港工业区、新的物流基地，是广州新的经济增长点，为广州的发展提供了新的发展空间。二是有利于优化生产力的空间布局。广州作为一个老城市，工业布局过度密集，配套设施不足，人口密度过大，交通拥挤。我们要求实现一小变、一中变，主要是立足现有条件采取一些改善措施。要从根本上改变广州的城市面貌，要纾缓这些压力，就必须开辟新的发展空间，这样有利于优化生产力的布局，可以使一些基础产业逐步向老城区以外的空间发展，由此带来人口的疏散与基础设施的进一步展开，这将从根本上缓解交通拥挤等问题，为提高城市的现代化水平创造条件。三是有利于广州进一步扩大对外开放。推动广州在我国加入世界贸易组织的新形势下，更好地抢抓机遇，迎接挑战，拓展国际合作与穗港合作的新空间。四是有利于增强广州中心城市的辐射力、吸引力和带动力。现在我国已建

立起社会主义市场经济体制，这就要求市场在资源配置中发挥基础性作用。要发挥市场在资源配置中的基础性作用，就必须发挥中心城市的辐射带动功能。中心城市的功能齐全，实力雄厚，就有比较强的辐射力、吸引力。广州结合南沙开发展开的新的基础设施建设，将为广州成为重要的物流、商流基地创造条件，而物流、商流是中心城市辐射力的重要标志。广州港是内河港，尽管发展很快，成为亿吨大港，但是受到内河条件的限制，现在异地扩建，可以摆脱内河航道浅的制约。加上省里统一规划的三角洲城际之间的交通网络建设等措施，将进一步增强广州市对全省的辐射作用。因此，南沙开发，对广州充分发挥自身优势，优化城市布局、生产力布局和产业结构，培育支持广州新世纪继续大步发展的增长极，实现广州经济的持续发展，更充分地发挥广州中心城市对珠三角、全省乃至华南地区的辐射、带动功能，都具有重大而深远的影响。

其次，加快南沙开发，有利于增创我省地缘新优势，增强珠江三角洲乃至全省的国际竞争力。我想强调增创产业新优势的问题，因为产业是一个地区竞争力的主要体现和重要载体。我省产业总体上说轻型的多、短平快的多，与以上海为龙头的长江三角洲比较，体现国民经济实力水平的东西较少。所以，我们要本着有所为有所不为的原则，要大力发展高新技术产业，这是实力的标志。现在我们高兴地看到，我省的高新技术产业正在迅猛地发展，在全国已有一席之位。在高新技术产业中，特别是在通讯领域，珠江三角洲已走在全国前列，主要以中兴和华为为代表，拥有核心技术，拥有自己的品牌，开始打入国际市场。当然，在电脑资讯产品方面，我们还缺少品牌，缺少核心技术，量不少，但主要是搞加工，所以高新技术产业要加快发展。同时，要用高新技术和先进适用技术改造传统产业，而且要本着有所为有所不为的原则，高起点地发展一些基础产业。我们在发展基础产业方面并不是没有条件，关键是我们要高度重视，这是国民经济实力的体现，跟服装、玩具、箱包的地位是完全不一样的。在这些领域，全省最有条件发展的是广州。如造船，这是国民经济实力、综合工业水平的标志，产业关联度高、产品链条长，带动面广。现在正是接收日本、韩国产业转移的关键时候。同上海、大连相比，广州在大型船台船坞方面，已经落后了一步，没有办法承接大吨位的造船。造船厂能力的重要标志是看船台船坞的容量，要结合南沙开发，发展造船业。今后国内大城市搞地铁是一个很大的市场。还有数控机床，我们能不能充分利用资讯产业的基础，高起点地发展数控机床？特别是东南亚地区，大企业不多，都是中小企业，轻型的数控机床大有市场。珠江三角洲本身就是个大市场，关键是起点要高。所有这些都是我们增创产业新优势的领域。广州这样有条件开辟新领域的城市不去主动开辟，其他城市就更缺乏这些条件了。

我们也要增创地缘新优势。必须承认，由于以上海为龙头的长江三角洲的迅猛发展，上海作为全国最大的经济中心城市国际化的步伐加快，以及全方位开放格局的形成，香港部分功能在分流，而珠江三角洲最大的优势就是毗邻港澳。随着香港某些功能的分流，珠三角的地缘优势也有弱化的趋势，这一点不承认是不现实的。但是能不能增创地缘新优势？这方面潜力也是有的，就是要发挥"穗—深—港"三大中心城市的作用，或者以这三大城市为轴线，发挥珠三角城市群的整体功能，在对外开放的窗口和对国内市场辐射的门户这两个方面不断强化我们的作用，增强我们的辐射力。这是创造新的地缘优势的重要思路。而要增强开放窗口的作用和对国内市场辐射的门户作用，加工业、制造业仅仅是一个方面，更重要的是通过现代服务业来实现。要使以"穗—深—港"为轴线的珠江三角洲能够在通达国内市场上、在人才依托上、在研发能力上都发挥更强的辐射力和吸引力，才能够与以上海为龙头的长江三角洲相媲美。在开放的窗口功能上，我们不比他们差，甚至比长江三角洲还好。但是在对国内市场的辐射上、在金融服务上、在人才的支撑条件上、在研发能力上，我们有差距。所以，省委、省政府提出来，要以发展现代流通业为突破口，以现代金融业为重点，大力发展现代服务业，以此增创珠三角的地缘新优势。而南沙开发正是适应了这一要求，将为我们提供一个新的支点，为江门、中山、佛山等城市提供更好的物流服务。所以从珠江三角洲的全局来看，尤其是从两大中心城市的发展来看，选择若干地区建成重点物流基地势在必行。开发南沙就是贯彻这一思路的实际措施。南沙地处珠江三角洲的核心地带，地理位置、交通条件很好，依托现代化港口发展成为大型物流基地的条件十分优越，并且能够有效地辐射整个珠三角特别是珠江西岸的城市群，甚至通过广州的立体交通枢纽辐射到全国。

再次，加快南沙开发有利于粤港经济技术合作在更高的层次上展开，适应加入世界贸易组织后对外开放的新形势。南沙处于"穗—港—澳"金三角和珠三角的几何中心。在粤港澳合作的同时，南沙的开发为我们与世界 500 强等大公司的合作提供了新的空间，也为下一步国家推动的"10+1"自由贸易区，即东南亚 10 国加上中国自由贸易区创造了有利条件。东南亚与中国的自由贸易区在政治上、经济上都具有十分重大的意义，扩大与东南亚地区的交流与合作，是广东的长处。东南亚地区很多国家的经济界、企业界知名人士都是广东籍的华人，这种人缘相通、地缘相近的优势，给我们提供了便利条件。南沙的开发正适应了推进东南亚自由贸易区的新构想，为我们参与东南亚"10+1"的自由贸易区，将创造有利条件。

二、加快南沙开发的总体要求和要注意的问题

搞好南沙开发，是建设南沙经济技术开发区的继续和扩展。对南沙经济技术开发区的总体要求，我赞成市里的汇报，即以建设适宜创业发展和生活居住的现代化海滨新城为目标，以发展现代物流业、临港工业和资讯产业为重点，按照统一规划、分期实施、生态优先、产业起步、项目带动、滚动发展的原则，实行高起点规划、高标准建设、高效能管理，努力把南沙建成产业布局合理、基础设施配套、科技水平先进的现代化新城区，成为人口、资源、环境和经济协调发展的生态示范区，成为高水平的对外经济技术合作的新区。要建立起现代物流基地和临港工业基地。通过南沙经济技术开发区的建设，促进广州产业结构的调整优化，提升产业层次和发展水平，培育新的经济增长点，整合珠江三角洲的产业资源，为发挥珠江三角洲的整体优势服务。进一步加强粤港地区的合作，使南沙成为我省加入世界贸易组织后扩大对外开放新的重要载体，成为全省、珠江三角洲新的经济增长点。当前搞好南沙开发，关键要处理好以下三个关系。

一是开发和环境保护的关系。南沙是珠三角的中心，南沙的

2002 年 4 月 28 日至 29 日，广东省委、省政府在广州南沙经济技术开发区召开南沙开发现场办公会。图为李长春实地考察南沙地区的基础设施建设情况。左二为广州市市长林树森，右一为广东省省长卢瑞华。

环境不允许在开发过程中受到破坏。将来在具体项目上要把好关、充分论证，按程序报批。我们绝对不能以牺牲环境来换取一时的发展，在总体规划中应当有环境和生态保护的规划，与生态建设息息相关的湿地问题、红树林问题、滩涂问题、防洪问题都要切实解决好。严重污染的项目坚决不能搞，有一定污染的要落实治理措施，能够治理了再搞。

二是发展新兴产业和发展基础产业、传统产业的关系。总体上说我们是希望多发展高新技术产业，包括资讯产业、软件产业，都要根据市场需要和可能条件。高新技术产业的市场在哪里？就在用高新技术改造传统产业，不能在高新技术产业内部搞自我循环。传统产业在任何时候都有生命力，所以，广州在发展高新技术产业的同时，也要按有所为有所不为的原则，高起点地发展一部分基础产业，发展产业关联度高、产品链条长、带动能力强，在国民经济中有重要地位的重大技术装备、基础原材料和大型整机（造船、汽车等）。现在比较现实的是广州造船厂异地扩建，原有的地方可以保留，作为一个车间。这方面的产业条件比较成熟，而且没有什么污染，广东要发挥这个优势。发展钢铁工业，要搞短流程，不要搞长流程。不能从矿石、炼铁、转炉搞起，要直接进钢坯，搞轧材，特别是汽车钢板，这是广州加快发展汽车工业的需要。也可以发展特种钢材，用电炉炼废钢，搞细、小、薄、特的品种，瞄准国家1500万吨的进口品种，搞以产顶进，满足市场需求。石油化工也要从中下游搞起，搞精细化工，尽量减少污染。所以说，开发南沙，应实行高新技术产业与基础产业并举的方针，但发展基础产业不是复制古董，要高起点，有所为有所不为，瞄准进口替代的目标。

三是广州开发建设与整个珠三角的协调发展和产业整合的关系。广州与珠三角要形成整体优势，要进一步做好规划。要在基础设施建设上，相互配套，发挥群体优势。如港口的建设，枢纽港要严格按国家批复建设，不能改变。广州港是国家批准的枢纽港，在南沙搞一个新的作业区，要按程序报批。将来周边的一些港口可以与广州港探讨经济合作的形式，既发挥各个市的积极性，又一致对外。至于各个沿海市建集疏港向香港、广州等枢纽港集中货物，这是可以的，这不是低水平重复建设。在发展高新技术产业上，要相互合作。广州要发挥大学密集的优势，发展水平要高一些，特别是要有自主知识产权，在研发方面表现出自己的优势，成为珠三角研发的基地。生产制造方面，则可以发挥珠三角各个市的作用。广州要大力发展包括物流、商流、资金流、信息流为重点的现代服务业，为珠江三角洲各市服务。

三、加强领导和协调，促进南沙开发的顺利进行

南沙开发是一个任务相当繁重的大型系统工程。200多平方公里的土地，加上水面和远景规划控制用地，达到500多平方公里，相当于一个新广州，任务很重。广州市要按照经济技术开发区的要求加强领导，同时要注意与霍英东先生的开发[1]协调起来，统筹兼顾。要注意学习国内外的一些成功经验和好的做法，发挥后发优势，争取比国内其他开发区搞得更好。在新城区的建设上，要按照现代新城市的要求高标准设计，高起点建设，特别要学习借鉴浦东开发的经验。在开发过程中要加强珠三角内部的协调。省里有一个珠三角现代化建设领导小组，要加强这个组织机构的协调管理功能，由广源[2]同志负责，对南沙开发过程中牵涉到周边市的一些重大问题及时进行协调。省直各部门要积极主动地支持广州市开发南沙的各项工作。一些需要解决的重要问题，建议在这次现场办公会以后，有关部门能够来这里现场办公，现场调查研究，现场解决问题。属于我们责权范围内的事，我们要高度负责，服务上门，提高工作效率。需要国务院或国家有关部门解决的，要会同广州市，积极反映，积极争取。南沙开发要注意依法行政，模范地贯彻执行国家的法律、法规，坚持按程序办事，不能搞拍脑袋决策。

开发南沙是我省社会主义现代化建设的一件大事，也是适应加入世界贸易组织的新形势，提高我省的国际竞争力，改善我省

发展软环境，增创我省地缘新优势的一个重大举措。希望省市的同志进一步统一思想，提高认识，下大气力，高水平地开发建设好南沙。

注　释

〔1〕霍英东先生的开发，指 1987 年底，著名爱国人士、香港知名实业家霍英东先生正式提出开发南沙的设想；1988 年 8 月，形成了南沙发展的初步计划。从 20 世纪 90 年代开始，霍英东先生与地方政府合作开发 22 平方公里土地。至 2002 年，其在南沙累计投资约 30 亿元，先后修建了虎门轮渡和南沙大道、进港大道、港前大道等一级公路 100 多公里，修筑海堤 7 公里，抽沙 1082 万立方米，造地 6000 多亩，改造绿化大角山、蒲州山等 3000 多亩荒山。此外，还建成南沙客运港、蒲州花园、天后宫、东发货运码头等与未来海滨新城建设发展相配套的 16 个项目。霍英东先生对南沙不计成本的投入，使南沙成为粤港澳地区最具活力的区域之一，为南沙的未来发展奠定了坚实的基础，为联结香港，支持珠三角与广东经济建设作出了贡献。

〔2〕广源，即欧广源，时任中共广东省委副书记、常务副省长。

抓住机遇，乘势而上，
实现新的更大发展[*]

（2002 年 5 月 20 日）

充分发挥广东改革开放先行一步，经济外向型比重和市场化程度较高的优势，充分利用我国加入世界贸易组织的历史机遇，充分把握国家继续实行扩大内需方针和加快西部开发的有利时机，充分挖掘20多年改革发展形成的巨大潜力，努力增强广东经济的国际竞争力，实现从经济大省向经济强省的跨越，为率先基本实现社会主义现代化奠定坚实基础。

一、四年来的工作回顾

省第八次党代会以来的四年，是广东人民在党中央领导下坚定不移地沿着有中国特色社会主义道路阔步前进，跨越世纪、继往开来的四年；是经受严峻挑战，克服各种困难并取得显著成绩的四年；是聚精会神地加强党的建设，努力提高党组织创造力凝

＊　这是李长春同志在中共广东省第九次代表大会上报告的一部分。

聚力战斗力的四年。四年来，我们以"增创新优势，更上一层楼，率先基本实现社会主义现代化"为总目标总任务统揽工作全局，团结带领全省人民全面实施外向带动、科教兴粤、可持续发展三大战略，努力增创体制、产业、开放、科技四大优势，坚决落实"两手抓，两手都要硬"的方针，大力推进新时期党的建设新的伟大工程，较好地交出了物质文明建设和精神文明建设两份答卷。

经济综合实力上了一个大台阶。国内生产总值超过万亿元，年均增长 10%。地方一般预算财政收入年均增长 20.8%。以信息化带动工业化，新的支柱产业加快发展，经济结构调整取得显著成效。高新技术产业发展迅猛，占工业总产值的比重由 1997 年的 9% 上升到 2001 年的 18.6%。第三产业发展提速，农业产业化进程加快。三次产业增加值的比重由 1997 年的 13.5：49.9：36.6 转变为 2001 年的 9.6：50.2：40.2。广州、深圳中心城市龙头带动作用凸显，珠江三角洲地区的示范作用加强，东西两翼和广大山区发展的基础条件明显改善。

改革开放迈出新步伐。国有经济结构和布局的战略性调整取得成效，各种所有制经济健康发展。国有企业三年改革与脱困目标基本实现，大多数国有大中型骨干企业初步建立现代企业制度。民营经济发展迅速，民营科技企业异军突起。科技体制改革取得新进展，初步走出一条科技和经济紧密结合的新路子。社会保障制度等配套改革同步推进，金融、财税、计划、投资、价格等宏观调控体系改革向纵深发展，市场体系日趋完善。党政机关机构改革稳步推进，行政审批制度改革不断深入，政府职能进一步转变。全省社会主义市场经济体制初步建立。对外开放进一朝着全方位、多层次、宽领域的方向拓展。对外贸易在逆境中稳步前进；利用外资的规模不断扩大，质量和效益明显提高；实施"走出去"的战略初见成效；对外开放的吸引力和国际竞争力进一步增强。2001年，全省进出口总额1765亿美元，实际利用外资158亿美元，分别比1997年增长35.6%和10.9%。

精神文明建设和民主法制建设取得新成效。理论学习、宣传舆论工作和思想道德建设在巩固中提高，"致富思源、富而思进"教育深入人心。群众性精神文明创建活动水平提高，涌现出一批文明城市和文明村镇。新闻出版、广播影视、社会科学、文学艺术等事业不断发展，精神文明建设"五个一工程"[1]取得丰硕成果。成功承办了第九届全运会。积极推进依法治省，人民代表大会制度、中国共产党领导的多党合作和政治协商制度进一步完善。爱国统一战线得到巩固和发展。建立了直接听取人民代表和政协委员意见的"直通车"制度。重视发挥工、青、妇等群众团体的桥梁纽带作用。大力推进依法行政、公正司法和基层民主政治建设，法律监督、工作监督、社会监督进一步加强。市场经济秩序和社会治安秩序"两大整治"取得成效。

人民生活水平明显提高。全省人民生活水平总体进入小康，珠江三角洲地区实现初步富裕。城乡居民储蓄存款余额超过万亿元。城镇职工养老、失业、医疗等社会保险覆盖面扩大，就业局势稳定，居民最低生活保障工作有效开展。教育事业有较大发展，人民受教育程度有新的提高。城乡公共文化设施网络初步形成，医疗卫生事业继续发展，群众性体育活动蓬勃开展。人口自然增长率近3年连续控制在10‰以下，生态建设、环境保护和防灾减灾工作得到加强。解决困难群众生产生活问题，特别是困难群众住房难、就医难、打官司难、子女入学难等突出问题力度加大。雷州半岛治旱初见成效。基本实现扶贫"两大会战"〔2〕目标，加快了脱贫奔康步伐。

同时，我们也要清醒地看到存在的问题。主要是：经济结构不够合理，自主科技创新能力不强；山区及部分地区的基础设施建设滞后，区域发展差距明显；农业结构调整缓慢，农民增收的任务仍然艰巨；有的地方市场经济秩序比较混乱；有的地方社会治安秩序不好；一些领域的腐败问题尚未得到有效遏制；城乡部分群众生产生活还有困难；人口控制和资源、环境保护的压力很大；精神文明建设、民主法制建设和党的建设还存在不少薄弱环节，少数地方基层组织软弱涣散。我们必须高度重视存在的问题，采取切实措施，认真加以解决。

2002 年 5 月 20 日至 26 日，中共广东省第九次代表大会在广州召开。图为李长春在选举大会上投票。

二、形势和任务

当前，我国正处在全面建设小康社会，加快推进社会主义现代化建设新的发展阶段。今后五年，是我省率先基本实现社会主义现代化的关键时期。我们既要全面完成"十五"计划，又要组织实施"十一五"计划。抓住机遇，乘势而上，实现新的更大发展，是时代赋予我们的重大使命。

进入新的世纪，我们所处的国内外环境正在发生深刻的变化。世界多极化和经济全球化在曲折中发展，以信息技术为核心的现代科技突飞猛进，综合国力的竞争日趋激烈。我国加入世界贸易组织后，国际经济形势的变化对我省的影响将更为直接和广泛。随着全方位对外开放格局的形成和外资投向地域选择出现的新变化，要求我们必须增创新的优势。随着社会经济成分、组织形式、就业方式、利益关系和分配方式日益多样化，社会管理和社会稳定面临许多新情况、新问题。我们必须审时度势，高度重视加入世界贸易组织后我们所面对的国际形势的新变化，不断增强应对能力；高度重视长江三角洲等地区迅猛发展的经验，取长补短，加快发展；高度重视全省经济社会发展中存在的突出问题和薄弱环节，反骄破满，振奋精神，迎接挑战。我们要充分发挥我省改革开放先行一步，经济外向型比重和市场化程度较高的优势，充分利用我国加入世界贸易组织的历史机遇，充分把握国家继续实行扩大内需方针和加快西部开发的有利时机，充分挖掘20多年改革发展形成的巨大潜力，努力增强我省经济的国际竞争力，实现从经济大省向经济强省的跨越，为率先基本实现社会主义现代化奠定坚实基础。

今后五年工作的指导思想是：高举邓小平理论伟大旗帜，认真实践"三个代表"重要思想，继续以"增创新优势，更上一层楼，率先基本实现社会主义现代化"为总目标总任务统揽工作全局，以提高国际竞争力为核心，实施外向带动、科教兴粤、可持续发展、区域协调发展四大战略，增创开放、产业、科技、体制、环境五大优势，努力建设经济强省；率先建立比较完善的社会主义市场经济体制，率先建立文明法治环境，率先实现宽裕的小康；全面加强党的建设，为加快率先基本实现社会主义现代化提供强有力的保证。

外向带动战略，就是以加入世界贸易组织为契机，在更宽领域、更高层次上参与经济全球化，大力发展开放型经济，带动全省经济持续快速健康发展；科教兴粤战略，就是坚持科技先行、教育为本，确立人才资源是经济社会发展第一资源的战略思想，增强自主科技创新能力和核心竞争力；可持续发展战略，就是使经济发展与人口、资源、环境相协调，努力开创生产发展、生活富裕、生态良好的良性循环发展道路；区域协调发展战略，就是把加快山区开发摆上重要的战略地位，努力实现全省不同类型地区优势互补、协调发展，促进共同富裕。

要进一步利用我省改革开放先行一步和毗邻港澳、海外侨胞众多的有利条件，抢抓历史机遇，提高对外开放水平，增创加入世界贸易组织先发优势；加快推进经济结构的战略性调整，打造一批具有国际竞争力的支柱产业、骨干企业和名牌产品，增创产业新优势；坚持引进、消化、吸收、创新相结合，提高科技自主创新能力，加快高新技术及其产业发展，增创科技新优势；加大改革力度，完善市场机制，充分发挥市场配置资源的基础性作用，增创体制新优势；积极营造良好的人文、政务、法治、市场和生活环境，增创环境新优势。

通过实施"四大战略"，增创"五大优势"，实现我省经济发展的战略性转变：经济增长实现从快到既快又好的转变，努力优化结构，增加科技含量，提高质量效益；对外开放实现从引进为主到进出结合的转变，在"走出去"方面有新突破；体制改革实现从重点突破到全面推进、完善提高的转变，加快建立比较完善的社会主义市场经济体制；环境建设实现从重"硬"到"软""硬"并重的转变，增强软环境的竞争力；资源开发实现从重物到既重物更重人的转变，体现以人为本，重视人才。实现这五大转变，是我省提高国际竞争力，建设经济强省的必然要求。

全省要朝着这个目标继续努力奋斗。再用十年左右时间使珠江三角洲率先基本实现社会主义现代化，在经济发展、社会进步、生态环境和人民生活等方面基本达到现代化标准，其中人均国内生产总值达到 7000 美元以上，为全省率先基本实现社会主义现代化发挥先行示范作用。今后五年，全省经济发展要再上新台阶，国内生产总值年均增长 9% 左右；以大力发展高新技术产业和现代服务业为重点，经济结构战略性调整取得重大进展；率先建立比较完善的社会主义市场经济体制，经济运行机制充满活力；基础设施进一步完善，城市化进程加快；科技教育事业发展取得新突破，总体水平居全国前列；精神文明建设和民主法制建设有新进展，各项社会事业全面发展；生态环境继续得到改善；城乡人民生活水平和质量显著提高；党的建设得到全面加强，各级党组织驾驭全局、领导经济工作的水平和拒腐防变、抵御风险的能力明显提高。

三、努力建设经济强省

建设经济强省，就是要以发展为主题，以我国加入世界贸易组织为契机，以提高国际竞争力为核心，以结构调整为主线，以制度创新和科技创新为动力，推动我省经济实现新跨越，不仅发展快、总量大，而且结构优、素质高、效益好、后劲足。

第一，积极参与经济全球化，全面提高开放水平。我们要抢抓机遇，主动出击，迎接挑战，趋利避害，增创加入世界贸易组织的先发优势，全面提高对外开放水平。

积极拓展对外贸易增长空间，千方百计扩大出口。推进出口市场多元化，巩固发展传统市场，努力开拓新的市场。坚持科技兴贸，扩大具有自主知识产权的高新技术产品及传统优势产品出口。扩大一般贸易，加快发展技术贸易和服务贸易，提升加工贸

2002 年 10 月 16 日，李长春出席广东—俄罗斯经贸合作洽谈会。左一为俄罗斯总统驻中央联邦区副代表帕拉莫诺夫，左三为广东省省长卢瑞华，左四为俄罗斯总统驻中央联邦区全权代表波尔塔夫钦科，右一为俄罗斯总统驻中央联邦区副代表基彻芝。

易水平。深化外贸体制改革，促进外贸经营主体多元化，扶持中小企业开拓国际市场。

实行"引进来"与"走出去"双向并举，加快"走出去"的步伐。鼓励和支持有条件的企业到国外投资办厂和承包工程，带动技术、设备、材料和劳务出口，逐步形成广东的跨国公司。扩大金融市场、信息服务、商贸、旅游等领域的对外开放，拓宽利用外资的渠道，探索利用外资的新形式，增强对外资的吸引力。积极引进港澳台投资，加大对美、日和欧洲等国家和地区的招商引资力度。着力引进先进技术、现代化管理经验和专门人才，鼓励跨国公司到我省设立地区总部、研发机构、生产基地和采购配送中心。加大口岸改革力度，改善通关环境。继续发挥经济特区在对外开放中的示范作用。

加强粤港澳经济合作，提高合作水平。发挥粤港澳三地政府间沟通协调机制的作用，重点加强口岸管理、商贸旅游、基础设施、金融保险、科技教育、环境保护和中介服务等领域的合作。继续推进粤台经贸合作与交流。大力开展与兄弟省区市的经济技术合作，积极参与西部大开发，鼓励内地企业到我省投资设厂，建立机构。

第二，加快经济结构的战略性调整，提高产业竞争力。我们要实施大企业和企业集团带动、名牌带动和信息化带动战略，调整优化产业结构，全面提高产业竞争力。

把推进国民经济和社会信息化作为现代化建设的关键环节来抓。完善信息基础设施，促进互联互通和资源共享。推动信息技术在国民经济各行业各领域的广泛应用。以信息化带动工业化、促进现代化，实现生产力的跨越式发展。

加快发展高新技术产业，大力改造和提升传统优势产业，不断壮大新兴支柱产业，努力培植发展产业关联度高、产品链条长、带动能力强、在国民经济中有重大影响的基础产业。在支柱产业和优势行业中，发展壮大一批骨干企业，构建和完善以大企业为主导，大中小型企业专业化分工、产业化协作的产业组织体系。鼓励企业创造名牌，使名牌产品在主要行业中占据主导地位。

以现代流通业为突破口，以现代金融业为重点，加快发展现代服务业。以广州、深圳为重点，加快珠江三角洲地区物流基础设施和市场体系建设，积极支持和推动连锁经营、物流配送、电子商务等现代流通方式，发展中高级批发市场，完善对外开放的服务窗口和通向国内市场的重要门户功能，建成我国乃至东南亚地区重要的物流基地，增创珠江三角洲的地缘新优势。加快发展现代金融业，努力把广州、深圳建成区域性金融中心。大力发展旅游业和会计、审计、法律等中介服务业。

以增加农民收入为核心，以农业产业化经营为基本途径，加快农业和农村经济结构调整，提高农村经济综合实力和农业国际竞争力。加强农业基础设施建设，推行农业标准化，推广先进实用技术，健全社会化服务体系。做大做强农业龙头企业，加快珠江三角洲农业现代化步伐。深化农村改革，稳定土地承包关系，稳步推进农户承包地使用权合理流转。加强耕地、林地特别是基本农田保护工作。积极稳妥地推进农村税费改革，切实减轻农民负担。

第三，增强自主科技创新能力，提高科技和人才竞争力。我们要牢固树立科技是第一生产力、人才是第一资源的思想，努力增强自主科技创新能力，为经济发展提供强有力的技术保障和智力支持。

建立和完善以市场为导向、以企业为主体、以高等学校和科研院所为依托的科技创新体系，增加自主知识产权的拥有量，推动我省发展成为研发、制造、服务的综合基地。鼓励和支持大型企业建立工程技术研究开发中心，抢占行业技术制高点。建立重点面向中小企业的科技服务体系，加快发展科技型中小企业。以电子信息、生物工程、新材料、光机电仪一体化等高新技术产业为重点，抓好高新技术产业开发区和珠江三角洲高新技术产业带建设。扶持一批开放性的重点实验室和重点科研基地，加强基础研究。继续深化科技体制改革，加速科技成果向现实生产力转化。

优先发展教育事业，建设教育强省。树立现代开放的教育思

中共广东省第九次代表大会召开期间，李长春参加湛江代表团讨论。

227

想，推进素质教育，提高教育质量，促进学生德智体美全面发展。重视抓好幼儿教育，巩固提高九年义务教育，加快普及高中阶段教育，积极发展职业技术教育，逐步实现高等教育大众化。推进教学手段现代化，大力发展远程教育和继续教育，构建终身教育体系。深化教育体制改革，加大教育投入，鼓励、支持和规范多种形式的社会办学，加快建设大学园区。

加强人才的培养、引进和使用，增创广东人才新优势。大力培养和引进适应改革开放和社会主义现代化建设新形势需要的高素质人才，特别是高科技人才，精通国际金融、财会、贸易、法律和现代管理的专业人才，加强高级技能人才的培养。完善人才市场和人才激励机制，促进优秀人才脱颖而出，人尽其才。鼓励和支持海外留学人员和国内优秀人才来粤创业。

第四，加快推进制度创新，率先建立比较完善的社会主义市场经济体制。我们要继续建立和完善社会主义现代企业制度，继续完善市场体系，继续健全社会保障制度，进一步转变政府职能，不断推进经济体制和运行机制的创新，为发展注入新的活力。

坚持把国有企业改革作为经济体制改革的中心环节来抓。按照"调整布局、有进有退、强优汰劣、优化结构"的方针，加快国有经济布局的战略性调整和企业改组、改造步伐，使国有资本向国民经济的关键领域、重要行业和优势企业集中。加快现代企业制度建设，规范和完善公司法人治理结构，深化企业人事、劳动、分配制度改革，建立有效的激励和约束机制。采取多种形式放开搞活国有中小企业。按照"国家所有、分级管理、授权经营、分工监督"的原则，进一步完善国有资产管理、营运和监督体系。积极探索公有制的多种实现形式。

坚持一手抓发展，一手抓提高，推动民营经济发展上新水平。民营经济是关系我省经济发展活力和后劲的重要力量，要进一步解放思想，加快发展。着力创造多种所有制企业公平竞争的环境，加强管理，强化服务，营造良好的发展氛围。引导有条件的民营企业由家族式经营向现代企业制度转变，实行现代化管理和专业化生产。大力发展民营科技企业，努力使产品上档次、创名牌。鼓励和引导民营企业自立自强，健康发展，成为我省科技创新、出口创汇、资本扩张的重要生力军。

重点培育和完善各类要素市场，形成统一开放、竞争有序的市场体系，充分发挥市场在资源配置中的基础性作用。进一步完善基本养老、失业保险，积极推进医疗保险制度改革，建立比较完善的社会保障体系。推进管理创新，改革完善行政管理体制，进一步转变政府职能。深化财政体制改革，建立公共财政基本框架。继续推进收入分配制度和投融资、电力、医疗卫生等体制改革。

第五，实施区域协调发展战略，促进全省共同富裕。我们要加快山区开发步伐，增强东西两翼地区发展后劲，提高发达地区的辐射带动能力，努力实现各种类型地区的优势互补、协调发展。

把加快山区开发摆上重要战略地位。实行政策倾斜，加大对山区财政转移支付力度，加大山区道路、水利、电力等基础设施建设的投入，改善山区投资环境。尤其要加快中心城市与各市间和通向外省的高速公路建设。加大教育投入，加强人才培养。积极促进发达地区的产业向山区转移。全面推进农业产业化经营，加快开发具有山区优势的资源加工型产业，大力发展生态旅游业。积极稳妥地推进工业化和城镇化进程，注意资源开发与环境保护相结合，强化山区作为全省生态屏障的战略地位。培育一支热爱山区的高素质干部队伍，发动和依靠群众自力更生、艰苦奋斗，努力改变山区面貌。加大扶贫开发力度，搞好对口帮扶工作，加强就业培训，扩大劳务输出。力争山区特别是贫困地区基础设施明显改善，自我积累和发展能力明显提高，生态环境保护明显加强，全面实现脱贫奔康。

增强东西两翼地区的经济实力和发展后劲。依托自身资源优势，加快经济结构调整，发展特色经济，大力推进海洋综合开发，加速海洋经济发展。推进农业产业化和现代化，提高工业化和城镇化水平。加大基础设施建设力度，改善投资环境特别是软环境。大力发展民营经济，增强经济实力，努力进入经济发展的快车道。

加快珠江三角洲现代化建设步伐。通过统一布局，规划协调，产业整合，优化资源配置，推进区域经济一体化进程。提高城市化水平，增强城市集群和产业集群的竞争实力。推动高新技术产业、传统优势产业和现代服务业的发展上新水平。建成以电子信息、生物工程等为先导的高新技术产业带，具有较强辐射能力的现代物流基地和国际化的制造基地，社会主义市场经济体制的先行区和可持续发展示范区，率先基本实现社会主义现代化。

进一步增强广州、深圳两大中心城市的辐射力和吸引力。大力发展高新技术产业和现代服务业，培育新的支柱产业。加快广州南沙开发。加快构筑枢纽型、功能性的现代化城市基础设施体系，不断完善城市功能，提高管理水平。努力使广州、深圳成为在全省起龙头带动作用，在国内城市中位居前列，在国际上有较大影响的社会主义现代化中心城市。

四、率先建立文明法治环境

率先建立文明法治环境，是率先基本实现社会主义现代化的基本内容和根本保障。我们要以加强软环境建设为重点，大力提高精神文明建设和民主法制建设水平，增创环境新优势。

第一，建立健康向上的人文环境，提高全省人民的思想道德素质和科学文化水平。大力加强思想道德建设，坚持用共同理想凝聚全省人民的力量。大力弘扬爱国主义、集体主义、社会主义精神，引导人们树立正确的世界观、人生观和价值观。坚定对马克思列宁主义、毛泽东思想、邓小平理论的信仰，对有中国特色社会主义的信念；增强对改革开放和社会主义现代化建设的信心，对党和政府的信任。坚持依法治省与以德治省相结合，认真贯彻《公民道德建设实施纲要》精神，大力倡导"爱国守法、明礼诚信、团结友善、勤俭自强、敬业奉献"的基本道德规范。深入开展各种形式的群众性精神文明创建活动，提高城乡文明程度。加强科学知识、科学方法、科学思想、科学精神的宣传教育，抵制封建迷信及其他各种落后、腐朽思想，倡导文明健康的生活方式。认真执行党的宗教政策，积极引导宗教与社会主义社会相适应。

大力发展社会主义文化事业。把握正确的舆论导向，坚持团结稳定鼓劲、正面宣传为主的方针，唱响主旋律，打好主动仗。紧密结合我省经济社会发展实际，加强社会科学的研究和普及，推进理论创新。扩大对外文化交流，繁荣文艺创作，积极促进文化精品的创作生产，树立当代岭南文化务实、开放、创新的新形象。深化新闻出版广播影视业改革，发展壮大文化产业。加强基层文化建设，丰富和活跃城乡群众文化生活。坚持一手抓繁荣，一手抓管理，积极培育和规范文化市场。

第二，建立廉洁高效的政务环境，提高社会管理水平。加快推进政企分开、政事分开，把政府职能转到经济调节、市场监管、社会管理和公共服务上来。增强政策的统一性和透明度，运用经济和法律的手段管理经济，提高驾驭市场经济的能力。

深化行政管理体制的改革和创新，转变工作方式，改进机关作风，提高服务水平，建立和完善精简高效、运转协调、行为规

2001 年 9 月 13 日，第九届全运会"走进新时代"火炬传递活动广东省暨广州市起跑仪式在广州举行。图为李长春点燃传递主火炬。

范的行政管理体系。深化行政审批制度改革，实行经营性土地使用权公开招标拍卖，国家投资建设工程、公有资产产权交易、政府采购公开招投标，实现办事程序公开化和规范化。大力推进政务信息化，促进政务公开，提高行政效率，推进廉洁从政。

第三，建立民主公正的法治环境，提高依法治省水平。进一步发展社会主义民主，坚持和完善人民代表大会制度、中国共产党领导的多党合作和政治协商制度。进一步扩大以政务公开、厂务公开、村务公开以及村民委员会民主选举为主要内容的基层民主。重视人大代表、政协委员反映的意见，拓宽人民群众反映意见的渠道，密切党委、政府同人民群众的联系。

加快推进依法治省进程。加强国家行政机关、司法机关队伍建设，切实落实依法行政、公正司法和严格执法。加强地方性法规建设，提高立法的公众参与度。逐步将全省经济、社会、文化等各项事业的活动和管理纳入法制化轨道。加强法制宣传教育，提高公民的法律素质。

整顿社会治安秩序，维护社会稳定。加强社会治安综合治理，严厉打击各种严重犯罪活动，扫除黄赌毒等社会丑恶现象。重视群众来信来访，加强人民调解工作，维护人民群众的合法权益。进一步落实维护稳定工作领导责任制。

开展国防和国家安全教育，进一步落实党管武装的各项制度，加强国防后备力量建设。

第四，建立规范有序的市场环境，提高社会信用水平。依法规范市场经济秩序。打破行业垄断和地区封锁，促进公平竞争。继续严厉打击制假售假、走私贩私、偷税骗税、逃汇骗汇和逃废债务等违法犯罪活动，强化知识产权保护和管理，规范中介机构行为。防范和化解金融风险，构筑经济安全体系。

加强社会信用建设。搞好信用建设试点，逐步在全省形成较为完善的信用备案制度和信用监管体系。建立信用评价系统和失信惩罚机制，加强行业自律，重视发挥新闻媒体和社会舆论的监督作用，形成诚信为本、操守为重的良好社会风尚。

第五，建立富民安民的生活环境，提高人民生活水平。不断改善人民生活。高度重视劳动就业，进一步完善政策，拓宽就业渠道，扩大城乡就业。完善城镇居民最低生活保障制度，继续解决好困难群众的"四难"问题。切实依法维护包括外来务工者在内的全体劳动者的合法权益。千方百计增加农民收入，建立健全农村合作医疗保障体系。规范收入分配，协调分配关系，使广大群众共享经济繁荣的成果。

努力建设安定的社会环境、舒适的居住环境和良好的生态环境。改善教育、文化、卫生、体育、旅游等公共设施和社会福利设施，尽快完善基本公共服务，提高人民生活质量。依靠基层组织、社区组织，把方便群众生活、维护社会安定的各项措施落实到基层。严格控制人口增长，稳定低生育水平，提高人口素质。加快实施"青山、碧水、蓝天、绿地"工程，加强生态建设和环境保护。加大防灾减灾工作力度，保护人民生命和财产安全。

注　释

〔1〕"五个一工程"，即精神文明建设"五个一工程"。从 1991 年起，中共中央宣传部定期对各地区各部门和解放军创作生产的精神文化产品进行

集中评选，从中评选出五个方面的精品佳作，即一台好戏、一部好电视剧、一部优秀电影、一本好图书（限社会科学）、一篇好理论文章（限社会科学），予以表彰奖励。1995 年度起，一首好歌和一部好广播剧也被列入评选范围。该工程的实施，对精神文化产品的创作生产发挥了积极的导向作用。

〔2〕"两大会战"，即 2000 年 6 月至 2002 年 5 月，广东省开展以村一级通机动车和解决贫困户半亩"保命田"为主要内容的扶贫"两大会战"。

积极应对亚洲金融危机，
确保经济持续快速健康发展

贯彻"二十四字"方针，
防范化解金融风险[*]

（1998 年 4 月 16 日）

> 当前，我们面临着机遇和挑战并存、困难与希望同在的新形势。在这种情况下，谁能咬得住，谁就能够获得新的发展机遇。我们前进中遇到的问题只能在发展中消化，不发展困难会更大。要在前进中迎接挑战，在发展中克服困难。

当前一个重要工作，是从防范和化解金融风险入手，解决经济运行中的主要问题，确保全省改革、发展、稳定协调推进，完成好今年国民经济计划。

一、全力做好防范和化解金融风险工作

从中央到省都非常重视防范和化解金融风险工作。自去年发生东南亚金融风波之后，当前防范和化解金融风险问题关系到

---

　　*　这是李长春同志在广东省经济工作座谈会上讲话的主要部分。

我省国民经济能否保持持续快速健康发展，必须更加突出地提出来。

第一，进一步提高对防范和化解金融风险工作的认识，增强信心。

首先，必须认识到金融风险已经是我省经济生活中最大的隐忧。总的来说，当前我省同全国一样，形势是好的。从全国来看，各省市也暴露出了各种各样的问题，多数省主要是国有企业严重亏损、下岗职工增多、就业压力加大等。虽然我省也有这些问题，但相对来讲，并不突出。主要的还是金融秩序问题，这已经成为我省当前经济生活中隐患最大、最突出的问题。现在把这个问题提出来，目的是增加透明度，统一思想认识。这是因为：一是东南亚金融风波之后，党中央高度重视，开了中央金融工作会议，下发了相关文件。这次会议，就是贯彻落实中央指示精神的具体步骤。二是中央专门通报了恩平金融事件[1]，要求广东省委、省政府认真总结经验教训。这次会议就是按照中央的要求，把恩平金融事件作为反面教材，举一反三，吸取教训，把我省这方面的问题主动解决好。三是我省的外债面临周转困难的问题。东南亚金融风波之后，国际金融组织把我国（包括香港）的信用等级降了下来。在香港的外资要么观望，要么往回撤。所以在这种情况下，原来借新债还旧债的做法受阻了。现在省政府正在研究如何去支撑我们的几个窗口公司，使其信用不倒，避免因交叉违约而从根本上影响我省对外开放的形象。四是省内许多地方过去的集资已经到期，有的地方支付面临困难，从而造成了社会不稳定因素。在这样的背景下，我们觉得有必要召开这样一个会议，以充分认识我省金融风险的严重性。金融是现代经济的核心，经济活动就是资金形态不断转换运动的过程，所以金融稳定是保证国民经济持续快速健康发展的基本条件。如果现在不重视研究解决防范和化解金融风险问题，不仅我们当下的经济工作要受到影响，今年我省国内生产总值增长 10% 的目标很难实现，而且多年来我们所取得的大好形势也很难巩固发展。所以，我们在这个问题上要统一思想，充分认识到金融风险的严重性，高度重视这一问题。

其次，要认识到金融风险问题不仅是经济问题，也是政治问题和社会问题。中央一再强调稳定压倒一切。没有稳定，什么事都干不成。我省一些地方非法集资也好，合法集资到期不能兑现也好，引起的群众上访事件时有发生，甚至还发生过多次冲击省、市政府机关的事件，在社会上造成了不良影响，损害了人民群众对党和政府的信任。所以我们切身感到，金融风险所造成的社会影响往往要比国有企业下岗职工问题更为严重，更不好解决。另外，我省是一个高度开放的省份，在境外的知名度高，加上毗邻港澳，如果少数人插手这些问题，那么其性质就会从经济问题演变成政治问题。因此，从保一方平安，从处理好改革、发展、稳定关系的大局出发，各级党委当前必须把防范和化解金融风险提到重要的议事日程上来。

再次，金融风险的根源在于粗放型经济增长方式，要增强两个根本性转变的紧迫感。大量的金融风波案例表明，之所以在金融上暴露出这些问题，关键是经济体制不适应、经济结构不合理、经济效益不理想、经济管理不得力。所谓体制不适应，就是我们还存在政企不分、政银不分的问题。在企业、政府和银行三者的关系上，我们的体制还不适应。当然这是全国性的问题，不是我省独有的。政银不分就是政府干预银行的贷款，恩平事件就是这方面的典型。所以，中央在通报上特别讲到，各级党政机关、任何单位和个人均不得强令银行和其他金融机构发放贷款和提供担保。政企不分，主要表现在国有企业上，由于有政府给企业作后盾，因此，企业借银行的钱，总感到是儿子花爹的钱，是应该的，拿到钱根本就不想还。因此，我们必须进一步加速企业改革，进一步加快政府职能转变，进一步加快金融体制改革。经济结构不合理，主要反映在房地产热、低水平的重复建设所带来的泡沫经济。据了解，全省积压的房地产资金大约是1000亿元，把金融机构拖住了。至于低水平的重复建设就更多了。经济效益不理想，就是我们对有些项目缺乏论证，不管是否有效益，上了再说。把金融资金作为财政的延伸，能否还款是以后的事，没有效益观念。管理不得力，就是在少数地方和单位存在用人不当的问题，恩平是个典型的例子，再加上我们监管薄弱，发现问题后查处不力。当然也有不少是银行内外勾结的问题，但我们首先要管住地方这一块。此外，还有我们的干部队伍对金融知识了解不足、少数人政策法规观念还比较淡薄等问题。所以，我们在研究金融风险问题时，要通过恩平的教训进行反思，对金融风险的深层次问题进行分析，在深层次的问题上统一思想认识，从而促使我们进一步提高领导经济的水平，加快把经济工作的指导思想转移到以经济效益为核心上来，把经济发展转移到依靠两个根本性转变上来，努力提高国民经济素质和效益。

最后，正确认识防范和化解金融风险问题，进一步振奋精神，为"增创新优势，更上一层楼，率先基本实现社会主义现代化"创造条件。

1998 年 11 月 26 日，李长春和中国人民银行行长戴相龙为新成立的中国人民银行广州分行、国家外汇管理局广州分局揭牌。

　　防范和化解金融风险到底与整个改革开放的全局是个什么样的关系？我们要全面、辩证、历史地看待这个问题。一方面，我们必须从思想上高度重视金融风险问题；另一方面，也必须看到与我们改革开放 20 年来所取得的成就比，这个问题是个支流。

我省原来是个基础比较薄弱的省份，有改革开放先行一步的机遇，在大家对如何走这条路子都没有经验的情况下，加上过去大家对金融知识掌握得不多，特别是体制上的原因，出现这样的问题并不奇怪。毕竟我们抓住了机遇，壮大了实力。特别是80年代，我们面临的国际环境很好，这个机遇抓住了。邓小平同志南方谈话之后，全国又掀起了改革开放的热潮，这个机遇我们又抓住了，从而使得我省总体经济实力大大增强。我在3月2日的干部见面会上集中讲了三条：第一条是广东的面貌大变，翻天覆地，从原来基础比较差的省变成了全国经济最强的省。第二条是广东对国家作出了巨大的贡献，特别是出口创汇。目前，国家有1000多亿美元的外汇储备，有我们广东的重要贡献。税制改革后，广东对国家财税上的贡献也在逐步增大。第三条是把邓小平理论、党的基本路线落实在实践上，创造出了重要的经验，也为全国各地提供了宝贵经验。改革是探索中的事业，作为先行区，在创造经验的同时，出现问题也是难免的，但关键是我们能否按照邓小平同志的教导，走一段就回头看一看，不对的就及时改正，避免造成大的损失。所以，今天我们也是这样的态度，出现一些问题并不可怕，关键是要统一思想，下力气做工作，今后提高水平。现在我们提出这个问题，是为了解决前进道路上的障碍，目的是为了更好地前进，更好地发挥先行区的作用。因此，我们对防范和化解金融风险，要有这样的态度：一方面要高度重视，另一方面不要惊慌失措，要相信在党中央的关怀、支持下，只要大家统一思想，努力工作，就一定能渡过这个难关。

当前，我们特别要注意防止和克服三种情绪：第一种是埋怨情绪，即怨天尤人，埋怨这是上届搞的，而不是我们搞的；埋怨过去可以这么办，现在怎么就不行了；等等。现在我们不要埋怨，遇到什么问题就解决什么问题。我们也不是追究责任，对绝大多数干部来说主要是总结提高，当然，对个别触犯刑律、中饱私囊、贪污受贿的要依法查处。我赞同岐山[2]同志讲的，要就事论事，不要搞无限上纲，不埋怨，不争论，不刮风，有什么问题解决什么问题，是什么问题就解决什么问题。第二种是畏难情绪，即一筹莫展，畏缩不前，推诿扯皮。我们要看到解决这一问题的有利条件很多，刚才几个市的同志在发言中也谈到了。主要是：一是国家的形势好，有党中央、国务院以及国家有关部门的关怀和支持。在今年全国人大会议结束前，我们请了几家国有银行的负责人到我们团来，向他们介绍了我们的认识和采取的措施。他们听后表示，广东在全国的金融上占有较大分量，只要我们统一思想，措施得力，他们一定全力支持。二是我省经过20年改革开放的发展，经济实力大大增强，块头大，回旋余地也大。三是群众的市场意识、风险意识较内地省份高，承受能力也较强。只要我们把工作做细做好，加上有党的领导这一政治优势，我们就一定能把问题解决好。第三种是盲目乐观的情绪，即看不到问题的严重性，或者心中无数，估计不足。这也是危险的。问题客观存在，事先不做好工作，出了问题就难收拾。总之，我们既要看到问题的严重性，同时又要看到解决问题的有利条件，增强解决问题的信心，勇于负责，知难而进，勇往直前。

第二，加强对防范和化解金融风险工作的领导，这是关键。

首先，落实防范和化解金融风险责任制。各地要按照"谁主管，谁负责；谁批准，谁清理；谁借债，谁还债"的原则，进一步落实完善防范和化解金融风险责任制。作为地方政府，除了协助国家商业银行提高信贷质量之外，主要是搞好地方金融秩序。要采取分级负责、分散风险的办法，把责任落实到人，把矛盾解决在基层。党政一把手要负总责，哪个地方因金融问题而影响社会稳定，唯那里的党政一把手是问。省里不下指标，也不限日期，但各地要尽快摸清底数，做好工作，既解决问题，又保持经济和社会稳定。因此，要求各级都要加强领导，根据自己的实际情况加强对这项工作的领导。当前重点是摸清本市的情况，组织工作班子，面对面地研究如何防范和化解金融风险的问题。

其次，认真落实防范和化解金融风险的方针。省委、省政府对防范和化解金融风险总的要求是：态度坚决，方法稳妥，工作要实。为此，明确提出了"内紧外松、标本兼治、分级负责、未雨绸缪、维护信用、确保稳定"的"二十四字"方针，各地各有关部门要认真落实好，做到分类指导，区别对待。一是对国有商业银行的不良贷款，主要是采取"坚决刹住增量，逐步消化存量"的办法解决。各地要积极配合银行，不断做好优化贷款结构的工作。今后的贷款一定要有效益，没有效益，银行不要贷，地方政府也不能强迫命令银行贷款。要在优化增量，盘活存量中逐步解决不良贷款问题。二是对地方从境外金融机构借贷的外债，要"多方筹资偿还，确保金融信用"。包括进一步借新债还旧债，催收贷款，临时拆借等，无论如何必须保持我们的金融信用，这关系到我省对外形象的大局。三是对地方金融机构吸收的群众存款和企业发行的债券、农村"三会一部"〔3〕的逾期贷款，要"坚决清偿还贷，保证合理支付"。要综合运用经济的、行政的、思想政治工作和法律的办法，从清理、盘活、处理、回收逾期信贷资产入手，保证合理支付。四是对非法集资和非法的金融机构，要"依法追究责任，保护群众利益"。当前比较紧迫的是后三种，要采取切实措施加以解决。

再次，抓紧整改，标本兼治。当前整改的重点主要是地方金融机构。地方金融机构要在人民银行的指导下，按照省政府的要求，该清盘的清盘，该合并的合并，该充实加强的就充实加强。经过清盘、合并、加强后的新的地方金融机构，一定要少而精。这次中央相关文件明确规定，要分清责任。地方金融的责任就在地方。当前地方没有太多的手段去解决金融问题，不要大家都抢着办地方银行。要坚持少而精，重点办好几个地方金融机构。办好金融机构首先必须抓好班子建设，要选择政治强、懂业务的人来经营管理。要抓严格监管，哪一级办的，哪一级要负起监管的责任。同时要请人民银行帮助监管。要抓制度建设，把内部的一整套制度建立健全起来。

二、确保今年国民经济持续快速健康发展

今年第一季度我省经济形势总体是好的，这要充分肯定。在当前新情况、新问题比较多的形势下，大家都做了大量的工作，经济社会发展情况比我们想象的还要好，但同时也要看到完成今年的国民经济计划也是比较艰难的。特别要看到东南亚金融风险余波对我们的影响及后续效应所带来的问题，不能低估，要有所准备。对今年的国内生产总值增长目标，省政府已向省人民代表大会作了报告，我们这次会议也要进一步统一思想，下决心确保增长10%。拿下这个10%意义很大。第一对全国是个贡献。中央非常强调今年国内生产总值增长要确保8%，我省占全国总量

的 9.8%，如果我省没有一个适度增长，全国的压力就大了。第二是我们自身发展的需要。我们当前确实面临一些困难。金融的问题，必须在发展中去消化，没有发展，就更困难，要充分看到这一点。再加上我们目前就业的压力、财政的压力开始加大，所以从解决自身困难上看，也需要实现这个计划。第三是从我们长远的发展目标看，也需要完成这个计划。因此，大家要共同下定决心，无论如何一定要完成今年的国民经济发展计划。

实现国民经济持续快速健康发展，关键是把三条抓好：一是扩大需求，二是抓新的经济增长点，三是打好国有企业改革攻坚战。扩大需求，主要是搞好外贸出口，它占的比重大，而且可挖的潜力也比较大。在 80 年代末期全国治理整顿的时候，当时我印象很深，全国的发展速度都降下来了，但广东是一花独放。什么原因？就是发挥了外向型经济的优势。现在我们又到了充分发挥外向型经济优势的时候。要认真做好这篇文章，省里有关部门要搞好服务。固定资产投资是推动经济增长的重要因素。刚才座谈时有些同志建议我省适当增加固定资产投资比例。对这个问题，指导思想要很明确，就是要有效增长，确实有效益的，有多少投入我们都赞成。现在为什么提出争取略有增长，主要是因为筹集投入的资金遇到困难；往哪里投，也遇到了困难。问题主要在这里。如果大家能找到好的项目，能落实资金，就要千方百计增加有效投入。特别是国有企业的技术改造，要选择一些有前途、有市场的，搞技术改造，通过企业自有资金、企业筹集、政府对重点企业支持等，加快技术改造步伐。中期急需的基础设施，我们要加大投资力度。像广州市伸延到其他地方的高速公路，如到韶关、清远等都很必要。像水利建设，我这次看了飞来

1998 年 8 月 28 日，李长春在清远市出席飞来峡水利枢纽工程截流仪式。右一为广东省计划委员会主任黄伟鸿，右二为广东省省长卢瑞华。

峡水利枢纽设施，觉得非常必要。还有改善农业生产条件，支持农业龙头企业，这些都属于有效投入。总的要求，就是要千方百计保证落实。

三、加强和改善党对经济工作的领导

加强和改善党对经济工作的领导，要着重抓好以下几项工作：

第一，要强调发展是硬道理，坚持发展不动摇。我们不管遇到什么新情况新问题，始终要咬住青山不放松，坚持发展不动摇。当前，我们面临着机遇和挑战并存、困难与希望同在的新形势。在这种情况下，谁能咬得住，谁就能够获得新的发展机遇。

所以我们这次会议，还是要强调劲可鼓不可泄。我们前进中遇到的问题只能在发展中消化，不发展困难会更大。要在前进中迎接挑战，在发展中克服困难。

第二，要注意提高领导经济工作的水平。我们在坚持发展不动摇的同时，要不断提高领导经济工作的水平。要注意引导各级领导干部学习社会主义市场经济的知识，特别是学习金融方面的知识。我建议全省各级党校在原来的学习计划里，增加党政干部金融学习这门课，举办讲座和培训班进行学习。各级领导干部要把经济工作的指导思想真正转到以经济效益为核心的轨道上来，真正把经济增长转到两个根本性转变上来，在指导思想上从适应突破旧体制转到体制创新上来，主动适应新形势的要求。过去我们是突破旧体制，不得不摸着石头过河。现在改革开放 20 年了，从国家全局看，已经从过去的主要通过突破旧体制转到主要是制度创新阶段。因此，我们的大胆开拓、敢试敢闯都要适应这个发展阶段。这个阶段中很重要的一个标志，就是市场经济的宏观框架已经建立起来，我们必须在适应宏观调控体系框架的情况下继续探索创新。

第三，加强党对经济工作的领导，必须加强班子自身的建设。一是要加强作风建设。各级党政领导干部要发扬"三防四实"的作风，即防止主观主义、形式主义、官僚主义，说实话、办实事、鼓实劲、求实效。把群众高兴不高兴、赞成不赞成、满意不满意作为衡量我们各项工作的根本标准。大兴调查研究之风，带头弘扬艰苦奋斗精神。特别是要看到当前社会上还存在下岗职工的问题、山区一些群众贫困的问题，我们经济生活中还遇到一些暂时的困难，各级党政机关要带头发扬艰苦创业精神，执行适度从紧的财政政策。二是要始终保持良好的精神状态。越是遇到暂时的困难，越是对我们干部的考验。省委坚持用贯彻执行党的基本路线的实绩来检验干部的德和才，用对省委贯彻中央的路线方针政策所作出的决策和部署的态度来考察干部。特别是我刚到广东来，对大家都不熟悉，没有框子。那么我从现在起，就要坚持用这些标准来观察和考核干部。我们要不断完善对干部的考核办法，正确评价干部的德和才。我认为，看干部的政绩，关键看这么几条：一看经济发展。经济发展看什么，主要是看经济效益。二看发展后劲。看是短期行为，还是远近结合，奠定了好的基础。三看两手抓。是否两手都硬，交好两份答卷。四看当地原有的基础和条件。各地情况差异很大，由于历史、地理等原因，如用同一个标准，同样的要求衡量，也是不客观的。所以我们要力求科学地考核干部，这样才有利于调动干部的积极性。

注　释

〔1〕恩平金融事件，1996—1998 年，广东省恩平市部分金融机构由于高息吸储和借贷而引发金融风险，涉及面广，影响广泛，由此引发一系列矛盾纠纷和群体性事件。

〔2〕岐山，即王岐山，时任中共广东省委常委、常务副省长。

〔3〕"三会一部"，即农村合作基金会、扶贫救灾储金会、资金互助会和股金服务部。

着力化解地方金融风险 *

（1998 年 5 月 13 日、2000 年 12 月 9 日）

一

瑞华[1]、岐山[2]：

对湛江、茂名的金融风波[3]要高度重视，建议和市委、市政府面对面指导一下：一、对侵吞和挥霍群众集资款的政府官员、基金会领导人，立即依法追究。二、对借用、占用集资款的，坚决清偿，由批准机关坚决负起清理责任，督促各基金会兑现还款。三、对政府动用集资款的，变卖车辆、资产，带头变现退款。四、对官僚主义酿成事端的，追究责任。五、严防境内外敌对势力插手，一经发现，依法处理。

---

* 这是李长春同志分别在广东省公安厅《重要情况专报》、省政府办公厅《关于核实恩平市机关欠发工资情况的报告》和省委办公厅信息《汕头、湛江、江门、茂名市贯彻省地方中小金融机构和农金会风险处置工作会议精神的情况》上所作的批语。

二

瑞华、岐山：

一、关键在于加大清偿的力度，要综合运用经济的、思想政治工作的、纪律的、行政的、法律的办法，千方百计对个人储户保支付。二、如地方政府动用储户资金搞学校、基础设施等建设，在认识错误、吸取教训的基础上，省、市两级财政可暂借款，缓解支付困难，待恩平情况好转后向上级政府还款。

三

瑞华、广源[4]：

化解地方金融资产风险，依法清债问题，关系到我省的诚信环境，这是最重要的软环境。如果这个问题解决不好，今后银行不会也不敢向中小企业、私人企业贷款（信用太差），外商也不敢来广东做生意，全社会将发生信用危机。因此，要把金融资产问题分分类型：属于私人、个体、工商户借款，要负无限责任，必须追缴；属诈骗、外逃的，一要立即抓人，二要资产保全；属于领导干部担保、搞不正之风贷出的，要负连带责任，要以党纪、政纪为追款动力；属领导机关决策失误、搞国有的低水平重复建设项目，由权威的资产评估机构评估，除拍卖收回部分外，只好核销；属企业法人借款，要依法归还；属于用于基础设施、学校建设等政府行为或财政开支的项目，由地方政府逐年偿还，或变卖政府不动产偿还，有困难的上级政府帮助归还。总之，要细化提出不同办法，把追缴工作做细，不要大而化之，要便于考核。

注　释

〔1〕瑞华，即卢瑞华，时任广东省省长。

〔2〕岐山，即王岐山，时任中共广东省委常委、常务副省长。

〔3〕湛江、茂名的金融风波，指湛江、茂名等地农村合作基金会发展中出现的问题。农村合作基金会（简称"农金会"）主要是通过对集体资金进行统管，在集体经济组织成员之间有偿借用，实现内部融资。20世纪80年代后期开始在全国蓬勃发展。到90年代，其监督机制弱、管理水平低的问题日益突出。1998年，湛江、茂名等地农金会的资金问题接连暴露，引发当地民众挤兑闹事。李长春同志作出专门批示，要求妥善处置。广东省委、省政府采取坚决、果断的措施，及时稳定储户情绪，有效控制事态的发展，避免局势恶化。1999年11月，经国务院批准，广东根据实际情况，对农金会、城市信用合作社实施停业整顿，对证券营业部进行托管。此外，对规范保留和实施重组以外的其他信托投资公司实施停业整顿。到1999年末，全省停业整顿中小金融机构及农金会，保全资产535.03亿元，确权资产421.18亿元，追收资产191.36亿元。

〔4〕广源，即欧广源，时任中共广东省委常委、副省长。

整顿金融秩序，化解金融风险 *

（1998年6月8日，8月3日、31日，10月6日、26日）

一

防范和化解金融风险，总的感觉，这项工作在全省经济工作座谈会后，各级党委和政府都高度重视了，党政一把手亲自抓，责任制更加明确了，正在逐步落实。通过大家的工作，总体比较稳定，但必须看到防范和化解金融风险的任务非常艰巨，仍然要按我们原来确定的"内紧外松、标本兼治、分级负责、未雨绸缪、维护信用、确保稳定"二十四字方针做好工作。关键还是要强化防范金融风险责任制，谁家的孩子谁家抱，分级负责，分级防范。要特别注意分清情况，是非法的还是合法的。合法的，要本着对人民群众负责，保护群众利益的原则，谁批准谁清偿，谁用款谁还债。各级财政要有一些机动的钱，对于合法的暂时周转不开的，下级政府向上级政府借钱后用财政手段扣回，这是可以的，但也要根据我们的能力。对非法的，要按沈太福案 [1] 的处理方法，对批准者、主要责任者，绳之以法，财产先保全起来，

---

* 这是李长春同志在中共广东省委常委会议上几次讲话的要点。

依法清查，把群众损失控制在最小程度。同时，要坚决打击金融犯罪活动，不管是哪一部分所属的企业，不管它是什么门头，只要触犯了党纪国法，都要认真查处，这是对人民负责，对党的事业负责，请各方密切配合。

二

关于省国投清算问题，今天明确个思路，省政府再研究一下。

一、关于关不关闭的问题，要认真研究。现在马上关闭危险性太大。

二、国投作为企业必须按企业法来处理，自负盈亏，政府负有限责任，不能负无限责任，不能开"大锅饭"。

三、凡是因政府决策或干预决策而形成的债务，由政府承担责任。

四、省内对国有企业投资的，采取企业对企业还款的办法，省市两级帮助企业债务人还钱，哪一级企业还款有困难的，由哪一级政府帮助借贷还款，不行的由省财政、市财政暂借解决。

五、投资公司在境外的借贷关系，都由企业依法去清偿，省里不能还。

六、企业自己必须在这种形势下，强化管理，一定要有约束机制。要收缩规模，增收节支，依法清偿，帮助拆借，调整整顿，查处案件。

三

第一，关于金融形势。今年4月份召开的省委、省政府经济工作会议，提出要认真贯彻中央金融工作会议精神。省委、省政府采取的措施是正确的，对抑制金融风险是有效的，起到了积极作用。各级党委和政府按中央、省的要求，采取的措施是好的，工作的力度是大的，在形势严峻的情况下，保持了全省金融形势基本稳定。面上是平静的，表现在储蓄增长，存大于贷，货币回笼也比较好。但金融风险还是在积聚，现在负债的风险越来越紧迫，潜在的风险越来越复杂，出现了群众挤兑，严重的资产风险、金融风险的根本问题还没有解决。金融风险是我省经济生活的头等大事，这个估计没变，因此要高度重视防范和化解金融风险，一手抓化解，一手抓经济建设。重点是解决省本级窗口公司的负债问题，我赞成大家的估计，信用是最重要的资源，我省今后能否实施好开放带动战略，关键要维护广东的对外信用。要从维护我省的信誉出发，千方百计偿还。与此同时，要重申原来确定的原则，即"谁家孩子谁家抱"，谁借债，谁负责清偿。要贯彻好省委、省政府确定的"二十四字"方针，对外还债、对内稳住。

第二，对于负债问题，首先由这几个窗口公司自己千方百计进行化解。要做到千方百计，要求这些公司必须采取措施偿债，对到期的债务追不回来的，要作为企业内部考核的重要内容。其次，企业内部进行整顿，收缩规模，收缩开支，建立新的分配制度，深化改革。再次，变卖资产、抓紧变现，清偿债务。公司内部要严肃纪律，对乱发财物的要进行查处。

第三，政府也要帮助窗口公司筹集还贷资金。一定要坚持窗口公司是独立负责的经济法人，政府只能负有限责任，不负无限责任。在明确政企分开的前提下，帮助企业筹集还贷资金。企业在省的投资项目，不能按时还贷的，政府帮催，按政府隶属关系，由市一级催，政府先扣钱，市一级财政有困难的，省可以帮助借钱，以后在财政返还部分中扣除；属于政府承担的，政府要负责还钱。同时，政府组织审计部门依法追债，特别典型的是把钱借给个体户，要依法清理他们的物业，偿还债务。在适当时机可重组资产，在国投牌子不变的前提下，重组资产。政府的资产比较优良的可以上市。如东深供水搞得好，作为原则可以定下来，具体再议一下。党委、政府有关部门占用窗口公司的钱要还给人家，不然说不清，各个部门都要开个清单，都要还。还要查清，如果不合理的，要吐出来，吐不出的，要查清责任后处理责任人。

第四，要加大对国投问题的查处力度。国投的问题很严重，情况很复杂，有的是金融大气候带来的，有的是体制机制改革不到位带来的，但也确有管理不当、滥用职权造成的。因此，对政府干预的，一般不追究个人责任，要有利于调动大家开拓工作的积极性，但另一方面，确有瓜分、侵占国有资产，滥用职权、渎职的，如借几千万资金给个体户，拿500多万元给老婆办公司，35万元送红包，受贿等。这些问题要坚决查处，否则无法向人民交代。要以实际行动说明我们有能力查清，以事实给大家一个满意的答复。

第五，各级党委和政府要过紧日子，为化解金融风险准备财力。明年的财政要体现这个思想：在正常财政支出上再压减百分之几，今年是 3%，明年还要加大，对于有些非生产性的建设，可缓一缓，可建可不建的就不建，能精简的就精简，有些活动能节支的就节支，包括九运会，有的活动可办可不办的就不办。全省各级要增收节支，提高我们抵御金融风险的能力。今年国内生产总值增长 10% 一定要达到，从根本上提高防范金融风险的能力。

第六，加强领导。上次确定的五人小组，处理国投问题，这次扩大到所有窗口公司。班子建设一定要加强，这是特殊企业，金融企业不能出问题。

四

一、进一步统一思想。中央对处理我省金融机构的问题作出了决定。我们原来的本意是资产重组，千方百计挽救。中央从全局上考虑这个问题，准备通过我们省国投关闭找出一条路子。这是中央对金融体制改革、金融秩序整顿的大动作，我们坚决拥护，积极按中央要求做好工作。要在政治上高度重视，找到教训，使我省改革开放搞得更好。我省是邓小平同志亲手决策建立的特区所在省，改革开放先行一步，我省的改革开放搞得好坏，直接跟邓小平理论和党的路线紧密联系，我们一定要树立高度的责任感，通过这件事好好地总结经验教训，一定要确保我省的改革开放沿着健康的道路前进。这本身也是在政治上、思想上、行动上与中央保持高度一致的表现。同时也不要因为出现了问题而陷入盲目性，出现的问题，不是党的路线、方针的问题，而是我们工作的问题、执行的问题。改革开放的政策是十分正确的。全省广大干部群众 20 年来艰苦奋斗，使我省发生了翻天覆地的变化，干部群众的积极性要充分肯定，要鼓劲。我们要把思想认识统一到中央的决定上来，从积极的方面总结教训，把工作做得更好。

二、要按中央的要求，做好国投关闭的善后工作。当前一定要确保国投的问题按人民银行的要求搞清算工作，国投的干部职工要站好最后一班岗。关于国投以外的公司，要搞好经营，提高效益，以实际行动弥补国投的损失，国投的班子和党员干部要发挥领导核心和战斗堡垒作用，根据他们的表现来安排今后的工作，一定要讲党性、讲原则，切实管理好。

三、对于发生的金融大案要案要进行查处。如果查不清大案要案，我们没办法向全省人民交代。我们不埋怨、不争论、不刮

1998 年 6 月 25 日，李长春在广州会见英国标准渣打银行中国与澳门地区总裁博文杰。

风，要全力以赴解决好。对贪污违法的，一定要依法依纪追究。

四、充分考虑国投关闭带来的其他问题，确保全省大局的稳定。各级党委和政府都要坚守岗位，以高度责任感，确保一方平安，守土有责。对引发的问题，还是按原确定的方针办，各级政府要切实做好社会稳定工作。

五、关于吸取教训问题。广东的窗口公司多、量大，怎么管？我们要通过国投的这次教训，请政府专门研究解决办法，找出问题，明确责任，切实管理好。

六、关于宣传问题。要多宣传我省进一步改善投资环境、扩大对外开放、不断提高利用外资水平的消息，表明我们改革开放的信心。

五

要认识清楚中央指出的问题，包括金融问题，打击走私、骗汇、逃汇、套汇等与改革开放路线的关系。关于这个问题，江泽民同志指出，一方面要高度重视，是否认真解决这些问题，关系到我们改革开放事业能不能沿着健康的道路向前发展；另一方面，也不要因为出了一些问题就怀疑邓小平理论，怀疑党的基本路线，否定广东改革开放 20 年艰苦创业所取得的成绩。因为改革开放，建设有中国特色社会主义是一项前无古人的事业，没有现成的经验可供借鉴。我们又是改革开放的前沿地带，在探索过程中，碰到一些问题，或有的问题比较突出是正常的。广东广大干部群众 20 年取得的成绩是不能否定的。我们在执行中有时执行得不彻底，也有经验不足的问题。如处理金融问题，要防止两种倾向：一是看不到问题的严重性，对中央对我们所作的指示重视不够，影响改革开放的好形势的继续发展，甚至可能出现逆转。二是把当前存在的问题与邓小平理论、党的基本路线和广东20年改革开放取得的成绩混为一谈，分不清主流和支流，因此迷失方向，产生畏难情绪，带来思想混乱。关闭国投是为了更好地坚持邓小平理论不动摇，坚持基本路线不动摇，使广东的改革开放和社会主义现代化建设继续沿着健康的轨道向前发展。

领导干部，特别是省级领导层要在统一思想认识的基础上，在总结教训方面形成共识。主要从以下几个方面去强调和深化。一是发展经济，怎么确定新的经济发展观的问题，要加大两个根本性转变的力度。二是存在监管不力的问题。一方面是放开搞活，另一方面要加强宏观管理，两个方面缺一不可。但事实上确实存在监管不力的问题，特别是金融机构盲目发展甚至失控，对金融机构的经营行为管理不力，混同于一般的企业管理，结果积累的问题暴露，就弄得各级政府很被动。三是在班子建设、廉政建设和用人制度方面存在着不足，特别是金融机构，我们用错一个人，就会给全省人民带来严重的后果。有一些蛀虫，吃里爬外，造成空壳，最后到了不可收拾的地步。四是经济体制改革还要不断深化。长期以来，存在吃"大锅饭"的现象，借了款不想还，给金融机构带来了很大被动。没有形成借款、用款、还款的良性运行机制。金融机构的信贷资金财政化，一些企业、一些市县以为花了省窗口公司的钱，是花了爹的，不讲效益，不想还款，这种吃"大锅饭"现象是僵化体制的表现，给金融机构造成很大的压力。我们要进一步总结和深化对这些教训的认识，争取把坏事变成好事。在工作中，对出现的问题，我们要高度重视，团结一致，不埋怨，不争论，不刮风，有什么问题解决什么问题。不要因为国投出现了问题，所有的窗口公司就一阵风全部关掉。倘若经营得还好，过得去，我们何必要关呢？不管是过去积累的问题，暴露的问题，还是现在发生的问题，我们这一届省委、省政府都要认真负责地解决好。要形成一个团结奋进的良好氛围，越是困难的时候，越要团结，要以中央对我们所作的指示为动力，统一思想认识，始终保持良好的精神状态，把我省的改革开放和社会主义现代化建设事业继续推向前进。

注　释

〔1〕沈太福案，1994 年 4 月 11 日，北京长城机电科技产业公司总裁沈太福因非法集资 13.7 亿元，犯贪污罪和行贿罪被判处死刑。此案被称为改革开放后"第一非法集资案"。

加强对经济形势的研判 *

（1998 年 12 月 4 日）

> 改革开放 20 年，广东发生了天翻地覆的变化，经济总量迅速扩大，城乡人民生活水平迅速提高。在这样一个伟大的变革中，难免会出现这样那样的问题，特别是金融风险问题。这不仅是我们国家的问题，也是亚洲很多发展中国家出现的共同问题。当前把这一问题解决好，是改革、发展、稳定的关键。

在国际环境出现新变化，亚洲金融危机对我们的影响逐步加深，国内经济环境面临新情况的形势下，请专家学者和实践经验丰富的同志坐在一起共商广东今后发展大计，这种形式非常好。听了大家的发言，我感到很有收获，对开阔思路、分析研究新情况，进一步准确决策，做好我省的经济工作非常有帮助。我感到特别深刻的几个问题是：

一是专家对当前面临的国际环境、国内经济形势，以及广东

＊　这是李长春同志在广东省长与专家座谈会上的即席讲话。

自身出现的一些新情况、新变化的分析很好，很深刻。特别是在速度和效益的关系上，同志们发表了很好的看法，为省委、省政府决策提供了重要参考，很有帮助，总的观点我也赞成。我们更加深刻地认识到，对待经济发展指标要有新的、科学的看法，不能把它看作是指令性的，把大家都拴在指标上，这容易带来一系列副作用，而是应把它作为指导社会主义市场经济的目标预测。没有一个速度预测，方方面面工作不好安排，但把它作为一个指令性的东西，在市场经济下就不科学。同时，根据当前国际国内经济环境，这个指标也不宜定得过高。应该利用当前国际市场出现新情况、国内市场出现新变化这个机遇，放下速度包袱，把功夫用在调结构、抓改革、上水平、争效益上。这样，速度有可能会慢一点，但会为今后发展积累更扎实的后劲。大家的这个分析很有参考价值。

二是大家谈到的如何防范和化解金融风险问题。这是我们当前经济生活中一个比较突出的、很棘手的问题。改革开放20年，广东发生了天翻地覆的变化，经济总量迅速扩大，城乡人民生活水平迅速提高。在这样一个伟大的变革中，难免会出现这样那样的问题，特别是金融风险问题。这不仅是我们国家的问题，也是亚洲很多发展中国家出现的共同问题。当前把这一问题解决好，是改革、发展、稳定的关键。就像同志们分析的那样，作为地方政府，没有货币调控手段，仅有财政手段，用财政手段去应付金融危机或金融风险，只能是杯水车薪。在座谈中，有的同志提出了很能开阔思路的观点，如组建债权、债务、产权市场，实行产权重组、债务重组，把债权变为股权，并利用这个机会，加快股份制改造等。我们原来预计解决几个窗口公司的问题，需要由政府拿出很大一笔钱，花五年时间才能消化，压力大，很难办。我想如果能够跳出这个思路，用新的思路，很可能走出一条对我们经济生活、行政事业不造成很大影响，比较平稳消化的路子，这个意见非常好。听了同志们今天的座谈，对这个问题认识更深刻了，办法也更多了。

三是垄断行业的改革要提到议事日程上来。垄断行业长期以来处于政企不分的状况。在计划经济时期，这种体制对集中财力、物力，改变长期被动的短缺局面起过好的作用。现在是改革的时候了，特别是同志们谈到的电力和电信行业，现在我们的长途电话费、互联网上网费是国际上最高的，电价也是比较高的，在农村出现了农民挂着电灯点油灯的情况。这个问题到了非解决不可的时候了。要打破垄断，形成竞争。我省是独立电网，电力改革的条件要好一些，现在电力市场的状况也比较好，供求都

1998 年 12 月 3 日至 4 日，李长春出席省长与专家座谈会，共商广东发展大计。

在稳定增长，供略大于求，全省今年用电量增长 8.9%。现在的问题是电力结构不合理，确实有一些高耗能的小机组，还有一个几级都搭车加价的问题。这里既有政企不分，也有城乡电网管理体制不顺和不正之风的问题。省委八届二次全会上研究农村问题时提出了电价不能高、粮价不能低、减轻农民负担、增加农民收入、开拓农村市场的思路，我们可以结合经济工作会议，明年把电力体制改革纳到议程上来。改造的资金落实了，农村电网改造的方案就可以马上实施，争取明年有一个大的进展。

四是关于国际市场和国内市场的关系问题。长期以来，我省靠扩大出口贸易，带动国民经济迅速发展。省第八次党代会把它概括为外向带动战略。从我们作为一个发展中国家来看，需要通过对外开放，解决我们的资金，解决我们所需要的技术，当然也有一个扩大市场的问题。作为一个战略，还是要长期坚持，特别是提高技术水平，不靠对外开放，靠我们自己低水平的研究，那是不可能的。当然，随着国际市场的形势变化，对长期实行出口高增长带动经济增长这个思路也要作些调整。同志们的建议很重要，要研究怎样把国内市场和国际市场的关系处理好。国际市场也有一个市场结构调整问题。对传统的市场，再希望有大幅度的增长，难度是很大的。特别是明年，一方面东南亚国家经过一段时间阵痛，生产秩序正常了，货币贬值以后，产品的竞争能力比我们要强；另一方面，消费大国经济增长放慢，需求下降，也影响我们出口。这种双重压力必然给我们出口带来很大的困难。但是也应该看到，我们在非洲市场和俄罗斯市场潜力还很大，还没有很好地开拓。所以，在调整市场结构，实现多元化市场战略等方面还要继续挖掘潜力。与此同时，国内市场潜力也还很大，我们一定要抓住扩大内需的机遇扩大在国内市场的份额，保持国民经济持续快速健康发展。

上面提到这几个问题，省委在研究明年经济工作时，要很好地吸收大家的意见。同时，我建议各位专家和有关方面再深入研究几个问题。

一是税收问题。请实际工作部门，比如税务局，也请思想库、智囊团、研究所，还有学者和大学教授，结合广东的实际进行研究。这个问题，我们感到没有弄清楚，一方面要看到税收的潜力还很大，偷税、漏税、包税的现象较普遍，另一方面也确实有一些企业为税负问题哇哇叫。特别是产品销出去了，但货款没有回来，而税务部门在这个时候强化征管，就带来企业流动资金高度紧张。我们的着力点到底在哪里，要弄准确。省委、省政府在增创新优势调查研究活动后，作出了《关于依靠科技进步推动产业结构优化升级的决定》，税务部门给予了很大支持。比如税收返还等很多条款，大约让税 10 亿元，这部分对广东今后 12 年是有重要意义的，是一着高棋。总之，要把情况弄清楚，横向也要进行比较，要做到该支持的支持，该严格征管的严格征管。做到既能调节社会分配，又能保证政府税收；既能确保当期的增长，又能实现持续长期增长。

二是固定资产投资与降低造价问题。现在从个别典型项目上看，我省有的工程造价比其他省高，比如广州乙烯问题，外省同时期、同规模的乙烯工程仅投资 40 亿元，我们是 80 多亿元，建成了还不能投产。乙烯的产品将来要到全国的市场上去竞争，如果造价高了，就没有竞争力。这个原因也要解剖，要分析兄弟省同时期、同样工程的情况，看看我们的问题到底出在什么地方？

什么原因导致造价高了？怎样才能保持比较强的竞争力？可以把这个问题再深入研究一下。

三是改善软环境问题。刚才有的同志提到，前 20 年我们的改革是大刀阔斧，现在到了精雕细刻的时候了，特别是在软环境上要体现精雕细刻。从多年改革开放的实践看，改善硬环境容易，改善软环境不容易。当前我省改善软环境从哪里入手，希望能提出可操作性的东西来，便于把问题研究得深一点，也是作为"增创新优势，更上一层楼"调查研究的继续。

正确分析和把握形势，
确保经济持续健康发展[*]

（1998 年 12 月 23 日）

> 综观当前国内外形势，挑战与机遇并存，机遇大于挑战；困难与希望同在，希望多于困难。我们要清醒地看到困难和不利因素，宁可把困难估计得充分一些，把措施准备得充分一些。但决不能被困难吓倒，必须充分看到面临的机遇和做好工作的有利条件。要立足于作最坏的打算，尽最大的努力，力争最好的结果。谁的精神状态好，办法多，谁就能争得发展的先机。我们遇到的问题，是前进中的问题，只能在改革、发展、前进中解决。归根到底还是要抓发展，不发展是没有出路的。大发展，小困难；小发展，大困难；不发展，更困难。

今年以来，全省各级党委和政府高度重视金融风险问题，按照中央有关精神和省委、省政府提出的"内紧外松、标本兼治、分级负责、未雨绸缪、维护信用、确保稳定"的方针，积极主动

开展工作，采取了一系列措施，落实中央决定关闭省国投、整顿粤海公司的有关要求，妥善处理一些地方金融风险的后续问题和各类基金会、企业债券、集资、信托投资公司等问题，全省金融形势总体上保持了稳定。

一、认清当前经济形势

要做好明年工作，必须正确分析和把握国内外形势，以及我们自己面临的问题，胸怀大局，才能顺势而为，趋利避害，更好地指导明年的各项工作。

综合各方面的情况，我省明年面临的形势依然比较严峻，某些方面的不利因素可能比今年更突出，困难可能更大。从国际上看，亚洲金融危机的影响还在继续加深，其影响范围已经超出亚洲，波及全球，世界经济增长放慢，需求下降。俄罗斯外债危机尚没有转机，日本经济复苏困难，世界经济不稳定因素增加，随时可能引发新的突变和动荡。随着欧元启动，欧盟内部国家间经济联系更加紧密，地区贸易保护主义倾向加强。东南亚国家货币贬值，经过一段时间的调整，社会经济秩序逐步好转，出口竞争力会加强。所有这些，将使我省明年的对外经济贸易面临国际市场需求制约和东南亚周边国家与地区有力竞争的双重压力，外贸出口和利用外资将遇到更多的困难，对于我们这样一个对外依存度很高的省份来说，面临的挑战将更严峻。

从国内看，国内市场疲软短期内难以扭转。目前，城镇居民和农民收入增长放缓，收支心理预期未见好转，消费需求不旺，新的消费热点尚未形成。虽然国家将继续保持一定的投资增长，扩大内需，但扩大最终需求还需要时间。加上明年外资进入可能减少，对经济的增长将造成一定影响。由于出口难度加大，沿海出口大省必然大力抢占国内市场，国内市场的竞争将更加激烈。

1999 年 4 月 1 日，李长春在广州会见美国商务部部长戴利。

从我省看，明年将是全省防范和化解金融风险任务最重、最艰巨的一年。一些地方金融机构多年积累的不良资产将进一步暴露，有的金融机构已经面临支付危机和外债危机，金融风险增大，解决起来难度相当大，如果处理不好，可能影响全省经济的健康发展和社会稳定；经济结构调整进展不快，相当一部分企业经营困难，今年虽然经济增长实现了预定目标，但工业利润下滑，亏损面扩大；城镇下岗职工增多，再就业压力继续增大；在市场需求不旺和买方市场的情况下，农民增产不增收问题也较突出。

我省明年面临的困难虽然不少，但做好工作的有利条件也很多。经过 20 年的改革开放，我省拥有较强的经济实力和一批较有竞争力的名牌产品，调整结构、开拓市场有基础，潜力很大；经过一年多的实践，我们对面临的金融风险，认识上更加统一、更加深刻，实践上开始找到了一些化解金融风险和解决问题的办法。而且，我国政局稳定，经济保持了良好的发展势头，这对外商投资仍有很强的吸引力，对外经济有很大的潜力可挖。同时，今年国家扩大投资的效果将在明年继续发挥作用，而且明年国家仍将实行积极的财政政策，千方百计扩大国内需求，这为我们加快经济结构调整优化，推动经济发展提供了新的契机。此外，世界经济逐渐趋稳，不大可能出现全球性的经济衰退，随着世界经济、贸易、投资结构继续进行大规模调整，也给我省带来更多的发展机遇。

综观当前国内外形势，挑战与机遇并存，机遇大于挑战；困难与希望同在，希望多于困难。我们要清醒地看到困难和不利因素，宁可把困难估计得充分一些，把措施准备得充分一些。但决不能被困难吓倒，必须充分看到面临的机遇和做好工作的有利条件。要立足于作最坏的打算，尽最大的努力，力争最好的结果。要看到，我省有困难，其他地方一样也有困难。谁的精神状态好，办法多，谁就能争得发展的先机。我们遇到的问题，是前进中的问题，只能在改革、发展、前进中解决。归根到底还是要抓发展，不发展是没有出路的。大发展，小困难；小发展，大困难；不发展，更困难。

明年是新中国成立 50 周年，是澳门回归祖国之年，是本世纪最后的一年。在新的一年里，我们要按照中央关于"统一思想、坚定信心，抓住机遇、知难而进，团结一致、艰苦奋斗"的总要求，深化改革，扩大开放，优化结构，扩大内需，确保国民经济持续快速健康发展。

统一思想、坚定信心，就是全省广大干部群众的思想和行动要坚决统一到邓小平理论上来，统一到党的十五大精神和中央各项重大部署上来，统一到省第八次党代会所确定的战略目标和工作任务上来，在思想上、行动上与党中央保持高度一致，贯彻省委的决策和要求要上下同心，步调一致。既要看到改革开放20年来奠定的坚实基础和有利条件，又要看到前进道路上的困难和问题，保持清醒的头脑，树立必胜的信心，坚定不移地实现我们的目标。

抓住机遇、知难而进，就是要有强烈的机遇意识，机不可失，时不我待，善于把握和不失时机地抓住有利机遇，主动出击，矢志发展。要大胆解放思想，敢于创新，按照"三个有利于"的根本标准，应对可能出现的困难和风险，知难不畏难，进取再进取，不断开创新局面。

团结一致、艰苦奋斗，就是要把我们的队伍在增创广东发展新优势、更上一层楼，在下个世纪初基本实现社会主义现代化的共同目标上凝聚起来，全省上下同心同德，精诚团结，形成既有利于集中统一、增强合力，又能够充分调动各方面积极性、发挥群众首创精神的良好氛围和干事创业的大环境。要大力发扬艰苦创业的优良传统和伟大的抗洪精神，与群众共甘苦、齐创业，扎扎实实地创出广东的新业绩。

二、全面贯彻中央经济工作会议精神，
确保全省经济持续快速健康发展

最近召开的中央经济工作会议，全面总结了我国今年的经济工作，分析了国内外形势，提出了明年经济增长 7% 的宏观调控预期目标和做好经济工作的总体要求。结合实际，综合考虑各种因素，明年我省经济增长的宏观调控预期目标为 8.5%。这既考虑了我省经济发展的客观条件，也是抓住机遇，加快两个根本性转变，迅速提高我省经济总体素质和综合竞争力的需要。为此，我们要抓好六个重点、把握好五个关系。

六个重点就是，第一，进一步稳定和加强农业农村工作。全省各级党委和政府要按照党的十五届三中全会通过的《中共中央关于农业和农村工作若干重大问题的决定》和省委八届二次全会通过的贯彻意见的要求，以促进农业增产、农民增收、农村稳定为根本出发点，认真抓好各项任务的落实。要稳定和落实好党在农村的基本政策，做细做好农村土地延长承包期工作，完善统分结合的双层经营体制。要抓住创办龙头企业这个关键，大力推进农业产业化经营，加快珠江三角洲农业现代化示范区的建设步伐。要切实减轻农民负担，增加农民收入。要加大农田水利基础设施建设投入，加快山区脱贫奔康步伐。要加速乡镇企业、农林牧渔以及海洋产业的发展，优化农业结构，提高农业效益，推动全省农业和农村经济上新的水平。

第二，以深化国有企业改革为重点，大力推进各项体制改革。明年是实现国有企业改革两个基本目标的关键一年。我省要对列入国家考核的 133 户大中型国有企业集中力量攻关，务求取

得突破性进展。对关系全局和对经济发展有直接影响的几项重大改革，如政府机构改革、科技体制改革、住房制度改革、粮食流通体制改革、工商行政管理体制改革、医疗和社会保障制度改革等，要进一步加大力度。对电力管理体制的改革，也要结合农村电网改造抓紧进行。

第三，按照扩大内需的方针，加大有效投入的力度。投资仍将是拉动明年经济增长的主要手段之一。要抓住国家继续实施积极的财政政策的有利机遇，着重选择那些见效快、对相关产业拉动大、对改善投资和发展环境作用显著、综合经济效益好的项目，扩大有效投入的规模，增加经济增长的动力。同时，要坚决制止低水平重复建设，防止产生新的不良资产。要继续积极争取国家在项目审批、银行贷款、中央补助投资和国债投资等方面的支持，筹措资金加强重点工程建设，增加工业的技改投资。在保持政府投资力度的同时，积极引导民间和企业资本参与基础设施和重点工程项目建设投资。要抓住国外投资者看好我国长期发展前景、粤港澳合作出现新契机的机遇，重点加大对国际大财团、跨国公司的引进力度，扩大外商直接投资的比重。要积极培育新的投资和消费热点，加快个体私营经济、普通住宅业、旅游业以及教育、文化和体育产业的发展。

第四，全面落实省委、省政府《关于依靠科技进步推动产业结构优化升级的决定》精神。这是明年经济工作的一个重头戏。这个《决定》的核心，是要推动我省在科技与经济紧密结合方面走出一条新路子。关键的一环是要使企业真正成为科技进步和科技投入的主体。因此，要重点扶持工业大企业和企业集团办好工程技术研究开发中心，全力推进企业技术创新工程，大力发展高新技术产业，加强用高新技术改造传统产业，同时加快科研院所改革，积极扶持民营科技企业的发展。通过依靠科技进步，加快我省支柱产业建设，从而推动全省产业结构、产品结构的调整和优化升级。

第五，以开拓国际国内市场为重点，提高对内对外开放水平。加快外贸体制改革，积极推动综合商社试点工作，对符合条件的生产企业要赋予自营进出口权，逐步使综合商社和大企业成为外贸的主体。要加大力度开拓市场，积极推进出口市场多元化战略。采取措施提高广交会水平，积极办好深圳高交会。国内市场要确立好战略目标，以东北、中原和西南地区的中心城市为主要目标市场，采取比今年更大的动作。同时要加强省内市场特别是农村市场的开拓。开拓国内外市场，不论在贸易方式还是手段方面，都要有新的思路，新的突破。要采取开放初期外商来我省搞"三来一补"的办法，用我省的管理经验、技术、产品品牌和生产能力相对过剩的闲置设备与国外、省外搞合作，把开拓市场与资本输出和产业合作结合起来，从单一的买断产品的贸易方式转向灵活多样的贸易方式，去开拓、占领市场。

第六，继续积极防范和化解金融风险。要继续贯彻"二十四字"方针，重在防范，沉着应对，讲究方法，妥善化解，实现金融风险的软着陆。要综合运用依法清偿、资本运营、债权和产权转换与重组、对金融机构进行股份制改造、关闭和破产等多种形式，重点解决地方金融机构存在的问题，确保社会稳定。

五个重大关系，一是在努力实现经济快速增长的同时，要在调结构、抓管理、上水平和增效益上下功夫，努力使国民经济的整体素质有一个较为显著的提高，处理好速度和效益的关系。保持一定的经济增长速度，是经济发展和社会进步的必要条件。在目前形势下，没有适当的速度，增加财政收入和扩大就业就会有困难，对实现跨世纪宏伟目标也有影响，但我们需要的是实实在在的、没有水分的速度，是优化结构、提高效益基础上的速度。增长指标留有余地，有利于把更多的注意力放到调整结构和增加效益上来。因此，明年我省安排经济增长的预期目标为 8.5% 是比较合适的。各地要坚持实事求是，不要搞一刀切。有条件的地方，能快则快；条件不具备的，也不要盲目攀比。关键是要在发展中始终坚持速度与效益的统一和结构的优化。在速度与效益的关系上，当前我省根本的问题不在于速度上不去，而在于效益低下的状况未能根本改观。因此，明年各地要把主要精力放在加快改革，加快产业、产品和企业组织结构的调整，加快高新技术产业的发展，加快用高新技术改造传统产业上来，努力促进企业抓管理，上水平，增效益，从而加快实现经济体制和经济增长方式两个根本性转变，使国民经济增长建立在较高的经济素质之上。

二是在千方百计拓展国际市场、扩大出口的同时，要把扩大内需和开拓国内市场放在突出的位置，处理好国内国外两个市场的关系，做到内外市场并重。我省是经济大省，也是贸易大省，内贸和外贸都对全省经济增长起重要作用。明年外贸出口形势严峻，我们要知难而进，继续坚持大经贸战略，坚持"以质取胜"和"市场多元化"战略，加快外贸体制改革步伐，调整产品结构，提高产品质量，努力争取扩大出口。在拓展国际市场上，要寸土必争，寸土不让。同时我们要主动适应国际经济形势发生的变化，立足国内，把扩大内需放在更加突出的位置，做到西方不亮东方亮。国内市场潜力很大，一定要充分用好用活国家启动需求的政策，努力开拓城乡市场。由于明年全国各省市都在扩大内需，国内市场的竞争将会非常激烈。我们要立足于早动手，树立"抢"的意识，争取在开拓国内市场上打几个漂亮的大战役。

三是在努力扩大投资需求的同时，大力启动消费需求，处理好扩大投资需求和扩大消费需求的关系。中央确定把扩大内需作为促进经济增长的主要措施，这是十分正确的。扩大内需，从加大基础设施投入力度入手，既可迅速增加投资需求，又避免低水平重复建设。我省应抓住机遇，进一步加快基础设施建设。与此同时，必须努力启动消费需求，消费需求上不去，投资需求的作

1999 年 11 月 13 日，李长春在广州会见出席广东经济发展国际咨询会的高盛公司高级顾问格里菲斯勋爵。右二为广东省副省长钟启权。

用也难以持久。因此，要把促进消费需求的增长作为拉动经济增长的一项长远的重大措施，做到投资和消费双向启动。明年要大力开拓城乡市场尤其是农村市场。要培育新的消费热点，拓宽消费领域，使消费需求有较大的增长。

四是在继续放开搞活的同时，要整顿市场秩序，使我省的市场经济向规范化迈进，处理好搞活经济与加强管理的关系。广东是国内经济最具生机和活力的地区之一，但不可否认，外商和内地反映我省市场秩序较为混乱。因此我们在继续搞活的同时，要整顿市场秩序，加大打击走私、经济欺诈的力度，严惩假冒伪劣、骗汇逃汇等违法犯罪行为，加强税收征管，提高我省市场经济管理水平，改善投资和经营环境。

五是在深化改革、促进发展的过程中，把确保社会政治稳定放在突出位置，处理好改革、发展、稳定的关系。改革是动力，发展是根本，稳定是大局。妥善处理好改革、发展和稳定三者的关系，是明年把握工作大局的重要内容。对符合当前经济形势需要、有利于启动经济增长、具有扩张效应的改革措施应尽早出台。要把握好改革措施出台的时机和力度，考虑到社会的承受能力和各项措施之间的协调配套。凡涉及群众切身利益的改革措施，要经过详细论证，广泛征询群众意见。宣传工作要到位，思想工作要做细。当前，我省改革和发展正处在关键时期，社会矛盾积累较多，一些长期积累的矛盾将会不断暴露出来，如果处理不好，会影响社会稳定。因此，明年各级党委和政府要高度重视抓好社会稳定工作，确保改革发展有一个良好的社会环境。

辩证分析，知难而进，化危为机[*]

（1999 年 2 月 25 日）

> 对广东改革开放和社会主义现代化建设过程中积累的一些问题，不管是金融问题还是其他问题，总体上是采取"三不一有"方针，就是"不埋怨、不争论、不刮风，有什么问题解决什么问题"。要始终保护好、引导好、发挥好广大干部群众改革探索的积极性，始终保持有一个良好的干事创业的大环境。

一、正确看待广东的金融风险问题

广东的金融风险问题暴露较早。我来广东之后，也感觉到金融风险问题是广东当前最棘手的问题，而且越来越紧迫地摆在面前，成为影响改革、发展、稳定的突出问题。在过去一年的实践中，我反复考虑这样一个问题，就是怎样看待广东的金融风险问题。我想，要从下面几点来认识。

---

* 这是李长春同志在中共广东省委理论学习中心组学习会上的讲话。

　　第一，要历史地、全面地、辩证地看待我省存在的金融风险问题。要历史地看，就是因为我省的金融风险问题是多年积累形成的，是与整个广东改革开放事业的发展交织在一起的。在改革开放以前，广东经济基础不强，经济规模很小，综合实力也比较弱。改革开放以后，广东实行特殊政策、灵活措施，先行一步。同时国家从财政体制上取消无偿拨款，实行"拨改贷"。在这种情况下，广东要用好中央的政策，先走一步，举债发展是唯一的选择，没有别的路子可走。因为，尽管广东海外华侨众多，有巨额捐款，但多是办一些公益事业，不可能整个经济建设都靠捐助。当然也可以吸引一部分外资，但这有一个逐步增加的过程，直到我们的硬环境、软环境，包括法律制度逐步完善的时候，外商才加大了投资力度。现在广东每年利用外资达 100 亿美元以上，这是 1994 年以后这几年才有的。所以，举债发展是当时广东唯一正确的选择。另一方面，广东对外开放的条件确实比较好，发展也比较快，所以有条件举债，甚至有些外商主动借钱给我们。而内地一些省没有这么好的条件，就算有了举债发展的思路，也借不到那么多钱。这就是过去的特定历史背景，离开这个背景，就说不清楚了。

　　要全面地看，就是要看举债发展的路子到底是走对了，还是走错了。实践证明，这条路子是走对了。经过短短 20 年的努力，广东总体经济实力迅速增强，国内生产总值占全国的 1/10，而 1978 年时只占全国的 5.1%。过去广东处于边防前线，国家在实行计划经济、无偿拨款的时期，是很少往这块地方投资的。全国 156 项重点项目，广东只有茂名石化一项。改革开放后，广东经济总量迅速扩大，成为全国经济实力最强的省份之一，尤其是珠江三角洲这块有 2000 万人口的地方，能够超前实现小康，这不仅有重要的经济意义，还有重要的政治意义。特别是在 80 年代末国际社会主义事业遭到挫折的情况下，对于人们坚定走社会主义道路的信心，提供了很有说服力的事实。对外开放离不开国际环境，而国际机遇是稍纵即逝的。现在回过头看，80 年代我们所处的国际机遇是比较好的，我们抓住了机遇，赢得了市场，为将来的发展创造了很难得的条件。搞市场经济，市场是第一位的，不论是国际市场，还是国内市场。实行对外开放，没有技术可以花钱买，没有人才可以高薪聘请，唯有市场是花钱买不

1999 年 4 月 29 日，李长春在广州考察第 85 届中国出口商品交易会展馆，详细了解交易情况。左一为外经贸部副部长陈新华，右三为广东省副省长汤炳权。

来的。在八九十年代，广东抢抓了机遇，对外贸易迅速地发展起来，外贸出口占全国40％以上。在国内市场，广货也占据了较大的份额。在80年代初以前，广货在全国没什么知名度，而现在广货在国内是很受欢迎的。广东举债发展，争得了市场份额，这是难能可贵的。所以，全面地看，举债发展这条路子对抢抓机遇、加快发展是成功的。

同时，也要辩证地看这个问题。我省是改革开放的前沿，先走了一步，先出成绩、经验，同样也会先遇到困难和问题。我们上下团结一致，下决心解决好这些问题，取得了经验，本身就是对国家一个新的贡献。因为这些问题不是广东独有的，而是我们整个国家改革开放20年来在前进中遇到的共性问题，对各地来说，只不过是量多量少、品种不同而已。东南亚国家和地区在迅速发展过程中也碰到过类似问题，如亚洲"四小龙"就面临金融风险，他们也在研究怎样防范和化解。所以，我们应该辩证地看这个问题，不能怀疑甚至否定过去举债发展这条路子。问题不是出在这条路子上，而是在走这条路子的过程中，由于种种原因，出现了一些失误和偏差，包括干部的金融知识准备不足，存在把金融财政化的偏差；一些地方经济工作的指导思想不够明确，以经济效益为中心这个观念树立得还不牢，一度出现了房地产过热、开发区过热的泡沫经济；有加快发展愿望，但缺乏必要的科学态度和科学论证，有的地方外债过多，使得一些资金没用好，包袱沉重；体制上也是一个重要原因，国有企业长期以来存在着政企不分的问题，没有建立起自负盈亏的机制，把"大锅饭"延伸到借贷上；我们也缺少经验，对金融机构监管不力；也有极少数利令智昏的腐败分子以权谋私，出现了金融腐败问题。同时，在干部教育和干部使用上，也有不少教训值得总结。这些金融问题与广东改革开放取得的巨大成就相比，是支流与主流的关系，是一个指头与九个指头的关系，或者是两个指头与八个指头的关系。出现这些问题，无损于广东广大干部群众在史无前例的开拓探索中所取得的巨大成就，也无损于邓小平同志倡导的改革开放路线的正确性。

第二，尽管是主流与支流的关系，但是我们必须高度重视，不讳疾忌医，认真解决。只有这样，才能把广东改革开放和社会主义现代化建设继续推向前进。应该看到，我省的金融风险问题比较严重，"品种"比较全，数量比较大，一些典型案件在海内外引起了很大的震动。比如恩平出现80多亿元的金融资产损失，这在全国县级市是绝无仅有的。国投从关闭到破产在海内外也引起了很大震动，一个金融企业，资不抵债达到146亿元人民币，直接借的外债30亿美元，加上或有负债17.7亿美元，总额近48亿美元，的确是惊人的数字。这些问题已经成为影响我省改革、发展、稳定最突出的问题。我省也存在国有企业职工下岗问题，但不突出；农民因征地的利益补偿没到位而引起一些纠纷，这也不是很普遍的；农民负担问题，我省只是极个别地方突出些，总体上并不严重。可见，在我省经济生活中，最突出的矛盾还是金融风险问题，它已经在一些地方成为引发群体性上访最多的问题，党委、政府不得不花很大的精力来解决。这个问题是我们前进中的拦路虎，关系到我们能不能够落实好党的十五大、省第八次党代会精神，增创新优势，更上一层楼，也直接影响广东在海内外的形象，我们必须予以高度重视，不能掉以轻心。

第三，只要全省上下统一思想，统一行动，我们完全有信心、有能力解决我省金融风险问题，渡过这个难关。毕竟我省经济规模大大增加了，经济实力大大增强了。在广东的国有银行目前还没有形成现实的风险。当然，潜在的问题要高度重视。因为我省存款量很大，去年存款增加额是 2000 亿元，存贷状况良好。在解决地方金融风险问题方面，总体上我省地方财政和广大群众的承受能力比较强；我省各级财政的盘子比较大，筹集资金应急的能力也比较强。去年底我们估计，1999 年将是金融风险一个大关，春节前是关中之关，于是从本省财政紧急筹集了 8 亿元，又从中央借了 14 亿元，春节这一关就渡过了。还要看到我省当前的经济形势是好的，这为我们从根本上增强化解金融风险的能力奠定了重要的物质基础。去年是我省经济经受考验的一年，亚洲金融危机对我们这样一个外向型经济比重较大的省份，影响是很大的，但在全省广大干部群众的努力下，我们仍然取得了比较好的成绩，国内生产总值增长了 10.1％。因此，我们不能因为面临金融风险就迷失方向，丧失信心，而恰恰相反，越是在困难的时候，越需要我们团结一致，艰苦奋斗。省委提出今年全省工作的总要求是"统一思想、坚定信心，抓住机遇、知难而进，团结一致、艰苦奋斗"，这也正是基于我们对形势的分析而提出来的。

第四，要在化解金融风险过程中认真总结教训，以利再干。在改革开放和社会主义现代化建设这样一个伟大事业中，不交点学费是不可能的，关键是要总结教训，增长知识，避免再出现或少出现同类的问题。全省各级领导干部要联系当地存在的金融风险问题，通过学习，不断地总结教训。要很好解剖一下国投和粤海这两个典型。国投问题的处理，现在已经进入法律程序，但就是法律裁决了，宣布破产了，债权人的偿付都明确了，也不能算完事了，要通过国投这个案例来吸取教训。要向全省发一个有分量的通报，把国投的资产债务账，包括这么多钱是怎样损失的，如实地告诉全省人民；省委、省政府从中总结什么教训，对里面的金融腐败问题如何认真查处，要如实地告诉全省人民。还有湛江走私案，也要把案件查处情况、吸取什么教训等，向全省作通报。这两个通报稿起草后，提交省委常委会议审议通过后下发。

二、采取正确的方针千方百计防范和化解金融风险

化解金融风险，是一项十分复杂、政策性很强的工作。按照中央的分工，国有银行的问题由国家来负责，地方金融机构的问题由地方负责。省委一再提出，对广东改革开放和社会主义现代化建设过程中积累的一些问题，不管是金融问题还是其他问题，总体上是采取"三不一有"方针，就是"不埋怨、不争论、不刮风，有什么问题解决什么问题"。因为如果埋怨，就会破坏团结一致、艰苦奋斗的氛围，越是在困难的时候，越需要大家齐心协力克服困难。如果争论，就会贻误时机，影响我们抓住机遇、知难而进。我们存在困难，别人也存在困难，在这个时候，谁能知难而进，谁就能抓住发展机遇。如果刮风，就会带来政策的左右摇摆，就会干扰党的基本路线。有什么问题解决什么问题，是什么问题就解决什么问题，就是不能以偏概全，不能无限上纲，也不能上挂下连。在涉及人的问题上，要慎重，要坚持"六者"，即鼓励干事者，支持改革者，教育失误者，鞭挞空谈者，惩治腐败者，追究诬告者。要特别注意把失误者和腐败者的界线区别开来，最根本的区别就在于是为公还是为私。对于以权谋私、窃取

国有资产的腐败者，坚决查处；对于失误者，要教育、保护。要始终保护好、引导好、发挥好广大干部群众改革探索的积极性，始终保持全省有一个良好的干事创业的大环境。

省委提出了解决金融问题的"二十四字"方针，即"内紧外松、标本兼治、分级负责、未雨绸缪、维护信用、确保稳定"。内紧外松，就是在内部要抓紧做工作，在社会上低调处理，凡是没有经过正式批准的，都不宣传、不见报，避免由于人们的心理预期而造成人为扩大风险范围，甚至出现系统性风险和地区性风险。标本兼治，就是治标和治本相结合，当前主要还处于治标阶段，个别问题进入治本阶段，像恩平现在进入了组建新的金融机构阶段，粤海则刚刚进入治标阶段，正在进行资产重组。全省层面上基本处于治标阶段，也就是千方百计保证支付，稳定局势。分级负责，就是坚持"谁的孩子谁来抱"，只有这样才能把风险分散，而不是把风险集中。未雨绸缪，就是要把工作做在前面，不要等到群众闹事才去了解情况，才去做工作，要有预见性，弄清底数，要以防为主，重要问题要有预案。维护信用，就是在处理问题过程中，不论是对具体的金融机构，还是对全省整体，都要最大限度地维护信用。当然这是很难的事情，但如果不努力注意维护信用，往往在处理个案的时候，就会连锁带来系统性风险和地区性风险。我们在研究城市信用社问题时，也是本着这样一个原则来考虑，必须保住全省城市信用社的信用，所以当时确定采取不关闭、破产个别信用社的方案。近一年的实践证明，省委、省政府确定的这个方针是正确的。

到目前为止，我们化解金融风险的工作应该怎样估计？第一，各级领导干部思想认识更加统一，更加重视了。第二，工作力度明显加大了，全省金融问题的底数初步摸清了，主要领导同志都亲自抓。第三，收到了明显效果，即总体上是稳住了局势，基本上保证了支付，没有出大的乱子。只能估计到这个程度，不能估计过高。具体来讲，恩平市现在初步可以运转起来了；国投的关闭、破产，现在进入了法律程序阶段，账目基本清楚了；粤海的重组正在进行，正在与债权人商量方案；城市信用社的节前支付关勉强过去了。大家都做了大量的工作，特别是春节前没出大乱子，这一点很不容易。在化解金融风险问题上，省委、省政府、省人大、省政协高度团结一致，越是在遇到困难的时候，越是表现出一种团结奋斗的姿态。

但是，也必须看到，我省化解金融风险的任务还十分艰巨。前一段总体上是处于治标阶段，治本的工作做得很少，特别是一些量大面广的问题，如城市信用社、农村基金会、各类投资公司、企业债券等问题怎样标本兼治，任务还很艰巨。我省今年整个经济生活面临两方面的严峻形势，一个是金融问题，另一个是对外经济问题。要清醒地看到金融风险还在积累和暴露当中，特别是有些问题还没暴露出来。我们要充分认识金融形势的严峻性，不能盲目乐观，不能掉以轻心，特别是要把化解金融风险的重点放到加大清偿力度，减少金融资产的损失，最大限度地保护国家和人民的财产上来。前一段属于借钱救急，借了钱将来还是要还的。根本的办法是要最大限度地减少金融资产的损失。否则，完全靠临时借贷，是不行的。所以要加大依法清贷的力度。对造成巨额损失、携款逃跑的当事人，要不惜一切代价抓获归案，把钱追回来，将损失控制在最低限度，为化解金融风险提供基础。

在化解金融风险的同时，还要加大防范的力度。这就涉及到地方的金融机构怎么设置、怎么管理的大问题。应该说，对这个问题我们还没有经验，也还没有找到有效办法。中央确定的金融机构改革方案，是以国家的金融机构为主，以地方的金融机构为辅。哪些适合地方办，哪些不适合地方办，要认真调查研究。总的来看，地方办金融机构不宜太多，因为地方缺少专业人才，又缺乏金融监管机构，而人民银行是按经济区域设置的，也不容易替地方政府监管地方银行。一旦出问题，地方化解的手段很困难，没有货币手段，只有财政手段，而用财政手段去解决金融风险是杯水车薪。地方适宜办的金融机构，要规范其行为。一是对外窗口公司，比如粤海，它在境外上市，对我省有投资功能，要办好，要注入优质资产，进行重组。各市如果有条件，我主张也要办好窗口公司。二是受人之托、代人理财的信托投资公司，只要真正按照这个职能来办，我认为也有积极意义。对我省来说，财力最大的就是省财政。如果能够通过节约开支，挤出一部分钱通过投资公司支援经济建设，周转使用，或者是有一些为实现产业政策的项目需要政府出30％的资本金，政府控股进行资本经营、运作的，也可以由这个公司来办。确实有条件、有人才、有资金来源的市也可以办。再一个是农村合作基金会。如果农村集体经济比较发达，乡镇企业比较发达，有一部分集体资金可以支援各行业的发展，支援专业大户，支援龙头企业，那么，搞合作基金会也是可以的。合作基金会一定要规范运作，不能到社会上吸储，基金会变成银行，功能就错了。还有办得好的农村信用社、城市信用社，听说顺德、东莞办得不错，既然办得好，那就继续提高完善嘛！总之，地方可以办的，要规范行为。同时，一定要加强监管。地方金融机构的监管，是一件很麻烦的事情，总体上还是委托人民银行和证监会监管，他们从整个社会资金和资本市场运行上还是更能够发现地方金融机构的问题的。特别是人民银行在省一级虽然不按行政区设置，但在各市、县还是按行政区设置的，可以委托其进行监管。对金融机构的班子建设一定要加强，要选择熟悉金融业务、德才兼备的人担任领导职务。市场准入要严格审查，日常运营要严格监管。

三、加大金融对经济建设的支持力度

在解决前进中遇到的问题时，要始终坚持发展是硬道理的思

2000年1月24日，港澳知名人士座谈会在广州召开。图为李长春与出席座谈会的香港中华总商会会长陈有庆亲切交谈。左二为广东省省长卢瑞华，左三为广东省人大常委会主任朱森林，左四为广东省政协主席郭荣昌。

想，在发展中解决问题，在解决问题中促进发展。一手抓防范和化解金融风险，一手加大金融对经济建设的支持力度。不能因为要防范和化解金融风险了，自我约束机制明显增强了，就该贷的也不贷了，该支持的也不敢支持了，这样不利于发展经济。要真正从根本上增强我们化解金融风险的能力，还是要抓发展，大发展小困难，小发展大困难，不发展更困难，今年要争取起码有个中发展。所以我们希望通过人民银行做国家各商业银行支持经济建设的工作，地方也要主动推荐好的企业、好的项目给银行，以取得支持。我们不干扰、不命令银行，但可以推荐企业、项目给银行，供他们选择参考，特别是各级经委，要把这项工作做好。

四、坚定不移地实施外向带动战略

要在对外开放上采取一系列大动作，来抵消由于国投破产在海内外给我省造成的负面影响。实事求是地说，国投的关闭、破产，是因为已经积累的问题太多太突出，无路可走了，被"逼上梁山"，是两害相权取其轻。国投关闭、破产，决策是正确的。从长远来讲，是符合改革方向的，而且舆论上也会越来越理解、支持、赞同。但也无可否认，在近期，对广东会造成一些负面影响。因此，我们要采取一系列步骤，树立我省更加开放的形象，来抵消这些不良的影响。最近已经实施或将要实施这几个动作：一是春节前举办了港澳知名人士座谈会，在会上详细地介绍了这方面的情况，我也对港澳知名人士对我们的理解、支持、鼓励表示衷心的感谢。二是省委、省政府《关于进一步扩大开放的若干意见》公开发布，最近几天香港报纸给予了积极的评价。三

2000 年 11 月 15 日至 16 日，第二届广东经济发展国际咨询会在广州召开。图为李长春与外国顾问合影。

是我们要继续处理好国投破产和粤海重组的问题，尽量减少负面影响。对国投破产，要最大限度地防止外面猜测我们"暗箱操作"，要体现公开、公平、公正的处理原则。对粤海重组的问题，我们要从长期对外开放的形势出发，耐心地说服债权人实行重组方案。不论是国投破产，还是粤海重组，都应加快进度，使粤海尽快正常地运转起来。四是向驻穗外国机构通报情况，通过对驻穗外国机构增加透明度，将我们的一些考虑和情况，正面地告诉给他们，这样他们就能正确向国内报告情况，对其金融机构也能做点解释工作。五是对我省其他地方的国投，在处理上要尽量采取重组的方案，基本上不再用行政关闭的办法，不是万不得已就不走破产的路子。金融机构的破产，跟工业企业不一样，它牵扯的社会面太大，特别像我省各级国际投资公司，跟香港、澳门金融局势紧密联系在一起，破产多了，也会直接影响香港、澳门的金融稳定。各市县对外界的债务，要重合同、守信用，确有困难的，可与海外债权人协商债务重组、资产重组、债权转股权或债

293

务展期等。六是要尽快着手筹备一次经济特区及珠江三角洲进一步对外开放的座谈会，对外进一步树立开放的形象，对内发挥经济特区和珠江三角洲的龙头带动作用。七是去年"增创新优势"调研活动确定的每年召开一次广东对外开放的国际咨询会议，时机要确定好，我主张定在下半年或在第四季度进行。八是原来确定的选拔年轻干部出国进修，这项工作要抓紧落实。九是结合推动今年的对外经济贸易，搞几个大动作，主动进一步求得海外的理解。十是要办好今年的广交会和深交会。今年是新中国成立50周年，又是广东进一步树立开放形象的关键一年，这两个会要办好，现在就要着手妥善筹备。广交会要办得更有新意，力争上新水平。深圳国际科技交易会是第一次办，一定要办好，现在对它的宣传还不太够，要加强宣传，扩大影响。十一是对近期推出的几个较大的引进外资项目的签约、动工或竣工投产，要加强宣传报道。

深化经济结构调整，
提升综合竞争力

加快经济结构调整和产业优化升级 [*]

（1999 年 12 月 7 日）

> 结构不合理是制约经济增长质量和效益提高的一个根本问题。要以市场为导向加快调整农业结构，大力促进工业结构优化升级，大力发展第三产业，实施分类指导，调整优化区域经济结构。通过政府宏观调控、市场微观引导相结合，加大经济结构调整的力度。

一、今年工作的基本估计与当前形势

今年我省工作是在比较复杂的国内外环境中进行的，大事多，难事多。世界经济走低，亚洲金融危机对我省的影响持续蔓延，扩大出口和利用外资受到严重制约；国内需求不足，通货紧缩趋势尚未有效遏制，开拓市场和扩大需求难度较大；省内金融风险的隐患日益暴露，使社会不稳定因素有所增加。在这种不利的环境下，全省各级党委、政府和广大干部以良好的精神状态，

---

* 这是李长春同志在中共广东省委工作会议上讲话的一部分。

以率先基本实现社会主义现代化统揽工作全局，坚持"两手抓"的方针，克服重重困难，努力开拓前进，全省继续保持了经济持续稳定增长、社会政治稳定的好势头，改革开放和社会主义现代化建设各项工作取得了新的进展。全省经济情况良好。预计国内生产总值增长9.3%，高于年初确定的8.5%的预期增长目标。农业获得好收成，工业生产持续增长，固定资产投资增长较大，技术进步与结构调整步伐加快，外贸出口止跌回升，外商直接投资有所增长，财政收入增幅较高，财政收支状况良好，金融秩序基本稳定，人民生活继续改善。

同时也还存在不少薄弱环节和问题。突出的是，社会需求不足，通货紧缩的趋势仍未得到有效遏制，市场约束对经济发展的影响日趋明显；国企改革离实现三年改革脱困目标距离比较大，企业亏损面、亏损额比较突出；社会保障制度改革等配套改革进展缓慢，消除经济进一步发展的体制性障碍任务很艰巨；外贸出口虽然止跌回升，但增幅低于全国平均水平；金融风险的隐患依然存在，仍要做艰苦的工作。我们必须正视存在的问题，采取切实的措施加以解决。

明年是世纪交替之年，做好明年的工作，对于实现我省跨世纪发展战略目标意义重大。我们必须正确分析和把握当前国内外形势，顺势而为，乘势而上，努力把我省的事情办好。

第一，明年国际经济发展向好，将为我省发展提供有利的国际环境。预计全球经济和贸易将进一步回升。东亚和东南亚经济开始从金融危机中复苏，韩国、新加坡经济增长明显，日本及我国香港地区经济已出现止跌回升的迹象。美国和欧洲经济增长速度加快。据国际货币基金组织最新预测，今年世界经济增长率可

1999 年 1 月 13 日，李长春考察顺德美的集团。左三为美的集团创始人何享健。

望达到3％，明年增长可能超过3.5％。太平洋经济合作理事会最近公布年度报告，预计今年亚太地区经济平均增长率为2.6％，明年将提高到2.9％。随着世界经济形势好转，国际贸易、投资也将趋于活跃。这为我省扩大外贸出口，发展对外经济技术合作，调整经济结构，参与国际竞争提供了机遇。

第二，我国即将加入世界贸易组织，为我省实施外向带动战略提供了新的机遇。我国加入世界贸易组织，是在世纪之交获得的一次新的难得的发展机遇，是改革开放新的里程碑，标志着我国对外开放进入了与国际通行的经济规则接轨的新阶段，这将大大增强世界各国对中国的信心。对于地处对外开放前沿、外向型经济比重较大的广东来说，加入世界贸易组织将为经济发展注入新的强大动力，可以改善我省经济发展所需要的外部环境，消除对外经济贸易发展中最大的不稳定因素；有利于我省实现出口市场多元化，有利于扩大我省产品特别是纺织、服装、家电等劳动密集型传统优势产品的出口；随着商业、金融、保险、电信、外贸、旅游和其他服务行业逐步放开，这些行业将成为我省利用外资新的增长点；有利于吸引大批国际大跨国公司到我省投资设厂设总部，加强同我省合作，使我省能更好地利用国际资源和市场，整合、重组经济，在经济全球化的大背景下推进我省产业结构调整升级和大企业的国际化经营；在更广泛的国际竞争中对我省以企业改革为中心的经济体制改革必将产生巨大的推动。当然，加入世界贸易组织是一把"双刃剑"，在权利和义务上是统一的，在带来机遇的同时，必然也带来某些冲击。因此我们要把握机遇，未雨绸缪，及早研究对策，力求通过加入世界贸易组织谋求更大的发展，同时把负面影响降到最小程度。

第三，中央将继续加大力度，实施促进经济发展的一系列政策，扩大国内需求。我们当前遇到的市场问题是阶段性、结构性的供大于求，发挥国内市场潜力的余地很大。国内市场现在供大于求，买方市场初步形成，这是我国社会主义现代化建设的重大的阶段性成果，是了不起的成就。同时，也要看到是阶段性和结构性剩余。从阶段性来看，这只是小康水平下的剩余，从小康到比较富裕，需求增长前景广阔，随着经济发展和人民生活水平的提高，城乡市场实际潜力很大。从结构性来看，目前相当部分的一般性产品生产能力过剩是由于历史上重复建设、盲目生产造成的，而高新技术产品、质优款新的产品基本上不存在过剩问题，很多技术要求高的产品，还需大量进口。况且技术创新和生产水平的提高可以创造新的社会需求。中央把扩大内需作为一项长期的战略方针，已连续两年实行积极的财政政策，发挥货币政策的作用，采取积极措施调整结构，鼓励投资和消费。深化国企改革，增进国企活力，这些政策正在发挥作用，将对明年经济工作产生积极影响。

第四，困扰我省的金融风险问题在中央的有力支持下将得到缓解，为我们继续前进创造了良好条件。党中央、国务院批准以广东地方财力为依托，向人民银行总行再贷款中借入380亿元资金，借助国家商业银行的信用，解决我省准备关闭、撤销、合并的地方金融机构的支付问题，这是中央对广东工作的巨大支持。只要我们遵照中央规定的有关原则认真组织落实，在全面解决支付风险的基础上，就可以赢得足够的时间，集中精力化解金融资产风险，抓好对地方金融机构的清理整顿，对不良资产采取多种措施盘活，对流失资产全力进行追收，查处金融犯罪案件，从根本上解决我省业已形成的区域性、系统性金融风险，从而为巩固广东20年改革开放成果，实现率先基本实现社会主义现代化目标，创造一个健康、稳定的社会、经济环境。

做好明年工作的有利条件很多，但也面临不少困难和挑战。一是有效需求不足仍然是当前经济发展的最大障碍。增加投资、启动消费的任务都很艰巨。国家明年全面实施西部大开发，这无疑对启动内需、调整经济布局、实现共同富裕意义极为重大，给我省也带来了机遇。但在国债向西部倾斜的情况下，我省扩大投资需求的资金筹集任务更加艰巨，基础设施投资面临还款能力的制约，调整经济结构的投资，选择效益好的项目并非易事；扩大消费需求，增加群众收入，改变消费观念和消费预期，也需要一个过程。二是当前经济体制改革进入攻坚阶段。进一步深化改革，特别是攻克国企改革这个难关，尽快建立覆盖全社会的社会保障制度，已经涉及到更为复杂、更为深刻的利益格局调整，消除经济进一步发展的体制性障碍变得更加突出。三是对外开放水平与形势发展越来越不适应。随着经济全球化的发展和我省外向带动战略的实施，我省对外经济联系日益密切，世界经济的波动对我省经济发展的影响和冲击日趋明显。我省出口产品结构总体上在国际市场上供大于求，在出口渠道上直接进入国际市场主渠道的比重偏低，在经营方式上还较传统的弱点日渐暴露出来。这与我们即将加入世界贸易组织，尽快融入世界经济大循环的要求不适应，亟须提高我省的对外开放水平。

二、全力抓好明年的经济工作

对明年的经济工作，我着重强调五个问题。

第一，坚决贯彻好中央关于促进经济发展的一系列政策措施，千方百计扩大内需。发展是我们解决面临所有问题的关键。需求就是速度，就是效益，就是稳定。针对当前有效需求不足这一经济生活中的主要矛盾，我们必须按照中央的决策，把扩大内需作为明年和今后若干年的一个长期战略方针，通过抓扩大内需，促进发展，带动全局，并把扩大内需与调整经济结构、推动科教兴粤、提高对外开放水平有机结合起来，使我省经济整体素质有一个较大的提高。

努力扩大投资需求。要充分利用明年国家继续实施积极的财政政策，增发建设国债和进一步发挥货币政策的作用的机遇，争取更多的国债资金，并以财政投资引导和启动社会投资、外商投资，全面加快我省城乡交通、通信、能源、供水、水利、环保等基础设施建设。珠江三角洲地区要按照率先基本实现社会主义现代化的要求，全面启动和加快有关规划建设项目的建设。广大山区、贫困地区要加快落实山区工作会议确定的建设任务。要在加大基础设施投入的同时，大力增加经济结构调整的投入，大力支持发展高新技术产业，继续采取财政贴息、税收返还的办法支持国有企业技术改造。切实帮助有市场、有效益的企业解决生产流动资金。要认真贯彻落实省委、省政府《关于大力发展个体私营经济的决定》精神，解决好发展中遇到的问题，鼓励和引导个体私营经济健康发展。我们还要按照中央的要求，大力支援西部大开发，发展经济合作，从西部大开发中寻找商机。

进一步启动消费需求。要开辟更多的消费渠道，重点是推动住房、教育、电信和知识消费。大力发展各种消费信贷；加强宣传引导，改变群众心理预期对消费的不利影响；进一步放开住房二级市场，促进住房消费；从道路、住宅建设和清理各种不合理收费抓起，为轿车进入家庭创造条件。要把关心群众生活与扩大内需结合起来，凡是涉及广大群众切身利益的改革都要十分慎重，尽量不要在职工存量收入上做文章。要逐步提高城乡居民特别是中低收入者的实际收入，千方百计确保下岗职工基本生活费、离退休人员养老金按时足额发放。采取实际措施解决贫困人口住房、医疗、子女就学等实际困难。

加速启动农村市场。启动农村市场，根本途径是发展农村经济，千方百计增加农民收入。要从调整优化农业结构、加快农村剩余劳动力转移、促进农产品流通等方面采取综合措施，开辟农民增产增收的新途径和新领域。要大力减轻农民负担。要加快农村电网改造，继续把降低农村电价作为减轻农民负担的重大措施来抓。鼓励用农村集体经济的资金，加快农村基础设施和公共设施建设。公路建设要在行政村通公路的基础上向自然村延伸，有条件的要通自来水。通过通电、通路、通水，带动农民消费，提高农民生活质量。

大力加快小城镇建设。这是加快现代化建设，提高城市化水平的一项战略性举措；是启动民间投资、带动最终消费、加快第三产业发展的有效途径。各地要实行合理布局、科学规划、政府引导、市场运作的方针，把小城镇建设纳入国民经济和社会发展规划中，并同发展乡镇企业结合起来，走出一条主要通过市场机制建设和依法管理小城镇的路子。珠江三角洲要率先建成一批高水平的小城镇，带动农村加快现代化建设步伐。

第二，大力调整经济结构，促进产业优化升级。结构不合理是制约我省经济增长质量和效益提高的一个根本问题。要针对目前出现的结构性、阶段性的供大于求和加入世界贸易组织的形势，采取政府宏观调控、市场微观引导相结合，加大经济结构调整的力度。

以市场为导向加快调整农业结构。这次中央工作会议提出，沿海经济发达地区和大中城市近郊区，有条件发展高效农业和创汇农业的，不必要求粮食自给，腾出一部分耕地生产高价值的作物，并发展农产品加工。这是一项大政策。我省要抓住这个机遇，用两三年的时间对农业生产结构进行再调整，大幅度提高土地产出率。要确保划定的3000万亩基本农田保护区；确保350亿斤的粮食生产能力；不再种植三级早籼稻，增加优质高产水稻的生产；调低粮食考核指标。要大力发展具有广东特色的高效农业和创汇农业，发展新的蔬菜瓜果品种、优良禽畜品种和水产养殖；以农业龙头企业为依托，发展农产品深加工，提高农业综合生产水平。

大力促进工业结构优化升级。当前，在经济全球化的大背景下，国际上正以大的跨国公司为主导，在世界范围内掀起了一股大的并购风潮。一大批跨国公司的经济实力已超过许多中小国家，这使各国之间综合实力的竞争更为激烈。相比之下，我省企业"散、小、低"的现状，不适应经济全球化的新形势。要结合企业改革，采取得力措施，以名牌产品和骨干企业为龙头，以资本为纽带，打破地区、部门、行业的界限，在省内外加快企业并购、重组步伐，实现低成本扩张。抓紧组建一批资产经营规模大、技术开发能力强、有较强国际竞争力的企业集团，走集团化、国际化经营的路子。要抓紧研究制定淘汰落后产业、陷入困境的公有制企业退出市场、严格控制重复建设的政策措施，为发展新兴产业和高新技术产业腾出空间和资源，使有限的资源得到优化配置。

大力发展第三产业。目前，我省第三产业在国民经济中的比重与我省的经济实力极不相称，不仅低于发达国家，也低于像巴西、秘鲁、智利等这样的发展中国家，必须放手发展。要加快第三产业对外开放，重点发展信息、文化、教育、旅游、社区服务和中介服务。特别是旅游业，要通过联合，打破地区割据，改革管理体制和经营机制，使之成为第三产业的龙头和重要的经济增长点。加快构筑粤港澳旅游"金三角"，带动粤港澳合作的升级。

实施分类指导，调整优化区域经济结构。我省区域经济发展不平衡的问题较为突出，东西两翼、山区与珠三角的发展差距明显。要继续加快珠三角率先基本实现社会主义现代化的步伐，在此基础上帮助和带动其他地区的发展。东西两翼要总结正反两方面经验，努力改善投资软环境，抓住机遇扩大开放，促进发展，迎头赶上。要加大对山区工作的领导和扶持力度，认真落实山区开发工作会议精神，帮助山区搞好基础设施建设，开发利用好当地资源，发展特色经济，尤其要加快16个贫困县的脱贫奔康步伐。

第三，以加入世界贸易组织为契机，把我省对外开放提高到一个新水平。我们要充分认识到，中国尽早加入世界贸易组织，对于促进我国经济的持续快速健康发展，具有重大的现实意义和深远的历史意义。邓小平同志曾告诫我们，要抓住时机，发展自己，关键是发展经济。在中国，大发展的机遇并不多。我们要动员各级干部和全省人民，统一思想，提高认识，抓住这个难得的历史机遇，把我省对外开放提高到一个新水平，给我省经济发展注入新的动力。从现在开始，我们要全面启动加入世界贸易组织的准备工作。各级领导、各有关研究机构和企业对世界贸易组织的有关规则和条款要认真加以研究，制定对策，扬利抑弊；紧紧抓住我国正式实施世界贸易组织规则前宝贵的几年过渡期，变压力为动力，全面提升相关产业、企业的竞争力；要加紧培养相关人才，提高我省涉外队伍素质。

要加快调整出口产品结构，实行科技兴贸。在继续抓好服装、轻纺等传统大宗产品的升级换代和扩大出口的同时，重点抓好机电产品出口，努力增加"双高"（高技术、高附加值）产品和优质名牌产品出口的比重。要推动外贸经营方式的创新，引导一批有比较优势、有国际化经营能力的企业转移国内长线生产能力，或以现有设备和成熟技术到境外开展加工贸易。要深化外贸体制改革，赋予符合条件的生产企业和科研院所自营进出口经营

2000 年 12 月 5 日，李长春考察茂名石化公司。

权；专业外贸公司要加强与生产企业或国际大公司的合作，走集团化的路子，提高国际化经营能力，争取有更多的广东产品直接进入国际销售的主渠道。

要更加积极有效地利用外资。我国加入世界贸易组织后，国内市场将进一步开放，将会吸引更多的跨国公司到我国投资，掀起新的外商投资高潮。我们要抢抓机遇，早做准备，以"十五"的计划项目和第三产业的对外开放为重点，掀起新一轮招商引资热潮。要进一步扩大广东国际经济咨询会的影响，加强经常性联系，发挥其联系和吸引跨国公司、国际大财团的重要作用。广交会和深圳高交会要进一步提高完善，增强凝聚力、吸引力和辐射力，争取一年比一年办得更好。

要进一步发挥毗邻港澳的优势，全面扩大粤港澳台经济合作。澳门即将回归祖国。要在"一国两制"的原则下，按优势互补、互惠互利、共同发展的原则，加强政府间对粤港澳三地社会、经济发展的重大问题的协调沟通，促进三地经济全面合作。

第四，加快实施科教兴粤战略，致力推动科技进步和技术创新。当今世界，知识资源的占有、配置、生产和运用已成为经济发展的重要依托。迎接经济全球化和知识经济的挑战，必须在科技进步和技术创新上形成优势。如果说过去对市场敏感、善于经营是我们广东的优势，那么现在要把技术创新作为我省经济的灵魂和希望。有了技术创新，加上善于经营，今后我省的发展就会如虎添翼。必须积极推进科技事业发展，使科技进步和技术创新成为我省经济和社会发展的主导力量。

要继续提高全社会对"科学技术是第一生产力"的认识，深化科技体制改革，尽快走出一条科技与经济紧密结合的新路子。要千方百计促使企业成为科技进步和技术创新的主体，建立广泛的社会依托，加快应用型科研机构企业化进程，使市场在资源配置中起基础性作用。要制定和实施一套推动技术创新的政策措施，千方百计增加科技开发投入，千方百计培养和吸引高素质人才，千方百计鼓励科技人员投身经济建设主战场。要以发展高新技术产业和以高新技术改造传统产业为第一经济增长点，千方百计增加有自主知识产权产品的比重。通过技术创新，加快发展以电子信息为重点的高新技术产业，加快产业结构和产品结构优化升级。要突出抓好教育改革与发展，以培养学生的创新精神和实践能力为重点，大力实施素质教育。当前，要抓紧教育结构调整，扩大高中阶段教育和高等教育规模，大力发展高等职业教育，改革招生和教学制度，促进教育与经济、科技的密切结合。

要重视解决扩大招生中出现的一些新问题。积极鼓励和支持社会力量以多种形式办学，形成以政府办学为主，公办学校和民办学校共同发展的格局，为社会主义现代化事业培养更多人才。

第五，全力推进国有企业改革与发展。我省国有企业改革和发展的形势较为严峻，特别是亏损面广、亏损额大的问题比较突出，实现三年改革和脱困目标的任务十分艰巨。明年是实现这一目标的最后一年，我们一定要抓紧工作，把国有企业改革作为明年经济工作的重中之重，全力以赴地打好这场攻坚战，使国有企业经营状况有明显改善。要加大国有经济布局战略性调整和国有企业战略性重组的力度，在从整体上搞活国有企业方面有大的进展；要加快建立现代企业制度，在转换经营机制上有大的突破；要建立技术创新机制，在占领若干领域同行业技术制高点上有明显提高；要在支持国有企业增资减债，努力减轻企业负担上取得显著成效。这里我再强调两点：一是明年降低国有企业的亏损面，关键是加快放活国有中小企业。要加大产权制度改革的力度，对于有条件进入大企业和企业集团的，要加速兼并的步伐；对于有市场、有前途的企业，大力推行股份合作制；对于难度大的，抓紧转让，退出国有资本；对于产品无市场、扭亏无望的，坚决破产，退出市场。要抓紧制定国有小型企业退出市场的办法。二是覆盖全社会的社会保障，这已成为我省广大小型国有企业退出市场的一大难题，也是非公有制企业长远发展的关键所在。必须立即动手，尽快解决，实行法律的、行政的、经济的和思想政治工作的办法，明年实现社会保障覆盖全社会。

与江苏、吉林、湖南省
党政考察团座谈时的讲话 *

（1999 年 12 月 11 日、2000 年 10 月 23 日、
2001 年 11 月 15 日）

一

总的来看，广东经济社会发展和江苏一样，都是走在全国的前面。从广东的情况来看，有什么特点呢？我觉得，一是非公经济发展迅猛，以公有制为主体、多种所有制经济共同发展的格局基本形成。广东公有制经济大约占 60%，非公有制占 40%。非公企业迅猛发展，比重仍在不断增加，公有制企业活力增强，关系国计民生，关系国家命脉的还都是国有的，竞争性行业基本上是投资主体多元化。广东一些企业，像康佳、TCL[1]，都属于国有经济，搞得很好，充分显示出国有经济通过股份制改革之后具有旺盛的活力。现在国有经济这块两头冒尖，其活力和盈利水平以及在全省的骨干作用都是明显的。二是社会主义市场经济体制的框架基本建立起来。广东的市场化程度比较高，物价改革、

＊　1998 年至 2002 年，上海、江苏、福建、黑龙江、吉林、江西、甘肃、湖南、天津等省（市）党政考察团先后到广东考察，广东省委、省政府与各考察团进行了交流座谈。这是李长春同志与江苏、吉林、湖南省党政考察团座谈时的讲话选录。

住房改革都走在全国前列，建立了企业能生能灭、职工能进能出、分配能低能高的机制。三是外向型经济比重大。去年广东进出口总额1300亿美元，约占全国的40%。改革开放以来，累计利用外资900多亿美元，约占全国的1/4多一点，外向型经济对经济增长的贡献率高。四是广东当前的产业结构正在发生着比较大的变化，依靠技术进步，优化产业结构的步伐在明显加快。珠江三角洲已经成为电子资讯产业的重要基地，占全国的比重很大，有一些产业占世界的比重也很大，像电脑硬盘，约占国际上30%的产量。今年1—9月，高新技术产品出口80多亿美元，在全国排第一。高新技术产品产值增长30%，其中拥有自主知识产权的产品增长30%，这两个30%显示了高新技术发展速度很快。用高新技术武装传统行业步伐也很快，特别是在加工行业，

1999年1月1日，李长春考察广东省邮电局数据网管中心。右二为广东省邮电管理局局长崔勋，右三为广州市市长林树森，右四为广东省委副书记、广州市委书记黄华华。

都比较普遍使用了 CAD[2]、CAM[3] 系统。五是比较注意两手抓，两手都要硬。广东毗邻港澳，情况比较复杂。由于是先发展起来的地区，所以全国各地到这里打工的人很多，但同时流窜到广东作案的不法分子也很多。例如，黑社会对内地的"渗透"和影响、不法商人内外勾结大规模走私、黄赌毒、六合彩等，这都是广东很严峻的问题，两手抓的任务艰巨。历届广东省委对这些问题始终保持清醒的头脑，不断加大两手抓的力度，投入了大量的人力、财力、物力。目前，大规模的法人走私、黄赌毒有了明显的遏制，打掉了张子强[4] 团伙和叶成坚[5] 团伙，社会治安状况总体还可以。

当前广东发展也面临一些突出的问题：一是化解金融风险的任务还比较艰巨。广东金融占全国的比重大，大约 1/8。地方金融过去既有低水平重复建设造成的投资呆账，也有泡沫经济的影响，一些房地产和开发区，资金投进去了，没有效益；有内外勾结金融犯罪，有监管不严，也有干部队伍金融知识准备不足，所以整个地方金融机构的金融风险问题比较大。这次中央对广东实行一揽子借款来解决支付风险的问题，大大缓解了我们去年和今年一些地方不断发生的挤兑风潮，但解决金融风险的任务还是很重的。二是在经济结构上，过去形成了一些低水平重复建设，怎么样能够迅速地改善产业结构，仍然是广东的当务之急。如何迎接经济全球化和世界科学技术迅猛发展的挑战，对于外向型经济比重比较大、受国际经济影响比较明显的广东来讲，任务相当艰巨。最近全省经济工作会议作了分析，全省 600 多家水泥厂去年生产 5000 多万吨水泥，一个企业生产不到 9 万吨，而且还闲置生产能力 3000 多万吨。这类低水平的重复建设问题还比较多，怎么样适应加入世界贸易组织带来的新变化，同时企业在集团化、国际化经营上迅速迈出比较大的步子的任务也很重。

当前，我们按照"增创新优势，更上一层楼，率先基本实现社会主义现代化"的要求，确定实施三大战略，增创四大优势，争取率先基本实现社会主义现代化。

实施三大战略，首先是外向带动战略，外向型经济是广东的"命根子"，广东毗邻港澳，华侨众多，要继续发挥好这些独有的优势。其次是科教兴粤战略，就是要把科技和教育这两个传统弱项突出出来，变成强项。广东要在善于经营、会做生意的基础上，力争技术创新能够走在前面。科教方面，要很好地向江苏学习，江苏的基础和这方面的工作都是走在我们前面的。再次就是可持续发展战略，广东经济这些年迅速发展，相应和人口、资源、环境的矛盾越来越突出，最突出的是环境问题。广东人均耕地少，如粤东人均不到二分地；还有珠江三角洲地区酸雨问题突出，烧煤的火电厂过度集中，像广州这样的城市高楼多、路窄，机动车发展速度太快，汽车尾气污染严重；再加上广东水质，北方人来住两年脸都变黄了，这些都是亟待解决的问题。

增创四大优势主要是：一要加快建立社会主义市场经济体制，在体制上增创新优势。发挥我们机制活的长处，在过去市场化程度高的基础上，进一步建立规范的社会主义市场经济体制。土地批租、建筑工程、产权交易、商品房都搞有形市场，用规则代替无序。二要增创产业上的新优势。过去广东率先对外开放，引进来的东西在全国就是先进的，有特殊政策，有灵活措施。现在没有了，而且全国形成了全方位对外开放的格局，你能引进来别人也能引进来。在这种情况下，我们要加快产业优化升级的步伐，特别是珠江三角洲要成为高新技术产业带，深圳、广州要成为全省产业升级的龙头，建立软件园，加快建设高新技术开发区，来提升产业结构。并且要采取实际措施，控制低水平建设。三要增创科技创新的新优势。发挥广东市场化程度高的优势，走出一条科技和经济紧密结合的新路子，改变长期以来科技和经济"两层皮"的状况。要制定一套包括风险投资机制在内的支持科技进步和技术创新的政策措施，关键是增加全社会的科技投入，吸引海内外优秀人才。要把发展高新技术产业和用高新技术改造传统产业作为第一经济增长点，一把手抓第一生产力。目前看势头很好，比如深圳，自己办一个深圳大学，通过灵活政策和机制，把全国重点大学都吸引到那去，合作搞研究开发院，博士生和博士后在那搞课题，成果都落在深圳了。所以并不花多少钱，很快就能把成果就地转化，走出了这样一种路子。四要在对外开放上增创新的优势。在扩大出口贸易上要进行经营方式的创新，把广东当初对外开放时采取的灵活贸易推到国外去，去件装配、"三来一补"搞到国外去。从目前看，国内产能过剩的生产线拿到海外作为资本这条路子还是蛮好的。进一步扩大和世界上前100家大财团合作，逐步地争取能够在珠江三角洲建立研究开发机构；进一步研究在"一国两制"下提高粤港澳合作的水平；研究加入世界贸易组织的对策，特别是抓住这几年过渡期，把相关的企业、产业、产品国际竞争力提高一步。

江苏是我国改革开放行动最迅速、最早的省份。在70年代末80年代初，江苏在对内搞活上给全国各省树立了榜样，乡镇企业发展远远地走在全国的前面。1996年我在河南工作时带队到江苏学习，看到苏南一片蒸蒸日上的景象，江苏在小城镇建设、两手抓以及发展集团化、资产重组等方面都是走在全国前面的。张家港的经验对全国也有很大影响，是两个文明建设的好典型。这次陈焕友同志率领江苏党政代表团到广东来，给我们提供了一个很好的学习机会，我们的情况就介绍这么多，希望你们在考察的过程中也不断给我们提出建议。

我们两个省在改革开放 20 年中，为全国的改革开放都作出了贡献，创造了经验，自身也得到迅速的发展，生活水平迅速提高。现在我们面临着进入新的世纪，我们两个省要强强联合，加强联系，互相沟通，加强合作，携手为下个世纪我们国家实现十五大确定的战略目标继续作出应有的贡献。

（1999 年 12 月 11 日与江苏省党政考察团座谈时的讲话）

二

广东与吉林长期以来交往密切，特别是改革开放以来，广东发展比较快，农业结构调整的步伐比较快，粮食的产量有所下降，因此工业用粮、饲料用粮大部分是靠吉林省来支援。同时，吉林省是东北老工业基地之一，在人才、重大技术装备、原材料上都给予广东很大的支持，广东改革开放能有现在的成绩，是兄弟省包括吉林在内大力支持的结果。借此机会，对吉林长期以来支持广东改革开放和社会主义现代化建设表示衷心的感谢！

吉林在改革开放和社会主义现代化建设中取得了很大的成绩，由过去的农业省转变为一、二、三产业全面发展的省份，特别是汽车工业、化学工业、石油工业都给国家作出了重要的贡献。作为粮食基地，吉林省为了国家的全局利益，作出了很多牺牲和贡献，这些我们都是很敬佩的。这次省委书记王云坤同志、省长洪虎同志率领省一级、市一级这么多领导同志到广东来考察，表明决心大、认识高，以实际行动贯彻落实中央十五届五中全会精神。同时也是给我们传经送宝，我们很珍惜这个向吉林省学习的机会。

改革开放以来，吉林省社会主义现代化建设各个方面都有了很大的发展，对于跨世纪的安排和构想都很好。特别是吉林的汽车工业有了长足的进步，轿车从高档到普及型都已经成系列，真正起到了带动吉林省各个方面的作用。吉林省抓住汽车，把这篇文章做深做透，这是很有前途的。另外，吉林抓住农业大省的特点，围绕农字做文章，围绕农字上工业，千方百计拉长农业链条，这个思路也是非常好的。如你们介绍的，围绕中科院长春分院的优势，搞液晶显示，这个也抓得很好。再如中药材，吉林长白山具有独特的优势，很多中药材都是国际国内出名的，广东人对东北人参、鹿茸这几宝非常有兴趣，如果进一步提高加工水平，这也一定会成为吉林的一个新的优势。对于合作的建议，我们两个省的互补性很强，完全有条件进一步扩大经济方面的合作。这次吉林省还来了一个经贸代表团，双方进行了初步接触，作为两个省合作的开端，我们也愿意和吉林省结为长期的经济合作伙伴。现在关键是企业家之间要相互了解，广东的企业家到东北、到吉林的还少，如果进行了充分的调查和了解，那么合作的领域还是很广的。刚才卢瑞华同志把广东的情况作了介绍，那么我从一个东北人的角度观察广东，再补充几点：

一是广东经济市场化程度高，全民市场经济意识强。广东初步建立起社会主义市场经济体制，在全国的市场经济发展中表现出了比较强的体制优势。广东的企业找市场不找市长做得比较好，政企分开，政府管政府的事情，企业管企业的事情。即便是国有企业，受原来计划经济体制影响比较重的部分，在广东这个大环境下，适应市场也比较快，所以广东的国有经济并不落后，比如深圳，国有经济的主要指标也是走在全国前面的。我想这一点很值得东北很好地研究。东北总体上受计划经济体制影响太深，计划经济当然在新中国成立初期那样的一个情况下起到了当时的历史作用，但是长期陷入计划经济观念，对一个地区经济发展的制约是十分明显的，使得人的观念受到很大的影响。

二是广东的非公有制经济，改革开放以来发展很快，现在已经初步形成了以公有制为主体、多种所有制经济共同发展的格局，这也是广东经济有活力的重要原因。广东公有制经济大约占60%，非公有制占40%，非公有制企业迅猛发展。很多非公有的企业，不论是外资的，还是私营企业，规模都是很大的。以公有制为主体、多种所有制经济共同发展已经确定为我们社会主义初级阶段的基本经济制度，作为东北地区，在所有制调整的基础上还要加大力度。

三是广东对外经济联系紧密，外向型经济的格局基本形成。充分利用两个市场、两种资源是搞活经济的必备手段，当然条件不一样，广东在这个方面的条件好，尽管我们内地的条件差一些，但是怎么创造条件对外开放，跟对外经济紧密连接，对市场、技术、资金都是重要的。广东在这个方面非常突出，每年吸引外商直接投资120多亿美元，相当于1000亿元人民币，如果再加上其他形式的利用外资，达到1400亿元。广东去年的出口已经达到 780 亿美元，今年要突破 900 亿美元，几乎一半是国外市场。所以即使国内市场出现疲软、波动，还有国外市场。当然，也有弊端的一面，受国际形势影响比较大，比如亚洲金融危机的冲击。但是两个市场、两种资源总是扩大了回旋余地。

四是广东高新技术产业发展迅猛，经济结构调整步伐明显加快。这几年广东高新技术产品产值以每年 30% 的速度增长，高新技术产品占整个产品的比重逐年上升，去年达到 14%，深圳达到 42%，特别是信息技术产品起了龙头带动作用，这也是紧跟世界上以信息技术为先导的技术革命、产业革命的步伐，成为新的经济增长点。

我觉得这几个方面广东的特点都是比较鲜明的。当前，广东注重抓几个方面的工作：

第一，用社会主义制度固有的优势抑制市场体制带来的负面影响。广东是改革先行一步的地区，毗邻港澳，离台湾也很近，好的方面是开放条件很好，不好的方面，苍蝇、蚊子也都进来了，黄赌毒丑恶现象泛滥、黑社会"渗透"等问题，对党的建设提出了一个新的课题。我们不断加大两手抓的力度，目前，卖淫嫖娼活动有所遏制，法人大规模走私活动基本遏制，黑恶势力受到重创，特别是 1998 年打掉了以张子强为首的黑社会团伙，澳门回归前打掉了叶成坚为首的黑社会团伙，极大地震慑了黑社会。在省内，坚持重典治乱，对黑社会性质的团伙狠狠地打击。在党风廉政建设上也不断加强，特别是把腐败高发区进行分类排队，能够用市场的办法来解决的，用规范市场的办法，进一步完善建筑市场，投资额在 50 万元以上的，一律招投标；进一步完善土地批租市场，凡是商住性的开发用地，一律招投标。

第二，围绕优化市场秩序，进一步完善市场体制的工作正在加强。在向市场经济转变的过程中，两种体制交错，新体制还不完善，在市场机制下带来些问题，如制假售假、逃汇骗汇、逃税骗税等，我们进一步加强依法治理，加大惩处金融犯罪力度，整顿金融机构。采取了一些措施化解金融风险，现在整个经济秩序进一步完善起来，但还要加大力度。

第三，贯彻党的十五届五中全会精神，制定"十五"计划。"十五"期间，广东面临很好的发展机遇，经过 20 年改革开放，有很好的基础，这几年应对亚洲金融危机冲击，多年以来积累的问题基本上解决了，可以轻装上阵。再加上国家即将加入世界贸易组织，给我们带来了新的机遇。"十五"期间，我们继续坚持发展是硬道理，要为率先基本实现社会主义现代化奠定基础。我们原来计划珠江三角洲要在 2010 年左右基本实现社会主义现代化，"十五"就是关键时期，全省要上一个大台阶，继续走在全国前列。发展也要有新思路，从广东实际情况出发，要有几个转变：一是实现从快到好的转变。20 多年的改革开放，广东国内生产总值以年均 13.8% 的速度增长，今后想再有这样的速度不容易了，要千方百计提高经济增长的质量，提高经济素质，提高经济效益，改善经济结构，要在好上做文章，要在好中求快，这是一个重要的指导思想。二是从引进为主到进出结合的转变。大力实施"走出去"战略，重点放在"出"上。20 多年来，我们引进了 1100 亿美元的资金，奠定了庞大的经济基础，技术水平有所发展，产生了一些骨干企业和名牌。到"十五"期间，我们将有条件逐步走出去，大力培植跨国公司，作为走出去的载体，选择一批有自主知识产权、有民族品牌、有经济实力、有开发能力的企业，逐步通过面向国内和国外资本市场，迅速把企业做大做强，形成跨国公司。三是实现从硬到软的转变。我们逐步完善能源、交通、基础设施的硬环境，这是必需的，现在这些瓶颈束缚有了很大的改善，更重要的是要转到软环境的改善，包括社会治安、法治环境、经济秩序、办事效率。四是实现从破到立的转变。现在全国上下都在进行体制创新，建立一个完善的社会主义市场经济新体制，广东也要发扬在破的过程中解放思想、实事求是的作风，在立的过程中始终坚持这一作风。五是实现从重物到重人的转变。过去抓资金、上项目成为我们的主旋律，这个是完全必要的，但是现在到了信息化和工业化紧密结合，用信息化推动工业化，争取超前发展、跨越式发展的新时期，更要重视人才的培养、吸引，千方百计创造一个好的环境，这是广东面临的新课题。所以，我们要在指导思想上实现这五个转变。吉林有很多好的经验、优势，希望两个省加强合作，加快这五个转变的步伐，也希望你们在参观考察过程中，对我们工作中存在的问题提出批评意见。

（2000 年 10 月 23 日与吉林省党政考察团座谈时的讲话）

三

湖南和广东山连着山、水连着水，有着密切的地缘关系和人缘关系。湖南也是具有优良革命传统的地方，人杰地灵，在各个历史时期对中华民族都有重大的贡献。改革开放以来，湖南各个方面发展很快，很多方面的经验都值得我们很好地学习。广东一直得到湖南人民的大力支持，广东有大批全国各地来的科技人才、技术骨干和劳务工人，其中湖南人占了很大比重。借此机会，对湖南多年来的大力支持表示衷心的感谢。湖南省委刚刚开完党的代表大会，就组织这么多领导干部到广东来考察，足以表明湖南新一届省委魄力大和加快湖南振兴的决心，同时给我们提供了一个向湖南学习的机会。刚才卢瑞华省长对广东的情况作了全面的介绍，借这个机会，我再补充点情况。

广东当前经济和社会发展有这么几个特点，供你们在考察过程中来研究。一是广东社会主义市场经济体制初步建立起来，经济市场化程度比较高，尤其体制和机制上的优势比较明显。广东最近几年深化以转变政府职能为主要内容的改革，已经初步形成了企业、厂长找市场不找市长这样一个局面，逐步建立起建筑工程招投标、土地批租、产权交易等一批规范的、有形的市场体系。二是以公有制为主体的多种所有制经济共同发展的格局在广东比较充分地体现。在经济总量上，外资企业、民营企业、私有企业充满活力，并且发展迅猛，占比上升，已占半壁江山。主导行业，关系国民经济命脉的总体还在国家的手里面，同时股份制改造的步伐很快，改变单一的投资主体。三是广东已经初步形成了全方位、多层次、多形式的对外开放格局。在充分利用国内和国际两种资源、两个市场方面有明显的比较大的回旋余地，使广东的经济如虎添翼。四是进入 90 年代以来，发展高新技术产业，推动结构调整取得了明显成效，特别是这几年在国家科教兴国的大气候下，党的十五大之后，更加加大了力度。这几年高新技术产品产值每年都是以 30% 的速度增长，由 1997 年占全省经济总量不到 10% 增加到 2000 年的 17.2%，深圳已经占到 42%，广州也达到了 20% 多。在一些领域也是进入国内先进水平，比如通信，国内是四大家，叫"巨大中华"（巨龙、大唐、中兴、华为），中兴和华为都在深圳，华为今年的销售额能达到 300 亿元。五是加大了两手抓的力度，逐步地对市场经济下负面的影响开始找到了一些有效的遏制办法，在物质文明和精神文明双丰收的方面也有了很大的前进。包括怎么样解决黄赌毒的问题，怎么样解决外来人口的管理问题，怎么样从源头上遏制腐败的问题，都找到了一些办法。当然我们现在进一步加大抓落实、抓推广的力度，可以说在这个问题上，广东的各级干部认识更加统一了，信心更加坚定了。过去有少数干部把两手抓对立起来，认为会影响人气，会影响生意。从我们的实践看，净化社会环境，吸引力增强了，经济发展更健康了。过去少数干部认为这些问题是现代化的代价，只要搞现代化就会有这些东西，现在也认识到了完全可以用我们社会主义制度固有的政治优势，抵御市场经济的负面影响，这才叫有中国特色的社会主义市场经济。

当前广东也面临着一系列新的挑战，面临着许多问题，希望湖南的同志在考察过程中给我们提出意见批评。我们觉得有这么几个问题：

第一，世界经济形势变数很多，而广东是个外向依存度很高的省，怎么样趋利去弊，防范风险，始终保持经济健康发展给我们提出了严峻的课题。今年外贸出口增幅降低了，当然作为广东有这么大的基数，某一年低一点也不必大惊小怪，但是给了我们信号，我们在加速国际化的过程中，既得到国际化的实惠，也要承受风险。比如，去年下半年美国经济的下滑，对广东的影响是很大的。怎么样加快调整出口的市场结构，做到市场结构多元化，怎么样逐步地从传统产品向技术含量高的高新技术产品转化，这是我们面临的非常紧迫的课题。

第二，由于全方位对外开放格局的形成，客观上广东毗邻港澳、华侨众多的地缘优势和人缘优势在某种程度有所弱化。我们要进一步研究怎么样打造新优势，怎么样进一步提高粤港澳合作的水平，使粤港澳合作上个新台阶，这也是我们面临的新课题。

第三，由于过去广东的人才基础并不强，只是改革开放以后形成了"孔雀东南飞"这样一个形势，人才队伍在扩大，特别是90年代广东的科技教育发展步伐也很快，积极地往上赶。但是国家发展的客观形势，对广东的要求和对内地的要求的标杆不一样，所以我们也得瞄准北京、上海，瞄准先进地区，比较来说，人才和科技开发仍然是我们的劣势。随着我们国家参加经济全球化，竞争的本质就是人才和科技的竞争，因此，在这个问题上我们有很强烈的紧迫感。所以我们现在加快发展教育，如中山大学与中山医科大学合并后和教育部共建一流世界著名大学，又如和教育部合作建设华南理工大学；下一步我们准备支持在广州建立大学科学园，规划一批软件学院、信息工程学院、重点实验室、重点专业；提升义务教育阶段的水平，逐步做到互联网进小学，英语教育也要从小学开始，以及全省农民人均年纯收入1500元以下的孩子书杂费全免。与此同时，我们还要借助外来的力量，把一些国家重点大学吸引到广东来，在深圳、在珠海办分校，办研究生院，办研究开发院，现在已形成了浓烈的氛围，深圳的清华、北大、哈工大三个研究生院已经开工建设。在广州、深圳建立留学生创业园，设立创业基金。我们还制定更有吸引力的人才政策，使广东成为全国对人才最有吸引力的地区之一。

第四，促进广东各个地区经济协调发展的任务艰巨。珠江三角洲地区经济很发达，但山区的面积很大，贫困地区条件很恶劣，形成强烈的反差。像挨着湖南、广西还有广大的石灰岩地区，条件都很恶劣。这些年我们也迁移了一部分群众，也正在搞石花地改造，搞石灰岩地区的饮水工程，去年实现了全省行政村的"五通"：通机动车、通电、通信、通邮、通广播电视。但总体来看，珠江三角洲和贫困山区的差距逐步拉大，所以我们也面临着一个西部开发的问题，否则就要拖广东率先基本实现社会主义现代化的后腿。

第五，我们进一步加快结构调整的任务也很艰巨，包括产业结构、企业组织结构、产品结构、技术结构、民营资本结构等。浙江在温州模式上又上了新的台阶，实现了私营企业的资本联合，从家族资本走向社会资本，创品牌，做大做强；苏南引进外资园区化，服务水平和管理水平比较高。相比之下，我们珠江三角洲还有很多市处于"放羊"的状态，各个区、各个镇各自为战，和园区化相比，服务水平和管理水平都不到位。在企业组织结构上，虽然在总体上有活力，但企业偏小、散。比如家用电器是我们的优势产业，但是全国家用电器最好的集团是海尔集团，不是我们。我们像它这么综合的、规模这么大的还没有。

第六，怎么样继续改善我们的软环境仍要加大力度。对汕头潮阳、揭阳普宁发生的全国最大骗税案，以及前几年湛江的走私案，我们也在总结教训，因此我们感到要参加国际竞争，必须尽快建立文明法治环境。你搞走私贩私，正常经营的就没法竞争；你搞制假售假，就侵犯别人的知识产权；你搞偷税骗税，这都影响平等竞争。这样的环境是不行的，尽管是个别地区，但是对广东改革开放的形象有不好的影响。所以我们提出在全社会加强信用建设，进一步提高服务水平和工作效率，进一步整治社会治安，整治市场秩序。在硬环境已经比较好的情况下，要使软环境更上一层楼。

刚才省委书记杨正午和省长周伯华同志都谈到了进一步发展两个省的合作，我们完全赞成。最后我再一次对湖南多年来给予广东的全面的大力支持表示感谢。

（2001 年 11 月 15 日与湖南省党政考察团座谈时的讲话）

注　释

〔1〕TCL，即 TCL 集团股份有限公司，创立于 1981 年，是全球性规模经营的消费类电子企业集团之一，总部位于广东省惠州市。

〔2〕CAD，Computer Aided Design 的缩写，即计算机辅助设计。

〔3〕CAM，Computer Aided Manufacturing 的缩写，即计算机辅助制造。

〔4〕张子强，香港一犯罪集团首脑，曾策划绑架香港富豪李嘉诚的长子李泽钜和香港富豪郭炳湘，获得数亿港元赎金，还策划绑架澳门富豪何鸿燊（未遂）。1998 年在广东依法被判处死刑。

〔5〕叶成坚，澳门一犯罪集团首脑，其黑社会团伙在粤澳两地杀人、持枪抢劫，非法买卖、私藏枪支弹药和爆炸物品。1999 年在广东依法被判处死刑。

努力建设海洋经济强省 *

（1999 年 12 月 24 日）

> 海洋经济是广东新的经济增长点，海洋产业是广东率先基本实现社会主义现代化的一个重要的、潜在的支柱产业。建设海洋经济强省必须走综合开发的路子，重点发展海洋渔业、滨海旅游业、海洋交通运输业、海洋工业等四大产业。重视可持续发展，坚持依法办事、依法管海、依法治海、依法开发。

一、提高认识、统一思想，高度重视海洋经济

省委、省政府将发展海洋经济作为一个重大的问题突出来抓，主要是从两个方面来考虑：

第一，从海洋的重要性来看，海洋为人类的生存和社会发展提供了并继续提供着极其丰富的资源，海洋可以说是人类社会向前发展的第二生存空间。很多陆地资源都是不可再生的，总有个

---

　　* 这是李长春同志在广东省海洋工作会议上讲话的一部分。

枯竭的问题。如主要能源石油，据有关资料介绍，大约还有 100 年的开采寿命，再往后的能源从哪里来？据专家预言，将来的能源要靠从海水中提取氢。随着人口不断增多，人均耕地越来越少，人类所需的食物也将大量来自海洋。在一些缺淡水的国家和地区，如中东已经开始搞海水淡化。开发海洋将成为 21 世纪人类社会发展和资源可持续开发利用的重要内容，海洋经济将成为世界经济的一大支柱。有效开发和合理利用海洋资源，切实保护海洋环境，是实现可持续发展战略的重要措施。我们必须看到这一发展趋势。

1999 年 12 月 23 日至 24 日，广东省海洋工作会议在珠海召开。图为李长春在会议上讲话。

第二，从我省增创发展新优势的角度来讲，拥有辽阔的海洋是我省的一大优势。我省有 3368 公里的海岸线，759 个 500 平方米以上的岛屿，而且处在南亚热带，气候条件比较好，海洋是我省发展重要的后备资源，海洋经济是我省新的经济增长点，海洋产业是我省率先基本实现社会主义现代化一个重要的、潜在的支柱产业。事实上，经过 20 年的改革开放，我省一些沿海城市在海洋开发上已经取得了重要进展，已经推动了当地人民群众脱贫致富。如湛江市一些地方通过大力发展水产养殖业使当地农民很快富起来；汕尾市人工养殖鲍鱼，规模很大，已成为全国最大的鲍鱼养殖基地。这些成绩仅仅体现在海洋养殖业方面，其他海洋产业还只是处于起步阶段。如果我们有计划、有组织地向海洋进军，搞好海洋综合开发，海洋经济必将成为我省增创发展新优势、率先基本实现社会主义现代化新的、重要的经济增长点。我们要进一步统一思想，上下共同努力，力争通过若干年的奋斗，把我省建设成为海洋经济强省。

二、建设海洋经济强省，必须走综合开发的路子

要从过去传统的海洋渔业转到综合开发的轨道上来，重点发展海洋渔业、滨海旅游业、海洋交通运输业、海洋工业四大产业。海洋综合开发一定要走产业化发展的路子，不能靠搞群众运动，停留在个体户"热热闹闹"的水平。要坚持统分结合，该是政府行为的，政府就要出面组织，加强协调，加强管理；该是企业行为的，政府就不能代替，要靠企业，尤其是要扶植一批骨干企业、龙头企业作为中坚力量，辐射带动渔户。海洋综合开发

1999 年 8 月 26 日，李长春考察深圳大梅沙。左一为深圳市委副书记李容根，右三为广东省委副书记高祀仁。

还要坚持科技兴海。改革开放 20 年的实践证明，科技对海洋水产养殖起了很大的推动作用。我原籍在旅顺口附近的农村，距海边十来公里。渤海湾产对虾，改革开放前，产量不多，且都出口换外汇去了，老百姓很难吃到对虾。对鲍鱼，则更是光听说，连样子都没见过。现在，科技在养殖上广泛应用，如鲍鱼苗、扇贝苗等的培育成功，实现了鲍鱼、扇贝、对虾的大面积养殖、大面积丰收。可见，科技对海洋综合开发起着至关重要的作用。

三、建设海洋经济强省，必须高度
重视海洋开发的可持续发展

尽管我们吹响了向海洋综合开发进军的号角，但决不是号召大家"全面开花""一哄而起""一拥而上"，而是要讲科学，要高度重视可持续发展，要坚持依法办事、依法治海、依法管海、依法开发。过去由于认识上的局限性，一些地方在海洋开发上不讲科学，付出了沉重的代价。比如，过去为解决粮食问题而过度围海造田，对海洋环境破坏很大；再如工业污染、城市生活排泄物污染等对海洋影响也很大。现在我们的科技水平、干部的素质都提高了，我们要在科学的指导下开发海洋，包括对捕捞量的控制，不能走竭泽而渔的路子，还有对珍稀品种的保护等。在开发的同时要加强管理，尤其要加强对海域使用的管理，要加强执法监察、环境保护和对海洋开发的规划。要像搞基本农田保护那样，确定一批天然渔场进行保护，同时坚持和完善休渔制度。沿海城市要加强环境治理，把城市污水处理厂、垃圾处理厂都建设起来，并加强监测。对不适宜围垦的地方，应下死命令停止围垦。要像保护野生动物一样，确定我省海产品的珍稀品种，控制食用，不能随便捕捞。对已经完善的法律法规，要坚决认真执行；对不完善的，要随着实践的发展逐步完善。

四、建设海洋经济强省，必须加强宏观管理

建设海洋经济强省必须重视发挥两个积极性，即基层的积极性和省里的积极性。这也是我们改革开放以来的重要经验。要进

2000 年 12 月 30 日，李长春考察茂名市水东经济开发试验区。左一为茂名市委书记王兆林，右二为茂名市市长邓维龙。

一步加强省一级的宏观管理，并在有法可依、有规则可行的情况下，充分发挥基层的积极性。海洋的管理涉及多个方面、多个部门，要明确职能，把海洋与渔业部门同有关部门的关系界定清楚，加以理顺。各地各部门在海洋开发建设中要加强日常的组织协调，加强领导，避免扯皮。要高度重视海洋综合开发的规划，实行省市上下结合、综合部门与专业部门综专结合，制定一个能够指导全省海洋综合开发的规划。各市都要结合实际制定相应的规划，各专业部门，如旅游、港务、农业等部门要制定专项规划，并要报省政府审批，从而增强规划的科学性、严肃性和约束力。

通过坚持不懈的努力，争取短期内首先把滨海旅游和海洋渔业提高一个层次。要建设好一批在全国知名的滨海旅游胜地。目前，我省有南澳岛、海陵岛、上下川岛等旅游胜地，但在全国的知名度还不够，要培育一批知名景点，进一步推动全省旅游业发展。要进一步研讨建设粤港澳旅游"金三角"的问题，以此推动滨海旅游，进一步吸引境内外游客，进而推动旅游购物，活跃商贸业；要建设好一批高水平的海产品养殖基地，培育一批高水平的天然渔场，建设好包括万山海洋综合开发试验区在内的两三个高层次、高水平、高效益的综合开发试点或示范基地。此外，湛江海洋大学要培养适用人才，对沿海地区的基层干部，可组织他们去海洋大学接受短期培训，了解国际国内海洋开发的趋势，进一步提高海洋知识水平。

推动五个重大转变，
迎接新世纪新挑战[*]

（2000 年 10 月 26 日）

> "十五"时期是广东为率先基本实现社会主义现代化奠定重要基础的关键时期，要积极推动经济增长实现从快到好、对外开放实现从引进为主到进出结合、体制改革实现从"破"到"立"、经济发展和社会全面进步实现从重"硬"到"软""硬"并重、发展经济实现从重物到重人五个根本性转变。实施信息技术及其产业发展战略，工业化和信息化并举，以信息化带动工业化，使信息化和工业化互相融合和促进，实现生产力跨越式发展。

这次省委全会是学习贯彻党的十五届五中全会精神的重要会议。会议明确了我省"十五"时期的发展目标，统一思想，鼓舞斗志，增强信心，达到了预期目的。我们要以此为契机，进一步动员全省党员和广大干部群众，搞好"十五"计划的编制和实施工作，为率先基本实现社会主义现代化奠定坚实的基础。

---

[*] 这是李长春同志在中共广东省委八届六次全会上的讲话。

一、以党的十五届五中全会精神统一思想，迎接新世纪的新挑战

党的十五届五中全会是在我国已经胜利完成第二步战略目标，即将跨入新世纪，开始实施第三步战略部署，全面建设小康社会并向社会主义现代化目标迈进的重要时刻召开的。全会通过的《中共中央关于制定国民经济和社会发展第十个五年计划的建议》（以下简称《建议》），站在历史的新高度，提出了进入新世纪的五到十年我国经济社会发展的奋斗目标、指导方针和重要任务，确定了"以发展为主题，以结构调整为主线，以改革开放和科技进步为动力，以提高人民生活水平为根本出发点，全面推进经济发展和社会进步"的重要方针，完全符合我国国情。《建议》展示了我国新时期改革开放和社会主义现代化建设的宏伟蓝图，反映了全党全国人民的意志，是指导我们继续推进建设有中国特色社会主义的纲领性文件，也是我省率先基本实现社会主义现代化的行动指南。

"十五"时期是我省为率先基本实现社会主义现代化奠定重要基础的关键时期。我省已胜利地实现了"九五"计划，总体上实现了小康，进入全面建设小康社会和力争率先基本实现社会主义现代化目标的新阶段。由于国内市场供求关系、体制环境和对外经济联系的重大变化，我省同全国一样，将进入经济结构调整期、经济体制完善期和适应加入世界贸易组织过渡期，结构调整成为这一时期的主要特征。国际经济社会发展的新形势，使我省在进一步加快工业化进程中，同时面临着推进信息化、城市化和提高开放水平等多项艰巨任务，新机遇与新挑战并存。我们必须

以党的五中全会精神统一思想，振奋精神，开阔视野，继续艰苦奋斗，扎扎实实地搞好"十五"时期的各项工作，争取实现社会生产力的更大发展，继续走在全国的前列，为率先基本实现社会主义现代化打下坚实的基础。

在即将进入新世纪的时刻，我们高兴地看到，我省已具备了加快发展的较为雄厚的物质技术基础。经过22年的改革开放，特别是"九五"的发展，我省改革开放和社会主义现代化建设实现了历史性跨越。经济市场化程度大大提高，初步建立了社会主义市场经济体制，为经济加速发展奠定了良好的体制基础；所有制结构发生了重大变化，以公有制为主体、多种所有制经济共同发展的格局基本形成，为我省经济注入了活力；对外经济快速发展，对外联系日趋紧密，一个全方位对外开放的格局初步形成，为我们进一步提高开放水平和实施"走出去"战略奠定了基础；科教兴粤战略的实施和高新技术产业的迅猛发展，为加快产业结构调整和经济发展提供了新的动力。

我们还高兴地看到，近几年来，在党中央强有力的帮助支持下，广东经受住了亚洲金融风暴的冲击，缓解了高速发展中积累的金融风险问题，以及房地产热、开发区热和低水平重复建设等造成的重大困难；大规模法人走私等市场秩序混乱的问题有了明显的好转。我国即将加入世界贸易组织，国家实施西部大开发战略，又为我省提供了难得的历史发展机遇。更重要的是，我们有邓小平理论和"三个代表"重要思想的指导，有党中央、国务院的正确领导和全国人民的大力支持，特别是全省各级领导班子经过"三讲"教育，精神面貌焕然一新，这是我们事业取得成功的重要政治保证。只要我们坚持党的基本路线不动摇，坚持解放思想，实事求是，抓住机遇，励精图治，"十五"时期广东的经济社会就一定能有一个更快、更好的发展。

当然，我们也面临着一系列严峻的挑战。经济全球化具有两重性，对我们既是机遇也是挑战。加入世界贸易组织后，世界经济的发展及波动对我省经济的影响将更加直接。在省内，城市化水平低、地区发展不平衡的矛盾越来越突出；经济结构调整、国有经济重组和国有企业改革、防范化解金融资产风险、投融资体制改革、社会保障体系的建立和完善等深层次体制创新的任务还很艰巨；人口、资源、环境与经济发展的矛盾比较尖锐，可持续发展的压力越来越大；精神文明建设、民主法制建设和党的建设面临着很多新的问题。这些都是我们必须面对的严峻挑战。我们必须树立强烈的忧患意识，化压力为动力，强化在困难中抢抓机遇的意识，扎扎实实地做好各项工作，努力开创"十五"时期工作的新局面。我们有理由对新世纪广东改革开放和社会主义现代化建设事业的光明前景充满信心。

二、认真贯彻落实省委全会精神，全力抓好"十五"计划的制定和实施

这次省委全会通过的《中共广东省委关于制定全省国民经济和社会发展第十个五年计划的建议》，是根据党的十五届五中全会通过的《建议》，结合我省的实际情况制定的，是贯彻落实党的十五届五中全会精神的具体体现。它明确了我省"十五"时期国民经济和社会发展的指导思想，从经济发展、改革开放、科技教育、精神文明与民主法制建设、人民生活等方面，提出了新的

奋斗目标和任务，体现了中央全会确定的重要方针。这是我省在新世纪初期把改革开放和社会主义现代化建设事业推向前进的重要指导性文件。各地区、各部门要很好地贯彻省委全会的精神，把"十五"计划制定好。在这里，我着重提出以下几点要求。

第一，各地区各部门要结合自己的实际，切实做好"十五"计划的制定、修订工作，并做好实施的准备工作。"十五"计划是进入新世纪的第一个五年计划，关系到迈向新世纪开好头起好步的大问题，各级党委、政府必须高度重视。要把制定和实施"十五"计划作为贯彻落实"三个代表"重要思想的体现，作为进一步深入学习贯彻党的十五届五中全会精神、全面落实中央确定的重要方针的过程，作为实现省第八次党代会确定的跨世纪宏伟目标的重要步骤，作为巩固、发展"三讲"教育成果的实际行动，把全省人民的智慧和力量凝聚到实现新的奋斗目标和任务上来。

"十五"计划的制定工作涉及部门多，是一项复杂的系统工程，必须重视做好组织协调工作。要根据中央五中全会精神和省委的《建议》要求，搞好全省"十五"计划纲要的制定和修订工作。与此同时，要加强对各行业规划、各市规划和专项规划的指导和协调，加强规划工作的上下沟通、条块结合和相互协调。对珠江三角洲在2010年率先基本实现社会主义现代化，要根据这次中央《建议》和省委《建议》，在原来已形成的珠江三角洲率先基本实现社会主义现代化的专题规划的基础上，进一步完善，把珠江三角洲未来发展的蓝图更清晰地展现在世人面前，在全省起示范、激励作用。

在制定"十五"计划过程中，要深入发动群众，广泛动员社会各界参与。要发动基层单位结合贯彻中央和省委全会精神，制订基层的"十五"计划。省市的计划，要广泛听取实际工作者、科技工作者的意见，听取人大代表、政协委员的意见和建议，听取各民主党派、工商联、无党派人士以及老同志的意见。要深入到欠发达地区和弱势群体中，倾听意见和呼声，做到群策群力、集思广益。

要注意使我省的"十五"计划和国家的"十五"计划很好地衔接起来，特别是涉及重大基础设施、重要工农业生产项目，以及涉及全局的举措，要尽早和国家有关部门沟通。要抓早，做好"十五"计划实施的准备工作，特别是一些周期长的项目，要早立项、早落实资金，争取早开工建设。

2000年6月19日至21日，广东省"十五"计划调研座谈会在韶关召开。图为李长春和与会代表考察京珠国道主干线粤境高速公路韶关甘塘至广州太和段全线建设情况。左三为韶关市委书记汤维英，左四为广东省副省长钟启权。

第二，坚持发展要有新观念、新思路。"十五"计划的主题是发展。发展要有新观念。要坚持全面的科学的发展观，一是必须坚持以经济建设为中心，集中精力发展社会生产力，在发展中不断解决前进中的问题，通过解决前进中的问题为新的发展创造条件。任何时候都要坚持加快发展不动摇。二是发展要坚持速度与效益、数量与质量、规模与结构的统一。要在切实转变经济增长方式，提高经济增长质量的前提下，保持实实在在、没有水分的较快发展速度。三是要坚持可持续发展。要处理好当前和长远利益的关系，坚持经济发展与人口、资源、环境相协调，使发展经济和保护环境协调统一。四是要充分发挥各地区的优势和潜力，促进不同类型地区经济社会的协调发展，实现共同富裕。五是始终坚持"两手抓，两手都要硬"的方针，大力推进社会主义精神文明建设和民主法制建设，使物质文明与精神文明协调发展。

发展要有新思路。要努力促使我省经济在五个方面实现具有全局意义的重大转变：一是经济增长要实现从快到好的转变，在好上做文章，在好中求快，把既快又好紧密结合起来。好就要体现在实现经济增长方式的转变和结构的优化，努力增加经济的科技含量，发展壮大规模经济，不断提高经济素质和效益。二是对外开放要实现从引进为主到进出结合的转变，加快实施"走出去"战略，在"出"的方面要有所突破。改革开放以来，我省引进技术、引进资金成效显著。引进的目的是要提高我们的竞争能力，要走出去积极参与国际竞争。加入世界贸易组织不是仅向国际提供市场，而是要通过增强竞争能力，更好地打出去，抢占国际市场。为此，必须发展壮大一批有自主知识产权、有国际知名品牌、有经济实力和科技开发能力的企业，形成我省自己的跨国公司，支持他们做大做强，作为"走出去"的载体。这是我省"十五"面临的非常现实的任务。三是体制改革要实现从"破"到"立"的转变，通过体制创新，加快建立完善的社会主义市场经济体制的步伐。改革开放以来，我们解放思想，实事求是，在冲破传统的经济体制上进行了大胆探索，创造了很多经验。现在全国已经进入体制创新、制度创新的新阶段，我们要继续解放思想，实事求是，在建立规范的社会主义市场经济新体制上继续走在前面。四是推进经济发展和社会全面进步要实现从重"硬"到"软""硬"并重的转变，使"软"的变硬、"硬"的更硬。通常我们把有形的称为硬件，无形的称为软件。我省在多年快速发展过程中，基础设施有了很大发展，经济建设也成效显著。现在我们要在使这些硬件更硬的同时，高度重视软环境建设。要优化人文环境、经营环境、社会环境、自然环境等，当前特别是要依法重点抓好社会秩序和经济秩序、提高办事效率等软环境建设，向一切有损广东形象的现象作斗争，不断增强软环境的吸引力和竞争力。五是发展经济要实现从重物到重人的转变，体现以人为本，重视人才。抓资金、上项目都是必要的，今后我们要继续很好地抓资金、上项目。面对知识经济的兴起，要特别重视大力开发人力资源，创造条件发挥人才作为第一资源的重要作用。要能够吸引人、留住人，增强广东吸引人才的魅力。社会主义生产的目的是为了最大限度满足人民群众的物质和文化生活需要，在加快发展中，要处理好经济发展和人口、资源、环境的关系，坚持可持续发展。把改善人民的生活和工作环境作为第一位的需要。总之，要通过实现上述五个方面的转变，促进经济建设良性循环，并在更高的层次上加速发展。

第三，必须大力推进国民经济和社会信息化。这是事关我省率先基本实现社会主义现代化全局的重大战略举措，也是经济结构调整的关键措施。当前，一场以信息技术为先导的技术革命和产业革命正在全球蓬勃兴起，正在深入经济和社会生活的方方面面。它推动了世界范围的产业革命，并将转化为全球经济中最宏大、最具活力的产业。信息技术正朝数字化、高速化、网络化、集成化、智能化方向迅速发展，正进一步深入到家庭、企业、政府、社会等各个层面，扩展到经济、文化、政治、军事等人类活动的所有领域，将给新世纪的人类文明带来全新面貌。信息技术革命为我们带来了前所未有的发展机遇，也向我们提出了严峻的挑战。迅猛发展的信息技术革命就是当今世界科技和生产力的发展方向。因此，我省各级领导干部要敏锐地把握发展机遇和方向，实施信息技术及其产业发展战略。要实行工业化与信息化并举，以信息化带动工业化，使信息化和工业化相互融合和促进，实现生产力的跨越式发展。要制定和实施我省的信息化发展战略。采取技贸结合、资本经营、技术创新等方法，把一批有潜力的电子信息技术产品制造企业做大做强，使之成为国家举足轻重的骨干企业，并在国际上占有一席之地。加强信息基础设施尤其是高速信息网的建设。积极推动信息技术在国民经济各行业各领域的广泛应用。在一些领域实施信息化示范工程。总结南海、华为等一些好的地区和企业的经验，推进全省信息化步伐。通过"十五"时期的努力，使我省国民经济和社会信息化跟上世界信息化发展的潮流，走在全国的前列。

关于抢抓历史机遇，实施信息技术及产业发展战略的建议提纲

（2000 年 10 月）

信息技术本质上是全球性的技术，处于不同发展阶段的世界各国无一例外地将卷入到信息化潮流中。这就意味着当今我国正在创造一种工业化与信息化并举的新模式，而信息化的迅速发展和以信息化促进工业化对于我国经济社会发展来说显然是一个实现跨越式发展的极好机遇。我们要敏锐地把握这一重要方向，花大气力实现信息技术发展战略，加快以信息技术为重点的高新技术产业的发展，全力推动国民经济和全社会的信息化步伐。

当前，一场以信息技术为先导的技术革命和产业革命正在全球蓬勃兴起，这就是信息技术革命（IT 革命）。它已经并正在深入经济和社会生活的方方面面，推动了世界范围的产业革命。信息技术将转化为全球经济中最宏大、最具活力的产业。在其策源地美国，信息技术产业成为经济发展的龙头，推动经济持续增长，使其出现了连续 127 个月的高增长、低通胀、低失业率，使

美国经济实现了由工业经济向知识经济的转变。1999年，因特网为美国经济增加了5070亿美元的产值，上网人口达到9000万，占其人口的三分之一。电子商务成交额达到186亿美元，比两年前增长六倍多。技术股成为带动股市的主导因素。现在，全球范围内信息技术正朝数字化、高速化、网络化、集成化、智能化方向迅速发展，并将进一步深入家庭、企业、政府、社会等各个层面，扩展到经济、政治、文化、军事等人类活动的所有领域，给新世纪的人类文明进程带来全新面貌。

信息技术革命为我们带来了前所未有的发展机遇。第一，信息技术革命的兴起，意味着发达国家正在从工业社会进入信息社会，从而导致发达国家所拥有的巨大的工业生产力在世界范围内重新配置，这正是经济全球化的一个重要内容。在重新配置中给我们提供了发展的机遇。第二，信息化必须以全世界作舞台。信息技术本质上是全球性的技术。处于不同发展阶段的世界各国无一例外地将卷入到信息化潮流中。处在工业化途中的我国和我省也在经受信息技术革命的冲击。这就意味着当今我国和我省正在创造一种工业化与信息化并举的新模式，而信息化的迅速发展和以信息化促进工业化对于我国和我省经济社会发展来说显然是一个实现跨越式发展的极好机遇。第三，信息技术革命的竞争和经济全球化的推进，将导致国际经济竞争日益激化。无论是在工业化领域还是在信息化领域，以发达国家为首，世界各国对商品和服务市场的争夺都达到了白热化地步。我国巨大的市场对竞争者具有更强的吸引力。这将促使美、欧、日等各具特长的先进技术和管理加快传播到中国，植根于中国大地。第四，信息技术，特别是互联网的推广应用，极大地加快了科技知识和信息的传播，这也为我们学习发达国家先进科学技术带来了机遇。

信息技术革命也向我们提出严峻的挑战。第一，在今后相当长时间，美、欧、日将继续保持其作为世界最先进"技术源"的地位，占领世界科技发展的制高点。同时，从当今的国际环境来看，由于西方国家坚持冷战思维，会影响我国从世界最先进的技术产生地获取技术成果和技术营养的渠道，从而延误我国追赶信息技术革命的进程。第二，从信息技术革命的有代表性的产品和服务领域——个人电脑、因特网、电子商务、软件来看，可以说中国追赶得相当快，同发达国家的差距正在逐步缩小。但是应该看到这只是具体应用方面，信息技术革命的核心技术、基础技术方面我们同发达国家之间的差距还很大，而且还有继续扩大的趋势。信息技术的装备制造企业规模还很小，竞争力还不强。第三，信息技术领域人才的竞争更为激烈，尽管我们有一些国外留学人员回国兴办网络、软件公司，生产信息技术装备企业的技术开发能力也在增强，但是总体上我们还缺乏人才，人才外流现象还比较严重，现有的人才也还有一个怎么样投身到市场经济主战场的问题，有一个科技成果怎么样尽快转化为生产力的问题。从我省实际情况看，这几年我们在信息技术方面发展是快的，出现了一批在全国有较强竞争能力的信息技术产品的制造企业，信息基础网络的建设走在全国前面，全社会的信息化发展有了一定的基础，特别是用信息技术改造传统产业成效较显著，增强了产品的竞争力。但是和适应世界信息化潮流、经济全球化趋势的要求相比，和国内发达地区相比，我们要有强烈的危机感。我省虽然信息技术产品产量较大，但主要是给人家加工组装占的比重大，自己的品牌、自己拥有核心技术的产品占的比重小；计算机及信息应用软件业规模小，技术层次不高；全社会的信息化发展虽然比较快，但主要是进口设备，自己企业研发的产品比较少，信息应用水平及社会普及率较低；和北京、上海等发达地区比较，我们在人才上还处于劣势，在研究开发能力上还有差距。《中共中央关于制定国民经济和社会发展第十个五年计划的建议》中指出："大力推进国民经济和社会信息化，是覆盖现代化建设全局的战略举措。以信息化带动工业化，发挥后发优势，实现社会生产力的跨越式发展。"江泽民同志说："当今世界，科技进步对生产力发展带来了巨大推动力量，这就要求全党同志必须加强学习，能够敏锐地把握世界科技和生产力的发展方向。"迅猛发展的信息技术革命就是当今世界科技和生产力的发展方向。因此我省各级领导干部必须敏锐地把握这一重要方向，花大气力实现信息技术发展战略，加快以信息技术为重点的高新技术产业的发展，全力推动我省国民经济和全社会的信息化步伐，使之成为我省"十五"期间经济结构调整的鲜明特色。

我省信息技术及其产业发展的主要任务，就是要遵循有所为有所不为的方针，根据我省现有的优势和全国信息技术发展的格局来考虑我省信息技术及其产业的发展重点和布局。

1. 要培植若干个掌握核心技术、具有国产品牌的、在国内有明显优势、在国际市场有一席之地的信息技术产品制造企业和软件企业，形成我们的竞争优势。要在掌握核心技术上有所突破。在微电子技术方面，要优先发展集成电路设计业；要充分发挥珠江三角洲集成电路需求大市场的吸引力，寻找外商引进先进集成电路生产线；重视生物芯片、新型电子材料及元器件的研究与开发；重视纳米技术的研究、开发与应用。在信息传输技术方面，要抓紧开发第三代移动通讯系统；抓紧实施传送声音、图像、数据为一体的多媒体综合传输网，开发数字化视听产品。在信息安全技术方面，要研究建立网络信息安全体系，开发基础信息安全技术与产品，如防火墙、数字加密设备、安全监测产品等。在软件技术方面，开发市场急需的自主操作系统基础软件；以应用和服务为龙头，开发拥有巨大市场应用前景的 CAD（计算机辅助设计）、CIMS（计算机集成制造系统）等共性软件产品。要有合理的布局，以广州、深圳、东莞、珠海为重点，通过若干年的努力，把珠江三角洲建设成为我国重要的信息技术产品的制造基地。要对现有的从事信息技术产品的制造企业进行调查摸底，扶优汰劣，避免低水平的重复建设。把已经初步形成规模的信息技术产品的制造企业，如华为、中兴通讯等企业，通过技贸结合、资本经营、科技创新等途径，迅速做大做强，使之成为我省乃至我国信息技术骨干企业，在某些领域占据全国行业制高点，有条件的企业要向跨国集团公司发展，在我省实施"走出去"的发展战略中起带头作用，不断提高国际竞争力，在国际市场上占有一席之地。办好广州、深圳、珠海软件园。要在突出上述重点的同时，使我省信息产业结构优化、合理，形成较强的信息产品制造业（含软件产品）、信息生产加工业（信息资源的生产）、信息服务业、信息流通业。

2.用信息技术改造传统制造业。用信息技术改造制造业是传统制造业技术改造的关键。制造业信息化涉及到制造企业的产品市场定位，产品设计、制造、供销、维修服务，企业管理等各个方面，将对制造业的生产组织模式和管理模式产生重大影响。当前的重点是：广泛应用 CAD 和 CIMS 技术，实现制造业现代设计、网络化快速响应及制造、先进生产模式及管理等关键技术和产品的突破。

3. 大力发展网络经济，推动服务业信息化，建立现代服务业。发展中小型企业信息化服务工程：以开发面向中小企业的大型数据库为支撑，以为中小型企业提供全方位信息服务、应用软件服务、电子贸易服务和企业信息化平台为主要开发内容，通过因特网的虚拟服务方式，为广大中小型企业提供全方位信息化服务，提高中小企业竞争能力。在中小企业服务信息化方面，南海市创造了比较好的经验，可总结推广。发展农业信息化工程：建立覆盖全省的农业技术和市场信息传播推广网络以及农作物种

2000 年 11 月 20 日至 21 日，广东省国民经济和社会信息化工作会议在南海市召开。图为会议期间，李长春率领与会人员考察南海西樵轻纺城布料工艺制版公司。左一为广东省委常委、副省长卢钟鹤，左二为广东省政协主席郭荣昌，左四为广东省委副书记、广州市委书记黄华华，左五为广东省副省长钟启权。

植、病虫害预报与防治等信息服务体系，促进农业市场化、产业化的进程。发展金融服务信息化：建立网上权威的认证中心、便捷的支付系统和可靠的信用保证体系，提高社会对网络经济的信任，改变目前以现金为主要支付手段的传统交易方式，促进新的信用制度的建立。推动电子商务工程：攻克相关的关键技术，建立技术服务体系和创新经营机制；支持对外贸易的电子商务，实现国际接轨，扩大出口；研究相关的法律法规，完善法制环境。上述几点都可从示范工程入手，总结经验，逐步推广。

4.社会事业网络化，建设网络文明。建立数字图书馆示范工程，促进全省图书资料资源的社会共享。发展网络教育，开发网络教育资源，提高全省的教育水平。发展全社会的网络资讯业，开展网络医疗诊断。

5.公共服务信息化。推进行政的信息化，如政府、工商管理、税务管理等，并和政务公开紧密结合。推进社会保障、劳动就业、交通导航和社区服务等公共领域的信息化。

6.加快信息化基础设施建设。建设国内先进的高速信息通信网络。要从接入网到主干网实现宽带化，首先覆盖全省各个城市，进而覆盖广大城乡。

要积极采取各种措施，大力推进体制创新和技术创新，实现我省信息产业更快的发展。

1.关于支持信息技术产品制造企业发展的政策。信息技术发展十分迅速，产品生命周期越来越短，必须加大投入，加强研究和开发工作。要建立以企业为主体，以高等院校、科研单位为社会依托的技术创新体系。要增加科技投入，信息技术产品制造企业研究开发经费应该提取销售额的10%以上，提高折旧率加速设备折旧，创造条件支持这些企业面向国际国内资本市场直接融资。充分利用我国加入世界贸易组织的过渡期，省内信息市场的设备进口要坚持技贸结合，支持骨干企业用市场引进技术。省内信息市场要留有一定的空间支持省内信息技术骨干企业的发展。认真落实国务院关于支持软件和集成电路制造业发展的政策。总之，要创造一切条件让他们做大做强。

2.培养人才，吸引人才。在信息社会中，人才的价值远远超出工业社会，因此我省推进信息化的关键是把人才作为第一资源。要面向市场需求调整高等学校专业设置，适当扩大信息技术人才培养规模。重视提高信息技术专业的英语教学水平。确定几所大学作为我省信息技术人才的重点培养基地，形成大学本科、硕士研究生、博士研究生系列的培养基地。在有条件的信息技术产品制造企业设博士后流动站。要使我省拥有吸引人才的魅力，这要作为改善投资软环境的最重要的一环。在某种意义上来说，吸引人才、留住人才，比自己培养人才更重要。因此各地要制定政策，采取对策，在创业环境、收入分配、办理入户、法制环境、治安环境、生活环境等各个方面都要增强对人才的吸引力和凝聚力，使我省成为对高层次人才最具吸引力的省份之一。要千方百计吸引国外跨国公司、国内的重点大学和科研机构到我省来兴办研究开发机构，弥补我省人才和研究开发力量不足的问题。深圳市吸引全国重点大学创办研究开发院、研究生院，是个好办法。要借鉴国内外先进经验，办好科技风险投资公司、信用担保公司，支持科技人员兴办民营科技企业。办好广州、深圳留学生创业园，吸引海外学子创业。

3.打破垄断、鼓励竞争，调动全社会投入的积极性。要努力探索电信基础设施在政府统一规划、统一管理的前提下，实行打破垄断，公平竞争，谁投入、谁受益的原则。鼓励民间资本依法进入信息基础设施市场，特别是用户接入网。促进电信、电视、计算机三网融合。

4.加强培训，在全社会普及信息技术应用的基本知识。信息技术的基础知识要进中小学课堂，要对中小学教师分期分批进行培训。要在机关、工厂、学校和各个基层单位普及信息技术基本知识。要把信息技术知识培训纳入到党校、行政学院等各种干部培训班的教学中。

5.改善信息服务，为全社会应用信息技术提供方便。各信息服务企业、信息生产企业要加强信息资源建设，大力建设各种数据库。鼓励家庭计算机上互联网。鼓励机关、学校、企业建立网站，扩大利用互联网。信息服务企业要不断提高服务水平，逐步降低上网费用，鼓励用户普及互联网应用。要形成竞争机制。

6.加强信息化的法制建设和综合管理，强化信息网络的安全保障体系。要进一步完善地方立法，加强执法。特别是针对电子商务、金融网络化的服务，要增强信用和安全。要加强网络的管理和安全防范，支持有自主知识产权的网络安全和信息安全产品的开发、生产和推广应用。加强对网上信息的检查监督、打击不法分子网上犯罪，保证网络的健康发展。

7.加强领导，制定规划。要在省政府的统一领导下，制定我省"十五"信息化规划。要防止一哄而起，搞重复建设。信息技术产品的制造要以珠江三角洲为重点，以优势企业为基础，逐步把珠江三角洲建设成为我国重要的信息产业基地。要在全省范围内推进国民经济和全社会信息化。基础设施建设，要在国家主管部门的指导下，由省政府组织协调，企业投资建设。凡能推向市场的，实行竞标。除少数公共领域和行政信息化外，不搞政府行为的财政性投资，要进行投资体制改革，投资主体企业法人化，做到政企分开（历史经验表明，政企不分是重复建设体制上的重要原因）。各个部门、各市可先从示范工程起步，如用信息技术改造传统制造业示范工程、中小型企业信息化服务示范工程、农业信息化示范工程、金融服务信息化示范工程、电子商务示范工程、数字图书馆示范工程、就业服务信息化示范工程等。在此基础上，各市充分利用全省统一建设的基础设施，推进本市的信息化。要通过若干年的努力，使珠江三角洲实现高水平的国民经济和全社会信息化。全省要处于全国领先地位。

实行政企分开后，政府的职责主要是制定规划、组织协调（各利益主体的关系）、研究政策（法规）、监督管理。在方法上主要是政企分开、创造环境、政策推动、典型引路。要按国家要求，省政府尽快组建条块结合的新的信息产业管理机构，解决体制上的障碍，加大管理力度。建议省政府组成专门班子进行调查研究，制定我省"十五"信息技术发展规划和实施信息技术发展战略的指导性文件，并在总结典型经验的基础上，召开全省信息技术工作会议。以上建议仅是工作思路，供参考。

突出发展主题和结构调整主线，
抓好经济工作 *

（2000 年 12 月 20 日）

> 做好经济工作，要突出发展这个主题和结构调整这条主线。加快国民经济和社会信息化，推进经济结构的战略性调整，以国民经济和社会信息化为先导，以产业结构优化升级、地区和城乡生产力布局调整以及企业组织结构优化重组为重点，力争取得新的突破。加大体制创新和科技创新的力度，建立以企业为主体的技术创新体系，推动国民经济持续快速健康发展。

今年是我省克服前进道路上的困难、开拓前进并取得了显著成效的一年。以高新技术迅猛发展为标志的经济结构调整步伐加快；国有企业三年改革和脱困目标基本实现，建立和完善社会保障体系等配套改革取得较大突破，经济运行质量和效益明显提高；通货紧缩趋势已基本扭转，三大需求全面拉动，经济发展速度加快，预计全年国内生产总值增长 10.5%；金融支付风险这一

---

* 这是李长春同志在中共广东省委工作会议上讲话的一部分。

困扰我省发展的热点问题得到基本缓解；实行重典治乱，社会治安综合治理加大了力度，基层问题突出的地方开始改变面貌；党的建设特别是基层组织建设有所加强。这些变化表明，我省已经摆脱了亚洲金融危机引发的诸多困难和不利影响，国民经济发展出现了全面推进的重要转机，初步呈现出步入良性循环的态势，广大干部群众正以良好的精神风貌迎接新世纪。

明年是进入新世纪、实施"十五"计划的第一年，是我省为率先基本实现社会主义现代化打下坚实基础、乘势前进的重要一年。做好明年的工作，首先必须正确分析形势，正确把握我们面临的挑战和机遇，清醒地看到我们的工作还有很多不足，还面临着许多新情况、新问题，多年积累下来的一些深层次矛盾也逐步凸显出来。这些制约因素主要是：经济结构性矛盾仍然突出，经济回升的基础还不牢固，地区之间的发展差距仍较大；国企改革的任务仍很艰巨，建立现代企业制度的工作有待深化，配套改革还没有完全到位；农民收入增势减缓，农业基础较脆弱的状况未根本改变，农村一些问题仍较突出；生态环境保护滞后，计划生育工作发展不平衡，可持续发展的压力加大；发展的软环境建设存在的问题还不少，一些地方市场秩序、社会秩序比较混乱，已产生严重的负面影响，给我省的市场信誉、企业信用以至长远发展造成了很大危害。对此，我们必须克服盲目乐观情绪，继续加倍努力。同时，更要看到做好明年工作的机遇和有利条件。第一，从我们面临的国际经济环境看，世界经济和贸易仍会保持较快的增长态势，国际市场需求看好，这对我们这个出口大省是重要的外部条件；我国即将加入世界贸易组织，对外开放将进入新阶段，我省的对外开放优势将得到进一步发挥，实施外向带动战略面临着新的机遇。第二,明年国家继续实施积极的财政政策和稳健的货币政策,进一步扩大内需,加上我国"十五"计划的实施和西部大开发的展开,全国投资需求和消费需求将保持较大增长,国内市场潜力巨大。第三,经过20多年改革与发展,特别是"九五"计划的胜利完成,我省已经积累了较雄厚的物质技术基础,创造了有利于市场经济发展的体制条件,经济运行正朝着良性循环的方向发展。

面对充满机遇和挑战的新形势,我们要有发展的新观念、新思路,必须增强机遇意识、忧患意识、竞争意识,发扬拼搏精神、创新精神、实干精神,努力促使经济社会发展实现五个转变,确保新世纪的第一年有新气象。

明年全省工作的总体要求是:坚持以邓小平理论和党的十五大精神为指导,按照"三个代表"重要思想的要求,以率先基本实现社会主义现代化为总目标、总任务统揽全局,以发展为主题,以经济结构调整为主线,以科技创新和体制创新为动力,以提高人民生活水平为根本出发点和归宿,继续实施三大战略,增创四大优势。以信息化带动工业化,推动经济结构的战略性调整。强化农业基础地位,把增加农民收入放在首位。继续深化各项改革,巩固和扩大国有企业改革和脱困成果。积极做好加入世界贸易组织的准备工作,提高对外开放和经济国际化水平。加强和改进党的领导,坚持"两手抓,两手都要硬"的方针,加强精神文明建设和民主法制建设,正确处理改革、发展、稳定的关系,促进国民经济持续快速健康发展和社会全面进步,为实现"十五"计划开好头,起好步。

第一,以农民增收为重点,切实加强农业和农村工作。农民收入增长缓慢是当前农业和农村面临的突出问题，必须千方百计解决好这个问题。

大力推进农业和农村经济结构的战略性调整，是当前农业和农村经济工作的中心任务，也是增加农民收入的根本途径。要紧紧依靠科技进步，利用我省地处南亚热带气候的条件，大力发展反季节农产品，要加快雷州半岛南亚热带农业示范区的建设步伐；利用我省山地多、海域广阔的条件，大力发展海洋产业和畜牧业；利用我省对外开放的有利条件，大力引进国外名优品种，优化农产品品种结构，大力发展创汇农业。明年粮食种植面积稳定在4500万亩，继续调减三级早籼稻，提高单产，稳定总产。

大力推进农业产业化经营是引导农民进入市场的有效途径和农业结构调整的重要带动力量。要大力扶持发展龙头企业，并以其为载体，大力发展农产品加工业、流通业，建设好农产品加工基地，提高农产品的加工、储运、保鲜技术水平。把推动农业产业化经营和建设农产品中高级批发市场，加快农村小城镇建设，发展乡镇企业紧密结合起来，促进农村二、三产业发展。

积极推进农村税费改革是减轻农民负担的治本之策。要下大决心在全省普遍推行这项改革。各地党政主要领导要亲自抓，及时妥善处理改革进程中出现的新情况、新问题。在税费改革过程中要保证教育经费的支出。对于欠发达地区，由于改革导致教育经费减收较大而确实消化不了的，省里适当给予帮助。税费改革的根本目的是减轻农民负担，压缩乡、村的行政开支。要采取坚决措施治理面向农民的各种乱收费、乱集资、乱摊派，堵住各种加重农民负担的口子；同时，下决心精简乡镇财政供养人员，努力解决政策性减负带来乡村财政的资金缺口。要继续增加农业的投入，进一步改善农业的生产条件。

要加快欠发达地区基础设施建设。随着财政收入的增长，继续加大对欠发达地区财政转移支付的力度，继续加大对 16 个贫困县对口帮扶的力度，把对口扶贫的内容扩大到卫生、教育等领域；继续落实贫困地区的扶贫开发各项措施，加快脱贫奔康的步伐。

第二，加快国民经济和社会信息化，推进经济结构的战略性调整。明年全省经济结构的战略性调整要以提高经济效益为中心，以国民经济和社会信息化为先导，以产业结构优化升级、地区和城乡生产力布局调整以及企业组织结构优化重组为重点，力争取得新的突破。

要突出抓好发展高新技术产业。大力发展以信息技术为先导的高新技术产业，重点发展核心电子信息技术和产品，把电子信息产业做强做大；大力支持发展生物工程与新医药、新材料、光机电一体化以及环保等新兴产业，着力培育新的经济增长点。传统产业是我省经济实力的基本依托，量大面广，发展空间仍很大，要高度重视应用高新技术和先进适用技术改造传统产业，提升技术结构和产品结构，形成一批有较高技术含量的优势产品，拓展传统产业发展的空间。

要大力推进国民经济和社会信息化。要加强信息技术基础设施建设；加快发展信息技术和信息产业，特别是要采取特殊政策，千方百计吸引跨国公司到我省投资建设超大规模集成电路项目；大力推进信息技术在国民经济和社会各个领域的应用，大力发展现代服务业，推进社会事业、行政管理信息化，力争我省的信息化水平走在全国前列。

要加大对地区和城乡生产力布局调整的力度，促进地区经济协调发展。着力把中心城市实力做强，规模做大，功能做优，环境做美，增强其在区域发展中的集聚带动功能。提高珠江三角洲发展水平，对污染环境的企业，限期转移或关掉；以市场为导向，加快珠江三角洲地区没有比较优势的产业向周边转移。东西两翼和山区要充分利用本地资源发展适合当地生产力水平的经济项目，发展特色经济，努力创造条件承接珠江三角洲的产业转移和辐射。

要加快企业组织结构的优化重组。积极发展一批主业突出、具有自主知识产权、管理水平高、竞争能力强的大型企业集团，大力扶持行业发展中的重点依托企业，构建以大企业（集团）为主导，大中小企业专业化分工协作的产业组织体系。

要继续完善以公有制为主体，多种所有制经济共同发展的基本经济制度，使产业结构调整与所有制结构调整完善互动并进。积极鼓励、支持和引导个体、私营经济健康发展，大力扶持民营小型科技企业发展。

第三，积极落实扩大内需的方针，拉动国民经济持续增长。保持全社会固定资产投资较大的增长是保证全省经济持续增长的重要措施。要多方组织资金加快在建固定资产投资项目，特别是在建国债项目的建设。明年国家将继续发放建设国债，要争取国家对我省在建国债项目的支持，确保这些项目早竣工、早投产、早受益。要积极配合国家西电东送工程，加快城乡电网改造工程；要加快引进超大规模集成电路、建设宽带主干网，为发展电子信息产业和国民经济信息化创造条件；要抓紧落实液化天然气、新的大型发电厂、核电站等能源项目，确保我省能源供应；

1998年10月22日，李长春考察汕头超声印制板公司。左一为汕头市委书记庄礼祥，右二为广东省委常委、秘书长蔡东士，右三为汕头市市长周日方。

要加快建设全省城际高速公路网和广州、深圳城市地铁，抓紧论证珠江三角洲城市群现代化交通网的建设；抓紧论证广州等大城市改善居民供水等一批关系全局的项目，做到早论证、早立项、早洽谈、早实施。要认真清理不利于社会投资的政策规定，灵活运用多种方式，促进企业和社会投资增长，引导更多的社会资金参与更多领域的开发和建设，积极争取国家的资金，大力引进外资。促进消费需求增长是保持经济持续增长的动力。要鼓励居民在小汽车、住房、信息服务和旅游等方面的消费，增加教育消费等。随着经济发展，要增加公务员和城镇职工的工资，提高居民购买力。

第四，加大体制创新和科技创新力度，推动国民经济持续、快速、健康发展。首先，继续深化、完善国有企业改革。要按优化结构、有进有退、抓大放小、强优汰劣的原则，继续进行国有经济布局的战略性调整和国有企业战略性重组。做到进而有为、退而有序，抓大要强、放小要活，优的扶壮、劣的淘汰。要继续完善现代企业制度，积极推动国有大中型企业的股份制改造，鼓励通过规范上市、中外合资和相互参股等多种形式，逐步改制为多元持股的有限责任公司或股份有限公司。继续完善法人治理结构，切实转换企业经营机制。要推进管理创新，全面改进和加强企业管理。要进一步完善省属和市、县的国有资产管理、监督和运营体系，建立和完善资产经营责任制，落实保值增值责任。

要按照"扩大覆盖，强化征缴，规范支出，改善服务"的要求，在巩固社会保险扩面征缴成果的基础上，继续完善社会保障制度改革，做好各项保障制度的配合和新老体制之间的衔接。社会保险要覆盖到各种所有制的企业，覆盖到每个职工；以工资薪金总额为依据，通过地税部门强制征缴保险费；按时足额发放保险金；通过信息联网建立保险费跨地区转移渠道，做到社会化发放。

其次，大力推进科技创新，加快建立以企业为主体的技术创新体系。要继续完善应用型科研机构企业化的改革，大力支持民营科技型企业发展。鼓励高等学校兴办高新技术企业。要致力营造吸引和留住人才的政策、法制和人文环境，实行多种形式的激励机制，充分调动广大科技人员的积极性和创造性，形成有利于创新创业的良好环境。

第五，大力整治市场经济秩序，营造良好的经济发展环境。目前，全省规范的社会主义市场经济秩序正在逐步建立。但另一方面，一些地区制假售假、走私贩私、骗汇套汇、骗税逃税、逃废债务等现象十分突出，个别地方甚至成为全国制售假人民币和假增值税发票的源头。这不仅给国家造成重大损失，而且严重影响我省的信誉、形象和投资环境，对当地经济社会发展更是一种慢性自杀，已经到了非下大决心进行整治不可的时候了。造成这种状况的重要原因，是一些地区的领导头脑不清醒，视而不见或见怪不怪，管理不严，措施不力；个别国家工作人员与犯罪分子内外勾结，狼狈为奸。各级党委、政府一定要从讲党性、讲大局的高度，充分认识当前一些地区市场秩序混乱的严重性、危害性，进一步增强整治市场秩序的紧迫感和责任感，痛下决心，强力整治，强化管理，力争用一年左右的时间，使我省市场秩序中的突出问题有所遏制，再经过若干年的努力，建立起规范的市场经济秩序。

明年作为整治年，要集中力量在全省开展以严厉打击制假售假、偷税骗税、逃汇骗汇、走私贩私、逃废债务等违法犯罪活动为主要内容的专项斗争和以"重点地区，重点企业，重点商品，重点市场"为主要对象的专项整治工作。特别是要严厉查处大案要案，把专项斗争与反腐败斗争结合起来，用重典依法严惩犯罪分子和内外勾结的腐败分子。把专项斗争和专项整治结合起来，对各类市场主体加强依法监督管理，规范企业行为。整顿社会信用，规范契约关系。清理和规范经济鉴证类社会中介机构。要依法清偿债务，防止金融风险转化为财政风险。

第六，大力保护和治理生态环境，坚持可持续发展。我省人口已超过 7000 万人，人均资源少，而且生态破坏和环境污染日趋严重。必须从长远发展考虑，为子孙后代着想，认真处理好人口、资源、环境与发展的关系，走可持续发展的道路。

　　坚持资源开发与节约并重的方针，合理使用和保护资源。进一步完善有关法规，依法保护和开发水、土地、矿产、森林、海洋等国土资源，特别要高度重视防治水污染。切实加快"碧水工程计划"[1]和"蓝天工程计划"[2]的实施进程，加强对饮用水源保护区与水环境功能区的监督管理，提高城镇生活污水处理率，狠抓重点污染源的治理，严格执行环保法。总之，改善生态环境是一项长期任务，要坚持不懈地抓下去，力争我省环境质量逐年有所改善。

注　释

　　〔1〕碧水工程计划，1997 年广东省启动投资 200 亿元的"碧水工程计划"，通过水环境整治、建设地级以上市城区生活污水处理工程、治理重点工业污染源、开展主要水系的水资源保护规划、加强水环境保护科学研究等措施，力争至 2000 年，全省各地逐步建立、完善饮用水源保护区，基本控制饮用水源污染，使各城市供水水质达到国家规定标准；至 2005 年，全省饮用水源水质达标率达 98%，工业废水处理率达 90%，城市污水处理率达 40%；主要水源地（如新丰江、枫树坝、白盆珠、高州、鹤地等水库）水质保持Ⅰ—Ⅱ类水平。主要江河水质保持在Ⅱ—Ⅲ类水平，流经城市河段有机污染的发展趋势有所缓解，部分河段恢复到Ⅲ—Ⅳ类水质。具有风景旅游功能的湖泊（如惠州西湖、肇庆星湖）达到Ⅲ类水质。

　　〔2〕蓝天工程计划，2000 年广东省启动"蓝天工程计划"，通过实施大气污染物排放总量控制、加强城市大气环境综合整治和重点工业污染源治理、控制机动车排气污染、逐步停止生产和销售消耗臭氧层的物质、加强

大气环境科学研究等措施，力争至 2000 年底，工业污染源主要大气污染物排放达到国家或地方规定的标准，广州、深圳、珠海、中山、汕头、湛江市环境空气质量功能区分别达到国家或地方规定的环境空气质量标准，酸雨恶化的趋势有所缓解；冻结消耗臭氧层物质生产与使用量。至 2005 年，全省烟尘、粉尘和二氧化硫等污染物排放总量比 2000 年有所减少，全省城市环境空气质量达到国家规定的功能区环境空气质量标准，酸雨污染状况得到初步控制。至 2010 年，全省烟尘、粉尘和二氧化硫等污染物排放总量比 2000 年有明显减少，城市环境空气质量比 2005 年进一步改善，酸雨污染得到有效控制。

优化经济结构，增强发展后劲[*]

（2001 年 7 月 19 日）

以经济结构调整为主线，进一步加大经济结构战略性调整力度。优化技术结构，加快发展高新技术产业，努力增加自主知识产权和增强以企业为主体的技术开发能力；优化企业组织结构，形成大、中、小相结合的"众星捧月"合理的企业组织结构；优化产品结构，积极实施整机带动、名牌带动、重大技术装备带动战略；优化外资结构，提高利用外资的水平；优化民间资本结构，大力发展个体私营经济；优化农业生产组织结构，加快农业产业化经营的步伐；优化产业结构，大力发展第三产业特别是现代物流业；优化市场结构，逐步形成传统市场与新兴市场、发展中国家市场与欧美发达国家市场互为补充的多元化市场格局。

这次全省经济形势分析会非常重要，希望能对有效扭转我们

＊　这是李长春同志在广东省经济形势分析会上的讲话。

在经济工作某些方面出现的被动局面，使今年全省经济能继续保持持续快速健康发展的好势头，产生积极作用。我也讲几点意见。

一、认清形势，增强做好今年经济工作的决心和信心

今年我省的经济形势总体上是好的，是稳定增长的，国内生产总值保持双位数增长，经济运行仍处在"绿灯区"。经济效益继续得到改善，从工业经济效益综合指数、财政收入、国有企业的增利减亏等方面，都表现出我省经济效益是好的；产业结构逐步优化，尤其是第三产业，发展步伐明显加快；财税形势健康发展，整个经济发展趋势一个月比一个月好。这是我省经济形势的主流，是各级党委、政府在经济工作面临很多新情况新问题的条件下共同努力的结果。但我们也必须看到存在的问题和不足，其突出表现为外贸出口形势严峻、国有和国有控股工业经济发展不理想。我省经济运行出现的这些问题，我们应从三个方面加以重视。

一是要高度重视研究国际经济形势出现的新情况，不断找出解决问题的对策。我省是对外依存度比较高的省份，经济发展与国际经济形势紧密联系在一起，要求我们增强驾驭市场经济的能力，增强对国际市场的关切度和预见性，增强我们的应变能力。

二是要高度重视以上海为龙头的长江三角洲经济区发挥后发优势、迅猛发展给我们带来的强大竞争压力。长江三角洲地区产业基础好、科技实力强、人才条件好。在改革开放的起步阶段，长江三角洲一些省市多次到广东学习，把我们当初的好经验和好做法与本地实际结合起来。现在他们在某些方面比我们干得更

好。这种相互学习、相互借鉴，是我国现代化建设不断前进的不竭动力，特别是珠江三角洲和长江三角洲之间相互交流、相互促进，意义十分重大。因此，我们要把长江三角洲迅猛发展带来的竞争压力，变成我们继续前进的动力，要很好地研究借鉴他们的经验，包括他们在发展对外经济方面的一些好做法，虚心地向他们学习。

三是要高度重视上半年经济运行中我省自身暴露出来的某些突出问题。我们要从经济发展后劲、综合竞争能力方面查找不足，时刻警醒自己不能盲目乐观，更不能有丝毫的骄满情绪。要秉着学习先进找差距的精神，多从主观上找不足。外贸出口是广东经济发展的"命根子"。我省的外贸出口占全国的比重很大，外贸出口上不去不仅影响了我省国内生产总值的增长，还直接影响到全国外贸的全局，而全国外贸的全局又直接关系到对经济增长的拉动，关系到对人民币币值稳定所带来的心理预期的大问题。因此，我们必须增强责任感和紧迫感，千方百计扭转外贸出口下滑的被动局面，不拖全国的后腿。我们要从应对国际经济形势的能力，从长江三角洲的发展经验和我们自身经济竞争能力、发展后劲等方面，查找存在的问题和差距，制定对策，变压力为动力，视困难为挑战，振奋精神，扎实工作，确保我省"十五"计划第一年能够开好头、起好步。

二、以经济结构调整为主线，增强发展后劲，进一步提升我省经济的综合竞争力

围绕提升我省经济综合竞争力问题，在这里我想出几个题目

供大家进一步深入研究。

第一，进一步加大经济结构战略性调整的力度，为我省经济发展注入新的动力。

一是优化技术结构。我省产品技术水平要有较强的竞争力，就必须加快发展高新技术产业，特别是我们掌握核心技术的高新技术产业，并加快用高新技术和先进适用技术改造传统产业的步伐，努力增加我们的自主知识产权，增强以企业为主体的技术开发能力。不能只看到我省高新技术产品的比重不低，要看是否拥有自主知识产权，看自主知识产权中，有多少是核心技术，要看我们再开发的能力，不能只看表面现象，要看事物的本质。

二是优化企业组织结构。要做大做强一批有竞争能力的企业集团。目前，我省企业组织结构总体上是以中小企业为主。全国工业 50 强里前 10 名中没有广东的企业，全国商业大集团里前 12 名中没有广东的企业，全国销售额超 30 亿元的农业龙头企业中没有广东的企业。广东的企业组织结构是历史形成的，广东过去不是老工业基地，地方工业大多是改革开放后才催生发展起来的；商业虽然有一定基础，但也因种种原因没能催生出大的企业集团。这种企业组织结构的优点在于船小好掉头，有活力。随着商品经济的发展，在拥有众多中小企业的同时，必须有一定数量的"航空母舰"，否则对地区的带动作用上不去，科技开发上不去，发展后劲上不去。要通过优化企业组织结构，形成大、中、小相结合的"众星捧月"的合理的企业组织结构，改变只见星星、不见月亮的状况。如轿车产业，国际上没有 200 万辆年产量的能力是无法支撑轿车的技术开发的，摩托车产业没有 50 万辆到 100 万辆的年产量也支撑不了技术开发。而且，中小企业受开发能力所限，大多是搞"短平快"，容易形成低水平竞争的局面，甚至造成过度竞争、浪费资源的后果。只有形成大、中、小相结合，以一批有较强竞争能力、开发能力的大型企业集团为骨干，不断开发出新产品，一大批中小企业在其周围提供配套的这样一种合理结构，资源配置才更加合理，我们的竞争实力才会大增。同时，这种大企业集团更加重视企业信用形象，对经济秩序建设也有积极作用。现在的问题就是要尽快在一些我们有优势的行业做大做强一批骨干企业，形成一批"航空母舰"，这对我省的发展将起到龙头带动作用。

三是优化产品结构。在我省的产品结构中，有相当一批产品是属于"短平快"的，这往往存在发展后劲不足的问题。因此，我们要积极实施整机带动、名牌带动、重大技术装备带动战略来优化产品的结构。实施整机带动战略，就是要规划发展一批产业链条长、带动能力强的整机，如汽车、摩托车、程控交换机、计算机、视听成套设备、照相机、造船、智能化家电等。尤其是广州、深圳、佛山等珠江三角洲实力较强的市，要抓住这样一批整机重点发展，带动广大中小企业提供生产配套，大大增强产品的竞争力，改善产业基础，为新的中小企业发展提供空间。要着力打造一批知名品牌，不搞一般化，不干则已，一干就要创名牌。各市不应强调工业门类齐全，而是要看能打造多少个名牌。有了名牌，在市场上才会有竞争力。实施重大技术装备带动战略，虽然这方面不是我省的强项，但我们也不是没有作为。如广州广重企业集团开发的地铁盾构机，这就是重大技术装备项目；在基础较好的通信设备方面，实现从基站到手机的成套设计、生产、供应；在电子资讯产业的关键设备开发、制造上，能不能在光、机、电一体化的技术装备上有所突破；能不能面向第三世界开发出诸如小制糖、小水泥、小造纸等短小精悍的设备。因为成套和重大技术装备出口，技术含量比重大，可以大大提高出口贸易的效益。

四是优化外资结构，提高利用外资的水平。利用外资仍是当前我省重要的发展后劲所在，要千方百计招商引资。优化外资结构，首先是要吸引世界上的大财团、大跨国公司到我省投资合作，特别是欧、美、日的大企业。这些企业的技术水平、管理水平都是一流的。对大财团的招商不只是到境外开个招商会就能引进来的，而是要采取一家一家地去拜访、做工作的方式才能招来。因此，我们在招商方式上也要进行调整改进，要点面结合。要大力吸引国内外关键技术领域的高新技术企业落户我省，在重视加工线、生产线等硬件引进的同时，更要重视软件的引进。特别是通过引进技术开发机构、引进软件开发企业来提升全省的科技开发水平。其次，在继续广泛招商引进加工贸易企业的同时，又要不断提高其水平。要从中选择一部分符合我们的产业政策，符合我们要创建的主导产业要求的企业，把其转化为合资企业，逐步创出自己的品牌，拥有自主知识产权，形成本地区的支柱产业。还要研究加快对加工贸易企业电子监控的步伐，在此基础上推动企业间增强相互配套能力，使珠江三角洲形成一个具有强大相互配套能力的高新技术产业带，进一步增强该地区吸引外资的能力。

五是优化民间资本结构。要大力发展个体私营经济，这是广东新的经济增长点。凡是我们对外资开放的，也应该对民资开放。我们在鼓励民资发展的同时，也要注意引导优化民间资本的

1999 年 1 月 21 日，李长春考察惠州 TCL 集团有限公司彩电生产基地。右一为惠州市市长李鸿忠。

结构，要把民间资本引导到我们最希望发展的领域，包括新一轮的基础设施建设、发展高新技术产业、发展规模化的企业集团、创建优势名牌企业、发展农业产业化经营等这些领域，都可以吸收民间资本投资。要使私人资本走出家族式企业，联合起来干大事，走出一条私人资本通过股份制创办投资主体多元化、规模化的民营企业的新路子。通过引导优化民间资本的投资结构，才能有效改变一些民间资本过多投向小煤窑、小钢铁、小化肥、小造纸等领域，造成环境污染，低水平重复建设，搞过度的恶性竞争造成资源浪费，甚至搞假冒伪劣产品的状况。最近我们了解到，现在的温州模式已经不是当年小私人企业主的情况了，出现了私人企业之间资本的联合，创办规模化的民营企业，出现了一批打造知名品牌，甚至是国际知名品牌的民营企业，实现了家族资本向社会资本的转化。目前，我省的民营企业基本上还停留在家族资本、家长式的管理、世袭式的继承这样的阶段，如果不注意引导，很可能就要跟浙江的私营企业、民营企业的发展拉开比较大的差距。对此，我们要高度重视学习浙江的经验，并采取相应的措施，加大政府的引导力度，力促民营企业的发展上规模，上水平。

六是优化农业生产组织结构。要加快农业产业化经营的步伐，加快催生农业龙头企业，形成公司加农户的经营方式。促进农业增效，农民增收，农村稳定。

七是优化产业结构，大力发展第三产业特别是现代物流业。广东有经商传统，现在的关键是要跟上现代物流业发展的水平，要实现从"小商人"向"大商人"的转变，使商贸物流业成为广东新的支柱产业。我们不但要引进沃尔玛、家乐福，而且要打造出我们广东品牌的沃尔玛，去占领内地的市场。这是一个很现实的市场。通过这种现代流通体系，可以直接把我省的产品带到全国各地，进而延伸到国外去。同时，我们还要加快推动现代物流业的基础设施建设。

八是优化市场结构。为适应加入世界贸易组织的新形势，要瞄准国际市场的需求变化，大力推进市场多元化战略。在巩固传统市场的同时，抓住时机开拓新的市场，尤其要重视拓展欧盟、非洲、中东、南美、东欧、俄罗斯等市场，逐步形成传统市场与新兴市场、发展中国家市场与欧美发达国家市场互为补充的多元化市场格局，不断拓展新的国际市场空间。要采取更加有效的措施开拓国内市场，引导企业积极参与西部大开发，加强与内地的经贸合作，拓展新的市场空间和合作空间。进一步扩大省内市场需求，大力培育住宅、教育、文化、体育等新的消费热点和经济增长点，全面启动农村消费市场，改善农村消费环境，扩大农村居民消费。

上述各项结构调整要以市场为导向，在企业和政府两个层面上展开。要发挥企业在产品结构、技术结构、企业组织结构等调整上的主体地位，但是也必须加强各级政府的主导作用，特别是支柱产业的形成、资本的整合，没有政府的作用是不能自发形成的。

第二，要把人才是第一资源的思想，贯穿到经济工作的方方面面，形成新的人才吸引潮。广东在改革开放初期先行一步，形成"孔雀东南飞"的局面，为全省提供了重要的人力支持、人才支持。随着全国各地全方位开放格局的形成，我省虽然也还能从省外吸引一些优秀人才，但已经不是当年"孔雀东南飞"那个局面了。面对新的形势，我们要认真研究和调整人才政策，使广东不仅成为对国内重点院校毕业的人才最具吸引力的地方之一，而且成为海外学有所成留学人员回国创业的理想之地。全省在科技人员、企业家、党政干部等三个队伍方面都要对全国各地的优秀人才开放，对海外优秀的留学人员开放。我们既要重视吸引人才，又要提高培养人才的能力，还要想办法用好人才。在科技领域要引进和培养一批学术带头人，在企业要引进和培养一批工程技术高级人才和高素质的企业家，在党政机关要引进和培养一批有战略思维、有较强的驾驭社会主义市场经济能力的高素质的领导干部。

第三，要进一步加强软环境建设，增强我省环境方面的吸引力和竞争力。一是各级党政机关、行政执法部门、司法机关必须改善服务，提高工作效率，提高依法行政和公正司法的水平。二是要大力整治市场经济秩序和社会治安秩序。应该承认，在这两个秩序上我省跟上海、苏南比有差距。我们要清醒地看到这个不足。三是要增强信用意识，提高全社会信用水平。信用是重要的无形资产，全省都要增强信用意识。潮阳、普宁地区骗税对广东的信用形象造成很大影响，对潮汕地区产生了重大影响。我们要痛下决心，把信用建设作为重要的软环境来抓。银行要对企业的信贷信用进行评级，工商行政管理部门要对企业重合同守信用的情况进行评级，外贸、海关也要对企业的信用进行督促鞭策。要建立案底制度，把有违纪行为的列入名单，重点监察，绝不能因少数人违法违纪、不讲信用影响了整个广东的信用。

关于振兴广东技术装备工业的思考 *

（2002 年 10 月 15 日）

技术装备工业是一个国家、一个地区工业化水平乃至经济、科技总体实力的标志。技术装备工业担负着装备国民经济各部门的重任，因此也是国民经济的"脊梁"，是关系国家、民族长远利益的战略性产业。没有发达的技术装备工业，国家就无法实现农业、工业、国防和科学技术的现代化。要制定振兴技术装备工业的规划，走出一条发展的新路子，把研究开发摆在重要位置，使广东跻身于全国重要的技术装备制造基地的行列，为我国振兴技术装备工业作出更大的贡献。

一、关于工业化进程的两个问题

当前，我省在从经济大省向经济强省转变的过程中，在加速

---

　　* 这是李长春同志在广州调研时的讲话，整理后发表在《广东经贸》2002 年第 10 期上。

工业化进程和提高利用外资水平上，有两个问题值得高度重视。

第一个问题是，我省在工业化进程中面临着由轻加工工业发展阶段向高加工工业发展阶段演进的严峻任务。从发达国家工业化的进程看，大体上都遵循着"轻加工工业—重化工业—高加工工业—知识经济和知识、技术集约化"这样一个发展轨迹。目前，就三次产业在全省国民经济中所占的比重来看，我省相当于处在工业化的中期阶段；从结构演进情况看，正处于从轻加工工业发展阶段向高加工工业发展阶段演进的过程。现实的情况是，我省工业总体上还处于以轻工、纺织、食品、电子（主要是组装）等行业为代表的轻加工工业为主，以钢铁、石化等行业为代表的重化工业，以汽车、造船等行业为代表的高加工工业，以电子信息设备制造业为代表的技术集约型工业等为辅的多元共存的发展阶段。我省工业的整体发展水平，不仅与发达国家相比还有明显差距，与长江三角洲等国内发达地区相比，也存在一个如何加快产业结构优化升级的问题。

一般来说，轻加工工业发展阶段是工业化进程的必经阶段。在工业化的初始阶段，特别是在短缺经济条件下，容易收到投资少、见效快、效益好的效果。但是，轻加工工业基本上是处于产业链条的末端，技术含量不高，主要是劳动密集型产业，市场主体进入这个领域的门槛比较低，即对技术和资金投入要求不高。如果长期停留在这个阶段，就会带来以下几个问题：一是由于进入门槛低，容易造成城市之间、企业之间产业、产品结构雷同的问题，因此容易出现过度竞争甚至恶性竞争，造成社会资源的严重浪费。二是产品的利润越来越低，效益下滑，影响发展后劲。进入门槛低，就容易带来低水平重复建设、重复生产，生产集中度不高，有总量规模优势而无经济规模优势，在卖方市场条件下，这个矛盾并不突出。现在国内市场形势发生了根本变化，由卖方市场变为买方市场，相互竞争激烈，必然引起价格战，使得利润不断降低。特别是随着我省经济的不断发展，珠江三角洲地区的地价、劳务成本、社会服务成本等都在上升，轻加工工业品的利润空间更是越来越小。甚至我省的以轻加工工业为主的支柱产业与东南亚国家也雷同，在国际市场上都属于供大于求的范畴，很多企业的出口主要靠出口退税支撑，否则就难以为继。1997 年东南亚发生金融危机，各国货币贬值，使我省的出口遇到了因竞争能力明显减弱而受阻的问题，就是重要的警示。三是不利于优化企业组织结构。企业组织结构关系到社会资源配置的效率和效益。比较理想的企业组织结构是发展一批拥有核心技术和自主知识产权、自有品牌、产业关联度大、产品链条长、带动能力强的大企业和企业集团，使众多的中小企业围绕大企业搞配套协作、专业化生产，形成"众星捧月"式的社会化大生产局面。由于轻加工工业企业对资金和技术集约化程度要求不高，加上产品链条短，带动能力不强，企业组织"散、小、乱"的弊端很难避免。如果我们长期停留在轻加工工业发展阶段，企业组织结构就很难得到优化，也很难形成集约化优势参与国内外市场竞争。四是制约我省产业、产品结构的优化升级，抑制产业整体技术水平的提高。长期以来，我国技术装备工业主要依靠进口。我省的情况也是如此，虽然我省经济迅速发展壮大，但是技术装备基本上是靠进口，而且进口规模逐年大幅增加。必须指出，引进先进技术装备提高我省的装备水平是完全必要的，问题是如何把引进、消化、吸收、创新结合起来，不再搞重复引进，用我们的市场培育我们自己技术装备工业的新产业。如果我们长期靠高价钱换取国外价格昂贵的重复的生产设备，去生产并出口相对低附加值的产品，赚取的只是低廉的加工费（有些产品的出口离开国家的出口退税就难以为继），我们就可能陷入引进—落后—再引进的怪圈。

正是基于以上认识，省第九次党代会明确提出了要不断壮大新兴支柱产业，努力培植发展产业关联度高、产品链条长、带动能力强，在国民经济中有重大影响的基础产业和战略性产业的目标。技术装备工业就属于高加工的基础产业和战略性产业。我们说由轻加工向高加工演进，是不是就丢掉传统支柱产业呢？不是的，而是一要用高新技术和先进适用技术改造传统产业，实施名牌战略和大企业带动战略，巩固提高传统支柱产业的水平，以巩固"阵地"，扩大"地盘"，做到"以老养新"。二要不断增加高加工产业在经济总量中的比重，改变我们一方面在轻加工领域重复生产，恶性竞争，另一方面在技术装备上谁也搞不了，主要靠进口的局面。三要促使珠江三角洲地区特别是大城市产业结构优化升级，一般产业向东西两翼及腹地转移，使各城市之间形成高、中、低不同水平的产业结构，促进地区之间协调发展。一般来说，高加工工业并不是各地都能搞的，它具有较强的大城市区位指向。我省发展技术装备工业，广州有着明显的优势和条件。广州是华南地区最大的经济中心城市，是全省的经济、文化、教育、科技、金融、信息中心；有良好的人才条件，有一批大学和科研机构，对人才的吸引力比较强；有较强的经济实力和较强的研发能力；有较好的加工制造业基础，消化、吸收和加工配套的能力比较强；有现代金融服务、现代物流服务等发达的第三产业；有优越的地理位置，是通达国内市场的商埠城市和通达国际市场的开放窗口。此外，发展技术装备工业特别是重型技术装备工业一般需要便捷的港口运输条件，而广州正在筹划南沙开发，建设临港工业区，将为发展技术装备工业提供有利条件。现在广州一些技术装备工业企业在市内所处的地段位置都比较好，可以按级差地租原则进行置换，完全有条件到南沙建设新厂，把发展技术装备工业与建设南沙临港工业区结合起来。因此，广州在发展技术装备工业方面，是我省乃至华南地区条件最好的城市之一。

当前我省发展技术装备工业面临着良好的机遇。随着我国加入世界贸易组织，我省在对外开放方面将显示出更大的优势。有迹象显示，新一轮世界产业结构调整正促使发达国家一些资金技术密集产业向外转移，积极承接这种转移，凭借国际合作来发展技术装备工业，不仅是一个难得的机遇，而且是一条捷径。最近国家决定对原来进口技术装备的免税政策进行调整，这必然使国产的技术装备产品市场需求增加。当前国内企业在实施科教兴国战略中以信息化带动工业化，以信息技术改造传统产业正广泛展开，技术装备工业的增长已高于工业的平均增长速度，市场形势看好。这些都为我省发展技术装备工业提供了非常有利的条件。国外的技术装备质量虽然好，但价格昂贵，国内的企业一般都承受不了。同样性能的技术装备，国产的价格只是进口的二分之一到三分之一。如果我们借助国外先进技术，又与我们自身优势结合起来，完全可以走出一条生产物美价廉技术装备工业产品的新路子。我们要充分利用国际国内两种资源，发挥信息灵通、对外联系广泛等内地特别是一些老工业基地无法比拟的优势，通过发展国际合作来加快振兴我省的技术装备工业。

第二个问题是，我省面临着从加工基地为主向制造服务基地转变的繁重任务。加工基地从事价值较低的代工业务，这在我省有两种表现形态：一种是外商来独资办厂搞加工贸易，由我们提供地皮、厂房，收取租金；另一种是本地企业搞贴牌加工，这比前一种前进了一步，但是，我们也只是挣几个辛苦钱。吸引外资企业搞加工贸易，本地企业搞贴牌加工，可以提高国内企业的加工率，有利于增加就业，训练队伍，实现原始资本积累，特别是像珠江三角洲这样的地区，过去没有工业，通过 OEM[1]，一大批农民"洗脚上田"进工厂，培养了一支产业大军，加快了工业化进程。这是欠发达国家和地区实行对外开放后通常采取的模式，是欠发达地区实现工业化不可逾越的阶段，我们在走这条路子的过程中成效是显著的；而且由于我们经济发展的不平衡性，人口多、就业压力大的长期性，决定了今后我们对各种形式的代工业务还要继续坚定不移地搞下去，特别是在东西两翼和广大山区。但我们也要保持清醒的头脑，不能停留在这个阶段，特别是先开放地区和经济基础比较好的大中城市。我省要从经济大省向经济强省转变，必须在引进、消化、吸收、创新的结合上迈出更大的步伐，特别是珠江三角洲地区大城市。为什么不能满足于这个阶段？一是效益低。对于外商来独自搞加工贸易，我们只能挣个租金钱，单位土地面积产出率很低。本地企业搞贴牌加工，只能挣个辛苦钱，通常只能得到外商利润的十分之一左右。国外跨国公司在选择贴牌生产企业时，往往选择多家进行比较，让各家相互压价，结果价压得很低，我们赚不到什么钱，本质上是初级劳务的输出。现在，我省的服装工业大多数是贴牌加工，能把自己的品牌打出去的是凤毛麟角。家用电器是我省的支柱产业，但是进入美国市场大都贴着美国通用电气公司（GE）的牌子，我国家电唯一用自己的品牌打进美国市场的是海尔。二是搞加工贸易的外商企业流动性很大，哪里有利可图和条件好就流动到哪里，因此不容易在我们这里扎根，对此我们要保持清醒的头脑。现在有些发展中国家抱怨外资企业迁到中国来了，同样也会有一天他们从广东迁到比较效益更好的地方去，尤其像东莞等城市更要警觉。三是继续以大量吸引外省初级劳务为主要形式的初级劳务输出，所带来的一系列社会问题使我们难以为继，根本出路还是要立足于提高本地劳动者素质，增强产品的知识和技术含量。四是长期搞贴牌加工会抑制自己品牌的成长，特别是长期出租地皮，由外商独资搞加工贸易，就谈不上把引进、消化、吸收、创新结合起来，因为没有介入，何来消化、创新？久而久之，就会造成时间流逝了，自主开发能力与掌握核心技术、打造自有品牌的能力都丧失了。贴牌加工搞得越多，自有品牌的路子就越被堵死了。因此有的经济学家把它叫作"饮鸩止渴"。这样我们就只能是一个加工基地，不能成为一个制造基地，更谈不上形成自己的创新体系，不利于提高我们的民族工业水平和国际竞争力。

日本、韩国战后实现现代化都是沿着加工和引进技术—开发与制造—现代服务业的轨迹演进。他们从给欧美跨国公司代工和引进技术，到自主开发，也就是十几年的时间，比较起来我们的差距是明显的。所以，我们在省第九次党代会上提出，要由加工基地为主向制造服务基地为主转变。那么我们是不是就不再引进外商独资搞加工贸易和不搞 OEM 加工了呢？不是的。我们一是在有条件的贴牌加工企业中，实行"双轨制"，既搞贴牌加工，又搞自创品牌。把"贴牌加工"作为"敲门砖",抓紧向自主研发、自创品牌转变。很多台资企业就是这样走过来的。二是对外商独资从事加工贸易的企业,尽量创造条件引导他们采用国产原材料和配套件,提高综合效益。三是在经济发达的大城市(如广州、深圳)要努力提高利用外资水平。尽量少搞外商独资的"三来一补"项目,在利用外资形式上重点是合资经营、合作生产,千方百计参与进去,而把代工业务和外商独资加工贸易主要引导到经济基础较差的小城市以及粤东粤西和广大山区腹地,使各城市之间形成不同水平的利用外资形式,从而促进全省不同区域经济的协调发展。四是在全省经济总量上努力扩大自主开发、自有知识产权、自有品牌的比重,在出口上努力扩大一般贸易的比重。

从以加工为主向自主研发、拥有核心技术、打造自有品牌转变,必须培植一批有引进、消化、吸收、创新能力的本地企业与引进的技术和跨国公司对接,这是问题的要害。本地企业的来源有三条路子:一是办好一批国有和国有控股企业,加快股份制改造和转换经营机制,由国有企业与外商合资合作是实现引进、消化、吸收、创新紧密结合的有效途径。二是培育一批有一定规模,向现代企业制度过渡的民营企业,使民营企业成为引进、消化、吸收、创新的新的生力军。三是从国内其他地区引进有实力的企业到我省来创业(像广州引进二汽来搞汽车)。现在有些城市领导同志仅满足于提供地皮让外商来独资经营,甚至于原来已与外商合资的企业也逐步地退出了中方股份,变成外商独资企业,以体现更多的利用外资额度。如果只是注重了这样一种形式,是无法实现把引进、消化、吸收、创新结合起来的。我们要清醒地认识到，对外开放的目的是学习世界各国人民创造的文明成果，通过引进、消化、吸收、创新，提高我们的国际竞争力。因此在吸引外资时，能合资合作的，尽量合资合作，千万不能为追求利用外资额度的表面文章而贻误了利用对外开放条件搞自主创新这一根本。而合资合作，特别是与拥有先进技术的外国跨国公司合资合作，必须培植能够与之对接的本土企业。

上述两个问题是紧密联系在一起的，我们要实现从经济大省向经济强省的转变，就必须研究在经济结构、产业结构和产品结构上存在的上述两个问题。我们要采取措施，逐步增加高加工的比重，增加自有品牌和核心技术的比重。在解决这两个问题的过程中，发展技术装备工业是一个重要的结合点。

二、如何发展我省的装备制造业

何谓装备制造业？装备制造业是为国民经济和国家安全提供技术装备的企业的总称。它覆盖了机械、电子、军事装备制造业中生产投资类产品的全部企业。要从以下几个方面着力加快推进和壮大我省装备制造业。

第一，各级领导干部要高度重视振兴技术装备工业的重要性。要充分认识到我省从经济大省向经济强省转变，必须面对我们在产业结构、产品结构上存在的上述两个不足，增加共识，增强发展技术装备工业的紧迫感。

在漫长的历史进程中，人类社会可谓是伴随装备的发展而进步。装备制造业是对人类社会发展影响最为深远的行业，是人类改造客观世界、改善自身生存和发展能力的标志。能够制造和使用工具，是古人类区别于类人猿的重要标志之一；制造和使用工具水平的提高，即装备制造业水平的提高，又直接影响了人类社会的进步，以至于人类社会发展的若干阶段，常常是以装备的水平来划分的，如旧石器时代、新石器时代。铁器的使用大大提高了劳动生产率，标志着封建社会的到来。人类社会进入现代社会的标志——工业革命，也是以瓦特发明蒸汽机为发端的。装备制造业对人类社会、对国家的影响由此可见一斑。

在近代、现代社会中，装备制造业水平直接关乎国家的强盛和兴衰。西方列强使中国沦为殖民地半殖民地的坚船利炮，是凭借工业革命后发展起来的强大的现代化装备制造业；在刚刚过去的 20 世纪，两次世界大战和多次局部战争，占据优势的大多都

2002 年 10 月 11 日，李长春宣布珠江三角洲城际快速轨道交通广州至佛山段项目试验段工程正式开工。

是装备制造业发达的国家。坦克、飞机、潜艇和导弹无一不是建立在强大的装备制造业基础之上，强大的装备制造业造就了强大的国防。

在现代社会中，装备制造业更是与国民经济发展息息相关。装备制造业不但是制造业的基础，也是其他产业的基础。装备制造业的水平制约着人类利用大自然资源的能力，提供了现代服务业赖以生存的硬件，改变了服务业方式甚至人类生活的方式。正是由于装备制造业的发展和提高，才使世界不断发生着种种巨变。

当前，以经济全球化和信息化为特点的世界经济发展迅猛，并进一步带来了投资贸易的自由化和国内国际市场一体化，正在引起新一轮国际产业结构的调整与转移，形成新的国际分工与国际竞争格局。但装备制造业的重要性丝毫没有减弱，某些自然资源匮乏的国家凭借强大的装备制造业，在国际竞争中常常扮演强者；而没有装备制造业支撑的资源大国，却在国际竞争中将资源带来的丰厚收益拱手相让，甚至连国家主权、国家安全都难以保障。在人们惊叹信息社会到来之时，装备制造业仍然是信息产品的基础，而且信息技术和技术装备工业相结合，使技术装备工业如虎添翼。在信息技术上领跑的西方发达国家，仍以强大的装备制造业为立国之本，拥有强大的装备制造业，仍是在国际竞争中占据有利地位的重要条件。

可以这样说，技术装备工业是一个国家、一个地区工业化水平乃至经济、科技总体实力的标志。技术装备工业担负着装备国民经济各部门的重任，因此也是国民经济的"脊梁"，是关系国家、民族长远利益的战略性产业。没有发达的技术装备工业，国家就无法实现农业、工业、国防和科学技术的现代化。我省作为我国的经济大省，必须在振兴我国技术装备工业中作出贡献。发展技术装备工业是我省产业、产品结构优化升级的重要标志，是我省经济发展的后劲之所在，是我省区域经济协调发展的重要推动力，是新的经济增长点。因此进入新世纪，我省要在继续巩固提高传统支柱产业和大力发展高新技术产业的同时，把发展技术装备工业，振兴装备制造业，作为我省从经济大省向经济强省转变的重大战略举措。

第二，要制定振兴技术装备工业的规划。省、市两级要本着有所为有所不为的原则，制定切实可行的振兴技术装备工业的发展规划。对于已经有一定基础、一定优势、市场前景比较好的技术装备工业产品，要经过若干年的努力，使之在全国乃至国际上树立起良好的品牌形象。在通信设备制造业，深圳的华为、中兴两个企业在全国数一数二，在国际上也有一定的竞争力，广州这两年抓南方高科、金鹏，发展势头也很猛，广电集团生产的通讯成套设备也不错，要重点发展。汽车制造业是属于产品链条长、带动能力强的产业，一定要把它作为我省新世纪壮大新兴支柱产业的重点，紧紧抓住不放。现在我们已经有了一定的基础，广州的本田、风神以及与日本五十铃合作的豪华大巴都发展得不错，尤其是风神，它是国产品牌，发展的势头也很好。要把高、中、低档轿车以及相关的零部件配套搞起来。船舶制造业也是带动能力相当强的一个产业，是综合工业水平的标志。广船还属内河船厂，规模还不大，一定要尽快在南沙建立新厂区，建设大型的船坞船台。我们要抓住现在发达国家造船业正在进行产业转移的机遇，大力发展船舶工业。国家船舶工业总公司正在组建南方造船集团，准备把几个企业的资源进行整合做大，我认为这个思路很好，我们要大力配合。数控机床是工作母机，是制造装备的装备，无论如何要抓住不放。目前广州机床厂的厂房条件很好，产品也不错，具有广阔的市场前景，但还处于勉强度日的阶段，开发能力不强，研发投入不足，不具备良性发展的条件，这种情况要尽快改变。数控机床在国内市场需求量很大，随着国内汽车工业大发展，专用机床、数控加工中心和各种经济型数控机床在国内的市场空间都是有前途的，关键是能够以产顶进。东南亚的市场也很大，这个地区没有多少大型企业，经济型的数控机床很有市场。各种机电仪一体化的自动化装备也是很有前景的，包括汽车工业广泛使用的机器人，我们也应占有一席之地。医疗器械方面，目前我国进口花的外汇很多，这几年深圳在这方面做了很大努力，取得了一些进展，我们要想办法多研究一些进口替代产品。我省是IT产业大省，但所有的装备都靠进口，要论证一下我省在IT产业的装备制造上能否也有所作为。高性能计算机也是重大技术装备，能否有所作为。还有成套技术装备，类似修建城市地铁工程用的盾构机、环保技术装备、水泥成套设备、陶瓷工业设备、化工成套设备、食品机械设备、造纸成套设备等，都应有所作为。

第三，要走出一条装备制造业发展的新路子。过去我们的装备制造业之所以落后，原因是多方面的。其一是在计划经济体制下企业的经营机制不能适应市场需要，产品几十年一贯制，没有活力。近两年广州在国有装备制造业的企业机制转换方面探索出很多办法，比如明确了国有企业的出资人代表，组建了资产经营公司或控股公司，建立两级法人治理结构，由控股公司作为国家出资人的代表，主要进行资本运营，总体规划，下边组建若干个合资的子公司，各子公司各打各的优势仗。这样的体制和机制是比较好的。其二是企业组织结构大而全、小而全，效率低下。我们要摒弃过去那种在一个企业内搞大而全、小而全，走社会化、专业化协作的路子。原则上不搞毛坯和粗加工，对这些粗加工实行社会招标。现在内地装备制造业生产能力利用率都不到 70%，不论是热加工还是冷加工能力都大量闲置。要充分利用我省市场化程度比较高的优势，主要是搞技术开发、品牌经营、精加工和组装调试、售后服务。甚至于走"虚拟工厂"的路子，只搞技术开发、品牌经营、售后服务，把加工大量地放到社会，由其他企业代工。其三是在封闭的条件下发展先进技术装备，其水平是上不去的。要充分利用对外开放和国际合作的条件发展技术装备工业。要利用我省对外开放先行一步、国际联系渠道广的优势，多和一些国际大财团大公司合作，特别是要与这个领域的国际行业的排头兵进行合资合作，这才能够把引进与消化、吸收和创新结合起来。像广州这样的大城市，寸土值万金，不应再搞或少搞"提供地皮挣租金"的事，要把这些初级劳务输出交给那些发展工业困难的小城市。广州在招商引资方面，也要能合资的合资，不能合资的搞合作，一般不搞或者少搞外商独资。这里要特别强调的是，通过扩大国际合作发展装备制造业，必须培植一批有实力、能够和国外跨国公司对接的本地企业。本地企业首先是要加快国有大中型骨干企业的改革、改组、改造的步伐。必须看到，在技术、资金密集的装备制造业领域，国有大中型企业有着明显的优势，关键要进行股份制改造和转换经营机制，使其增强活力，发挥其在装备制造业方面的骨干作用。那种把国有企业看作包袱、千方百计处理掉的思想是错误的，广州的改革实践证明国有企业不是包袱，是宝贵的财富。其次是要做大做强一批民营企业，使其在装备制造业方面成为新的重要生力军。民营企业机制灵活，而且一些民营企业资本已相当雄厚，有条件由低加工阶段向高加工领域升级。广州的白云电气集团就是很好的例证。再次是要大力引进国内其他地区的骨干企业到广东设厂，与跨国公司合资合作。总之，广州等一些有条件的城市，应紧紧地把引进、消化、吸收和创新结合起来，走出一条振兴技术装备工业的新路子，树立我省装备制造业基地的新形象。

　　第四，要把研究开发摆在十分重要的位置上。装备制造业是

　　2002年8月27日，李长春考察广州广重企业集团有限公司。前排左一为广东省委副书记、广州市委书记黄华华，右一为广州市市长林树森。

资金密集和技术密集产业，因此发展装备制造业必须突出技术创新和增加科技投入。装备制造业企业要毫无例外地建立工程技术研究开发中心，努力建成一批国家级、省级和广州市一级的工程技术研究开发中心。要形成一支拥有一批精英人才的科技队伍，有条件的企业要设立博士后流动站，吸引一批博士，结合企业的技术课题搞研究开发。有条件的城市可创办企业化的技术装备设计研究机构，创造良好的环境、条件，吸引大批在专业领域有一定造诣的博士、硕士来粤干事创业。同时，企业也要建立广泛的社会科技依托，加强与重点大学和科研院所的密切合作。装备制造业的投入要比轻加工产业的投入高得多，企业必须成为投入的主体。华为技术有限公司是我省装备制造企业体制创新、管理创新、科技创新的典范，其研发投入占销售额的 12% 以上。建议技术装备工业企业的科技投入要在 5% 以上。要提高装备制造业的信息化水平。企业的职工队伍结构也要有大的变化，企业核心研发人员要占有较大的比重，大大缩小一线生产人员的比重，增加市场营销、售后服务人员的比重，形成两头大、中间小的哑铃形的人才结构。要形成发展装备制造业良好的社会科技和人才依托。高等学校要加强装备设计制造人才的培养。要大力发展职业技术教育，培养各种技术工人，特别是培养数控机床操作工、软件蓝领等方面的紧缺人才。

第五，各级政府要研究制定振兴技术装备工业的政策。装备工业资金、技术密集，国际市场竞争激烈，发达国家在科技上占有明显优势，我省的技术装备工业基础又比较薄弱，因此发展装备制造业必须有政府的政策支持。政府要大力推动企业的资源整合，仅靠市场调节时间来得很长，而且带有盲目性，要把政府这只有形的手和市场这只无形的手结合起来运用。要选择关键领域，集中力量突破关键技术，在研发经费上给予支持，特别是要大力支持发展数控机床、重大技术装备。科技部门的科技三项经费要向技术装备工业倾斜，各级经贸委掌握的技改贴息贷款要向装备制造业倾斜。对国有装备制造企业易地改造的土地收益，政府要用于支持企业自身发展。要选择有实力的装备制造企业在资本市场上直接融资。要帮助国有装备制造企业减轻历史债务，通过增资减债、注入资本金等办法，使企业轻装上阵。要努力减轻企业的社会负担，政府要帮助企业实现后勤社会化。努力争取出口信贷、买方信贷等政策支持，为企业开拓市场创造条件。引导企业在对外合作中实行用市场换技术。要制定激励政策，对各地方政府在经济工作中的成绩考核，不仅要看总量，更要看结构、质量、效益和后劲。在利用外资上，不仅看利用外资总量，更要看利用外资的水平，看合资合作所占的比例。在出口上，不仅看出口总量，更要注重标志本地企业竞争能力的一般贸易的出口和经济效益。在衡量高新技术产品的发展水平上，不仅要看总量，还要看自主知识产权、核心竞争力、自有品牌的拥有情况。在看经济总量和发展速度上，更要重视其科技含量和在国民经济中的重要性。

总之，不断提高利用外资的水平，把引进、消化、吸收和创新结合起来，努力发展装备制造业，促进产业结构优化升级，是我省从经济大省向经济强省转变的一个重大战略举措。广州、深圳、佛山等大城市是把引进、消化、吸收和创新结合起来最有条件的地方，也是全省发展技术装备工业的理想之地。如果说改革开放 20 年，我省日用消费品产业的发展取得了令人瞩目的成就，那么在今后 20 年，我们应该在继续巩固传统支柱产业的同时，大力发展高新技术产业，加速发展装备制造业，使我省跻身于全国重要的高新技术和重大技术装备制造基地的行列，为我国振兴技术装备工业作出更大的贡献。

注　释

〔1〕OEM，Original Equipment Manufacturer 的缩写，指一家厂商根据另一家厂商的要求，为其生产产品和产品配件，亦称为定牌生产或授权贴牌生产。

坚持以市场为导向推进改革，
完善社会主义市场经济体制

建立国有土地使用权公开招拍挂制度 [*]

（1998 年 6 月 9 日、2002 年 3 月 19 日）

一

纪检委并国土厅：

用于开发经营的土地要坚决取消行政审批，一律进入有形市场，在公开、公平、公正的原则下实行招投标，这要作为一项纪律。

　＊　这是李长春同志分别在中共广东省委政研室《广州第三产业对外开放情况调查》和省委办公厅有关信息上所作的批语。

20 世纪 90 年代初，广东经营性土地出让实行行政审批制度，即政府采取协议出让的土地供应方式，这种行政性批地制度导致越权批地问题严重，违法批地案件量大，土地闲置问题突出。对此，李长春同志作出专门批示。1998 年，广东颁布实施《广东省城镇国有土地使用权公开招标拍卖管理办法》。1999 年，省纪委、省监察厅、省国土资源厅联合下发《关于建立和完善有形土地市场的通知》。同年 10 月底，全省各地级市全部完成有形土地市场的设立工作，广东经营性项目供地方式从协议出让转变为统一实行公开招标拍卖。2002 年，出台《广东省土地使用权交易市场管理规定》。一系列的政策措施推动了政府职能的转变、社会资源配置市场化和廉政建设。

二

　　加强土地的规范管理是从源头上治理腐败的重要环节，要进一步完善全省的土地批租市场。对违法违规的土地转让要坚决查处，坚决纠正，坚决追回非法所得。请举一反三。

办好有形建筑市场意义重大 *

（1999 年 3 月 29 日）

> 办好有形建筑市场是建立完善市场经济秩序的重要组成部分，是把关口前移、建立反腐倡廉机制的一个重要的基础工程，对于提高投资效益、确保建筑工程质量有十分重要的意义。要进一步提高认识，下决心办好我省的有形建筑市场。要按照公开、公平、公正、择优的原则，不断完善规章制度，为全国建筑行业的市场化作出应有的贡献。

搞好有形建筑市场意义十分重大，我们要高度重视，一定要把它办好。

第一，办好有形建筑市场是建立完善市场经济秩序的重要组成部分。从计划经济转为市场经济，广东是比较早的。去年我们开展"增创新优势，更上一层楼"的调查研究时，到上海学习考察，就感到在突破计划经济、进入市场、开放搞活方面，我省走

---

* 这是李长春同志在考察广东省建设工程交易中心时讲话的主要内容。

在前面；但怎样在开放搞活的基础上，逐步走上规范的社会主义市场经济轨道，我们在一些领域慢了一步。其中，在建立市场体系特别是中高级市场方面，有明显的差距。所以，从建立和完善社会主义市场经济体系这个角度来讲，我省要尽快完善中高级批发市场和交易市场，有形建筑市场是中高级市场的一个组成部分。

第二，办好有形建筑市场是把关口前移，建立反腐倡廉机制的一个重要的基础工程。我们的建筑市场在冲破计划经济体制后，曾出现比较长时间的混乱状况，重要的原因就是没有建立起适应市场经济发展的比较规范的有形市场。从查处的大量案件来看，这个领域问题不少。我们搞有形建筑市场，实行公开、公平、公正交易，从机制上解决这个问题，本身就保护了一大批干部。

第三，办好有形建筑市场，对于提高投资效益、确保建筑工程质量有十分重大的意义。当前我们要扩大内需，搞基础建设，能不能用好人民的血汗钱是关键。搞好有形建筑市场，对于提高工程质量，适应国家扩大内需的方针，保护人民的生命财产安全，具有重要意义。因此，要进一步提高认识，下决心办好我省的有形建筑市场。

我省有形建筑市场一定要搞出自己的特色。其中很重要的一块，就是电力、水利和交通建设，这些工程包括各类基本建设工程都要纳入到省有形建筑市场来进行交易。不经过建筑市场招投标、规范运作的，不能拨钱，不能开工，必须下决心做到这一条。各个方面都要充分运用好这个市场。我省从今年开始，50万元以上的工程都必须进有形市场。要运用行政的、纪律的和其他各种有效办法来加强管理，确保规范运作。

我们一定要不负众望办好有形市场。一是要按照公开、公平、公正、择优的原则，不断完善规章制度。有形市场，今后的努力方向是最大限度地体现计算机交易，减少人为因素。把项目的指令输入计算机，把投标单位的条件输进去，然后用计算机来选择，最大限度地做到计算机交易。二是对进入市场的施工单位实行会员制，对会员进行资格审查。每个会员都有固定的席位、电脑终端和电话，交易活动通过计算机来对话。会员单位要履行义务，这样做便于进行监督管理。三是要加强交易市场的队伍建设。有形交易市场的生命就是体现公开、公平、公正。这里的工作人员都要严格遵守职业道德、职业纪律，有严格的操守。不能

1999 年 3 月 29 日，李长春考察广东省建设工程交易中心。左一为广东省委副书记、广州市委书记黄华华，右四为广州市市长林树森。

出现向客户泄露标底这类问题，对出现这类问题的要坚决除名，一定要维护这个市场的形象。我们要把队伍管理好，工作人员的直系亲属、配偶、子女都不要来参与投标，这主要是避嫌，避免人家说闲话。建设工程交易市场也同其他中高级交易市场一样，不受地域限制，不受行政区划限制，主要靠服务水平来增强辐射力、吸引力。希望我们这个市场能够辐射到兄弟省、辐射到全国，也希望这个交易市场能同广东整个改革的形势相适应、相配套，能够办成全国最好的建筑市场之一，能够为全国建筑行业的市场化作出应有的贡献。我们要奋起直追，后来居上。

深圳国企改革经验宝贵，要继续深化 [*]

（1999 年 5 月 26 日）

> 深圳的实践说明，国有企业改革是能够搞好的。只要坚定不移地推进改革，把企业改革、技术改造、企业改组和加强管理这"三改一加强"紧密结合起来，扎扎实实真抓实干，转换经营机制，建立现代企业制度，就能实现国有企业的可持续发展。

我这次来深圳调研，主要是了解国有企业改革和发展的问题。总的感觉，深圳对国有企业改革高度重视，做了大量的工作，在理论和实践上进行了一系列有益的探索，取得了较大进展，所采取的措施、办法都是得力的，而且效果也比较显著。深圳通过对外开放，经济迅速崛起，这是众所周知的。但是，深圳通过国有企业改革增强整体经济的活力，人们还不是很了解。在某种意义上讲，当前国有企业改革和对外开放比较起来，是一个难度更大的课题。如果我们把这个课题解决得好，那么，对于国

＊ 这是李长春同志与深圳市国有企业负责人座谈时的讲话。

家改革发展的大局，对于走有中国特色社会主义道路，对于进一步坚持邓小平理论不动摇，坚持党的基本路线不动摇，意义都十分重大。

过去，人们一般认为，深圳好像没有多少国有企业，也就谈不上国有企业的改革有什么好的经验做法。我来广东以后，通过在省里看到的材料，听市里领导的介绍，才知道深圳在国有企业改革上很有特色。今天能有机会系统地听一听，给我的印象很深。国有经济对深圳经济特区的发展功不可没。深圳的经济有活力，这是大家公认的，但是，很多人并不知道深圳国有经济改革能取得这么好的成效，这确实来之不易。所以，深圳的实践完全有理由说明，我们的国有经济是可以搞好的。深圳国有企业改革给我最突出的印象，有以下四个方面：

第一，深圳改革国有资产的管理方式、管理方法，初步建立起以产权为纽带的三个层次的国有资产监管、运营体系。国有资产到底应该怎样来管理和运营，我觉得深圳在这方面的改革和探索是很有价值的，而且实践证明总体效果是好的。深圳较早设立了国有资产管理委员会及其办公室，拥有三个国有资产运营公司和一批转换机制的国有企业。通过这样三个层次，实现了对国有资产的有效监管和运营。这就回答了在经济体制改革、建立社会主义市场经济的条件下，政府到底应该怎样管好国有资产，怎样把国有资产的监管与运营分开，怎样把国有资产的终极所有权和法人财产权区别开来等国有企业改革的重大问题。

第二，深圳比较早地切断了政府和企业的行政纽带，实现了政企分开。当然，深圳有一个有利条件，就是大多数国有企业是在改革开放的大潮中建立起来的，这些企业比较早地适应了市场经济环境。所以，深圳避免了其他城市存在的有一大批行业主管部门管理企业的问题。在深圳，政府的主要职能是为企业创造良好的投资环境和经营环境，政府办政府的事，企业办企业的事。深圳的实践证明，没有通过一大批行业行政主管部门来管理企业，实际上企业运作得更好。这一点对我省各个城市的国有企业改革是很大的启示，值得认真借鉴。许多地方用一大批政府行政部门来管理企业，甚至是各级党委、政府的领导整天为企业的经营和扭亏操劳，而实际上企业还是管不好，外部经营环境也很糟，"三乱"不止，投资环境没有得到有效改善。这是政府职能的错位，政府干了厂长经理应该干的事，到头来企业还是搞不好。我觉得深圳这方面的指导思想比较明确，措施比较得力，实现了政企分开，企业满意，政府的工作也有成效。刚才几个企业的负责同志在发言中，都赞扬市里为企业提供了优质服务，为企业发展创造了良好环境，这很不容易。

第三，深圳积极推动公司制改造，对公有制经济的多种实现形式进行了有益的探索。特别是一大批竞争性行业的国有企业，已经实现了股份制改造，有67家企业成为上市公司。股份制改造对国有企业带来的效应不可低估，它推进了产权清晰、权责明确、政企分开、管理科学。同时，深圳还进行了"抓大放小"的改革，采用多种方式放开搞活小企业，成效也比较明显。

第四，深圳在攻克国有企业内部改革的一些难点问题上有所突破，并取得了成效。比如，国有企业领导体制的改革全面展开，关系在逐步理顺，"新三会"和"老三会"[1]的关系结合得比较好，作用得到发挥；在发挥企业党组织作用和建立现代企业制度的结合上也有新意；在形成能高能低的分配机制，竞争上岗的用人机制，完善有效的内部和外部相结合的监督机制，比如向企业派财务总监的办法，通过多种途径实现增资减债及减轻国有企业财务包袱，努力建立包括全体员工和经营者在内的内部激励和监督约束机制等方面，都有许多新鲜经验。

总之，这次来深圳使我进一步感受到，深圳特区经济有活力，国有经济功不可没。深圳的实践说明，国有企业是能够搞好的。只要坚定不移地推进改革，而且把企业改革、技术改造、企业改组和加强管理这"三改一加强"紧密结合起来，扎扎实实真抓实干，我们实现中央提出的大多数国有大中型企业经营状况明显改善、大多数国有企业建立现代企业制度的目标，是大有希望的。

深圳为什么能够在国有企业改革上取得明显成绩，我认为最根本的有这几个方面：一是深圳特区是邓小平同志亲手缔造的改革开放的"试验田"，这给深圳提供了改革的大气候。这更加启示我们，要坚持邓小平理论不动摇，要不断解放思想、实事求是，一切从实际出发，开拓进取，敢闯敢试。二是深圳有一支勇于探索、敢于创新的干部队伍和职工队伍。通过一天的座谈，我觉得大家都具有较高的政策水平、理论水平，既有理论又有实践。深圳在探索发展国有经济方面取得的成绩，是充分发挥了广大干部群众的积极性和创造性、打好"团体赛"的结果，这些成绩，凝聚了深圳广大干部群众的辛勤劳动。三是深圳有一个政治坚定、团结坚强、勇于开拓、真抓实干的领导班子，能够围绕党的十四大、十五大提出的各项任务和省委、省政府的要求部署，结合实际创造性地开展工作，坚定不移地一抓到底。

省委对深圳寄予了很大的期望。我们在跨世纪的征程上，要充分发挥广州和深圳两大中心城市的龙头带动作用。希望深圳能够继续发挥好邓小平同志亲自倡导设立的"试验田"作用，继续解放思想，大胆试验，在两个文明建设上都走在全省、全国前面，不断提供新鲜经验。

我们要清醒地认识到，国有企业的改革，是适应以建立社会主义市场经济体制为主要内容的经济体制改革的需要，也是经济体制改革的中心环节。希望深圳在已有的基础上，不断总结，不断完善。你们在座谈中谈到的怎样进一步按照现代企业制度进行规范运作；怎样保证国有企业的可持续发展，始终按照自负盈亏、自主经营、自我约束、自我发展的"四自"来运行等问题，还需要不断进行完善。特别是如何建立起有效的激励机制，使企业内部形成利益共同体，始终保持一个内在的强大动力的问题，要加紧研究探讨，拿出更加有效的办法。对于国有企业的改革，特别是转换机制的基本标准是什么，怎么确定，我们应该有一个阶段性的评定标准。当然，企业技术要不断进步，不断进行市场竞争，这是永恒的。但完成转制，有必要提出一个阶段性的标准。中央提出，到本世纪末初步建立社会主义市场经济体制框架，到2010年要建立起比较完善的社会主义市场经济体制。国有企业转换经营机制，建立现代企业制度，也应当有一个标准和阶段性目标。请深圳进一步研究这个问题。这样，才有利于我们进一步认识自己的方位，进一步明确努力方向。

我还要强调，不管怎么改革，用什么模式，经济效益始终是经济工作的核心。希望深圳在国有企业各项经济指标上，继续在全国名列前茅。

注　释

〔1〕"新三会"和"老三会"，"新三会"是指公司制企业中的股东会、董事会、监事会；"老三会"是指公司制企业中的党委会、职工代表大会、工会。

国企改革的几个关键问题[*]

（1999 年 9 月 29 日）

> 国有企业改革是经济体制改革的中心环节。要加大国有经济布局战略性调整和国有企业战略性重组的力度，加快建立现代企业制度的改革步伐，建立技术创新机制，支持国有企业增资减债，全面推进各项配套改革，紧紧抓住这几个关键问题，力求国企改革和发展有较大突破。

一、充分认识国有企业改革的重要性和艰巨性

党的十五届四中全会，进一步明确了国有企业改革的目标、任务、指导方针和重大措施，并对这项工作作了全面部署，是我国国有企业改革和发展的新的里程碑。

首先，要充分认识推进国有企业改革和发展的重要性和紧迫性。国有企业是国民经济的支柱，是我国社会主义制度的重要经

---

* 这是李长春同志在中共广东省委八届四次全会上的讲话。

济基础。国有企业改革是整个经济体制改革的中心环节。国有企业的改革和发展，关系到国有经济的兴衰，关系到国民经济能否持续快速健康发展，关系到整个经济体制改革的成败，关系到社会的长治久安。这既是一个重大的经济问题，也是一个重大的政治问题。虽然我省外资企业较多，非公有制经济发展较快，但国有经济一直起着主导作用：国有工业利润占全省工业的 49.68％，利税总额占 46.68％，资产总额占全省 42.5％，特别是基础产业、高新技术产业中，国有经济的比重更大，为我省经济发展、社会稳定作出了重大贡献。因此，我们必须借这次中央全会的东风，

1998 年 4 月 3 日，李长春考察韶关钢铁集团有限公司。右一为韶关市委书记汤维英。

全力推进广东国有企业的改革和发展，力争走在全国的前面，促进全省增创新优势，更上一层楼，为率先基本实现社会主义现代化奠定基础。特别是珠江三角洲地区，要把率先基本实现社会主义现代化作为总目标、总任务统揽全局，将国企改革和发展纳入社会发展规划的主要内容。

其次，必须充分认识国有企业改革的长期性、艰巨性，并且要知难而进，花大力气抓。改革开放以来，我省国有企业改革取得了明显成效，通过一系列的改革，国有企业保持了增长的势头，很好地发挥了国民经济的主导作用。1997年底，我省国有大中型企业1061户，其中亏损企业482户，约占45.4%。为了确保"三年两大目标"的实现，省委、省政府对国有大中型企业实施了分类指导：第一类，约400户，属于经营状况较好，盈利能力较强，年利润总额在500万元以上的优势企业。主要目标是，通过"三改一加强"，初步建立起现代企业制度基本框架。到今年8月底，约有200户基本实现目标要求，完成任务的50%。第二类，约400户，属微利企业和有复苏前景的亏损企业。主要目标是，通过多种途径进行综合治理，逐步走出困境。现在，已有120户扭亏为盈，完成任务的30%。第三类，约250户，属年亏损额大、扭亏无望的特困企业或严重资不抵债企业。主要目标是，有组织、有计划地依法实施兼并、破产。目前已经兼并、破产、停产的企业共111户，约占44.4%。

但必须看到，我省"三年两大目标"任务十分艰巨。原有的亏损企业减亏了，脱困了，一批新的亏损企业又产生了。1998年以来，我省又新增亏损企业240户，这一减一增，亏损面不是缩小了，而是扩大了。至今年8月底，我省国有大中型企业的亏损面已从 1997 年的 45.4％上升到 53.03％。

由此可见，我省国有企业改革是一项长期而艰巨的任务。当前，国有企业一些深层次的矛盾和问题已集中暴露出来，改革正进入攻坚阶段。我们必须结合实际，落实责任制，厘清本地区国有企业的主要矛盾和问题，通过扎实和锲而不舍的工作，尽最大努力实现中央提出的用三年左右的时间，使大多数国有大中型亏损企业摆脱困境，力争到本世纪末大多数国有大中型企业初步建立现代企业制度的近期目标。争取在 2010 年前，基本完成战略性调整和改组，形成比较合理的国有经济布局，建立比较完善的现代企业制度，经济效益明显提高，科技开发能力、市场竞争能力和抗御风险能力明显增强，使国有经济在国民经济中更好地发挥主导作用。

我们要增强搞好国有企业改革的信心。近几年来，各地通过大胆探索取得了初步成果，并创造和积累了丰富的经验；经济发展提高了改革的承受能力；企业的外部环境有了很大改善。特别重要的是，党中央高度重视国有企业改革与发展工作，党的十五届四中全会通过的《中共中央关于国有企业改革和发展若干重大问题的决定》（以下简称《决定》），集中了全党的智慧，全面总结了我国 20 年来企业改革发展的经验，对当前形势，对国有企业改革发展的目标任务、存在的困难及其原因、解决的方针办法，都作了系统深刻的阐述。因此，我们要充满信心地全面落实中央的《决定》，扎扎实实地推进我省国有企业的改革发展。

贯彻党的十五届四中全会精神，必须继续解放思想，勇于创新。要按照"三个有利于"的标准，大胆探索，开拓创新。我省肩负着率先基本实现社会主义现代化的历史重任，在国有企业改革和发展方面也要力争为全国作出应有的贡献。各地区要在省委实施意见的指导下，继续发扬"敢为天下先"的敢闯、敢试的精神，在国有经济战略性改组，建立现代企业制度，建立技术创新机制，扭亏增盈，建立完善国有资产管理、监督、运营体系，进一步完善社会保障体系等方面都要努力进行探索，力争为全省、全国创造新鲜经验。

二、抓住几个关键问题，力求国有企业改革和发展有较大突破

第一，加大国有经济布局战略性调整和国有企业战略性重组的力度，在整体上搞活国有企业上有大的进展。要认真贯彻"调整布局、有进有退，加强重点、优化结构"的方针。对国有经济的产业、行业、地区布局进行调整，收缩战线，加强重点。对企业进行重组，推动国有资本向国民经济的关键领域和支柱产业集中，具体来说是两件事：第一件事是强优汰劣。要加强优质资产，淘汰落后的生产力，保证国有经济在中央《决定》中划定的重要领域、行业和支柱产业的控制和支配地位。对一般性产业和领域的企业，要加快结构调整和资产重组，改为产权主体多元化的股份制企业。对效益差、产品没有前途、技术落后、污染严重的企业要实行调整、关闭、破产。第二件事是要继续贯彻"抓大放小"的方针，优化企业组织结构，在关系国民经济命脉的重要产业和关键领域，扶持发展一批国有独资或国有控股的大企业集团，着重抓好 50 户大型企业集团，采取多种形式放开搞活中小企业。要大力支持、引导股份合作制企业，对需要出售的小企

业，要严格按国家有关规定规范操作。

实施国有经济的战略性调整重组，充分发挥市场机制配置资源的基础性作用。要把国有经济战略性调整与全省产业结构优化升级、与所有制结构调整紧密结合起来，鼓励非公有制企业参与国有企业的战略性重组。通过国有经济的战略性调整，带动全省经济结构的调整，提高整体经济素质。

第二，加快建立现代企业制度的改革步伐，在转换经营机制上有大的突破。国有企业能否和市场经济接轨，出路在于建立现代企业制度，塑造社会主义市场经济的微观基础，这是国有企业改革需要破解的最大难题。要通过规范的公司制改革，使企业真正成为自主经营、自负盈亏的法人实体和市场主体。重点在以下几个方面取得突破：积极探索国有资产管理的有效形式，实现政企分开；建立权责分明、科学高效的公司法人治理结构；形成企业优胜劣汰、经营者能上能下、职工能进能出、收入能增能减、技术不断创新、国有资产保值增值等机制；建立健全企业行之有效的激励机制和内外部相结合的多层次监督约束机制。

股权多元化有利于形成规范的公司法人治理结构，有利于放大国有资本的功能，提高国有经济的控制力、影响力和带动力。国有大中型企业尤其是优势企业，宜于实行股份制的，都要逐步改为股份制企业，发展混合所有制经济，重点企业由国家控股。

第三，在建立技术创新机制、占领同行业技术制高点上有明显提高。技术创新是企业发展的灵魂。要建立健全以企业为主体的技术创新体系，大力发展高新技术产业，广泛采用国内外先进技术，加快改造传统产业。所有国有大型重点企业，都要尽快建立自己的技术开发中心，大幅度提高科技开发人员在企业员工中

2002年8月27日，李长春考察广州白云电气公司。左四为广东省委副书记、广州市委书记黄华华，右一为广州市市长林树森。

的比例，大幅度提高科技开发费用在企业销售额中的比重。努力提高开发有自主知识产权技术的能力，真正做到生产一代、开发一代、储备一代、预研一代，始终保持发展后劲。

第四，在支持国有企业增资减债，努力减轻企业负担上取得显著成效。关于增资减债问题，这次中央的《决定》采取了增加银行核销呆坏账准备金、"债转股"等扶持国有企业的措施。省委这次全会提出了具体贯彻办法。这对企业减轻债务负担，加快发展是非常有利的。各地各有关部门和企业要积极行动起来，用好用足这些政策。此外，要努力减轻企业办社会的负担，采取市场化、社会化和属地化方法，促进企业职工医疗、养老、失业保险社会化，尽快把企业办的医院、学校、托儿所转交给地方管理。继续做好下岗分流、减员增效和再就业工作，解决企业冗员负担。切实做好下岗职工基本生活保障工作，维护社会稳定。采取有效的政策措施，广开就业门路，增加就业岗位，安置企业富余人员，减轻社会就业压力，使国有企业卸下包袱，轻装前进，更好地参与市场竞争。

第五，全面推进各项配套改革，为国有企业改革和发展创造良好的外部环境。要在完善社会保障体制上有大突破，关键是要建立和完善覆盖全社会的社会保障体系。要依法扩大养老、失业、医疗、工伤、生育等社会保险的覆盖面，城镇国有、集体、外商投资、私营等各类企业和个体经济组织及其职工，都要参加社会保险，缴纳社会保险费。强化社会保险费的征缴，提高征缴率，为企业建立能生能灭的机制、职工能进能出的机制，为非公有制企业的健康发展和社会稳定提供保障。要积极稳妥地推进政府机构改革，改革行政审批制度，切实转变政府职能。要规范市场秩序，建立和完善市场体系，坚持不懈地打击制售假冒伪劣商品、经济欺诈、走私贩私等犯罪活动，优化市场经营环境。要扩大内需，开拓市场，为国有企业改革和发展创造良好市场空间。

关于国有企业改革的几点思考[*]

（1999 年 12 月 1 日）

> 检验国有企业改革效果的标准是：现代企业制度的框架是否建立起来了；是否有适销对路、有一定市场占有率的主导产品；企业管理水平是否提高了；企业经济效益是否提高了；企业几个机制是否建立起来了，即：国有资产保值、增值的机制，企业技术进步机制，企业经营者的选拔、管理、激励、约束、监督机制，企业管理干部竞争上岗机制，职工能进能出机制，分配能高能低机制，企业能生能灭的机制等。

1. 加快公司制改造，探索国有经济的多种实现形式，推动现代企业制度的建立。通过全资、控股、参股，进行公司制改造，建立法人治理结构。理顺"新三会""老三会"。

2. 以三项制度改革为重点，推动企业转换经营机制。建立起干部竞争上岗、能上能下的机制；分配能高能低的机制；职工能

---

* 这是李长春同志撰写的关于广东国有企业改革若干意见的提纲。

进能出的机制。

3.改革国有资产管理方式和方法，切断行政纽带，建立以产权为纽带的，有国有资产监管、国有资产运营、国有企业经营三个层次的保值增值机制。撤销行业行政主管部门，建立国有资产运营公司。承担国有资产出资人的职能，代表政府对授权范围内的国有资产行使资产受益、重大决策和选择经营者等出资人权利。不是企业的"婆婆"，是"老板"。不行使行业管理和行政管理职能。通过向所属企业委派产权代表、财务总监，参与企业重大决策，并通过产权代表报告制度、财务监督等方式，监管国有资产的经营。直接把国有资产授权给企业经营的，应是极少数。取消国有企业固定的行政级别。

4.把企业改革和技术改造紧密结合起来，建立企业的技术创新机制，使企业成为技术进步的主体。大型国有和国有控股企业要建立技术开发中心，做到生产一代，开发一代，储备一代，预研一代。科技开发人员占职工总数的比例要有大幅度提高，科技投入占销售总额的比例要有大幅度提高。

5.把企业改革和企业管理紧密结合起来，建立管理创新机制。要围绕产品质量达标升级搞管理；围绕降低成本搞管理；围绕开拓市场搞管理。

6.通过资产重组、企业重组、调整布局、优化结构、抓大放小、政策扶优等办法，从整体上搞活国有企业。推动兼并、重组，催生一批企业集团，50个左右。放活中小企业。

7.建立监督约束机制，形成内部监督和外部监督相结合的多方位、多层次的监督体系。向企业派驻财务总监，规范董事会、监事会、股东会以及党委会、工会、职代会和经理班子的运作。

2000 年 6 月 29 日，李长春在广州钢铁集团调研。

对企业的决策、经营实行全过程监督。

8.帮助国有企业解决改革的三大负担，使企业轻装前进。要用多种办法减轻企业债务负担，使企业增资减债。如：贷改投、财政借款改资本金、所得税返投、外资入股、职工入股、社会法人入股、公众股等。要通过下岗分流，减员增效，解决冗员包袱。多余人员可进企业再就业服务中心，或进入社会再就业服务中心。要解决企业办社会问题。有条件的城市，可以把企业办的医院、学校交给地方。后勤服务可以经费包干，面向社会。

9.加强领导班子建设，按照现代企业制度，完善企业领导体制，并建立起企业经营者选拔、任用、管理、激励和约束机制。要重点选好配强董事长、总经理、党委书记。要按照公司法的规定组成董事会、监事会、经理班子，并各司其职。要探索企业经营者人才培养、选拔、任用、管理的办法，积极稳妥推动企业经营者队伍职业化的改革试点。要探索对企业经营者的激励和约束机制，研究年薪制、期股、期权等新的分配形式，使其分配和经营成果挂钩，并克服短期行为。对于特别优秀者要在政治上有荣誉，社会上有地位。

10.要充分发挥企业党组织的政治核心作用，落实《中共中央关于进一步加强和改进国有企业党的建设工作的通知》精神。特别是企业党组织参与重大决策的形式和方法以及党管干部的原则和管人管事相结合的具体办法。

11.要全心全意依靠职工群众办好国有企业。要落实职代会制度，实行民主管理、民主评议、民主监督，落实《工会法》《劳动法》。

12.全面推进各项配套改革，为国有企业改革和发展创造良好的外部环境。要建立完善的覆盖全社会的社会保障体系。实行再就业工程，企业和社会建立起再就业服务网络。完善市场体系，建立和完善生产资料、土地批租、建筑工程、产权交易、资本、技术、人才及劳务等有形市场。进行政府机构改革，转变政府职能。坚持不懈地打假、打诈、打私，制止"三乱"，优化经营环境。

13.加强对国有企业改革的领导。坚持"三个有利于"的标准；总结典型经验，总结十个企业的经验，总结深圳等城市国有经济改革的经验；培训骨干。注意的问题：把好"三关"，即：资产关，防止国有资产流失；债务关，防止逃债；稳定关，确保社会稳定。要加强改革中的思想政治工作。把改革的力度、发展的速度、群众的承受程度紧密结合起来。检验国有企业改革效果的标准是：现代企业制度的框架是否建立起来了；是否有适销对路、有一定市场占有率的主导产品；企业管理水平是否提高了；长期困扰国有企业发展的几个机制是否建立起来了，即：国有资产保值、增值的机制，企业技术进步机制，企业经营者的选拔、管理、激励、约束、监督机制，企业管理干部竞争上岗机制，职工能进能出机制，分配能高能低机制，企业能生能灭的机制等；企业经济效益是否提高了。

打好国企改革攻坚战 *

（2000 年 6 月 30 日）

> 国企改革和发展要坚持解放思想、实事求是，按照"三个有利于"的标准大胆创新，进行体制、制度、技术和管理的创新，建立现代企业制度，大胆实践，大胆探索。国企改革不仅是企业内部要深化改革，各级政府还要从外部创造良好的环境，帮助企业增资减债，减轻冗员负担，创造条件摆脱企业办社会的局面，建立起覆盖全社会的社会保障体系。

召开这次全省国有企业改革经验交流会，是省委、省政府进一步推动全省国有企业改革和发展的大动作。通过这次会议，进一步交流了国企改革脱困的经验和做法，一定会对全省国企的改革和发展起到比较大的推动作用。围绕怎样进一步狠抓落实，我再强调几个问题。

---

* 这是李长春同志在广东省国有企业改革经验交流会上的讲话。

一、增强搞好国企改革的紧迫感

从前段的情况看，我省的国有企业改革有新进展，有新进步。国有企业是完全能够搞好的，关键是我们过去的那种模式不行，必须进行体制创新、制度创新。从今年1—5月份的数字来看，国有和国有控股企业的工业增加值同比增长15.2%，高于全省14.9%的平均水平。国有企业的利润占整个工业企业利润的比例进一步上升，超过了一半，去年是49%多，今年是55%，而且重要的名牌产品，相当一批都是国有和国有控股企业生产的。我省国有企业出现的这些好的变化，使我们进一步增强了

1999年7月15日，李长春在佛山电器照明股份有限公司调研时，听取公司董事长钟信才介绍企业生产的产品。左二为佛山市委书记林浩坤，右二为佛山市市长梁绍棠。

搞好国企改革的信心。只要我们上下团结一致，真抓实干，就完全有可能搞好国有企业的改革。

国有企业改革，是经济体制改革的中心环节，关系到能不能够很好地建立起社会主义市场经济体制这个大问题。在社会主义初级阶段，党确立的基本经济制度，就是以公有制为主体，多种所有制经济共同发展。通过这些年的努力，多种所有制经济共同发展已经有了一个崭新的局面。现在要使整个社会主义的经济基础进一步巩固、壮大，就必须强化这个主体。而在主体里面，国有经济特别是国有大中型企业要起骨干作用。只有把主体强化起来，使国有大中型企业能够真正地发挥骨干作用，才能够真正建立起社会主义市场经济体制，才能够完整地体现社会主义初级阶段的基本经济制度。按照中央的要求，今年要初步建立社会主义市场经济体制，2010年要建立比较完善的社会主义市场经济体制。这就给国企改革提出了十分紧迫的任务。

关于国企改革与发展，党的十五届四中全会通过的《中共中央关于国有企业改革和发展若干重大问题的决定》（以下简称《决定》），进一步明确了三年的目标。省委八届四次全会对贯彻中央的《决定》制定了实施意见，各级党组织要坚定不移地、全神贯注地贯彻好中央的《决定》和省委的实施意见，这是党的纪律的要求，是最大的党性原则。任何一级党组织都必须把它作为一件大事。不允许不认真抓，不允许抓不好。因为事实证明国有企业的改革能搞好，能搞上去。为什么在你那个地方搞不上去，搞不好？作为一级党组织，对此就应该认真地反思。现在离今年底的时间不多了，尽管我们提的是尽最大努力实现三年目标，留了点余地，但这个余地的前提必须是尽最大努力，不尽最大努力不行啊！要做到思想到位，领导到位，工作到位，政策到位，务必打好国企改革的攻坚战。

二、大胆实践，大胆探索，打好国企改革攻坚战

关于国企改革和发展的问题，中央的《决定》在方向上、原则上、政策措施上都讲得很清楚。我省的实施意见进一步把相关的工作具体化了。现在的关键是怎么样把这些原则、政策措施和要求，变成每一个企业的行动和具体制度、机制，产生出实际效果来。因此，我们反复强调：要坚持解放思想、实事求是，按照"三个有利于"的标准大胆创新，进行体制、制度、技术和管理的创新，把"三改一加强"紧密结合起来。我们强调，要按照现代企业制度的要求，在今年内使大中型企业都扎扎实实地建立起现代企业制度。对广大小企业则要用多种办法，该兼并的兼并，该股份的股份，该出卖的出卖，该破产的破产。对国有经济的战略性调整，总的是有进有退，加强重点，退出一般竞争性行业，具体的我们不划定框框，不硬性规定从哪个行业退出来。我们只对制糖、煤炭、纺织等三个行业有统一的要求，其他的行业则没有。总的要求是坚持强优汰劣的原则，优质资产就把它进一步扶强，劣质资产就把它淘汰掉。要坚持一厂一策，什么办法好，就用什么办法。要尊重广大职工的意愿，按照法律法规进行规范运作。在大胆创新的过程中要把住"三关"，即：把住债务逃废关，不要变相逃债；把住资产流失关，不要使国有资产流失了，国有资产可以置换，可以重组，可以调整，其目的还是要提高国有经济的竞争力，保证国有资产的保值增值；把

住社会稳定关，把职工安排好。在把好"三关"的前提下大胆地创新。

技术创新是国有企业最有优势的领域。国有企业在技术上要在各种所有制经济中占据制高点。上午广州轻工工贸集团谈到，广州市轻工研究所整体进入美晨集团，这是一件非常好的事情。就是要使大型国有及国有控股企业成为科技开发的主体。去年我省的发明专利里面，来自企业的占了四分之一。希望这个比例能进一步扩大，也希望有更多的国有及国有控股企业能够建立起博士后流动站、各种形式的产学研基地，并且能够和高等学校建立

2000 年 6 月 29 日，李长春考察广州本田汽车有限公司。前排左一为广东省委副书记、广州市委书记黄华华，二排右三为广东省人大常委会副主任张帼英。

起联系，以高等学校作后盾，使技术开发在大企业更广泛地开展起来。我省近两年来技术创新的形势很好，去年发明专利第一次居全国第二位，仅次于北京；高新技术产品的出口，居全国第一名。特别是珠江三角洲各市，要进一步提高加大科技开发投入的积极性。现在继深圳市与全国重点高校联合建设科技开发院之后，东莞市也作出决定，财政要拿出20个亿，和重点院校联合建立研究开发院。广州市也在加大科技投入。国有及国有控股企业的大中型企业，要尽快把技术开发机构完善起来，要与高等学校联合建立各种形式的产学研基地。在技术上，要在国内建立起优势。

三、继续搞好各项配套改革，为国有企业
改革与发展创造良好的外部环境

国有企业的改革，不仅是企业内部要深化改革，而且各级政府要从外部创造良好的环境。这主要体现在以下四个方面：一是帮助企业增资减债。这个方面，中央和省的政策已有规定，特别要利用好债转股等政策来帮助企业减轻债务负担。二是帮助减轻冗员的包袱。特别是针对当前国有企业大批下岗职工，要确保下岗职工的生活费和启动再就业工程，帮助企业消化冗员。有条件的市要加快建立市场导向的就业机制，对企业富余人员一步到位地实行社会化分流，不能一步到位的，政府和企业结合起来解决。三是创造条件摆脱企业办社会的局面。过去国有大型企业除火葬场以外，其他都办了，包括医院、食堂、托儿所、幼儿园、小学、中学，有的甚至办大学。而非公有制企业没有这些，这就

不是在一个起跑线上竞争。当然解决这些问题有一个过程，要采取分步实施的办法。我主张第一步要重点解决企业办中小学校的问题。因为中小学是义务教育，本身就是政府的职责。过去在计划经济条件下造成了这种政企不分的局面，现在要建立社会主义市场经济体制，该政府办的事就应由政府办，请各个市无论如何要作为一件大事来抓。对企业办幼儿园和托儿所问题，随着我们强化社区服务，应该第二步解决。幼儿园、托儿所应该是社区服务的内容，要把社区服务作为配套改革抓好。对于企业办社会的其他项目也都要下决心解决，有的虽不能一下子解决，但是也要与企业生产经营剥离开，起码要独立核算，自负盈亏。既为厂内服务，又为社会服务，为逐步脱离企业创造条件，比如厂办医院。各地在解决企业办社会问题方面，要制定计划，不能光说说而已，哪些第一步，哪些第二步，每个步骤办到什么程度，都要落实好。四是社会保障体系的改革。过去我们的社会保障体系仅仅是在公有制内部进行，这是不行的，必须覆盖全社会。因为我们是以公有制为主体，多种所有制经济成分共同发展，而社会保障一个最大的特点是社会化属性。对非公有制企业，建立起覆盖全社会的社会保障机制，也是对非公有制企业的一个非常大的配套支持措施，到这里就业的职工就没有后顾之忧了，与国有企业一样享受了社会保障。同时也是给政府的工作创造了保证条件，有了社会保障体系，实现改革、发展和稳定才有手段。

做大做强商贸流通业 *

（2001 年 5 月 26 日、6 月 29 日）

一

上海在中高级批发市场方面，创办了上海金属交易所等；在零售商业上，创办了连锁经营、集中配售的华联集团等一批有影响的企业，在流通革命上走在了前面。广州、深圳要带个头，实现从小商人到大商人的转变，从传统商业向现代商业的转变，从传统服务业向现代服务业的转变。要创办广东的"沃尔玛"。在这个转变过程中，完全靠自由市场经济是不行的，政府的推进作用不可或缺。这也正是我们和上海的差距。

（2001 年 5 月 26 日在《羊城晚报》刊登的《粤沪两地零售大户论剑大上海》一文上所作的批语）

---

* 这是李长春同志关于发展商贸流通业的两则批语。

二

商贸流通业要作为我省的支柱产业，急起直追。可广泛听听专家的意见。既要重视放开搞活，也要重视政府在指导经济上的作用，没有政府引导，放任自流，很难做大做强，其结果没有后劲。

（2001年6月29日在有关专家提出的《关于加快广东商贸流通业发展的建议》上所作的批语）

改革流通体制，规范市场秩序 *

（2001 年 6 月 17 日）

> 整顿规范市场秩序，必须标本兼治。要打击破坏市场秩序的行为，加强管理，严格监督，向改革要秩序。要加快体制改革，制度创新，在流通体制改革与创新上下功夫。大力发展现代连锁经营等先进的流通模式，从源头上杜绝假冒伪劣商品进入市场，这才是治本之策。

　　这次来深圳主要是考察流通体制改革方面的情况。当前，全省正在按照中央的要求，大力整顿规范市场秩序。整顿规范市场秩序，不仅是解决市场秩序混乱、保证当前经济正常运行的迫切需要，也是完善社会主义市场经济体制的重要举措。

---

　　* 这是李长春同志在深圳市考察商贸流通工作时的讲话。

一、整顿规范市场秩序要标本兼治，
向流通体制改革要秩序

整顿规范市场秩序，必须标本兼治。一是要打击各种破坏市场秩序的行为。二是要加强管理，严格监督。要严把市场准入关，准入之后还要严格监督管理。三是向改革要秩序。整顿规范市场秩序，从根本上来说，要靠流通体制的改革与创新。要加快体制改革、制度创新，在流通体制改革与创新上下功夫。大力发展现代连锁经营等先进的流通模式，从源头上杜绝假冒伪劣商品进入市场，这才是治本之策。

这两天我考察了全球最大的零售企业沃尔玛在深圳开设的商场，看了全省最大的零售企业万佳百货的商场和配送中心，还看了住宅区里的民润肉菜超市以及福田农产品批发市场，感到深圳在流通体制的改革与创新方面新风扑面，从中看到了深圳人的探索精神、创新精神。深圳人已经开始享受到现代连锁经营带来的便利和实惠，价廉物美的商品琳琅满目，日子过得很幸福。现在看来，我们引进国外大型零售商的决策是对的。引进沃尔玛，没有导致本土零售业的全军覆没，而是推动了我国零售商业的改革与发展。在与世界零售业巨头的激烈竞争中，像万佳这样一批按照新型流通体制运作的现代连锁企业，应运而生，不断发展壮大起来，他们与沃尔玛这样的国外大型零售商互相学习，展开竞争，形成了"与狼共舞"的格局。由此可见，哪个方面先开放，哪个方面就能够先上水平，先发展上去。同时也说明，整顿规范市场秩序，必须标本兼治，"本"就是体制创新。目前，很多城市的流通体制还是以集贸市场为主渠道。在社会主义初级阶段，各种市场形态并存是必要的。集贸市场在推动计划经济转向市场经济、活跃城乡经济方面起了很大的作用，立了大功，今后还要引导其健康发展。但如果停留在集贸市场的水平，就会落伍。集贸市场是一种小农经济的流通方式，在流通形式上还属于初级市场，如果监督管理跟不上，必然会产生很多弊端。有的地方工商局办市场，既当裁判员，又当运动员，容易出问题。小农经济的流通模式，一贩一摊，必然催生小农经济的生产、经营方式。在监督管理跟不上的情况下，就会出现往猪肉里注水、往大米里掺矿物油、在猪饲料里加激素等现象，出现集贸市场上一些执法人员搞权钱交易等问题，有的甚至把猪肉检疫的章子交给肉贩盖。我们必须积极探索建立新的流通体制，希望深圳在这方面走在全省前面，创造更多的新鲜经验。

二、现代连锁经营是零售商业流通体制改革的好模式

怎样进行流通体制改革呢？在零售商业上，现代连锁经营是一种好模式。沃尔玛从一个小型流通企业发展成为在世界500强中居第二位的企业；万佳百货借鉴了沃尔玛的经验也迅速发展起来，一跃成为全省第一、全国第十三的商业零售企业。这些都充分证明现代连锁经营有着强大的生命力。

发展现代连锁经营，要抓住五个关键环节。一是统一进货。进货权由总部控制，各门店不能自己进货。总部统一进货，这有利于对生产厂家实行选优汰劣，从源头上防止假冒伪劣商品进入流通体系，这是让消费者买到价廉物美的商品、吃上放心肉菜的

根本保证。二是集中配送。各门店只管卖货，货源统一配送，并根据各地区的不同情况灵活调度。用比较大的库存量，保证各门店货全物畅。三是连锁经营。在各地设立若干个连锁店，由总部统一指挥，通过连锁经营扩大经营规模。四是规范服务。统一服装、统一管理、统一标准、统一企业文化，通过规范化的服务，创出品牌。创品牌，实际上是建立社会信誉，增强社会责任感，使流通企业与消费者、生产者之间建立起互信机制，杜绝坑蒙拐骗行为。五是电脑管理。现代连锁经营是个庞大体系，必须利用最先进的技术、最先进的设备进行现代化的管理。力求以最短的时间、最高的效率、最合理的调度，使资源得到最佳的配置，保证用最小的投入实现最大的产出。同时也有利于防止企业内部的跑冒滴漏和税源流失现象。

现代连锁经营方式由于环节少、效率高、规模大，因此受到生产企业的欢迎，流通企业自己能够提高效益，消费者也对物美价廉的商品感到满意，可以说是大流通促进大生产的有效形式。我们学习发达国家组织社会化大生产的经验，这就是其中的一个重要方面，我们要虚心地学、认真地学。同时，要很好地研究我们自身的情况，在学习借鉴中不断创新、不断发展，形成自己的特色。这次看到，深圳对传统的副食品商店、肉菜市场也实行连锁经营，这就是一个创新，而且搞得很成功。鲜活商品搞连锁经营，实现超市化，难度较大。过去许多人认为鲜活产品经营只能靠个体户，靠小门店、小摊档，靠集市贸易。深圳在这方面有突破，取得了经验，用实践证明了鲜活商品也是可以搞超市化和连锁经营的。过去认为鲜活商品搞超市化和连锁经营，价格要高于集贸市场，深圳的实践证明，由于其环节少、规模大，没有欺行霸市的困扰，保鲜设施完善，是可以做到物美价廉的。一是保证鲜活，二是企业有效益，三是价格便宜。有了这三条，鲜活商品超市化就有了生命力。

三、努力建设几个辐射力强的高水平、高层次的农产品批发市场

1998 年我来深圳看过布吉农产品批发市场，总的感到那是一个规模很大的初级市场。这次看了福田农批市场的农产品拍卖现场，感到在价格形成机制上比布吉有了很大进步，但还不够完

2001 年 6 月 17 日，李长春考察深圳福田农产品批发市场。右一为深圳市常务副市长李德成。

善。农产品批发市场要从初级市场向更高层次的市场形态过渡，以满足经济发展的需要。深圳的农产品批发市场应当向更高层次发展，向高级市场发展。

一个比较完善的现代农产品批发市场，应具备以下七个功能：一是物资集散功能。这是所有市场都具备的基本功能，通常是以交易额作为衡量标准。二是价格形成功能。即要有完善的价格形成机制。现代批发市场不仅要实现物资集散的功能，更要发挥形成价格，或者说制造价格的功能。价格也可比作是批发市场的"产品"。各方面的信息，包括生产信息、供求信息、政策信息等，以这些信息为"原材料"，在公开、公平、公正的原则下，通过市场机制（供求机制、竞争机制、价格机制）运作，形成价格。对于有期货功能的市场，还能形成远期价格。价格形成的功能不亚于物资集散功能，从某种意义上来说甚至更为重要，而且将对全社会的生产、经营起重要指导作用。三是信息集散功能。批发市场不仅是物流中心，也是信息流中心，因此要有完善的信息化手段。这里汇集了各方面、各地区的供求信息、价格信息、政策信息，以指导交易；同时这里产生的价格信息也回馈于社会，通过报刊、电视、广播、互联网等媒体传播出去，使农民有了稳定的供求信息，解决了农民进入市场所遇到的市场信息不灵的困惑，使经营者进行贸易有了依据，对政府指导农业生产、制定农业政策也具有重要意义。深圳农产品批发市场在全国占有重要地位，要进一步强化信息功能，打出深圳价格。四是推行农产品质量标准功能。即对农产品按国家质量标准进行质量检验，分级、分等和标准化管理。标准化是社会化大生产的基础条件，如果不走标准化之路，就没有办法实现现代化的大流通、大生产。工业生产如此，农业生产也应如此。比如荷兰的鲜花市场，货物到达市场后，连夜就按标准划分等级，交易不用看全部实物，看样品就可以，从而大大节约了交易成本，提高了效率。如果进一步进行互联网远程交易，连样品都看不到，必须设有标准化。从总体上看，我国农产品特别是鲜活产品的标准化工作还比较薄弱。深圳农产品批发市场应该争取国家和省有关部门的支持，与有关部门合作，先就一些量大面广的农产品，制定试行标准，加以推广，为全国农产品标准化做一些有益的探索，先行一步，做好了将来可能就是制定国家标准的基础。适应新经济的发展需要，现代物流业必须与电子商务结合起来，才能有更广阔的发展前景，这同样也迫切需要标准化。五是促销功能。批发市场一头连着生产基地，一头连着广大批发商，是联结生产与消费的纽带。因此要进行市场调查、市场分析，通过海内外促销吸引更多的批发商进场交易，为广大生产企业更好地打开销售渠道，使产品销售与市场结合紧密。六是服务功能。包括仓储服务、运输服务、结算服务以及工位器具等服务。批发市场的功能不仅仅是完成交易，还要为供方、需方在交易前后提供系列服务。七是推动生产规模化、集约化功能。大流通必将促进大生产，完善的农产品批发市场的形成和发展，必将催生一批农业龙头企业，必将更好地推动农业产业化经营。

四、深圳要进一步改革创新，加快物流业发展，建设成为重要的物流中心城市

深圳有一些不错的现代连锁经营企业，已经有了雏形，但规

模还比较小，管理还不够完善。广州是传统的商埠城市，深圳是新兴的经济中心城市，但在流通领域，在商品零售业上，我们广东还没有一家企业进入全国前十名，这与广东的经济地位很不相称。希望深圳万佳、民润等一批已经初具规模的企业，加快体制创新和管理创新，迅速做大做强，尽快跻身全国先进行列。所谓先进行列，起码应该是进入前十名，如果要说达到一流水平，那起码要进入前三名。现在万佳在全国排行第十三，还要加把劲。深圳经济特区不仅要成为高新技术产业和出口基地，同时也要成为重要的物流中心。深圳连锁企业要扩大辐射区域，首先要进军珠江三角洲城市群，希望在珠三角各市都能看到万佳、民润的品牌，让更多的群众享受到现代连锁经营带来的便利和实惠。同时也希望以这种新的经营模式推动珠三角地区商品零售业的发展和流通体制改革，促进广大干部群众解放思想，转变观念。深圳几个现代连锁企业的大股东都是上市公司，融资条件较好，要在巩固现有市场的基础上，积极实施走出去战略，在境外、国外开拓市场，带动一大批相关生产企业、产品走出去。

零售业和农产品批发业是物流业的一个重要方面，流通领域需要改革的方面还很多。例如在药品流通领域，可以大力推行招标采购，引进批发拍卖机制，零售也可以发展连锁经营。在生产资料流通领域，也可以应用百货业连锁经营中的配送原理，开发新的流通模式，比如说建立钢材配送中心，为用户下料、剪裁、送货，一方面使钢材用户能够实现零库存，另一方面又使钢材生产企业有稳定的销售额，配送中心也可以获得较好的效益，一举多得。类似的流通体制改革，可以催生新的体制、新的机制、新的产业，对生产的促进作用很大。希望深圳继续解放思想，大胆探索，围绕大流通的方方面面，不断改革，不断创新，创造出更多更好的新鲜经验。

经济信用关系广东形象 [*]

（2001 年 7 月 3 日）

瑞华^[1]、华华^[2]、高丽^[3]、丽满^[4]、凤仪^[5]同志阅：

经济信用关系我省的形象，应予以重视，我出国访问期间也听到这个反映。要采取稳妥的办法，要内紧外松，以正面推动为主。可否由政府先研究个意见，作为整顿和规范市场经济秩序的延伸，用适当的形式抓一抓。

注　释

〔1〕瑞华，即卢瑞华，时任广东省省长。

＊　这是李长春同志在广东省社科院调研报告《关于广东经济信用问题的分析及对策》上所作的批语。

2000 年前后，广东一些地方出现了比较严重的经济秩序混乱现象，导致了信用危机，潮汕地区尤为严重。李长春同志作出批示后，广东省政府下发了《关于加强我省信用建设工作的通知》等相关政策法规，对政府信用、企业信用及个人信用建设作统一部署。此外，全省开展打击偷税漏税等专项整治行动，推动政府和企业信用不断提升，社会信用意识不断增强，形成"讲信用光荣，不讲信用可耻"的社会氛围。

〔2〕华华，即黄华华，时任中共广东省委副书记、广州市委书记。

〔3〕高丽，即张高丽，时任中共广东省委副书记、深圳市委书记。

〔4〕丽满，即黄丽满，时任中共广东省委副书记。

〔5〕凤仪，即刘凤仪，时任中共广东省委副书记、广东省政协副主席。

加快发展现代流通业，提高广东经济的综合竞争力[*]

（2001 年 12 月 6 日）

> 世界经济发展的历史表明，小流通促进小生产，大流通促进大生产，落后的流通只能阻碍生产，现代化的大生产一定是由现代化的大流通来推动的。如果我们长期停留在小农经济的流通方式上，推动的只能是小农经济的生产方式。广东要率先基本实现社会主义现代化，不仅生产、科技要实现现代化，流通更要实现现代化。我们必须彻底转变重生产、轻流通的思想，进一步加快现代流通业的发展步伐，以先进的现代化大流通引导和促进现代化大生产。

　　加快现代流通业发展是广东省委、省政府贯彻落实"三个代表"重要思想的具体行动，也是广东经济进入转型期和新的发展阶段后，加快经济结构调整，积极应对加入世界贸易组织挑战的客观要求，对于巩固和增强广东的发展优势，增强发展后劲，具

有重要意义。

一、从战略的高度深刻认识加快现代
流通业发展的重要性和紧迫性

首先，要进一步认识生产与流通的关系，把流通摆在非常重要的位置上。流通是社会化大生产的重要环节，是连接生产与消费的纽带和桥梁。生产与流通的关系，在不同的发展阶段和不同的经济体制下显示出不同的特点。在产品经济和计划经济条件下，强调生产是矛盾的主要方面，生产决定着流通，流通业只是国民经济的末端行业。随着改革开放以来商品经济的大发展，社会主义市场经济体制的初步建立，特别是近些年来市场形势由多年的卖方市场转向买方市场之后，流通对生产的反作用越来越重要。特别是现代流通业，由于广泛采用现代技术手段和经营组织、管理形式，使流通规模日益扩大，流通效率日益提高，对生产的指导和促进作用日益明显。在计划经济体制下，我们仅仅强调了生产决定流通，而对流通的反作用认识和强调得不够。因此，在经济工作的指导思想中，长期以来确实存在着重生产、轻流通的倾向。在市场经济条件下，重视流通就是重视市场导向的原则，就是重视产品市场价值的实现。流通不仅满足即期需求和开发潜在需求，而且创造未来需求；不仅决定着生产价值的实现，也对生产的内容和组织产生重要影响。重视流通，发展现代流通业，对我们当前贯彻落实扩大内需的方针，也有更加特殊和重要的意义。

流通对生产的反作用，还体现在流通方式变革对生产方式的变革有着重要的影响和带动作用。世界经济发展的历史表明，小流通促进小生产，大流通促进大生产，落后的流通只能阻碍生产，现代化的大生产一定是由现代化的大流通来推动的。如果我们长期停留在小农经济的流通方式上，推动的只能是小农经济的生产方式。广东要率先基本实现社会主义现代化，不仅生产、科技要实现现代化，流通更要实现现代化。我们必须彻底转变重生产、轻流通的思想，进一步加快现代流通业的发展步伐，以先进的现代化大流通引导和促进现代化大生产。

其次，加快发展现代流通业，是广东优化产业结构，提高经济整体素质和综合竞争力的有效途径，也是当前工作的重要突破口。第三产业的繁荣和发展是产业结构调整的重要目标，也是一个国家和地区经济发展水平和经济实力的重要标志。广东第三产业增加值占国内生产总值的比重已达到了40%，高于全国，但与发达国家相比差距很大，主要是比重偏低，内部结构不合理，层次和水平也不高。作为第三产业重要组成部分的流通业，市场主体存在着"小、乱、散"的问题，不适应现代流通业发展的需要，发展现代流通业潜力很大。所以，省委、省政府确定以现代流通业作为发展现代服务业的突破口，来带动整个第三产业的发展，尽快把现代流通业建设成为广东新的支柱产业。

现代流通业不仅仅是新的增长点，而且对提高整体经济运行质量也有重要作用，可以极大地提高生产型企业的效率和效益。目前，广东大多数产业进入剧烈竞争的状态，靠生产成本和产品价格竞争已经没有太大的利润空间，竞争的焦点逐渐转向流通环节。能否快速进入各种分销渠道、降低流通成本，已成为企业夺取市场份额、获取利润的决定性因素。由于我们的第三产业不发达，流通业效率低，所以生产企业的资金大量压在储备资金和产成品资金上，造成全社会流动资金占用量大，资金周转慢，流通费用高，经济运行质量低。发展现代流通业的重要意义，在于可以畅通流通渠道，提高流通效率，实现"零库存"，大大压缩企业的储备资金和产成品资金，促进经济实现良性循环，从而提高经济的整体素质和综合竞争力。

第三，加快发展现代流通业，是广东实现体制创新，规范市场经济秩序的治本之策。市场经济是信用经济和法制经济。信用和法制是维护市场秩序、保障市场运转的基础，二者缺一不可。加强监管是维护市场秩序的法制体现，但实践证明，仅仅靠监管和法制是远远不够的，更多的还要通过流通体制的创新来增强市场本身的约束和市场主体的自律。现代流通业通过有机联系的大流通系统，把市场各方紧密地联系在一起，大家既互相竞争，又

2002 年 2 月 12 日（农历正月初一），李长春到广州邮件处理中心看望坚守岗位的干部职工，并考察先进的信函、包裹分拣系统。右一为广东省邮政局局长喻军。

相互依存，而维系这种联系的是信用和规范。任何不讲信用的行为和不规范的做法，都会损害这个大系统。现在广泛地存在着的适应小农经济的流通方式，如集贸市场，由于监管跟不上，有的已成为假冒伪劣商品的集散地，成了逃税漏税的"特区"，甚至成了藏污纳垢的庇护所，成了行政执法机关个别工作人员的"腐败源"。长期停留在这种落后的流通方式上，增加再多人搞监管也不能从根本上解决问题，甚至有些监管者也被腐蚀了，问题的症结就是流通体制落后。现代流通业与传统流通业的根本区别，在于现代流通业经营主体的组织化、规模化而带来的经营行为的规范化、经营作业标准化。规范市场秩序必须走现代流通的路子。当然，我们国家由于生产力水平的多层次和所有制结构的多样化，决定了流通业业态的多样化。我们强调在大中城市不要继续发展集贸市场，要大力发展连锁超市，通过提高其在零售额中的比重，逐步淘汰集贸市场。至于在农村，还是要在加强监管的前提下发展集贸市场和专业市场，不能搞一刀切，不能搞片面性，方向要弄清，具体工作上要分类指导。

第四，加快发展现代流通业，是广东迎接加入世界贸易组织挑战和增创地缘新优势的迫切需要。根据我国加入世界贸易组织的承诺，我们要在三年左右的时间内陆续放开外商到国内开办各种流通企业在地域、数量、经营范围、股份比例等方面的限制。可以预计，不久将有越来越多的外资流通业巨商抢滩登陆我国，流通领域的竞争必然十分激烈。只有加快流通体制的改革和创新，大力发展现代流通业，促进传统商业向现代商业、传统服务业向现代服务业的转变，才能使广东的流通业有能力参与激烈的国际竞争，在开放的环境中发展壮大。

发展现代流通业对改善投资软环境，巩固和增创广东对外开放的地缘新优势十分重要。近几年来，外商投资我国的战略有所调整，如果说过去外商投资侧重利用我国的廉价劳动力生产产品打向国际市场，现在则逐步转向以占领中国市场为目标。基于这一战略目标的调整，外商对投资地域的选择出现了新变化。过去珠江三角洲是外商投资的首选目标，目前以上海为龙头的长江三角洲以其对全国市场的辐射优势正在成为新的热点，这使广东固有的毗邻港澳的地缘优势逐渐消失。在这种情况下，怎样增创广东地缘新优势，在新世纪继续使广东改革开放和社会主义现代化事业走在全国前面，是我们必须面对的重大课题。创造新的地缘优势，必须增强广东的辐射力。一个城市、一个地区的辐射力，不能光靠制造业来实现，要更多地体现在现代服务业，体现在商流、物流上。物流环境好，可以使企业节省物流方面的软硬件投资和人力投入，降低企业的总成本，扩大企业原材料和产品的配送范围，提高配送效率，有助于吸引更多的外国企业和国际资本到广东投资。因此，大力发展现代流通业是增创广东地缘新优势的战略措施。必须努力把珠江三角洲建设成为具有发达的现代流通业和现代服务业、能够通达和广泛覆盖国际和国内市场的经济发达区域，同以上海为龙头的长江三角洲一道，成为国内最理想的投资场所之一。

二、厘清思路，突出重点，努力开创
现代流通业发展的新局面

加快现代流通业的发展，要重点抓好连锁经营、现代物流业、中高级批发市场的建设，并以此为突破口，推动传统流通业向现代流通业的转变。

1. 大力发展连锁经营，推动广东零售业的经营方式和组织形式创新。发展连锁经营，重点在城市特别是大中城市。要搞好规划，合理布局。根据国家《关于城市商业网点规划工作的指导意见》的要求，以广州、深圳为龙头，以珠江三角洲为核心，发展大型连锁企业，逐步建立起与广东经济发展和对外开放水平相适应，布局结构合理、功能齐全、统一开放和竞争有序的城市商业体系。要从广东的实际出发，突出重点，形成特色。经济发展水平较高的大中城市在城市规划和发展中，要为连锁企业发展创造

1999 年 2 月 16 日（农历正月初一），李长春到广州天河城广场天贸南方大厦考察节日市场供应情况，并与售货员亲切交谈。左一为广东省委副书记、广州市委书记黄华华，左五为广州市市长林树森，左六为广东省副省长许德立。

条件，鼓励发展综合性、仓储性超市，引导连锁企业向社区发展。到 2005 年左右，大中城市连锁超市的经营额要达到社会商品零售额的 30%。政府有关部门要转变观念，用改革创新的精神，改变陈旧的管理办法，努力扶持促进新生事物的发展。一些小城市和农村仍以提高集贸市场和供销社等的服务水平为主，方便群众。

2. 积极发展现代物流业，使之成为广东经济发展重要的基础产业和新的经济增长点。广东现代物流业的发展刚刚起步，我们要采取积极态度，加以引导和扶持，营造有利于现代物流业发展的宏观环境，要从政策、体制、法规等方面为发展现代物流业提供保障。要尽快清理过时的政策法规，制定鼓励现代物流业发展的政策和措施，帮助企业解决实际问题。要正确引导、倡导和鼓励工商企业逐步将生产制造领域以外的原材料采购、运输、仓储，产成品流通领域的加工、整理、配送等业务分离出来，按照现代物流业的要求进行整合或重组，或者委托专业物流公司承担，扩大物流服务需求。要加快培育具有国际竞争力的现代物流企业，鼓励物流企业打破传统物流模式，尽快形成一批主营业务突出、竞争力强、管理水平高、服务质量好的专业物流服务企业。要充分发挥海陆空运输和口岸等综合优势，重点建设一批起点高、规模大、辐射力强的物流园区。要善于学习借鉴国际先进经验。加强与国外境外先进物流企业的合作，尤其要加强与香港方面的合作，这是改善广东物流设施和技术装备水平，加强人才培养，推动广东现代物流业实现跨越式发展的一条捷径。

3. 集中力量建设一批中高级批发市场，构筑广东的大市场格局。广东的市场数量多，但现代化的中高级批发市场极少。今后要按照少而精和从实际出发的原则，集中力量建设若干个功能齐全、辐射力强的现代化中高级批发市场，同时努力提高各类专业批发市场的经营水平。与此同时，在县和镇域经济中，继续办好各种传统的专业批发市场，并通过加强引导和管理，使它们不断提高档次。除了传统的批发形式以外，要积极引进展览批发、拍卖批发、代理批发和网络批发等新型贸易批发形式，促进资源和业务向有品牌、有经营管理和网络优势的企业和市场集中，走有形市场和无形市场相结合、品牌化经营的路子。

三、加强领导，狠抓落实，确保流通业改革与发展顺利进行

各级领导干部要进一步解放思想，转变观念，与时俱进，开拓创新。要充分认识到发展现代流通业是贯彻落实"三个代表"重要思想的实际行动。要按照理论和实践结合的原则，深入学习现代流通知识，处理好流通和生产的关系，提高驾驭市场经济的能力。

发展现代流通业不仅要有紧迫感，更要有科学态度。要重点突出，合理规划，防止一哄而起，搞得面目皆非，影响形象和推广。超市连锁各市都可以搞，但要讲规模经济，有规模才有效益，才能体现连锁的优势。中高级批发市场的规划要省市结合，以省为主，搞好全省的规划布局，重点区域是广州、深圳，适当考虑粤东、粤西的平衡发展。现代物流业的发展，也要以广州、深圳为重点和龙头，其他有条件的市从实际出发，搞分支机构或发展一些单项物流业务。

现代物流业的发展潜力巨大，发展的阻力也不可低估，要组

织好社会宣传和推广活动。如果不搞宣传和发动，这个潜在的市场很难变成现实的市场。省经贸部门要组织规模大的工业企业搞现代物流业学习班，让他们参观搞得比较好的物流企业，请物流企业和专家搞讲座，让先走一步的工业企业介绍自己的体会，使他们切实认识到走这条路子可以提高企业效益，促使大家提高认识和转变观念。加入世界贸易组织的过渡期要求我们的流通业必须在两到三年内有一个大的发展，要强化大家的紧迫感和危机意识。

搞现代流通业，人才是决定因素。实践证明，传统的商业和物资流通工作者，不学习、培训和提高，就不懂得如何搞现代流通业。要充分利用经济干部管理学院等培训机构，为流通企业、生产企业培训专业人才。大学也要抓好相关专业人才的培养，但要从实际出发，缺什么补什么，不一定另铺摊子。

要切实转变作风，真抓实干，抓好工作落实。各级领导要多深入基层调查研究，倾听企业的意见，帮助企业解决实际问题，增强工作的针对性，要坚持民主科学决策。

放手发展民营经济 *

（2001 年 12 月 21 日）

> 民营经济是社会主义市场经济的重要组成部分，从事民营经济的人员是中国特色社会主义的建设者。对民营企业，要落实国民待遇，一视同仁。因此，在思想观念上要进一步解放思想，在实际工作上要突出放手发展。要放手发展，就要放宽领域。凡是对外资开放的领域都要对民营资本开放。

民营经济是国民经济中最有活力的部分，也是我省发展后劲之所在。我们要坚持一手抓整治，一手抓发展；一手抓发展，一手抓提高。要把发展民营经济和提高民营经济水平，作为我省应对加入世界贸易组织和提高国际竞争力的一个战略措施抓紧、抓实。

抓发展首先要进一步解放思想，转变观念。民营经济是社会主义市场经济的重要组成部分，从事民营经济的人员是中国特色

---

* 这是李长春同志在中共广东省委工作会议上讲话的一部分。

社会主义的建设者。对民营企业，要落实国民待遇，一视同仁。因此，在思想观念上要进一步解放思想，在实际工作上要突出放手发展。要放手发展，就要放宽领域。凡是对外资开放的领域都要对民营资本开放。除了国家有专门规定之外，我们不要由于层层加码而放不开。要降低门槛，也就是放宽市场准入条件。当然不能放宽到"三无"[1]企业都进来，这个教训很深刻。汕头前几年的骗汇案，是"三无"企业闹翻了天。这次骗税也是"三无"企业闹翻了天。所以，降低门槛的底线是"三无"企业不能进来。放宽领域可以引导民营企业到国民经济最需要的地方发展。建议各地要办好产权交易市场，把它作为招股的有形市场，引入公平、公开、公正竞争的原则，把民营资本引导到国民经济最需要的地方去。这是抓发展。

1999 年 9 月 7 日，李长春在阳江考察刀剪企业阳江十八子厨业有限公司。左一为阳江市委书记石启仁，右一为广东省省长卢瑞华，右五为阳江市市长江泓。

　　抓提高，也有一个解放思想的问题。我们的视野要开阔，要树立社会化大生产观念。作为起步阶段，我省民营企业取得了很大的成绩。要进一步解放思想，与时俱进。不能停留在我们的注册资本是全国第一、占的比重也很大这个阶段，要看到自己的不足，"小、弱、散"是要害。因此，首先要解决认识问题，在这个基础上抓好"五个转变"，即从家族经营通过股份制改造向现代企业制度转变；从分散、粗放的低水平重复生产向规模化、集约化、专业化生产转变；从主要是劳动密集型向技术密集和劳动密集相结合转变；从不规范经营向重质量、重信用、遵纪守法的规范经营转变；政府由简单放开、被动服务向主动服务、积极引导转变。"五个转变"中，政府从被动服务、简单放开转到主动服务、积极引导这个环节很关键，否则前几个转变不容易实现。这就有一个处理好"两只手"，即市场这只"无形的手"和政府这只"有形的手"两者的关系问题。既不能用计划经济那一套办法，对企业用行政命令直接管理，也不能像自由市场经济那样，简单放开不管。从理论上看，凯恩斯的经济理论，即政府干预下的市场经济，现在在国际上占上风；从实践上看，实行政府干预下的市场经济，国家的经济发展是有后劲的，市场秩序是好的。当然这种干预要以间接干预为主，要以经济的、法律的手段为主，辅之以必要的行政手段，干预的水平要提高。我们不叫干预，叫引导，要积极引导。完全靠市场这只手调节，当前有几个制约：第一，我们的市场体系还不完善，有的时候它还按照不合理、不科学的导向去调节。第二，市场调节导向的时间长，甚至代价大，这种代价包括资源上的浪费，也包括形象上的损失。像汕头，形象上造成的损失要影响两三年。第三，长期以来形成的旧的习惯势力也是影响正常导向的一个阻力。现在有一种现象，"宁当鸡头不当凤尾"，不管项目是不是重复建设，都愿意自己当个独立的小老板，而不愿意在董事会里把板凳接长，做集体老板的一员。这就是习惯势力、小农经济意识的局限，这也是我们国家一个很现实的问题。目前，我们个体私营经济的阶段相当于欧美19世纪的阶段，相差100多年，如果我们不加快这个转变过程，想适应加入世界贸易组织的新形势是困难的。同时，对民营经济上水平的问题也要分类指导，不要搞一刀切。对民营经济已经发展成一定规模、有一定基础的地方，像珠江三角洲和粤东地区，就要一手抓发展，一手抓提高。佛山是民营经济基础比较好的地方，希望佛山认真学习浙江发展民营经济的经验，在上水平方面能够为全省提供经验，也希望潮汕地区结合贯彻年初省委、省政府汕头现场办公会议精神，很好地学习浙江的经验，大力发展民营实业。广大山区和贫困地区，民营经济本来还没怎么发展，面临的不是马上提高的问题，而是发展的问题。要放手抓发展，边发展边规范边提高。同时，要大力支持民营科技企业的发展，省委、省政府在明年适当的时候开一次民营经济经验交流会，重点抓提高，也同欠发达地区交流发展的经验。我们希望佛山、粤东地区及其他地方根据自己的情况，创造出好经验。

注　释

〔1〕"三无"，即无营业执照、无经营资金、无经营场地。

重视解决中小企业贷款难问题 *

（2002 年 7 月 25 日）

瑞华 [1]、广源 [2] 并善如 [3]、马经 [4] 同志：

　　这个问题社会一直反映强烈，工商企业、金融企业都有各自的说法。建议省经委和大区行组织金融企业、工商企业、行业组织、经济综合部门开个座谈会，在一起对对话，出出主意，如：如何适用信用建设的成果，加大对信誉好的工商企业贷款力度；如何催生担保行业的成长，规避各方风险；如何进一步加快信用制度建设的步伐；如何转变观念，给民营经济以国民待遇等等。本着与时俱进、开拓创新的精神，使我省解决这个问题能有较大的突破。关于吸引民资投向重点建设项目的问题，建议由三个产权交易中心试办。政府可制定相应的办法。请瑞华、广源阅示。

　　* 　这是李长春同志在广东省统计局《2002 年上半年广东经济形势分析与全年走势展望》上所作的批语。

　　改革开放以来，广东民营经济发展迅速，但在发展中遇到不少困难，其中中小企业贷款难问题尤为突出。根据李长春同志的批示精神，广东省经贸委、中国人民银行广州分行等部门积极采取措施，通过建立新型银企合作关系、建设全省中小企业信用担保体系、加强企业信用体系建设、增加金融服务品种、适当下放中小企业流动资金贷款审批权限等，加大对中小企业信贷支持的力度，使中小企业贷款难问题得到较大程度的缓解。

注 释

〔1〕瑞华,即卢瑞华,时任广东省省长。

〔2〕广源,即欧广源,时任中共广东省委副书记、常务副省长。

〔3〕善如,即陈善如,时任广东省经济贸易委员会主任。

〔4〕马经,时任中国人民银行广州分行行长。

全面推进广东信用建设 *

（2002 年 9 月 25 日）

在一定意义上讲，市场经济就是建立在法治基础上的信用经济。市场经济越发达，对社会信用建设的要求越高。大量活生生的事实证明：一个不讲信用的人或企业，根本就没有资格搞市场经济；失去信用，最终也必然将失去市场，并被市场所淘汰。一个信用水平低下的社会，不是文明社会；一个信用秩序混乱的环境，不是法治环境。推进社会信用建设，就是整顿和规范市场经济秩序的治本之策。我们一定要统一认识，把推进社会信用建设作为建立社会主义市场经济体制的基础工程，抓紧抓实抓好，抓出成效。

信用一词具有丰富的内涵，它既包括精神领域的范畴，也包括物质领域的范畴。从精神道德观念讲，信用通常表现为一个人

---

* 这是李长春同志为《信用：现代化的生命线——汕头实践与中国社会信用建设》一书所作序的一部分。

或单位诚实守信，遵守诺言。从经济意义上说，信用是以一定的经济标的物为内容，以借贷为特征的经济行为。市场经济的发展表明，现代经济的飞速发展离不开广泛存在的信用。从某种意义上说，现代市场经济就是信用经济，信用是市场经济的基石和准则，是经济活动的立身之本。市场经济的发展壮大、规模经济的获得，有赖于广泛的社会信用活动的存在。社会信用为市场经济提供了最为快捷的资本积累的途径。信用又是经济发展的必然结果，当经济发展到市场经济阶段时，信用成为一种普遍、必然的社会经济现象，社会经济中的每个经济单位甚至每一个人，都将卷入信用链条而不能自拔。市场经济越发达，信用的链条就延伸得越长，在信用链条环环相扣的情况下，一旦有人破坏信用原则，必然引起信用链条的连锁反应，导致社会经济秩序的混乱。从这个意义上讲，社会信用既是市场经济的助推器，也是市场经济的润滑剂，更是市场经济的安全阀。当前我国一些区域出现的经济秩序混乱现象，在很大程度上是由信用关系紊乱造成，只有重构社会信用体系，经济秩序才会有一个根本好转，经济活动才能向良性方向发展。

一、必须站在战略的、全局的高度，深刻认识
推进社会信用建设的极端重要性和紧迫性

改革开放以来，我国逐步摆脱传统计划经济体制的束缚，不断加快建立社会主义市场经济体制的步伐。在这个体制环境发生重大历史性变化的时期，由于与现代市场经济相适应的信用观念尚未牢固树立，信用制度、信用管理体系的建设相对滞后，维护

社会信用的法律体系不够健全等原因，我们经济和社会生活中出现了大量的信用缺失的现象。一些地方信用观念薄弱，坑蒙拐骗、假冒伪劣、偷税漏税、套汇骗汇、走私贩私、逃废债务等现象时有发生，出现了比较严重的信用危机。其结果是发展的时机耽误了，市场丢掉了，信用丧失了，经济滑坡了，风气搞坏了，少数干部烂掉了，最后是广大群众受苦了。沉痛的事实表明，一些地方日益突出的信用问题，已经成为一个事关全局、迫在眉睫、需下大决心解决的社会问题。

第一，推进社会信用建设是遵循社会道德规范的基本要求。千百年来，诚实守信作为为人处世的基本道德准则，作为文明进步的重要标志，作为社会生存发展的前提条件，备受世界各国人民的推崇。我们中华民族是"礼仪之邦"，历来倡导诚实守信的传统美德，推崇"童叟无欺""一诺千金""言必信，行必果"。中国古代的教育家孔子说过，"民无信不立"，"人而无信，不知其可也"。唐代的著名宰相魏徵把"诚信"看作是"国之大纲"，上升到巩固政权、治理国家的高度。在新的历史条件下，诚实守信仍然是对公民最基本的道德要求，是每一个公民基本素质的体现，是社会主义精神文明和道德规范的重要内容。在建设有中国特色社会主义的进程中，需要继承和弘扬中华民族诚实守信的优良传统，强化信用意识，提高全民的道德素质。去年中央在《公民道德建设实施纲要》中提出"爱国守法，明礼诚信，团结友善，勤俭自强，敬业奉献"的"二十字"基本道德规范，进一步明确了信用建设在整个社会主义道德文化建设中的重要地位。

第二，推进社会信用建设是建立社会主义市场经济体制的基础工程。在一定意义上讲，市场经济就是建立在法治基础上的信用经济。市场经济越发达，对社会信用建设的要求越高。大量活生生的事实证明：一个不讲信用的人或企业，根本就没有资格搞市场经济；失去信用，最终也必然将失去市场，并被市场所淘汰。近期世界著名的美国安达信会计师事务所，因为帮助安然公司造假陷入了信用危机，面临着破产的命运，这就很好地反证了信用在现代市场经济中的极端重要性。同时，在市场经济体制下，社会经济活动的正常运行，有赖于规范的市场经济秩序来维护，而要建立规范的市场经济秩序，必须通过建立规范的市场经济规则和相应的制度来实现。建立规范的社会信用体系，就是最基本的市场规则和制度之一。推进社会信用建设，就是整顿和规范市场经济秩序的治本之策。我们一定要统一认识，把推进社会信用建设作为建立社会主义市场经济体制的基础工程，抓紧抓实抓好，抓出成效。

第三，推进社会信用建设是率先建立文明法治环境的现实需要。率先建立文明法治环境，是党中央对广东的殷切期望，也是省第九次党代会提出的战略目标。省第九次党代会明确提出，率先建立文明法治环境，是率先基本实现社会主义现代化的基本内容和根本保障；要以加强软环境建设为重点，大力提高精神文明建设和民主法制建设水平，增创环境新优势。要实现这个战略目标，必须大力推进广东省的社会信用建设。因为不管是建立健康向上的人文环境、廉洁高效的政务环境、民主公正的法制环境、规范有序的市场环境，还是建立富民安民的生活环境，统统都与推进社会信用建设密切相关。而且，良好的社会信用环境，本身就是文明法治环境的题中应有之义。一个信用水平低下的社会，不是文明社会；一个信用秩序混乱的环境，不是法治环境。广东要在全国率先建立文明法治环境，就要率先全面推进社会信用建设。省委反复强调，要在过去重"硬环境"建设的基础上，做到"软硬并重"，在软环境建设方面有所突破。各级党委和政府当前就要从加强社会信用建设入手，不断改善投资软环境，使经济社会发展真正步入良性轨道。

第四，推进社会信用建设是适应我国加入世界贸易组织新形势的当务之急。随着正式加入世界贸易组织，我国将在更大范围、更广领域和更高层次上参与国际经济技术合作与竞争，国际社会也将对我国的信用环境提出更高的要求。世界贸易组织是建立在规则和信用基础之上的，任何成员都必须遵守规则，信守承诺。如果不能遵规守法，没有令人放心的信用环境，不仅会影响国家的信誉，而且会丧失经济的国际竞争力。最近的一个典型例子就是阿根廷爆发的金融危机，由于无法履行偿还外债的承诺，丧失了国家信用，使这个拉美最富的国家陷入了经济崩溃、政局动荡的困境，付出了惨痛的代价。我们必须积极主动地应对严峻考验，以加入世界贸易组织为契机，加快推进社会信用建设，努力实现与世界贸易组织规则的全面接轨。同时，经济全球化进程加快，其本质就是在世界范围内重新配置资源。未来我国经济将在全球经济分工中占有什么位置，拥有多少市场份额，加入世界贸易组织后如何更好地参与国际竞争，这些都与信用体系的建设有直接关系。广东地处改革开放前沿，对外开放程度高，更需要高度重视社会信用建设的问题，抢抓机遇，主动出击，尽快建立和完善社会信用体系，增强发展后劲和国际竞争力。

二、积极探索，突出重点，全面推进社会信用建设

经过改革开放 20 多年来的快速发展，广东的综合经济实力上了一个大台阶，成为一个名副其实的经济大省，经济规模和发展质量都有显著的提高，去年全省国内生产总值和居民本外币储蓄存款双双突破万亿元大关。如果说我们改革开放初期的发展主要得益于中央赋予的一系列"特殊政策、灵活措施"的话，那么 1992 年以后的发展就不是靠特殊政策了。事实上，在 1992 年以后整个广东和全国各地的政策差不多是一样的。这个时期广东是靠市场经济的体制和机制来发展的。对于广东今后的发展，省第九次党代会提出了建设经济强省的战略目标，我们提出的对策很多，如发展高新技术、调整产业结构、发展现代服务业等等，这些都很重要。但我认为最根本、最要害的问题有两个：一是信用，二是教育。信用建设特别重要。但很多人往往没有充分认识到这个问题的重要性，总是在眼前利益上兜圈子，急功近利，不守信用。如果任其发展下去，后果不堪设想。特别在我国加入世界贸易组织的新形势下，信用缺失必将严重破坏投资环境，削弱广东的整体竞争力，阻碍广东率先基本实现社会主义现代化的进程。当前，广东发展进入一个新的阶段，面临着新形势和新任务，迫切要求我们把信用建设摆上更加重要的议事日程。

第一，以率先基本实现社会主义现代化为总目标总要求，加快建设完善的社会信用体系。今年五月，省第九次党代会强调要以率先基本实现社会主义现代化为总目标总任务统揽工作全局。推进广东省的社会信用建设，必须紧紧围绕这个总目标，把率先形成完善的社会信用体系作为总目标的一个重要内容，努力使广

东在全国率先成为具有诚信的社会形象、良好的道德水准、完善的征信制度、规范的经营秩序、安全的金融区域、有力的法律保障、科学的监管机制的地区。要实现这一目标，必须从政府、企业、中介机构（会计师事务所、律师事务所等）和个人四个层面着手。政府是国家信用的代表，政府信用在社会信用中具有示范效应。政府当前亟待做的事情是，深化改革，转变职能，加快推进行政审批制度改革，理顺管理和服务的关系，整顿机关作风，提高服务水平，在经济管理上特别需要与世界贸易组织规则接轨，清理现有法律法规，切实依法行政，兑现政府承诺，以实实在在的政绩取信于民，树立诚信政府形象。企业是市场经济的主体，建立企业信用是推进社会信用建设的关键。对企业自身来说，要实施名牌战略，打造名牌产品，这是构筑企业良好信用的基石，是树立企业信用的"硬件"。要按照"政府引导，市场化运作，信用服务中介机构为主体，分步推动"的原则，以广东省信用基本制度为依据，逐步建立企业信用记录、信息征集、信用评价、信用信息咨询服务等社会化网络体系；推动企业通过体制改革、资产重组等途径完善企业法人治理结构，提高抵御风险的能力；进一步建立和规范行业商会、协会，加强企业自律和自管能力，提高公信力。中介机构服务是现代服务业的重要组成部分，其信用水平在信用体系中至关重要。当前，要尽快对中介机构的行业标准、资格认证、服务范围、价格收费、监督管理、职业道德以及纠纷仲裁等，作出明确和合理的法律规定，建立一套严格的认定程序、科学的评估指标、规范的服务标准，使其能独立、客观、公正地执业，成为自主经营、自担风险、自我约束的经济组织，以适应完善社会主义市场经济体制的需要。要对中介机构来一次清理：对触犯刑律的要依法追究；对违纪违规的，要吊销执照；对有轻微问题的，要进行整顿，使中介机构健康有序发展。个人信用直接反映社会的信用水平，是构成社会信用体系的基础。要尽快研究建立包括数据采集、披露、评估、使用、保护、监管等方面的个人信用联合征信制度。总之，要通过完善的社会信用体系，最终使信用成为社会的"通行证"。

第二，坚持法治和德治相结合，建立健全法律和道德的约束机制。健全的法律体系，是正常的信用关系得以维系的保障。在导致当前信用秩序混乱的原因中，法律制度不健全、法制保障不力是最基本、最重要的原因。因此，必须从完善、强化制度入手，构建有效的信用制度。发达国家的社会信用制度已经有100多年的历史，信用立法已经相当完备。我国在建立社会主义市场经济体制的过程中，信用立法相对滞后，必须借鉴国际上的先进经验，加快地方立法工作。要加快建立和完善社会主义市场经济体系，把一切信用活动纳入法制轨道，形成有法可依、有法必依、执法必严、违法必究的法制环境，真正把信用经济建立在坚实可靠的社会主义法制基础上。要制定有关地方法规，严格规范涉及信用信息记录、使用及评估机构和组织的行为。特别要加大执法力度，加快建立信用奖惩机制，充分保障守信者的合法权益，对违约失信行为实行"重典治乱"，依法严惩违约失信者，使失信者名誉扫地，身败名裂。仅仅靠法治还是不够的。市场经济既要讲法治，也要讲道德，法治是外在的约束，道德是内在的自律，二者必须双管齐下，缺一不可。要全面加强公民道德建设，建立一整套诚实守信的道德规范，让"诚实守信"的观念深入人心，尽快在全社会营造一种"守信光荣、失信可耻"，"守信获益、失信失利"的道德氛围和社会风尚，强化"信用至上"的全民意识和社会道德。

第三，利用现代信息技术，逐步实现信用信息体系网络化和社会化。信用信息网的建设是社会信用建设的"基础设施"，也是信用建设亟待解决的重点。建立有效的交易者行为的信息传递对加强信用制度建设非常重要。要加强资信评估机构建设，建立资信信息的传输机制。要广泛采用信息网络技术，开展信用信息的征集联网和评估评级，实现资源整合和信息共享。要统一组织有关部门和社会力量，从银行借贷的信用征询系统入手，逐步建立起包括纳税信用、通关信用、质量信用、服务信用、工商信用（商标、重合同守信用）、财务信用等内容的信用档案数据库。要建立网上企业资信数据，并逐步开展企业信用评级，让银行、工商等部门清楚谁有信用，谁没有信用，该扶持谁，该制约谁，使违约失信企业多方受到制约，并付出沉重代价。要严格按法律法规办事，严肃信用网的纪律，使信用网在社会上赢得信誉，取得信任，具有公信力和生命力。政府管理部门要当好裁判，坚持公平、公正、公开的原则，加强信用管理，切实规范信用秩序。同时，要打破目前政府各有关部门和机构信用信息资源的分散和封闭格局，加强信用信息系统之间的互联互通，实现资源共享。

三、加强领导，狠抓落实，提高广东信用建设水平

各级党委、政府要加强对社会信用建设的组织、领导，加大推进力度，提高广东信用水平，树立信用新形象。

第一，要端正经济工作指导思想，高度重视信用建设，把它

纳入各级党委和政府重要议事日程。各级党委和政府必须树立正确的经济发展观，牢固树立讲信用促发展观念，着眼于可持续发展，把建立良好的信用关系和规范有序的市场经济秩序作为一个地区最重要的投资软环境，作为一项系统工程和长期战略任务来抓。信用建设能否抓出成效，实现省委、省政府提出的工作目标，关键在于各级党委、政府的领导是否坚强有力。各级党委、政府要高度重视这项工作，把它摆在突出位置，纳入重要议事日程，列为改革和发展的重要课题，加强领导，建立目标责任制，一把手亲自抓、负总责，精心部署，组织精干力量，采取有效措施，全力抓好社会信用建设。

第二，要充分发挥政府的主导作用，加强信用建设的组织与协调工作。社会信用建设涉及面广、涉及部门多，必须加强对信用体系建设的组织、领导与协调工作，加大推进力度。为推进全省信用建设工作，省里将建立省政府领导主持，省有关部门负责人参加的省信用建设工作联席会议制度。各市可以根据本地实际，建立相应的工作协调制度。要通过政府的组织与协调，统一组织有关部门和社会力量，实现社会信用资源的有效整合、综合利用和信息共享。各级行政主管部门和执法部门，要结合实际，大胆探索，积极解决信用建设中出现的矛盾和问题。要加强沟通，相互支持，形成合力，共同促进全省信用建设。同时，政府在推进社会信用体系建设中，要按照经济规律办事，不能搞简单的行政命令。

第三，要按照"突出重点循序渐进"的原则，做好信用建设规划，稳步推进实施。信用建设是一项长期系统的基础工作，要根据地区、部门、行业的不同情况，加强分类指导，采取既积极又稳妥的做法，先试点后推广，分阶段、分步骤实施，稳步推进。在建设过程中，先建设企业信用联合征信系统，后建设个人信用联合征信系统，最终形成统一完善的社会信用联合征信系统。在实施主体上，先选定（或组建）一家机构，在政府的授权下，负责建设信用数据库，建成统一的社会信用系统平台。在应用范围上，先通过政府监管对严重失信行为进行制约，以后逐步扩大到整个社会市场信用环境的建立、信用产品的开发和利用。广州、深圳要先行一步，进一步加强企业信用和个人信用体系建设，争取尽早取得阶段性成果，为全省起到带动、示范作用；汕头要继续大力开展企业信用体系试点建设，并力争在 2003 年底前，完成基本建设任务，初步建立起有关制度，开始提供相应的信用咨询服务；珠江三角洲以及其他地区要根据本地区信用建设的实际需要，有计划、有步骤地自行组织开展信用建设工作。

第四，要组织新闻媒体开展系统的宣传发动工作，营造鼓励守信、惩戒失信的社会氛围。各级党委、政府要高度重视新闻媒体和社会舆论的监督作用，坚持各方参与和综合治理，动员社会各方面的力量共同营造良好的社会信用环境。要通过多形式、多角度的宣传、教育、典型示范等活动，加大对名牌产品、优秀企业家和先进企业的正面宣传，强化诚实守信观念，使广大干部群众充分认识到讲信用的重要性，在全社会形成诚信为本、操守为重的良好社会风尚。新闻媒体要对各地信用建设情况，特别是一些富有创新和推广指导意义的举措进行集中宣传报道，以守信的典型激励人，以失信的案例警示人，配合行政执法机关、司法机关对"老赖"进行曝光，形成"诚信光荣、失信可耻"的浓厚氛围。要通过加快建设"信用广东"，在海内外塑造"信用广东人"

的良好形象，使各方人士都愿意和广东人打交道，使各路客商都愿意来广东投资兴业，使各类人才都愿意来广东创业发展，使各地游客都愿意来广东观光旅游。

第五，要加强信用人才培养，建设一支高素质的信用建设队伍。搞好信用建设关键在人，在于培养和建设一支强有力的信用管理和服务队伍。要精心挑选一批骨干力量，建设一支具备现代信息技术、现代管理知识的专业人才队伍。要加强对信用队伍的思想道德教育、技术培训和现代管理技能的培养，把信用队伍培育成为一支思想过硬、技术精良、作风公正、具有公信力的人才队伍，促使他们以高度的政治责任感和强烈的历史使命感，全身心投入到信用体系的建设事业中。

大力发展外向型经济，
增创对外开放新优势

抓好外经贸这一"命根子"，努力实现经济稳中求进*

（1998年5月4日）

> 发展外向型经济，就是向国外找市场，扩大我们的生存空间。所以，我们发展外向型经济不是权宜之计，而是根本大计，必须立足于长远，不断提高水平。在巩固扩大传统市场的同时，要使出口产品能打进对进口要求严格的国家和地区，特别是欧美市场，因为能否打进这类市场是产品竞争力强弱的标志。在引进技术、资金方面，要在与传统合作地区、伙伴打交道的同时，争取与世界著名的大企业打交道，跟主导世界科技潮流的大公司搞合作，以提高开放水平和层次。

一、充分认识外经贸在我省经济发展中的特殊重要性

外经贸是整个经济工作的重要一环，对广东来讲，更具有特殊的重要意义。

---

* 这是李长春同志在广东省外经贸工作会议上讲话的一部分。

首先，外经贸是广东改革开放的主要途径，为广东的迅速发展壮大立下了汗马功劳。改革开放以来，我省在短短20年的时间里发生了天翻地覆的变化，这除了历届省委、省政府认真贯彻落实党中央的路线方针政策，以及党中央的亲切关怀、全国的大力支持和全省人民共同努力之外，其中重要的一条就是我们选准了发展外向型经济的路子，这是广东的优势所在。日本称这条路子为"贸易立国"，我们可称它为"外向型经济立省"。目前，我省外贸出口总值已占国内生产总值的三分之一，固定资产投资中近三分之一来自外资，广东的"三资"企业、"三来一补"企业共解决了六七百万人就业，全省税收中有三分之一来自涉外企业。所以说，广东的振兴得益于外向型经济的带动。

第二，我省外向型经济在全国占有举足轻重的地位。我们这项工作做得好坏，直接影响到全国对外经济的发展。现在，我省进出口额占全国的40%，出口创汇占全国的40%，这是相当大的比重。另外，我省对外经济工作积累了丰富的实践经验，为全国不断完善外经贸的政策和法规提供了重要参考。我们的外向型经济工作做得怎样，不仅关系到本省的经济发展，而且也直接关系到全国的对外开放程度、国际收支平衡以及利用外资水平。我来广东之前，中央领导同志也向我特别强调，广东是我国改革开放的前沿，地位十分重要，工作只能做好，不能做坏。所以，我们要认识到自己所肩负的重大责任，以高度的政治敏感性和责任感，把做好我省的外经贸工作看作是落实党中央对我省一系列重要指示的具体实践，决不辜负党中央对我们的期望和关心。

第三，做好外经贸工作对今年我省的经济工作有着特别重要的意义。今年我省经济生活遇到新的情况、新的问题。就国内来讲，经济市场化的程度进一步发展，在更多的领域形成买方市场，出现需求拉动不足的问题。为此，中央下发《中共中央、国务院关于转发〈国家计划委员会关于应对东南亚金融危机，确保国民经济持续快速健康发展的意见〉的通知》，总的精神就是扩大需求，确保国民经济持续快速健康发展。但是应该看到，在国家实施拉动内需的同样条件下，省与省、地区与地区、企业与企业之间的竞争将更加激烈，哪个省、地区和企业的竞争力强，那个省、地区和企业就首先被拉动。从对外经济来看，这次从东南亚开始，随后扩散到韩国、日本等许多东亚国家的金融风波，给我们这样一个外向型经济占较大比重的省份带来了新的情况、新的问题。在这次广交会上我们已经看到其所带来的负面影响，反映在来自东南亚的客商和订单明显减少了，幸好我们近两年在实行国际市场多元化战略方面取得了初步成效，来自欧美国家的订单增加，从而弥补了东南亚订单减少的不足。但毕竟要看到，长期以来，我省外向型经济与东南亚、东亚的关系非常密切，因此，对东南亚金融风波带来的影响不容忽视，我们要实现"稳中求进，有效增长"的目标，任务十分艰巨。为确保今年全国国内生产总值增长 8%，省委、省政府确定我省国内生产总值必须增长 10%。广东作为改革开放先行一步的省份，多年来经济增长一直高出全国几个百分点，因此，我认为确定这样的目标是合适的，符合广东的实际，既积极又稳妥。我省的国内生产总值占全国近十分之一，而且我们比内地省份的条件好得多，所以，从顾全大局、为国家多作贡献出发，我省国内生产总值确保增长 10% 是必要的。如果达不到 10%，就会增加全国增长 8% 的难度。另一方面，目前我省的下岗职工呈增多趋势，一些地方出现信贷不良资产比例上升，需要在发展中逐步消化，如果我们没有一定的发展速度，解决这些问题就会更加困难。所以，这也是我们自身克服困难、保持发展的需要。最近省委、省政府正在研究制定确保实现这一目标的一系列措施，其中最重要的措施就是扩大需求。在扩大需求中，不外乎就是三个拉动，即出口、投资、消费拉动，而其中来得最快的是出口和消费拉动，也就是开拓国内国际两个市场。投资拉动则需要选项目，筹集资金，有个周期和过程。我们再分解一个指标，如果出口达到增长 15%，社会消费品零售总额增长 14%，投资争取略有增长（3% 左右），那么经数学模型运算，今年我省的经济增长率就可达 10.5% 左右。如何达到上面的增长率？社会消费品零售总额增长 14% 的任务并不轻松，因为现在国内市场是买方市场，并且一年比一年成熟，消费缺乏热点，虽然我们在想办法宣传广货，通过提高产品质量和服务水平开辟东北、中西部市场，但余地并不很大。而投资方面，增长又不可能太多，况且投资中还有 40% 是来自外资。因此，在很大程度上，实现 10% 的增长目标主要是寄希望于外经贸工作。可以说，今年外经贸的形势将决定我省能否实现经济"稳中求进，有效增长"、国内生产总值增长 10% 的目标。

第四，从我省要在下世纪初基本实现社会主义现代化的宏伟目标上看，外经贸仍然是挑大梁的战线。最近，我们在讨论省第八次党代会报告时，省委常委会认为，在过去的 20 年中，我省依靠发展外向型经济走出了一条加快振兴广东的路子来，今后一段时间，我们还要继续发挥外向型经济优势，坚持走这条路子不动摇。因此，我们提出实施外向带动、科教兴粤、可持续发展三大战略。我们之所以把外向带动战略放在首位，是

1999 年 4 月 29 日,李长春考察第 85 届中国出口商品交易会展馆。前排右一为外经贸部副部长陈新华,右三为广东省副省长汤炳权。

因为它是其他两个战略的基础,是我们固有的优势,没有外向带动战略,就很难实施后两个战略。所谓外向带动战略,就是用发展外向型经济来带动全省国民经济的发展,推动科技进步,促进产业结构升级,提高人口素质。由于长期高速发展,国内出现买方市场,继续保持快速增长,首先遇到的就是市场问题,市场约束成为快速发展的主要障碍。缺技术可以花钱买,缺人才可以高薪聘请,而唯有缺市场是花钱买不来的。发展外向型经济,就是向国外找市场,扩大我们的生存空间。所以,我们发展外向型经济不是权宜之计,而是根本大计,必须立足长远,不断提高水平。综上所述,我们可以概括出一句话,外经贸是我省经济的"命根子",一定要抓紧抓好。

二、加强领导，不断提高外经贸工作水平

既然外经贸对我省经济发展很重要，各级党委、政府就必须把它摆上重要议事日程，作为一件大事抓紧抓好。

第一，要发展这一传统优势，使其提高到新的水平。如何提高外经贸水平，要重点抓好几方面工作：一是不断优化出口产品结构。一方面，要提高出口产品的技术含量和附加值；另一方面，要在量大面广的传统出口产品中创出名牌。我认为，在参与国际市场竞争中，我们要有一批国际名牌产品，在技术含量较高的电子、信息、家电产品市场中要有我们的一席之地，在国外的超级市场特别是著名商场里要有我们的产品。二是优化市场结构。在巩固扩大传统市场的同时，要使我们的出口产品能够打进对进口要求严格的国家和地区，特别是欧美市场，因为能否打进这类市场是产品竞争力强弱的标志。在引进技术、资金方面，我们要在与传统合作地区、伙伴打交道的同时，争取与世界 100 名以内的大财团打交道，跟主导世界科技潮流的大公司搞合作，以提高我们的开放水平和层次。三是在优化投资环境方面取得新成效。我们在硬环境方面有了很大的改善，软环境还要继续提高。一方面，要不断提高在金融、口岸、边检、航道、税收、信息、旅游、法律等方面的涉外服务水平，取缔乱收费、乱罚款、乱摊派，靠优质服务的吸引力来扩大合作；另一方面，要加强精神文明建设，取缔黄赌毒，创造一个良好的社会治安秩序，使外商有安全感。我们认为，黄赌毒不能吸引真正来创业的客商，只能吸引一些社会渣滓。因此，在取缔黄赌毒问题上，各级党委、政府一定要旗帜鲜明，态度坚决，措施得力。如果哪个地方在这一问

题上长期得不到解决，那么就必须调整那个地方的党政领导班子。四是继续扩大粤港澳合作。这是我们的独特优势。要从过去较多的民间、自发的交流合作进一步上升为有引导、全面的合作。国务院已经批准成立粤港合作联席会议，并开始了运作。我们要抓住这一契机，推动省港合作、深港合作相辅相成、相互促进、共同繁荣发展。五是深化外贸体制特别是外贸企业改革。要克服外贸企业"小、杂、散"的局面，争取在全省试办若干家融流通、实业于一体的综合商社，在国际市场上形成广东板块。

第二，要加强政策引导，善于研究新情况、解决新问题、总结新经验、创造新局面。用好用足国家政策，在工作中及时发现问题，及时反映、疏通。要加强对外贸企业、境外企业的管理。搞好这方面的管理虽然有较大的难度，特别是如何办好国有外贸企业，提高经济效益，是个新课题，我省要在这方面为全国率先探索出一条好路子来。

第三，要协调好全省方方面面的力量，形成发展外向型经济的合力。发展外向型经济不仅仅是外经贸部门的事情，而是全社会的事情。各级党委、政府要充分协调社会各方面力量，减少部门之间的推诿扯皮，提高办事效率，形成有利于大力发展外向型经济的良好氛围。

第四，要坚持"两手抓"，确保外向型经济沿着健康的轨道向前发展。走私在任何国家都是违法的，在这一问题上，我们要有明确的是非观念，旗帜鲜明地打击走私、假冒伪劣和经济诈骗，加大"扫黄打非"力度。要重视和维护我省多年形成的良好商业信誉，因为信誉本身就是资源。

第五，要建设一支高水平的外经贸干部队伍。加快培养我省紧缺急需的懂外语、懂技术、懂外贸的复合型外经贸人才，加强对现有的外经贸干部的培训，大胆引进一批高素质的外经贸复合型人才。各级领导同志也要学习国际法规，外经贸知识。要加快提高干部的素质和领导水平，以适应进一步扩大对外开放的需要。

总之，发展对外经济贸易和外向型经济是我省的重要优势，在当前全省深入开展"增创新优势，更上一层楼"的调查研究中，同志们要研究如何发展这一传统优势，使其在今后的改革开放和社会主义现代化建设中发挥更大的作用。

掀起新一轮招商引资的热潮 [*]

（1998 年 11 月 24 日）

愈是在亚洲金融危机影响的情况下，愈要加大招商引资的力度。今明两年，全省上下要掀起新一轮招商引资的热潮。对台合作要成为明后年的重点，各市都要有新动作。炳权[1]同志考虑明年再搞几个大的战役。此件可发工作通报。

＊　这是李长春同志在江门市《关于赴台湾招商考察的情况报告》上所作的批语。

受亚洲金融危机影响，1998 年，广东外贸出口遇到前所未有的困难，出口增速由首季的 16.2% 大幅回落到 10 月底的 3.5%，一般贸易出口额下降 15%。李长春同志批示后，广东省多措并举加大招商引资力度，分别在深圳、东莞、香港和欧洲举办粤台经贸交流会、广东经贸洽谈会、广东投资推介会；省委领导同志亲自带队，分赴南美、以色列、法国、瑞典、意大利、西班牙等地拓展对外经贸合作；全省各市也开展灵活多样的招商活动，均取得较好效果。2000年，全省新签外商直接投资合同 4245 宗，增长 40.89%；合同外资 86.84 亿美元，增长 40.64%；实际吸收外商直接投资 122.37 亿美元，增长 0.28%，实际吸收外商直接投资创历史最好水平。新批合同外资金额扭转了亚洲金融危机以来逐年下降的局面，实现恢复性增长。

注 释

〔1〕炳权，即汤炳权，时任广东省副省长。

确保对外经济贸易稳步增长 *

（1999 年 1 月 25 日、6 月 1 日）

> 要促使国民经济持续增长，对外经济贸易是个"顶梁柱"。越是遇到困难，越要充分利用两个市场、两种资源，才能扩大回旋的余地。什么叫出路，"走出去就有路"；什么叫困难，"困在家里就难"。所以，我们更要走出去，积极实施外向带动战略，坚持不懈地开拓国际市场，寸土必争，知难而进。

一

去年，我省遇到非常复杂的国际国内经济环境，对外经济贸易能够继续保持有效增长，来之不易，意义重大。

说来之不易，一方面是由于去年我国周边国家和地区生产总值出现了负增长，这意味着国际市场上需求大幅下降，也使我们到海外投资和发展的能力受到阻碍，而这些地方都是我省的传统

＊　这是李长春同志关于外经贸工作两次讲话的节选。

市场。这种情况是我们年初所始料不及的。另一方面，我们的工作做得很到位。首先是省政府及时制定了鼓励外贸出口的政策，同时打好了台商洽谈会、香港洽谈会、美国洽谈会、山区投资环境介绍会等"四大战役"，每个战役既有声有色，又扎扎实实，注重实效。其次是各个市工作很到位，许多市都是主要领导同志亲自挂帅，带队走出去开拓市场，引进外资。特别是在吸引台资，包括当期合同的兑现以及新签合约，都有一个很大的增长。在市场结构多元化上也有很大的进展，用努力增加对欧美市场出口来弥补对亚洲市场出口的下降。再次是外经贸部门的工作很到位，改进机关作风，强化服务意识，海关、商检等涉外部门密切配合，为企业和外商排忧解难，千方百计扩大出口和利用外资。所以，在这样一个国际经济环境出现了重大变化的情况下，我省仍然能实现外贸出口增长 1.6%，实际利用外资增长 6.3%，合同利用外资总额增长 28.3%，这些指标的含金量比任何一年都高，这里面都凝聚着外经贸战线广大干部职工的心血和汗水。

说意义重大，是因为去年我省对外经济贸易的成绩，不仅对我省，而且对全国经济发展都有重要的意义。第一，为确保我省实现经济增长 10% 的目标作出了贡献。虽然外贸出口只增长 1.6%，但这是在出口价格下降了 10%、工业出口产品收购额增长 12% 的情况下实现的。第二，对全国外贸出口和利用外资实现增长作出了贡献，保证了全国出口的增长，对于确保全国外汇储备能够稳中有升起了重要作用。第三，对于全省干部群众知难而进，振奋精神，团结一致，艰苦奋斗，是一个很大的鼓舞。因为外经贸是广东的"命根子"，如果出现负增长，对全省将会产生消极的影响。这在精神上、政治上的意义更大。

　　当前，我省的经济形势面临不少新情况、新问题，越是在这种情况下，我们越应该通过实施外向带动战略去克服困难，争取国民经济持续快速健康发展。当前我国经济形势遇到的一个突出情况是，国内现代化建设事业取得了阶段性成果，由长期的短缺经济转向买方市场。从经济发展来看是好事，结束了短缺经济，但出现了市场需求不足的问题。国际市场也遇到新情况。亚洲金融危机影响在继续蔓延，而且变数较大，难以估计。最近，巴西发生金融动荡，国际上几家大的机构预测世界经济增长幅度将有所放缓。在亚洲金融危机最先发生的国家和地区，由于货币贬值了，其政治秩序、经济秩序开始逐步稳定，但国际市场总的需求

　　2002 年 10 月 12 日，第四届中国国际高新技术成果交易会开幕式在深圳高交会展览中心举行。图为李长春参观馆内展位。左二为全国人大常委会副委员长、中科院院士周光召，左三为广东省委常委、深圳市市长于幼军，右二为广东省人大常委会副主任程誌青，右三为广东省委副书记、深圳市委书记黄丽满，右四为全国人大科教文卫委员会副主任委员朱丽兰。

是下降的。欧元启动，究竟对我们的对外经济贸易影响怎样也很难预计，但是起码可以看得比较清楚的一点是，欧盟整个地区贸易保护主义将会强化。因此，我们面临的对外经济形势还是比较严峻的，做好外经贸工作困难加大。

今年，全省工作要"落实一个总要求，实现两个确保，做到两个加强"。一个总要求，即统一思想，坚定信心；抓住机遇，知难而进；团结一致，艰苦奋斗。两个确保，即一是确保我省经济持续快速健康发展。全省地区生产总值增长 8.5%，外贸出口力争有所增长，实际利用外资力争保持去年水平。二是确保社会政治稳定。今年大事多，喜事多，主要活动有新中国成立 50 周年大庆、迎接澳门回归、纪念"五四"运动 80 周年等，所以要确保社会政治稳定。两个加强，即加强社会主义精神文明建设和法制建设，加强以各级领导班子建设为重点的党的建设，为改革开放和社会主义现代化建设提供政治保证、组织保证和舆论支持。应当看到，要促使国民经济持续增长，对外经济贸易还是个"顶梁柱"。越是遇到困难，越要充分利用两个市场、两种资源，才能扩大回旋的余地，实现经济增长目标，今年要特别强调实施外向带动战略，外向带动战略的本质是走出去。什么叫出路，"走出去就有路"；什么叫困难，"困在家里就难"。所以在经济遇到困难的时候，我们更要走出去，积极实施外向带动战略。

最近，省委、省政府将要出台关于进一步扩大对外开放的文件，这对于我省外经贸的发展必将产生积极的促进作用。在跨世纪征程上，扩大对外开放要坚定不移，贯彻实施外向带动战略要坚定不移。要进一步提高广交会水平，随着工业企业的外贸经营权进一步扩大，特别是赋予部分私营企业外贸经营权，广交会场地要扩建，服务水平要提高。广交会牌子要继续高高举起。与此同时，要在深圳举办与广交会并列的高交会，使之成为国际科学技术成果的交易会，以推动我省依靠科技进步，促进产业结构优化和升级。还要在深圳办好外资银行经营人民币业务的试点，办好广州保险业务对外开放的试点，与高交会配套，办好科技风险投资机制的试点，吸引方方面面资金，把利用外资提高到新水平。要进一步发挥广州、深圳的龙头作用和经济特区的示范作用，不断提升粤港澳合作的水平，加快利用台资的步伐。进一步扩大与全球 100 家大财团以及大企业的合作。在继续扩大传统领域合作的同时，努力扩大高新技术产业的合作。针对当前国际经济的新情况，在出口创汇和利用外资等方面要有新思路，解决新问题，总结新经验，开创新局面。要从单一实物产品出口创汇，进一步发展为各种灵活方式的贸易。进一步利用澳门回归契机，发挥粤港澳合作潜力。进一步改善投资软环境，坚持"两个坚定不移"：抓外向带动战略坚定不移，打击走私、偷税、套逃汇坚定不移。

（1999 年 1 月 25 日在广东省外经贸工作会议上讲话的一部分）

二

当前，由于亚洲金融危机的影响继续蔓延，也由于我们的外贸出口商品结构、市场结构还不够优化，所以我们的外贸出口、利用外资出现了被动局面。形势还是比较严峻的，我们的外贸出口比全国下降的幅度大得多，我省的外贸出口占全国的比重太大，我们大幅度下滑，全国外贸出口上不去，直接影响到国家的外汇储备，甚至关系到整个亚洲地区金融的稳定、经济的稳定以及人民群众的信心。因此，必须坚持不懈地开拓国际市场，一旦退出市场，再要进入就很难了。没有技术我们可以花钱买进，没有人才我们可以高薪聘请，没有设备我们也可以花钱引进，唯有市场是花钱买不到的。所以从市场战略出发，必须寸土必争，知难而进，决不能退出。特别是我们还面临着加入世界贸易组织，国际市场对我们更加宝贵，只能进，不能退。希望各级党委、政府把外经贸工作摆到重要议程上来，党政一把手要一起抓。各个业务部门要主动服务，要为外贸企业、"三资"企业出口创造条件。为了保证全省的外贸有所增长，各市都要确定一个具体目标，要认真贯彻落实好国家和省制定的一系列鼓励外经贸的政策措施。

一是用新思路进一步提高出口创汇水平。要加速调整出口商品结构、出口市场结构，扩大与欧美等发达地区之间的交易和合作。如何千方百计地直接进入到发达国家的销售网，在贸易方式上要大力发展"去件装配"，组织有条件的企业办学习班、开交流会，帮助他们用各种办法走出去，改变一次性买断这种单一的贸易形式。要努力做好加工贸易产品转厂复出口工作（深加工转厂），这不仅可以极大地提高本地的配套能力，而且也能给外商提供很大的帮助。我建议在东莞和深圳两市搞探索，海关和地方政府共同研究。同时，也要进一步探索用加工贸易出口渠道增加国产化的配套能力，把国产元器件带出去，这些都是我们提高创汇水平的途径。在新的形势下，特别是国有外贸公司要努力探索自身改革的途径，推动外贸公司与生产企业结合起来，或者紧密结合组成集贸易、实业为一体的综合公司，或者是松散地走代理制，给企业代理进出口，另外还要选择有条件的国有外贸公司和国际上大的批发商搞合资，成为其采购中心。总之，要采取多种办法探索国有外贸公司改革，否则国有外贸公司的路子会越走越窄。

二是提高利用外资的水平。现在市场形势已由过去的短缺经济转变成买方市场的格局，与改革开放初期相比有了很大的变化，因此开放初期那种饥不择食地利用外资阶段也过去了，现在要求我们要有选择地、符合我们产业政策地利用外资。现在的金融形势与开放初期相比也有了新的变化，随着经济实力的增长，金融体制的改革和金融秩序的整顿，金融机构自我约束的机制增强了，企业的自我约束机制也增强了，开始出现银行的存款贷不出去的局面，利息一降再降，仍然贷不出去。在这种情况下，我们利用外资工作不能不管条件，不管风险。大家有好的项目可以找国内的银行，国内银行对好项目是积极贷款的。利用外资的重点是外商直接投资，而且现在不能再搞担保回报率，要共担风险。

三是进一步提高对外开放软环境的水平。对外开放的软环境首先是管理和服务。目前，在管理上有跟不上对外经济迅猛发展需要的情况，比如海关监管、外汇管理部门监管、劳动法监管跟不上，企业在经营过程中还遇到一些很不合理的现象；还有社会治安、走私贩私、逃汇骗汇骗税等问题。我省作为改革开放的前沿，要坚持"两手抓""两个坚定不移"，一手抓改革开放，发展外向带动战略坚定不移，另一手抓打击各种走私贩私、逃汇骗汇、黑恶势力以及黄赌毒等违法犯罪活动，也要坚定不移。

（1999年6月1日在广东省出口和利用外资
工作现场会上讲话的一部分）

深化合作，增强互信[*]

（1999 年 2 月 10 日）

> 粤港澳三地在发展高新技术、创新技术、人才信息资源利用和联手打击跨境犯罪、走私活动等方面的合作有很大潜力，要通过各种形式，进一步加强粤港澳的联系沟通。广东与香港有个联席会议制度，希望今后与澳门也建立一个加强联系的机制。

当前，粤港澳三地之间已经形成了唇齿相依、盛衰与共的密切关系。我想借此机会再次表明我们的态度。

第一，广东特别重视发展粤港澳合作关系。党的十一届三中全会以后，广东利用与港澳的人缘、地缘和历史渊源以及华侨众多、著名侨乡的独特优势，在改革开放中先走一步，率先发展，并得到港澳朋友的大力支持，经济总量迅速扩大，一跃成为全国第一位，为全国的改革开放提供了重要经验。在跨世纪征程上，粤港澳三地都遇到了一些新情况、新问题，解决这些问题要靠我

---

[*] 这是李长春同志在港澳知名人士座谈会上的讲话。

们继续发挥粤港澳紧密合作的优势，把我省的对外开放提高到一个新水平。粤港澳在发展旅游金三角方面有较强的优势，也能很快见到成效。现在澳门回归在即，今后在协调大型基础设施建设方面将更加方便，在发展高新技术、创新技术、人才信息资源利用和联手打击跨境犯罪、走私活动等方面的合作也有很大潜力。我们还要通过各种形式，进一步加强与港澳的联系沟通。广东与香港有一个联席会议制度，今后与澳门也希望能建立一个加强联系的机制。

第二，克服困难，推动合作上台阶。当前，广东既有亚洲金融危机的影响，也有前进道路上多年积累暴露出来的问题，内因外因都有，亚洲金融危机促使我们的问题加速暴露出来。对这些

1999 年 9 月 6 日，李长春在广州会见香港长江实业（集团）有限公司董事局主席李嘉诚。

问题，我们要辩证地看待，这些问题无损于广东广大干部群众20年积极探索、大胆实践所取得的成就，是一个指头与九个指头的关系。广东在税收、外汇储备，以及先走一步、探索经验方面对全国的贡献都是很大的，必须充分肯定。同时，我们也会高度重视存在的问题，特别是对金融问题，以及打击走私和骗汇、逃汇、套汇等，采取有力措施加以解决。我们要总结教训，提高驾驭社会主义市场经济的能力。采取正确有效的措施，鼓励干事者、支持改革者、教育失误者、鞭挞空谈者、惩治腐败者、追究诬告者，始终保持团结稳定、干事创业的大环境。对前进道路上出现的问题，我们提出不埋怨、不争论、不刮风，有什么问题就解决什么问题，是什么问题就处理什么问题的原则，不搞上纲上线、上挂下联，不搞推而广之，把这些问题解决好，就是对全局的贡献。解决前进中的问题与继续改革开放、加快经济发展，两者是一致的，解决问题的实质就是进一步优化投资环境，更好地实施外向带动战略。有人形容说，广东改革开放十几年，大刀阔斧地砍出了模样，现在到了精雕细刻的阶段。在冲破计划经济体制、放开搞活阶段，我们走在了全国前面，为全国提供了新鲜经验。现在由放开搞活转到建立规范的社会主义市场经济体制阶段，也要解决好不规范的问题，在建立规范的社会主义市场经济体制方面继续为全国提供新鲜经验。

希望港澳朋友继续支持广东的改革和发展，多宣传广东在处理问题上的方针和措施，消除一些人对我们的误解，继续起到联系沟通的桥梁作用，使各方面能够配合我们克服当前遇到的困难，支持广东的改革开放迈上新的台阶。

致全省侨务工作会议的信

（1999 年 3 月 29 日）

全省侨务工作会议代表并全省侨务工作者：

党的十一届三中全会以来，广东的侨务工作以邓小平侨务思想为指导，坚持党的基本路线，贯彻执行党和国家的各项侨务政策，解放思想，开拓进取，积极维护侨胞合法权益，开展海外联谊活动，发展与海外侨胞的合作交流，引进资金、技术、人才，为经济建设服务和为侨服务，取得了很大的成绩。广东有今天改革开放和现代化建设的巨大成就，侨务工作功不可没，广大海外侨胞、港澳同胞的贡献功不可没。在此，我谨向为广东经济建设和社会发展作出重要贡献的全省侨务工作者，并通过你们向海外侨胞、港澳同胞、归侨侨眷表示诚挚的敬意和衷心的感谢！

在世纪之交的重要发展时期，我们面临着许多新的机遇和挑战，需要进一步发挥毗邻港澳、海外侨胞众多这一独特的优势，特别是要实施省第八次党代会提出的外向带动、科教兴粤、可持续发展三大战略，更寄望于我省侨务工作有新的拓展。希望各级侨务部门认清形势，增强责任感和使命感，紧紧围绕全省工作大局，积极开展华侨华人工作，努力开拓"广货"的国际市场，扩大我省的商品出口；千方百计引进外资，引进人才，引进先进的

　　2002 年 7 月 18 日，李长春在广州会见广东省海外交流协会第三届理事会新聘任的海外顾问、理事。右二为广东省省长卢瑞华，右三为广东省副省长汤炳权。

管理和技术，为实施我省三大战略服务。各级党委、政府要进一步加强对侨务工作的领导，重视和支持侨务部门开展工作。各有关部门要同心同德，主动支持配合侨务工作。各级侨办要积极发挥职能作用，当好党委和政府的参谋，勤政务实，开拓进取，为推进我省两个文明建设，为实现祖国统一大业作出新的贡献！

李长春

1999 年 3 月 29 日

在中国广东—新加坡经济技术
合作交流会上的演讲

（2001 年 5 月 11 日）

中国改革开放 20 多年来，发生了天翻地覆的变化。我们决心在进入新世纪，在经济全球化深入发展的时候，抓住历史机遇，主动迎接挑战，把中国的经济更好地融入到世界经济中，学习各国人民所创造的优秀文明成果。希望新加坡的朋友、东南亚各国的朋友，多到中国去，多到广东去，开拓新事业，创造新业绩。

首先，我对新加坡贸工部部长杨荣文阁下出席今天会议并发表了热情洋溢的讲话，表示衷心的感谢！对中国驻新加坡大使认真地有说服力地宣传广东表示感谢，他是为广东做了一次免费广告。也非常感谢新加坡贸发局、中华总商会，为我们举办了这次交流会。对今天到会的各位经济界、企业界的朋友，表示热烈的欢迎。在座的朋友，很多是我们多年结识和合作的老朋友，今天又结识了很多新朋友，对你们的光临表示感谢！我也感谢我们的副省长汤炳权先生，他安排我的演讲在签字仪式之后进行，这会使大家对我的演讲增加兴趣。不过，也请签字双方认真履约，因为我和杨荣文阁下都被"逼"上了见证人的位置。

中国改革开放20多年来，发生了天翻地覆的变化。当前我国政治稳定，经济繁荣，人民生活水平不断提高。我国的经济总量大大增加，国家经济实力有了很大的增强。去年，我国的国内生产总值突破了10000亿美元，达到了10800亿美元左右，成为世界第七经济大国。在连续22年时间里，保持了国内生产总值的平均增长率为8.3%。我国的对外经济贸易也有了长足的发展。到去年底，对外经济贸易总额达到了4743亿美元，成为世界上第七贸易大国。其中出口创汇达到了2492亿美元，成为世界上第七出口贸易大国。我国的外汇储备连年增长，到去年底达到了1656亿美元。主要工农业产品的产量，比如钢铁、煤炭、水泥、化肥、粮食、肉类、电视机的产量，均居世界第一位。到去年底我们实现了邓小平同志提出的中国现代化建设三步走战略的前两步目标，总体上达到了小康水平。中国人民在自己的历史上从来没有像今天这样享有充分的良好的生存权和发展权，我们对我们的前途充满了信心。但是我们也清醒地看到，中国人口众多，尽管经济总量有了很大的提高，但人均国内生产总值的水平还很低；中国幅员辽阔，发展还很不平衡，特别是广大中西部，差距还很大；我们的科学技术水平和国际上的先进水平相比还有很大差距，技术创新的能力还不强。所以，我们决心在进入新世纪，在经济全球化深入发展的时候，抓住历史机遇，主动迎接挑战，把中国的经济更好地融入到世界经济中，学习各国人民所创造的优秀文明成果。这也是我们代表团来新加坡访问和在这里召开经济技术合作交流会的重要目的。

2001 年 5 月 11 日，李长春在新加坡举办的中国广东—新加坡经济技术合作交流会上发表演讲。

我国非常重视和新加坡发展各个方面的合作，我想，理由可以列出四条：

第一，我们和新加坡地缘相近、人缘相亲、文缘相通，政治关系友好，经济关系紧密。这种地缘、人缘和文缘是历史上形成的。新加坡讲华语的朋友比我的广东的同事讲的水平还高，所以同中国合作在交流上非常方便。三年前我刚到广东的时候，汤炳权副省长跟我说，要筹备"狗"运会。当时我以为广东经济发达，要给狗也开运动会，实际上广东话的"狗"就是普通话的"九"，是九运会，第九届全国运动会，而不是"狗"运会。如果是新加坡朋友来谈这个问题，就不会产生这样的误会了。两国在政治关系方面也是好的，自从 1990 年建交之后，我们两个国家各个方面的合作发展很快，两国高层领导人频繁地互访，在国际事务的很多方面都有广泛的共识和合作。两国的经贸关系发展也很快，非常密切，新加坡已经成为中国在东南亚地区最大的贸易伙伴，去年的进出口贸易总额达到了 108 亿美元。当然，跟广东的贸易也很密切，在这 108 亿美元里面，跟广东是 41 亿美元，大约占 40%。新加坡也是东南亚地区对中国的最大的投资国，虽然还没有日本、中国香港、美国的投资量大，但是如果按照人均对中国的投资，恐怕要名列前茅。

第二，新加坡有着良好的发展基础和经济实力。新加坡用三十年左右的时间迅速地成为新兴的工业化国家，确立了它在亚洲的金融中心、航运中心的地位，同时还拥有先进的石油化工、电子通信、软件开发、金融证券、物流服务等等。亚洲金融风暴，新加坡经受了检验，表明了它有坚实的经济基础和完善的金融监管体系。新加坡的很多经验对中国都是有益的。

第三，新加坡也是东西方的结合点，也可以说是中西的结合点，特别是文化领域，它将和香港一样，可以成为我们对外开放的桥梁和纽带。

第四，中国和新加坡经济之间互补性很强，新加坡的持续发展需要稳定的海外市场，中国的人才资源、人力资源和巨大而稳定的市场，对新加坡是不可或缺的。同样，新加坡的知识、经验、信息和资金实力，也是中国现代化建设和对外开放当中有益的和不可或缺的。

这是我们重视和新加坡交流和合作的重要原因，但这仅仅是从经济方面来讲的。进入新世纪，当前和中国发展经济贸易合作，可以说是时机大好、潜力巨大、商机巨大、前途光明。我想，也有四条理由：

一是中国社会政治稳定，经济发展出现了重要转机，正在开始顺利地进行第十个五年计划。中国的政治形势是不言而喻的，是世界上少数的政治稳定的国家之一。在经济上我们克服了亚洲金融风暴对我们的冲击和影响，实现了对国际社会承诺的人民币不贬值，加强了金融改革等一系列重要改革，国有企业改革取得了重要的阶段性成果，扩大内需的决策取得了成效，所以出现了消费需求、投资需求和出口需求全面拉动的好形势。中国国内生产总值增长达到了8.1%。广东去年是10.5%，今年到目前是9.9%。"十五"期间我们预测经济增长目标是7%。"十五"期间将以更大的投资来扩大内需，我们也预计"十五"期间需要从国外进口大约15000亿美元的商品。这种巨大的、快速发展的市场，在国际上也是十分少见的，这就给各国的合作者提供了重要机遇。二是中国经济正处于战略性结构调整的关键时期。通过20年的改革开放，中国的经济有了很大的发展，但是也出现了结构性过剩的问题，出现了在长期温饱情况下所形成的产业结构不适应新的发展形势的问题，特别是迎接加入世界贸易组织新挑战，必须进行战略性结构调整。在结构调整中，我们的首要目标就是要加快发展以信息技术为重点的高新技术产业。我们还要加快用先进适用技术和高新技术改造和提升传统产业的步伐，还要加快发展现代服务业，与此同时要陆续地淘汰落后的生产力。这样就给具有先进科学技术和发达的现代服务业的新加坡的经济界、企业界提供了重要机遇。三是我国即将加入世界贸易组织，目前谈判工作即将基本结束，进行到履行程序的阶段，这也是中央为了适应中国经济利用经济全球化这样一个国际机遇迎接挑战的重大决策。我们将以加入世界贸易组织为契机，进一步扩大对外开放的步伐，形成全方位、多层次、宽领域的对外开放格局。在取消非关税壁垒的同时，要继续降低关税壁垒，在连续九次下调进口关税的基础上，去年进口关税平均已降到了15%，到2005年要降到10%，这样就给国外的贸易伙伴提供了更加宽松、更加稳定的市场准入条件。我们还将把对外开放的领域扩展到金融、保险、证券、电信等一些领域，积极发展现代服务业。我们正在进一步地改善投资环境，清理我们过去定立的一些对外经济贸易的法规，和国际接轨。当前也正在进行全国范围内的两大整治，即整治社会治安、整治市场秩序，保护守法经营，保护知识产权。四是中国正在实施西部大开发战略。我国的西部一共是12个省（区、市），占国土面积的56%、人口的23%，这也为海外的投资者开发中西部，参与基础设施建设、生态环境建设和优势资源的开发、深度加工提供了重要机遇。这四个重要情况为海外的投资者提供了重要机遇。

借此机会，我再简单地补充一点广东的情况。刚才，汤炳权副省长作了详细的介绍，大家也看了录像。我想侧重地向大家介绍珠江三角洲。珠江三角洲包括广州、深圳、珠海、中山等一些城市在内的城市群，这里和我国的长江三角洲一样，是我们国家两块最具活力的地区。这里是我国改革开放的试验田，国家确定的五个经济特区中的三个都在珠江三角洲。这里也是我国最大的出口创汇基地，广东省出口创汇占全国的37%，其中90%都是在珠江三角洲创造的。珠江三角洲也是正在崛起的高新技术产业带，成为我国最大的电子资讯产品的制造基地。这里也是我国现代化建设的先行区，是带动广东经济乃至我国华南地区经济发展的火车头。总之，这里是外商投资的一片热土。这里有优越的区位优势和比较完善的基础设施。这里毗邻亚洲地区的金融中心、航运中心的香港，三角洲的各个城市和香港之间用高速公路、港口、高速铁路紧密连接成一体，能够便捷地把商品输送到五大洲，因此全国40%的出口商品都是经过珠江三角洲出口的，是我国通向国际市场的重要窗口和门户。这里有着发达的制造业，因此协作配套能力强。这里生产着占我们国家一半以上的电视机、程控交换机，生产着占我国三分之一左右的台式电脑和笔记本电脑。这里生产的计算机硬盘占世界产量的30%。这里还生产占世界产量10%以上的计算机的各种驱动器、软盘、键盘、主板等计算机元器件。这里也是我国重要的物流中心、金融中心之一。广州是我国南方最大的商埠城市，已经有一千多年的历史，我国一年两度的进出口商品交易会就是在广州举办的，现在已经举办了89届。作为我国改革开放的产物的两个股票市场之一，就设在珠江三角洲的深圳，另一个设在上海。国家确定我们也要开辟支持高科技的创业板，就定在深圳股票交易所，而高新技术的发展实际就是人才和资本的结合，在深圳有着得天独厚的条件。珠江三角洲在科技开发、科技交流、人才信息方面，也有着非常便利的条件。作为国家的高新技术的对外窗口，中国国际高新技术成果交易会就定在深圳，全国的一些重点大学都纷纷落户深圳，建设研究开发院，培养硕士生和博士生，国外的一些大公司也纷纷在三角洲设立研发机构。这里也有一批国家级的软件园、高新技术产业开发区，因此也是我国少数几个对年轻的大学生、研究生最有吸引力的"创业的天堂"。所以，珠江三角洲也有一句广告词："如果你不来，是你的错；如果你来了不想再来，那是我的错。"

　　人类已经进入到 21 世纪，尽管当前世界并不太平，但和平与发展仍是当今时代的主题。我们高兴地看到，亚洲地区一些兄弟国家已经逐步地克服了金融危机所带来的负面影响，经济开始复苏。在新的世纪，亚洲应该再次成为世界经济的亮点。发展的中国，是世界和平和稳定的重要力量。马六甲海峡可以作为历史见证。中国的航海家郑和比哥伦布发现新大陆还早 80 多年就通过了马六甲海峡。但是，中国的船队和殖民主义者不一样，他没有带去一个总督，而带去的是瓷器、茶叶、丝绸，带去的是友谊和技术。

　　最后，我希望新加坡的朋友、东南亚各国的朋友，多到中国去，多到广东去，开拓新事业，创造新业绩。也谢谢大家耐心地听我的演讲。

外贸出口重在优化结构 [*]

（2001 年 10 月 30 日）

炳权 [1]、伟发 [2]：

外贸出口不仅要靠总量，更要看结构，要看一般贸易的比重、民族品牌的比重、自主知识产权的比重、核心技术的比重。当然要有个过程，但是各级必须明确方向，并相应建立指标体系（会同统计局），进行监测。

注　释

〔1〕炳权，即汤炳权，时任广东省副省长。

〔2〕伟发，即梁伟发，时任广东省对外贸易经济合作厅厅长。

---

* 这是李长春同志在中央政策研究室有关材料上所作的批语。

21 世纪初，国内一些民族品牌商品与外商合资后销量大大下降。广东省按照李长春同志提出的要求，积极抓住加入世界贸易组织的机遇，通过"引进来"与"走出去"相结合，大力实施名牌带动战略，对外经济贸易持续发展，出口商品结构得到优化。2015 年，全省进出口贸易总值 10227.96 亿美元，一般贸易出口占全省外贸出口总值的比重从 2001 年的 17.3% 上升到 42.9%，高新技术产品出口比重从 2001 年的 23.4% 上升到 36.1%。

抢抓加入世界贸易组织机遇，
全面提高国际竞争力 [*]

（2001 年 12 月 19 日）

> 广东要紧紧围绕全面提高国际竞争力这个核心问题，全面筹划经济工作。认真落实扩大内需方针，保持经济稳定增长；加快结构调整步伐，提高国际竞争力；加强"三农"工作，增加农民收入；加快发展现代服务业，增创珠三角地缘新优势；优化生产力布局，促进地区经济协调发展。

这次省委工作会议的主要任务是，学习贯彻中央经济工作会议精神，总结我省今年工作，分析当前形势，研究部署明年工作，动员全省广大党员和人民群众做好明年各项工作，迎接党的十六大和省第九次党代会的召开。

明年是具有重要历史意义的一年。我国将作为世界贸易组织的正式成员在更广泛的领域和更深的程度上参与经济全球化，这对推进我省率先基本实现社会主义现代化必将产生重大影响。我

---

* 这是李长春同志在中共广东省委工作会议上讲话的一部分。

们必须正确分析国内外形势，准确把握面临的机遇和挑战，做到心中有数，应对自如，紧紧掌握工作的主动权。

明年的形势有两大特点。一是国际经济形势比较严峻。世界经济增速和国际市场需求进一步减缓，美、日、欧三大经济体同时走入低谷，为近 20 年来所罕见，世界经济将持续低迷或有可能出现衰退。"911"事件[1]使美国经济雪上加霜，也给世界经济带来巨大冲击，全球股市下滑，金融动荡。加上以"反倾销""环保""安全"为主要形式的新的贸易保护主义有抬头趋势，全球以信息技术产业为主要内容的新经济继续调整，国际经济竞争加剧。主要贸易伙伴经济滑坡，国际市场持续萎缩，外贸形势相当严峻，这对于外向依存度较高的我省来说，将面临比亚洲金融危机更严峻的挑战。我们必须把可能出现的困难估计得严重一些，应对措施准备得充分一点，使明年的各项工作建立在扎实可靠的基础上。二是我国加入世界贸易组织将给我省发展带来新的机遇和挑战。加入世界贸易组织是我国改革开放进程中具有历史意义的一件大事，有利有弊，但利大于弊。其有利于我省充分利用两种资源、两个市场拓展发展空间，加快改革开放步伐，促进生产力的进一步发展。但对其在一段时间内，特别是近期，对我省的一些产业、产品、企业，以及政府运作和管理机制、文化、科技教育和意识形态带来的冲击不可低估。对此，我们一定要保持清醒的头脑，不能盲目乐观。能不能抓住机遇，趋利避害，最关键是看我们自己的工作做得如何。我们必须充分利用加入世界贸易组织过渡期的宝贵时间，搞好各方面的应对工作，抢抓机遇，化不利因素为有利因素，紧紧掌握工作的主动权。

同时，我们必须看到，随着加入世界贸易组织和全国全方位开放新格局的形成，外资投向中国的战略目标和地域选择出现新的调整，特别是以上海为龙头的长江三角洲地区经济迅速崛起，使我省原有的地缘优势出现了新的变化，客观上加大了我省的竞争压力。在一些沿海兄弟省市今年外贸出口仍较快增长的情况下，我省今年外贸出口增幅大幅回落，没有实现预期目标，这给我们发出了强烈的信号，警示我们要在提高经济发展后劲和国际竞争力上狠下功夫。此外，我省在地区经济协调发展、市场经济秩序、农民收入、精神文明、民主法制和党的建设等方面也还存在一些亟待解决的问题。

我们要高度重视国际政治经济形势的新变化，特别是加入世界贸易组织的新形势，不断探索对策，增强我们的国际竞争能力和应对能力；要高度重视以上海为龙头的长江三角洲经济区迅猛发展的势头，虚心学习，取长补短，变压力为新的发展动力，努力增创广东的地缘和环境新优势；要高度重视我省经济社会发展中的问题，树立强烈的忧患意识，用发展的眼光、思路和办法来看待和解决前进道路上的困难和问题，努力增强发展后劲和综合竞争能力。

尽管国际形势风云变幻，但我们面临的国际环境依然是机遇大于挑战，我省明年发展的有利条件依然多于不利条件。加入世界贸易组织使外商在我国的投资领域放宽，门槛降低，更加有利于我省吸引外资；由于世界贸易组织的非歧视性原则，也使我省产品进入国际市场的机会增多，我省的对外开放优势将进一步发挥，实施外向带动战略面临新机遇；明年国家继续实行积极的财政政策和稳健的货币政策，积极培育和扩大内需，加上西部大开发的纵深展开，为我省加快经济结构调整，开拓国内市场，推动经济增长提供新的契机；经过 23 年的改革开放和持续发展，我省已打下了较好的体制基础和坚实的物质技术基础；特别是当前我省社会政治经济稳定，市场经济秩序明显好转，金融风险程度降低，比亚洲金融危机时的情况好得多，为明年的经济社会发展创造了有利的内部环境。更为重要的是，党的十六大和省第九次党代会即将召开，必然使全省广大干部群众思想更加统一，方向更加明确，信心更加坚定，这是做好明年工作的重要精神动力和思想保证。我们必须按照解放思想、实事求是、与时俱进、开拓创新的精神，努力化不利因素为有利因素，不断开创我省工作新局面。

明年全省工作的总体要求是：以邓小平理论和党的十五大精神为指导，认真贯彻江泽民同志"七一"重要讲话和党的十五届六中全会精神，按照"三个代表"重要思想的要求，以率先基本实现社会主义现代化为总目标、总任务，以全面提高国际竞争力为核心，根据江泽民同志提出的"稳定、安全、灵活、多元"的思路，紧紧把握加入世界贸易组织的历史机遇，沉着应对各项挑战，努力趋利避害。大力调整优化经济结构，积极落实扩大内需的方针，深化各项改革，提高对外开放水平，依靠科技创新，促进国民经济持续稳定健康发展。切实加强党的建设，推动精神文明建设和民主法制建设上新水平，以改革开放和社会主义现代化建设的优异成绩迎接党的十六大和省第九次党代会的胜利召开。要紧紧围绕提高国际竞争力这个核心问题，全面筹划经济工作，确保全省国民经济持续快速健康发展。

第一，认真落实扩大内需方针，保持经济稳定增长。要把扩大内需作为应对复杂多变的国际经济环境和长期拉动国民经济稳定健康发展的根本方针加以坚持，积极扩大投资需求。抓住明年国家继续发行长期建设国债，银行资金充裕，利率较低的有利时机，加快启动和实施一批"十五"计划确定的重大项目，掀起新一轮基础设施建设高潮。要以提高企业国际竞争力为核心，充分利用好技术装备进口免税政策及国产设备抵顶所得税政策，加快技术改造的步伐。在具有自主知识产权的骨干企业中，结合壮大支柱产业、打造品牌和发展核心技术，选择和组织实施一批重点技改项目。进一步推进投融资体制改革，打破行业垄断，开放投资领域，引导民营资本投向，鼓励民营资本通过联合增强投资实力，介入大型投资项目。

重视培育和保护消费需求。鼓励购买汽车和住房等产品，扩大消费信贷规模，促进消费结构升级；努力增加城乡居民特别是

1999 年 7 月 15 日，李长春到中外合资企业利乐华新（佛山）包装有限公司调研。图为李长春在参观产品展厅时听取企业负责人情况介绍。

低收入者的收入，安排好机关事业单位的工资调整，适当提高养老金标准，落实好城市最低生活保障线和"两个确保"，进一步完善社会保障体系；增加就业，改善消费者预期；增加适销对路产品的供给，使扩大需求与培育需求良性互动。

进一步加大开拓国内市场的力度。抓住国内市场壁垒进一步削弱的机会，通过"三个联动"，扩大市场需求。一是政府与企业联动，继续采取"政府搭台，企业唱戏"的方式，举办各种经贸洽谈会和商品博览会，引导企业拓展新的市场和合作空间。二是工商联动，通过加快连锁经营和现代物流业的发展，推动工业品牌与商业品牌相结合，使我省产品尽快进入全国各种分销渠道。三是开拓市场与开展各种形式的经贸合作联动，通过资源开发投资、品牌带动、资本运作和科技协作等方式，将拓展我省发展空间与带动内地发展有机结合起来。

第二，以提高国际竞争力为核心，加快结构调整步伐。经济发展不仅要看总量，更要看结构、后劲、素质和效益。增强国际竞争力，其核心是看有多少国际知名品牌参与国际竞争，而其关键是要发展一批有国际知名品牌、掌握核心技术和自主知识产权的大企业和企业集团。各级党委和政府、各类企业都要增强紧迫感和竞争意识，抓住过渡期的有限时间，使我们的国际竞争力有明显的提高。

实施名牌带动战略，推动产品结构和技术结构的优化。名牌产品是科技创新、体制创新、管理创新的结晶，是一个地区或企业竞争能力的标志。因此，要尽快建立以大企业为主体，以高等学校、科研单位为科技依托的科技创新体系。政府、企业、社会都要增加科技创新投入，以发明专利为重点，强化企业的创新能力。下大力气打造一批有自主知识产权的知名品牌，使名牌产品在主要行业中逐步占据主导地位。重大技术装备和整机具有产品链条长、产业关联度高、区域带动力强的特点。因此，各地要培育一批有优势、有潜力的重大技术装备和整机生产企业，把引进、消化、吸收、创新结合起来，促其创品牌、上规模，形成专业化水平高、配套能力强的生产链条，把名牌带动和重大技术装备带动、整机带动结合起来。要大力推进国民经济和社会信息化，以取得提升传统产业、提高社会经济管理水平、培育和发展新兴的 IT 产业等一举三得的功效。进一步办好高新技术产业开发区、留学生创业园、软件园，以高新技术产业的大发展带动全省产业竞争力的大提高。

实施大企业和企业集团带动战略，努力做大做强一批骨干企业集团，推动企业组织结构的优化。在市场经济条件下，不仅要看到中小企业"船小好掉头"，还要特别重视"船大抗风浪"的作用。大企业资本密集、人才密集、信息密集、知识密集，是技术创新的主体、产业再转移的源泉、打造品牌的载体。因此，它是一个国家、一个地区经济实力和竞争力的标志。与长江三角洲对比，我省缺少"航母"，企业"小、散、弱"的弊端日益显现，影响我省发展后劲。因此，必须在支柱产业和有优势的行业中尽快做大做强一批骨干企业。要重点扶持发展省里确定的 50 家工业龙头企业、50 家农业龙头企业和 15 家流通业龙头企业，并引导广大中小企业为它们配套协作，形成大、中、小有机结合，相互依存的行星式的企业组织结构，不断增强我省的企业竞争力。

实施民营经济上水平发展战略。民营经济是一支最有活力和巨大潜力的力量，要一手抓发展，一手抓提高。在进一步贯彻落实好省委、省政府《关于大力发展个体私营经济的决定》精神，加快民营经济发展的同时，当务之急是促进民营经济上规模、上水平，努力实现"五个转变"，力争使一批有条件的民营企业成为我省出口创汇、科技创新、资本扩张的重要生力军，成为我省发展后劲之所在。

实施人才战略。牢固树立人才是第一资源的新观念，抓好人才培养、引进和使用。要重视发展教育，着力培养一大批精通外语的高科技人才、国际金融和贸易人才、工商管理和跨国经营人才等。采取更加有效的措施吸引海外学子和国内各类人才来粤创业。要完善激励机制和选人用人机制，营造尊重人才、尊重知识的社会氛围和综合环境。

要开展对各城市综合竞争力和骨干企业国际竞争力的评估和测评，以提高我省的竞争力。

第三，把握加入世界贸易组织契机，切实提高开放水平。要全面做好加入世界贸易组织的应对准备工作。加快转变政府职能，改善经济运行机制；清理修订地方性政策法规，提高法规、规章、政策的统一性和透明度；积极培育和发挥行业协会和市场中介组织的作用，打造知名品牌中介机构；整顿和规范市场经济秩序，创造良好的市场信用环境；把握国际资本流动趋势，调整利用外资策略，提高利用外资的水平；深化外贸体制改革，增强拓展国际市场能力；加快实施"走出去"战略，提高国际化经营水平；建立国际贸易争端预警及咨询服务网络；加快经济结构的战略性调整，增强产业、产品和企业的国际竞争力；按照国家对世界贸易组织的承诺，加快服务业的对外开放；加大技术引进力度，提高技术创新能力；适应经济国际化要求，大力推进标准化

1998 年 5 月 28 日，李长春在广州会见美籍知名人士陈香梅女士。

工作；加强应对加入世界贸易组织的咨询服务和深化研究；推进世界贸易组织知识培训工作，培养引进高素质专业人才；加快推广电子口岸建设，努力改善通关环境和效率。各方面要各负其责，抓紧落实。深圳市要成为全面应对加入世界贸易组织的先行市，尽快形成与国际惯例接轨的法制环境和运行机制，对全省发挥示范作用。经济特区、珠江三角洲各市都要在抢抓加入世界贸易组织机遇，迎接挑战中走在前面。总之，在全国各地交通、通信等硬环境都有了很大改善，中央给各地的政策平台基本拉平的状况下，要把增创竞争优势放在致力于改善政务环境、市场环境、生活环境、人文环境、法治环境上，努力构筑珠三角的环境新优势，增创加入世界贸易组织的先发优势。

要努力提高对外开放的水平和质量。着力实现"六个转变"，即在确保出口总量稳步增长的同时，要转向总量和结构并重，在优化出口产品结构上取得新突破，使体现竞争力的一般贸易出口有较大增长；从以"三来一补"产品为载体的初级劳务输出为主，逐步转向以有自主品牌、核心技术的产品为载体的高级劳务输出和初级劳务输出相结合，在高级劳务输出上有所突破；从出口市场较为单一向巩固传统市场与开辟新兴市场相结合的出口市场多元化转变；从单纯重视引进技术，转向引进、消化、吸收、创新相结合，在技术创新上有所突破；从注重把外商引进来，转向引进来与"走出去"相结合，在"走出去"上有所突破；从注重硬环境建设，转向软硬环境并重，在以信用、秩序、效率为重点的软环境建设上有所突破。

第四，以增加农民收入为核心，以结构调整为主线，以农业产业化经营为途径，切实加强"三农"工作。要按照"保护耕地、取消定购、规范批发、放开零售"的要求，落实粮食流通体制改革的各项措施。要加快建设广州粮食批发市场，力争形成对全省粮食市场有影响的"广州价格"。以粮食流通体制改革为契机，加大农业结构调整力度。各地要依靠科技进步，大力发展具有特色的名、特、优、反季节、无公害农产品，形成比较优势。农业生产要增强创品牌意识、农产品标准化意识，增强农产品的竞争力，扩大农产品出口。各地在调整农业结构中，必须按照市场规律办事，尊重农民自主权，落实好土地承包政策，保护农民利益。

大力推进农业产业化经营。要认真贯彻落实省委《关于大力推进农业产业化经营的决定》精神，把推进产业化经营作为引导农民进入市场、增加农民收入、加快农业结构调整、加快山区扶贫开发的重要途径。通过政策扶持、多元投入，培育发展一大批与当地农户利益关系密切的农业龙头企业，提高我省农业的组织化水平。

以农民反映最强烈的问题为重点，进一步做好农民减负工作。要继续严格执行中央和我省减轻农民负担的各项政策，加大治理农村"三乱"工作力度。在巩固原有工作成果的基础上，重点解决好农村教育收费"一费制"、实现城乡居民用电同网同价等问题，进一步减轻农民负担。农村税费改革工作，明年在珠江三角洲地区继续试点，其他地区暂时不搞。

第五，以发展现代流通业为突破口，加快发展现代服务业，增创珠三角地缘新优势。要认真贯彻最近召开的全省流通业改革与发展会议精神，突出抓好现代流通业的发展。特别是以广州、深圳为龙头的珠三角发达地区，要以发展连锁经营、现代物流业和中高级批发市场为重点，加快广州新机场、广州和深圳国际会展中心、广州和深圳港口、三角洲信息化等基础设施建设，进一步完善对外开放的服务窗口和通向国内市场的重要门户功能，努力成为我国乃至东南亚地区的、能便捷通达国内市场和国际市场的重要的物流基地，增创珠三角的地缘新优势。

要通过改革开放加快现代服务业的发展步伐。要抓住加入世界贸易组织的机遇，扩大服务业的对外开放，积极引进国外服务业著名企业，加强与港澳地区在现代服务业等方面的紧密合作，推动我省现代服务业实现跨越式发展。要引入竞争机制，放宽行业准入限制，引导和鼓励社会力量参与现代服务业的发展。要进一步拓宽服务领域，着重发展信息服务业、金融保险业、中介服务、教育等对提高竞争力关系重大的服务产业。同时，大力发展

2001年8月23日，李长春考察广州新白云国际机场规划。左二为广东省委副书记、广州市委书记黄华华，左四为广州市常务副市长张广宁。

住房、旅游和社区服务，提高社会服务水平，形成新的增长点。

积极吸引国外大跨国公司、金融机构到广州、深圳设立机构，积极吸引内地企业来我省举办招商引资、展销洽谈活动和设立窗口，通过发展现代服务业，增强我省对外对内的双向吸引力。

第六，优化生产力布局，促进地区经济协调发展。实施中心城市带动战略，努力提高珠三角地区的发展水平。广州和深圳要增强创新能力，打造工业和商业"航母"，加快发展现代服务业，充分发挥辐射带动作用。促进珠三角地区经济结构优化升级，并建成世界性的制造业基地，我国重要的高新技术产业基地、科技创新基地、外贸出口基地、现代物流基地、信息化和可持续发展的示范区，率先基本实现社会主义现代化，在全省起示范带动作用。

继续采取有力措施加快山区发展。要落实好我省《农村"十五"扶贫开发纲要》精神，搞好对口扶贫，加大省财政转移支付的力度，加快山区脱贫奔康的步伐。继续支持山区搞好基础设施建设，改善投资环境，吸引国内外客商投资。要加强珠三角与山区的经济技术合作，有计划地把珠三角的一批初级产业转移到山区，同时认真研究解决山区优势资源开发和深度加工问题。要通过内外结合，加快山区工业化进程，使之增强财力和自我发展能力，增强造血功能。东西两翼要发挥自身的优势，进一步夯实产业基础，改善软硬环境，增强经济实力和发展后劲。粤东地区要借鉴浙江发展民营经济的经验，创办民营经济示范区，引导民资大力发展实业。粤西地区要发挥地域和资源优势，提高工业化水平，大力发展海洋经济和南亚热带农业。

注　释

〔1〕"911"事件，指 2001 年 9 月 11 日在美国发生的大规模恐怖袭击事件。恐怖分子劫持 4 架民航客机，其中 2 架撞击纽约世界贸易中心双塔楼，1 架撞击美国国防部五角大楼，1 架在飞行途中坠毁，共导致 3000 人遇难。美方认定这一事件为本·拉登领导的"基地"组织所为，并于同年 10 月 7 日向拒绝交出本·拉登的阿富汗塔利班（意为"伊斯兰学生军"）政权发动了战争。

以加入世界贸易组织为契机，
掀起广东新的发展潮 *

（2001 年 12 月 21 日、2002 年 4 月 11 日）

> 国际竞争力的核心，归根到底就是看你能够拿出多少国际知名品牌到国际市场上去参与竞争。品牌的载体是什么？就是能够打造品牌、主业突出，有自主知识产权的大企业和企业集团。这是我们的当务之急。所以，我们一定要把加入世界贸易组织作为中华民族崛起的历史机遇，努力增强我们的国力，增强我们的竞争力。加入世界贸易组织后，广东的经济工作要以提高国际竞争力为核心，增创自主科技创新能力、产业、开放、环境、地缘和人才新优势，加快实现从经济大省向经济强省的转变。

一、做好各项准备，夺取先发优势

加入世界贸易组织是我国的一件大事，是我国在改革开放进程中一个重大的历史机遇，将推动我国的社会主义现代化进

＊　这是李长春同志关于加入世界贸易组织的两次讲话节选。

程。同时，我们也面临着严峻的挑战。加入世界贸易组织意味着新世纪我国的对外开放将从政策层面转变到体制层面，将会对我国的经济体制和运行机制，甚至意识形态和思想文化战线等各个方面，带来一系列的影响。因此，加入世界贸易组织是对我们党的执政能力的考验。作为地方党委，不仅要从一般意义上增强驾驭社会主义市场经济的能力，而且要在加入世界贸易组织的条件下，增强领导市场经济和全面把握社会全局的能力。因此，加入世界贸易组织也是对各级党委驾驭能力的考验，我们必须把这个问题作为明年全部工作的一个非常重要的新情况加以高度重视。

我们要全面落实中央对加入世界贸易组织过渡期的准备工作作出的一系列部署和要求，采取有力措施，积极应对，要增创利大于弊、趋利避害的先发优势。所谓"先发"，就是要抓住机遇，抢占先机，掌握发展的主动权。

第一，要切实把广大干部群众的思想和行动统一到中央的决策上来。广大干部特别是各级领导干部要从讲政治、讲大局的高度充分认识我国加入世界贸易组织的重大战略意义，统一思想，增强信心，自觉地按照中央部署和要求努力做好各项工作。

第二，要认真贯彻落实有关的应对措施，加快转变政府职能，改善经济运行机制。要按照世界贸易组织规则要求，清理、修订我省的地方性政策法规，提高法规、规章以及政策的规范化、一致性和透明度。要积极培育并发挥行业协会和市场中介组织的作用，打造一批有良好信誉形象、熟悉国际规则的知名的中介组织。要推进世界贸易组织知识培训工作，各个层次，包括企业管理部门、外经贸部门、各级党政领导都要尽快掌握世界贸易组织相关知识，并大力培养和引进熟悉国际经济和法律的专门人才。要加强加入世界贸易组织咨询服务和经常性的深入研究，省社科院、省发展研究中心要把经常性的深入研究作为长期的题目。要适应经济全球化的要求，按照国内标准和国际标准，大力推进标准化，加强国际标准的认证工作，使一大批企业能够得到国际标准的认证，走向国际市场。要建立国际贸易争端、预警及咨询服务网络，包括处理反倾销问题。要进一步整顿和规范市场经济秩序，加强信誉建设，创造良好的市场信用环境。要深化外贸体制改革，增强拓展国际市场的能力。要把握国际资本流动趋势，调整利用外资策略，加大引进跨国公司投资的力度。要按照我国政府对世界贸易组织的承诺，加快服务业对外开放，加快发展现代服务业，使其成为广东新的支柱产业。要加快推行电子口

2001 年 8 月 23 日，李长春考察广州琶洲国际会展中心建设工地时听取工程进展情况汇报。

岸建设，努力改善通关环境，提高效率。要加快实施"走出去"战略，培养广东的跨国公司，提高国际化经营水平。要确定若干领域，加大技术引进、消化、吸收、创新的力度，形成一批我们的知识产权和发明专利。要加快产品结构、企业组织结构、民营资本结构、产业结构的调整，增强产业、产品和企业的国际竞争力。这些工作很多属于具体业务，要落实到政府的各个部门。每一条要展开哪些方面，要进一步制定方案具体化。要继续分解任务，落实责任，省市上下联动，同时展开，各级政府一把手负责。要加强督促检查。各级党委，主要是省、市两级党委要阶段性地听取政府汇报，以推动这项工作，使各级党委、政府以及企业真正抓住这个历史机遇，趋利避害，发挥先发优势。

第三，要认真研究、迅速掌握、及时解决加入世界贸易组织后可能出现的新情况、新问题。既要抓住加入世界贸易组织给各个行业带来的历史机遇，也要密切关注可能带来的负面影响。明年，外国产品进口可能会增加。从明年开始，关税逐步下降，可能给国内企业经营、农产品的销售带来一定困难，下岗人员甚至失业人员也可能增加。国外的金融、商贸等服务企业的进入会加剧这些领域的竞争。国外的企业进入也会使人才竞争出现新的形势，国有企事业单位人才流失可能会加剧。各地区、各有关部门对这些可能出现的问题要有思想准备，未雨绸缪，及早研究应对预案，采取切实措施，妥善处理各种突发的矛盾和问题，保持国民经济持续快速健康发展，维护社会稳定。

第四，在经济工作中要突出强调增强国际竞争力。要牢固树立不仅看总量，更要看结构、后劲、质量和效益的思想，把增强国际竞争能力作为整个经济工作的重要指导思想突出出来，体现到经济工作的各个环节中去。这是我省经济发展继续走在全国前面的需要，是我省适应加入世界贸易组织新形势，趋利避害，保持先发优势的需要。每个地方和企业都要认真地分析一下本市、本单位、本企业国际竞争能力的现状。我们有比较好的对外开放条件，过去"三来一补"成为引进外资发展经济的一个重要模式，这是完全正确的。今后"三来一补"还要搞，而且要积极地搞。另一方面，我们在发展途径上也要与时俱进，解放思想。不是说这种方式不对，而是不能仅仅停留在这种方式上。要把这种方式作为"敲门砖"，来打造我们自己的品牌，开发出具有自主知识产权的产品，把企业做大做强，最终提高我们的国际竞争力。有的同志可能会说，加入世界贸易组织之后外资大规模进来了，大家都是国民待遇，不要再强调什么打造自己的品牌，强调民族经济了，大家都一样了，你的也是我的，我的也是你的。这个想法太天真了。我们积极参与经济全球化，要始终高度重视国家利益、人民利益，时刻关注我们的经济主权和经济安全，不是一加入世界贸易组织，就世界大同了。不要以为全球化了，西方国家的技术就会无偿地都拿来给我们，我们也无所谓了，也不需要什么民族品牌和自主知识产权了。各级领导干部要有清醒的认识，一定要把加入世界贸易组织作为进一步增强我们的国际竞争力、进一步增强我们自立于世界民族之林能力的机遇，而不是拱手相让，束手待毙。国际竞争力的核心，归根到底就是看你能够拿出多少国际知名品牌到国际市场上去参与竞争。品牌的载体是什么？就是能够打造品牌、主业突出、有自主知识产权的大企业和企业集团。这是我们的当务之急。所以，我们一定要把加入世界贸易组织作为中华民族崛起的历史机遇，努力增强我们的国力，增强我们的竞争力。在市场经济条件下，你没有知名品牌，就很难占据市场。今后，统计、考核、表彰等激励机制在经济工作上都要突出增强国际竞争力，要往这方面倾斜。在外贸出口统计上，既要统计总量，还要统计其中标志国际竞争力的部分增长多少；在统计高新技术产业、产值占的比重或者总量时，要注明具有自主知识产权的是多少；在统计专利总数时，要注明发明专利的情况怎么样。在分析工业形势时，要把每年创了多少个国际知名品牌、国家知名品牌、发明专利这个内容包含进去。今后的统计分析，要在分析经济总量的同时，分析内部的结构、后劲、质量和效益的情况，其中包括打造品牌的情况。科技表彰要改革，要向增强国际竞争力倾斜。

（2001年12月21日在中共广东省委工作会议上讲话的一部分）

二、抢抓机遇，提高国际竞争力

省委、省政府举办的省和地厅级领导干部世界贸易组织专题研究班共进行了四天的学习，今天就要结束了。总的来看，这期研究班效果很好，达到了预期的目的。下面，我重点讲三个问题。

1.增创先发优势，掀起新的发展潮。

要以加入世界贸易组织为契机，这是一个重大机遇。"抢抓机遇，主动出击，迎接挑战，趋利避害"这十六个字，是我们增创先发优势的内容，也是我省对加入世界贸易组织所采取的方针，最后落脚到掀起我省新的发展潮这样一个目的上。以开放促改革，以改革开放促发展，这是我省 20 多年来加快发展的一条成功经验。面对经济全球化的大背景，我省要实现"十五"计划目标，必须坚定不移地贯彻改革开放的基本国策，努力提高对外开放的水平，使对外开放更好地促进和服务于现代化建设。必须树立强烈的机遇意识，使加入世界贸易组织成为我省做好各项工作的新契机，成为推动我省率先基本实现社会主义现代化的强大动力。

加入世界贸易组织以后，我们可以享受很多权利，也要承担相应的义务。由于我省市场经济体制还不完善，经济社会发展中仍然存在不少薄弱环节，加上加入世界贸易组织初期缺乏运用规则保护自己的经验，因此在相当长一段时间里，加入世界贸易组织对我省经济社会生活各个领域造成一定的冲击将是不可避免的。比如：我们的自主科技创新能力还不强，自主知识产权还不多，核心竞争力还不强，在发达国家筑起的技术壁垒面前，我们还处于劣势；对政府管理体制和管理方式，对投资环境的建设，特别是软环境的建设等，都提出更高的要求。对此，我们要有充分的思想准备。

只有坚持"抢抓机遇，主动出击，迎接挑战，趋利避害"十六字方针，才能实现增创加入世界贸易组织的先发优势。抢抓机遇，就是要树立强烈的机遇意识，充分认识加入世界贸易组织对我省经济发展带来的各种有利的内外条件，及时准确地抓住和运用这些机遇和有利条件发展自己，掌握加入世界贸易组织的主动权。主动出击，就是要把世界贸易组织作为我省走向世界、参与国际经济合作与竞争的一块阵地，充分利用加入世界贸易组织赋予我们的权利，积极实施外向带动和"走出去"战略。迎接挑战，就是要密切关注、冷静分析加入世界贸易组织后给我们可能带来的不利因素和风险，未雨绸缪，认真研究对策措施，努力化解各种不利因素，不断增强我省经济的整体素质和国际竞争力。趋利避害，就是要尽快熟悉和掌握加入世界贸易组织的权利和义务，善于合理运用世界贸易组织规则保护自己，使各种风险和负面影响降低到最低程度，使加入世界贸易组织的利益得到最充分的体现。增创先发优势，就是要充分利用我省改革开放 20 多年打下的较坚实的物质基础和"先走一步"参与国际经济合作与竞争所积累的丰富经验，利用加入世界贸易组织的契机，发挥比较优势，使我省在加入世界贸易组织后继续走在全国前列。

2.加快实现从经济大省向经济强省的转变。

加入世界贸易组织以后，我省的经济工作要以提高国际竞争力为核心，不仅经济总量要大，而且要结构优、素质高、效益好、后劲足。要在以下几个方面增创我省的新优势。

第一，增创科技自主创新能力的新优势。这是提高国际竞争力的核心问题。要通过若干年的努力，使我省实现从以加工基地为主向加工、制造、研发、服务等综合的经贸合作基地转变，不断地增强自主创新能力。加快建立以企业为主体、以高等学校和科研单位为依托的科技创新体系，努力增加自主知识产权的比重，特别是在主导产业和拳头产品上，自主知识产权要有一个大幅度的增加，核心竞争力要有一个明显的提高。政府和企业都要加大研发投入，大中型企业都要建立研发中心。政府的知识产权部门、技术标准部门要加强对企业技术创新活动的服务，对各个城市、各个企业的科技创新能力加强评估，建立激励机制。

第二，增创产业新优势。一是实施名牌带动战略。实施名牌

2001 年 6 月 19 日至 20 日，李长春在江门市调研。图为李长春考察鹤山市港商独资企业雅图仕印刷有限公司。左三为江门市市长雷于蓝，右一为江门市委书记蒋进。

带动战略是目前发达国家和跨国公司致力推行的重要国家战略和企业战略之一，也是立国兴省和企业生存发展的必然选择。要下大力气打造一批有自主知识产权的国际知名品牌，或者是国内知名品牌、地区性的知名品牌。在出口产品当中，增加自有品牌产品在出口总额中的比重。在招商引资过程中，结合创建支柱产业，合资、合作、外商独资我们都欢迎。二是实施大企业集团带动战略。发展具有国际竞争力的大型企业和企业集团，是国民经济持续稳定增长的根本保证，对国民经济的长远发展以及提高国际竞争力有着至关重要、极其深远的战略意义。大企业和企业集团是经济全球化的主力军，是技术创新的主体，又是打造知名品牌的载体。实行大企业和企业集团的带动战略，必须在支柱产业和有优势的行业中尽快做大做强一批骨干企业，以名牌产品为龙

521

头，以资本为纽带，实行多种形式的资本扩张，努力打造一批我们自己的跨国公司。要加大扶持发展省里确定的 50 家工业龙头企业、50 家农业龙头企业和 15 家流通业龙头企业的力度，引导广大中小企业为它们协作配套，形成合理的企业组织结构。三是培育壮大支柱产业。发展支柱产业起点要高，要加大用先进技术改造传统产业的力度。大力发展高新技术产业，如信息技术、生物技术、光机电一体化等。以现代流通业为突破口，大力发展现代服务业；以花卉、果蔬为重点，大力推进农业产业化经营，发展创汇农业，使我省的支柱产业形成一种梯队结构，逐步发展壮大。四是实施民营经济上水平发展战略。要使民营经济成为我省技术创新、资本扩张、出口创汇重要的新的生力军。民营企业要一手抓发展，一手抓提高。抓发展要进一步解决国民待遇和民资进入领域的问题，抓提高就是力促民营经济上规模、上水平，实现省委工作会议上提出的"五个转变"。

第三，增创开放新优势。由于加入世界贸易组织，我国投资领域的拓宽、环境的稳定、门槛的降低，将会形成外资进入中国的新高潮。我省各地要抓住机遇，吸纳更多的外资。当前，美国、日本很多企业计划向中国转移加工厂甚至建立研发机构，我们要加大招商引资的力度，不要错过这个机遇。

第四，增创环境新优势。必须树立环境就是品牌的观念，通过不懈的努力，进一步巩固原有的优势，积极创造新的优势，建立起具有更高水平的综合环境优势。要在进一步加强交通、能源、通信等硬件方面环境建设的同时，把重点放到致力于改善以下五个方面的投资软环境上来。一是政务环境。各级政府都要按照世界贸易组织规则要求规范政府行为，加大职能转变力度，减少对微观经济活动的直接干预，充分发挥市场配置资源的基础性作用，强化企业的市场主体地位，切实解决"越位、缺位、错位"的问题，真正把职能转到经济调节、市场监管、社会管理和公共服务上来。要进一步规范政府行政权力，落实依法行政，实行审批和办事程序公开化、透明化。提高政府的行政效率和服务水平，不断改善通关服务。凡出台重大决策，要实行事先听证会制度、事前公示制度，广泛运用网络、电视、电话等信息手段，使办事结果接受社会的监督和约束。二是法制环境。按照国家的统一部署，全面清理修订与世界贸易组织规则不相适应的地方性政策、法规，提高法规、政策的统一性和公开性。进一步推进依法治省工作，加强普法教育，增强全社会的法制意识，特别要重点提高领导干部、执法人员的法制素质。深化司法改革，提高执法队伍的素质和执法水平，加强执法监督，做到严格执法、文明执法和公正司法。继续大力整治社会治安秩序，依法严厉打击各种刑事犯罪和黑恶势力活动，为对外开放创造良好和稳定的社会环境。三是市场环境。以放宽和取消市场准入限制为重点，打破行业垄断和地区封锁，营造国内各类合法经济主体公平竞争的环境。大力加强信用体系建设，提高社会信用水平。加快建立企业、中介机构和个人信用档案，使所有的市场主体都必须诚实守信，一旦有不良行为的记录，就要让其付出代价，直至名誉扫地、寸步难行。信用体系建设和市场准入降低门槛是相辅相成的，信用体系建设上不去，市场门槛降低，只会带来更大的混乱，两者不能脱节。进一步规范和整治市场经济秩序，集中力量重点抓好建筑市场、土地市场、产权市场、金融市场、中介组织等领域的规范，继续严厉打击走私贩私、偷税骗税、逃汇骗汇、制假售假等违法犯罪行为。加大知识产权保护力度，加快发展商会和行业协会等各类中介组织，充分发挥行业中介组织在协调市场、协调价格、组织反倾销、反补贴以及应诉等行动中的重要作用。四是人文环境。大力推进社会主义精神文明建设，发展各项社会事业。落实《公民道德建设实施纲要》精神，加强职业道德、社会公德和家庭美德建设，尤其是要加强诚实守信的商业道德教育，提高城乡文明程度和公民的思想道德素质。加强文化建设，大力弘扬科学精神和现代人文精神，形成具有较高文化品位，既体现社会主义本质，又有利于市场经济发展的良好文化环境。五是生活环境。继续坚持可持续发展战略，抓好重要资源特别是水资源的保护和利用，加强对环境污染的治理和生态环境的保护，努力创造良好和安定的人居环境。继续搞好城市建设，搞好社会保障工作，加大社保的覆盖面，建立统一、规范、完善的社会保障体系。进一步理顺分配政策，关注社会公平。

第五，增创地缘新优势。加强粤港澳合作，把珠三角作为我国对外窗口的地缘优势发挥得更好，进一步增强珠三角的辐射力。以发展现代流通业作为突破口，大力发展现代服务业，增强珠三角对海内海外的辐射力和吸引力，努力把珠三角建设成为我国乃至东南亚地区的重要物流基地。

第六，增创人才新优势。在普遍提高国民教育水平的同时，突出专业人才的培养，着力培养一大批精通外语和国际事务的高科技人才、国际金融和贸易人才、工商管理和跨国经营人才。与此同时，要加快对全省地厅级和县处级领导干部、公务员、企业家进行世界贸易组织知识培训的步伐。提高各个层次人才的素质，从青少年抓起，不断强化中小学和大学的英语教育。要进一步加大引进人才的力度，特别是采取措施吸引海外留学人员和用各种形式利用海外的智力，从政策、法律上保证各类人才来粤创业的利益，使广东成为各方面人才创业和生活最好的地区之一。

3.提高党委领导经济工作和把握社会全局的能力和水平。

加入世界贸易组织以后，我们将面临着新的国际国内形势和工作环境，有许多不熟悉和新的东西要掌握。这对各级党委和政府的执政能力和领导水平是一个严峻考验。各级党组织要按照中央的要求，创造性地开展工作，研究加入世界贸易组织以后的新形势，进一步提高党组织领导市场经济和把握社会全局的能力。

第一，按照"三个代表"重要思想的要求，切实加强党组织自身建设。加强各级领导班子的建设，真正把各级领导班子建设成为政治坚定、团结实干、开拓创新、廉洁为民的坚强领导集体。认真落实党的十五届六中全会提出的作风建设的"八个坚持、八个反对"[1]的要求，以实际行动密切党同人民群众的联系。

第二，要重视新形势下意识形态领域的工作，筑起抵御外来不良思想文化冲击的防线。以开放的精神和积极的态度，主动适应我国加入世界贸易组织的新形势，大胆参与世界文化交流，同时坚持"两手抓，两手都要硬"，高度重视发挥党的政治优势，高度重视思想文化建设，加强爱国主义教育，增强全民族的凝聚力。

第三，适应加入世界贸易组织的新形势，党委要统揽全局，协调各方，努力发挥好政府、社会、市场和企业四个方面的作用。进一步推动政府全面转变职能。加快法制建设，努力建设一支精通业务、精通国际国内法律的工作队伍。加快"废、改、立"的步伐，提高地方性法规的统一性和透明度。要努力推进社区、行业协会、中介组织和社会机构的发展，使其规范有序，完善其社会功能。

第四，加强调查研究，注意研究加入世界贸易组织后的新情况、新问题，提高解决问题的能力。我省各地区、各部门的情况差异比较大，加入世界贸易组织以后所带来的影响也各不相同。各有关职能部门特别是涉外经济部门，要在当地党委、政府的统一领导下，把中央和省委、省政府关于应对加入世界贸易组织的有关决策落实好，协调好加入世界贸易组织后遇到的重大问题。对于重大涉外问题，要及时请示汇报，不能各行其是。广东要努力探索，为全国应对加入世界贸易组织工作创造出更多的新鲜经验。

第五，加大宣传力度，普及加入世界贸易组织知识，正确引导舆论。全省上下要广泛深入地开展"人人都是投资环境、个个代表广东形象"的宣传教育活动。综合运用各种媒体和现代技术手段，加强宣传我省的投资环境、经济发展战略、经济社会发展成就和应对加入世界贸易组织的工作部署，在全社会积极普及世界贸易组织基本知识，介绍有关研究成果，报道有关工作的进展情况，树立我省的良好形象。

（2002 年 4 月 11 日在省和地厅级主要领导干部
世界贸易组织专题研究班上讲话的一部分）

注　释

〔1〕"八个坚持、八个反对"，是中共十五届六中全会 2001 年 9 月 26 日通过的《中共中央关于加强和改进党的作风建设的决定》提出的党的作风建设的主要任务。即：坚持解放思想、实事求是，反对因循守旧、不思进

取；坚持理论联系实际，反对照抄照搬、本本主义；坚持密切联系群众，反对形式主义、官僚主义；坚持民主集中制原则，反对独断专行、软弱涣散；坚持党的纪律，反对自由主义；坚持清正廉洁，反对以权谋私；坚持艰苦奋斗，反对享乐主义；坚持任人唯贤，反对用人上的不正之风。

粤港澳要重点加强五个领域合作 *

（2002 年 1 月 29 日）

> 港澳的顺利回归，为广东与港澳之间的合作提供了更加广阔的前景。粤港澳可以在以现代流通业为重点的现代服务业、旅游业、基础设施和交通往来、环保建设、口岸管理等五个领域加强合作。港澳地区也可以借助与广东的合作，增强在国内外市场的竞争力。

广东省委、省政府高度重视粤港澳的合作，在我们确定的外向带动战略中，始终把发展、提升粤港澳三地的经济合作作为一个重点。"十五"时期是广东率先基本实现社会主义现代化的重要奠基期，港澳的顺利回归，为广东与港澳之间的合作提供了更加广阔的前景。港澳回归后，虽然实行的是"一国两制"，但毕竟是一家人了，从政府到民间，各方面沟通联系的渠道更畅通，有事更加好商量，进一步加强合作的条件更成熟。我国加入世界贸易组织后，对于经济外向度较高的广东来说，也将获得进一步

＊　这是李长春同志在港澳地区政协委员座谈会上讲话的一部分。

加快发展的大好机遇。随着广东乃至全国进出口贸易的不断扩大，港澳地区的转口贸易和加工贸易也会不断增加。港澳地区也可以借助与广东的合作，增强在国内外市场的竞争力。今后，粤港澳三地可以在以下几个领域加强合作。

第一个领域是以现代流通业为重点的现代服务业。作这样一个考虑，首先，这是广东本身结构调整的需要。目前，广东的第一、二、三产业比重是 1 : 5 : 4，按现代发达国家发展的客观规律，我们第三产业的发展明显地滞后于第一产业和第二产业，是瓶颈，但也有很宽广的发展空间。其次，这是增创珠三角地缘新优势的需要。如果说过去外商到中国内地投资，其战略考虑主要是利用中国劳动力廉价、生产成本低廉的便利条件，把生产的产品打入国际市场，那么珠三角就有明显优势。珠三角不仅毗邻香港这样的航运中心、金融中心，而且又有江西、湖南、四川能够提供大量廉价劳动力的腹地。但加入世界贸易组织后，跨国公司到中国大陆投资取向有变化，其首要目标是占有中国市场份额。在这种情况下，首先在投资地的选择上要考虑哪个地方对中国大陆市场的覆盖率最高、辐射力最强。一个地区的辐射力不是通过加工业来体现的，而是主要通过以流通为重点的服务业来体现。广东既是对外开放、通向世界市场的重要门户，同时也是通达国内市场条件最好的重要门户之一。发展现代服务业要以现代流通业为突破口，而对现代服务业，香港有丰富的经验和实践，也有一些知名的企业，所以我们重视在发展现代服务业方面和香港合作，而且在加入世界贸易组织、服务业对外开放中，广东愿意首先对港澳同胞开放服务业，希望港澳服务业企业到广东来，共同合资合作，把广东现代服务业

2000年4月16日，李长春在广州会见香港中华总商会广东省访问团一行。

尽快发展起来。同时，广东也要改善投资软环境，进一步创造良好的政务环境、市场环境、经营环境、生活环境、人文环境。现代服务业的发展是对发展实业最好的支持，也是最好的投资软环境。

第二个领域是发展旅游业。现在有利条件很多，中央已经批准广东对香港、澳门的外国游客实行144小时落地签证，对内地居民到香港、澳门旅游取消配额限制，经营的旅行社增加了40多个。广东应该在旅游体制改革上走在前面，怎么来突破？就是从发展粤港澳旅游的合资企业来突破，在合资企业这个机制下把两头的经营放开。有什么体制障碍，该上哪汇报就上哪汇报、该谁去汇报就谁去汇报，一定要在广东突破。

第三个领域是基础设施、交通往来、通关服务。这也是大有可为的。铁路部门正在研究广州和香港怎么样搞高速铁路的问题。省里也在研究把珠三角建设轻轨交通系统管起来的问题。当然，我们对珠海怎么样跟深圳连通的问题也作了论证，也在跟香港特区政府谈加快深港西部通道的建设。交通建设目的是使广东跟香港、澳门交通更便捷，通关更简便，为人流、物流和商流创造更好的条件。

第四个领域是环保建设。环境保护第一位是水，当务之急是改善供香港的水质问题。现在东深供水改造工程[1]正日夜兼程，工程还是很艰巨的，要穿山洞子，要架槽子，当然搞起来景观也是很漂亮的，可以开个供水线路游。有机会可以组织大家参观一下，这个搞起来后，香港的水源水质将明显改善，直接从东江抽了水，用架空的管道，跟整个流域没关系，抽上来是二级水，送到也是二级水。除了水之外，治理空气污染也要排到日程上，珠三角已确定了除现有的一两处火电厂外，不再搞火电厂了，主要是靠国家西电东送，逐步改善珠三角的环境。

第五个领域是在社会治安方面加强口岸管理合作。三方联手，坚决打击黑社会和团伙犯罪活动，共同为人民群众营造一个安居乐业的良好环境，促进三地的繁荣、稳定和发展。我希望，今后三地政府和工商界以及其他各行各业，在更加广泛的领域携起手来，把粤港澳经济合作提高到新水平，增强在国际市场上的竞争力，推动三地加快发展。

注 释

〔1〕东深供水改造工程，是对原东深供水工程（水源取自珠江支流的东江，是向香港供水的大型调水工程）进行彻底改造，实现清污分流，改善供水水质，并适当增加沿线供水能力的跨流域大型调水工程。

为台商创造更好的创业和生活环境[*]

（2002 年 3 月 29 日）

> 我们对扩大与台湾的经济合作高度重视，要把台商的意见作为我们改善服务的具体方向。抓紧请示中央对台商医院特殊处理、扩建东莞台商子弟学校，更加便利台商及其亲属出入境，能试点的都积极开展试点。为台商在大陆投资创业创造更好的环境和条件，提供更多的方便。

广东的大门始终对外开放，特别是对台商，我们对扩大与台湾的经济合作高度重视。我们都是炎黄子孙，最终还要"和平统一、一国两制"，这个历史潮流不是哪个人的主观意志所能左右的，这是炎黄子孙最大的夙愿，谁想逆历史潮流而动，都是行不通的。大家积极到大陆投资、置业，就个人来讲求发展，就大局来讲也是谋中华民族之振兴，所以我们对台商到大陆发展是高度重视的。

第一，关于进一步改善服务的问题。要把台商的意见作为我

---

[*] 这是李长春同志在台商座谈会上讲话的一部分。

们改善服务的具体方向。一是海关要攻克深加工转厂的管理问题。这样就更能够发挥珠江三角洲配套能力强、产业链条强的整体优势，一定要加快进程，今年按照计划能提前的尽量提前，该试点的试点，该推广的推广。二是退税问题。既要快，又要合理透明，围绕这个问题进行改进，特别是在退税指标不足的情况下，尽量用足免抵退的政策。三是保证台商投诉渠道畅通。有关的具体问题，请省外经贸厅、省台办抓紧协调解决，今后各地分管外经贸的副市长、外贸局长的手机号码、电子邮箱地址也要公开，对所有的外商都要公开，方便外商找副市长解决问题。

第二，关于把东莞、深圳建成服务完善的台商后勤基地的问题。请省台办负责进一步协调。当前亟须建台商医院，要抓紧与各市商量，确定下来，并抓紧请示中央对台商医院特殊处理。关于东莞台商子弟学校扩建用地问题，有多少孩子，需要多少，我们就扩建多大，希望有更多的台商子女到大陆读书，子女读书解决了，太太到这里来就解决了，老人到这里来看孙子也就解决了。这不就是天伦之乐吗？既要事业发展，也要天伦之乐嘛。

第三，关于集成电路企业的支持问题。目前政府对高新企业的支持就是政府垫底设立的风险投资公司。由于创业板未推出，风险投资回报的兑现渠道不畅通，也因此由政府来设立风险投资公司。但集成电路企业的投资太大，风险投资资金远远不能满足，只有走金融渠道，由于地方政府不能干预银行信贷，现在只能由企业直接向银行贷款，或者与大的民营企业合股，政府要出热情，出精力，帮助牵线搭桥。

第四，关于政府支持外资企业的科技项目问题。目前我们列入科技部门计划，用三项经费来支持的，不对外资企业开放，将来可研究一些办法，如国有入股等形式，这个问题在财政管理方面还存在障碍，得进一步研究，但走市场化是畅通的。

第五，关于如何提供联合投资渠道的问题。现在确实存在这样的情况，一方面有人有钱找不到门路，另一方面有人有项目找不到资金，就是缺少中介服务，目前考虑把产权交易中心的服务领域拓宽，为各种所有制企业相互参股牵线搭桥，作为投资的"婚姻介绍所"。

第六，关于怎样更加便利台商及其亲属出入境的问题。请省公安厅再进一步调查研究，在公安部已有的办法的基础上，在广东特别是深圳和东莞，能试点的都积极开展试点，为台商在大陆投资创业创造更好的环境和条件，提供更多的方便。

总之，我们愿意给大家服务好，希望大家在广东发展、发财，能立足于长远发展，扎根在广东，而且也通过你们的实践，宣传广东，介绍更多的朋友到广东来。

对外开放要再上水平 *

（2002 年 6 月 4 日）

> 从对外开放上水平的角度来讲，一定要把合资和合作作为重点突出出来。合资既可以是以我们为主，也可以是以外方为主，但总的要求是我们要参与进去，只有这样才能上水平，不能停留在我们创造环境、他们以独资的形式来投资的层次上。利用合资合作这种形式，形成利益共同体，我们就能够同跨国公司一起前进。要培养一批能够跟国外的大型跨国公司合资、合作的投资主体和合作主体。

省第九次党代会提出要以加入世界贸易组织为契机，全面提高我省的对外开放水平。在对外开放上水平方面，有几个思路跟大家交换一下意见。

佛山是我省的第三大城市，在经济发展上有良好的基础，完全有条件进一步加强资本的整合，加强引导，尽快上水平，加快

率先基本实现社会主义现代化的步伐。

第一，在继续发展粤港澳合作的基础上，加快与美国、欧盟、日本等的跨国公司合作的步伐。一方面，对外开放要上水平。国际的先进水平在哪里呢？欧美日的大型跨国公司是当今先进的科学技术、先进的管理经验的拥有者和重要载体，他们的法制观念、环保意识、纳税意识、工业卫生和生产安全意识都比较强，跟这些跨国公司合作，能极大地提高我省的产业水平和企业管理水平。另一方面，很多欧美日大企业认为广东的合作对象主要是香港，来广东投资的积极性受到影响。从实际情况看，欧美日的大企业在广东投资的大项目确实不多，如果我们不加快与美欧日的大型跨国公司合作，将直接影响我省的对外开放水平。

第二，在继续发展各种形式利用外资的同时，把合资和合作作为重点。从对外开放上水平的角度来讲，一定要把合资和合作作为重点突出出来。合资既可以是以我们为主，也可以是以外方为主，但总的要求是我们要参与进去，只有这样才能上水平，不能停留在我们创造环境、他们以独资的形式来投资的层次上。利用合资合作这种形式，形成利益共同体，我们就能够同跨国公司一起前进。韩国的对外开放体现了以我为主，发展了民族工业，值得我们很好地研究。我们要培养一批能够跟国外的大型跨国公司合资、合作的投资主体和合作主体。我主张办好代表政府的投资主体，即控股公司或资产经营公司，他们作为国有资产出资人的代表，跟外商合资，组织新的合资企业。当然也可以搞大型国有企业授权经营，授权经营的大企业作为投资主体去跟外商搞合资合作。资产经营公司或者叫国有控股公司，主要是靠国有资产的整合、重组，有进有退，突出重点，不断壮大国有资产经营公司的实力。像佛山这样财政状况比较好的市，可以结合产业结构的调整，向资产经营公司和国有控股公司注资，主要是为发展高新技术进行产业引导，由控股公司来吸引社会资本，而财政注入这部分作为引子，起到投资导向的作用。

第三，在继续重视生产领域合作的同时，更加重视引进研发机构，引进软件产业，引进现代物流业。实现省第九次党代会提出的使我省从过去单纯的加工基地向研发、制造、服务综合的基地转变。要不断增加自主知识产权，增强核心竞争力。佛山的企业要通过合资、合作，实现把引进、消化吸收、创新结合起来，最终能够创出我们的牌子。

第四，实现从引进为主向进出结合的转变，在"走出去"方

1999 年 7 月 15 日，李长春在佛山市台资企业普立华照相机有限公司调研。右二为佛山市市长梁绍棠，右四为佛山市委书记林浩坤。

面有新突破。我们出口的拳头产品在占有一定市场之后，要争取把配件和原材料带出去，在国外搞加工基地，为培育广东的跨国公司做准备。跨国公司是经济全球化的载体，能不能打入国际市场，就看这个国家跨国公司的能量。我们建立跨国公司还有很长的路要走，第一步可以靠在境外、海外搞加工基地的方式先走出去，由小到大。希望佛山能够在这方面先走一步。

第五，在继续发展多种形式出口创汇的同时，在一般贸易上有大突破。现在，我省加工贸易出口占了全部出口的80%，搞加工贸易发展经济，只能说是经济大省，不能算是经济强省。有自主知识产权和自己的品牌产品，才是一个企业、一个地方具有核心竞争力的标志。

第六，在外贸体制改革上迈出大的步伐。一方面，原来国有外贸公司要加快改革的步伐，可以实行代理制，给工业企业搞代理；可以变成贸科农、贸工农或者贸科工一体化的经济实体，可以与外国的大批发商合资合作，也可以改成股份合作制企业。另一方面，要尽快使民营企业特别是民营的工业企业成为出口创汇的新的生力军，对一批信誉好、有一定的出口量、有对外经营队伍的民营企业，赋予他们外贸出口权。

第七，不断改善投资软环境。要做到"软硬并重"，在软环境建设方面有所突破。为了创造一个好的政务环境，提高服务水平，今后发展外资企业、民营企业要做到园区化。要搞好外商特别是欧美日大型跨国公司管理人员的后勤保障和服务工作，办好外国专家子女学校，增强吸引力。珠江三角洲城市群的交通网建设，首先要考虑佛山，佛山的基础很好，现在的关键问题就是要加强整合和上水平，加快发展。

广东与德国经贸合作商机无限 *

（2002 年 6 月 13 日）

女士们、先生们：

中国广东—德国投资推介会在德国法兰克福隆重召开，我首先要感谢德国工商总会、黑森州政府、法兰克福市政府作为会议的协办单位给予我们的大力支持和协助！刚才在会上，我们欣喜地看到，广东省和德国签订了一些重大项目的合作协议，未来广东省和德国的联系将更加密切，合作的领域将更加宽广。

广东是中国大陆南端的省份，毗邻港澳，对外贸易历史悠久，市场经济活跃。中国改革开放以来，广东外向型经济取得了令人瞩目的成就。2001 年，全省进出口贸易额达 1765 亿美元，其中出口 954.2 亿美元，分别占全国的 34.6% 和 35.9%。至 2001 年止，全省实际吸收外资累计 1410 亿美元，占全国吸收外资总额的 1/4 强。2001 年，广东国内生产总值达 1275 亿美元，占全国国内生产总值的 11%，综合经济实力居全国首位。

这里我想特别强调一下，包括广州、深圳在内的珠江三角洲的地位和作用。珠江三角洲是中国改革开放的试验田，全国五个

---

* 这是李长春同志在中国广东—德国投资推介会上的演讲。

540

2002 年 6 月 13 日，李长春在德国法兰克福举办的中国广东—德国投资推介会上演讲。

经济特区这里拥有深圳、珠海两个。这里也是中国最大的出口创汇基地，广东省出口创汇占全国的 36%，其中 90% 都是在珠江三角洲创造的。珠江三角洲正在崛起的高新技术产业带，已经成为中国最大的电子资讯产品的制造基地。这里也是中国现代化建设的先行区，是带动广东经济乃至中国华南地区经济发展的火车头。

这里有优越的地理位置和完善的基础设施，是我国通达世界各地的重要开放窗口，又是通达国内市场的重要门户。香港、澳门与珠江三角洲通过高速公路网、高速铁路和密集的港口群紧密地联系在一起，浑然一体。通过香港这个国际航运中心、金融中心、贸易中心，把珠江三角洲乃至整个广东省和世界市场联结在一起。珠江三角洲陆海空交通运输网络完善、通讯发达，具有世界一流水平的广州新白云国际机场将于 2003 年启用，作为全国物流、航空枢纽的地位将更为突出。

这里制造业协作配套能力强，电子信息产业发达，是正在崛起的高新技术产业带。这里生产的电视机、程控交换机占全国一半以上，生产的台式电脑和笔记本电脑占全国 1/3 左右，这里生产的计算机硬盘占世界产量的 30%，这里生产的计算机各种驱动器、软盘、键盘、主板等主要计算机元器件占世界产量的 10% 以上。

珠江三角洲也是中国主要的贸易中心、金融中心、人才中心之一，能够提供良好的服务和人才支撑。地处珠江三角洲中心的广州是中国南方最大的商埠城市，作为商埠城市已经有着一千多年的历史，中国一年两度进出口商品交易会就在广州举办，现在已经举办了 91 届。中国的两个证券交易市场之一就设在珠江三角洲的深圳，另一个在上海。珠江三角洲拥有一批国家级的软件园和高新技术产业开发区，在科技开发、科技交流、人才信息方面有着非常便利的条件。作为国家高新技术的对外窗口，中国国际高新技术成果交易会在深圳每年举行一次。国外一批大公司也纷纷在珠江三角洲设立地区总部和研发机构。广东特别是珠江三角洲科技创新能力强，技术市场发展较快，连续几年获得专利量居全国首位。全国的一些重点大学都纷纷落户珠江三角洲，建设研究开发院，培养硕士生和博士生。广东一批知名的高等学校也坐落在珠江三角洲。珠江三角洲已经成为我国少数几个对年轻的大学生、研究生最有吸引力的创业天堂之一。

在广东改革开放的进程中，广东和德国的合作关系十分密切，发展很快，德国已经成为广东在欧洲最大的经贸合作伙伴。去年广东和德国之间的贸易额达到了 54.76 亿美元，德国在广东投资已经达到了 10.61 亿美元。双方的合作已经有了良好的开端。德国有着良好的产业基础和经济实力。在发展信息产业、环保产业、机械制造、电子电气、汽车、化学工业等方面积累了厚实的基础和丰富的经验。德国在国际金融、资本市场中居于十分重要的地位，法兰克福更成为欧洲乃至世界的金融中心。德国将在欧洲与中国的经贸合作中发挥越来越重要的桥梁作用。广东和德国的经济互补性很强，德国的持续发展需要广东的海外市场，广东的人才资源、人力资源和巨大而稳定的市场对德国的发展有很大的作用。同样，德国的知识、经验、信息和资金也是对广东现代

2002 年 6 月，李长春率领中共代表团赴欧洲进行系列经贸活动。图为李长春在德国考察奔驰公司。

化建设与对外开放有益的和不可或缺的。德国经济界、企业界、科技界的敬业精神、质量信用都给广东的同行留下了深刻的印象。所有这些都是我们进入新世纪进一步加强合作的有利条件。随着中国加入世界贸易组织，和广东发展经济贸易合作，可以说是时机大好，潜力巨大，商机无限，前途光明。

人类已经进入 21 世纪，国际关系中不稳定因素和国际社会面临的挑战确有增加，但和平与发展仍然是当今时代的主题，解决全球性问题的根本出路是发展全球性的合作。世界各国间只有不断加强交流与合作，才能共同发展与繁荣，世界才能更加丰富多彩。中国的发展是世界和平和稳定的重要力量。最后，我希望德国的朋友、欧洲各国的朋友到中国去、到广东去，开拓新事业，创造新业绩。

谢谢大家！

吸引台湾精英来粤投资[*]

（2002 年 9 月 3 日）

炳权[1]并华华[2]、丽满[3]：

广州、深圳要增强对台湾精英的吸引力，这不论是从经济上，还是从实现祖国统一上，都意义重大。同时对投资多、技术水平高、个人素质好的台商，研究允许长期居留的政策。本来东莞已有几万台商，但大多数是中、小的，另外也可能东莞的吸引力还不够。广州、深圳要研究上海的经验，增强吸引力（台资银行、子弟学校、医院、居留、出入境手续等）。

---

　　[*]　这是李长春同志在 2002 年 9 月 3 日《参考消息》刊载的《50 万精英出走台湾》上所作的批语。

　　2002 年 8 月 3 日，台湾地区领导人陈水扁公然抛出"一边一国"论调，严重伤害两岸关系，在台湾企业界带来极大的震动和不安。台湾《商业周刊》报道了台湾投资者的困惑及其在两岸的投资情况。李长春同志作出批示后，广东省外经贸部门和广州、深圳、东莞等地开展多种形式的对台招商引资工作，加大力度完善投资环境，解决在广东投资台商的后顾之忧。2002 年，全省新增台商投资项目 1305 个，新增投资金额近 35 亿美元，粤台贸易额超过 220 亿美元，同比增长 29%。此外，广东省先后出台一系列扶持台商发展的优惠政策，进一步提升粤台经贸合作质量和水平。

2002年9月

特别报道

周二
专刊
（9–16版）
第83期

追求性价比

acer
we hear you

Acer 的承诺

50 万精英出走台湾

【台湾《商业周刊》8月12日一期
报道】题：五十万精英出走

8月5日早上，从事建筑业的张垂堂开着黑色的奔驰S320，离开濒临台北市内湖区大湖公园的高级住宅，开始了一天的工作。这辆S320是3年前买的，此后，他再也没有在台湾有过100万元以上的消费。因为随着事业重心的外移，他飞离台湾的时间越来越久。7月中，他回到台湾停留3星期，这也是他最近半年待在台湾最长的一次，结果就碰到陈水扁的"一边一国论"，搅得台北更无宁静。做生意的他，最怕政治人物踏丢政治炸弹。

曾经帮海商精密及它知名电子公司建厂的他，与台湾知名的建设项目日越接触愈多，台湾反而相对萧条下来。他的事业却与横跨海峡两岸及越南，蓬勃发展。所以，虽然3年没有在台湾置产，但是他在大陆南京买了一幢约150坪（日本面积单位，1坪合3.3057平方米——本报注）的别墅，在美国佛罗里达州也添购了一栋2幢的别墅，他的财富指数随着他飞行里程增加而不断攀升，但是在台湾的长期消费却在递减。8月初，他受飞到大陆，短短逗留后，要继续飞到越南。

离开台湾岛
寻梦到大陆

一家小型传统建设公司的陈培明，公司已经快经营不下去了，明年他决定到上海或厦门去。"买房子？现在哪子才会去买房子，明天都不知道在哪里，谁会去买房子？"没有建筑业即将十几年都涨价，为了避免分居两地，考虑一年后，汤小姐还是好好星星。

随着精英在大陆管理的时间拉长，豪宅林立的台北市信义计划区，入夜一启灯火稀微。一位不知名的代销业者估计："信义计划区的豪宅至少有40亿元的余屋卖不出去。"豪宅交易清淡使得陈水扁气愤不堪，因为豪宅出走使台湾的几率更为降低。

随着台湾精英出走的时间越长，在金贸凯悦顶楼的贵宾厅客室、买车们、点亮了上海的夜晚，同时却让台北...

能力，台湾2000万人口中，前1/10的消费旅群是200万人，以保守的50万人数在台湾，他们是内需市场的最主要消费者，他们对大陆消费的增长，冲击内需市场，最直接的就是台湾消费的降低。

昱泉国际总经理曹约文和先生李禄泉（昱泉国际董事长），为了公司业务，分居上海和台北两地。每个月都会回到大陆探亲的曹约文，目前有8成家庭消费支出花在上海，只有两成在台北。本来她打算将现在大陆的消费水准调降，因为她开B骄轿车（指奔驰与宝马），再好的车子也只有她一人开，所以，她时时打消了在台湾置名车的欲望。只是，她和先生倒是在上海浦东的汤臣高尔夫球场买了房子。

而3年前才在土城买新屋的汤小姐夫妇，最近决定卖掉房子，举家搬到广州，省下台湾的新屋，利用假期返各大量店，添置20万元的西德生沙发等等。先生还影容"房子是我的命根子"。随着先生在广东台商电子公司的工作来越稳定，为了避免分居两地，考虑一年后，汤小姐还是好好星星。

约较全盛时期减少3成，"少3成客人，等于没有利润。"张振民打算放弃"高消费的人群不见了！"

御生坊药膳餐厅负责人许训旺也感觉到他的生意一天一天少，养生餐饮的顾客年龄层通常在40岁以上，而且都是企业界人士，这些人待在大陆的时间一次比一次长。御生坊的营收较1998年全盛时期锐减了8成，而且，剩下的这两成生意，早已不少是日本观光客带来的。许训旺说，今年以来，每个月都亏钱，他已经将每占价位由原来的二三千元，降低至600到1000元，最近还打算再降价。

中央银行总裁彭准南说："台湾民间消费不振，这也许跟太多人到大陆消费有关，哪些人比较会花钱。几十万人跑到大陆去，那些钱如果留在台湾花……"

台湾的精英不仅从饭桌上消失，从驾驶座上消失，也从会议桌上消失，由知名企业家第2代接手之类资格的机轮卡分社，尚来有权社的"中央社"之称，目前开会的时候，第2代出席率都很高。但是，去年以来，空的位子比来越多，因为这些人已经转往大陆管理投机会。"一位狮友无奈地说。

狮子会、青商会议及同济会等工商团体遇到相同的情况。狮子会去年的会员人数逐年减少3.5万多人，今年6月却只剩下3.1万多人。全盛时期曾子会有高达4万多会员，这涉失的1万人正转往大陆发展，"每次开会，就会发现走那么少了好几个，再同样少了几个人，大陆投机会。"

人？"他不平地说。

刚从中国大陆回台湾就碰上"一边"，非常愤慨。两年前他曾经是投票给陈水扁的一员，这些在台湾生长、爱台湾，但是，如果活不下去，现在连台湾的福贡都可以放弃。

过去台商到上海的前半年，最渴望接触的会是台湾的音乐，亲朋好友会在台湾时向上海，酒醒耳热之际，主客之间谈论的焦点都是和台湾相关的事物。但是这一情况在逐渐改变。日前百胜餐饮集团中国区营运副总裁韩定国邀请满桌的台商吃饭，餐会要结束之际，韩定国突然说："我一直在想人家的话题何时转到台湾？但总是看大家都没有提到台湾，与我飘想的一样。众宾客留下一大，真的整晚都没有提到台湾的事情。

离家久的人不仅不谈台湾的事情，连台湾的电视，报纸也不看了。"以前下班就赶回家打卫星电视，等着看台湾的新闻、连续剧，现在已经打开电视就头痛。"一位台商太太摇摇头，台湾的电视永远在争论只有台湾人自己有兴趣的议题，争吵的问题永远没有结论，一台商说已经很少再看台湾的频道，他们更有兴趣的是大陆当地的讯息，台湾的媒体到不了，发行量打不开。因为，在大陆的台商越真的频道不开。

"精英出走"的戏码在台湾的各角落正悄悄上演，《就业情报》杂志社董事长、也站事周人力中心的静静玉说："7月向我递履历，表明要到大陆发展的竹科人比6月份增加27%。"没有研究显示出多少台商内需市场造成多大的冲击，但是，可以肯定的是，"精英出走"的影响面正在持续扩大。

这是李长春在《50万精英出走台湾》一文上的批示手迹。

注　释

〔1〕炳权，即汤炳权，时任广东省副省长。

〔2〕华华，即黄华华，时任中共广东省委副书记、广州市委书记。

〔3〕丽满，即黄丽满，时任中共广东省委副书记、深圳市委书记。

统筹协调、分类指导，构建区域发展新格局

增强信心、抢抓机遇，
在交好两份答卷上成为榜样*

（1998 年 6 月 6 日）

> 有一个良好的精神状态，才能克服前进道路上遇到的困难，增强信心，继续前进。要善于抢抓机遇，充分认识到当前的困难中孕育着机遇，谁能先去抢，谁能抓得住，谁就取得了主动权。对于经济社会发展中遇到的问题，要从积极方面来看，要转化为发展的动力。

这次来中山，就两天时间，看的东西少，听了情况汇报，很难形成一个完整的印象和提出有针对性的意见来。给我总的印象，首先，中山城市建设、城市规划、城市管理都是上档次的，不是一般的卫生整洁，而是在绿化、美化和净化，城市管理的方方面面都给人一个高水平的印象。市区基本看不到裸露地面，硬覆盖、软覆盖搞得都很好。城市的绿化和美化紧密结合，不仅有一定的绿化面积，而且都跟各种植物的造型、图案的造型紧密结合起来。第二，市民的文明程度较高。突出就是在住宅小区，看

---

* 这是李长春同志在中山市听取工作汇报时讲话的一部分。

不到什么纸屑、烟蒂，住宅小区能搞到这个程度很不容易，而且住宅小区的公共电话亭能够放得住、管得好，这在一般城市做不到，表明中山市的群众素质、文明意识是比较强的。第三，很重视可持续发展战略。特别是城市污水处理，现在一天供水38万吨，其中生活用水约占一半，日处理量是10万吨，虽然还没有全部处理，但这个比重在全国各个城市中是较高的。还有，以公有制为主体、多种所有制经济共同发展的格局形成得比较好。我们到小榄镇看到乡镇企业生机勃勃，都是集体企业。到古镇看灯具，主要是私营个体生产经营的，成气候了，小商品搞成了大产业，覆盖全国40%以上的市场。我感到，中山是两个文明建设比较全面的一个城市，无愧于用孙中山先生的名字命名，总的是这么个印象。

当前中山市经济正处于转型期，特别是市属企业、国有和国有控股企业的经济活力还欠缺一点，这个问题我们也感受到了。所以当前中山市在经济上应当说是面临着新情况、新问题、新挑战。关于怎样贯彻好省第八次党代会精神，使中山市两个文明建设都上新台阶，我讲几点意见：

一、以贯彻省第八次党代会精神为契机，把中山市两个文明建设推向一个新水平。当前贯彻省党代会精神，首先要和解决干部群众的思想观念问题紧密结合起来，要有一个良好的精神状态，克服前进道路上遇到的困难，增强信心，继续前进。在省党代会的报告里，关于精神状态的问题有三句话非常关键："抓住机遇而不丧失机遇，开拓进取而不因循守旧，力争上游而不故步自封。"要正确分析当前我们面临的形势，清醒地看到新情况、新问题。不看到困难是盲目乐观，但不全面地看，看不到主流，也会产生畏难情绪。应该说我们面临的宏观大环境，特别是扩大对外开放势头是好的。党的十五大之后，我们国家的政治形势被世界看好，政治稳定，实践邓小平理论和党的基本路线都在坚定不移地继续推进。经济形势方面，在东南亚出现金融风暴的情况下，更显出我国的经济形势是好的，继续保持持续快速健康发展的势头。特别是人民币币值稳定，这是外商投资最关心的事情。我们要重视和注意的情况，主要在这几个方面：一个是东南亚发生金融风暴，由于我们跟东南亚的经济关系比较密切，产业结构有相似之处，我国又对国际社会作出了人民币不贬值的承诺，因而出口和引资受到影响。再一个是国内现在形成了买方市场，这对于开拓市场更难了，经济的拉动力不足。还有一个是我们的金融方面发生了一些问题。过去，我们缺乏金融知识，再加上房地产过热、开发区过热，把高息吸储搞起来了，现在就出了问题。我们对这几个方面的问题要有正确的看法。对东南亚金融风暴这个问题，我们应该看到这也是广东追赶亚洲"四小龙"的好机遇，是我们调整出口结构，开发多元化国际市场的动力。在国际市场上长期单纯依靠哪一个国家和地区，本身就是不保险的。所以我们要借此加快推进国际市场多元化，这不是什么坏事。国内形成买方市场，这正是我们改革开放20年的一个成绩。社会主义生产的目的就是为了最大限度地满足人民物质文化的需求。过去我们买东西凭票，还要排长队，就希望什么时候能把票取消了，用不着排长队了，现在有了这么好的局面，我们应该高兴。同时，我们也确实不能像过去那样，上什么产品都有销路，质量差一点也不愁卖，现实要求我们的思想观念要从过去的短缺经济转向两个根本性转变上来，通过提高效益、提高质量使经济素质上新水平。当前的市场形势正是我们优化产业结构，推动产业升级的外在动力。所以对于这些问题，要从积极方面来看，要转化为我们的动力。至于国有企业职工下岗的问题，全国比较突出，从我们省的情况来看，不是很突出。比如，中山的下岗职工只是1万人左右，而外地来打工的有50多万。金融的问题，我省相对其他省倒是突出一点，但是我相信，只要按照上次全省经济工作座谈会的部署，各级都认真抓，估计用两年的时间会把它消化好的。毕竟我省的经济规模大，各方面的承受能力较强，对外的金融信用也是可以的，只要我们工作做好了，就能克服当前遇到的困难。

当前，要强调我在省委八届一次全会上讲过的，只要思想不滑坡，办法总比困难多。通过贯彻省第八次党代会精神，作为一个强大的政治动力和思想武器，把广大干部群众的思想统一起来，精神振奋起来。同时，要把学习贯彻党代会的精神和做好本地的实际工作结合起来。由于我们处在经济的转型期，经济后劲不那么足，活力不那么够，那么我们就要把贯彻党代会的精神和解决这些实际困难结合起来，落实好三大发展战略、增创四大优势的要求，在全市尽快形成一个贯彻省第八次党代会精神的良好氛围。过去，中山就是广东的"四小虎"[1]之一，我希望，中山市以"统一思想，抢抓机遇，增创优势，再振虎威"这16个字来贯彻省党代会精神。统一思想，就是把大家的精神振奋起来，正确认识面临的形势和任务。抢抓机遇，就是充分认识到当前的困难中孕育着机遇，谁能先去抢，谁能抓得住，谁就取得了主动权。因为你困难，别人也困难，广东困难，别的省更困难。就是要辩证地看待这个问题。增创优势，就是从全省来讲有四个方面的优势，中山还可以从自己的实际情况出发，增创自己别的方面的优势。我这次走马观花地看了两天，你们有明显的地缘优势，离广州等大城市不远，又毗邻澳门，靠近香港，处于珠三角的中间，自己有港口，进出都很方便。也有明显的人缘优势，特别是孙中山受到海内外华人崇敬，给你们带来巨大的人文资源，这个资源是独有的优势。还有明显的环境优势，一看你们这个环境就感到管理水平高，干部群众素质高，外商来投资就放心了，而且已有一定的经济基础。再振虎威，就是希望你们要有点虎气，还要走在全省的前列。

二、以外向带动为突破口，确保今年国民经济持续快速健康发展。中山市改革开放以来的迅速发展得益于外向型经济。当前到了转型期，到了发展的关键时刻，要想迅速地找到持续快速健康发展的途径，还是要从外向型经济入手。中山市对于欧美大财团的吸引力，可能一下子没有深圳、珠海那么强，而要吸引东南亚客商目前也有困难，我看当前是吸引台资的最佳时机，这也发挥了中山市独有的优势。我非常赞成你们采取的步骤，由市长带队到台湾招商，走出去再请进来，掀起一个吸引台资的热潮。这对于促进两岸"三通"，促进祖国统一也是有力的配合。中国台湾和东南亚其他国家、地区不一样，经济情况比较好，资金还是比较多的。过去他们采取什么"南向战略"鼓励台资到东南亚去，碰了壁了，这个时候我们去做工作正是非常好的时机，希望你们把这项工作做好。在扩大对台合作这个基础上，来调整过分依靠东南亚市场的外经贸结构是有利的。

三、创建高水平的文明城市，在交好两份答卷上成为全省的榜样。中山经过历届市委班子和广大干部群众的努力，现在有了较好的基础，完全有条件在全省交好两个答卷上起个榜样作用。现在中山的城市环境在净化、绿化、美化方面，我看已经是很好了，就是要在提高人的素质上下功夫，这要比抓环境硬件的难度大得多。提高人的素质，首先是提高职业道德、社会公德、家庭美德的水平。通过加强职业道德建设，推动纠正行业不正之风，推动党风廉政建设。我们的党员干部要讲职业道德，为人民服务，做人民公仆，这是职业道德的核心。我们市一级的领导班子要率先垂范，旗帜鲜明地反腐败，班子成员都要廉洁自律，自重、自省、自警、自励，在党风廉政建设方面做好表率，不能出问题。各个行业要自觉抵制不正之风，特别是司法机关和行政执法部门更要做好。社会公德就是公共秩序，村规民约，市民几不准，全社会都要遵守。要把抓家庭美德同开展创建文明户的活动结合起来。要狠抓社会治安综合治理，扫除黄毒赌，这也是提高人的素质的重要工作。我看中山市创建文明城市的重点是抓提高人的素质。

注 释

〔1〕"四小虎"，指 20 世纪 80 年代珠江三角洲迅速崛起的东莞、中山、顺德、南海四个中小城市。

扎实推进广州城市建设实现"三变"

（1998 年 7 月 31 日）

> 　　广州是具有较强辐射力、吸引力、影响力的经济中心城市。希望广州在城市建设方面一年先有一小变，就是改变脏、乱、差现象，迎接新中国成立 50 周年；三年能有一中变，就是以解决交通堵塞为重点，大力改善交通基础设施，到 2001 年承办九运会时，来个中变；到 2010 年，正是省里确定珠江三角洲基本实现社会主义现代化目标的时间，到时候来个大变。

　　省第八次党代会提出广州市要进一步加强中心城市建设，更好地发挥辐射和带动作用。这次现场办公会是贯彻省第八次党代会精神的一个重要举措，是省委、省政府高度重视广州在全省现代化建设中示范和引领作用的体现。

---

* 　这是李长春同志在广州市城市建设现场办公会上的讲话。

一、高度重视省会城市的建设

省第八次党代会确定把广州、深圳建成有较强辐射力、吸引力的经济中心城市，这是省委、省政府加快广东社会主义现代化建设的一个重要战略思想。我们从原来在生产力布局上的三个层次，即珠江三角洲地区、粤东西两翼、广大山区，调整为突出广州、深圳两个中心城市的建设，形成中心城市、珠江三角洲地区、粤东西两翼和山区四个层次。这是一个重要的指导思想和发展战略。

要充分认识城市对人类文明进步的重要作用。城市是经济文化发展的产物，是社会生产力水平在一定时间、一定空间里的存在形式，是物质文明和精神文明建设成果的集中体现，是

1998 年 7 月 31 日，李长春考察广州城市规划。左一为广东省省长卢瑞华，左四为广东省委副书记高祀仁，右一为广东省委副书记、广州市委书记黄华华，右四为广州市市长林树森。

人类社会进步的标志和人类继续前进的龙头。城市作为一个国家或者一个区域的中心,一般都具有工业集中、商业繁荣、人才荟萃、科技发达、交通便利、信息灵通、金融力量雄厚等优越条件,是人流、物流、信息流的交汇处。因此,相对地说,城市总能够以比较少的物化劳动和活劳动创造出比较高的经济效益,以比较短的时间组织大规模的商品生产和流通,同时以各种生产资料、生活资料和必要的信息、技术设备来支援和带动农业和农村的发展,以社会文明进步的成果向周围的广大地区发挥辐射力和带动力,从而促进整个城乡的发展和国民经济发展。这是社会发展的规律,是不以人的意志为转移的。自觉地认识和运用这一规律,加快城市化的进程,就能够加快社会发展。

要从城市的普遍原则来看待发展中心城市的重要性。加快建设好广州比一般意义上的城市建设更为重要。首先,广州是我省政治、经济、科技、教育、文化的中心,是华南地区最大的中心城市。广州的中心城市地位是历史、经济社会发展所形成的。改革开放以来,珠江三角洲崛起了城市群,对广州构成了挑战。虽然广州作为中心城市的地位没有被撼动,但是城市的发展对广州发挥龙头作用的要求更高了。其次,广州是我国的南大门,是通向世界的窗口。一年两届的广交会闻名遐迩,许多外国领事馆和商务机构都设在广州,建设好广州也是提高我省对外开放水平乃至扩大全国对外交流的需要。广州也是在全国具有较强活力的特大城市之一。建设好广州,进一步发挥其在我省乃至我国南方广大地区的辐射力,对推动区域两个文明建设的意义非常重大。因此,加快广州的建设,完善其城市功能,不断地增强其吸引力和服务功能，对我省在 21 世纪初率先基本实现社会主义现代化具有十分重大的意义。为此，省委、省政府把加强广州中心城市建设作为增创发展新优势的重大举措。搞好广州城市建设刻不容缓，抓好城市建设应该是今后广州市特别要重视和加强的一项重要和基本的工作。

二、对广州城市建设的原则要求

改革开放以后，广州发生了翻天覆地的变化，特别是这些年，广州城市建设发展迅速，城乡面貌日新月异，规模不断扩大。现在广州城市建设面临的问题，是高速发展与城市建设不

1998 年 4 月 17 日，李长春出席广州市委常委扩大会议时与广州市原市长黎子流亲切交谈。

相适应带来的，如交通拥堵、环境污染等。这是前进中的问题、发展中的问题。要以贯彻省第八次党代会精神为动力，以学习上海经验为途径，把广州市逐步建设成为环境优美、秩序优良、文明富庶、经济繁荣，具有较强辐射力、吸引力、影响力的社会主义现代化经济中心城市。以贯彻省第八次党代会精神为动力，就是要以党代会对广州的目标要求为动力。以学习上海经验为途径，就是在城市建设、城市管理以及两个文明建设上学习上海的好经验。逐步地达到目标，就是说要一步一步地朝着目标前进，不是一两年就能够达到的，必须循序渐进。所谓环境优美，就是要搞好绿化、美化、净化。净化既包括一般意义上的卫生，也包括环境保护。在优美和清洁方面，能不能通过一段时间的努力，使广州进入全国一流城市的行列。所谓秩序优良，主要是指社会治安秩序、交通秩序这两大秩序要优良，起码是跟现在比，要有明显的改观。所谓文明富庶，文明，就是说服务窗口要文明服务，行政执法部门和司法部门要文明执法，在社会管理方面要创建一批文明小区，提高市民的文明程度；富庶，就是从全国来说广州的群众生活水平和生活质量是一流的。所谓经济繁荣，广州作为大的中心城市，就是第三产业要高度发达，第二产业技术含量比较高，特别是在高新技术产业上，能够形成自己的优势，第一产业能够有自己的特色农业、"三高"农业。

明年是新中国成立 50 周年，希望广州市在城市建设方面先有一小变。小变，就是要改变脏乱差现象，迎接新中国成立 50 周年。三年能有一中变，就是到 2001 年承办九运会时，省里要投资建设，市里也要抓好配套建设，来个中变。到 2010 年，正是省里确定珠江三角洲率先基本实现社会主义现代化目标的时间，到那时来个大变。

三、以规划为龙头，以群众反映最突出的问题为突破口，加大城市建设的力度

第一，要拉开城市布局，加快新区建设、老区改造，用新区带老区、老区促新区的办法，新老结合，协调发展。第二，要充分利用珠江流经市中心的有利条件，使沿江景区成为广州的重点标志性建筑。标志性建筑要和环境相配套，形成若干个城市"兴奋点"。第三，要以解决交通拥堵为重点，大力改善基础设施，包括尽快建起内环路、外环路、地铁2号线和3号线，规划轻轨电车，形成辐射到周围城市群的高速公路网，改善广州市出口的交通条件。第四，净化、绿化、美化环境，加快污水处理厂建设，加快对垃圾的处理。下大决心治理脏乱差，解决乱摆乱卖、乱停乱放、乱搭乱建、乱拉乱挂、乱挖乱堆、乱写乱贴问题，提高城市管理水平。

四、建立符合"三公"原则的有形土地批租市场和建筑市场

加快广州的基础设施建设，要研究降低造价的问题。在地价方面，有没有被炒家越炒越高，而政府并没拿到多少土地转让金的问题。在工程建设方面，是否存在一包二包再转包，越转质量越低且造价很高的问题。在土地批租上，政府垄断一级市场，

按"三公"原则进行竞争搞活二级市场，这本来是广东创造的经验，现在要继续坚持，并不断完善。现在进行城市建设遇到一个突出问题，就是钱的问题。省里为了体现对广州的重视，要表示一点，但广州每年城建投资一两百亿元，靠省里给一两亿元支持是解决不了问题的，根本出路在于以地生财。如果我们不认真研究，没有一套规范办法来运作，今后政府照样拿不到钱。一定要在这个问题上下功夫，建立公平开放规范的批租市场。省纪委已再次重申，今后如果不搞有形的土地批租市场和建筑市场，那么在程序上就是违纪的。制定规范的办法，也是对广大干部的爱护。对重要的基础设施，不允许一包再包，谁中标就给谁干，把地给开发商，不能给炒家。希望广州把与城建有关的这两个市场，建设成规范性的有形市场，走在全省前列，创造出经验来。这项工作搞好了，既降低了城建的造价，政府也就能够筹集到一笔钱来进行城市建设了。

五、形成合力，共同搞好广州的中心城市建设

第一，在广州市管辖的行政区范围内，各级各部门都要支持广州市委、市政府履行职责。广州的中心城市建设得好坏，责任在谁？就在于市委、市政府。在广州市 7000 多平方公里的范围内，行政执法主体只能有一个，就是广州市政府，不能有若干个执法主体。方方面面所属的单位，要最大限度地属地化，要支持广州市政府依据法律的规定行使管理城市的权力。

第二，关于广州市提出需要解决的行政管理权限问题、资金问题和四个县级市改为区的问题，这些问题有的要制定具体操作

办法，有的需组织有关部门研究，通盘考虑。请有关领导同志协调后报省政府审批。

　　总的说，就是希望广州市委、市政府通过这次省委、省政府现场办公会，再作动员，扎实工作，把广州的城市建设提高到一个新水平，把两个文明建设提高到一个新水平。

加快雷州半岛治旱进程，
建设南亚热带农业示范区 *

（1998 年 11 月 21 日、1999 年 12 月 3 日、2001 年 8 月 21 日）

一

瑞华[1]：

雷州半岛水利建设问题，要作为去湛江现场办公的一个内容。算算效益账，可否用由政府贴息、业主贷款的办法搞，建议广源组织研究一下。一是体制，走改革的路子，二是资金来源，三是水源、技术的可行性。

（1998 年 11 月 21 日在广东省水利厅、农业厅《关于我省水
资源利用规划和主要水资源问题的报告》上所作的批语）

---

* 这是李长春同志关于加强雷州半岛治旱工作的三则批语。

雷州半岛是历史性缺水干旱地区，降雨少，蒸发量大，地表径流总量远低于全国和全省人均和亩均水平，导致农业受灾成灾严重，人畜饮水困难。1998年，李长春同志对雷州半岛治旱工作提出了扩库硬渠上井群，改善生态调结构和建设南亚热带农业示范区的总体要求，广东省委、省政府拨专款 3.4 亿元支持湛江用 3—5 年解决缺水干旱问题。至 2002 年，扩库后，增加供水量 2.63 亿立方米，占年供水量的七成多；硬渠后，水资源利用率比原来提高三成，增加可利用水源 1.72 亿立方米，相当于新建 100 多座小型水库；水利设施抵御各种自然灾害能力提高，旱地灌溉保证率达到 75%。

二

广源[2]同志：

雷州半岛的治旱和农业示范区，要加强督促检查，抓住不放，在当地要形成一定的氛围。对其阶段性成果可向社会宣传，以鼓舞湛江市的斗志。这也是省第八次党代会以来的重要决策之一。

（1999年12月3日在湛江市农业局《雷州半岛南亚热带农业示范区规划》上所作的批语）

三

要认真研究这些意见，既要加快进度，又要提高开发水平，特别是提高产业化经营水平。雷州半岛治旱和农业开发自决策后，今年是第三年了，建议以省委、省政府名义搞一次中间检查，并解决提高水平、加快进度的相关问题。

（2001年8月21日在广东省政协《关于进一步做好雷州半岛治水治旱和农业结构调整的建议》上所作的批语）

注　释

[1] 瑞华，即卢瑞华，时任广东省省长。

[2] 广源，即欧广源，时任中共广东省委常委、副省长。

附：

感谢信

敬爱的老书记：

　　您好！在今年徐闻县历史罕见的百年一遇大旱中，我们博爱村虽有旱情，但没有旱灾，群众安居乐业，经济稳步发展，社会和谐稳定！我们全体村民从内心深处感念您及省委、省政府帮助我们改水治旱的恩情！若不是1998年省委、省政府的英明决策，若不是你们的关怀和支持，帮助我们村民钻打了这么多的抗旱机井，像这次连续三年的罕见大旱，村中不知有多少家庭贫困断炊！多少村民逃荒讨饭！

　　博爱村没有溪河，属于高台缺水干旱村。改水治旱前，村中的坡地因无水灌溉，只能靠天吃饭，种植的是木茍、牛茅等低产低效作物或旱年丢荒。村民住的是茅草房，走的是红土路，骑的是自行车，生活较为贫困，农村十分落后。

　　1998年底，省委、省政府（湛江）现场会召开，做出在雷州半岛改水治旱和建设南亚热带农业示范区的重大决策。之后，您在百忙之中带领省委、省政府有关领导及省计委、水利厅、农业厅等部门的领导亲临我村蹲点指导改水治旱及南亚热带农业示范区的建设，提出了殷切的希望。我村群众备受鼓舞，倍感激励，倍增信心，牢记您的重托，把你们的支持关怀转化为强大的动力，全身心投入到改水治旱工作中。从 1998 年至今，我村村民共钻打大口径机井 8 眼、中口径机井 16 眼、小口径机井 510 眼，并安装及配套了电网，靠抽取地下水灌溉坡地，从根本上解决了我村长期干旱靠天吃饭的问题。同时，我们按照湛江市委、市政府和县委、县政府的要求，大力调整农业作物结构，建立南亚热带农业示范基地，不断提高农业生产的经济效益。我村昔日光秃秃的"火烧坡"而今已全部种上了绿油油的香蕉、瓜菜等高效经济作物。现在我村每亩土地年产值由改水治旱前的 500 至 700 元增加到 3000 至 4000 元，个别亩产超过 6000 元。

改水治旱后，我们村的经济得到快速增长，村民收入不断增加，村容村貌也发生了根本的变化。自 2003 年开始，我们热烈响应县委、县政府的号召，积极创建生态文明村，把村中的大路小巷全部建成水泥路，昔日的茅草房已成为历史，一幢幢"香蕉楼"、"瓜菜楼"、"芒果楼"如雨后春笋拔地而起。几年间，全村村民共建二层以上小楼房 190 多幢；家家户户都饮上自来水；电视机、VCD 已普遍成为村民的日常家电；村民最基本的交通工具也由自行车换成了摩托车，甚至有的家庭还购买了小汽车、大货车、农用车。昔日的贫困村，在短短的几年间，变成了生态村、富裕村、文明村！

饮水不忘挖井人。抚今忆昔，我们全体村民发自内心地感谢时任省委书记的您，是您一年三次亲自到我村了解群众疾苦，解决难点问题，支持改水治旱，使我们这个十年九旱、靠天吃饭的贫困村，变成了全县有名的井灌村和南亚热带作物示范村。不忘春风好，长怀化雨恩。我村群众能过上今天这样的好日子，是省委、省政府实施改水治旱的结果，是您及省委、省政府有关领导情为民所系、利为民所谋、权为民所用的结果！我们永远不忘省委、省政府的鼎力支持！永远不忘您的亲切关怀！我们全体村民决心在县委、县政府的正确领导下，继续扩大改水治旱成果，调整优化农业结构，团结一致、同心同德、艰苦奋斗，把我们博爱村建设成为更加富裕、文明、和谐的小康村！请您放心！

老书记，我们全村的干部群众热切盼望您在百忙中回博爱村看看，我们准备着芋头、玉米等着您！恭祝您身体健康，工作顺利，万事如意！

广东省徐闻县南山镇博爱村党支部、
博爱村民委员会
2006 年 2 月 28 日

湛江要振奋精神加快发展 *

（1998 年 12 月 30 日）

> 要深刻认识走私问题的严重性和危害性，树立求实的作风、苦干的作风、勤劳致富的思想，不能走歪门邪道，保证改革开放和社会主义现代化建设沿着健康的轨道发展。要把查处走私案件作为一个转机，把广大干部群众发动起来，通过扩库硬渠上井群，改善生态调结构，解决雷州半岛干旱的问题。充分发挥地处南亚热带、沿海城市以及大港口的优势，大力发展"三高"农业，加速工业化进程，推进湛江的振兴。

在新的形势下，湛江市委、市政府如何以中央查处湛江特大走私案为转机，把全市的干部群众凝聚起来、发动起来，加快改革开放的步伐，加快经济的发展，加强精神文明建设，加强党的建设，在跨世纪征程中迈出新的步伐，是当前一项十分重要的迫切的工作。围绕统一思想，围绕省委对湛江的要求，我讲几点意见。

---

* 这是李长春同志在广东省委、省政府湛江现场办公会上的讲话。

一、统一思想，振奋精神，增强信心

越是困难，越是碰到新情况、新问题的时候，越容易出现这样或那样的思想问题。所以，当前湛江广大干部群众能否进一步统一思想、振奋精神、增强信心十分关键。要在以下几个问题上进一步统一认识。

第一，要统一对中央查处湛江特大走私案的思想认识。既要看到这个问题的严重性，坚决与党中央保持高度一致，积极地支持配合办案，严厉打击走私和腐败分子；同时，又要肯定绝大多数干部是好的和比较好的，实行"打击少数，教育多数，解脱一批"的政策。湛江特大走私案是很严重的，给湛江造成了很大的影响，败坏了党委、政府在广大人民群众中的形象，损害了干群关系。湛江出现特大走私案不是偶然的，是由于长期以来走私问题没有得到有效遏制，以致发展蔓延，终于出了大的乱子，教训是很深刻的。当前，必须统一各级干部和广大群众的思想认识，在思想上、政治上与党中央保持高度一致。打击走私是今年中央采取的一个大动作，既是维护市场经济秩序，保持一个良好的经济环境，保证国民经济持续健康发展的要求，也是反腐败斗争深入推进的需要。这次打击走私特别强调重点打击法人走私。如果没有内外勾结，没有内部的腐败，长期的、大规模的法人走私是不可能出现的。通过严厉打击走私，大规模走私活动得到了明显有效的遏制，一些走私团伙受到了重创，内外勾结的腐败分子也纷纷落网，广大干部群众拍手称快。湛江的各级干部一定要与党中央保持高度一致，正确对待并积极配合中央查处走私案件。同时还要借此契机，主动地对其他走私犯罪进行查处，把湛江地区

1998年12月30日，李长春在广东省委、省政府湛江现场办公会上讲话。

的这个突出问题好好地解决。省委认为，不能因为湛江出了特大走私案件，就否定了湛江广大干部群众在改革开放和社会主义现代化建设中所取得的成绩这个主流；也不能因为少数干部出了问题，就否定了市委、市政府的领导和全市绝大多数干部是好的和比较好的这个基本估计。市委、市政府多年来领导全市人民推进改革开放和社会主义现代化建设，做了大量工作，主流上是贯彻落实党的路线、方针、政策的。在依法惩治少数严重违法犯罪分子的同时，要本着"惩前毖后，治病救人"方针，教育多数，解脱一片，纠正错误，吸取教训，放下包袱，继续前进。这样才符合实际，才有利于湛江的稳定，有利于把广大干部群众凝聚起来，加快发展步伐。

第二，对湛江20年来改革开放所取得的成绩要有一个正确的认识。改革开放以来，湛江也同全省其他地区一样，有了很大的发展。经济总体实力大大增强了，特别是农业有很大发展，基础设施日臻完善，广大城乡群众的生活水平也有了明显改善。所有这些都是历届各级领导班子和广大干部群众辛勤努力的结果。

但是，也应该清醒地看到，和全省或省内其他市相比，湛江的发展是比较慢的，许多经济指标占全省的比重下降，位次后移。与自然条件的优势相比，湛江确实应该做得更好一些。改革开放20年来，有几次重大的发展机遇，由于种种原因，湛江都抓得没那么紧。为什么出现这种情况呢？市委、市政府可以引导大家总结经验教训。但是对过去是哪届班子、哪个人怎么定的事情，我的意见是不埋怨、不争论、放眼未来、团结一致向前看。要从现在的实际情况出发，引导大家在肯定成绩的基础上，找出差距，克服不足，继续前进。立足于现在的国内、国际市场情况和自己的优势，路子该怎么走就怎么走。要把团结一致向前看作为一个重要的指导原则。如果在这个问题上统一了思想，就不至于互相埋怨，互相责难，能够激励广大干部群众团结奋进，急起直追，抓住机遇，加快发展。

第三，要正确认识当前湛江的社会经济形势。当前，湛江在社会经济生活上都遇到一些困难和问题，而且还比较集中、突出。我认为，必须既看到困难，更要看到继续前进的有利条件，从而增强加快发展的信心。湛江的困难是多方面的。在政治方面，怎么尽快地使市委、市政府领导班子重树形象，增强对人民群众的凝聚力，解决党员干部思想比较散的问题；在经济方面，全省重点解困行业中的制糖业，主要集中在湛江，而且市里不少国有企业也不景气，还有一个金融问题，特别是农村基金会，大

1998年12月29日至30日，广东省委、省政府在湛江召开现场办公会。图为李长春考察徐闻县城北乡迈报管理区时与村民亲切交谈。前排右二为广东省省长卢瑞华。

小事件不断，湛江是全省最先出现金融方面不稳定的地方。在社会治安方面，出现一些比较严重的刑事案件，走私犯罪活动比较猖獗。总之，困难和问题比较突出。但是，湛江的有利条件也很多，只要思路对头，班子得力，完全是可以加快发展步伐的。湛江有优越的区位优势和资源优势，属南亚热带气候，有全省最长的海岸线，是重要门户；改革开放以来已经打下了一定的物质基础，特别是基础设施比较好；湛江也有明显的政策优势，是全国最早的 14 个沿海开放城市之一，现在是优化资本结构试点城市之一，也曾是全国投资环境 40 优之一，还有国家级的经济技术开发区、省级经济技术试验区。这次中央查处湛江特大走私案，又为湛江提供了政治动力，这能有力地调动广大干部和人民群众的积极性。这次调整湛江市的领导班子,广大干部群众是欢迎的,当然也是寄予希望的。要以调整班子为契机,进一步明确发展思路,把干部群众凝聚起来,这是一个重要转机。特别是这一次提出通过治理雷州半岛的干旱问题,建立雷州半岛南亚热带农业示范区等措施,会鼓舞全市的干部群众。所以,希望湛江市委、市政府抓住这个机遇,把广大干部群众发动起来,充分发挥地处南亚热带、沿海城市以及大港口的优势,大力发展"三高"农业,加速工业化进程,通过大市场、大流通,带动第三产业的发展,逐步把湛江建设成为环境优美、秩序优良、经济发达、文明富庶的区域性中心城市,逐步增强对粤西地区的龙头带动作用。

二、凝聚力量,加快湛江经济发展

不管是打击走私活动,还是反腐败,目的都是为了发展。要把查处走私案件作为一个转机,把干部群众焕发出来的政治热情引导好、保护好、发挥好,加快推进湛江的振兴。今年我们召开了党代会,进行了一系列的工作部署。特别是开展了增创广东发展新优势的调查研究,并且正在把一系列调研成果转化为决策。我建议湛江新班子,进一步发动广大干部群众,继续开展"增创新优势,更上一层楼"的调研活动,在总结20年改革开放经验的基础上,本着不埋怨、不争论、不刮风、团结一致向前看的原则,确定湛江跨世纪的发展思路和方向。

怎样发挥湛江的优势,加速"三高"农业的发展,加速工业化进程,加速繁荣第三产业呢?从农业来说,很重要的一点,就是认真落实党的十五届三中全会和省委八届二次全会精神，强化农业基础，改善农业生产条件，发展特色农业。解决雷州半岛干旱问题的途径，就是扩库硬渠上井群，改善生态调结构。扩库，即对有条件的水库扩容，原来没有水库而又有条件的，可以新建，增加对地表水的拦截能力；硬渠，就是引水渠道要硬底化，减少水的渗漏；上井群，就是利用地下水，打出一批水井；改善生态，就是大力种树、种草，改善小气候；调结构，就是要调整作物结构。特别是打深井的地方，一立方水六七毛钱，如果还是种原来那些价值低的作物，就不合算了。所以必须发展突出南亚热带特色、有高附加值的作物。

海洋经济是湛江一个重要特色产业，而且有一定的基础，希望搞得更好，使湛江的农业结构更合理。发展特色农业必须推进农业产业化。要强调发展农业龙头企业，走"公司＋基地＋农户"的路子。湛江有条件兴办南亚热带农业产品的中高级批发市场，可以通过大流通、大市场推动大生产，发挥区域性中心城市的作用，吸引周边省市特别是海南的货源。还可以利用港口、铁路、机场的优势，给其他大中城市运送鲜活海鲜、蔬菜和水果，并可以进一步往北打进俄罗斯、韩国、日本等国际市场，促使湛江由农业大市向农业强市迈进。

湛江要掀起新一轮的招商引资热潮，必须依靠扩大对外开放，特别在当前资金困难的情况下，利用湛江的优势条件，吸引外资来开发。一定要采取措施，着力改善投资软环境。同时，在宣传上要注意以正面宣传为主，不要造成负面影响。如果软环境不好，其他硬件再好，外商还是不会来的。

加快工业化进程，首先要把原有的工业办好，要继续深化国

1998 年 12 月 26 日，李长春走进雷州市南兴镇农民蔡奎信家里，详细了解农民的生产生活情况，认真听取他们反映的意见。

有企业改革，特别是抓好骨干企业和制糖、建材等行业的改革和解困工作，改变当前的被动局面；要为国家和省在湛江办的企业做好服务，大力支持其扩大规模；要利用资源优势，创造条件争取上新的大项目。要大力发展农产品加工业，围绕"农"字上工业。湛江的农产品资源尤其是亚热带农产品资源丰富，现在基本上是卖初级产品，今后要积极搞加工增值。湛江是全国最大的珍珠养殖基地，通过深加工，可以派生一系列产品。同时要大力发展非公有制经济，鼓励和引导民营企业加快发展，培育新的经济增长点。

要通过发展大流通、大市场带动第三产业的发展。湛江有大港口的优势，有自然风光的优势，是空气质量处于一级的城市。今后办工业应坚持上一些没有污染的项目，保持一个好的环境。海运业、旅游业、批发市场等，都有发展条件。总之，湛江抓发展的条件很好，希望你们把干部群众发动起来，通过"增创新优势，更上一层楼"调查研究，厘清思想，明确方向，加速发展。

三、以解决当前热点问题为突破口，确保社会稳定

第一，要抓稳定，首先是要稳定干部群众的思想情绪。当前要以积极的态度配合中央工作组查处走私案，既要严惩走私分子、腐败分子，又要立足教育多数，创造条件对那些真正认识错误、主动改正的，给予从轻处理和解脱的机会。同时要注意不听谣、不信谣、不传谣，尽量减少猜测和传播不实消息。要相信中央和省委的决策，相信组织会依照党纪国法作出正确处理。特别是要警惕个别本身有问题的人企图把水搅浑，散布谣言，也要防止一些人产生怀疑一切的情绪，有人认为市委、市政府和各级党政领导都不可信了，这是错误的。湛江的绝大多数干部是好的和比较好的，市委、市政府总体上是执行中央的路线、方针、政策的，出问题的只是极少数人，而且是他们的个人行为，不是组织行为。这个界限要严格分清。

第二，要妥善防范和化解金融风险。省里解决这方面问题的原则和意见都有了，各地都要遵照执行。很重要的一条是要把钱追回来，依法偿债。对农村基金会的股民要做耐心细致的工作，对那些携款逃跑、挥霍股民钱财的不法分子，要依法缉拿归案，保护群众的合法利益。

第三，要下大力气搞好社会治安。要坚持"两手抓""两个坚定不移"不动摇。一手抓打击走私、反腐败、打击各种刑事犯罪坚定不移，另一手抓改革开放、抓加快发展坚定不移。

四、吸取教训，加强各级领导班子思想政治建设

湛江这次出现特大走私案件，给党和国家在政治上、经济上造成了严重损失，根本的一条是领导班子建设出了问题，以领导班子建设为重点的党的建设出了问题。为什么领导班子建设上会出这么大的问题呢？这个走私案件，牵涉到党政机关和执法部门的不少干部，甚至主要领导干部，走私数额之大、性质之恶劣、影响范围之广，是罕见的，令人触目惊心。其根本原因是什么呢？就是这些干部平时不重视政治学习，放松了世界观的改造，缺乏起码的政治敏感性和政治鉴别力，人生观、价值观扭曲变形，把党纪国法置于脑后，个别人甚至对反腐败斗争、反走私斗争很不以为然，以致私欲恶性膨胀，在大是大非面前迷失了方向，丧失了立场，走上违法犯罪的道路。这个案子从反面告诫我们，越是改革开放，越要加强领导班子的思想政治建设，真正做到省委八届二次全会所讲的十六个字："政治坚定，开拓创新，团结实干，廉洁为民"。

要深刻认识走私问题的严重性和危害性，自觉消除"走私富民""走私促进发展"等错误思想，端正经济工作的指导思想，树立求实的作风、苦干的作风、勤劳致富的思想，不能走歪门邪道，保证改革开放和社会主义现代化建设沿着健康的轨道发展。要强化法制观念，坚持依法行政。湛江特大走私案的一个重要原因，就是一些领导干部和执法人员法制观念淡薄，徇私枉法，贪污腐败。各级领导和党员干部一定要带头学法懂法，做遵守国家法律和政策的模范，防止出现违法违纪问题。

各级领导干部必须增强政治观念。要同党中央保持高度一

致，真正把讲政治落实到各项工作中去。坚决打击走私是中央三令五申的，必须严肃执行，不能不以为然，敷衍塞责。各级领导干部绝不能在大是大非面前迷失方向，为一己之利或一个地方、一个部门的局部利益，姑息纵容，甚至参与走私活动。各级党委、政府要把反走私作为一项长期的重要工作来抓，党政主要领导要切实负起责任，坚持不懈地搞好这场斗争。要加强基层组织建设，对那些不能很好地把党的路线、方针、政策落实到基层的党组织，对不稳定的基层组织，要进行整顿，用党风促进民风、社会风气的好转。

顺德改革要继续大胆开拓创新*

（1999 年 1 月 14 日）

> 顺德作为综合体制改革的试点，方向是对的，效果是显著的，顺德的经验应该作为广东各地深化改革的借鉴。顺德要以产权制度改革为突破口，建立完善现代企业制度；在率先实现农业现代化方面起示范带头作用，进一步提高对外开放的水平；全面推进创建文明城市，进一步提高小城镇建设的水平，在跨世纪新的征途上再展虎威，再创辉煌。

我这次到顺德是慕名而来，昨天看了一天，刚才又听了汇报，总的感觉是改革开放以来，顺德发生这么大的变化，取得这么大的成就，特别是邓小平同志南方谈话发表以来，顺德作为省委、省政府的综合改革试验市，在体制创新、各项事业发展和两个文明建设等方面都上了一个新台阶，经济社会发展进入了良性循环轨道。这证明，省委、省政府抓顺德这个综合改革试点是完

＊　这是李长春同志在听取顺德市工作汇报时的讲话。

全必要的，是非常正确的，而且是很有成效的。

第一点感觉，顺德市作为县级市这个层次，已经建立了社会主义市场经济体制基本框架，也就是说，按照党的十五大的要求在本世纪末全国要实现的这个目标，在顺德已经提前实现了。顺德已经形成了以公有制为主体、多种所有制经济共同发展的格局；以企业产权制度改革为突破口，大胆探索公有制的新的实现形式；建立并逐步完善了覆盖全社会的社会保障体系；进行了党政机关机构改革，转变政府职能，使党政机关的运作初步进入了新体制的轨道，而且在其他方面的改革，包括农村的基层管理体制改革、卫生等方面的改革都进行了有益的探索。

第二点感觉，顺德的改革有力促进了经济发展，也就是说，顺德的改革不是就模式来论模式，而是促进了生产力的发展，促使经济走上了良性循环的发展轨道，这是对改革成功与否最好的检验。比如，刚才谈到的企业走上了自主发展的轨道，建立了防范金融风险的机制、公有资产保值增值的机制、经济有效增长的机制。外资企业有了大幅度的增长，规模经营大大发展，民营企业明显发展，资本构成多元化，特别是在一个县级市有"美的""科龙""万家乐""格兰仕"等这么一批名牌骨干企业，而且都是全国同行业的"大哥大"，这是很了不起的。顺德的经济结构也很有特色，"两家一花"（家电、家具和花卉）很出名，搞出了水平，具有鲜明的特色。而且，顺德作为一个迅猛发展的城市，在金融上没有什么风险，我感到很出乎意料。对广东的金融问题，我再三强调不埋怨、不争论、不刮风，这是因为多年来我们的经济一直在高速发展，有些问题是多年积累下来的。但是顺德没有什么金融风险，确实很不简单，说明顺德的经济发展不仅

1999 年 1 月 13 日，李长春考察顺德万家乐压缩机厂。

是持续快速的，也是健康协调的。这一点也给我留下了很深的印象。

第三点感觉，顺德始终注意经济发展和社会各项事业发展协调并进，坚持"两手抓，两手都要硬"。顺德在整个经济快速发展的同时，初步形成了廉政建设机制，这是一件很不容易的事情。我们现在力求从机制上、制度上来解决反腐倡廉的问题。如果是就案子办案子，抓不胜抓，防不胜防，最根本的办法就是关口前移，从机制上、体制上解决问题。你们的做法很好，能够比较彻底地实施"收支两条线"，能够比较彻底地让党政机关和企业脱钩，能够有效转变政府职能，削减了政府审批的内容，最大限度地把企业推向市场，公平、公正、公开地招投标，包括政府机关实行物资采购制度，这些都是很不容易的。而且，重视城乡一体化的建设，文化、教育、卫生各个方面协调发展，为保持社会稳定起到了良好的作用。

顺德为什么能够在改革开放过程中自觉地努力建立社会主义市场经济体制，并且通过改革促进经济社会各项事业的发展，促进精神文明建设？

第一，有一个勇于开拓、敢于创新、团结坚强的领导班子。顺德一直有一个好的风气，有一个干事创业的大环境，有一个勇于开拓、勇于创新的氛围，这种环境和氛围的形成是很不容易的，是与历届班子成员特别是主要领导分不开的。特别是改革的探索和实践往往并不被社会各个方面一致认可时，在这种情况下，改革能否坚持正确的方向，关键是能否有一个团结坚强的班子。

第二，始终坚持用邓小平理论来武装干部。你们对邓小平理论怀有很深厚的感情，努力学习，认真实践，特别是1992年邓小平同志视察了顺德，给了你们巨大的政治动力和思想武器。不断解放思想，实事求是，转变观念，坚持"三个有利于"的标准，坚持"发展是硬道理"。没有这个理论的指导，不可能在这么短的时间取得这么大的进展。

第三，抓住政企分开、政资分离这个关键，把经济体制改革和党政机构改革、转变政府职能紧密结合起来，有效地推动了整个社会主义市场经济体制基本框架的形成。这个经验是非常宝贵的。顺德的改革不是单项推进的，而是总体的、综合的、全面的，经济基础先行、上层建筑跟上，因此收到了比较好的效果，不仅是现代企业制度和经营机制形成了，各个方面的工作也都进入了轨道。

第四，坚持以改革统揽全局，始终处理好改革、发展和稳定的关系。在整个改革的过程中，始终是经济持续、快速、健康发展，社会保持稳定。

第五，始终坚持"两手抓"，取得了物质文明建设和精神文明建设双丰收。你们连续几年社会治安发案率下降，我们昨天在均安镇看的那个员工村，对外来工的管理井井有条，社会丑恶现象得到有效遏制，形成了一个比较好的企业经营环境、外资投资环境、干事创业的环境。

顺德作为综合体制改革的试点，方向是对头的，效果是显著的，而且对全省县这个层次是有普遍指导意义的，应该把顺德创

1999 年 1 月 13 日，李长春考察顺德市陈村花卉世界。左一为佛山市委书记林浩坤，右二为广东省委常委、副省长欧广源。

造的综合体制改革的新鲜经验作为各个县深化改革的借鉴。我们鼓励大家都努力探索，勇于创新，不搞一个模式、一刀切，但是在建立社会主义市场经济体制的关键方面、基本方面，是有共同点的，是可以借鉴的。我认为，就地级市、大城市的改革而言，深圳的经验是全面的；对县一级来说，顺德的经验非常宝贵。

当前，全省正在进一步解放思想，推动经济体制改革的新突破，推动经济建设的新发展，加快两个转变的步伐，加大"两手抓"的力度，交出物质文明建设和精神文明建设两份好答卷。特别是当前国际、国内经济环境出现了一些新情况，我们更要进一步解放思想，开拓创新，把广大干部群众投身于改革开放和社会主义现代化建设的积极性充分调动起来，克服困难，增强信心，知难而进。希望顺德进一步做好各项工作。

顺德要以产权制度改革为突破口，建立完善现代企业制度。进一步深化企业内部改革，加强企业内部管理，发展高新技术产业，跟踪世界先进水平，崛起几个国际上的知名商标和名牌企业，把顺德建设成为中国的"家电之都"，成为在世界上有影响的家电名城。

顺德要在率先实现农业现代化方面起示范带头作用。要大力推进农业现代化，特别是顺德要在花卉的科研、生产、流通方面向现代化的目标迈进，使花卉业成为顺德新的经济增长点。

顺德要进一步提高对外开放的水平。特别是要与世界上 100 强的大财团、大企业发展各种经济合作，首先是在家电方面，并且向高新技术产业推进。顺德的环境和条件非常好，要充分发挥顺德的环境效应。要继续巩固跟东南亚等地的合作。

顺德要全面推进创建文明城市，进一步提高小城镇建设的水平。在地级市中我们树立了中山这个典型，对全省的精神文明建设起到了很大的促进作用。其他县级市同样要全面推进创建文明城市，提高两个文明建设的水平，希望顺德在这方面也走在全省的前面。

从 80 年代起顺德就是广东"四小虎"之一，希望顺德在跨世纪新的征途上再展虎威，再创辉煌，为全省基本实现社会主义现代化作出新的贡献。

找准梅州脱贫奔康的路子 *

（1999 年 2 月 5 日）

> 梅州经济基础比较薄弱，解决这些问题，比较现实的办法，就是围绕"山"字做文章，围绕"农"字上工业，把矿产资源、农产品资源进一步加工增值，拉长产品链条，形成特色工业；发挥侨乡优势，掀起新一轮招商引资热潮。实践证明，农业龙头企业是架设在广大农民和市场之间的桥梁，要把广大农户的分散经营与大市场、大流通连接起来，通过"公司＋基地＋农户"这个形式，把山区开发的水平再提高一步。

山区搞开发，加快脱贫奔康，从理论上讲不难，实践起来不容易；搞几个点也不难，但要大面积开发不容易。梅州经过历任领导班子的努力，走出了一条通过山区开发，加快脱贫奔康的好路子，为我省山区建设提供了新鲜经验。梅州如何在这个基础上加快发展，关键要找准路子，抓住重点，真抓实干。我提四点

＊　这是李长春同志在听取梅州市工作汇报时讲话的一部分。

希望:

第一,通过实施"公司＋基地＋农户"产业化经营的模式,提高山区开发的水平。开拓市场不是千家万户都能够做到的,长期依靠各地运销户这一初级流通的形式也受到制约。为了提高市场的竞争能力,要不断提高农产品商品化水平,也就是提高科学技术的含量,改良和引进新品种,提高保鲜技术等,这也不是一家一户和个体运销户所能做到的。实践证明,农业龙头企业是架设在广大农民和市场之间的桥梁,要把广大农户的分散经营与大市场、大流通连接起来。现在,梅州已发展到了这个阶段,要通过"公司＋基地＋农户"这个形式,把山区开发的水平再提高一步。

农业产业化,关键是农业龙头企业。用什么办法来组建农业龙头企业,请梅州进行大胆的探索。可以同县镇机构改革结合起来,通过精简机构、分流人员来创办农业龙头企业,特别是农口的一些部门要走这条路子;可以是原有涉农的一些企业,如供销社、食品公司、外贸公司等,经过改革、改造,延伸服务,成为农业龙头企业;可以是一些事业单位,诸如一些站、所、场等,改造成农业龙头企业;也可以是镇村集体经济组织,围绕支柱产业,办成农业龙头企业;还可以是非公有制的外资企业、私营企业、农村中的农民等办农业龙头企业。农业龙头企业也有个发展过程,从初级到高级,从辐射范围比较小到逐步扩大,从简单的生产、销售服务进一步发展到科技服务。在农业产业化的基础上,使流通形式由现在的坐门等客逐步转向会员制的中高级农产品批发市场,在公开、公平、公正的市场运作原则下进行交易。中高级交易市场的作用不仅是看交易量,而且要看到这种在市场经济下所形成的价格信息对生产、经营的指导作用。

第二，围绕"农"字上工业，努力加快工业化进程。梅州经济基础比较薄弱，解决财政困难要靠发展工业。但梅州发展工业不适合走珠江三角洲的路子。对梅州来说，大进大出，两头在外，发展加工贸易有一定的困难。比较现实的办法，就是围绕"山"字做文章，围绕"农"字上工业，加快工业化进程，把矿产资源、农产品资源进一步加工增值，拉长产品链条，形成特色工业，才能在市场经济中找到自己的位置。要千方百计用各种办法搞活企业，但关键还是要立足于山，立足于围绕"农"字上工业。当然，我们有对外开放的有利条件，还可以为发展工业寻找各种新的路子。

1999 年 6 月 12 日，李长春考察梅州市梅县扶大镇后塘千亩金柚基地。左一为梅州市委书记谢强华，右二为广东省省长卢瑞华。

第三，发挥侨乡优势，掀起新一轮招商引资热潮。梅州在国外乡亲和港澳台胞比较多，这里的投资环境也在逐步改善。把利用侨乡优势与山区能源便宜、劳务成本低、地价低等优势结合起来，搞一些轻型的工业，如现在搞的金利来领带、衬衣、皮具等，是有发展前景的。越是困难的时候，就越要充分利用侨乡优势，加大开放的力度，力求缓解困难，找到新的出路。

第四，加大扶贫开发力度，加快脱贫奔康步伐。省委、省政府去年结合增创新优势的调查研究，加大了扶贫开发力度，重点是抓特困县的扶贫攻坚。但是，巩固脱贫成果，进而奔小康还有一段很长的路要走，希望梅州在贯彻省委、省政府的决定，加快脱贫奔康步伐方面，在全省树立一个由贫困落后变为比较发达的山区市的楷模，为全省提供新的经验。

紧密结合本地实际，
增创区域发展新优势*

（1999 年 2 月 7 日）

> 汕尾的发展，希望在"外"，要抓住机遇，进一步掀起招商引资的热潮；希望在"民"，要大力发展民营经济；希望在"海"，要大力发展水产业和海洋旅游事业；希望在"山"，要加快山区开发力度。

我这次到汕尾来，感到汕尾虽然建市晚些，而且建市初期基础很差，但经过十年艰苦创业的历程，已经有相当大的发展，现在已具备了加快发展的条件。从基础设施建设方面看，有广汕公路，特别是深汕高速公路横贯全市境内，一头通深圳，一头连汕头，汕尾处于两个经济特区之间，可以接受两个经济特区的辐射。陆上到香港也十分快捷。汕尾港由一个小码头扩建成两个5000 吨级的泊位码头，海运条件已大大改善。城市的规模逐步扩大，各个功能区逐步形成，整个城市的框架已经显现。从经济发展方面看，已形成了自己的特色。特别是水产养殖给我留下了

---

　　*　这是李长春同志在听取汕尾市工作汇报时讲话的一部分。

很深的印象。山区开发全面展开，外资企业、私营企业、民营企业也呈现快速增长的势头。总之，经济发展步伐明显加快，初步形成了自己的特色。

去年，特别是省第八次党代会后，汕尾市委、市政府开展了增创发展新优势的调查研究，探索如何发挥四个优势，抓好五个方面的发展，组织几个大的动作，已有一套比较好的思路。市里一直重视"两手抓"，重视班子的建设，加大了工作力度，促进了两个文明建设协调发展。总的来看，汕尾在过去十年打下了非常宝贵的基础，这很不容易。现在，汕尾已具备了加快发展的条件。希望继续发扬艰苦创业精神，使汕尾有一个更大的发展。我讲几点意见，供你们参考。

一、从本地实际出发，努力探索加快发展的 路子，力争逐步进入全省的先进行列

这次我到汕尾考察工作，感到汕尾的发展在这几方面大有希望。

一是希望在"外"。汕尾对外开放的条件很好，从高速公路到深圳，不到两个小时，离香港也不远，而且与深圳、东莞比，这里地价较低，环境和能源等条件也不差。只要认认真真地改善软环境，整个投资环境是很好的。在对外开放上，汕尾面临着难得的机遇。亚洲金融危机带来一些新情况，使我们有可能把外商设在韩国和东南亚地区的企业引到这边来。建议汕尾抓住机遇，进一步掀起招商引资的热潮，以积极进攻的姿态，主动出击，充分利用侨乡的优势，发动侨眷侨属，通过各种渠道和方式多做工

作。当前，我们面临着国际国内的新形势新情况，碰到一些困难，怎么对待这些困难？"困难困难，困在家里总是难；出路出路，走出家门就有路。"希望汕尾能够在新一轮的招商引资、加大开放力度、处理好困难与出路的辩证关系上，努力走在全省的前面。

二是希望在"民"。汕尾的民营企业、个体私营企业、合伙企业正呈现出良好的发展势头，要大力发展民营经济。汕尾过去是海防前线，没有多少国家投资，国有企业的改革改造任务也不重，发展民营经济大有可为。党的十五大已明确规定以公有制为主体、多种所有制经济共同发展是我国社会主义初级阶段的一项基本经济制度。我们要长期坚持这项制度，充分利用民间的资金。昨天看一家养鲍鱼的私人企业，他筹集了1个亿的资金建鲍鱼场。另一家是海丰县的同升鞋厂，产品98％以上出口。我问厂长哪里来这么多订单？市场如何找？他说，开始是找香港的朋友把产品打进欧美市场，以后通过海外华人朋友介绍给海外的销售商，直接进入国际市场。我觉得这是广东独特的优势。广东毗邻港澳，第一步可以通过香港认识世界，走向世界。第二步可以通过海外华人直接进入国际市场。全国海外华人、华侨有三千多万，广东就占了两千多万。要充分利用这个优势，为我们扩大对外开放服务。在发展民营经济的思路上，要重视完全有条件逐步搞外向型的，这不受国内市场的制约，只要把投资环境搞好，这方面的前景很广阔。

三是希望在"海"。汕尾的海岸线长，有全省著名的渔港，海洋资源丰富，发展海洋经济的潜力相当大。当前重点是发展水产，下一步要大力发展海洋旅游业。汕尾目前人气还不太旺，如果外资企业、民营企业加快发展，旅游再上去，人气就更旺了。因此，要全方位发展海洋经济，要在"海"字上大做文章。

四是希望在"山"。汕尾的山区开发已经起步，但发展不平衡，这方面的潜力还很大，可开发利用的荒山荒坡还不少，还有一些天然次生林要更新。如果汕尾进一步在"希望在山"上统一认识，加大开发力度，前景将更加广阔。

希望在"外"和希望在"民"，主要是从资金筹措的角度讲的，指的是大力吸收外资，大力利用民资；希望在"海"、希望在"山"，是指把开发的空间从平原延伸到海、到山，因为这方面对汕尾来说潜力大得很。

二、弘扬老区革命传统，加快改革开放步伐

汕尾是全国著名的革命老区，是广东最早建立苏维埃政权的地区，也是我党早期无产阶级革命家彭湃同志的故乡和他开展农民运动的地方。海陆丰地区在我国的民主革命时期作出了重要贡献。现在，历史的发展又给我们提出了一个新课题，这就是革命老区在建设有中国特色社会主义的新时期，如何继续弘扬老区精神，加快发展步伐。在民主革命时期，我们党的主要任务是推翻三座大山，建立新中国。在那个时候，为完成中华民族所面临的这项重大历史任务，海陆丰的人民走在前面，作出了贡献。现在，党的中心任务是社会主义现代化建设，同样需要老区发扬革命传统，顺应历史潮流，继续走在时代的前列，为中华民族的振兴作出新的贡献。老区的革命传统最突出的有三条：

一是老区的干部群众对党的感情最深，坚决跟着党走。我过

去在河南也接触过一些老区，感到老区的一个鲜明特色就是人民群众对中国共产党有着特殊感情。海陆丰人民在民主革命时期坚决跟着党走，成立了最早的苏维埃政权。现在坚决跟着党走，就是要坚决贯彻党在新时期的路线方针政策，坚定不移地高举邓小平理论伟大旗帜，坚持党的基本路线不动摇。这就是老区在新时期跟着党走的重要标志。

二是敢为人先，敢于实践，敢于胜利。这种革命精神是很可贵的。在民主革命时期，我们需要这种精神。同样，在改革开放的今天，我们也需要这种精神。建设有中国特色社会主义是一项前无古人的事业，需要我们解放思想，实事求是，更新观念，转换脑筋，敢为人先，勇于开拓。全国许多革命老区分布在深山老林，交通闭塞，由于自然条件的制约，现在还处于经济比较落后的状况。但是海陆丰属沿海地区，这个地方已经打下了很好的发展基础，特别是基础设施有了很大改善，完全有可能通过弘扬老区精神，在加快社会主义现代化建设上继续走在前面。

三是人民群众的艰苦创业精神。各级党组织和广大人民群众紧密联系，艰苦创业的革命精神，是老区的一个宝贵财富。这种精神在过去革命战争年代，为实现党的目标任务发挥了重要作用。在建设有中国特色社会主义的今天，更要弘扬这种精神，加快现代化建设步伐。要把弘扬革命老区的优良传统作为汕尾市最大的政治优势，利用这个政治优势，把广大干部群众的精神振奋起来，把人民凝聚起来，变成贯彻党的基本路线的强大政治动力，使汕尾在推进社会主义现代化建设方面，继续走在全国革命老区的前面。要排除一切影响老区形象的污泥浊水，人人都要维护老区形象，人人都要为老区建设作出新的贡献。现在海陆丰总的形象是好的，但也经常听到一些杂音、一些不好听的说法，这虽然是极个别的社会渣滓给老区造成不良的影响，极个别的事情给老区人民脸上抹了黑，但是我们要高度重视，不能让老一辈无产阶级革命家开辟的这一块最早的红色区域受到任何玷污。要用两个文明建设的丰硕成果，继续使老区的革命精神发扬光大。

认真总结广州
"一年一小变"的成功经验*

（1999 年 9 月 24 日）

广州市委、市政府抓整治脏乱差、实现城市环境面貌"一年一小变"，决心大、措施硬、行动快、效果好，广大人民群众是欢迎的，省委、省政府是满意的。

"一年一小变"的成功经验，要认真加以总结。我认为主要有三条：第一，坚强的领导是保证。办任何事情，领导班子都是火车头。火车跑得快，全靠车头带。我们常说，没有落后的群众，只有落后的领导。要把广州这样的老城市建设好、改造好、管理好，困难是很多的，关键就看领导班子是否坚强有力。正是因为广州市委、市政府坚强领导，各级领导班子痛下决心，真抓实干，才克服了各种困难，使"小变"取得大成效。这说明，建设坚强有力的领导班子是多么重要。第二，坚持了党的群众路线。"一年一小变"之所以成功，最根本的是相信群众，依靠群众，广泛发动群众参与和支持，坚持把群众高兴不高兴、赞成不赞成、答应不答应、满意不满意作为检验工作的根本尺度。虽

---

* 这是李长春同志在检查验收广州市"一年一小变"工作现场办公会上的讲话。

1999年9月24日，广东省委、省政府在广州召开检查验收"一年一小变"工作现场办公会。图为李长春考察人民广场时与群众亲切握手。右四为广东省委副书记、广州市委书记黄华华。

然"一年一小变"时间紧、难度大，但群众发动起来了，目标也就实现了。第三，有科学态度。广州实现"一年一小变"，不是单凭一股热情，更不是只刮一阵风，搞形式主义，而是讲求科学态度和务实精神。各项整治、建设和管理工作都经过科学论证，广泛听取群众意见，坚持依法治市原则，从而保证了"一年一小变"效果大、质量高。希望广州市委、市政府认真总结经验、表彰先进，坚定信心，以利再战。

要在"一年一小变"基础上，乘势而上，全面启动"三年一中变"的工作。我赞成广州市委、市政府关于"中变"的初步设想。"中变"的目标和核心，是要为广州率先基本实现社会主义现代化，建设现代化中心城市打下坚实的基础。要以此统揽城市建设管理工作全局。围绕这一目标，重点做好五项工作：一是继续推动"小变"巩固提高，坚持还路于民，还岸（珠江岸堤）于民，还绿于民，还净于民，狠抓薄弱环节、后进地区，彻底解决脏乱差，成为名副其实的花城，为人民群众营造优美、舒适、安全的生活环境。二是以道路交通为重点，全面加强城市基础设施建设，从根本上解决城市交通拥堵、出行不便问题，构筑好现代化中心城市的主体框架。三是适应中心城市地位和作用的要求，突出现代化气息，搞好城市标志性工程建设。要搞几条标志性大道。珠江沿岸建设要学习上海外滩和法国巴黎塞纳河畔，城区内标志性大街要学习北京长安街、深圳深南大道。建设现代化经贸中心，成为国内有影响的购物天堂。还要建设好标志性的单体建筑，如会展中心、大剧院、博物院等，整体塑造城市现代化形象。四是全面启动环保工程。以水污染和空气污染治理为重点，不断提高水和大气的质量，进入全国环境清洁城市的行列。五是加强城市管理，提高依法治市水平。把建设文明法治环境作为率先基本实现社会主义现代化的重要目标和重要保证，把广州建设成为经济繁荣、科教发达、环境优美、秩序优良、文明法治的现代化中心城市。

关于加快我省城乡
建设步伐的建议提纲[*]

（2000 年 1 月 12 日）

> 城市建设必须因地制宜，从实际出发，切忌形式主义，一刀切。要想群众之所想，办群众之所盼，始终把群众满意不满意，高兴不高兴，赞成不赞成，答应不答应作为城市建设工作的出发点和立足点，也是最根本的检验标准。

一、加快城市化步伐

城市是人类文明的结晶，由于其高度的集约化，总能以较少的投入获得比较多的产出，能在较短时间内组织起社会化生产，成为把现代文明向广大城乡辐射的源头。因此，城市化水平既是社会进步的重要标志，又是社会繁荣进步的重要依托。改革开放

---

　　* 这是李长春同志撰写的关于加快广东城乡建设步伐的建议提纲，供广东省城乡建设工作会议筹备工作组参考。

以来，我省城乡发生了巨大变化，工业化步伐明显加快。但也出现了城市化水平落后于工业化水平的问题，亟须我们认识这一社会发展的客观规律，积极引导、加快推动我省城市化步伐。

我省城市化的目标是：到 2010 年，经济特区和珠江三角洲地区城市化水平达到 60％以上，全省城市化水平进入全国先进省份的行列。我省加快城市化步伐的方针是：提高广州、深圳两个特大城市的水平，增强其辐射力、吸引力、影响力，使其在全省发挥龙头带动作用；发展壮大一批大城市，使其成为区域的中心；大力发展中小城市，使其成为新增城市人口的重要载体；把发展星罗棋布的小城镇作为推动农村城市化的战略措施；进一步改革户籍管理，通过若干年的努力，使我省的城市化水平达到国内先进水平。

要把广州、深圳建设成为我国南方最大的经济中心城市、特大型城市。广州要进一步发挥全省的政治中心、商贸中心、金融中心、文化中心、旅游中心和知识创新基地的作用。实行"控制总量，优化结构"的人口政策，主要是吸收一些有大学本科以上学历的高层次人才。深圳要加快建设社会主义现代化经济中心城市的步伐，成为高新技术产业的信息、开发、制造基地。实行适度扩大城市人口规模，大量吸收具有大学本科以上高学历人才的人口政策。

发展壮大一批 100 万人口以上的大城市，比如：汕头、佛山、江门、东莞、湛江、惠州、中山、珠海等。大力发展中等城市，形成一批 50 万到 100 万人口的中等城市，比如：肇庆、韶关、清远、潮州、梅州、茂名、揭阳、汕尾、阳江等。建设一批人口在 20 万到 50 万的小城市，比如，云浮、河源以及全省的县级市。

要把发展小城镇作为加速全省城市化的战略措施，以现有的建制镇为主，特别是中心镇，以及发达的村，作为小城镇规划建设的重点。今后的乡镇企业重点建在小城镇。小城镇建设要实行"合理布局、科学规划、扩张为主、新建为辅、政府推动、市场运作"的方针。

全省形成以广州、深圳两个特大城市为龙头，以一大批大中城市为骨干，以遍布城乡的小城市、小城镇为依托，连接广大城乡的城乡一体化格局。

要制定发展小城镇的政策。比如小城镇的财政体制问题，城镇政府的管理权限问题，发达的村转为建制镇的问题等。要进一步制定完善户籍管理的政策。对于已经脱离农业生产，从事二、三产业的本省农民，在自购住房、自谋职业的前提下可以迁入中小城市或小城镇，变为城市户口。对于到全省建制市落户的，可实行投资入户，投资数量由各市自定。对于郊区农村全村已经没有耕作的土地，在保持集体经济组织中的股份的前提下，可以全村转为城市人口。

二、加强城乡建设规划，为提高城乡建设水平提供科学的依据和蓝图

要坚持城市规划为经济建设中心服务和为民生服务的原则。要对城市的功能给予科学定位，确定城市中长期发展规模（经济、人口），使城市规划有科学的依据。

要坚持城乡统一规划的原则。在搞好市区规划的同时，要沿城市的出口延伸规划，防止城市规划区以外的乱建影响城市的长

远发展。要把大城市的城区规划同周围的小城市和星罗棋布的小城镇规划统一考虑，并加强对村级规划的指导，充分体现城乡一体化。

要坚持同区域发展规划紧密结合的原则。城市规划要和全省的城乡发展规划、经济特区城市和珠江三角洲率先基本实现社会主义现代化规划、山区开发规划、贫困地区脱贫奔康规划、海洋开发规划和生产力布局规划结合起来，进一步完善全省的高速公路网、铁路网、港口码头、干线机场（指广州）和支线机场（次区域中心城市）的规划和建设。

要坚持可持续发展的原则。要把经济发展同人口、资源、环境紧密结合起来，体现综合规划的原则。

要加强粤港澳的紧密配合，互相沟通。特别是在通关设施建设和与港澳密切相关的基础设施的规划方面，要加强合作。

制定城市规划要坚持科学论证，严格审批程序，规划审批权不能层层下放，除需要国家审批的大城市规划外，各类城市的总体规划一律由省政府审批。要确保城市规划及设计方案的实施。规划是城市建设的龙头，必须维护其严肃性，在执行中如果确需调整，要按照严格的程序进行。要一张蓝图绘到底，一届接着一届干。

各城市的规划要有各自的特色，形成各自的风格，注意保护文物古迹和历史文化，防止低水平的重复建设，以免给人以雷同感和乏味感。城市规划要以率先基本实现社会主义现代化为指导，按照城市现代化的要求，最大限度地给人民群众提供良好的工作环境和生活环境，给企业提供良好的投资环境和经营环境。要把城市的绿化、美化、净化、效能化紧密结合起来。绿化，就是要有足够的绿地，解决"城市之肺"，提高城市自我净化空气的能力。美化，就是赋予城市美感，宏观上像一幅画，每个建筑单体像一件工艺品，并点缀有高雅的城市雕塑。要建设城市公园、沿街花园、标志性大街、标志性景区，还（河）岸于民，还（海）滩于民，形成几条亮丽的风景线。净化，就是处理好城市的排泄物和污染物，做到卫生、整洁、环境优雅。效能化，就是保证城市的人流、物流、资金流、信息流便捷畅通。通过"小四化"，增强城市的吸引力、辐射力、凝聚力，为实现"大四化"（即四个现代化）服好务。

从现在起，全省上下就要着手制定城市发展十年规划，重要建设项目要列入"十五"规划，抢抓机遇，抓紧抓实。

三、按照适度超前的原则，搞好城市基础设施建设

城市基础设施建设可分为：基本基础设施、市政基础设施、商贸基础设施、公用事业、公益性建设项目。基本基础设施包括：飞机场（当前主要指广州新机场建设和若干支线机场建设）、火车站、长途客运站、电力、通讯等。市政基础设施包括：城市（城镇）道路、城市（城镇）排水、污水处理等。商贸基础设施包括：会展中心、购物中心、便民店等。公用事业包括：自来水、煤气、公共交通等。公益性建设项目包括：公园、博物馆、展览馆、图书馆、体育馆、剧场等文化设施以及学校、医院、出行等民生设施。上述分类是从现行管理体制出发的，但不管管理体制如何，都必须由城市政府统一规划，协调各方，各负其责。

要不断改善居民的居住条件，实行小区开发综合配套。珠

江三角洲各市要规划好停车场和车库，为小汽车进入家庭做好准备。

四、依法管理城市，加强城市管理

城市管理要纳入法制的轨道，各级人大常委会要加强城市管理的立法工作。已经有法可依的，要加强执法监督。各市可在建设局的领导下，设立综合的执法队伍。

各市可适当下放城市的管理权限，发挥城区及其派出机构在城市管理中的作用。

城市管理要以卫生、整洁、文明、有序、高效为核心，特别是要把解决城市的脏乱差，实现城市的绿化、美化、净化、效能化作为重点。要处理好"繁荣"和"市容"的关系，城市商业要退路进场、进厅。便民的早市、晚市可在指定的马路上定点经营，按时撤离，搞好卫生。有条件的城市，可将标志性大街两侧的建筑物定期涂建筑涂料，以保持城市的清新。

五、加强城乡环境保护工作

要以水源、大气、固体垃圾为重点，加强环境治理。珠江三角洲沿岸所有城市必须限期建立污水处理厂，做到清污分流、达标排放。其他地区的大中城市也必须分期分批达到排放标准。广州作为环境保护的重点城市，要在推广无铅汽油的基础上，大力推广燃气汽车和尾气达标工作。要着手规划引进新丰江水库的水源，提高广州市民的供水质量。要改善珠江三角洲地区的能源结构，除原已确定的外，今后原则上不再发展燃煤的火电厂，中小型燃煤电厂要逐步改造或淘汰，重点发展液化石油天然气电厂。全省的能源结构也要优化，逐步增加核电、水电的比重，淘汰小火电。珠江三角洲地区要加快产业结构的调整步伐，对污染水源、污染大气的产业，要实行关、停、并、转。全省都要对各污染源坚持谁污染谁治理的方针，依法治理环境。要重视固体垃圾排放物，即城市垃圾规划管理、科学规划填埋和建立垃圾处理场，防止城市垃圾对水源、大气的二次污染。

六、建立多渠道投入机制，不断增加城市建设资金

当前是城市建设的好时机，要把城市建设作为扩大内需的重要措施，加大投资力度。一是政府加大城市建设的固定资产投资，用好城市建设税，地方财政有条件的城市，可在预算中安排一些。二是利用外资加强城市基础设施建设。三是吸引房地产开发商的法人投资。四是市政公用设施有偿使用筹集资金。五是贯彻"直接受益、合理负担"的原则，调动多方投入的积极性，比如绿化、美化的一些项目，由市政府统一规划，产权单位各自负责。六是国有土地收益的大部分用于城市建设，开发性的土地，一律取消个人审批，进入有形市场拍卖使用权，国有土地有偿使用所征收的占用费，均可用于城市建设。七是依法征收的城市增容费可用于城市建设。八是选择效益较好的项目争取银行贷款或利用国债资金。九是向改革要资金，有条件的事业单位转为企业，面向市场筹资，如绿化公司、净水公司、清洁公司等，从吃财政饭转为创造财富、良性发展。

七、加强对城市建设工作的领导

城市建设工作要纳入各级党委政府的重要议事日程，实行市长负责制。经济特区和珠江三角洲各市要把城市现代化作为率先基本实现社会主义现代化的重要内容，抓紧抓好。要充分发挥省会城市建设协调领导小组的作用，协调各方，支持广州加快老城市改造步伐，如期完成到第九届全国运动会实现一"中变"，到2010年实现一"大变"的目标，跻身全国先进城市行列，为全省提供老城市改造的经验。深圳要率先实现城市现代化，为全省起示范作用。顺德市要在县级市的城市建设现代化中走在全省前面。省委、省政府要求继续学习中山市经验，把城市建设纳入创建文明城市的活动中，加强检查、督促和考核。

城市建设必须因地制宜，从实际出发，切忌形式主义、一刀切。各级政府要想群众之所想，办群众之所盼，始终把群众满意不满意，高兴不高兴，赞成不赞成，答应不答应作为我们城市建设工作的出发点和立足点，也是最根本的检验标准。要把城市建设工作和时时刻刻关心人民群众生活，为人民群众办实事紧密结合起来。

加快城乡建设步伐，推进城市化进程 *

（2000 年 5 月 31 日）

> 城市是一个国家或地区在一定历史时期和一定区域范围内政治、经济、文化的中心，总能以比较少的投入获得比较多的产出，总能在比较短的时间内组织起比较大规模的社会化大生产，对周围地区有较强吸引力和辐射力，有明显的中心地位和主导作用。城市化水平就成为社会发达进步的重要标志，是集中了包括广大农村人口在内的人类进步的结晶，是社会前进的重要动力。

这次全省城乡建设工作会议，是省委、省政府经过比较长时间的准备，专门组织了调查研究后召开的一次非常重要的会议，是我省率先基本实现社会主义现代化进程中的一个大动作。在这里，我主要重申三个问题。

---

* 这是李长春同志在广东省城乡建设工作会议上的讲话。

一、统一思想，认清形势，进一步加快
城乡建设，推进城市化进程

第一，必须从城市在社会文明进步中的地位和作用来认识加快城乡建设，推进城市化进程的重要性。从传统城市的含义来说，城是指御敌之围墙，是政治中心的含义；市是交易之场所，是经济中心的含义。综合起来，城市乃政治经济中心。因此，城市的定义，是一个国家或地区在一定历史时期和一定区域范围内政治、经济、文化的中心。城市有几个重要属性：一是聚集性。城市是人口和人才、经济和科技、知识和财富、问题和矛盾最集中的空间，在生产要素上是高度集约化的。二是中心性。不管大

2000年5月1日，李长春考察广州地铁二号线海珠广场工地。右一为广东省委副书记、广州市委书记黄华华。

小城市都有辐射力、吸引力，在一个地区处于政治经济文化的中心，自然而然地处于领导、引导、支配的地位。三是系统性。城市是一个复杂的大系统，以空间和自然的利用为前提，以聚集经济效益和社会效益为目的，集约人口、经济、科技和文化等，既有母系统，也有子系统。所以城市内生产力和生产关系、经济基础和上层建筑的矛盾，就显得更充分、更集中、更复杂。因此，城市改革的难度远大于农村改革。农村改革我们用两三年时间就取得突破，但城市改革就复杂得多了，确实是一个庞大的系统工程。

正因为城市有这几个属性，所以可得出如下结论：一是由于其高度的集约化，所以它总能以比较少的投入获得比较多的产出，总能在比较短的时间内组织起比较大规模的社会化大生产。因此，城市的经济效益远远好于农村。以上海为例，上海人口仅为全国人口的 1.2%，但创造的国内生产总值占全国的 5%，创造的税收是全国的 1/10。我省的广州、深圳人均创造的国内生产总值和税收也远高于全省平均水平。二是由于城市对周围地区有较强吸引力和辐射力，有明显的中心地位和主导作用，城市也是现代文明向广大农村辐射的源头，是机器工业、社会化大生产和工人阶级的发源地，也为先进的社会制度孕育了社会基础和领导阶级。城市的物质文明和精神文明建设不仅快于农村，而且高于农村，处于各个历史发展时期的高峰，代表了一个地区和国家的综合实力。因此，城市化水平也就成为社会发达进步的重要标志，是集中了包括广大农村人口在内的人类进步的结晶，是社会前进的重要动力。三是生产力的发展是城市形成的基本动因，城市发展本质上是社会化分工的产物，所以说生产力发展是城市化的基础。正如马克思所说的，"商业依赖于城市的发展，而城市的发展也要以商业为条件"。也就是说，没有商品经济发展，就没有城市的产生；而城市发展，城市功能的完善，又进一步推进商品经济向更高层次发展。我们要认识这样一个规律，城市是生产力发展的产物，没有生产力发展，城市是搞不起来的，不能拔苗助长。同时，也应认识到，城市的发展，城市功能的完善，反过来又促进商品经济的发展。不自觉地认识这一规律，不及时地规划好城市，建设好城市，开发城市的功能，就会影响和抑制经济的发展。我们提出这个问题，就是要使我们的干部进一步认识城市建设、城市发展和社会文明进步之间的内在规律性的东西，自觉地认识、遵循这一客观规律，指导我们的实践。

第二，加快城乡建设步伐，大力推进城市化进程是我省率先基本实现社会主义现代化的迫切要求。改革开放以来，我省城乡面貌发生了巨大变化，经济实力大大增强，人民生活显著改善。但我们也应看到，在现代化进程中，有两个不适应：一个是城市化水平落后于工业化水平，另一个是城乡建设水平不适应经济发展和人民群众生活水平提高的要求。关于城市化水平落后于工业化水平，在讨论时，有的同志提出，这一估计是否准确？省委、省政府经过充分研究，感到这个估计是符合我们的实际的。据世界银行计算，1965 年至 1995 年，我国工业化提升的幅度是中等收入国家的 2.5 倍，而城市化的提升幅度，中等收入国家提升了 24 个百分点，我国仅为他们的 46%。我省的趋势与全国差不多，与发展中国家的距离也差不多是 10 个百分点。至于城乡建设水平不适应人民群众生活水平提高的要求，这就更显而易见了。反映在大城市，交通堵塞，环境污染。反映在农村，虽然乡镇企业发展了，有大量产业转移，但农村劳动力没有实现地域转移，在短缺经济和法制不健全的情况下，可以有红红火火的局面，但在买方市场出现以及法制日益完善的情况下，乡镇企业就面临着严重的困难。究其原因，就是这种只有产业转移，没有地域转移的产业结构转换，是以低经济效益、低社会效益和低环境效益为代价的。因此，目前乡镇企业遇到的困难，也呼唤着乡镇企业聚集的小城镇尽快发展起来。至于农村的居住方面，有新楼没新村和室内现代化、室外脏乱差的现象，很多地方都不同程度地存在。我们要从率先基本实现社会主义现代化的高度，充分认识加强城乡建设，推进城市化进程这一问题的紧迫性和必要性，以率先基本实现社会主义现代化为总任务、总目标，统揽城乡建设工作全局，加快推进城市化进程。

第三，加快城乡建设步伐，大力推进城市化进程，有利于扩大内需，拉动经济增长。当前，我国经济在经过了多年卖方市场之后，出现了买方市场，这标志着我国社会主义现代化建设取得重要的阶段性成果，但也面临着如何扩大需求、启动市场的问题。我省珠江三角洲地区到 2010 年率先基本实现社会主义现代化，初步测算国内生产总值要按 10％的速度增长。必须看到与前 20 年相比有本质的区别，以前是短缺经济，今后我们面临第一位的问题就是市场。这么高的速度持续发展，市场在哪里？当然我们首先要发挥优势，抓住加入世界贸易组织的契机，实施"走出去"的战略，扩大国际发展空间。其次是千方百计扩大内需。加快城乡建设步伐，推进城市化进程，既是扩大投资需求，也是扩大消费需求，这是一个新的需求增长点。世界银行做过测算，认为未来五年我国仅大城市扩张的需求就达 5000 亿美元，如果通过推进城市化，改变农民的生活习惯和消费方式，让部分农村人口消费水平达到城市的水平，至少可增加3.34万亿人民币的购买力。可见，在当前，我们提出这一问题，适应了扩大内需、开拓市场的要求，意义是很大的。

第四，有利于优化产业结构，促进第三产业发展。第三产业的发展，是社会经济发展水平的重要标志。第三产业的发展水平取决于城市化水平。国际国内的经验都表明，越是大城市，第三产业占国内生产总值的比重越大。现在我省第三产业占国内生产总值的比重是36%左右，但在农村，第三产业就没有多少了。广州就是全国仅有的几个第三产业达到地区生产总值比重50%以上的城市之一，其他还有北京、沈阳。我们调整结构，寻找新的经济增长点，主要是两个方面：一是大力发展高新技术产业和

1998年10月20日，李长春在潮州市考察枫溪陶瓷产品。右二为潮州市委书记黄福永。

用高新技术改造传统产业，二是大力发展第三产业，而第三产业的发展关键在于加快城市化，这是我省今后加快发展的出路。

第五，有利于消除城乡二元经济结构，促进农村两个文明建设，逐步缩小城乡差别。无论从加快农业人口从土地中分离的步伐，加快第二、三产业发展，提高农业劳动生产率，加快农业现代化，还是从加快城市文明向广大农村辐射来看，加快城市化步伐都是至关重要的，甚至从计划生育的角度来看，哪个地方城市化水平高，计划生育就搞得好。最终缩小城乡差别，靠的就是解决城乡二元经济结构，推动城乡一体化。

以上分析说明，加快城乡建设，推进城市化进程，是主动认识、自觉遵循社会发展规律，推动我省增创新优势、更上一层楼，率先基本实现社会主义现代化的重大举措，是各级党委、政府履行全心全意为人民服务宗旨的重要途径，也是在社会主义市场经济条件下，地方政府转变职能，为经济建设创造良好环境的实际行动。因此，我们的思想认识要统一到这几点上来。

二、突出重点，加大力度，努力开拓城市化的新局面

第一，统筹规划，合理布局，协调发展，大力推进城市化进程。要努力提高广州、深圳两个特大城市的水平，加快社会主义现代化经济中心城市建设步伐，使其在全省发挥龙头作用。发展壮大一批大中城市，使其成为功能日趋完善、有较强辐射力的区域性中心城市。大力发展中小城市，使其成为新增城市人口的主要载体。把发展星罗棋布的小城镇作为推动农村城市化的战略措施。形成以广州、深圳为龙头，以一大批大中城市为骨干，以遍

布城乡的小城市、小城镇为依托，连接广大城乡的城乡一体化发展格局。在具体的实施过程中，要注意加强分类指导和突出重点。在经济基础较好的珠江三角洲，要着重提高城市化的水平和质量，加快城市化步伐，进一步搞好城市布局和完善城市功能配套，注重环境和生态保护，优化和调整人口结构，努力提高城市的整体素质和形象，使之在全省推进城市化进程中起示范带动作用。在经济欠发达地区则要重点发展中小城市，特别是通过发展小城镇，吸引农民向城镇集聚，进一步加快农村城镇化的步伐。要合理确定市带县，经济实力较强的市，可以多带一点。要合理确定省辖市的布局，重视粤北、粤东、粤西省辖市的发展。三角洲要合理确定行政区域的规模，降低管理成本。上海这几年把所属的县变为区，壮大了上海的实力，改变了城市面貌。我们也准备把广州市的两个县级市变为城区，加快广州的发展。现在我们一些城市的规模不大，但行政架构太大，管理成本太高，还相互掣肘、影响发展，今后要统筹规划，合理布局。

第二，高起点规划，高标准建设，高效能管理，进一步搞好城乡建设。城市规划、建设、管理这三个关键环节中，规划是龙头，建设是动力，管理是基础，三者缺一不可。从正反两方面的经验教训来看，要特别强调规划的龙头地位。各级领导干部一定要重视规划的科学性、前瞻性、权威性、民主性。规划本身要科学，要走群众路线，而且要适度超前，一旦规划确定下来，就要确保规划的权威性。广州这几年有成就，但教训也是深刻的。有一个广场建设花了2000多万元，但拆迁花了1.3亿元，这就是过去规划出的问题。规划的错误是全局性的错误，是历史性的错误，是难以挽回的损失。所以，我们要严把规划的审批关，凡是总体规划，省要审批到县，市要审批到镇，县要审批到村，确保规划的龙头地位。管理方面，要加大依法治市的力度，把城市管理纳入法制化的轨道。当前突出的问题是有法不依，随意性太大，乱占、乱建。特别要花大力气治理脏乱差，这是城市管理的"人之初"。一个城市的卫生状况，是市委书记、市长本人文明程度的标志。城市建设要推向市场，项目建设要搞招投标，要加强基础设施、环境保护项目的分工协调，不能搞大而全、小而全。

在城市的规划、建设、管理上，要突出抓好城市的"小四化"，即：净化、绿化、美化、效能化。净化，就是处理好城市的排泄物和污染物，包括生活垃圾、工业垃圾、建筑垃圾等固体排泄物，生活污水、工业废水等液体排泄物，废气、机动车尾气、工厂毒气、粉尘等气体排泄物。绿化，其本质含义，就是解决"城市之肺"，使城市空气能够形成新陈代谢，现在很多城市绿地不多，制造的氧气太少，二氧化碳排出太多，"赤字"严重。绿地光有草坪不行，草坪的光合作用没有树木好，有条件的城市要多搞森林公园，广州开发白云山就很好，这是一块宝地，要树、花、草并举。美化，就是赋予城市美感，宏观上是一幅画，微观上是艺术品，要点缀高雅的城市雕塑，与城市文化紧密结合起来。要还岸于民，还绿于民，还洁于民。每个市都要有几道亮丽的风景线，如标志性大街等。城市应有几个兴奋点，不仅地面有美感，而且要有好的鸟瞰效果，既要有建筑物构成的静态美，还要有人流、车流构成的流动美，包括限制不整洁的出行工具的使用。效能化，从软件来讲，就是城市管理高效能；从硬件来讲，就是基础设施完善，做到人流、物流、信息流、资金流便捷畅通，这就是效能化。对广州火车站的治理问题，广州市和广铁集团决心都很大，这次一定要下决心整顿好。总之，我们要用"小四化"为"大四化"服务。

第三，切实加强环境和生态保护工作。要坚决落实《环保法》，坚持"谁污染谁治理"的方针，抓污染的源头。省长与各个市长签的协定，要认真落实执行。开人代会时好几个市都反映，水污染严重，有的市已无合格饮用水，大家呼吁加大整治力度。关键问题是谁污染谁治理，必须依法加强管理，解决工业污染源，加快建设污水处理厂。对广州这样的大城市要强调大气治理。各市要全面实施"青山、碧水、蓝天、绿地"工程，创造一

2000年5月1日，李长春考察广州丫髻沙大桥工地。前排左一为广州市市长林树森，右三为广东省委副书记、广州市委书记黄华华。

个以人为本、可持续发展、人与自然和谐相处的环境。

第四，要把发展小城镇作为加速农村城镇化的战略措施。发展小城镇，这是有中国特色城市化的发展道路，一定要当作一件大事来抓。要用 10 年左右的时间，搞好 300 个中心镇的建设。小城镇建设要实行"合理布局、科学规划、扩张为主、新建为辅、政府推动、市场运作"的方针。实现农业和农村非农产业在空间地域上分离，使农村乡镇工业的发展和农村城镇化相结合。以乡镇企业为基础发展一批小城镇，使之成为吸收农村转移劳动力的载体。

第五，以改革为动力，促进城市化发展。当前要重点抓好以下几项改革：一是户籍管理制度改革。要使户籍管理真实反映人口从事产业的状况，也要反映地域上的分离，要把产业转移和地域分离结合起来。二是进一步深化城建投资和管理体制改革。城建的事业单位要加快企业化步伐，推向市场。园林绿化部门，要参与市场竞争。城建系统的公用事业，要体现价值与价格的统一，不能长期靠财政补贴。一些基础设施，也要从福利型转为按经济规律办事，提高自我发展能力。建议广州和深圳搞试点，把自来水厂与污水处理厂统一起来经营管理，改变污水处理厂目前作为事业单位的被动局面，改变污水处理厂不出产品的局面。三是探索镇一级小城镇的管理模式。建立镇级财政和金库，使之能作为一级政府运作起来。请财政厅指导这项工作，搞几个镇作为试点。

三、加强领导，真抓实干，确保推进城市化工作的顺利进行

加快城乡建设，推进城市化进程是事关社会主义现代化全局

的大事，各级党委、政府都应把这项工作纳入重要议事日程，做到认识到位、领导到位、措施办法到位和组织落实工作到位。今后随着政府职能的转变，城市政府的工作重心，要从抓具体的经济项目真正转到抓城市的规划建设管理上来，不断加大工作力度，实行市长负责制。要树立城乡建设也是发展生产力的思想，通过营造良好的城乡环境来进一步促进经济和各项事业的发展。各级领导干部要进一步加强学习，更新观念，不断提高驾驭城市化发展、规划建设管理城市的能力和水平。一个城市的领导如果不懂得规划建设管理城市，是不称职的，是不适应现代化发展需要的，而且有可能带来很严重的后果。今年初，李瑞环同志在听取云南省委工作汇报时，说了一句很深刻的话："搞城市规划和建设，就怕'有权、不懂、主观'，这三个加在一起非造成灾难不可。"所以，今后我们的城市领导，必须加强有关城乡规划建设管理方面知识的学习，既要向理论学习，更要向实践学习。一个行政区域，只能有一个行政执法主体，即城市政府，驻市各个单位，都要服从市政府的领导，省直机关在广州要带个好头。

加快城乡建设步伐，推进城市化进程，领导重视和尊重科学要紧密结合起来。这项工作不重视不行，但蛮干也不行，所以必须把二者结合起来。要因地制宜，从实际出发，要尽力而为，更要量力而行，切忌形式主义和盲目性，防止一刀切和一哄而起，不能搞成第二次开发区热。防止的办法就是要有严格的审批程序。一是总体规划，省里要审批。二是土地使用由国土资源厅按《土地法》把关，防止一哄而起和蛮干。要注意方方面面的承受能力。既要坚决治理脏乱差，进行必要的拆迁，但也要充分做好工作，安排好群众的生活，防止侵犯群众利益，防止不顾各方面的承受能力盲目大干快上。这次省里对城市化水平指标提了预测数，不是考核指标，我们不以此考核各市。现在往往是一重视哪个指标，哪个指标就容易出假，要特别注意防止出现这一情况。要把严肃执法，敢于碰硬与深入细致的思想政治工作结合起来。

总之，城建工作要始终把群众满意不满意、高兴不高兴、赞成不赞成、答应不答应作为检验的根本标准。在整个城乡建设工作中，要坚持省第八次党代会提出的"四防四实"的工作作风，防止主观主义、官僚主义、形式主义、虚报浮夸，倡导说实话、办实事、鼓实劲、求实效。每个项目、每个步骤都要对人民高度负责，代表人民的根本利益。贯彻这次会议精神，要从自己的实际情况出发。不管各个城市有多大的差别，首先要解决脏乱差问题，以此入手，创建文明城市。与此同时，开展调查研究，制订城乡建设规划，并与"十五"计划和经济特区与珠江三角洲率先基本实现社会主义现代化规划结合起来。在规划指导下，有计划、有步骤地进行。

汕头要重建信用重塑形象 [*]

（2001 年 2 月 27 日）

> 市场经济是法治经济，各级各部门必须加强依法管理。要坚持一手抓发展，一手抓整治市场秩序和社会秩序。如果放任搞走私贩私、放赌聚赌、制假售假、骗汇骗税、逃废债务，不仅会坑害国家，而且将一次次地贻误发展经济的时机，失去市场，丢掉信用，自毁形象。对一些倾向性的问题一定要处理在萌芽阶段，绝不能让其泛滥。经济工作不坚持两手抓就不能沿着正确的轨道健康发展。

汕头是一个好地方，给我很深的印象。一是汕头有明显的区位优势。海岸线长，有天然良港，气候宜人，空气质量在我省各个城市中排在前面。距台湾和香港都不远。二是人文优势非常明显。潮汕地区有自己独特的文化，重视教育，人民聪明勤劳，有经商的传统。潮汕地区又是重要侨乡，海外有 1000 万乡亲。很

---

　　* 这是李长春同志在广东省委、省政府汕头现场办公会上的讲话。

多海外华人华侨事业有成，成为商贾巨子。三是有明显的体制、政策优势。汕头是我们国家五个经济特区之一，还设有高新技术开发区、保税区、南澳对台小额贸易区，商品经济比较发达。但是，目前汕头也面临许多挑战和问题，如何加快发展，我强调几个问题。

第一，认清形势，统一思想，增强信心，继续前进。

改革开放 20 多年来，汕头有很大的发展。在看到有利条件的同时，我们也要看到问题的一面。一是统计部门提供的资料表明，从"九五"来看，汕头经济发展出现了一些值得高度重视的

2001 年 2 月 26 日，李长春在汕头市考察广东奥迪玩具实业有限公司。右一为广东省省长卢瑞华。

问题。经济发展逐步落后于珠江三角洲，有一些也落后于全省的平均水平。2000 年，汕头地区生产总值占全省的 5%，人均生产总值仅为 10371 元，为全省平均水平的 81.3%；进出口总额方面，汕头从 1995 年占全省的 4.2% 降为 2000 年的 2.5%；同期财政收入也从占全省的 3.8% 降为 2.1%，在各市中的排名从第六位降为第七位。作为一个经济特区所在的市，落后于全省平均水平，值得我们高度重视。进一步剖析还可看到，汕头地区与珠江三角洲地区相比，工业基础比较薄弱，产业基础脆弱，能起带动作用的大型企业集团很少，经济发展缺乏大的拉动力，发展后劲明显不足。二是由于多年积累的问题，地方金融秩序混乱，金融风险仍然存在，甚至有转化为财政风险的可能。三是经济社会管理存在着很多薄弱环节，与改革开放形势明显不相适应。部分地方走私贩私、制假售假、逃汇骗汇、逃税骗税、逃废债务等违法犯罪的情况比较严重，严重损害了汕头的声誉，影响了金融秩序、经济秩序，也影响了广东的形象。希望汕头市各级干部充分地认识自己的不足，紧紧抓住历史机遇，一手抓发展，一手抓整治，发挥优势、克服劣势、重建信用、重塑形象，全力整治市场秩序和社会秩序，大力发展民营实业、外资实业，壮大产业实力，加快建立文明法治环境，把汕头建设成为民营实业、滨海旅游、海洋经济等特色经济鲜明的粤东地区乃至闽粤赣边区的经济中心城市，在粤东地区发挥龙头带动作用，使粤东地区在全省增创新优势，更上一层楼，率先基本实现社会主义现代化的跨世纪进程中，作出新的贡献。

第二，进一步确立正确的经济工作指导思想。

一要不断地增强贯彻党中央的路线、方针、政策的坚定性和自觉性。少数干部在搞地方保护主义，放任甚至指挥骗税，这是什么性质的问题？偏离了中央的路线、方针、政策，违犯了国家法律，必然出大问题。

二要解决"两手抓，两手都要硬"的问题。始终坚持以经济建设为中心，与坚持两手抓是一致的，否则就很难保证经济建设沿着健康的轨道发展。要教育广大干部群众，走勤劳致富、守法经营之路，切忌浮躁心理，防止走歪门邪道。市场经济是法治经济，各级各部门必须加强依法管理。如果放任搞走私贩私、放赌聚赌、制假售假、骗汇骗税、逃废债务，不仅会坑害国家，而且将一次次地贻误发展经济的时机，失去市场，丢掉信用，自毁形象。一些地方行政执法部门疏于管理，有的竟内外勾结，使一些地方明目张胆地建起一批专门制造假发票或开假发票的公司，成为全国骗税的源头。对一些倾向性的问题一定要处理在萌芽阶段，绝不能让其泛滥。经济工作不坚持两手抓就不能沿着正确的轨道健康发展。

三要坚持实事求是的思想路线，按照经济规律办事。在投入产出关系上，必须科学地测算回报率，并且按商业原则运作。在发展第二、三产业的关系上也有规律性，没有一个坚实的第二产业的基础，第三产业是不能健康发展的，也是没有后劲的。必须通过不断强化第二产业，相适应地发展第三产业。违背了这个规律，加上监管跟不上，流通秩序必然一片混乱。

四要坚持勤俭办一切事业的方针，处理好"雪中送炭"和"锦上添花"的关系。脱离了财政能力，甚至贷款去搞楼堂馆所，搞"锦上添花"，最后必然是贷款的负担、利息的负担越加越重。要分清轻重缓急，在经济发展的基础上、在财政能力的范围内量力而行，否则事与愿违。

五要树立正确的政绩观。用政绩来检验干部，是实践检验真理标准在干部考核工作中的体现。政绩是德才的最终表现，但如何衡量政绩呢？党和人民需要的是能够把局部利益和全局利益统一起来，眼前利益和长远利益协调起来的政绩，是可持续发展的政绩。这个问题对当前的汕头有现实意义。汕头很可能要有节衣缩食、紧缩财政、过几年紧日子的思想准备。把积累的问题消化了、理顺了，保证经济健康发展，社会政治稳定，为今后的发展奠定基础，这也是政绩。

第三，整治市场秩序和社会秩序，营造良好的发展环境。

市场秩序、社会秩序和环境污染的问题，都是关系粤东地区软环境的突出问题。整治市场秩序和社会秩序既是重要的投资软环境，也是两手抓的重要内容。省委、省政府要把今年作为整治年，重点是要坚持一手抓发展，一手抓整治市场秩序和社会秩序，用整治促发展，用发展带整治。要集中力量、集中时间，采取坚决有力的措施、多管齐下的办法，下大力气整治好市场秩序，力争用一年左右的时间，能够使市场秩序方面的突出问题得到明显的遏制。再经过若干年的努力，建立起比较规范的市场经济秩序。建立规范的市场经济秩序，与公民素质和受教育的水平、行政执法水平、司法水平有着紧密的联系，不是短时间内就可以完成的，但突出的问题要得到明显遏制，这是今年的一个阶段性目标。

整治工作，要突出依法治理与以德治理相结合。法制是保证，教育是基础。政府部门要结合机构改革，切实转变职能，善于用法律、法规、政策、经济的办法处理市场经济条件下的问题；需要用行政手段处理的，要合法、公开、公正。整治也是教育，要结合整治进行社会公德、职业道德、家庭美德的教育。当前要突出诚实守信的道德教育，在全社会强化信用意识，努力形成与社会主义市场经济相适应的思想道德规范。希望潮汕地区能够先走一步，为全省提供新鲜经验。

在整治的过程中，对企业的情况要摸清底数。要保护守法企业，教育解脱一批基本守法企业，清理一批有较严重问题的企业，取缔一批严重违法违规的企业，在这个基础上建立起企业分类、分级管理的办法。对触犯刑律的要依法惩处，决不姑息迁就；负案在逃的要加大抓捕力度，尽快抓捕归案；对有一般错误的，要给他们创造条件，自查自纠；对有轻微毛病的，要教育他们轻装上阵，不要背包袱；对一贯表现好的，要表扬，并且要给他们荣誉，给予他们信得过企业的称号，有利于他们在市场中树立好的形象。整治市场秩序要与党风廉政建设、反腐败斗争结合起来，发现重要线索该立案的就立案。对于重点地区、重点企业，要重点进行整治。

在整治市场秩序的同时，要大力整治社会秩序，维护社会政治稳定。要狠狠打击各种刑事犯罪活动，对社会的突出问题，要组织力量，集中时间，深入调查，分析原因，提出相应的对策，实行重典治乱，落实社会治安综合治理的各项措施，实行社会治安综合治理一票否决制。对没有能力确保一方平安的地方领导干部，要坚决进行调整。

第四，抓住机遇，壮大经济实力。

迅速壮大经济实力，是汕头地区克服当前困难最积极的办法，也是确保"十五"开好头、起好步最重要的任务。

一要针对潮汕地区人多地少、人均占有资源比较少的实际情

1998 年 10 月 21 日，李长春考察揭阳运通塑料集团公司。左一为广东省委常委、秘书长蔡东士，左三为揭阳市委书记江东海，右四为揭阳市市长林木声。

况，采取"稳住耕地、放活粮食"的方针。耕地要稳住，不准挖鱼塘、不准搞永久性建筑、不准栽树，只能在种植业的结构范围内去调整，市场需要什么就种什么。一旦市场形势有变化，粮食紧了，用三四个月就可以调整过来。

二要对现有的工业企业排排队，发现其亮点，推动他们进行资产重组，创造条件让生产要素向优势企业、优秀的企业家集中，帮助他们做大做强。迅速建立起一批带动力强的企业集团，改变目前这种带动力不强、小打小闹、没有后劲的状况。要结合国有企业改革和国有经济战略性调整，创造一批国内外名牌产品，树立潮汕工业形象。

三要大力发展民营实业。发挥潮汕人精明勤劳的长处，学习浙江的经验，大搞各种各样的民营实业。鼓励私营企业互相参股，突破家族经营范围，使潮汕地区崛起一批有规模的民营企业，产生一批著名的民营企业家，在发展成规模的民营实业方面走在全省前面。

四要发挥侨乡优势，利用加入世界贸易组织的历史机遇，进一步提高对外开放的水平，吸引侨资办实业。充分用好现有的各个功能区的政策，把现有的功能区办好。

第五，加强党的建设，为加快发展提供保证。

市委要成为坚强的领导核心，增强凝聚力、战斗力，敢抓敢管。增强政治敏锐性和政治鉴别力，特别是对苗头性、倾向性的问题，要善于及时作出正确判断，努力解决在萌芽阶段。

省第八次党代会对作风建设特别提出了要做到"四防四实"，即防止主观主义、官僚主义、形式主义和虚报浮夸，提倡说实话、办实事、鼓实劲、求实效。特别在财政金融比较紧的情况下，我们想问题办事情，一定要贴近群众，以群众高兴不高兴、赞成不赞成、答应不答应、满意不满意作为衡量我们工作的根本标准。多搞雪中送炭，少搞浮华花哨。要敢于触及矛盾，敢于解决问题，不要回避矛盾。各级党委要深入基层调查研究，了解群众的心声，取得指导工作的主动权。

要进一步花大气力狠抓基层党组织建设。社会治安秩序和市场秩序方面暴露出来的一些问题，说明我们对基层组织建设不能估计过高。基层一些镇、村书记带头违规违法，必须引起我们的高度重视。对排查出的问题突出的县、镇、村，要搞好整治。按照县由省里来验收，镇由市里来验收，村由县里来验收的要求，善始善终做好，使广大农村基层党组织的面貌有一个明显的改变。

解放思想，大胆探索中山发展新路 *

（2001 年 5 月 30 日）

> 要建立牢固的经济基础和产业基础，加快发展高新技术产业，利用高新技术、先进适用技术改造传统产业。重点培养和发展一批主业突出、管理水平高、竞争能力强的大型企业集团，尽快改变"有星无月"的状况。有了这么一批大型企业集团，并与广大中小型企业形成"行星系列"的企业组织结构，企业的发展就更加有后劲，广大中小企业的科技依托问题也解决了，参加国际竞争也就更有条件。

中山市的镇村经济发展特色鲜明，每个镇村都发展有一个小商品而形成的"大产业"，如古镇的灯饰、小榄的五金、沙溪的服装等，给我留下了很深的印象。从珠江三角洲来看，右岸经济活力不如左岸，这与客观条件有关。因为珠三角的左岸靠近香港，接受的辐射力较强；右岸靠近澳门，接受的辐射力相对较

---

* 这是李长春同志在听取中山市工作汇报时讲话的一部分。

弱。但现在我们的基础设施条件比较好，当前应研究珠三角右岸在"十五"时期加快经济发展步伐的问题。地处珠三角右岸的中山等市，也要多向深圳、广州等市学习，在"十五"期间掀起一个新的发展高潮。为此，中山市要进一步解放思想，大胆创新，努力探索切合自身实际和顺应国际经济发展趋势的路子。

第一，大力发展高新技术产业。在发展高新技术产业和利用高新技术改造传统产业方面继续加大力度，打好产业基础。中山市以及整个珠江三角洲要在 2010 年率先基本实现社会主义现代化，首先要建立牢固的经济基础和产业基础，加快发展高新技术产业，利用高新技术、先进适用技术改造传统产业。要选择几个亮点，加大扶持力度，重点培养和发展一批主业突出、管理水平高、竞争能力强的大型企业集团，尽快改变"有星无月"的状况。有了这么一批大型企业集团，并与广大中小型企业形成"行星系列"的企业组织结构，企业的发展就更加有后劲，广大中小企业的科技依托问题也解决了，参加国际竞争也就更有条件。大型企业集团的发展离不开政府的推动，但政府的推动不是包办代替，可以适当选择几家企业直接面向资本市场筹集资金，发展壮大经营实力。比如灯饰企业，如果能有一两个龙头企业，面向资本市场迅速发展壮大，有自己的产品科研开发机构，有自己的品牌、专利，有自主知识产权，那么广大中小企业就可以向它买专利，发展壮大自己。这样，企业的发展不仅面上被带动起来，而且点上也上了水平。

第二，努力实现体制创新。中山市要在继续深化公有制企业产权制度改革的同时，引导一批私营企业实行股份制，变家族资本为社会资本，由家族式管理向科学管理转变，以便做大做强。

现在我们鼓励加大发展私营企业，但在这基础上要引导一部分私营企业突破家族经营的模式，改制成股份制。私营企业的活力很强，但它也有局限性，它的资本是家族的，自然影响到企业做大做强。从管理上看，它是世袭制，实行的是家长式管理，不利于人才优化配置和科学管理。私营企业发展比较好的地区要注意引导其冲出家族式的经营管理，从家族资本转向社会资本，实行股份制。实行股份制就是谁有能力谁当经理，谁股份大谁是董事长。实行这种体制有利于企业发展壮大。

第三，引导加工贸易转型升级。对加工贸易，既要坚定不移地发展，但又要看到它是一种初级形态。要扩大利用外资，必须在产业结构的优化升级上下功夫。珠江三角洲是"三来一补"工业发达的地区，要考虑把这种初级形态进行转化，变成合资企业。现在加工贸易只算工缴费，但投入的土地、电力远远与创造的国内生产总值不成比例，一旦变合资企业后，情况就变了。因此，中山必须抓紧研究这个问题。但前提是要继续大力发展加工贸易，在此基础上才能有发展成合资企业的条件。实现工业化的过程必须先发展加工业，再到合资企业，到买股份，到拥有自己的品牌。要在继续大力发展加工贸易的基础上，引导一部分有条件的加工贸易企业转为合资企业，发展成为拥有自主知识产权、拥有自己品牌的企业，这样才能把我们的国产品牌和自主知识产权逐步发展起来，企业发展的效益才会大大提高。

第四，进一步扩大对外开放。中山市是孙中山先生的故乡，这是中山市最重要的人文资源和无形资产。利用孙中山的人文资源推动与台湾的合作，不仅有重要的经济意义，也有重要的政治意义。中山是我省与台湾经济合作的重点市之一，近年来与台湾在高新技术产业方面的合作已取得重大进展。我们要有针对性地进行招商引资。宏碁电脑能在中山落户，这是一件很好的事情，要进一步把它的电脑配套产业引进来。

第五，积极推进信息化建设。以信息化带动工业化，以工业化促进信息化。注重利用信息技术改造传统产业，将计算机辅助设计、辅助制造系统在各行各业推广开来，这样新款式、新品种的开发速度才会加快。积极推广电子商务，建设"电子政府"，把政务公开、"一站式"的便民服务与信息化结合起来，提高行政效率。加速教育信息化，实现互联网进课堂。在远程教育、数字图书馆、医疗等各领域的应用也要开展起来。与信息化联为一体的是人才问题，要处理好普及和提高的关系，提高人的综合素质。要重视提高英语教学水平，营造良好的人才环境，适应信息化发展的需要。

第六，进一步加强精神文明建设，推进"以德治市"。采取切实有效措施，进一步推进家庭美德、社会公德、职业道德建设，提高中山人的道德水平。在发展市场经济的今天，全社会的道德基础应该说还不够。市场经济既是法制经济，又是道德经济。现在的社会治安形势比较严峻，反腐败的形势也很严峻，根本问题是道德基础问题。道德沦丧，谁有权谁就乱用；没权的人，有的就抢、偷、骗，尽管这是少数，但也有一个蔓延的趋势，影响极坏。经济信誉差、贷款不还、假冒伪劣、坑蒙拐骗等现象都呼唤着加强道德建设。法律和道德互相促进，没有道德基础，法律的作用也会打折扣。中山市的精神文明建设有基础，希望继续努力，力争再上新水平，为全省提供新经验。

整治发展并重，改变汕尾面貌[*]

（2001 年 9 月 5 日）

> 一个地区如果不堵住歪门邪道，带来的后果就是时间耽误了，市场丢掉了，风气搞坏了，少数干部腐败了，形象毁掉了，经济下来了，人民群众受苦了。任何时候，都要端正经济工作的指导思想，都要完整准确地贯彻党的路线方针政策，都要坚持"两手抓、两手都要硬"，都要敢于坚持原则、敢抓敢管，都要加强管理，加强监督，都要教育从业者守法经营，要靠真本事、靠勤劳走出致富的路子。

如何做好汕尾的工作，使汕尾的面貌有明显的改变，我提出四点要求和希望。

第一，要加快扶贫开发步伐，使陆河县在全省贫困县中脱颖而出。希望汕尾市委、陆河县委加大扶贫开发的力度，坚持走陆河县扶贫开发"两水（水果、水电）一劳（劳务输出）"的成功

---

* 这是李长春同志在听取汕尾市工作汇报时讲话的一部分。

路子。陆河县的劳务输出比较早，许多农民在改革开放初期就到深圳、珠三角打工、做生意，进行资本的原始积累，然后把资金拿回来搞山区开发，这是山区、贫困地区脱贫奔康的好路子。现在陆河开发荒山的形势很好，群众的生活基本没有问题，主要的问题还是县里的工业基础太薄弱，县财政比较困难。要解决这些问题，就要把陆河出外的老板请回来办厂搞工业、搞外资企业或进行山区综合开发，尽快走上富裕之路。

第二，要在总结陆丰市从乱到治正反两个方面经验教训的基础上，进一步加快改善软环境的步伐。陆丰市是省里确定的 8 个问题较为突出的县（市）之一。该市有一个犯罪团伙，制售假币的时间长达 9 年之久，制假币数额巨大，使陆丰成了全国制贩假币的集散地。制毒贩毒的问题，陆丰过去是毒品通道，后来毒贩能造出毒性很厉害的冰毒，走私贩私一度也很严重，拐卖妇女、利用"六合彩"进行赌博等问题也一度很猖獗，黑恶势力也存在。这些突出问题严重影响了广东的形象，也是很多外商不愿来投资的重要原因。去年以来，汕尾市、陆丰市两级党委、政府下决心进行整治，现在的情况有了明显好转，当然，我们不能估计过高，这些问题反复性很大。因此，要认真总结陆丰治乱的正反两方面的经验和教训，坚持不懈地一手抓整治，一手抓发展，大力改善投资软环境。一个地区如果不堵住歪门邪道，带来的后果就是时间耽误了，市场丢掉了，风气搞坏了，少数干部腐败了，形象毁掉了，经济下来了，人民群众受苦了。无论任何时候，我们都要端正经济工作的指导思想，都要完整准确地贯彻党的路线方针政策，都要坚持"两手抓、两手都要硬"，都要敢于坚持原则、敢抓敢管，都要加强管理，加强监督，都要教育从业者守法

1999年2月6日，李长春考察汕尾市营林造纸项目。右一为汕尾市委书记吴华南，右三为汕尾市代市长徐尚武。

经营，要靠真本事、靠勤劳走出致富的路子。如果对存在的问题视而不见，麻木不仁，怕得罪人，那么存在的问题必然会愈演愈烈，由量变到质变，最后从根本上毁掉我们的形象。

第三，要加快发展工业，掀起新的招商引资热潮，使汕尾成为外商投资的新热点。汕尾建市以来，通过大环境的建设，已经具备了承接珠江三角洲地区产业转移和成为外商新的投资热点的条件。汕尾发展工业，根本的办法就是要靠招商引资。要高起点规划工业园区，研究学习珠三角地区引进外资过程中的正反两方面经验教训，建设好工业园区，促进支柱工业产业的形成。同时，要有针对性地进行招商引资，不仅外资要招，而且珠三角地区先发展起来的民营资本也要招。进一步调动全市各方面的力量招商引资，尽快使汕尾成为继珠三角地区之后我省一个新的外商投资热点。

第四，要搞好领导班子建设。一个地区秩序怎么样，发展快不快，关键在于这个地区的领导班子。汕尾要紧密联系党的建设的实际和社会主义现代化建设的实际，努力把各级领导班子建设成为政治坚定、开拓创新、团结实干、廉政为民的坚强领导核心，带领群众脱贫致富奔小康，做到步子再大一点，发展再快一点，效果更好一点。

充分发挥中心城市的带动作用 *

（2001 年 12 月 7 日）

> 中心城市是一个地区活力的标志，哪个地方中心城市辐射带动力强，哪个地方接受现代文明、现代科技、现代产业的步伐就快。因此，中心城市对一个地方的经济社会发展起着重要的龙头带动作用，这是一个社会发展规律。我们要自觉认识这个客观规律，自觉认识拥有广州、深圳这两个大的中心城市，是个很大的优势，自觉地发展这个优势，充分发挥这两个中心城市在广东经济社会发展中的辐射带动作用。

从城市发展史来看，城市总是一定范围的政治经济中心，是人类文明进步的产物和结晶。古代的"城"，就是军事堡垒；"市"，就是交易的地方；加在一起，"城市"就是政治经济的中心。它是人流、物流、商流、资金流、信息流的汇集处，拥有密集的人才、资金、知识、技术，因而城市能够以比较少的投入获

---

*　这是李长春同志在深圳市"十五"计划汇报会上讲话的一部分。

得比较大的产出，能够迅速地组织起社会化大生产。

国内外的大量实践和人类社会的发展历程都不断地证明，城市既是人类文明进步的产物，又是推动人类文明进步的重要依托，城市化水平是经济社会发展水平的标志。中心城市是一个地区活力的标志，哪个地方中心城市辐射带动力强，哪个地方接受现代文明、现代科技、现代产业的步伐就快。因此，中心城市对一个地方的经济社会发展起着重要的龙头带动作用，这是一个社会发展规律。我们要自觉地认识这个客观规律，能动地指导社会和经济发展。

目前，广州、深圳的经济总量在全国城市中分别居第三、第四位，紧随上海、北京之后。我省拥有广州、深圳这两个大的中心城市，是个很大的优势。事实证明，凡是辐射能力强的大的中心城市的附近地区，都是发展快的地区。上海的周围，北京的周围，都是这样。现在长江三角洲的江苏、浙江，在打造大的经济中心城市方面都有大动作，撤县、撤县级市，并入大城市的城区，拆除行政壁垒，完善城市功能，增强中心城市的辐射能力。我们要自觉认识这个社会发展的规律，自觉认识我们拥有的这个优势，从而自觉发展这个优势。对于如何更好地发挥广州和深圳这两个中心城市的辐射带动作用，我谈几点看法。

第一，在完善社会主义市场经济体制上，广州和深圳要进一步发挥示范带动作用。江泽民同志要求广东今后发展应主要依靠技术创新和体制创新。因此，我们"提高水平"就要紧紧抓住这两个创新。在体制创新方面，重点是加快建立和完善社会主义市场经济体制。广州和深圳在完善社会主义市场经济体制上要一直走在前面，在促进自身快速发展的同时，也要为全省其他地方提供新鲜经验。从全国来讲，在 2000 年已初步建立了社会主义市场经济体制，并计划在 2010 年左右建立比较完善的社会主义市场经济体制。广州和深圳要在体制创新上先走一步，不断地提供新鲜经验、新鲜成果。特别要在进一步转变政府职能，加强全社会的信用建设，率先建立文明法治环境，规范市场经济秩序等方面加快步伐，从而带动全省快速发展。

第二，在发展高新技术产业上，要发挥中心城市的龙头带动作用。在推动产业转型升级和增创产业新优势中，我们要大力发展高新技术及其产业，力争在一些重要领域接近或达到国际先进水平，并使新产品、新产业尽快取得规模效益，占领市场，成为改造、提高传统产业的巨大动力。我省的高新技术产业发展，要抓好龙头，即推动广州、深圳高新技术产业的快速发展，充分发挥中心城市的"窗口"示范作用和辐射带动作用。为更好发挥中心城市的作用，建议广州和深圳要实现几个根本转变，努力在几个方面有大的突破：从主要输出普通劳务，向输出知识、技术占更大比重转变，努力在输出技术、知识及其载体上有大的突破；从主要是"引进来"，向实现"引进来"和"走出去"共同发展转变，努力在"走出去"上有大的突破；从主要引进技术，向更加重视引进技术的消化、吸收、再创新转变，努力在创新上有大的突破；从以制造基地为主，向制造基地、研发基地和现代服务基地相结合转变，努力在成为研发基地和服务基地上有大的突破。

第三，要进一步发挥广州、深圳这两个中心城市在对外开放中的龙头带动作用。随着经济全球化的发展和外向带动战略的实施，我省对外经济联系日益密切，世界经济的波动对经济发展的影响和冲击日趋明显。我省出口产品结构总体上在国际上处于低端或中低端、市场上供大于求，自主品牌的比重偏少，在出口渠道上直接进入国际市场主渠道的比重偏低，在经营方式上还较传统的弱点日渐暴露出来。在全省实施外向带动战略中，要进一步发挥广州、深圳的龙头作用。广交会和深圳高交会要进一步提高完善，增强凝聚力、吸引力和辐射力，争取一年比一年办得更好；要更加积极有效地利用外资，要提高中心城市对外开放水平，进一步扩大与全球500家大财团以及大企业合作；中心城市要引导一批有比较优势、有国际化经营能力的企业转移国内长线生产能力，或以现有设备和成熟技术到境外开展加工贸易。要努力从主要贴牌加工转向创自主品牌，提高核心竞争力，形成一批有国际竞争力的跨国公司。

第四，在交出物质文明和精神文明建设的好答卷上，广州和深圳要走在前面。当前，我省加强精神文明建设的任务仍很艰巨，存在的问题仍相当不少，全省各级干部仍需要带领广大群众继续努力。广州和深圳要在加强精神文明建设上先走一步，创造新经验，向中央交出高水平的两个文明建设的好答卷。

总而言之，要更好地推动我省的发展，就要很好地实施中心城市发展带动战略。我们的责任，就是要积极支持广州、深圳健康的发展。这两个城市发展得越好，其辐射带动能力越强，我们全省就会发展得越好。

找准切入点，推动韶关协调发展[*]

（2002 年 8 月 16 日）

> 韶关要找准切入点，把良好的愿望和科学的态度结合起来，加大农业结构调整力度，走"公司＋基地＋农户"的农业产业化经营路子，充分利用外资尤其是港澳台资金，加强农业开发，促进山区经济发展。加强小水电、矿产、旅游等优势资源开发。搞好各类企业，进一步搞活国有的，发展民营的，吸引外资的，希望国有企业能够成为招商引资、合资合作的重要载体。

经过几年来的"两大会战"，我省石灰岩地区的生产生活条件已经从根本上得到改善，具备了加快脱贫奔康步伐的基础和条件，要进一步做好组织和引导工作。要利用石灰岩地区气候温差大的条件，组织广大干部群众加大农业结构调整力度，种植优质黄烟等高附加值的经济作物。要大力推进农业产业化经营，组建农业龙头企业，按照"公司＋基地＋农户"的模式，建成一批

有影响、高附加值的农产品基地。要结合实际，本着一村一品、一乡一品的原则，加强组织和引导，加快脱贫奔康步伐，使石灰岩地区群众生活水平实现"步步高"。通过建蓄水池改造石花地、调整结构建设商品基地、挂上龙头企业，迅速地改变他们的生产生活条件。

我省山区开发建设经历了几个阶段：第一阶段，从80年代开始以绿化荒山为重点，使广大山区实现了绿化，广东成为绿化荒山第一省。第二阶段，进入90年代，在山区发展一批"造血"型项目，加快了山区发展。第三阶段，省第八次党代会后，全面展开山区基础设施建设，改善了山区的投资发展环境。实现了行政村的"五通"[1]，加快山区到广州、深圳两个中心城市的高速公路建设，改变了山区的区位条件；实行山区综合开发，把经济效益和社会效益、生态效益紧密地结合起来，推广山区开发经验，提出了"东学梅州、西学高州"的要求。以省第九次党代会胜利召开为标志，山区开发进入了新的发展阶段。要以加快脱贫奔康进而实现宽裕的小康为目标，全面加快山区发展步伐。不管是县域经济的"造血"，还是增加农民收入、改变贫困地区的面貌，都是为了促进山区的全面发展。省委、省政府制定了"五年打基础，十年上台阶"的山区发展目标，决心在五年内，使山区在基础设施建设、发展条件上有明显的改善。在这个基础上，用市场经济的办法，通过招商引资、产业转移等，使山区经济取得大发展，人民生活水平得到明显提高。

韶关是我省的重要山区，是要在2003年第一批修通高速公路的四个山区市之一。韶关市各级领导干部要充分认识当前面临的重大机遇，进一步增强历史责任感，抢抓机遇，真抓实干，组

2001年8月30日，李长春在韶关市考察时在山地与村民交谈石花地改造情况。右二为韶关市委书记覃卫东。

织和发动广大干部群众，自力更生，艰苦奋斗，要坚决砸碎套在自己脖子上的贫困枷锁。韶关市要走在全省山区市的前面，这是第一个希望。

第二个希望，就是要找准切入点，把良好的愿望与科学的态度结合起来。一是加大农业结构调整力度。要走"公司＋基地＋农户"的农业产业化经营路子，提高组织化程度，催生农业龙头企业，加快完善统分结合的双层经营体制，在推进产业化经营、调整结构中，把村级集体经济发展起来。要充分发挥农村党支部在发展农业产业化经营中的作用，有条件的党支部，要建立农业服务或发展公司，为农户提供产前、产中、产后服务。二是搞好优势资源开发。主要是加强小水电、矿产、旅游等优势资源开发，矿产资源开发等要按国家有关规定来进行。要在深度加工增值上找路子，把资源优势转变为经济优势。三是搞好各类企业，包括进一步搞活国有的，发展民营的，吸引外资的。广东要从经济大省向经济强省转变，必须实现由产业末端向产业高端的转变，发展一批产品链条长、带动能力强、在国民经济中有重要地位的产业，特别是发展整机和技术装备。在各种所有制的经济中，国有企业肩负起这一责任有着明显的优势。所以，韶关要把国有企业看成是宝贵的财富，适应新形势的要求，通过改革、改组、改造，建立起现代企业制度，找准几个行业，把它们建设成为地区的支柱产业。要采取多种形式搞活小型国有企业，确实不行的要找到市场退出的通道。在国有企业改革中，企业的转制是转变经营机制，不能简单理解为是转所有制，成熟一个转制一个。转制中要确保国有资产保值增值，确保不能逃废债务，确保职工生活出路，维护社会稳定。对国有资产进行科学评估，引进公开、公平、公正的机制，找到产权交易的合理办法，通过规范的市场形成合理的价格，找到资源重新配置的办法。在搞活国有企业方面，希望韶关的国有企业能够成为招商引资、合资合作的重要载体，通过嫁接外资，实现股份制改造，建立现代企业制度，成为支撑起韶关经济的支柱产业。要进一步解放思想，大力发展民营经济，凡是允许外资进入的和国家没有特殊规定的，要允许民营资本进入。凡是前来投资置业的个体私营及各种形式的民营企业都要享受国民待遇。大力催生本土的民营企业。外资是山区发展的一个重要推动力量，要充分利用外资尤其是港澳台资金加强农业开发，促进山区经济发展。

注　释

〔1〕"五通"，是指山区行政村通公路、通电、通信、通邮、通广播电视。

山区发展事关现代化全局 [*]

（2002 年 8 月 22 日）

> 加快山区发展，直接关系到全省经济发展与社会稳定。要贯彻"多予、少取、放活"方针，让广大山区休养生息，积蓄力量，增强自我发展能力；要下大力气改善山区的投资环境，为加快发展创造条件；要加快结构调整步伐，大力发展特色经济；要以环境保护为重点推进山区可持续发展；要坚持把改变贫困落后面貌的立足点放在依靠群众、发动群众、自力更生、艰苦奋斗上。搞活了山区，全盘皆活。山区要从根本上解决脱贫奔康的问题，进而实现宽裕小康，必须坚持以发展为主题，用发展的眼光、发展的思路、发展的办法来解决前进中的困难和问题。要坚持渐进式和可持续发展，分阶段、分步骤进行。五年打基础，十年上台阶。

加快山区发展，是事关我省现代化建设全局的一件大事，是

---

* 这是李长春同志在广东省加快山区发展工作会议上的讲话。

实施省第九次党代会提出的区域协调发展战略的重要举措。把加快山区发展摆在重要的战略位置，非常切合当前广东发展的实际。

一、充分认识加快山区发展的重要性和紧迫性

省第九次党代会提出新世纪、新阶段实施区域协调发展战略，把山区开发摆在全省现代化建设的重要战略地位。这次加快山区发展工作会议提出"五年打基础，十年上台阶"的目标，将

2000年11月23日至24日，广东省珠江三角洲地区与山区经济技术合作洽谈会开幕式暨首批项目签约仪式在清远市举行。图为李长春考察山洽会展室。右一为广东省省长卢瑞华，右二为清远市市长梁戈文。

是我省山区进入全面发展的新的历史阶段的标志。在新的阶段，加快山区发展，直接关系到全省经济发展与社会稳定，是我省实现下一步发展战略目标重要的一着棋。可以说，搞活了山区，全盘皆活。我们必须从全省发展的战略高度出发，深刻认识加快山区发展的重要性。

第一，加快山区发展，是我省率先基本实现社会主义现代化的迫切需要。从现在的发展趋势看，珠江三角洲地区通过十年左右的努力，率先基本实现社会主义现代化是很有希望的。但如果占全省 65％ 土地面积、41％人口的广大山区跟不上来，还长期处于落后状态，甚至贫困状态，全省基本实现社会主义现代化是不可能的。从这个意义上讲，没有山区的较快发展就没有全省的社会主义现代化。从现实情况看，我省广大山区距离率先基本实现社会主义现代化的目标要求还相当大。目前，山区与珠江三角洲发展差距非常明显，而且这种差距还在逐步拉大。山区各市地区生产总值总和从 1997 年相当于珠三角的 26.2％下降到 2001 年的 22.1％。如果以人均 4000 美元为基本实现现代化的标准来衡量，目前全省总体只达到标准的四成，其中珠江三角洲总体达到八成，东西两翼总体达到二至三成，山区总体只达到一至二成。因此，必须从全省率先基本实现社会主义现代化的大局出发，进一步加快山区发展，逐步缩小山区与发达地区的差距，使广大山区跟上全省率先基本实现社会主义现代化的步伐。

第二，加快山区发展，是我省增强国际竞争力和综合实力，建设经济强省的重要举措。我国加入世界贸易组织后，全国各地都加快结构调整和区域经济的发展步伐，积极参与经济全球化进程，我省发展面临着更加激烈的国内国际竞争。今后几年，必须通过促进地区经济协调发展，努力提高全省经济的总体素质。从区域经济发展的角度看，提高我省经济总体素质，重点是抓好两头：一头是抓珠江三角洲这一最具经济活力的地区，使其加快结构调整和产业优化升级步伐，继续保持先发优势，进一步增强对周边地区的辐射带动力，成为带动全省发展的火车头。另一头是抓蕴藏着巨大发展潜力的广大山区，通过加大扶持力度，创造条件加快发展步伐，使其成为新的经济增长点，形成后发优势。

加快山区发展对建设经济强省具有极为重要的意义。一是可以增强全省经济发展后劲。山区自然资源和劳动力资源较为丰富，在发展资源型工业、生态及特色农业、旅游业以及劳动密集型产业等方面，具有广阔前景和低成本发展优势。加快山区发展，可使山区资源优势转变为经济优势，为我省发展培育新的经济增长点，成为全省经济进一步发展的助推器。二是有利于扩大珠江三角洲的经济腹地，促进发达地区与山区形成互动发展机制。加快山区基础设施建设，增强山区自我发展能力，拓展发展空间，使我省经济结构调整和产业转移升级的布局区域更广。我们不能把发达地区对山区的扶持看成是一种单纯的道德义务，甚至只是恩赐。在推进山区加快发展过程中，山区不但不会成为发达地区的"包袱"，而且会给予发达地区低成本扩张和市场开拓的机遇，山区也可在发达地区带动下，取得跨越式发展，从而实现山区与发达地区优势互补，协调发展。三是可以有效地扩大内需，拉动全省经济增长。多年来，山区由于经济较为落后，群众的收入较低，购买力较弱，影响了我省市场需求的扩大。加大扶持力度，加强基础设施建设，增强山区的经济实力，提高人民生活水平，必将极大地提高山区的投资和消费需求，拉动全省经济增长。

第三，加快山区发展，有利于强化生态屏障功能，实现全省可持续发展。广大山区是珠江三角洲和城市的生态屏障和后花园，是全省重要的水资源基地、菜篮子基地、旅游度假基地、劳动力供应基地。通过调整投资结构，增加对山区的投入，增强其自我发展能力，强化其生态屏障的功能，发挥好为珠江三角洲乃至全省提供优质水资源、绿色安全食品、旅游度假基地等方面的作用。

第四，加快山区发展，是实践邓小平理论和"三个代表"重要思想的具体体现。加快山区发展的目的，就是要通过先富帮后富，进一步促进山区生产力和各项事业的发展，增强自我发展能力，不断提高山区人民群众的生活水平，使山区群众逐步走上共同富裕的道路。当前，加快山区发展，面临着良好的机遇。一是山区交通、通信等基础设施建设有了较大改善，区位环境出现了有利于加快发展的新变化；二是山区经过多年努力，已逐步探索出有自己特色的发展路子，山区的经济社会事业有了很大进步，为进一步加快发展打下了较好基础；三是山区广大干部群众改变贫穷落后面貌的愿望十分迫切，聚集了加快发展的强大内在动力；四是全省经济实力的增强，特别是珠江三角洲发展水平的提高，为辐射带动和扶持山区发展奠定了良好的物质基础。只要全省上下把加快山区发展作为实施区域协调发展战略的一个重点去抓，真抓实干，坚持不懈，就一定能在不远的将来使山区经济社会面貌发生显著的变化。

二、明确思路，努力开创山区发展新局面

山区要从根本上解决脱贫奔康的问题，进而实现宽裕小康，

必须坚持以发展为主题，用发展的眼光、发展的思路、发展的办法来解决前进中的困难和问题。根据山区当前的现实情况，解决发展问题不可能一步到位，要坚持渐进式发展，分阶段、分步骤地进行。省委、省政府确定山区发展的目标是：五年打基础，十年上台阶。所谓五年打基础，就是五年内山区的交通、电力、通信、信息、农田水利等基础设施要有明显改善，生产条件和生活条件发生明显变化，与加快山区发展的要求相适应；农业结构和农村经济结构调整有明显进展，打好产业发展的基础；农民收入和地方财政增收明显加快，全面实现脱贫奔康。所谓十年上台阶，就是要在打好基础后，建立起与市场经济体制相适应的经济运行机制，经济活力明显增强；经济实力壮大，自我发展能力明显增强，与其他区域协调发展；总体上实现宽裕小康，经济跃上一个大台阶。

第一，要贯彻"多予、少取、放活"方针，让广大山区休养生息，积蓄力量，增强自我发展能力。"多予"，就是要增加对山区的投入，加快山区的基础设施建设，加大扶贫开发力度，增加农民收入；"少取"，就是千方百计减轻农民负担，减轻基层负担，处理好历史遗留问题，积极稳妥地抓好农村税费改革工作；"放活"，就是使山区发展的权力与责任相适应，把一些权力下放给山区，并且通过完善管理体制，建立分级负责、分级决策、分级制约的机制，提高山区自我发展的能力。

第二，下大力气改善山区的投资环境，为加快发展创造条件。改善基础设施建设、营造良好投资环境是山区加快发展的前提条件。当前特别要抓好以公路为重点的交通基础设施建设。道路交通是山区发展的"牛鼻子"，是制约山区发展诸多矛盾中的主要矛盾。有了高速公路，才有高速经济。要拉近山区与中心城市的时空距离，改善区位条件，加快发展步伐，一定要在道路建设方面取得突破。省里对山区扶持的重点，就是以公路交通为主的基础设施建设。要在山区掀起新一轮的修路高潮，重点抓好高速公路、国道、省道等骨架路的建设；同时大力抓好县道、乡道建设。争取用五年时间实现中心城市到山区地级市通高速公路，地级市到县通二级公路，县到镇通三级公路。要重视巩固提高"村村通"的成果。水利、电网、信息等也作为重要基础设施，加大扶持力度认真抓好。

在着力抓好山区投资硬环境建设的同时，认真抓好投资软环境建设。提供优良服务、创造宽松的软环境是吸引外来项目和投资的重要手段。山区市县要大力改善人文环境、政务环境、法治环境、市场环境和生活环境，使投资软环境得到明显改善。必须加大行政体制改革力度，优化行政区域布局。把精简机构、撤并乡镇和学校、减少财政供养人员作为一项主要任务抓紧抓好。坚决杜绝"三乱"现象和各种"吃拿卡要"的行为，切实抓好对各种工商企业的减负工作。对正在创业起步阶段的民营经济要做好培育扶持工作，对招商引资进来的项目和企业要做好各项服务工作。

第三，加快结构调整步伐，大力发展特色经济。围绕结构调整这一主线，努力提高山区的产业发展水平，促进山区第一、二、三产业协调发展。大力抓好农业结构调整，推进农业产业化经营，增强市场竞争力。从农业区域布局、产业结构和产品结构调整入手，大力发展"三高"农业和"一乡一品"项目，特别是要突出发展各类特色农业、生态农业、旅游观光农业等，使山区成为珠三角的菜篮子、后花园和旅游休闲基地。通过加强产前、产中、产后服务，建立黄烟、林果、蔬菜、花卉、南药等规模化生产加工基地。重视做好培育和发展农业龙头企业工作，扩大农业龙头企业对农户的覆盖面，使之成为山区调整农业结构的重要载体。认真搞好市场体系建设，解决好农产品销售不畅、农民增收困难等突出问题。

要加快山区第二、三产业的发展步伐。具备条件的地方，要积极稳妥地推进工业化进程。山区发展工业一定要认真总结过去政府直接办工业的教训，充分发挥市场机制作用。要加快山区国有、集体企业的改革，发挥好山区现有企业作用，注意扶优扶强，创出品牌，培育成为当地的支柱产业。要大力招商引资，采取经济、行政和法律手段促进珠三角的资源型工业和劳动密集型工业向山区转移，吸引外商和民营企业投资设厂。

要以旅游业和流通服务业为重点，积极发展山区第三产业。旅游是山区的优势和特色产业，也是加快山区发展的新的增长点，要作为重点产业培育扶持发展。省旅游局要规划山区旅游线路，进行重点扶持和推介。加快推进山区城镇化进程，通过产业建设和城镇建设的相互推动，使山区的第二、三产业在国民经济的比重中有明显的提高。

第四，以环境保护为重点推进山区可持续发展。生态环境是山区的一大优势，也是全省可持续发展的重要保证。在加快山区发展过程中，绝不允许以牺牲环境为代价来换取一时的发展，这个一定要坚定不移。要吸取个别地区的沉痛教训，做到经济发展与资源、人口和环境相协调。要注意抓好规划，做到工业进园区。污染环境的项目坚决不搞，不让污染从其他地区转移到山区，坚持谁污染谁治理。要注意珍惜每一寸土地，防止盲目圈地，项目的选择要坚持一定的投入密度和产出率，防止出现新的开发区热和房地产热的现象。对房地产项目要严格控制，两年内不开发使用的土地要收回。

第五，坚持把改变贫困落后面貌的立足点放在依靠群众、发动群众、自力更生、艰苦奋斗上。为加快山区发展，给予外力扶持十分必要。根本的是要充分发挥内因的作用，依靠山区广大干部群众的自身努力。只有把山区自身的主观能动作用充分发挥出来，才能把内因的作用与外因的作用有机结合起来，使外部的扶持作用产生最大的效果。

三、加强领导，为加快山区发展提供有力保障

第一，把加快山区发展，增加农民收入作为山区各级党委、政府第一要务。山区的各级领导班子要切实加强思想政治建设、组织建设、作风建设，真正成为山区发展的主心骨和领路人。要解放思想，更新观念，实事求是，与时俱进；要有强烈责任感和紧迫感，真正把发展问题纳入重要议事日程，做好阶段性协调、研究工作；要树雄心、立大志、干大事，为加快山区发展勇于奉献；要树立正确的政绩观，着眼长远，脚踏实地，为群众多干实事，多搞民心工程，不搞花架子和短期行为；要清正廉明，艰苦奋斗，不可贪图安逸；要切实改进对经济工作的领导方式方法，转变领导作风，不断提高驾驭经济建设全局的能力和领导工作水平；要深入调查研究，总结基层和群众创造的实践经验，善于以典型引路。要把山区作为培养和锻炼考验领导干部的大

学校。按照《党政领导干部选拔任用工作条例》要求，把那些能够忠实实践"三个代表"重要思想、政治可靠、事业心强、熟悉经济、开拓进取意识强、有吃苦耐劳和团结合作精神的干部选进山区市县各级领导班子。要加大干部交流力度，继续从省直机关和发达地区选拔一些政治素质好、能力强的年轻干部到山区任职，充实山区领导干部队伍。省委组织部要研究进一步加大珠江三角洲和山区干部交流的力度，加强对山区各级干部的培训。

第二，在山区建设中充分发挥基层党支部的战斗堡垒作用和共产党员的先锋模范作用，带领群众脱贫致富。搞好村级集体经济，既是体现村党支部战斗堡垒作用的首要标志，又是加强基层组织建设、发挥基层组织作用的重要保证。要进一步加强山区基层组织建设，提高山区干部队伍素质，选准配好山区群众脱贫致富的带头人，充分发挥山区党员在脱贫致富中的先锋模范作用。

第三，省直各部门要切实转变作风，求真务实，加强服务。要积极帮助山区厘清发展思路，做好发展规划，提供政策咨询和信息服务，尽力帮助山区多解决一些实际问题与困难。在事关山区发展大局的事项办理和项目报批等方面，尽量简化程序和手续，提高工作效率。全面清理各种检查、评比、达标活动，减轻山区负担。

第四，珠江三角洲各市要加强对口帮扶工作的领导。珠江三角洲各市要把对口帮扶工作纳入本地经济和社会发展计划。要完善帮扶机制，建立对口帮扶联席会议制度，并且长期坚持下去。对口帮扶单位要有明确的目标和任务，人、财、物要到位，帮扶措施要落到实处，帮扶思路要从过去重"经济扶持""项目扶持"转向重"发展能力扶持"方面。对山区的帮扶除了政府行为外，还要实行全社会的帮扶，组织动员学校、医院等进行对口帮扶，将帮扶领域从经济领域向科技、教育、卫生、文化等领域拓宽。

东莞要变加工基地为制造和服务基地[*]

（2002 年 8 月 28 日）

> 引进高新技术产业，也尽量是合资合作，就是能够成为我们引进、消化、吸收、创新的一个基地。如果仅是独资的形式，你参与不进去，怎样谈得上消化、吸收、创新呢？必须明确，要把"三来一补"、加工贸易作为敲门砖，最终还是要催生一批有自主知识产权、自己的品牌、掌握核心技术的骨干企业和支柱产业。

　　东莞现在只能说是个加工基地，还不能够说是个制造业基地。因为主体部分还是属于外商独资和"三来一补"企业，我们自己的民族工业只有少量，所以就面临着一个如何向制造和服务综合基地转化的问题。实现这个转化，用松山湖高新技术产业园区作为龙头来推动，是个比较好的办法，也就是说，我们有这样一个愿望——过河，桥是什么？就是松山湖高新技术产业园区。

　　松山湖高新技术产业园区要在各个方面比我们以往的对外开

---

* 这是李长春同志在东莞市考察松山湖高新技术产业园区时的讲话。

放层次要高。要高的原则，就是不搞一般的"三来一补"加工业，不搞成加工区，而是引进高新技术产业，也尽量是合资合作，就是能够成为我们引进、消化、吸收、创新的一个基地。如果仅是独资的形式，你参与不进去，怎样谈得上消化、吸收、创新呢？必须明确，要把"三来一补"、加工贸易作为敲门砖，最终还是要催生一批有自主知识产权、自己的品牌、掌握核心技术的骨干企业和支柱产业。

引进高新技术的企业，又要把引进、消化、吸收、创新结合起来，有自己的品牌、自己掌握核心技术，那么按照东莞现有的实力是不够的，所以必须是双向引进，既对外引进，同时也得对国内引进。引进一些高水平的研发单位、高水平的企业集团，来作为我们的载体与外商合资合作。当然，我们自己原来有一些企业也可以筛选一下，有实力的民营企业也要走这个路子。

一定要有自己的品牌。一般来说，OEM 加工大约只能够挣不到 10%的利润，90%的利润都让外商挣去了。东莞家具即使有几十个上百个牌子也不行，都是杂牌子，就是说没做大做强，面临着资本联合问题。要形成 3—5 个著名品牌，才能把家具打出去。如果几十个上百个，那只会自相残杀，最后什么也上不去。要搞成几个集团，资本联合，推动从家庭经营向现代企业转变。

要有自己的核心技术。品牌是建立在核心技术基础之上的。要创品牌，有核心技术，实现资本联合，做大做强。我们装 DVD[1]、VCD[2] 机的企业很多，但问题是基本上都是组装厂，没有自己的核心技术，这就很难叫高新技术产品。步步高的好处是品牌做出来了，知名度还比较高，但是现在要尽快建立研

659

2001 年 10 月 16 日，李长春考察第三届东莞国际电脑资讯产品博览会展馆。左二为东莞市委书记佟星，右三为东莞市市长黎桂康。

发机构。现在国际上搞 DVD 技术的几大家联合起来让中国交技术专利费，否则欧盟不让进口。最近国际上有六家数字音响企业向中国企业要专利费。说明什么？我们本来是一个 DVD 生产大国，但是我们没有核心技术，这是一个很大的问题。所以东莞也要整合一下，形成有比较强开发能力的数字音响设备企业。不是说这方面的厂家越多越好，而是越多越糟，互相挖墙脚，低水平重复生产，恶性竞争，浪费资源。比如，把步步高做强做大，能够参与国家标准的制定，参与国际标准的制定，这就有我们的席位了，其他企业给生产配套件。现在是一个组装厂，没有自己的席位。这都属于加工区的特点，不是一个制造基地。

东莞要从加工基地向制造和服务基地转化，要全方位地做工作，包括引进的水平要提高，包括我们自己的民营企业要提高。再引进一些国内高水平的企业，作为我们的载体去跟外面合资合作，否则没有载体，你只能提供好环境，还是人家独资来了，因为你没有载体，没有资格跟人家合资合作，最后还是搞成加工基地。尽管你有那么好的环境，可是水平上不去，现在我担心的就是这个，就是没有一批实力强的国有企业和民营企业。民营企业是比较发达，但是贴牌加工、重复生产、打乱仗的多，真正有资格和国外的跨国公司高新技术企业搞合资合作的企业不多。我们的民营企业要抓紧整合，整合出几家有这个能力有这个水平的本土公司。在国内我们要一个行业一个行业地选择，比如说国内数控机床，关键是数控装置水平还不行，把国内搞数控装置最好的企业引到这里来，然后跟其合资合作。我们要把从国内引进的企业开出一批名单，一个一个地登门拜访做工作；把市内高水平的企业排队，民营企业暂时单个不具备条件的要整合，整合出十家八家具备这种能力的企业，电子方面整合几家，其他整合几家。现在对外的吸引力我不是很担心，我担心自己没有相应的企业跟人家合资合作，最后还是提供土地、厂房，还是个加工基地，没有自己的核心技术、品牌，谈不上消化、吸收、创新，还是光引进，提供地方，我们挣个租金钱。这也是我们松山湖高新技术产业园区成败的关键。

讲到提高开放水平，在结构上也有值得我们深入研究的问题。初级形态就是我们创造环境，请外商独资来搞，我们挣个租金钱。第二种形态就是我们民族工业企业有了一批能够拿到订单搞 OEM 加工，贴牌，这个前进一步，挣点辛苦钱，90%利润外商拿走了。第三种形态就是我们从这种加工可以转为制造了，

2002 年 8 月 28 日，李长春考察东莞松山湖高新技术产业园区。左二为东莞市委书记佟星，右一为东莞市市长黎桂康。

OEM 向 ODM[3] 转化。我们也掌握了核心技术，也打出了品牌，也有销售渠道。当然我们可以跟人家合资搞，也可以合作搞，有的合资我们控股，有的不控股。

现在东莞加工贸易占的比重是 95%，远远高于全省平均水平，全省是 80%；一般贸易占的比重很小。所以我们不仅要看到我们的总量大了，更要看结构，这种形态只能说是处于对外开放的初级阶段，是一个经济规模上比较大的经济大市，但不是经济强市。省第九次党代会提出广东要从经济大省向经济强省转变，也是这个问题。在这种情况下搞松山湖高新技术产业园区非常必要，成为东莞结构调整的龙头，这个提法很好，关键是一定要搞成功！千万不能搞成给外商提供了优越条件，让外商独资来搞，我们连参与都没法参与，更谈不上消化、吸收、创新，最后东莞的结构没有改善。希望东莞搞这个松山湖高新技术产业园区一定要高度重视这个问题，这是园区成败的关键所在。

注　释

〔1〕DVD，Digital Versatile Disc 的缩写，即数字多功能光碟，是一种光盘存储器，通常用来播放标准电视机清晰度的电影、高质量的音乐与作大容量存储数据用途。

〔2〕VCD，Video Compact Disc 的缩写，即影音光碟，是一种在光碟上存储视频信息的标准。

〔3〕ODM，Original Design Manufacturer 的缩写，指一家厂商根据另一家厂商的规格和要求，设计和生产产品。

南粤大地创新篇

世纪之交广东改革发展的探索与实践

（下）

李长春

人民出版社

广东人民出版社

目　录

（下）

推进农业产业化经营，
加快脱贫奔康步伐

实施科教兴粤战略，
提供人才和智力支持

着力解决基层群众困难，
切实保障和改善民生

扎实推进文明法治建设，
营造良好发展环境

加强政治建设和党的建设，
为率先基本实现社会主义
现代化提供坚强保障

结语篇
爱撒南粤　山高水长

附　录

推进农业产业化经营，
加快脱贫奔康步伐

大力培育龙头企业，
加快农业产业化经营*

（1998 年 4 月 9 日）

> 农业产业化不仅在经济基础比较好的地区可以推行，在边远地区也应发展。推动农业产业化，关键要抓住五个环节：一是立足于优势资源，二是确定主导产业，三是创办龙头企业，四是建立商品基地，五是辐射带动农户。

这次我们花了五天时间，在清远市调研。总的印象是：建市时间不长，基础比较薄弱；面貌变化显著，发展潜力巨大；广大干部群众工作兢兢业业，精神面貌很好。要结合实际推动山区加快发展。

清远山区面积大，发展潜力也很大，面临一个怎样把资源优势转化为商品生产优势的问题。你们的扶贫开发，就解决温饱来讲，取得了阶段性成果，但要彻底摆脱贫困，还有一段较长的路要走。这两个题目可以通过推进农业产业化这条途径来取得一举

---

* 这是李长春同志在清远市调研时讲话的一部分。

两得的成效。农业产业化不仅在经济基础比较好的地区可以推行，在边远地区也应发展。我想这一问题需要进一步厘清思路，这样才能在行动上更加自觉，才能收到更好的效果。

当前我们面临在稳定农村家庭联产承包责任制基础上，怎样加快农业面向市场的问题。推动农业产业化，关键要抓住五个环节：一是立足优势资源，二是确定主导产业，三是创办龙头企业，四是建立商品基地，五是辐射带动农户。五个环节中关键是创办龙头企业，没有龙头企业谈不上农业产业化。农业龙头企业的基本特征是什么呢？它的触角是伸向国际国内市场的，担负着开发市场、了解市场信息的职能，这是我们单靠行政手段解决不了的。现在农村中养猪，是靠个体屠宰户去收猪，如果认真整顿个体屠宰户，农民养猪的销路就成问题。国营的食品公司会不会到各家各户去收猪呢？他们也面临改革问题，改革得好会做得到，改革得不好就做不到。如果一旦市场形势有变，因肉多造成销路困难，领导干部难道要去帮各家各户卖猪去吗？所以这是暂时的办法，根本问题要由龙头企业管起来。龙头企业面对国际国内市场，龙尾摆向千家万户。龙头企业和千家万户之间的关系是经济关系，不是行政关系，是以经济关系作纽带。经济关系可以是资本、投资的关系；也可以是赊账饲养、委托饲养、经济合同的关系；也可以是产前、产中、产后服务达到一个什么标准，用契约形式明确下来的经济关系，这是我们行政办法做不到的。因此，龙头企业可以对千家万户实行产前、产中、产后全程服务，解决千家万户的小生产和千变万化的大市场联结的问题，形成"公司＋基地＋农户"的组织形式，在农民与市场之间架起了桥梁。这个"公司＋基地＋农户"和我们过去的农业组织结构相比有什么优势呢？过去我们的组织结构如果概括成一句话，基本上就是"政府＋站所＋农户"的体制，这是截然不同的两种形式。

"公司＋基地＋农户"的优越性有这么几条：

第一，有利于使农业从自给半自给的小农经济、统购包销的计划经济转向社会主义市场经济。市场经济最重要的有三个要素：一是要有市场体系，要有一套建立在法律基础上的市场规则，如公平公正公开、优胜劣汰等，不是按照行政机制分配商品的体系，而是要使市场在资源配置上起基础性作用。二是要有市场主体，市场主体就是自负盈亏、自主经营、自我约束、自我发展的经济法人。形象地说，市场好比是办了一个球场，市场主体好比各个球队。现在我们农业中没有合格的市场主体，或者是有不完善的市场主体。农业经营以一家一户为主，不能成为经济法人，只能是蹲在农贸市场，只能是初级市场，不能面对大市场。面对大市场，现在亟须催生市场主体，这是农业进入市场面临的一个非常关键的问题。现在有一些农业企业，如国营农场，与国有企业一样也面临改革问题，也是不完善的经济法人。三是要有宏观调控体系，包括政府对农业的支持体系。没有这三条，构不成市场经济。可见，搞农业产业化，必须塑造市场主体。

第二，有利于在稳定家庭联产承包责任制的基础上发展社会主义市场经济，因此也是家庭联产承包责任制的深化。家庭联产承包责任制是我国农业改革最大的一个动作，也是最成功的经验，是新中国成立几十年来为发展农业进行探索所取得的最重要成果。为了形成这样一个机制，许多人作出了贡献，包括在政治上付出了代价，这是很不容易的。所以从我国现在的生产力水平出发，一定要稳定家庭联产承包责任制。但事物总有两重性，家庭联产承包责任制最大的好处是把千家万户农民的积极性调动起来了，但也得承认它的生产经营是分散的，面对社会主义市场经济运作是困难的，小生产和大市场结合不起来，只有大生产才能适应大市场。农业产业化恰恰是在千家万户的小生产和千变万化的大市场之间架起了一座桥梁——农业龙头企业。我们国家在相当长的时间内不具备把大量经营农业的家庭发展成大型农场的能力，因为我们人多地少，比较现实的办法就是农业产业化。

第三，有利于把科技兴农落到实处。农业的进一步发展急需增加科技含量。我们原来科技兴农的体制主要靠上面有研究单位，到基层是推广网络，即"七所八站"[1]，然后到农户。这个体制起了一定作用，但总体上说没有解决动力机制问题，跟农民经济利益没有直接关系，所以作用是有限的。在这种条件下，推广农业产业化就提供了一条使科技延伸到千家万户的渠道，且与原来的渠道相比，有着无法比拟的优势。因为它结成了利益共同体，比如养猪，龙头企业办了种猪场，给农民提供了猪苗，对农民实行产前、产中、产后服务，扩散的农户越多，等于龙头企业在固定资产投资较小的情况下，形成了一个社会大猪场，取得了最佳效益。因此，龙头企业千方百计给农户提供优良猪种，千方百计保证猪的成活率，千方百计地做好服务，供应饲料，然后把农户养的猪收回来。凡是通过这个途径，科学技术就很快推广开来。当前我们农科院校毕业生分配遇到了"肠梗阻"问题，并不是我们农科水平很高了，用不了那么多农科人员，而是体制造成的。当前农科院校毕业生要么到党政机关，要么到站所、事业单位，这些都是吃财政饭的单位，其开支属于国民收入的二次分配。二次分配在任何国家都是严格控制编制的，而我们吃"皇粮国税"的部门人员爆满，严重超编，越来越难进。我们没有一批容纳科技人员使他们有用武之地的场所，又做不到像发达国家那样，大学毕业后回家种地，当农场主，所以农科院校毕业生分配越来越困难。但搞了农业产业化，有了龙头企业，农科人员就大有用武之地，现在搞得好的龙头企业，博士生、硕士生都愿意去，在那里不受编制限制，属一次分配。为此大大解决了依靠科技发展农业的问题。

第四，有利于农业对外开放。现在国外特别是发达国家的农产品过剩、限产，农业企业家面临资金出路问题，他们也要找出路，找市场。可是我们国家是"政府＋农户"的体制，发达国

1998年4月7日，在清远市瑶胞家中，李长春对陪同考察的当地干部说："贫困山区的群众要脱贫，现阶段靠办企业还不行。比较切合实际的办法，还是应该发展种养业。要脱贫致富，种养都得有一定规模。"右三为清远市委书记骆雁秋。

家的农业企业家来我国，跟谁谈就成了问题，我们接不上轨。我们出面是农业厅、农业局，因为是政府部门，不能跟人家签经济合同，不受法律保护；因为都不是自主经营、自负盈亏、自我约束、自我发展的经济法人，不符合《经济合同法》。所以，我们的体制只能跟国外政府打交道，接受一些政府贷款，或者是国际金融组织对我们国家的贷款，这样就失去了大量的国外农业企业家投资的机会。因此，就我们目前的发展阶段，把农业产业化提到议程上来恰到好处。因为现在农产品的供求关系得到了很大的缓和，甚至有一些出现了买方市场，如果我们不及时引导，反过来会阻碍生产力的发展。比如，有农民得出这样一个结论：凡是政府要我种的，我偏不种；政府不让我种的，我倒要种，这样做才对。"政府＋农户"的体制是命令经济，只在短缺经济、计划经济情况下可行。政府是不能去开拓市场的，也负不了经济责任，所以农民反过来做，最后党和政府在群众中的威信便降低了。这就告诉我们，农业产业化已经很紧迫。

实现农业产业化，龙头企业是关键。形成龙头企业主要有下面几个渠道：一是原有的国有涉农流通企业深化改革，延伸服务，改造成为龙头企业，推向市场，与农民结成利益共同体。这有成功的先例，当然也不容易做到，必须深化国有企业、流通企业的改革。二是结合党政机关精简机构，鼓励分流出来的人才领头办农业龙头企业。在原有体制条件下，熟悉农业的人才在哪里？主要是在吃"皇粮国税"的机关里。我们机关的机构改革，这次国务院带了个好头。随着生产力发展，庞大的行政机构开始阻碍生产力的发展。应该肯定，这些机构在计划经济体制时代起到了历史性作用。但现在如果继续沿用旧的行政机构的办法，就会成为生产力发展的障碍。行政经费不足，成了乱收费的根源。所以，急需干部分流，领办农业龙头企业，特别是县、乡镇一级。这一点我希望清远先走一步，这也是大势所趋。三是涉农的事业单位兴办农业龙头企业，或转化为企业化管理。这跟涉农行政单位的性质不同，可区别对待。有社会效益的就兴办实体，有的是整体转化为企业化管理，如乡镇畜牧站就适合整体转化为畜牧公司，跟农民结合成一个实体，与饲养业发展利益挂钩。四是乡村集体经济组织兴办围绕"农"字做文章的农业龙头企业。特别是我们欠发达地区，乡镇发展集体经济从何入手？不要走80年代发展乡镇企业的路子。那时是短缺经济，上什么都有销路。现在要围绕"农"字做文章，搞"三高"农业，搞种、养、加，立足于丰富的农业资源，市场好开发，有保证。一般的工业项目只会给农业背上债务。五是走民办的路子，接受社会方方面面的支持兴办农业龙头企业。首先是外商。例如，我们参观的长青公司，是马来西亚的华人来创办的，这条路子就很好。此外，民营企业家、农民中的能人也可以，多形式、多方法都可以实践。

同时，搞农业产业化要注意做到既积极又稳妥，不能一哄而上，最主要的是实行产业化经营，兴办农业龙头企业不能搞低水平的重复建设，一定要有特色，有规模经营，注意效益。所以，我建议清远市每个县、乡认真考虑一下，结合自己的资源优势支柱产业，培育几个农业龙头企业，把整个地区的农业商品生产带动起来。农业产业化的特点就是要专业化、规模化，我不赞成一户人家既养鸡、养猪又养牛，这是小农经济的办法。要规划一批专业村、专业户、重点户，把规模搞上去。实践证明，凡是搞农业产业化的都实现了整体脱贫、稳定脱贫；凡是停留在单一的行政办法上的地方，暂时脱了贫，市场一变，又不行，而且反反复复。所以，实现稳定脱贫、整体脱贫必须走农业产业化、开发脱贫路子。希望清远在农业产业化方面创造一些经验，走出一条山区开发、扶贫开发、"三高"农业事半功倍的路子。

注　释

〔1〕七所八站，指县（市、区）有关部门在乡镇设立的派出机构，如财政所、国土所、农机站等，这里的七和八是泛指，并非确数。

确立扶贫开发新思路，
提高扶贫开发工作水平*

（1998 年 9 月 16 日）

> 贫困地区的党委、政府要把扶贫工作纳入重要议事日程，把它作为中心来抓，方方面面都要为这项工作开绿灯。这对贫困地区来说就是最大的群众路线，最实在的为群众办实事，是全心全意为人民服务的宗旨的最具体体现。要重视把贫困地区广大干部群众发动起来，依靠自己的力量，自力更生、艰苦奋斗，砸碎套在自己脖子上的贫困枷锁。

这次到河源来调研，总的感觉是，河源建市十年来有了很大发展。城市初具规模，市容市貌也很漂亮；生态环境很好，特别是水质、空气非常好；"三高"农业发展出现了好的典型，温饱问题基本得到解决。河源建市十年有这样的发展是很不容易的。这是广大干部群众艰苦奋斗的结果，也凝聚了历届市委、市政府领导的心血。

---

* 这是李长春同志在河源市调研时讲话的一部分。

省委、省政府一直非常重视山区工作，把它摆在重要议事日程，并且取得了可喜的成果。省第八次党代会提出了跨世纪发展的艰巨任务，我们要坚定不移地贯彻落实。虽然广大贫困地区解决温饱的总体任务基本实现了，但距脱贫奔康还有较大距离。贫困地区、山区工作跟不上，就会拖全省的后腿。广大山区拥有很重要的后备资源，省委、省政府把山区和海洋的开发作为新的经济增长点和宝贵的后备资源来抓。河源的5个县都是特困县，作为全省经济基础比较薄弱的地区，省委、省政府更应该加大对河源的扶持力度。要确立扶贫开发新思路，把扶贫开发工作提高到一个新水平，必须从以下五个方面加大工作力度。

一、要进一步发动贫困地区广大干部群众发扬自力更生、艰苦奋斗的精神，掀起以山、水、林、田、路综合治理为主要内容的改善农业生产条件和农业综合开发的热潮。治山，就是要在继续巩固生态效益的同时，在一些山区、丘陵地区大搞经济林，使生态效益和经济效益紧密结合起来，使广大农民能靠山吃山，念好"山字经"。这次来，看到河源荒山基本实现绿化，从生态建设上为全局作出了贡献。但也看到一些浅山区、丘陵地区，还有一些荒坡，开发的潜力还很大，开发的深度还不够。要加大山地开发力度，大搞经济林。同时，要将坡地改为梯田，提高开发深度。一个坡改梯，一个经济林，这样就把生态效益、社会效益、经济效益紧密结合起来，带动广大农民脱贫致富，这个潜力还很大。治水，要做到能灌能排，兴利除弊。治田，要规划一批规范化的高产田。龙川县搞了一块五百多亩的优质水稻种植基地，亩产由过去的三百多公斤提高到四百多公斤，就是很好的例子。治林，要实现高水平的绿化，小流域治理，还可以在水田四周搞一些林网。治路，特别是乡村公路，主要依靠发动群众修筑田间的路，荒山上的作业路。山、水、林、田、路的综合治理，要提高组织化程度。要在继续完善家庭联产承包责任制，充分调动群众积极性的同时，充分发挥基层党支部、基层组织的政治优势，把千家万户组织起来，实行统一开发，分户管理。我们沿路看到一些油茶，还处在坡地东一块西一块的状况，开发水平还不高。如果能组织起来，搞统一开发，开发深度就能高一些。要通过有效的载体，把广大群众治山治水、大搞农田水利综合开发的积极性调动起来。最近，中央电视台播放十四集电视剧《红旗渠的故事》。红旗渠精神已成为河南农民改善生产条件宝贵的精神财富，也应该成为我省人民治山治水的精神财富。希望河源在这方面创造经验，为广大贫困山区提供宝贵的精神财富。省里要总结这方面的好典型，鼓励16个特困县发扬自力更生、艰苦奋斗的精神，改善农业生产条件，大搞山、水、林、田、路综合治理。省里要采取"以奖代补"的方法进行鼓励，有关部门可以在现有的扶持农业专项资金中开辟"以奖代补"的项目。

二、要充分利用国家扩大内需、加大基础设施建设力度、拉动经济增长的机遇，改善贫困地区的基础设施。当前最主要的是搞好交通建设，改善贫困地区的区位环境，使之能与广州、深圳两个中心城市和珠江三角洲相衔接，接受经济比较发达地区的辐射和带动。要通过若干年的努力，在东部让梅州、河源与深圳连通高速公路；在西部和西北部，使韶关、清远与广州连通高速公路。要从战略的高度认识这个问题的重要性，这是我们先富带后富、加大扶贫力度的一个重要举措。贫困地区内部的基础设施建设，当前最主要的是公路建设。山区公路不通，资源优势也不能转化为商品优势和经济优势。对 16 个特困县山区的公路建设，省里的补助标准可以比面上公路建设提高一点。与此同时，加速改造贫困地区的农村电网，改善供电条件，降低电价。

三、要继续组织全社会对贫困地区的对口帮扶，提高对口帮扶的水平。"千千扶千户"措施，对解决温饱是有效的，对干部联系群众，密切党群干群关系，也是非常必要的。这个办法要继续实行。此外，还要采取行政手段与经济手段相结合的办法，走出一条产业化开发扶贫的新路子，提高扶贫开发的水平。对河源市的 5 个特困县，从省直机关、珠三角各市到河源市，要支持这 5 个县各发展 3 个农业龙头企业，通过这些龙头企业，建设商品基地，辐射带动农户。现在河源还有特困人口 5000 多人，次贫困的还有几万人，要采取农业产业化经营的办法，从"政府 + 农户"转变为"公司 + 基地 + 农户"，帮助他们稳定脱贫。对每个县的三条"龙"，具体由河源市发动市直机关扶持一条，省里发动省直机关帮扶一条，省里组织三角洲各市横向对口帮扶一条。新组建的龙头企业标准是：辐射带动的农户不能低于 1000户，而且要使这些农户稳定脱贫。现有的农业龙头企业有扩建条件的，新增辐射带动 2000 户也可视同新建一条"龙"。要在五年内达到这个标准。所谓行政手段，就是省直单位、三角洲、市直单位要扶助特困县组建三条"龙"，这是政治任务。所谓经济手段，就是通过龙头企业带动农户取代过去的政府带农户。这就是采取行政手段与经济手段相结合的办法，这样，不仅使农户稳定脱贫，而且为这几个贫困县发展商品农业奠定基础。这三条"龙"要由贫困县组织专家和干部群众进行科学论证，也可以请对口帮扶的单位参加，征求他们的意见，但要以贫困县为主。搞产业化论证主要弄清几个环节：弄清本地优势资源，确定主导产业，组建龙头企业，建设商品基地，辐射带动农户。河源要成为珠江三角洲的"菜篮子""果篮子"基地，这个思路非常好。因此，确定主导产业要紧紧围绕给珠江三角洲当好"菜篮子""果篮子"，在"农"字上做文章，发挥山的优势、农的优势，搞种养加一条龙，贸工农一体化。贫困县在力量组织上可以与党政机关机构改革结合起来。从党政机关中分流出来，或者把农口的一些事业单位转移出来。要抽调最得力的干部来负责，只能成功，不能失败。这些龙头企业的资金投入，要按照投资体制改革的要求来办，实行业主负责制，自负盈亏。启动资金由县里自筹三分之一，帮扶单位无偿支持三分之二，不足部分申请商业银行贷款。珠江三角洲各市，河源市直单位、省直单位的财政扶持，是无偿支持。请省农办负责组织协调此事。对口帮扶的单位还要力所能及地在市场准入和技术援助方面给予帮助。如养猪，在与从湖南调猪同等价格基础上，要让特困县农民养的猪优先进入市场。在技术上，三角洲各市的农业龙头企业向贫困地区延伸，解决技术问题，省直单位可以组织农业科技部门为特困县农业龙头企业提供技术上的支持。

四、要帮助贫困县进行人才培训，开展劳务合作。贫困地区有大量的剩余劳动力，转移很困难。要组织三角洲地区各市与贫困地区合作，培训剩余劳动力，开展劳务合作，使贫困山区的劳动力逐步成为三角洲地区外来工中的生产骨干。这是帮扶贫困山区的带有战略性的措施。信阳地区是河南的贫困地区，很多人到珠江三角洲来打工。几年后，这些人长了见识，也积了点钱，回去后成了乡镇企业的带头人，带动了整个地区的经济发展。这种人才并不是在学校里就能培养出来的。贫困山区必须走这条路子。这项工作请省农办会同省劳动厅抓落实。与此同时，贫困县所需要的一些专业人才，如师范、卫生、农业等，也可由省属高等院校为贫困地区定向招生培训，培养一批高层次的人才。请省农办与省教育厅研究落实，把人力资源这个扶贫开发最主要的资源开发利用好。

五、要加强对扶贫开发的领导。省里要把这项工作列入重要的议事日程。要警示全省干部群众不要以为我省是一个经济发达的省份，而忽略了贫困山区的问题。我们越是有经济实力就越要使我省贫困山区在全国率先脱贫奔康。贫困地区的党委、政府要把扶贫工作纳入重要议事日程，把它作为中心来抓，方方面面都要为这项工作开绿灯。这对贫困地区来说就是最大的群众路线，最实在的为群众办实事，是全心全意为人民服务的宗旨的最具体体现。要把有限的财力用在扶持贫困地区开发上，要重视把广大干部群众发动起来，依靠自己的力量，自力更生、艰苦奋斗，砸碎套在自己脖子上的贫困枷锁。外界的帮助是必要的，但能不能尽早脱贫奔康的决定因素是自己。外界的帮助叫帮扶，而不是包干，责任还要落在当地党委和政府。希望河源认真研究抓落实，争取五年有大的变化。对每个县组建三条"龙"的措施，要马上进行研究论证，争取在省委二次全会召开前落到实处。要充分发挥基层党组织的战斗堡垒作用。对贫困村要一个个排队，按照中央要求进行对照检查，不具备条件的党支部要重新调整，提高战斗力，使之能担负起带动广大农民脱贫奔康的重任。总的看，河源离三角洲不远，与深圳连通高速公路后，区位优势明显增强。同时，河源还有丰富的后备资源，特别是优质水资源。只要广大干部群众充分发挥自力更生、艰苦奋斗的精神，加快脱贫奔康的步伐，河源是大有希望的。

稳定完善农村土地承包政策 *

（1998 年 11 月 12 日）

> 土地是农民的"命根子"，不管是在经济发达地区，还是在经济欠发达地区，都是颠扑不破的真理。只有解决好土地这一关系农民根本利益的问题，才能充分调动农民的积极性。所以，稳定家庭联产承包责任制这一条任何时候都不能丢。

农业的形势如何，归根到底取决于农民的积极性，而农民积极性的高低，又与党的政策密切相关。当前稳定农村基本政策就是要全面落实党的十五届三中全会通过的《中共中央关于农业和农村工作若干重大问题的决定》，特别是要稳定完善以家庭承包经营为基础，统分结合的双层经营体制，核心是稳定土地承包关系。土地是农民的"命根子"，不管是在经济发达地区，还是在经济欠发达地区，都是颠扑不破的真理。家庭联产承包责任制是党的农村政策的基石，是我们几十年来社会主义建设正反两方面

---

　　* 这是李长春同志在中共广东省委八届二次全会闭幕时讲话的一部分。

的经验总结，也是广大农民在实践中的创造，是社会主义公有制的新的实现形式，是农村集体经济双层经营体制的重要组成部分，只有解决好土地这一关系农民根本利益的问题，才能充分调动农民的积极性。所以，稳定家庭联产承包责任制这一条任何时候都不能丢。目前农民看党的政策变不变，主要是看土地承包政策变不变，我们要在这个问题上给农民吃"定心丸"。家庭承包经营既适合传统农业，也适合现代农业，具有广泛适应性和旺盛的生命力，不存在生产力水平提高后就要改变家庭承包经营的问题。所以，我省无论是山区，还是沿海发达地区，都必须坚定不移地贯彻土地承包期再延长 30 年的政策。这项工作政策性很强，决不能掉以轻心，满足于一般号召。各个县（市、区）要对问题多、难度大的村派出工作队，帮助搞好延长土地承包期的工作，而且要对每个乡、每个村贯彻落实的情况组织好验收，市委要进行抽检，认认真真地办好这件大事。省委要加强指导，特别是要注重处理好各种复杂情况和问题。各级都要加强调查研究，及时掌握新情况、新问题，总结推广新经验、新做法，尊重群众的首创精神，实行分类指导，绝不能搞强迫命令和"一刀切"。

攻坚克难，脱贫奔康 *

（1998 年 11 月 30 日）

> 辩证唯物主义告诉我们：内因是变化的根据，外因是变化的条件。外部的扶持帮助是必要的，但起决定性作用的是内因，能不能尽早脱贫奔康的决定性因素是自己。贫困地区要端正指导思想，把脱贫奔康的立足点放在依靠群众，发动群众自力更生、艰苦创业的基础上。要下大决心，动员社会各方面的力量，加大扶贫开发力度。用五年左右的时间，大打一场扶贫攻坚战，力争16 个贫困县基本实现脱贫奔康。

目前，我省还有 16 个县比较贫困，跟不上全省奔小康和现代化建设的步伐。各级党委和政府要进一步统一思想，要警示全省干部不要以为我省是一个经济发达的省份，而忽略了贫困山区的问题。要下大决心，用五年左右的时间，大打一场扶贫攻坚战，力争 16 个贫困县基本实现脱贫奔康。

---

* 这是李长春同志在广东省贫困县脱贫奔康工作会议上讲话的一部分。

一、贫困地区要进一步发扬自力更生、艰苦奋斗精神，打一场脱贫攻坚战

第一，要端正指导思想，把脱贫奔康的立足点放在依靠群众，发动群众自力更生、艰苦奋斗的基础上。贫困县的各级领导干部和广大群众要进一步树立自力更生、艰苦奋斗的精神，立足于靠自己的力量砸碎套在自己脖子上的贫困枷锁。历史唯物主义告诉我们，群众是历史的主人，群众是真正的英雄，群众创造历史，所以必须充分依靠群众，发挥群众建设社会主义的积极性、创造性和主观能动性。辩证唯物主义告诉我们：内因是变化的根据，外因是变化的条件。外部的扶持帮助是必要的，但起决定性作用的是内因，能不能尽早脱贫奔康的决定性因素是自己。我省十多年的扶贫开发实践证明，大体相同的外部条件，由于领导干部指导思想、精神面貌不同，经济社会发展就有很大差异。不少山区贫困县的干部群众变压力为动力，立足当地，因地制宜，根据当地的资源优势，选准路子，上好项目，综合开发利用，艰苦创业，变资源优势为经济优势，产生了较好的经济社会效益，甩掉了贫困的帽子，迈上了小康的大道。反之，如果指导思想不正确，不发动群众自力更生、艰苦奋斗，立足于等靠要，几年过去了，山河只能依旧。因此，贫困县要脱贫奔康，首要的问题是端正指导思想，要把立足点放在依靠群众，发动群众自力更生、艰苦创业上。在确定指导思想的前提下，当前要大打一场改变农业生产条件的人民战争，充分用足义务工、积累工，治山治水，坡田改梯田，搬石造地，使人均拥有半亩旱涝保收田。

第二，要面向市场走产业化开发扶贫的路子。当前贫困地区

加快脱贫奔康遇到的最大问题不只是资金问题，也不只是交通基础设施问题，还有市场问题。这次省委八届二次全会特别提出要走产业化经营的路子，形成"公司＋基地＋农户"，这条路子不仅对发达地区、中等发达地区适用，对贫困地区的扶贫开发也是适用的，也能覆盖各种层次。通过龙头企业这种经济组织把千家万户的生产活动组织起来，再由龙头企业去打开市场，解决对千家万户的产前、产中、产后的全程服务，特别是产后的销售服务等问题。

第三，要进一步明确脱贫奔康责任制。这次省委研究，方方面面的帮助，包括省直机关、珠江三角洲，都叫帮扶，是帮助扶持，不是包干，不是承包哪个地方的脱贫。这个在概念上要明确。那么谁来承包贫困地区的脱贫呢？也就是脱贫奔康的责任

1998 年 3 月 30 日，李长春出席广东省扶贫开发工作会议并为脱贫达标县（市）颁奖。

是谁的呢？是贫困地区当地的党委和政府。因此，要求贫困县的党委和政府，要把尽快使广大人民群众摆脱贫困作为自己全部工作的核心，摆在各项工作的首位。要制定五年脱贫奔康的规划，层层落实责任制。

第四，要树立脱贫奔康的坚强信心，克服畏难情绪。我省的贫困县确实存在不少困难，有许多制约因素，但也要看到有利条件很多。首先，贫困县在资源上有明显的优势。虽然人均耕地不一定多，但是山区丘陵地区有不少的坡地，如果提高开发深度，潜力很大。其次，经过 10 多年的改革开放，扶贫开发使贫困地区的温饱问题绝大部分基本解决，而且在农业上，基础设施也有了一定的基础，我们也积累了贫困地区加快脱贫奔康的许多好的经验。再次，还有中央和省里制定的一系列扶贫政策和社会的帮扶。因此，贫困县的干部群众，特别是领导干部，一定要克服无所作为的畏难情绪，增强信心，鼓舞斗志，奋发向上，打好脱贫奔康攻坚战。最近我看了连南的一个材料，连南县发动群众自力更生、艰苦奋斗，搬石造地。他们规划造地 200 多亩，现在已完成了 70%，整个工程要炸掉石头 4.3 万立方米，砌石基 12 万立方米，这是一种自力更生、艰苦创业的精神，非常好。等搞好以后，有了几百亩的规模，我们再召集有同样任务的县到那里开现场会。

二、动员社会各方面的力量，加大扶贫开发力度

第一，要帮助改善贫困地区的区位环境和基础设施。贫困地区一般都是交通比较闭塞。现在我们就要在扶贫开发上，充分发

挥广州和深圳两个中心城市的辐射带动作用。贫困县比较集中的市要尽快地通过高速公路与这两个中心城市连接起来，在2003年前，在东部让梅州、河源与深圳连通高速公路；在西部和西北部，使韶关、清远与广州连通高速公路，在此基础上也加快粤西的高速公路建设，这样珠江三角洲的一些"三来一补"企业等外资项目就可以向贫困地区的地级市所在地延伸，在增加当地的就业、财政收入等方面起到作用。还要加快贫困地区的山区公路建设。省委、省政府确定，提高16个贫困县山区公路建设的补助标准。搞好贫困县的山区公路建设，主要是靠当地自力更生，要把群众发动起来，投工投劳搞好路基建设，省里补助的资金主要用于路面的铺设。还要加快贫困地区村一级的基础设施建设。到2000年一定要解决"四通"，即通电、通水、通邮、通机动车。会后要迅速行动，要一个村一个村地摸底，用仅剩的两年多时间彻底解决这个问题。改善区位环境和基础设施建设这些问题，要落实帮扶责任制，交通由交通厅负责，通电由电力局负责，通邮由邮电局负责，请省直单位负起帮扶的责任。

第二，帮助贫困县创办农业龙头企业，辐射带动贫困户，解决他们稳定脱贫问题。省委、省政府确定，由各方面帮助16个贫困县每县创办三个农业龙头企业。由贫困县的所在市帮创一个龙头企业，珠江三角洲发达的市对口帮扶一个龙头企业，省直机关动员起来，帮扶一个龙头企业。项目的来源、论证，都由贫困县的政府负责落实，要按照省委八届二次全会提出的立足优势资源、发展支柱产业、创办龙头企业、建设商品基地、辐射带动农户五个环节来论证龙头项目。县里要担负起把龙头企业办成功的责任。帮扶单位要在技术上、资金（主要是资本金）上给予帮助。珠江三角洲对口市如果有条件也要在市场准入上给点帮助，一定要建立一个好机制，把龙头企业办好。

第三，帮助改善农业生产条件，就是山、水、林、田、路综合治理。要实现贫困县的贫困人口有半亩旱涝保收的"保命田"。有半亩"保命田"，吃饭问题就解决了。特别是对石灰岩地区，主要是搬石造地，要下决心，把地一块一块地造出来。再就是坡改梯，解决保水、保肥、保土问题。具体做法要统一组织开发，分户经营。对干旱地区还要解决水利设施问题，像雷州半岛，这项工作主要是靠当地自力更生，把群众发动起来，充分利用富余劳动力，拿出愚公移山的精神，治山不止。省里将拿出 1000 万元，采取"以奖代补"的方式进行鼓励，不给各地分基数，谁干得好就多得，谁干得不好就少得。要在广大山区、石灰岩地区推广连南县的做法。

第四，帮助贫困地区的贫困户转移富余劳动力，与珠江三角洲地区实行劳务合作。一个家庭有一个劳动力外出打工，全家就稳定脱贫，效果非常明显。所以我们要克服困难，有所作为，做和不做就是不一样。通过对口帮扶提高我省贫困地区的人口素质，提高我省贫困地区劳动力的竞争力。

第五，帮助贫困地区培养他们所缺乏的各种专业技术人才。贫困地区人才匮乏，因此发展不起来。省委、省政府专门作出部署，在省属高等学校的招生指标中划出一块，专门招收 16 个贫困县的学生，适当降低分数，实行哪里来哪里去，为贫困县培养一批师范、卫生、农林等专业人才。

第六，帮助解决贫困地区的贫困户子女上学问题。不能再出现新一代文盲，扶贫要先治愚，为普遍提高劳动力素质打下基础，今后全省的希望工程要重点面对 16 个贫困县。

通过以上措施，使每个贫困户安排一个劳动力去打工，挂上一个农业龙头企业，找到一条脱贫奔康的路子，实现每人半亩"保命田"。如果把这几件事落实了，我想就解决了吃饭的问题，解决了花钱的问题，这样稳定脱贫奔康就大有希望了。

推动老区致富奔小康 *

（1999 年 4 月 29 日）

老同志通过老促会^[1]这一组织形式做了大量有意义的工作，对推动老区脱贫奔康，改变老区贫困落后面貌起了非常重要的作用。借此机会，我向省老促会全体老同志表示衷心的感谢，并致以崇高的敬意。

老同志通过老促会这一形式组织起来继续为社会作出贡献是一件很有意义的事情，其工作的意义在于：

第一，大大促进了老区改变贫困落后的面貌。老区之所以成为老区，是因为交通条件不方便，是过去国民党政权的薄弱环节，才能够成为革命根据地，成为我们的老区。但是，一些老区由于自然条件差等客观原因，至今仍然处于贫困落后的状态。过去战争年代老同志活动在革命老区，对老区有深厚的感情，现在老同志又通过老促会这种形式，推动老区脱贫奔康，改变落后面貌，意义重大。为改善老区的交通等基础设施，搞综合开发，老促会做了大量的工作。

＊ 这是李长春同志在广东省老区建设促进会四届二次全体理事会上讲话的一部分。

第二，通过老促会这种形式，老同志找到了一个老有所为的广阔天地。老区在我省是遍布各地，实际上老区在全省各市、县都有，著名的有海陆丰革命老区、东江纵队活动的东江革命老区等。现在老促会的老同志们又旧地重游，深入调查研究，帮助老区解决经济和社会发展中遇到的问题，这为老同志老有所学、老有所为开辟了一个非常广阔的天地。

第三，通过老促会的工作大大密切了党和人民群众的联系。党中央反复强调要密切党和人民群众的联系，特别是在和平建设时期，党在长期执政的情况下，进一步密切党和人民群众的联系非常重要。通过老同志与老区人民的密切联系，把党对老区人民的关怀送到了千家万户，送到了老区人民的心坎上，所以说老同志在人民群众同党和政府之间充当了重要的桥梁，也可以说老同志的工作给党委和政府脸上增了光。

第四，通过老促会的工作，在全社会进一步弘扬老区的革命传统，有利于在发展社会主义市场经济条件下，推进社会主义精神文明建设。通过老促会的活动进一步扩大了老区的知名度，通过老同志的言传身教进一步体现了老同志身上的革命传统。许多老同志年事已高，但仍不辞辛苦，不顾劳累，深入老区关心党和人民的事业。他们在调查研究的过程中帮助恢复、建设了一些有意义的革命文物，在扶贫开发的同时，进一步宣传老区人民的革命传统，这无论是对老区还是全社会进一步弘扬革命传统，教育年轻一代，意义都是很重大的。

省委、省政府把广大农村，特别是老区和贫困山区的脱贫奔康工作，一直都摆在非常重要的议事日程。从我这一年多的调查研究和了解掌握的情况来看，深深感到历届省委、省政府在抓老区、贫困地区的脱贫奔康方面做了大量工作，使我很受教育，很受启发。去年省第八次党代会以来，我们在总结前几届省委、省政府工作经验的基础上，提出了进一步加大山区开发、加快贫困地区脱贫奔康的政策措施，对全省的农业开发采取分类指导的方针。珠江三角洲地区是最发达的地区，主要推动该地区率先基本实现社会主义现代化。"率先"是指跟全国比较，跟全省其他地区比较要走在前面。至于哪一年基本实现社会主义现代化，要从实际出发，我们正式文件提出在21世纪初叶，2010年、2020年都叫初叶，总之要率先基本实现社会主义现代化。在农业上，先搞10个农业现代化示范区，先把示范区、示范点抓出来，显示出现代化是个什么样子，然后带动大家朝着农业基本实现现代化的方向迈进。

我省在农业开发上还有新的经济增长点，就是海洋开发。我省的海岸线比较长，又处于亚热带的气候下，海洋开发的潜力比较大，对沿海地区要加大海洋开发的力度。

还有一个层次是山区开发。我省的山区很多，有50多个山区县。这些地区开发基础很好，也有经验，潜力很大。所以省委准备进一步总结山区开发的经验，特别是西有高州、东有梅州，这"两州"走在了全省山区开发的前面，提供了很多重要的、新鲜的经验。在此基础上，进一步加大山、水、林、田、路综合治理的力度，把生态效益、社会效益和经济效益紧密结合起来，把高州和梅州通过山区开发走出的一条脱贫奔康之路，在全省的广大山区进行推广。

再一个层次就是16个贫困县。这16个县虽然基本解决了温饱，但是距离稳定温饱，进一步脱贫奔康还有很大差距。为此，省委、省政府提出，在解决温饱的基础上，再用五年或更多一点时间，使16个贫困县实现脱贫奔康。特别是贫困县比较集中的地区，比如梅州、河源、清远、韶关等，要采取措施，加大工作力度。

首先，要改变它们的区位劣势。改善这些地方的区位环境，最主要的就是抓交通。省里计划在2003年前，建成梅州到汕头、河源到惠州、韶关到广州、清远到广州的高速公路，通过这4条高速公路的建成，有效地改变这4个市的区位环境。

第二，要进一步改善贫困村的基础设施。以行政村为单位，通过今年和明年的努力达到"四通"，即通车、通电、通邮、通讯。目前全省大约还有几百个村没有完全解决这个问题。我调查了一下，通电的问题在1997年底已基本解决了；通机动车的问题，大约还有567个村没解决，到明年底可争取解决；还有509

1998年4月7日，李长春在清远市考察时亲切地抱起瑶胞家的孩子。

个村没通电话；有 1005 个村没有通邮。所以要加大力度，改善基础设施。

第三，要帮助贫困县建立一批农业龙头企业，来带动农户发展商品生产。现在的脱贫奔康跟过去有所不同，过去主要是考虑怎么样把生产扶持起来就行了，现在则面临一个市场的问题。市场已经从长期以来的短缺经济、卖方市场转向了买方市场，所以开发市场成了贫困地区脱贫奔康的首要问题。仅仅靠千家万户自己去开发市场，是开发不了的。过去我们采取的"千干扶千户"对于解决温饱是有效的，但进一步解决它的商品生产，靠"千干"去打开市场就不行。农民养了猪，找干部去卖，就不好办了，得搞经济组织、农业龙头企业来开辟市场。

我们计划用五年时间，发动全省各个方面，帮助每个贫困县搞 3 个辐射面比较大的龙头企业。一是省直单位组织起来对口帮助 16 个县各搞一个农业龙头企业；二是由珠江三角洲发达的市组织起来帮助贫困县搞一个；三是贫困县所在市的市直机关发动起来帮助搞一个。每条"龙"的农业龙头企业必须辐射带动 1000 户以上贫困户，而且要求落实到贫困户。这项工作已经开始启动了，可以概括为五句话：第一立足优势资源，第二确定优势产业，第三创办龙头企业，第四建设商品基地，第五辐射带动农民。基地是由若干农户组成的，通过这五句话来体现"公司＋基地＋农户"这种经营模式，在广大农户和大市场之间架起一座桥梁来推动贫困地区进一步加快脱贫奔康的步伐。

第四，还要帮助贫困地区进一步改变农业生产条件，特别是治山治水。韶关、清远一带的石灰岩地区，一些农户解决温饱还有困难，因为地上都是石灰岩，下了雨就渗漏，不能保水，而且地块也是分成一小块一小块的，跟石头掺在一起。听农民讲，当地最小的地块用草帽一盖就没有了。因此，要结合山区的水土综合治理，把群众都发动起来，改善生产条件。要在这些落后地区搞竞赛活动，把政府的支持和农民的积极性结合起来。对石灰岩地区，还得搬石造地，解决"保命田"的问题。有的老同志担心全面上山开荒，会不会影响生态？这种情况不会发生，因为不是全面开荒，也没有那个必要。只是把农民已耕种的低产田加以改造，使石灰岩地区的农民自己家里有稳产的"保命田"，把石头拣出来，把过去的自然坡改成梯田，解决保水、保土、保肥，恰恰是把生态效益和经济效益结合起来。

第五，我们还要帮助贫困县解决人才短缺、劳务输出的问题。我省的高校要在计划内划出一定的名额面对 16 个贫困县定向招生，尤其要重点提供教师、医务等方面人才。同时，要动员珠江三角洲地区各个市与贫困地区搞劳务合作，帮助他们搞培训，然后政府搭台，企业唱戏，动员企业到贫困山区去招工。我们通过调查得知，对山区的一个贫困户，只要安排他的一个孩子到珠江三角洲做工，这一户就稳定脱贫了。因此要力争安排山区贫困户有一个孩子到当地的乡镇企业或三角洲去打工，把扶贫工作落实到户。我到粤北山区去，看见农民养的猪都是从市场上买来的小猪娃，都是光吃料、不长肉的，跟现在推广的瘦肉型猪比差远了，根本卖不出去。所以要挂一个农业龙头企业，由它给养猪农户提供优良品种，提供产前、产中、产后服务，将猪集中收购起来，再卖出去。对贫困山区的脱贫情况，省里要掌握县的情况，县要抓到村，村要掌握到户，抓得更实一点，争取用五年时间消灭贫困。

还有一个层次，就是雷州半岛的干旱问题。雷州半岛十年九旱，一些老同志和搞农业的同志都向省委、省政府建议高度重视这个问题。我从河南来，河南经常也是大旱，没有想到广东也有这个问题，而且雷州半岛的干旱问题还非常严重。去年省里组织专家去调查，还开了现场办公会，确定要用五年的时间初步解决这一地区的干旱问题。雷州半岛有个有利条件，就是降雨量很好，年降雨量达 1400 多毫米，但拦蓄能力差，那里地下水也很丰富，但水位比较深，光靠农民自己取不行，所以要扩库、硬渠、上井群。扩库就是在有条件的地方增建水库，原有水库扩大库容，最大限度地提高拦截地表水的能力。硬渠就是渠道要硬底化，现在土修的水渠，渗漏很严重，硬化后，起码节水30%。上井群就是灌渠达不到的地方，要挖一些井。我了解了一下，多数井深要 30—50 米，个别地方深度达 200 米左右，这个深度搞农业灌溉就不行，效益上不去，只能是人畜用水。同时，要通过种草、种树来改善生态环境，并合理发展一些南亚热带经济作物，调整作物结构，提高经济效益。这项工作已经启动了。

由于我省整个农村工作的重要思路是大力推广"公司＋基地＋农户"的模式，所以省里除了对 16 个贫困县发动各方面支持，每个县发展 3 个农业龙头企业外，全省还要抓一批带动能力强、效益好、有一定规模的农业龙头企业，给予政策支持，推动其发展。

希望老促会的同志们继续总结经验，把老促会的工作与省委、省政府对整个农业开发的部署结合起来考虑。如怎样进一步搞好山区的开发，推动16个贫困县的开发，解决雷州半岛的干旱问题等，这些工作跟加快老区建设的目标是一致的。老促会是党委和政府联系老区人民群众的重要桥梁，也是得力的参谋助手。因此，省委希望全省社会各方面继续支持老促会的工作，同时也希望我们的老同志能够"两手抓"：一手继续按老促会的安排推动老区脱贫奔康的工作；一手要保重身体，量力而行，更好发挥余热。

注　释

〔1〕老促会，即中国老区建设促进会，于1990年7月成立，是老一辈革命家倡导成立的为革命老区人民服务的全国性社团组织，主要成员是从党政军领导机关退下来的老干部、老将军、老专家，以及社会知名人士和热心支持老区建设的各界人士。该会宗旨是，全心全意为革命老区人民服务，协助党和政府促进革命老区的建设和发展。

推广温氏集团经验，
发展农业龙头企业*

（1999 年 12 月 16 日）

农业龙头企业是巩固和稳定家庭联产承包责任制的有效途径，是新时期先进生产力的代表，是科技兴农、真正使科学技术变成现实生产力的重要载体，是率领农民进入国际市场的开拓者，是农村千家万户脱贫致富的领路人。因此，要发展一大批农业龙头企业，走出一条贸工农一体化、产供销一条龙的发展山区农业经济的新路子，带动更多的农户致富，带动更多的产业发展。

这次我来云浮，看了一下新兴县的温氏集团。这个企业作为农业龙头企业，辐射面广，运作体系比较稳定，经济效益、社会效益比较好。山区能形成这样一个龙头企业是难得的、很不容易的。当然，该企业目前主要是养鸡，产业链条还不长，还有待于不断延伸，它现在开始发展养猪业，已有了一个良好的开端。要大力引导支持发展像温氏集团那样的农业龙头企业，走出一条贸

---

* 这是李长春同志在云浮市考察工作时讲话的一部分。

工农一体化、产供销一条龙的发展山区农业经济的新路子。

农业龙头企业在这样几个方面有着明显的优势。

第一，农业龙头企业是巩固和稳定家庭联产承包责任制的有效途径，可以说是新时期先进生产力的代表。它既是一种组织生产力的新形式，同时也是进一步深化农村改革的产物。实行家庭联产承包责任制是现阶段党在农村的基本政策，也是一个基本制度。改革开放以来，家庭联产承包责任制有效调动了广大农民的生产积极性。社会主义市场经济的建立和发展，也给家庭联产承包责任制带来了一些新情况，提出了一些新要求。其中最为明显的，就是如何适应社会主义市场经济发展带来的新变化，把千家万户的小生产与千变万化的大市场联结起来，在新的形势下进一步巩固、稳定家庭联产承包责任制。实践证明，有了农业龙头企

1999 年 12 月 17 日，李长春在温氏集团销售部场地上与养鸡户亲切交谈。

业，就能把建立在家庭联产承包责任制基础之上的这种小生产变成大生产，就能把千家万户的分散经营与千变万化的大市场联结起来，就能把家庭联产承包责任制更好地巩固和稳定下来，并不断发展壮大。因为农业龙头企业联结农户中间要有一个形式，就是基地，即"公司＋基地＋农户"，基地本身就成了大生产，体现了规模化、专业化，这种大生产通过龙头企业能够面对大市场。它既是生产经营方式的一个转变，也是体制改革上的延伸；是实现农业两个根本性转变的重要途径，是家庭联产承包责任制的进一步深化，也是实现农业产业化的必由之路。

第二，农业龙头企业是科技兴农，真正使科学技术变成现实生产力，变成千家万户实践的一个重要载体。农业龙头企业一头联结科研单位和大专院校，一头联结千家万户，使大量适用的科学技术普及到千家万户。这种技术普及同我们传统的站所推广有很大的不同。传统的站所工作是功不可没的，但是由于传统的站所同广大农民不是利益共同体，它与龙头企业对农民的技术推广有很大的不同。龙头企业与千家万户是利益共同体，命运相关，所以这种科技普及就更加有效。同时龙头企业也使农业科技人员有了用武之地，是广大农业科技人员发挥作用的重要载体。我们的站所是事业单位，都有编制的管理，由于过去对人员招聘把关不严，使一部分在编人员不能起到推广科学技术的应有作用，却占了编制，真正有水平的科技人员进不来，造成农科大学生分配难。而农业龙头企业则为科技人员开辟了一个大有作为的新天地。温氏集团有大专以上毕业的科技、管理人员250多名，还有毕业于华中农业大学的"养猪博士"，就很能说明这个问题。

第三，农业龙头企业是率领农民进入国内外市场的开拓者。

在市场经济条件下，我们的农产品不像过去计划经济那样，用行政的办法，由供销社、粮食局、国营商业和食品公司按指令来统一收购，它需要农业企业和农民自主地开拓市场。特别是将来我国加入世界贸易组织后，农业面临着如何提高国际竞争力，参与国际竞争的重大课题；也面临着如何加强国际合作，引进国际先进技术发展创汇农业的问题。只有培育了一大批农业龙头企业，才能够直接参与国际竞争，跻身于国际市场，才能更多地承接外商的投资，引进国际先进的科学技术，把这些技术消化吸收后再打入国际市场。这是分散的农民所做不到的，政府部门也是做不到的，科研院所、大专院校、七所八站也是做不到的。他们可以成为科技依托，但是他们不能带领农户开拓市场，因为他们都不是市场主体，不是企业法人，不能独立地负经济责任。农业龙头企业是企业法人，是市场主体，可以带领农户进入国内外市场，因此是提高农业的国际竞争能力、拓展国际市场的开拓者。

第四，农业龙头企业是农村千家万户脱贫致富的领路人。全国确定 2000 年解决贫困人口的温饱问题，我省提前两三年基本实现了以温饱为标志的脱贫目标。在解决温饱问题上，政府的作用是有效的、明显的，通过党员联系户，发动省直、市直机关对口帮带，以及扶贫贷款等措施，可以使农民很快脱贫。但是要在脱贫的基础上致富，单靠"政府＋农户"的体制作用是有限的，因为农民要进一步富裕，面临的最大难题是市场问题，而不只是生产能力、缺资金、缺贷款的问题。政府可以组织资金，也可以组织科技人员，但不可以买市场。而农业龙头企业可以吸收市场的信息，对农民进行产前、产中、产后的全程服务，能够带领农民致富，发挥带头人、领路人的作用。这是政府所不能起到的

1998 年 10 月 21 日，李长春在汕头市调研时考察潮阳农业龙头企业盟兴水产品养殖有限公司。右二为广东省委常委、秘书长蔡东士，右三为汕头市委书记庄礼祥。

作用。

　　农业龙头企业有多种形式，可以是国有的、集体的、外资的、私营的、股份合作的，温氏集团就属于股份合作制的。当前云浮要充分发挥温氏集团的效应，首先要发挥它的带动效应，带动更多的农户致富，带动更多的产业发展，不仅是养鸡，还要进一步发展其他养殖业，在此基础上，要进一步加工增值，拉长产业链条。其次要发挥其辐射效应，借鉴温氏集团的经验，发展一大批农业龙头企业。对温氏集团，省里要重点支持，我还请温氏集团在全省贫困县比较集中的河源、清远建立分公司，带动那里的贫困农民脱贫致富。同时，加强科学管理，建立现代企业制度。

农产品批发市场要上规模上档次 *

（2000 年 4 月 13 日）

> 批发市场要发挥交易功能、价格形成功能、信息披露功能、推行标准化功能、促销功能、物流一条龙服务功能，促进农业产业化、工业化，催生农业龙头企业功能。通过市场引导农民向龙头企业靠拢，扩大生产规模，创好农业的品牌。促进农业生产领域组织形式的变革，推动规模化生产、集约化经营，这样也解决了假冒伪劣产品充斥市场的问题。

近年来，徐闻改水治旱、建设南亚热带农业示范区已初见成效。目前，迫切需要帮助农民解决农产品流通问题，加上粤海铁路开通，海南的农产品有一部分也要在徐闻集散转运。徐闻不失时机地建设农产品批发市场的做法是正确的，但不能光搞成一般的农贸市场，要上规模、上水平、上档次，必须具备如下几项主

＊　这是李长春同志考察湛江市徐闻县农产品批发市场暨南亚热带农业示范区时的谈话要点。

要功能：

第一，交易功能。让农民生产出来的农产品到这个市场来能交易出去，实现其价值，这样才能增加农民的收入。

第二，价格形成功能，或是产生价格的功能。市场应有形成价格的完善机制，是"生产"价格的工厂，而"生产"价格的"原料"是农产品、信息、供求等各方面因素，在市场机制运作下，通过公开、公平、公正的竞价原则进行拍卖、交易，发现或产生价格。这个价格产生的意义很大，甚至不亚于交易量，因为这个价格既指导交易，又指导生产经营，甚至影响外贸行为。我国即将加入世界贸易组织，我们形成的价格能否与国际接轨，指导外贸出口，参与国际竞争，关键是要用批发市场的价格来指导生产。

第三，信息中心功能。就是将在市场形成的价格向社会发布，同时也将全国各地的市场价格信息引入市场。在批发市场的电子显示屏上要看到全国主要批发市场的农副产品价格及供求情况。通过互联网、报纸等媒介建立长期的报价关系，再定期向政府提供信息。郑州农产品批发市场就是这样一个很好的例子。

第四，推行农产品标准化功能。农业要实现产业化，必须推进标准化生产。对已经有标准的产品，就按标准组织生产；对尚没有生产标准的产品，要通过市场来制定标准。农产品没有标准化生产，所进行的拍卖只能是初级的，如果产品实行标准化生产，拍卖有样品就行了，就脱离了初级拍卖，向高级拍卖跃进。比如菠萝，一级的重量多少，成分指标如何，二级的重量多少，成分指标如何，都有明确的规定，包装也标准化。当然，市场要做好标准化产品的验收，要像荷兰花卉市场那样权威地划分等级，分类拍卖，大量商品通过拍卖样品就可直接进入储运。

第五，促销功能。市场帮助生产者促进产品的销售，同时，招揽更多的交易商到市场来交易，使产品都能在市场上成交，把市场的功能水平发挥出来。

第六，物流"一条龙"服务功能。包括产品的拍卖、结算、仓储、运输等。可以通过招标的形式，把现有的运输公司拉进来，承担市场的运输任务。要与银行研究好如何方便结算，实行一站式服务，让客商感到市场交易安全、方便、快捷，都乐意到市场来交易、结算。

第七，催生龙头企业功能。批发市场要促进农业产业化、工业化，催生农业龙头企业。通过市场引导农民向龙头企业靠拢，扩大生产规模，创好农业的品牌，这样农民生产出来的产品就能卖到好价钱。促进农业生产领域组织形式的变革，推动规模化生产、集约化经营，这样也解决了假冒伪劣产品充斥市场的问题。要建立资格审查和互信机制，让生产者、市场、消费者都建立互信机制。

希望徐闻县朝着以上目标吸纳专业人才，努力搞好这个批发市场。

走农业产业化经营的路子[*]

（2000 年 8 月 9 日）

> 农业产业化经营一方面可以促使农业由弱质、低利产业变为盈利、创汇和可持续发展的强质产业；另一方面，可以把分散的农户在巩固家庭联产承包责任制的基础上逐步引向利益共享、风险共担的合作经济实体。两者相互结合，相互渗透，把农业和农村经济引向市场经济和共同富裕的道路。

农业产业化经营是以国内外市场为导向，以经济效益为中心，以资源开发为基础，对农业和农村经济的主导产业和主导产品，按照产、供、销，种、养、加，贸、工、农，农、科、教一体化经营的原则，把农业的产前、产中、产后服务各个环节结成统一的利益共同体。在实现形式上表现为生产的专业化、布局的区域化、经营的一体化、服务的社会化、管理的企业化。

在农业改革和发展的实践中，继家庭联产承包责任制之后，

　＊　这是李长春同志发表在《人民日报》上的文章。

广大农民又创造了"公司＋农户"这样一种农业产业化经营的模式，初步显示出旺盛的生命力。概括地说，这种农业产业化经营模式主要是抓住五个环节：一是立足市场需求和优势资源，二是确立主导产业，三是创办龙头企业，四是建立商品基地，五是辐射带动农户。这五个环节是相互联系的，关键是创办龙头企业。

那么，农业产业化经营中的龙头企业有什么特征呢？就是其触角能伸向国内国际市场，龙尾指向千家万户，用经济利益作纽带，以经济合同相连接，严格按照自愿进出、平等互利、利益共享、风险共担的原则，把自己和农户之间的合作关系明确下

1998年4月2日，李长春在韶关市考察南雄毛竹基地。左一为韶关市委书记汤维英。

来，结成利益共同体，对农户实行产前、产中、产后全程服务，把千家万户的小生产和千变万化的大市场联结起来，在农户和市场之间架起一座桥梁，形成"公司＋基地＋农户"的经营方式。这种产业化经营的路子跟我们传统的计划经济体制下形成的"政府＋站所＋农户"相比，有极大的优势，能取得预想不到的效果。主要表现在以下几个方面：

第一，有利于使农业由自给半自给的小农经济、统购包销的计划经济转向社会主义市场经济。长期以来，农业生产是靠各级政府催耕催种、统购包销来组织的，这在生产力水平不高和短缺经济条件下是有一定效果的。在农业走向社会主义市场经济体制的今天，这个办法就行不通了。因为政府难以承担开拓市场的职责。搞市场经济要有三个要素：市场体系、市场主体和宏观调控体系。市场主体（即自负盈亏、自主经营、自我约束、自我发展的企业以及非企业的个体工商户）按一定的市场法则（即宏观调控体系，包括法律、法规和政策等）在市场（即包括各种批发市场、零售市场、生产要素市场在内的市场体系）中运作。目前，农业经济这三个方面发育都不完善。以市场主体为例，实行家庭联产承包责任制以后，确立了农户的市场主体地位，但他们是不完善的市场主体，表现为"腿短"，即开拓国内外市场的能力很弱；"耳聋"，即掌握市场信息的能力不强；"力单"，即实力较弱，绝大多数不是企业法人，仅是承包户，属于自然人范畴。他们现在要面向市场，往往感到茫然，不知所措。即使是统分结合双层经营体制中的村级集体经济组织也难以承担开拓市场的职责。而农业龙头企业，即公司，是产（生产）、加（加工）、销（销售）一条龙的经济实体，有开拓市场的功能和能力。它和农户之间是经济关系，是休戚与共的利益共同体，与政府同农户的行政关系有很大的不同。与传统体制中涉农流通企业和农民之间的"买断"关系也不同，农业龙头企业和农户之间通常要有投资关系，如农户用土地承包权或用农产品资源入股，龙头企业对农户生产投入固定资产或流通资产。另外，还有全程服务的关系。它解决了一家一户"腿短""耳聋""力单"的问题，真心实意地把农民领进市场，使千家万户的分散经营和千变万化的大市场紧密接轨。因此，催生以农业龙头企业为主要形式的市场主体，走产业化经营的路子，是使农业从传统体制转向社会主义市场经济体制的关键。

第二，有利于在稳定家庭联产承包责任制的前提下，把小生产变为大生产，实现规模化、集约化经营，解决了一家一户分散经营的局限性和农业生产的不稳定性。改革开放以来，我国农村形成了适应现阶段生产力发展水平的生产关系，这就是家庭联产承包责任制。这是亿万农民的伟大创造，是几十年社会主义建设的经验总结，其最大的好处在于使农民有了经营自主权，把千家万户的积极性调动起来了。所以，家庭联产承包责任制是党在农村的一项基本政策，要长期坚持不变。但事物总是一分为二的，我们也要看到家庭联产承包责任制的局限性，即带有明显的小生产色彩，这也是造成农产品产量忽多忽少的重要原因。小生产怎样才能变为大生产，适应大市场？农业产业化经营就是一个好办法。通过公司带农户，实行产前、产中、产后全程服务，把每家农户的分散经营用经济的办法组织起来，微观上是小生产，宏观上成了有一定规模的专业化大生产，从而使我们找到了在巩固家庭联产承包责任制的基础上实现小生产向专业化大生产跨越的途径。通过大生产适应大流通，防止农产品市场大起大落的不稳定性。这既发挥了家庭联产承包责任制调动亿万农民积极性的优势，又克服了其带有小生产色彩的局限性。就这个意义上来讲，农业产业化经营也是继家庭联产承包责任制之后农村改革的深入。

第三，有利于把依靠科技进步推动农业发展落实到千家万户。实行家庭联产承包责任制以来，我国农业发生了历史性变化，结束了农产品短缺的历史，农产品不仅从"缺"到"有"，并且转入了从"量"到"质"的新阶段。正因为如此，现在比以往任何时候都更需要依靠科学技术提高农业生产水平。然而，由于历史的原因，我国农民的科学文化素质还不高，再加上科技体制方面的因素，很多科技成果不能迅速地转化为生产力。这样，科学技术怎样走进千家万户，就成为我们科技兴农要解决的一个大问题。过去的计划经济体制下，遍布农村的技术服务网络，即站所，在各级政府的统一领导和组织下，发挥了重要作用。在农业由传统体制转为市场经济体制后，作为社区科技服务网络的站所仍十分重要。但是也要看到它们已显露出很大的局限性。它们基本上是吃"皇粮"的事业单位，缺少内在的动力机制，和农民的利益结合得不紧密。这就要求我们在不断地改革原有的科技推广网络，增强其活力，使其适应市场经济体制的同时，要进行农业科技推广体制的创新。农业产业化经营使我们走出了一条新的科技兴农的路子。农业龙头企业成为农业科学技术开发和推广的新载体，成为农业科技人员新的用武之地。优良品种和先进饲养（种植）技术成为农业龙头企业在市场竞争中的重要手段，也是对农民进行产前、产中、产后服务的重要内容。龙头企业对农户的技术服务与原有吃"皇粮"站所的服务相比具有极大的活力，因为它们跟农民结成了利益共同体，有着紧密的利益关系，有着完善的内在动力机制和监督制约机制。同时，由于利益的驱动、竞争的需要，它们对先进技术非常敏感，应用先进技术的积极性也非常高，而且由于农业龙头企业贴近农户，贴近生产实践，因此农业科学技术能迅速转化为生产力。可以肯定，由农业龙头企业和农业大专院校、科研单位建立各种形式的产学研基地，形成其社会科技依托，将是农业先进科学技术迅速转化为生产力的有效途径，这是任何行政办法所不能比拟的。

另外，我们也要看到，在体制转换过程中，农业大学培养的大学生毕业分配遇到了难题。过去我们农业企业寥寥无几、党政机关和事业单位受编制限制（在任何国家，吃"皇粮"的编制都是严格控制的），我们又做不到像发达国家那样，大学生毕业后可以回家去经营家庭农场，因而很多农业大学生毕业后都改了行。这就出现了一方面农业科技水平落后，一方面农业大学毕业生分配难的怪现象。实行农业产业化经营，催生了一批农业龙头企业，为农业院校毕业生提供了新的用武之地。一些学农的博士、硕士走进了农业龙头企业，使我们看到了农业现代化的曙光。所以，发展农业龙头企业，实行产业化经营，是实现科技兴农的重要途径，是农业现代化的必由之路。

第四，有利于充分利用对外开放的条件发展我国农业。农业对外开放主要体现在两个方面：一是把外国先进的科学技术、管理经验及我们所需要的资金引进来，二是把我国的农产品打入国际市场，即"引进来"和"走出去"。而我国传统的农业生产经营体制是不适应对外开放新形势的要求的。现在我国农业对外招商引资主要是在政府之间进行的，只能接受一些外国政府或者是国际金融组织通过我国政府进行的贷款或赠款。大规模地吸引外商直接投资，我们还缺少载体，"接轨"遇到了困难。因为我们成规模的农业企业法人还很少，千家万户的农民虽然确立了其市场主体的地位，但他们是不完善的市场主体，还没有能力直接和国外的农业企业家打交道、签合同。我们和国外的农业企业家打交道的主要是各级政府的农业厅、局，项目洽谈成功后却不能签合同，因为他们不是企业法人。外商反映，他们为和谁签合同的问题感到困惑。因此，利用外商直接投资是很有限的。现在很多发达国家农产品过剩、农业资金急需找出路，农业技术合作潜力很大。而我们过去实行的是"政府＋农户"的体制，无法进行民间投资的接轨。即使是少量的国营农场，也面临着深化改革的问题。另一方面，我国农村家庭经营规模小，技术水平低，农业生产成本高于发达国家，农产品的外贸体制也不适应国际竞争的新形势，在即将加入世界贸易组织的形势下，提高我国农产品综合竞争力的问题显得更为紧迫。通过农业产业化经营，并赋予有条件的农业龙头企业外贸经营权，将有利于提高我国农产品的国际竞争力，为农业"走出去"开辟新的途径。因此，只有实行农业产业化经营，催生一大批农业龙头企业，再造市场主体，才能够解决农业同国际市场的对接问题。

第五，有利于加快农业地区经济的发展和继续增加农民收入。在传统的计划经济体制下，农业地区的初级农产品被廉价调出，得不到加工业的反哺。与此同时，为了支持农业生产，农业地区政府都要安排很多支农资金，而政府财政从农业上得到的回报仅是少量的农业税，造成"入不敷出"（从大局出发应该这样做），出现了"农业大县，工业小县，财政穷县"的现象。因而农业地区始终不能步入良性发展的轨道。在市场经济体制下，农业生产既面临自然灾害风险，又面临市场风险，在农产品较充裕、价格下降的情况下，很多农民出现了增产不增收，如何继续增加农民收入成了农村工作的新课题。兴办农业龙头企业，实行产、加、销一体化，打破了长期以来形成的农业地区提供原材料、工业地区搞加工的传统的二元结构的生产力布局，农业地区立足优势农业资源，大力发展第二、三产业，拉长了产业产品链条，从而得到了加工业的反哺。这样，既加强了农业的基础地位，又使农业地区加快工业化步伐找到了突破口，即大搞农产品的加工增值。同时，在农业龙头企业的辐射带动下，农户的经营规模扩大，技术水平提高，劳动生产率提高，抵御自然灾害风险和市场风险的能力增强，因而提高了经济效益。农业产业化经营涵盖面比较广，养殖业可以搞，种植业（除国家订购的品种外）也可以搞；发达地区可以搞，欠发达地区乃至贫困地区也可以搞。在扶贫开发的实践中，走产业化开发扶贫的路子，贫困户在农业龙头企业的辐射带动下，用较少的投入就实现了稳定脱贫，而且降低了银行信贷风险。所以，农业产业化经营是农业地区经济走上良性循环，加快发展，在新的形势下继续增加农民收入，奔康致富的一条新路子。

综上所述，农业产业化经营的功能可归结为：一方面，促使农业由弱质、低利产业变为盈利、创汇和可持续发展的强质产业；另一方面，把分散的农户在巩固家庭联产承包责任制的基础上逐步引向利益共享、风险共担的合作经济实体。两者相互结合，相互渗透，把农业和农村经济引向市场经济和共同富裕的道路。当然，这需要一个较长的过程，但已经初见端倪。可见，农业产业化经营既是生产经营方式的变革，又是农村生产关系的进一步完善和发展，是农业实现两个根本性转变的必由之路。

那么，如何创建农业龙头企业？农业龙头企业的形成有几种渠道：一是国营农场和县以下国营、合作涉农流通企业通过深化改革和延伸服务，改造成为农业龙头企业。国有流通企业包括县外贸公司、食品公司、粮油公司等；合作流通企业主要指供销社系统，如棉麻公司等。当然，这些企业也像国有工业企业一样，包袱重、活力差，也面临着深化改革问题，也要改进经营方式，和农民建立起利益共同体。但只要坚持这个方向，还是大有

1999 年 6 月 12 日，李长春考察梅州市蕉岭县徐溪镇昂天堂茶叶基地。前排左二为广东省委常委、副省长欧广源，右一为广东省委副书记高祀仁。

作为的。特别是国营农场，技术实力强，组织化程度高，只要尽快转换经营机制，就可以成为有实力的农业龙头企业。二是结合党政机关机构改革，分流人员出来兴办农业龙头企业，包括有的政府部门成建制地转化为农业龙头企业。这在很多地方都有成功的范例。三是涉农事业单位创办或者是整体转为农业龙头企业，如县种畜场等。在发达地区有些农业站所本身也可以转为经济实体，变成龙头企业，用市场经济的办法进行科技服务。四是镇（乡）村集体经济组织创办围绕"农"字做文章的农业龙头企业。广大农区、山区的镇（乡）和村不要盲目地上一般性工业项目，实际上，搞农产品加工、保鲜、储藏、运销，走"种、养、加（工）"的路子也能发展。五是发动民间创办农业龙头企业。包括农村的专业大户、城乡的私营企业、农村中的各种能人等。六是吸引外商投资创办农业龙头企业。

走农业产业化经营的路子，既要方向明确，态度积极，又要路子对头，步子稳妥。一是办好农业龙头企业的关键是按经济规律办事。要遵循示范、引导、启发、教育的工作方针，坚持典型引路，不得搞行政命令，不得下达指标，不能刮风，不能一哄而上，不能在实行农业产业化经营的过程中，在创办农业龙头企业上再来一个低水平重复建设。一定要立足于面向市场和在对本地优势的客观分析的基础上，确立主导产业，做到各具特色，形成规模。二是坚持农户自愿、互利、进出自由的原则，不得动摇家庭联产承包责任制这一党在农村的基本经济制度。三是创办农业龙头企业必须引入现代企业制度，做到产权清晰、责权明确、政企分开、管理科学。必须建立和完善自负盈亏、自主经营、自我约束、自我发展的经营机制。不能重蹈旧体制的覆辙，特别是上述六种渠道的前四种更应如此。四是政府在不直接干预企业经营的原则下，要为农业龙头企业的创建和发展提供政策支持，创造良好的市场环境、经济秩序和社会环境。银行要予以信贷支持。

农业产业化经营是农业现代化的必由之路，"公司＋农户"是实现农业产业化经营的重要途径，但由于全省各地发展水平不同，条件差异很大，实现农业产业化经营本身要经历一个从初级到高级，从不完善到完善的循序渐进的过程。因此，要因地制宜，从实际出发，不可急于求成。实现农业产业化经营的途径也允许多样化、多形式。如在生产力发展水平较高的珠江三角洲地区就出现了农户公司化的苗头。即使是"公司＋农户"的农业产业化经营模式本身，也有不同的具体形式，如规模很大的龙头企业直接和农户打交道也有困难，要有乡村集体经济组织或行业协会之类的中间环节。总之，要继续解放思想，大胆进行体制创新和制度创新，探索实现农业产业化经营的最佳途径。目前，我省确定重点支持的 50 个农业龙头企业，在全省起着示范带动作用，扶持贫困县办好农业龙头企业，走产业化开发扶贫的路子，是符合农业发展方向的，要坚决办好。

加快扶贫开发，壮大集体经济 *

（2000 年 8 月 17 日、2002 年 1 月 11 日）

一

在开展"两大会战"过程中，要掌握好两个"度"。一个"度"是要把千方百计、尽力而为和实事求是、量力而行结合起来。我们这次提出"村村通机动车"是一个雪中送炭的目标，是指行政村，不是自然村；是通机动车，不是通大公路，两者的标准是不同的。这是个最基本的要求，省里也是按这个标准补助的。当然，有的地方客观条件和经济情况好一些，有可能搞得好一点。各地注意不要盲目攀比，不要由于修路而加重群众负担。我们主张发动群众投工投劳，因为这是群众自己的路，但不要在这之外硬性规定每家要拿出多少钱，也不要从银行贷款，使财政背上沉重包袱，影响了教师、机关干部发工资。实事求是、量力而行，就是首先达到最低要求，以后有条件再逐步提高。另一个"度"是要把良好的愿望与科学的态度结合起来。一定要注重质量，注重科学论证，勘察设计要合理，不能够大家花了这么大的力量，没

---

* 这是李长春同志在清远市调研时的两次讲话。

多久路就被冲垮了，这样会挫伤群众的积极性。所以一定要搞一个项目成一个项目，注意把基层干部和广大群众的积极性引导好、发挥好、保护好。同时，还要重视生态环境，把经济效益、社会效益、生态效益紧密结合起来，三者都要，缺一不可。

要通过"两大会战"，促进农村"四通"和贫困户"四个一"的全面落实。解决行政村"四通"问题，通路是重点，同时促进通电、通邮、通讯，还要促进通广播电视，所以各地各级都要对这项工作加强协调。各级领导干部要下决心到基层去，到现场去，亲身体会群众的要求，解决群众最基本的生存和生产条件问题。实现脱贫奔康，基础设施要先行，不要把这个问题拖到21世纪。省交通厅在行政村通路问题上态度积极。原来摸底是326个村，所以测算每公里省里补助6万—7万元，后来一核实，变成了905个村，这其中有170个村是体制改革后新分出来的，但

2000 年 8 月 17 日，李长春在清远市黎溪镇同当地干部群众一起参加筑路劳动。

也有一些是过去数字不实的问题。在这种情况下，补助起码得翻一番。省委、省政府决定目标不变，由交通厅所属的公路局筹资，保证全省修路补贴的落实。省直凡是与"四通"有业务关系的部门和单位，其支持、落实情况如何要通报，并要纳入公务员考核、领导干部考核的内容。希望各部门各单位都要抓住这个机会，落实好"三讲"教育整改措施。

关于落实"四个一"问题，首先要解决贫困户人均半亩"保命田"，这是"四个一"的重点，贫困户最基本的生存手段就是要有土地。我觉得清远石花地改造决心大、路子对、效果好，全省山区都应该学习借鉴。全省没有解决人均半亩"保命田"的贫困农户有 12 万户、50 多万人口，需改造 12 万亩地。清远是 1.5 万户，1.8 万亩，数量不大，重点是改造原来已种上庄稼的石花地和山坡地。总之，要坚决完成这个目标，这是农民最大的保障，否则，农民心里没底，因为稳定脱贫的基础没有了。其他几个"一"，如每个贫困户挂上一个农业龙头企业，找到一条致富的门路，输出一个劳动力，不适合用会战形式来解决，但也要通过"两大会战"来促进落实。明年要加快调整作物结构和以"公司＋农户"方式组建农业龙头企业的步伐。从清远几个点的情况看，人均半亩"保命田"没有搞的要加快进度，已经搞起来的要完善提高。一是要搞水池子，解决水的问题；二是要调整作物结构，种一些高附加值的品种，如连南试种百合、甜玉米等；三是要与农业龙头企业挂起钩，与国内国际市场接轨。

（2000 年 8 月 17 日在检查指导清远市扶贫开发
"两大会战"时的讲话）

二

我这次来清远，主要是考察、了解一下石灰岩地区人民群众的生产、生活情况和石花地改造工作，走访了一些农户，看了几家农业龙头企业，也听取了市县有关同志的工作汇报。下面，我讲几点意见。

第一，山区要加快扶贫开发步伐，把扶贫工作做得更扎实。首先，要把贫困户的底数摸清楚。"十五"扶贫规划明确提出，要解决人均年纯收入1500元以下农户的贫困问题，这是我们的主战场。要借省里解决人均年纯收入1500元以下贫困家庭子女义务教育阶段免交书杂费这个机会，把人均年纯收入在1500元以下的农户底数摸清楚。县要核实到镇，镇核实到村，村核实到

2001年1月16日，李长春在清远市阳山县慰问贫困户。前排右一为清远市委书记梁戈文，二排右三为清远市市长柳锦州。

户，彻底摸清楚。这件事情要让群众满意、政府满意，方方面面都认账。可以采取让村里、贫困户自己填报，然后由村里评议确定，并张榜公布的办法。群众都没意见了，由镇扶贫办认真负责地逐户进行核实，县扶贫办负责抽查，最后将贫困户资料输入县的数据库。数据库资料的变动要作为"十五"期间考核各地扶贫进度的依据。其次，要抓紧落实扶持贫困户脱贫致富的"四个一"工程。要一户一户地落实这项工作，省扶贫办要阶段性地报告全省400多万贫困人口"四个一"的落实进度，只有这样，才能把扶贫工作抓实，克服一般号召、笼而统之。要认真总结推广佛山和清远对口挂扶合作的成功经验，即先培训劳动力，然后再与珠江三角洲对口招工。要把贫困户子女的对口培训和对口招工纳入对口帮扶的内容，认真抓落实。

半亩"保命田"的落实要依靠贫困地区自身的努力。石灰岩地区还没有半亩"保命田"的贫困户到底还有多少？这个数要弄清楚。石花地改造与异地移民采取哪种方式好？这要看哪种方式省钱、省事。进行石花地改造，要打眼、放炮、炸石头、围梯田，尽管这样做很麻烦，但与人口的迁移相比，总体上省事得多、便宜得多。从过去的经验看，在最恶劣的条件下进行石花地改造，泥土全部用汽车搬运，运费最多就是2000元一亩。一家四口两亩地，运费合起来就是4000元；再修个小水池子，花2000元，两项合共6000元。而搬迁就不同，需要解决土地、住房、学校教育等方面的问题，每户费用15000元都不够，投资量大得很，而且还有个安土重迁的习惯心理问题。所以，还是就地改造石花地更可行，它符合中国农村的传统，可以使农民祖祖辈辈有一块旱涝保收的"保命田"。当然，极个别的地方，山坡很陡，条件很恶劣，没法改造，即使勉强改造了，却破坏了生态，这种情况就得搬迁。搬迁应是各种办法都行不通的情况下的最后一招。要让搬迁户明白，不是政府要他搬走，而是基于生存和发展的需要应该离开。要做工作，使搬迁户有搬迁的自觉性和积极性；否则，变成被迫搬迁，就会事事依赖政府。改造石花地、修水池子，政府需给点补助，要核定一下工作量，补多少要实事求是。早见效农民就早得益，不要再拖很长时间了。石花地改造不要搞形式主义，平整地较多的地方，不一定要搞石花地改造。

一户挂上一个龙头企业，找到一个致富门路，这方面的技术及培训工作由农业龙头企业来解决。关键是要解决起步资金，请扶贫办与农行、信用社协调一下，可以采用两种办法：一种办法是由农行、信用社贷款给农业龙头企业，再由农业龙头企业下贷到所挂靠的有档案记录的贫困户，贷款的利息由政府负责。这种贷款方式要作为农业龙头企业全程服务的组成部分，使农民不用多少本钱就可以致富。另一种办法就是对农户开辟小额贷款，这种贷款不需要担保，但前提是农户必须挂上农业龙头企业，其生产经营有保障，产品销售有保证，这实际上就给贷款提供了担保。

第二，要发展壮大集体经济。我们在开展村级"三个代表"重要思想学习教育活动中，把村分成先进、中间、后进三类，有以下情况之一者就纳入第三类村，如班子软弱涣散，社会治安混乱，村务管理混乱，党的路线方针政策得不到贯彻落实（包括计划生育工作），集体经济收入低于3万元。全省第三类村占全部村的17%。现在，集体经济收入在3万元以下的村不少，一些村还存在着集体经济返贫的问题，对此要高度重视。村一级没有集体经济不行，村委会的办公经费、干部的补贴都来自集体，不能每一分钱都从农民的兜里掏。集体经济搞好了不仅能减轻农民的负担，而且还能给农民搞一些福利，比如修路、建学校，甚至在年终还能给农民分点红。要是依靠集体经济能办成这些事，党支部、村委会的威信不就高了吗？对村民的凝聚力不就强了吗？所以，要把发展集体经济作为开展"三个代表"重要思想学习教育活动最重要的后续工作来抓，一定要抓出成效。

我们给集体经济定的标准是达到 3 万元。要把好这一关，限期消灭集体经济收入低于 3 万元的村。按《村民委员会组织法》，村干部的补贴收入来自集体经济的收入，而且补贴标准要由群众讨论确定。有的地方对村干部搞财政补贴，只能是过渡性的办法，如果不管集体经济搞得怎样，村务办得怎样，村干部都有分配，那不是跟农民的利益脱节了吗？要给村干部加压力，逼

1999 年 2 月 14 日，春节前夕，李长春在清远市清城区福利院慰问并与孤寡老人共进午餐。

着他们想办法抓集体经济，把集体经济搞上去。今天我们参观的马岳村就搞得不错。马岳村现有存栏猪235头，一年出三批没问题，三批共700多头，平均每头赚60元，一年收入4万多元。村委会办个集体养猪场一年就解决问题，可见发展集体经济并不那么难。要把发展壮大集体经济作为村支部和村委会的重要工作来抓，好好总结和推广典型经验，采取各种办法解决村级集体经济薄弱的问题。清远要自上而下、自下而上地规划一下，确定用多长时间改变集体经济在3万元以下的村的面貌。希望清远在这方面为全省作出榜样。

在发展集体经济的问题上，有一个问题要引起重视，就是村集体的山林、鱼塘等都不能卖给个人，可以采取承包和租赁的方式经营。它们不仅是集体经济的基础，而且是农民二次分配的来源，是农民集体的财产，不能简单地一转制就卖给个人，这个办法不行。许多地区（包括珠江三角洲）农民的土地都建房办了工厂，但不能让个人买走，因为土地本身是农民的社会保障。省委《关于大力推进农业产业化经营的决定》规定，在实行"公司＋基地＋农户"农业产业化经营中，农民可以土地使用权入股，但不得用于拍卖与还债。如果把农民的社会保障用来清偿还债，农民就会饿肚子，就会出现一批破产农民，就会在大城市周围造成庞大的贫民窟。土地集体所有、家庭承包经营有很大的优越性，它调动了千家万户的积极性，决不能在土地使用权流转过程中损害农民利益。集体的土地资源可建厂房、变鱼塘，但其性质仍然是农民的土地，具有双重性，既是生产资料又是社会保障。这一点务必引起注意。

第三，清远要挖掘潜在优势，成为珠三角的"菜篮子"、后花园。作为珠江三角洲的"菜篮子"，养猪业要作为清远市重要的支柱产业加快发展。目前，广东一年猪的消费量大约 4000 万头，其中一半来自外省，因此对本地企业来说，养猪还有 2000 万头左右的市场空间。我们在感谢兄弟省给我们支援的同时，要研究如何开发、利用自己的资源。过去我们的养猪水平比内地一些地方低，但这几年上得很快，已见不到"小花猪"了，都是三元杂的猪种，特别是温氏集团养猪事业发展得很快，我看了很高兴。我之所以动员温氏集团到清远来，就是认为清远养猪条件非常好，离市场近，劳务成本低，地价便宜，养猪业完全有条件发展成为清远的支柱产业。希望清远好好规划一下，支持像温氏集团这样的龙头企业加快养猪发展步伐。温氏集团自身也要加强培育新品种的科研工作，力争创出自己的种猪品牌，为广东的养猪事业作出贡献。同时，参照温氏集团的办法，清远还可以引进其他的养殖业龙头企业，或者培养自己的龙头。总之，清远要打响养猪业的品牌，根据自己的实际，提出一个把养猪业发展起来的奋斗目标，可以考虑第一步实现人均养一头猪，全市发展到养几百万头猪的规模，提高珠江三角洲肉类市场的省内自给率。

（2002 年 1 月 11 日在清远市考察工作时的讲话）

加快综合开发步伐，
提高河源整体发展水平*

（2001 年 8 月 17 日）

> 实践证明，推进农业结构调整，必须用产业化经营的办法，通过发展农业龙头企业去带领农民进行结构调整。只有通过龙头企业辐射带动，组织生产加工销售，才能激发广大农民进行农业结构调整的积极性，才能将农民的小生产与大市场联结起来，加快农业产业结构调整的步伐。

河源的农业综合开发已经全面展开了，而且能够把加快山区开发与推进农业产业化经营紧密结合起来，积极创办农业龙头企业，采取"公司＋基地＋农户"这种模式进行大规模的山区开发，引导带动广大农户开发山地资源，走治山致富之路。这对于河源这样一个相对欠发达山区来说，也就意味着已经初步找到了一条利用本地资源优势，加快山区脱贫奔康的路子，让大家进一步看到了山区希望在山、潜力在山、后劲在山。

　＊　这是李长春同志在河源市考察工作时讲话的一部分。

　　河源掀起新的发展潮的条件是具备的。从客观上看，随着京九线通车、广梅汕铁路通车，山区行政村"四通"[1]问题的解决，连接河源与深圳的高速公路加快建设，河源的区位环境正在改善，加快发展的客观条件已基本具备。通过这几年扶贫开发的实践，河源市找到了适合本地区的发展路子，有了一批好的典型，物质技术基础在积累。从主观上看，通过"三讲"教育和"三个代表"重要思想学习教育活动，特别是学习贯彻江泽民同志"七一"重要讲话精神，给各级干部注入了强大的思想动力，也为掀起新的发展潮奠定了重要的思想基础。当然，新的发展潮是水平提高了的发展潮，是树立新的发展观的发展潮。要把经济效益摆在首位，要更加重视经济结构的调整优化，更加重视依靠

　　1998年9月14日至15日，李长春在河源市调研。图为李长春考察灯塔盆地中外合资项目华丰源果苗基地。左一为河源市委书记杨华维。

科学技术，更加重视应用社会化大生产的经验和农业产业化经营的经验，在这个基础上掀起新的发展潮。

第一，紧紧抓住推进农业产业化经营这个"牛鼻子"，加快农村脱贫奔康进程。

一是与加快山区开发紧密结合起来。河源浅山荒坡的资源非常丰富，25度坡以下的浅山荒坡有400万亩，已开发了100万亩，只占1/4，开发的潜力还很大。要用农业产业化经营和"公司＋基地＋农户"的办法进行山区开发。像和平县大规模种植猕猴桃，连平县大搞葡萄园，这样的"北果南种"填补了我省的空白，这些品种在全省的市场都很广阔。除此之外，还有很多水果品种都是可以填补广东空白的，要积极引进适宜本地种植的国外的好品种。

二是与落实扶贫开发措施紧密结合起来。现在，河源市还有10万户40万人人均年纯收入在1500元以下，占全省的1/5。要把扶贫措施落实到户，组织镇、村两级党组织认真抓好扶贫措施的落实，一户一户地落实。各地发展农业龙头企业，要坚持因地制宜，从实际出发，由初级到高级，由不完善到完善，由不紧密到紧密，形式要多样化，不能"一刀切"。农业龙头企业辐射带动农户，要逐家逐户地落实，要和农户的小额贷款结合起来，和政府的扶贫支持手段结合起来，特别是接受政府扶贫资金创办的那些农业龙头企业，必须责无旁贷地担负起这方面的任务。与此同时，要继续发动广大干部开展"千干扶千户"活动，把工作做细做实，确保实现省委提出的贫困县2003年基本脱贫奔康的目标。

三是与农业结构调整紧密结合起来。省里出台了粮食购销体制改革的具体措施，并确定了粮食生产方针，即：保护耕地，优化品种，提高单产，稳定总产，搞活经营。这就是在保护耕地的前提下，可以把一些耕地腾出来，根据市场需求，改种其他农作物，发展优质高效农业。按照这个方针，可以根据市场需求随时调整种植结构。种植业以外的结构调整就更应加快步伐了。实践证明，推进农业结构调整，必须用产业化经营的办法，通过发展农业龙头企业去带领农民进行结构调整。只有通过龙头企业辐射带动，组织生产加工销售，才能激发广大农民进行农业结构调整的积极性，才能将农民的小生产与大市场联结起来，加快农业产业结构调整的步伐。

四是与机构改革和事业单位的转制紧密结合起来。抓住县级机构改革的机遇，将农口一些管理部门和有条件的涉农事业单位成建制地转为企业法人，引导他们创办农业龙头企业，开发山区资源，发展农业产业化经营，或鼓励他们中有胆识、善经营的同志领办农业龙头企业，实现机构改革干部分流和促进经济发展的双赢效应。

第二，努力改善山区投资环境，提高山区整体经济发展水平。

政府营造环境，吸引国内外的企业来投资，这是山区发展工业的重要举措。要加大引进外资力度，关键要改善软硬环境。欠发达地区软硬环境的改善，任务很重。硬环境的改善主要是基础设施要搞上去，对河源来讲，最重要的就是要贯通到广州、深圳的快速通道。省里已经确定，到2003年要把河源通往惠州、深圳的高速公路建成。对于其他一些干线，省里也将加大倾斜力度。软环境方面，也要加大力度改善，软环境的改善往往难度更大。河源的软环境也有一些比较薄弱的方面，比如，效率的观念、市场的观念、竞争的观念，从观念到体制、制度、作风都有个转变问题。过去人们一提河源，就觉得是贫困的一个代名词，这个东西也直接影响你们招商。要积极到珠江三角洲招商，要学习江苏一些县到我们珠江三角洲招商的精神，一家一家地做工作。省里将继续在对口挂钩扶贫、财政转移支付、人才和干部交流、基础设施建设等方面帮助河源加快发展步伐，早日实现脱贫奔康。

注　释

〔1〕"四通"，指通公路、通电、通邮、通电话。

扶贫开发工作要落实到贫困户 [*]

（2001 年 9 月 21 日）

> 贫困户是扶贫开发的主战场，落实贫困户的"四个一"是扶贫开发的有效办法：有一块人均半亩左右的"保命田"，每一户贫困户要有一个孩子经过培训到外面打工，帮助贫困户找到一条脱贫奔康的门路，帮助贫困户挂上一个龙头企业。

抓好新阶段我省的扶贫开发工作要突出重点，进一步提高扶贫开发工作的水平。

第一，要明确扶贫开发的主攻方向。省委、省政府反复研究，要突出人均年纯收入在 1500 元以下的贫困群众，这就是我们的主攻方向。这个 1500 元是怎么来的？按中央确定的 820 元的标准，全国农民人均年纯收入 2600 多元，我省农民人均年纯收入 3700 元，收入差别指数为 1.4，用这个指数乘上国家定的 820 元，大约是 1200 元。考虑到我们扶贫开发的能力，发达省

---

[*]　这是李长春同志在广东省扶贫开发工作会议上讲话的一部分。

应该走前一点，就确定了 1500 元的扶贫标准。因此，重点对象就是 1500 元以下的贫困人口，重点地区是全省 16 个贫困县。当然，16 个贫困县以外的重点是在革命老区、少数民族地区、水库库区、移民区、石灰岩地区等自然条件恶劣的地区，贫困人口在哪儿就扶哪儿。因此，一定要把人均年纯收入在 1500 元以下贫困户的底数摸清，在县一级建立数据库，建立档案，这项工作可以在扶贫办原掌握数据的基础上，结合这次落实 1500 元以下贫困家庭子女免收书杂费工作中暴露出来的遗漏情况，相互印证，搞出一个准确的数字，进入数据库，进一步突出扶贫的对象和区域，更有针对性地做好扶贫开发工作。

第二，贫困户是扶贫开发的主战场。扶贫的全部工作要落实到贫困户上来。根据前段省委、省政府的部署和我们的调查研

2002 年 2 月 5 日，李长春在惠州考察时亲切慰问困难农户。右二为惠州市委书记肖志恒，右四为广东省人大常委会副主任、省总工会主席汤维英。

究，大家看到落实贫困户的"四个一"是有效办法，而且容易抓实。这"四个一"：第一个"一"，是有一块"保命田"，人均半亩左右。对农民来说，土地既是他们的生产资源，又是最重要的社会保障，所以要把贫困户有一块旱涝保收的"保命田"作为第一项扶贫措施。对石灰岩地区，要搞石花地改造。对其他山区，要在自然坡上改造成梯田，做到保水、保土、保肥。石灰岩地区要做到旱涝保收，就必须解决缺水问题，给每家配上一个水池子，才能浇地。有些地方林果业发达，搞一块林果地，也算一块"保命田"。第二个"一"，是每户要有一个孩子经过培训到外面打工，这是速效脱贫法。只要有一个孩子去打工，四五口人就脱贫了。佛山市对口支援清远搞了一个培训基地，对贫困户的子女免费培训，培训之后，由市里组织佛山地区的企业对口招工。这个办法很好，逐步走出了一条路子，贫困家庭非常高兴，认为党和政府为群众做了件实事。建议这个办法在其他贫困地区推广。请省劳动部门会同扶贫办组织一下，像韶关、梅州、河源这几个地方都可以走这条路。第三个"一"，是帮助贫困户找到一条脱贫奔康的门路。除了经营半亩"保命田"外，还有养猪、养鸡或者搞其他东西，能有一个挣钱的途径。第四个"一"，是帮助贫困户挂上一个龙头企业。由于农业经营体制已经转向市场体制，扶贫开发也必须面向市场，但依靠贫困户自己开拓市场是不可能的，根本的办法是挂靠龙头企业。上次，我到温氏集团，看他们搞得很好，就建议他们到清远搞一个养猪基地，到河源搞一个养鸡基地。前不久我到河源，看到养鸡基地已经搞起来了，情况非常好，刚才清远的同志汇报养猪基地建设也有进展。就是要以"小龙头"挂"大龙头"的形式把农户带起来。

第三，要走产业化开发扶贫的路子。刚才我讲"四个一"的时候，也讲到这个问题，要下决心"两手抓"：一手是行政的办法，干部下基层，党员带户；另一手是办好农业龙头企业，落实省委关于大力推进农业产业化经营的决定。也就是把行政的办法和经济的办法结合起来。现在的重点是要加大经济的办法这一手。哪个地方农业龙头企业办得好，向贫困户辐射能力就强，就能做到贫困户不用本钱或很少投入就能致富。

第四，要紧紧抓住改善贫困地区生产、生活条件不放松。省里原来定的，到 2003 年梅州、河源到深圳和韶关到广州通高速公路的目标必须如期完成。这几条路是"政治路""扶贫路""三个代表'路"。对 16 个贫困县，省里再三研究，每年拿出 2.5 亿元支持他们把县里的路搞好，这个钱要用好。行政村通机动车问题，去年会战已基本解决了，但还有几个村的桥涵还没完成，今年一定要完成。关键是要抓巩固，按照村建村管、适当补助的原则，抓好巩固。其他有什么问题就解决什么问题，一定要解决贫困地区生产、生活条件，改善区位环境，巩固"两大会战"成果；并本着缺什么补什么的原则，不断解决问题。粤东由于人口多，过去发展乡镇企业不注意环保问题，水源污染很严重，所以解决粤东人民的饮水问题要作为一个大问题来抓。上次瑞华[1]同志到潮州、汕头现场办公，对解决韩江问题定了一些原则，请粤东各市抓好落实。另外，由于今年台风比较多，有些海堤被冲坏了，这些海堤是保护相对贫困地区的，如湛江一带。作为水毁工程，省水利厅要帮助他们尽快抢修好。电的问题，"四通"时虽然已解决了，但随着经济的发展，山区电网的建设还要加快改造，否则有电送不过去。总之，在这些方面，希望有关部门做好工作。

第五，加大对贫困地区科技、教育、卫生、文化各个方面的扶贫力度，提高贫困地区人口的素质。在教育方面，省委、省政府一个比较大的动作，就是财政拨出3亿元专款解决贫困家庭子女九年义务教育阶段免收书杂费。由于时间紧，尽管初步落实了，但缺少精雕细刻。我陆续收到一些投诉，有的反映农村基层干部把自己的子女送进去了，占了指标，贫困孩子没进去；有的还反映，要让贫困孩子补交彩色课本与黑白课本的差价。这个问题，请解决好，不能再交差价。请各级教育部门自己想办法，各市进行一次复查，确保人均年纯收入在1500元以下的贫困家庭子女一个不漏。同时也要防止不正之风，不合理的、不应该得到的不能得到。一定要贯彻"两公开"，在村里、在学校要张榜公布，接受群众监督。一定要把党委、政府对贫困家庭子女的关怀，通过各级深入细致的工作送到每个孩子的心坎上。贫困地区要建立合作医疗，卫生设施的建设也要纳入到对口帮扶上来。这次研究对口扶贫，把对口帮扶的资金在2005年前固定下来，对口帮扶每个县500万元，这些钱就用在支持农业龙头企业、卫生院改造、学校危房改造等；也要组织城市里的学校、医院捐献实验仪器、设备、书籍等。

第六，结合珠三角的产业结构调整，努力发展贫困地区经济。贫困地区要发展一些工业，增加财政收入，提高自己解决问题的能力。但是，从过去的经验来看，一般性办工业不行，特别是地方财政投资办工业，结果却变成财政的包袱。最好的办法是创造环境，招商引资。另外，要通过行政和经济的办法加快产业结构调整的步伐。包括刚才卢瑞华同志讲的，深圳、东莞就不要

2001年6月9日，李长春在阳江市江城区视察灾情。左三为阳江市委书记林华景，左四为广东省委常委、广东省军区司令员刘国裕。

办养猪场了，把这个让给山区、贫困地区来办。也包括珠三角的市如东莞不要再搞水泥厂、砖瓦厂。清远和韶关市的石灰岩取之不尽、用之不竭，石灰岩就是水泥的原料，但是这些调整要有具体的实施办法。

第七，各级领导干部要改进作风，把新阶段的各项扶贫开发工作落到实处。要经常深入贫困地区、贫困乡镇、贫困群众进行调查研究，结合本地实际，创造性地开展工作。要掌握第一手情况，亲自部署、亲自协调、亲自检查，确保各项政策措施落到实处。省委、省政府继续实行对贫困县挂点的办法，要求各市、县、乡镇各级领导干部都要挂点或蹲点扶贫。各种行之有效的扶贫办法，包括"千干扶千户"、党员联系户、扶贫工作队等都要继续实行，加强对贫困地区的领导和指导，实实在在地帮助群众解决困难。要坚持说实话、鼓实劲、办实事、求实效；坚决克服官僚主义、主观主义、形式主义和虚报浮夸，在扶贫开发中不搞花架子，不搞劳民伤财的"形象工程"，在扶贫工作中每一项具体工作都要求真务实。扶贫工作中的每项数字，一定要搞实，防止虚报浮夸，弄虚作假。省直部门要深入基层为贫困地区服务，现有的手段也要向贫困地区倾斜，支持他们的工作。

注 释

〔1〕瑞华，即卢瑞华，时任广东省省长。

大力推进农业产业化经营 [*]

（2001 年 10 月 15 日）

> 农业产业化经营既是生产经营方式的变革，又是农村生产关系在稳定家庭承包经营基础上的进一步完善和发展。这种农业经营组织和经营机制的创新，适应了农业生产力发展的内在要求，是新时期解决农业、农村、农民问题，促进农业和农村经济上新台阶的关键措施，是开创农业和农村工作新局面的必然选择，是农业发展新阶段的必然要求，也是经济发展内在规律驱使的必然结果。可以说，抓了农业产业化经营，就抓住了农业、农村、农民问题的"牛鼻子"。

一、农业和农村经济发展的新阶段

农业与农村工作事关国民经济的全局，一直是党中央高度重视的问题。党的十五届五中全会再次重申要巩固和加强农业在国

---

[*] 这是李长春同志发表在中共中央党校《学习时报》上的文章。

民经济中的基础地位，强调要坚持贯彻执行党的农村基本政策，采取有力措施，千方百计增加农民收入。党的十一届三中全会以来，我们党对农业和农村的改革和发展进行了一系列卓有成效的探索。特别是在农村实行以"家庭承包经营为基础、统分结合的双层经营体制"后，农业生产快速增长，农民生活水平大幅度提高，农村面貌发生了天翻地覆的变化。1990年3月，邓小平同志进一步明确指出："中国社会主义农业的改革和发展，从长远的观点看，要有两个飞跃。第一个飞跃，是废除人民公社，实行家庭联产承包为主的责任制。这是一个很大的前进，要长期坚持不变。第二个飞跃，是适应科学种田和生产社会化的需要，发展适度规模经营，发展集体经济。"1995年9月，江泽民同志在党的十四届五中全会上，提出要实现从计划经济体制向市场经济体制、从粗放型经营向集约型经营的根本性转变。"两个飞跃"和"两个根本性转变"的重要思想，指明了我国农业发展的前进方向。

当前，我省农业和农村经济发展正进入一个重要的转型期，或者说是发展新阶段。经过20多年的改革发展，随着家庭联产承包责任制的广泛深入推行，我省已初步构筑了适应社会主义市场经济要求的农村新经济体制框架，农业综合生产能力有很大的提高；农产品供给已实现了由长期短缺向总量基本平衡、丰年有余的历史性转变；农业和农村经济结构调整、农村城镇化的步伐正在加快；全省农村总体上实现了小康，部分农民过上了富裕生活；农村的基础设施建设、生态环境建设、精神文明建设、民主法制建设和社会稳定工作也取得了新的成就。全省农业和农村形势总的来讲是好的。但是，我们也必须看到，当前农业、农村、农民工作也出现了一些新情况、新问题。一是在农业转向市

1999 年 7 月 14 日，李长春考察三水市乐平镇绿色农业开发有限公司大棚基地。

场经济过程中，遇到了千家万户分散的小生产如何适应千变万化的大市场问题。也就是说，在坚持稳定家庭联产承包责任制的情况下，怎么样使千家万户和大市场接轨。二是农产品由卖方市场转为买方市场后，出现了农民增产不增收的问题，组织农民加快经济结构调整的任务十分繁重。三是如何依靠科技进步提高农业生产力水平、落实科技兴农的途径需要进行新的探索。四是加入世界贸易组织后，面对经济全球化的浪潮，农业的整体素质和国际竞争力亟待提高。同时，我们还要看到，加快扶贫开发步伐，促进地区之间协调发展是一个长期的任务，需要加大力度，作出巨大的努力。这些问题归结起来，就是在新的发展阶段，如何进一步发挥家庭联产承包责任制的优越性，充分释放其调动广大农民积极性的能量，加快农业实现"两个飞跃"和"两个根本性转变"，从而确保农业增效、农民增收、农村稳定。多年探索的实践证明，农业产业化经营是解决上述问题的有效途径。特别是"公司＋农户"这样一种农业产业化经营模式，更值得我们高度重视。这种经营模式是在家庭承包经营的基础上，以市场为导向，依靠农业龙头企业的带动，把农业产前、产中、产后各个环节联结起来，其触角伸向国际国内市场、龙尾摆向千家万户，以利益为纽带，以契约相联结，实现生产、加工、销售一条龙，贸、工、农一体化，使千家万户分散经营实现规模化、专业化和集约化的一种新型农业经营方式。这种经营方式在我国出现的时间虽然不长，但已显示出旺盛的生命力。实践表明，农业和农村经济发展的新阶段呼唤农业产业化经营，农业产业化经营是农业实现"第二次飞跃"和"两个根本性转变"的有效途径。

二、农业经营组织与机制的重大创新

第一，推进农业产业化经营，是加快农业由传统体制向社会主义市场经济体制转变的重大举措。农业由传统体制转向市场经济体制，必须具备四个要素：一是合格的市场主体，二是完善的市场体系，三是完备的市场法则，四是健全的宏观调控体系。经过 20 多年的改革开放，我国的社会主义市场经济体制初步确立，各项市场法则逐步完备。围绕农业的政府宏观调控体系也在不断完善，包括确立农田保护区，建立粮食储备制度和粮食风险基金，确定粮食保护价，以及对农业基础设施建设的支持等。现在的问题是，前两个要素都不完善。在市场主体方面，真正自主经营、自负盈亏、自我约束、自我发展的农业企业法人还很少。虽然法律上赋予承包户市场主体的地位，但他们实际上是不完善的市场主体。他们开拓市场的能力不够强，难以应对国际国内市场，获取市场信息的能力很有限。他们实力比较弱，多数都不是企业法人，属于自然人的范畴。在当前千变万化的国际国内市场面前，感到茫然。因此农业走向市场，面临再造市场主体的任务。那么，怎样既坚持家庭承包责任制，又能够把千家万户跟大市场联结起来呢？实践中创造的"公司＋农户"的形式，恰恰适应了这种要求。公司具备了自主经营、自负盈亏、自我约束、自我发展的企业法人地位。它通过对农户实行产前、产中、产后全程服务，跟农民结成紧密的利益共同体，在千变万化的大市场和千家万户的分散经营之间架起了一座桥梁。因此，催生以农业龙头企业为主要形式的市场主体，走产业化经营的路子，既坚持了家庭联产承包责任制，同时又可以促进农业从传统体制向市场经济体制转变，解决了小生产和大市场之间的矛盾。

第二，推进农业产业化经营，是加快农村经济结构调整，实现农业增效、农民增收的有力措施。我国的农业是在解决温饱阶段形成的结构，现在市场形势变了，急需加快农业经济结构调整的步伐，但是靠一家一户分散调整结构是不行的。当前，在调整农业农村经济结构的过程中，遇到了一个寻找合适载体的问题。过去我们用"政府＋农户"的办法，其结果是政府担负不了开发市场的责任，有的地方还由于出现了瞎指挥，农民受损失，政府的形象也受到影响，根本原因就是未找到结构调整的载体。农业产业化经营中的农业龙头企业恰恰是推动农业结构调整的重要载体。结构调整主要在两个层面进行。一个层面是农业内部。在市场经济条件下，结构调整必须把本地的优势与市场需求紧密结合。而农业龙头企业用经济的办法组织农民调整结构，是市场导向的调整。另一个层面，就是农村经济这个层面。要大力发展第

二、三产业，也可以依托农业龙头企业。因为农业龙头企业实行贸、工、农一体化，产、加、销一条龙，拉长了农产品链条，改变了过去农业地区提供原材料、城市搞加工这种二元结构的生产力布局，使农村经济立足于丰富的农业资源，发展了加工业、运销业。既使农业得到了加工业的反哺，又使农区找到了发展工业的突破口，即围绕"农"字搞加工。这样，就可逐步改变传统体制下形成的农业大县、工业小县、财政穷县的状况，走上良性发展之路。从农民增收方面看，也是这样。在现阶段，农民增收的途径不外三条：一是让农民得到结构优化的效益；二是规模经营效益，提高劳动生产率；三是科技进步效益。在"公司＋农户"的情况下，可以大大提高这三种效益。大量的事实表明，在农业龙头企业的辐射带动下，农户的经营规模扩大，技术水平提高，劳动生产率提高，抵御自然风险和市场风险的能力增强，因而提高了效益，增加了收入。农业产业化经营涵盖面比较广，发达地区可以搞，欠发达地区乃至贫困地区也可以搞。不仅养殖业可以搞，种植业也可以搞。走产业化开发扶贫的路子，能够取得事半功倍的效果。因为扶贫开发也面临着市场的问题。我们过去采取"千干扶千户"，每个干部都包干一个贫困户，帮助他们发展。这个措施是有效的，今后还要这样搞。但是仅仅这样是不够的。贫困地区大量的实践证明，如果把龙头企业与贫困户挂起钩来，实现稳定的脱贫就有了基础。可见，农业产业化经营是农村经济走上良性循环，加快发展，在新的形势下继续实现农业增效、农民增收的一条好路子。

第三，农业产业化经营是实现科技兴农的有效途径。科学技术是第一生产力。由于历史的原因，很多农民文化科技素质不高，科学技术走进千家万户是一个很大的课题。在传统经济体制下，遍布农村的技术服务网络，即站所，在各级政府的组织下，向农民传播技术，起了重要的作用。今后，我们还要发挥这些站所的作用。但是，必须看到，这些站所随着形势的变化，也出现了新的情况。根本的问题是它们缺少内在动力机制，基本是吃"皇粮"的事业单位，跟农民不是利益共同体，因而缺少活力。我们要通过深化改革，探索在市场经济体制条件下增强这些站所的活力、更好地发挥它们作用的路子。与此同时，还要立足于科技体制创新，走出一条新的科技推广的路子来。农业产业化经营，恰恰是一条有效的农业科技推广的途径。因为农业龙头企业为农户提供产前、产中、产后服务，就包括技术服务。在激烈的市场竞争中，为提高竞争力，农业龙头企业有强烈的应用科学技术的欲望，再加上农业龙头企业贴近生产实际、贴近农户，因此能把科学技术迅速转化为生产力。这就促使龙头企业和农户紧密结合。这一途径，是我们原有的行政办法难以比拟的。现在还有一种奇怪现象，一方面农业生产技术很落后，另一方面农业院校毕业生分配难，或者很多人改行从事非农工作，原因就是缺少为他们提供用武之地的舞台，所以他们的去向一是去党政机关，二是去农口的事业单位。但这些吃"皇粮"的单位，都是严格实行编制管理的，容量是有限的。即使搞出科研成果，要转化为生产力也很难。有了大批农业龙头企业，就为农业大专院校毕业生发挥作用提供了一个重要舞台。现在我们高兴地看到，一批农学博士、硕士走进了一些大型农业龙头企业，使我们看到了农业现代化的曙光。可以肯定，由农业龙头企业和农业大专院校、科研单位建立各种形式的产学研基地，形成其社会科技依托，将是农业先进科学技术迅速转化为生产力的有效途径。

第四，农业产业化经营是适应加入世界贸易组织的新形势，进一步扩大我省农业对外开放，增强我省农业的国际竞争力的重要保证。农业对外开放主要体现在两个方面：一是"引进来"，把外国先进的科学技术、管理经验及我们所需要的资金引进来。二是"走出去"，把我省的农产品打入国际市场。应该承认，我们传统的农业体制是不适应加入世界贸易组织新形势的。从农产品的国际竞争力看，我们的农产品商品化程度低，很难打出去，有些东西，如水果，连自己的市场也不容易守住。特别是现在农产品进入绿色食品时代，执行严格的质量标准，我们的这种分散经营是很难做到的。在传统的外贸体制下打出去也是困难的。外贸公司和农民之间不是利益共同体，生产和外贸很难协调。从引进方面看，现在发达国家农产品是过剩的，农业资本也是过剩的，都在寻找出路。目前我们跟境外企业进行引资谈判，主要是我们各级政府的农业厅、局。谈判完了没法签合同，因为不是企业法人。所以，现在引进农业的外资主要是国外的赠款或贷款，是政府行为，民间投资行为没法接轨，因为我们农业企业法人很少，农户又没有力量，人家为跟谁签合同感到困惑。在这种情况下，引进国外企业投资是困难的。所以，加入世界贸易组织的新形势，也呼唤农业产业化经营，亟须催生一批具备外贸经营权的农业龙头企业，带领农民走向国际市场。

三、增强驾驭市场经济能力的一个重要标志

综上所述，农业产业化经营一方面可以促使农业由弱质、低

利产业变为盈利、创汇、可持续发展的强质产业；另一方面，可以在巩固家庭联产承包责任制的基础上把分散的农户逐步引向利益共享、风险共担的利益共同体。两者相互结合，相互促进，就可以使农业和农村经济适应市场经济要求，使广大农民逐步走上共同富裕的道路。可见，农业产业化经营既是生产经营方式的变革，又是农村生产关系在稳定家庭承包经营基础上的进一步完善和发展。这种农业经营组织和经营机制的创新，适应了农业生产力发展的内在要求，是新时期解决农业、农村、农民问题，促进农业和农村经济上新台阶的关键措施，是开创农业和农村工作新局面的必然选择，是农业发展新阶段的必然要求，也是经济发展内在规律驱使的必然结果。我们要自觉地认识这些规律，适应这些规律，取得驾驭市场经济的主动权。因此，可以说，抓了农业产业化经营，就抓住了农业、农村、农民问题的"牛鼻子"。

各级领导干部必须进一步解放思想、转变观念、统一认识，从指导思想到工作方法都要来一个转变。从用行政办法推动千家万户生产经营转到大力推动农业产业化经营上来；从过去习惯于用计划经济的办法，规定农民在一定的时期内干这干那转到引导、服务、示范上来；从单纯注重农产品基地建设转到扶持龙头企业带动广大农户开发市场上来；从落后的小农经济意识转到社会化大生产意识上来；从小进即满、小富即安、满足现状转到学习先进、解放思想、转变观念、勇于开拓、大胆创新上来。总而言之，就是要把组织、指导农业和农村经济发展的主要精力和工作重点放到推进农业产业化经营上来，这也是增强驾驭市场经济能力的重要标志之一。

下功夫发展好村级集体经济[*]

（2001 年 12 月 26 日）

各级基层党组织要始终把发展农村经济作为根本任务，特别要发展好村级集体经济。

现在，全省还有 3000 多个村集体经济年纯收入不足 3 万元，问题比较严重。没有村级集体经济收入，村里基础设施建设就没有办法搞；没有村级集体经济收入，就缺少为农民办好事实事的物质基础，影响干群关系；没有村级集体经济收入，农村基层组织就会失去凝聚力和向心力，甚至连开个会也召集不起来；没有村级集体经济收入，村干部就拿不到补贴，工作就没有积极性。

村级集体经济搞上去了，就能为群众干些事情，还可以给农民分配一些收入，减轻农民负担，这样干群关系就会好起来。所以，要把发展村级集体经济作为巩固基层党组织的一项基础工程，作为农村"三个代表"重要思想学习教育活动的后续工作来抓。

要进一步解放思想，把群众发动起来，多想些致富门路，搞好规划，结合当地的实际，在发展村级集体经济上下功夫，以发

---

　　* 这是李长春同志在江门市考察时的谈话要点。

展集体养猪场、养鸡场、集体果园等方式带动农户，增加农户收入。镇党委、镇政府要帮助有困难的村，发展农村集体经济，加快三类村的脱帽工程。

推广脱贫典型，改变落后面貌[*]

（2002 年 7 月 23 日）

　　水石村[1]是贫困山村改变贫困落后面貌的好典型，其经验十分可贵。它告诉我们，贫困山村改变落后面貌，根本出路就是按照"三个代表"重要思想的要求，建设好村党支部，党支部把"三个代表"重要思想的要求贯彻落实到改变贫困落后面貌的实践中，率领村民自力更生，艰苦奋斗，依靠群众自己的力量，砸碎套在自己脖子上的贫困枷锁；它告诉我们，贫瘠的山村也蕴藏着巨大的发展潜力，他们坚持解放思想，实事求是，通过调整农业结构，发展以"公司＋农户"为主要形式的农业产业化经营，用三四年的时间，使一个省级的贫困村发生了翻天覆地的变化；它告诉我们，在稳定家庭承包经营的同时，必须进一步完善统分结合的双层经营体制，发展和壮大集体经济，才能不断增强党支部为村民办实事、办好事的能力，才能增强党支部的凝聚力、号召力和战斗力，促进共同富裕，促进两个文明建设共同发展。

　　江泽民同志指出，在新世纪新阶段，发展要有新思路，改革

---

　　[*]　这是李长春同志在中共广东省委组织部的一份调研材料上所作的批语。

要有新突破，开放要有新局面。省第九次党代会提出要把加快山区开发摆上全省发展的重要战略地位。村是最基层的组织，增强基层组织的活力，对山区的发展至关重要。建议要很好地总结、宣传水石村这个典型，推动全省的山区和贫困落后地区尽快改变面貌，全面实现脱贫奔康。

注 释

〔1〕水石村，位于广东省茂名市电白县那霍镇。20世纪90年代初，该村因交通闭塞、农产品销售和农贸流通困难，经济发展受到严重制约，村民人均年纯收入不足800元，贫困人口占村总人口的四成多，被列为省重点扶贫村。1999年起，全村在新任村党支部书记官锦初的带领下，采取"支部举旗、党员带头、示范引导"的做法，通过调整农业结构、开山种果和转移富余劳动力，改变了贫困面貌。到2002年，水石村人均年纯收入达到3200元，摘掉了省级贫困村的帽子。李长春同志作出批示予以表扬，并建议在全省推广其经验。

实施科教兴粤战略，
提供人才和智力支持

推动企业成为技术创新的主体 *

（1998 年 6 月 23 日）

钟鹤[1]：

1. 此文很好，建议在《南方日报》头题摘登。

2. 要加大对企业工程技术开发中心的支持力度，使其成气候，逐步成为技术创新机制的中心环节。

注　释

〔1〕钟鹤，即卢钟鹤，时任中共广东省委常委、副省长。

---

* 这是李长春同志在中共广东省委政研室《科技体制改革的一项重大突破——我省工程技术研究开发中心建设情况》上所作的批语。

为解决科技成果转化难的问题，1991 年由科技部牵头，广东省依托企业组建工程技术研究开发中心，改变了科技与经济脱节的状况，促进了科技成果产业化。李长春同志作出批示，充分肯定了这项重大创举。1998 年 9 月，广东省委、省政府印发了《关于依靠科技进步推动产业结构优化升级的决定》，提出"择优扶持 50 家省重点发展的工业大企业（集团）办好工程技术研究开发中心"，并由省财政拨出专项经费予以支持。2015 年，全省工程中心研究和发展经费投入 558 亿元，授权专利 32268 件，新产品产值 10574.3 亿元。

情况与建议

使其成气候。
逐步成气候

第 24 期

创新执创的
中心工作

中共广东省委政策研究室　　一九九八年六月十七日

李长春
23/6

科技体制改革的一项重大突破
——我省工程技术研究开发中心建设情况

　　1991年，我省在贯彻执行国家计委、科委关于依托重点科研机构、高校组建一批国家工程技术研究中心的意见时，从实际出发，决定主要依托企业组建工程技术研究开发中心（以下简称工程中心）。这是我省从省情出发，创造性地执行国家计划的一大创举。通过6年多来对工程中心建设的跟踪调查，证明主要依托企业建立省级工程中心，使省属研究开发机构与企业实现一体化发展，有利于科技工作适应市场经济体制的要求，改变科技与经济脱节的状况。这是我省为解决科技成果转化难问题迈出的可喜一步，是我省科技体制改革的一项重大突破。

1

　　这是李长春在《科技体制改革的一项重大突破——我省工程技术研究开发中心建设情况》上的批示手迹。

深圳要成为高新技术产业发展优选市 *

（1998 年 7 月 23 日）

高丽[1]、子彬[2]：

1.深圳建软件园是好事，争取快建、建好。

2.并建议为吸引大批海外留学生创业，在深开辟留学生创业园，政府提供必要的服务。

3.要完善、壮大风险投资，可和吸引外资结合起来（含港资）。

4.要向国家证券委争取在深圳股市上开辟高新技术企业板

---

* 这是李长春同志在深圳市软件园建设有关材料上所作的批语。

20 世纪 90 年代末，随着我国进一步对外开放，深圳经济特区优惠政策的效应逐渐弱化，靠自主创新来解决发展中面临的问题十分紧迫。深圳市贯彻落实李长春同志的批示精神，把自主创新作为城市发展的主导战略。2002 年 3 月深圳软件园管理中心成立，2003 年 12 月软件园被国家发改委、信息产业部、商务部认定为国家软件出口基地，2007 年 8 月被商务部、信息产业部、科技部、教育部等联合认定为国家服务外包基地城市示范园区。2015 年园内软件企业 1000 余家，软件与服务销售收入 3349.18 亿元，占全市的 77.67%，涌现出华为、中兴、迈瑞、腾讯、A8 音乐等一批国内外知名企业。深圳留学生创业园于 2000 年 4 月设立，2004 年被国家人事部批准为与深圳市政府共建的"中国深圳留学人员创业园"，2007 年被科技部认定为"国家高新技术创业服务中心"。2008 年深圳市被国家发改委确定为首个国家创新型城市试点市。

块，使高新技术产业和资本市场结合（争取国家的试点），就极大地增强了深圳对高新技术的吸引力。

总之，深圳要成为高新技术产业发展的优选市，成为青年科技人员创业的天堂。

注　释

〔1〕高丽，即张高丽，时任中共广东省委副书记、深圳市委书记。

〔2〕子彬，即李子彬，时任中共深圳市委副书记、市长。

高谛、子树：

1. 深圳建软件园是对的，争取快建、建好。

2. 首建议为吸引大批在海外留学生创业、在深开辟留学生创业园，设计提供优良的服务。

3. 要立着、挑大风险投资、可和吸引外资结合起来。（含港资）

4. 要向国家证券委争取在深圳股市上开辟高新技术产业板块，使高新技术产业和资本市场结合。（争取国家的试点）这样大地增强了深圳对高新技术的吸引力。

总之、深圳要成为高新技术产业发展的绿洲市、成为青年科技人员创业的乐土。

李长春

这是李长春在深圳市软件园建设有关材料上的批示手迹。

依靠科技进步推动产业结构优化升级 [*]

（1998 年 8 月 19 日）

> 科技进步的关键是探索科技与经济紧密结合的新路子。企业要成为科技进步的主体，产品要做到生产一代，开发一代，储备一代，预研一代。要加快科研机构改革的步伐。大力发展民营科技企业。充分发挥高等学校在科技进步中的生力军作用，开展产学研结合，成为企业技术开发的社会依托。

我省正处在经济转型时期，依靠科技进步，推动产业结构的优化升级，成为我省增创发展新优势的首要问题。

一、我省在跨世纪的征程上正面临着两个重大挑战

当前，在经济领域我们面临两大挑战。一是面临经济全球化

---

　　* 这是李长春同志在广东省委、省政府《关于依靠科技进步推动产业结构优化升级的决定》（征求意见稿）民主协商座谈会上的讲话。

的挑战。经济全球化就是世界各国经济上的联系越来越密切，逐步形成相互渗透、相互依赖、相互促进、相互制约的关系，这是不以哪个国家的主观意志为转移的。经济全球化意味着任何一个国家的经济发展都不能够在自己的圈子内封闭地运行，必须最大限度地取消行政壁垒。在这种情况下，各国之间经济的竞争就更加激烈，各国为了取得竞争的优势，都在不断改革经济体制，调整经济结构，制定发展战略。在经济全球化的过程中，我们能够获得发展的新机遇，但也必须看到，这是一场没有硝烟的战争，将要在国内的市场上进行国际竞争。随着对外开放的不断深入，我们已经越来越感受到，一些国有企业存在困难，除了原有的负担、包袱之外，也有一个对经济全球化进程准备不足的问题，不适应这场竞争。为了发展经济，我们必须实行对外开放、吸引外资。外资到我国来，就是看准了中国的市场。国内市场上外国的名牌产品陆续打进来，对我国的民族工业是一个很大的挑战。世界银行、外国政府的贷款不是无条件的，特别是外国政府的贷款，就是为推销他们的产品占领我们的市场服务的。经济全球化不仅造成市场竞争越来越激烈，也造成了资本在全球的流动。资本在全球流动就存在着怎样防范国际金融投机家对我国经济安全的侵犯问题。东南亚一些国家就是吃了这个亏，在自己的金融机制不完善，监管跟不上的情况下，过早地开放了金融市场，被国际金融投机家炒作，两三个月的时间就造成了严重后果。在经济全球化的情况下，对国家安全的威胁，不仅是军事侵略、军事占领这种形式，防范来自国际的金融风险成为一个国家经济安全的一个十分重大的问题。在经济全球化的残酷竞争中，我们要屹立于世界民族之林，就必须大力发展生产力，不断壮大我们的经济实力，提高我们的经济素质。

二是面临科学技术迅速发展的挑战。当今世界科学技术的进步日新月异，深刻地改变着经济和生活的各个方面，特别是以信息技术为代表的新技术革命正在全球蓬勃发展，人类正在向知识经济的时代迈进。知识经济时代的一个非常重要的特点就是科学技术已经成为推动经济增长的主要动力，科技进步对经济增长的贡献率大大提高，经济发展对自然资源的依赖程度逐步降低，信息和知识成为在经济发展中比自然资源、资本更为重要的要素。知识型劳动者成为决定生产管理运作的主体，智力资本或知识积累已经成为改变经济系统产出的重要变量。特别是从最近七八年美国的发展中，科学技术对经济增长的作用使我们看得更清楚。为什么这几年在资本主义发达国家中美国以低通胀、低失业率、高增长成为经济发展的领头羊，正是科学技术起了重大作用，促使产业结构进一步升级。从80年代开始，美国和日本就展开了激烈的经济竞争，结果美国以发展高科技推动经济增长占了优势。在东南亚国家和地区中，同样受金融风暴冲击，经济素质好的，受影响的程度就小，如新加坡、中国台湾，其中一个重要原因就是高新技术产业占的比重大。

科技进步又进一步加速经济全球化的进程，两个挑战紧密联系在一起，进一步导致了更加激烈的竞争。因此，科技和人才成为竞争成败的主要因素。在世界性的科技进步大形势下，我们总体上还处于不利的地位，我国的经济总量不小，在一些产品方面也应该说是有优势的，在某些高科技领域也占有一定的席位，但是总体上跟我们这样一个大国的地位很不相称。从我省来看，情况也是这样，我省的经济总量占全国的近1/10，我们的一些产品也有优势，如家电，有一大批是全国的名牌，高新技术产品产值居全国首位，特别是深圳在很多方面都是不错的。但是必须看到，真正是我们自主开发的，拥有自主知识产权的产品不多，多数生产领域还是靠"引进—生产—再引进—再生产"这样一种重复引进、反复引进来维持生产，仅仅在较少的领域有消化、吸收、创新。在出口的产品里也有相当一部分是靠引进的技术，用廉价的劳动力打入国际市场，还有相当一部分是靠挂人家的商标、打人家的牌子、用人家的技术去出口。总体上没有形成我们自己的技术创新机制，对中央一再强调的"科学技术工作必须面向经济建设，经济建设必须依靠科学技术"的方针，我们还落实得不好。

当前，我国正处于经济转型期，我省率先开放，打了一个时间差。现在全国形成全方位开放的局面，我省的优势在减弱，政策倾斜除了特区以外基本不存在了。我们有一些方面还是劣势，如总体上科技人才的实力跟上海、北京甚至西安、武汉比，我们还不如人家。在这种情况下，怎样继续增创我们发展的新优势，继续在改革开放和社会主义现代化建设上走在全国前面，就成为我省必须认真对待的一个重大课题。通过前四个月的深入调查研究可以看到，我省要在体制上增创新优势，进一步开放，产业上进一步优化升级，归根到底就是要依靠科技进步，要真正落实"科学技术是第一生产力"的思想，这是全部问题的核心。

二、科技进步的关键是探索科技与经济紧密结合的新路子

围绕科技进步，在微观上，做实际工作的同志往往只看到钱

不够，投入不足，实际上科技投入也确实是不足的，但从宏观上、从战略上看，更重要的问题是体制和机制问题。投入不足也与体制问题密切联系在一起，在现有的体制下，投入不可能足。体制问题集中表现在科技和经济"两层皮"，这种体制是在计划经济基础上形成的。在政权建立的初期，它有利于集中财力、物力、人力解决特定时期的关键问题，对迅速恢复国民经济起到重要作用，对于实现政府的特定目标如原子弹爆炸、卫星上天等发挥过积极作用。在一些特定的领域，还得沿用计划经济的办法，由政府来主导，但更多的领域，单靠这个办法已经成为科技进步的障碍了，比如用于电脑、通讯设备、家用电器的超大规模集成电路，现在大部分都靠进口。这就提出一个问题：为什么我们的原子弹能爆炸，而超大规模集成电路却搞不上去呢？根本的原因在于一个不是进入市场的，一个是进入市场的，也就是说我们原来的计划经济不适应市场的竞争，进入市场就不行。过去，苏联一直实行这个体制，结果他们拥有世界一流的科技队伍，拥有世界上最丰富的资源，但拿不出多少在世界上有竞争力的产品，主要靠资源型产品换汇。由于体制的落后，造成经济的被动，也成为导致政治危机，最后国家分裂的原因之一。这是长期实行计划经济的结果，所以我们如果再走这条路子，肯定走不通。我们比较早就看出这个体制不行，要改革。邓小平同志自党的十一届三中全会以来，对经济体制改革、科技体制改革等重大问题提出了一系列重要的观点，逐步形成了邓小平理论。

我国原有的科技体制，在经济体制改革的大潮中也有一些变化，中央围绕科技体制改革提出了一系列重要的指导思想、方针和政策，如"稳住一头，放开一片""面向""依靠"的方针，放活科研院所、放活科研人员，改革拨款制度等，也都取得了一定的成效。但应该说，我们整个科技进步的体制、技术创新的机制跟经济体制改革的步伐相比还是落后一段，还没有摆脱计划经济的束缚，不适应形势的要求。

什么现象可以说明体制和机制上的问题呢？

第一种现象，科研机构、科技人员是游离于产业系统之外的。在科技人员当中，我们国家吃"皇粮国税"的占76%，而美国不到10%，其余90%在产业系统。其结果是，一方面吃"皇粮国税"的科技人员喊经费不足，另一方面产业系统生产技术十分落后，社会财富积累缓慢。现在在各级领导中有相当一部分是科技人员出身的，为什么"不重视"科技呢，为什么有钱都不往那里投呢？根本上是体制问题，吃"皇粮国税"的人太多了，都养人头了，而且投入所产出来的科研成果只有很少一部分能够用上，这本身就是亏本的买卖。这怎么能够促进科技进步呢？

第二种现象，科技成果的转化率很低。我到深圳考察，有人告诉我，我国科技成果的转化率只有10%，比较好的上海达到20%，而发达国家都在70%、80%以上。也就是说，除了没有搞成功的以及市场预测失败的都能转化，为什么呢？因为课题来源于市场，来自于企业，是由企业提出然后跟科研部门合作的。现在我们有很多课题是从学术出发提出来的，并不是按照市场的要求来确定的。即使研究院所是从市场预测提出的课题，与企业对市场实际需求也是有很大距离的。项目本身不是来自市场，转化率怎么会高呢？

第三种现象，应用技术研究与开发等科技工作是在自身系统内小循环，没有进入国民经济的大循环。往往是科委立项、拨经费，研究单位搞出样机，写出论文，上报成果，评了奖、晋升了职称，就完事了。相当一些成果是既不应用又没有发现，它跟经济不就是脱节的吗？而且在科技行政管理上，由于部门林立造成板块式的管理，科研单位归科委管，企业归经委管。

第四种现象，重复设置、重复研究。中央指出的经济领域低水平重复建设问题在科技系统上也是普遍存在的。如刚才有些同

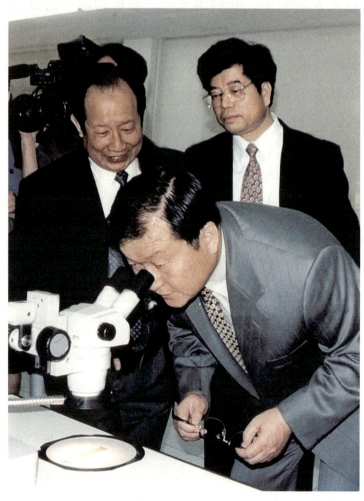

1998 年 10 月 21 日，李长春考察汕头超声仪器研究所。右一为汕头市委书记庄礼祥。

志谈到实验室的开放管理和仪器设备的利用率等问题。还不只这些，在机构设置、研究方向等方面都存在重复建设问题。搞基础研究，分工应是在国家这个层次，不是在地方这个层次。地方的科研机构、科研力量应最大限度地去创造物质财富。就连国家这个层次也还要稳住一头，放开一片，把更多的科技人员引向经济建设的主战场。当然大学例外，我主张有条件的重点大学要把基础研究很好地搞起来。因为它有多学科互相渗透的优势，这是科研机构比不了的。地方科研院所重复研究、重复设置，浪费纳税人的血汗钱也是相当严重的。

我感到高兴的是，广东这些年在冲破旧体制方面做了大量的工作，对基础性研究、社会公益性研究项目都通过各类基金进行招标，而且许多工程技术开发中心都设在企业里，这是非常对的。深圳已经成为科技与经济结合的一个很好的典型，在全国很有影响。我也考察了肇庆的风华集团，企业的技术开发力量非常强。企业技术开发力量强了并不等于不用社会的科技力量。它有强大的技术力量才能去凝聚社会上的力量，所以效果非常好。从这几个月的调研和以前对广东的了解，我对广东走出一条科技与经济结合的新路子充满信心，从我工作过的几个省来看，就广东有这个条件。特别是深圳的机制好，虽然深圳在科研机构上、科技人才上没办法跟上海、北京比，但它在依靠科技推动产业结构优化升级上完全可以走在前面。

建立新体制，要走科技与经济结合的新路子。这个新路子可以描绘成一段话：在政府的大力支持下，形成以大企业为主体，以高等学校、科研单位为社会科技依托，以市场配置资源为基本途径，以提高经济整体素质和综合竞争能力为目的，建立适应社会主义市场经济体制，符合科技发展规律的科技创新机制，走出一条科技与经济紧密结合的路子。这条路子的特点是：第一，政府大力支持，不论是从政策法规上、从投入上，政府的责任仍然是十分重要的。第二，确立大企业为科技进步的主体。在明确主体的情况下形成众星捧月的结构，就是以高等学校、科研单位为社会科技依托。第三，通过市场配置资源，使市场在资源配置上起基础性作用。科技成果、科技人才、科研经费都是资源，由过去的行政配置为主转为市场配置为基本途径。人才由企业面向市场录用，政府办户口。经费上实行政府投资法人化，用于基础研究和公益性研究的，实行招投标由专家委员会评审，并运用资本市场筹集资金等，弱化政府配置的比重。第四，以提高经济整体素质和综合竞争能力为目的。要对科技成果评价体系、科技工作考核体系进行改革。

走科技与经济相结合的新路子要重点抓好以下几点：

第一，企业要成为科技进步的主体。大企业和企业集团，要建立完善和发展壮大自己的科技开发机构，制定对科技人才有吸引力的政策，使吃"皇粮国税"的科技人员数量逐步减少，进入生产企业的逐步增加。企业的产品要做到生产一代，开发一代，储备一代，预研一代。

第二，加快科研机构改革的步伐。科研机构大体上分三类，一类是技术开发型，一类是基础研究型，一类是社会公益型。属于技术开发型的，可有三条出路：一是由事业法人转为企业法人，成为科工贸一体化经营的科技型企业；二是进入大企业或大企业集团，成为企业的技术开发机构；三是跟企业相互参股投资改造成股份有限公司。今后政府的投入主要运用科技风险投资公司，你不是企业法人就没办法签合同，没办法落实，没办法运作。当然，在税收政策上要给优惠，支持它们发展壮大。属于基础研究型的，要调整整顿，跟国家重复的我们地方不搞，但也要保留少量有优势有特色的基础研究。先调整整顿，后是深化改革，解决活力的问题。属于社会公益型的，包括环保、气象、农业上的一些领域，不能够推向市场的，我们还要支持，但也要避免低水平的重复。对某些过去划为基础研究划大了的，要对它们进行重新鉴别，最大限度地将其推向市场。将来对基础研究和公益性研究也要改革拨款方式，提高资金使用效益，同时像国有企业那样，对国有技术开发性科研机构实行资产重组，鼓励大企业来兼并联合。很可能有少数研究所没有企业要，自己变为科工贸实体也搞不起来，怎么办？这就说明你这个研究所是国民经济运行不需要的。只好把这种研究院所的科研人员、资产进行重组，无偿地划给某个企业。这不是说要把这些科研院所逼得走投无路，这叫资产重组，使他们更好地发挥作用。在这方面希望与我们各民主党派的同志们求得共识，共同做工作。

第三，我们要大力发展民营科技企业。对一些留学、退休的科技人员，要发挥他们的作用，支持他们创办民营科技企业。可以采取合伙经营、股份合作制等形式，充分调动方方面面科技人员的积极性。

第四，充分发挥高等学校在全省科技进步中的生力军作用。对有条件的综合性大学，可以搞科技型企业。要规划一些重点实验室，基础研究和中长期开发相结合的研究由大学来搞。也要大力开展产学研结合，成为企业技术开发的社会依托。

三、改革科技投入体制，建立适应市场经济的科技投入新机制

在科技投入问题上，要树立科技投入是生产性投入的正确观念，加大力度，改革原有的投入机制，调整投资结构，逐步形成鼓励、引导全社会多渠道、多层次增加科技投入的新机制。这里，有一个需要突破的问题，就是要从过去总是注重国民收入二次分配中的政府财政增加科技投入，转到重点放在大幅度增加国民收入一次分配中的科技投入和国民收入二次分配中的民间投入。这是在市场经济条件下，增加科技投入，建立新的科技投入机制的关键。因为国民收入二次分配中政府财政性投入毕竟是有限的，在这个圈子里打主意、想办法，即使翻一番，甚至翻几番，也解决不了问题。为此，我们必须有新的思路，在国民收入一次分配中科技投入和二次分配中的民间投入上做文章。

首先，企业要成为科技投入的主体。要鼓励企业增加科技投入，大大提高国民收入一次分配中科技投入的比重。科技投入主要靠政府财政投入非常有限，效益也不会很好。而主要由企业投入，情况就会大不一样。深圳的华为公司每年的研究开发投入超亿元，肇庆风华集团的科技投入占销售额的5%，去年投入4000多万元。如果全省有一大批企业都像华为、风华集团那样，全省科技投入的数量将相当可观，肯定大大高出目前每年政府投入6亿元的水平。这样，科技投入问题就解决了，资金的使用效益也会更好。因为国民收入一次分配与二次分配有天壤之别，一次分配投入是企业自己花自己的钱，不是儿子花老爹的钱。企业对自

己投入的资金精打细算，很少浪费。要制定政策，鼓励企业增加研究开发投入，如可采取加速折旧的办法，鼓励企业加快更新改造步伐等。大企业的工程技术研究开发中心要强制性按销售收入的一定比例投入技术开发，允许全部打入成本。这等于政府给予免交33%的所得税支持。

其次，要吸引民间的资金投入到科技进步中来。要增加高新技术企业进入资本市场的数量，考虑到高科技企业的特殊性，可在股票市场开辟高科技板块和设立风险投资公司相配套，建立风险投资机制吸收民间资金。

再次，要继续稳定增加政府财政科技投入。这是政府的责任，全省各级财政科技投入的增长速度必须高于财政收入的年增长速度。这里要突出强调的是，在增加财政科技投入的同时，要适应市场在配置资源上起基础性作用的要求，改革财政科研经费的拨款和使用办法，科研经费要由养人变为办事。公益性研究和应用基础研究按项目拨款，要实行招标、投标和专家评审。政府对重点实验室和重点学科要做到有所为有所不为。增加财政科技投入，钱从哪里来呢？我看还是要按照朱镕基总理在九届全国人大一次会议记者招待会上说的办法来解决。一是以政府机构改革为契机，下决心精简政府机构和人员，把吃财政饭的人减下来；二是提高决策水平，加强规划和宏观调控，减少投资失误，制止重复建设和盲目建设。只要把这两个方面的钱节省下来，用于增加科技、教育投入，那么实施科教兴粤战略就有保证。

四、大力培养和吸纳优秀科技人才

我们增创科技新优势，发展高新技术，实现产业化，最根本、最重要的基础是人才。一个国家、一个地区或企业，如果没有一大批优秀科技人才去开发、推广、应用高新技术，就不可能有第一流的优质产品，也不可能在国内、国际市场上有竞争力。广东虽然科技综合实力居全国第三，但科技人才总量不足，特别是高层次人才缺乏。这与经济总量全国第一的地位很不相称。各级党委和政府一定要树立人才资源是经济社会发展战略资源的观念，把科技人才队伍建设摆上重要议事日程。

一要抓培养。要重点培养产业技术带头人、优秀专家和拔尖人才，特别是要重视培养既懂现代科技，又有经营管理才能的复合型人才。要多方面提高干部队伍的科技素养，争取每年选派一批年轻干部进行外语、科技知识的再武装。省委、省政府已决定，今后每年选派几十名40岁左右外语基础较好的干部，经外语强化培训后，出国学习，回来后充实到企业、科研单位和党政机关，这件事情要切实办好。要进一步发挥高等学校培养科技人才的主渠道作用，支持高校和科研院所与大型企业联合办学，招收硕士生、博士生，培养企业研究开发人才。要鼓励高校的硕士、博士研究生在学期间参与企业科技开发，毕业后到企业工作。采取措施扩大高等学校、科研院所的博士后科研流动站规模，支持有条件的企业办好博士后流动站，培养一批高层次研究开发专业人才。增加对高校的投入，争取几所部省联办高校进入国家重点大学行列，规划建设大学园。

二要制定优惠政策，吸引海内外科技人才来广东工作。硕士、博士研究生毕业后被基层单位正式录用的，地方办户口要开绿灯，免收城市建设增容费。企业急需的大学本科毕业生，被聘用、试用一段时间后，企业提出申请，地方也要解决其入户问题。外地硕士、博士应聘到广东短期工作，工资福利待遇由聘用企业与其本人协商确定，不受工资级别限制，有关部门要为其子女入学提供方便。外省科技人员在不违反国家知识产权保护法规的前提下，带技术、成果来广东工作，可以采取技术入股、利润分成等办法，充分体现其知识和成果的价值。对科技人员的奖励，应主要体现在利润分成和技术入股上，要通过利润分成和入股，让有成就、作出贡献的科技人员先富起来。科技人员出国开展学术交流、合作，以及搞技术服务出入境难的问题，要千方百计设法解决。如果一时还不能全部解决，可先搞试点，对省里重点扶持的 50 家大企业给予特殊政策，优先解决。要欢迎出国留学人员来广东投资创办高新技术企业或工作。留学人员回国办企业是一件大好事，既带来了技术、资金，又引进了人才和先进的现代化管理，要大力支持。要通过建立留学人员创业园等形式，吸引各类留学人员回来投资创办高新技术企业、转化科技成果。

三要对取得重大科技成果、作出突出贡献的科技人员给予重奖。总之，我们要采取切实有效的措施，培养一大批高层次人才，把各方面的专业人才吸引过来，聚集起来，创造良好的条件，充分发挥他们的聪明才智和专业特长，使广东成为英才荟萃、各展所长的一方热土。

五、大力发展高新技术产业，提高产业竞争力

现代经济增长，从根本上说，是以产业结构转型升级为核心的增长。高新技术产业是国际经济和科技竞争的重要阵地，是产业结构升级的主要方向。无论哪个国家或地区，谁的高新技术产业比重大，谁就赢得发展先机，稳握竞争优势。高新技术产业是我们与发达国家差距最大的领域，也是我们参与国际竞争最重要的领域，我们一定要狠抓高新技术产业不放松，这是依靠科技进步推动产业升级的最直接的落脚点。高新技术产业不是孤立的，它与传统产业之间存在着相互依存的密切关系。一方面，高新技术产业向传统产业渗透，实现传统产业的高技术化；另一方面，传统产业为高新技术产业的发展提供孕育的温床和广阔的市场，高新技术产业不可能脱离传统产业而独立发展。但是，在新技术革命浪潮一浪高于一浪的形势下，谁不抢先发展高新技术产业，谁就只能搞传统产业，谁就处于被动落后的局面。因此，我们要大力发展高新技术及其产业，力争在一些重要领域接近或达到国际先进水平，并使新产品、新产业尽快取得规模效益，占领市场，成为改造、提高传统产业的巨大动力，提高产业的整体素质和市场竞争力。

我省的高新技术产业发展，在地区分布上，要抓好龙头，即广州、深圳和珠江三角洲高新技术产业带；在载体上，要重点抓6个国家级和4个省级高新技术开发区，50家大企业及其工程技术研究开发中心，以及有大学、科研单位参加的社会科技依托。各地级市要建立和健全生产力促进中心，为小企业提供技术服务。为小企业服务的技术开发中心可在顺德搞试点，可先在顺德

建立家电技术研究开发中心。这个技术中心要采取股份制的经营机制，不能搞成过去那种事业型开发机构，要按市场经济规律来运作。

高新技术产业的发展离不开政府的引导和扶持，要在原有基础上，制定进一步扶持高新技术产业的鼓励政策。要把全国各地扶持高新技术产业发展的优惠政策收集起来，集大成，搞出一个具有相当吸引力的政策。这次我们准备出台的《关于依靠科技进步推动产业结构优化升级的决定》，就是本着这个目的，为全省的科技进步、高新技术产业的发展，给予多方面的政策扶持。

推动科技与经济结合，走出一条新路子，还要进一步完善技术市场，拓宽科技成果向产业领域转化的渠道。可在深圳建立一个规模较大的科技成果交易中心，常年办理科技成果交易业务，定期举办全国乃至国际性的科技成果交易会。要率先在全国建成广东的信息高速公路，在公用信息网络上建立科技成果信息站，为产业部门提供咨询服务。要改革各级科委科技情报所，使之成为科技信息开发、咨询服务机构，由事业法人变为企业法人，为科技成果转化服务。

要重视和加强科技成果孵化基地的建设。在国家和省级高新技术开发区建立股份制的孵化基地，吸收国内外成熟的优秀科研成果到基地孵化。成果孵化出来后优先转让给区内的高新技术企业。政府可以考虑给予一定的配套资金支持。要加强知识产权保护，维护成果发明单位或个人的合法权益。

高等学校要"三副担子一肩挑"[*]

（1998 年 9 月 8 日）

> 高等学校在科教兴粤中担任着重要的任务，要将人才培养、技术开发、基础研究"三副担子一肩挑"。大力培养高层次的党政领导干部，重大项目、重点学科领头的学术和科技人才，高层次大企业和企业集团的经理人才；鼓励有条件的高等学校建立自己的高技术企业，与大企业开展产学研合作；在广东某些优势明显和地方特色突出的领域开展基础研究。

当前，我省面临一个根本问题，就是如何依靠科技进步，加快推动产业升级和结构优化，这是增创广东发展新优势的关键。这里面，科教兴粤是一大战略。科教兴粤，教育为本，人才是关键。

省委、省政府最近要出台一个关于依靠科技进步促进产业结构优化升级的决定，要走出一条科技与经济紧密结合的新路子。

＊ 这是李长春同志在广东省部分高校教师代表座谈会上讲话的一部分。

为什么提出新路子？首先就是过去我们在科技体制上存在严重的与经济体制脱节的问题；其次是因为广东这些年在科技和经济的结合上有了一个可喜的开端，工作做得好，基础好，在一些大企业建立了一批国家级和省级的工程技术开发中心，出现了像深圳这样技术和经济紧密结合的新路子的雏形，因此广东最有条件走出新路子。过去，我们的科技体制和经济发展是脱节的。这种体制的特点：一是科学研究和科研机构游离于产业之外，这与发达国家科研机构设在大企业、大财团里面有很大的不同。二是因此带来的科技成果转化率极低，我们国家平均是大约10%，而发达国家平均是70%—80%。三是相当一批工程技术人员分布在吃"皇粮国税"的单位，产业系统科技力量十分薄弱。据统计，我国在事业单位的科技人员占整个国家的86%，在产业系统的只占14%。四是科学研究工作低水平的重复建设到处可见。比如在国家与地方的分工上，本来基础性的研究主要在国家这个层次上，地方科研机构的主要任务是最大限度地增加社会财富，但我们到处都在搞基础研究。基础研究就是对事物的规律、大自然的规律要有所发现，利用人们这种认识来改造客观世界。但是我们大量既不能应用又不能发现的研究，浪费国家很多的科研经费。所以，一方面物质生产系统技术创新机制很差，效率很低，不能给国家提供更多的财政收入；而另一方面吃"皇粮国税"的队伍很庞大，很多搞科技方面的也吃"皇粮国税"，造成吃"皇粮国税"的单位经费不足，反差很大。这就是我们体制的症结。我们到国外企业看到，很多企业科技开发人员占职工人数的40%、50%。这是我们在原来传统的企业里看不到的。但令人高兴的是，深圳已有一批这样的企业，所以深圳在当前这种宏观经济情况下，仍保持 14% 的高速增长。而技术创新差的，在这种情况下，经济增速就大幅度下降。改革开放之后，在总体上，产品几十年一贯制这种情况有所改变。我在企业也做过技术工作，在政府任职也管过科委，体会比较深。改革开放以后，我们引进新技术有进步了，但必须承认，多数企业还是处于"引进—生产—落后—再引进"的怪圈里，没有科技开发，真正有我们自主知识产权者寥寥无几。

综观今后世界上的大趋势，我们确实要增强紧迫感。现在我们面临来自国际上的两大挑战。一个是经济全球化的挑战。经济全球化就是经济活动突破国界，在全球范围内按市场经济规律配置资源。在这种情况下，你自觉不自觉都必须参加到国际分工里

2000 年 11 月 1 日，李长春考察中山大学珠海校区规划。左一为中山大学党委书记李延保。

面去。现在我们要加入世界贸易组织,卡在什么问题,谈了那么多年?根本的问题,是它逼迫你最大限度地取消贸易壁垒,包括关税、什么许可证、什么配额,要把你推向自由贸易。现在还没有进入世界贸易组织,但随着改革开放的深入,我们必须参与激烈的国际竞争,可以说经济全球化对我们的民族工业是巨大的考验。为什么有的国有企业停产、职工下岗?根子是竞争能力上不去。很多领域国外产品来了,把我们的企业打垮。而且随着全球化必然带来的资本流动也要突破国界,资本的流动突破国界就带来国家经济安全问题。东南亚国家就是这个问题,在自己监管能力还没跟上的情况下,资本市场就开放了,国际金融投机家一炒作,最后几十年来所积累的财富失去了,两个月的时间就倒退了十几年。所以在经济全球化的情况下,国家的安全问题不仅仅是军事的入侵、军事的占领,而且是金融的安全挑战、经济的安全挑战,甚至有可能丢掉自己国家的部分主权。另一个大挑战,就是世界高新技术的发展,知识经济的挑战。必须承认,我们建设中国特色社会主义,先进技术的优势并不掌握在我们的手里,而是掌握在发达国家手里。高新技术的发展将影响到社会的每一个环节及方方面面。所以,能不能够在比较短的时间内,在科技进步上有一个长足的发展,是直接关系到我们在下个世纪多极化当中能不能占据主动地位的大问题。国际上的两大挑战要求我们必须加快科教兴粤步伐,增创发展新优势。

高等学校在科教兴粤中担负着繁重的任务,要"三副担子一肩挑"。首先是人才培养。总体上我省在人才上不能说有优势,与上海、北京等相比更没有优势。无论科技的竞争、经济的竞争还是知识的竞争,归根结底是人才的竞争,人是科学、知识、管理的载体。必须千方百计提高教师水平和教学质量，培养适应改革开放和现代化建设需要的各种人才，而且高、中、初各种人才都要全面提高水平，包括我们的工人技术队伍。为实现跨世纪目标，我们现在就要大力培养三个方面的高层次人才。一是要培养能在重要岗位担当重任的高层次的党政领导干部。我们要跟国外大财团打交道，如果领导干部的层次上不去是不行的。我们这次到上海去学习，看到上海领导干部的新生梯队送到国外培训一年，在国内考试择优，还进行外语择优，我们确实还有差距。二是要培养能够在重大项目、重点学科领头的学术和科技人才。三是要培养高层次大企业和企业集团的经营人才。通过若干年的努力，在全国各个省建立我们的相对优势，这是广东的后劲所在。我们搞一些基础工程、基础设施，这是后劲，但是人才培养是最重要的后劲。其次，我们要在推动提高全省经济整体素质和综合竞争能力上作贡献。我们既要鼓励有条件的高等学校建立自己的高科技企业，也要鼓励大企业建立和完善自己的研发机构，以大企业为主体，高等学校为社会科技依托，实行产学研结合，直接为提高我们的产品的竞争力服务。再次，本着有所为有所不为的原则，在我省某些优势明显和地方特色突出的领域发展我们的基础研究。高等学校应该是基础研究的重要"方面军"，它有多学科互相渗透的优势。地方科研机构除有特色、有优势的外，今后原则上就不要搞基础研究了，主要搞应用技术开发；但是高等学校就要基础研究、技术开发、人才培养"三副担子一肩挑"。总之，希望大家认真贯彻落实省第八次党代会精神，在科教兴粤中发挥重要作用，为全省发展继续作出新的贡献。

把加速科技进步放在
经济社会发展的关键地位[*]

（1998 年 9 月 11 日）

> 加速科技进步关键是要走出一条科技与经济紧密结合的新路子，要大力推动企业成为科技进步主体，建立企业的技术创新机制；加快科研机构改革步伐，动员绝大多数科技力量投向经济建设主战场；鼓励留学人员、离退休科技人员创办民营科技企业；要充分发挥高等院校在全省科技进步中的生力军作用。一把手亲自抓第一生产力，把人才资源作为经济社会发展的第一资源，加速推动科技进步。

1988 年 9 月，邓小平同志深刻分析国际形势和科学技术的发展趋势，在马克思关于科学技术是生产力的基础上，创造性地提出"科学技术是第一生产力"的科学论断。这是邓小平同志对马克思主义科学技术理论的重大发展。在这一科学论断发表十周年之际，重温并深入学习理解其精神实质，对于高举邓小平理论

---

* 这是李长春同志发表在《南方日报》上的文章。

伟大旗帜，进一步落实"科学技术是第一生产力"的思想，切实依靠科技进步增创广东发展新优势，具有十分重大的意义。这也是我们最好的纪念和最实在的行动。

一、增创广东发展新优势，必须全面落实 "科学技术是第一生产力"的思想

邓小平同志"科学技术是第一生产力"理论，深刻揭示了科学技术在当代经济和社会发展中的首要推动力作用，阐明了科学技术是一个国家或地区繁荣昌盛的决定性因素。从18世纪末以蒸汽机技术为先导的工业革命，到19世纪末和20世纪初以电气技术为先导的电气产业革命，以及"二战"后到80年代以来以电子信息技术为先导的信息产业革命，近现代世界经济发展的每一次高增长期，无不是科技进步推动的结果。当前，以信息技术为特征的新技术革命方兴未艾，人类又逐步向知识经济时代迈进。信息和知识相对于自然资源和资本在经济发展中越来越成为最主要的因素，智力资本或知识积累越来越成为改变经济系统产出的重要变量。世界各国之间经济实力和综合国力的竞争，实质上是科技和人才的竞争，科技进步已成为经济发展的决定性因素。历史的发展雄辩地证明了邓小平同志"科学技术是第一生产力"科学论断的客观真理性和宏远的预见性。

增创广东发展新优势，必须全面落实"科学技术是第一生产力"的思想，加快实施科教兴粤战略，把广东的经济发展真正转到依靠科技进步和提高劳动者素质的轨道上来。从广东跨世纪发展的实际来看，我们正面临着两大挑战。一是经济全球化的挑

战。经济全球化意味着任何一个国家和地区的经济发展，都不能在自己的圈子内封闭运行，必须面向世界开放，参与国际分工和合作，各国之间经济上的联系愈来愈密切，逐步形成相互渗透、相互依存、相互促进和相互制约的关系。在这种情况下，我们不仅要面对激烈的国际竞争，而且国内市场和国内竞争也日趋国际化。我们要在竞争中立于不败之地，就必须大力提高经济素质和竞争力。而经济素质的提高必须依靠科技进步。二是科学技术迅速发展的挑战。世界科学技术发展日新月异，随着知识经济时代的到来，技术更新周期大大缩短，产业结构调整升级加快，科技进步对经济增长的贡献率大大提高，科学技术已成为竞争取胜的决定性因素和最有力武器。发达国家就是利用先进科学技术的优势，在国际贸易中使欠发达国家处于不利地位的。

我们广东工业化任务尚未完成，科技基础比较薄弱，要在跨世纪的发展中继续走在全国前列，就必须适应科学技术迅速发展的形势，加速科技进步。只有科学技术这个"第一生产力"上去了，经济增长方式才能根本转变，产业发展才能跃上一个新的平台，经济整体素质和综合竞争力才能提高到一个新的水平。

二、加速科技进步关键是要走出一条
科技与经济紧密结合的新路子

影响科技进步的因素很多，但最重要的是体制和机制问题。在传统体制下，长期以来科技与经济脱节，即科技与经济"两层皮"。一是科研机构、科技人员大多游离于产业系统之外。科技人员主要分布在吃"皇粮国税"的事业型机构，其结果，一方

面，吃"皇粮"的人太多，经费不足；另一方面，企业技术开发力量薄弱，生产技术落后，社会财富积累得慢。二是科技成果转化率低。大多数研究开发项目不是来自市场、企业的需要，科技成果难以产业化。因此，一方面科技投入不足，另一方面没有有效利用，造成很大浪费。三是科技工作很大程度上在科技体系内部小循环，没有进入国民经济的大循环。在应用技术研究领域也往往是科技主管部门立项、拨经费，科研单位搞了样机、写出论文、上报成果，科研工作即算完成。客观上，科研只是为评奖和晋升职称"服务"。至于研究成果有没有转化为生产力，是否增加了物质财富，则是另外一回事了。四是地方科研机构存在着低水平的重复设置、重复研究，机构重叠，功能类似。国家一级在搞基础研究，地方也在搞相同的基础研究。搞基础研究的没有"发现"，搞应用技术研究的不能"应用"，设备重复购置等等。这种科技与经济相脱节的科技体制必须彻底改革。要通过深化科技体制改革，形成在政府的大力支持下，以大企业为主体，以高等学校、科研单位为社会科技依托，以市场配置资源为基本途径，以实现产业化从而提高经济整体素质和综合竞争能力为目的，适应社会主义市场经济体制，符合科技自身发展规律的科技创新机制，走出一条科技与经济紧密结合的新路子。

走出这条新路子，要重点解决如下几个问题：第一，企业要成为科技进步的主体，建立企业的技术创新机制。大中型企业都要建立和完善科技开发机构，都要制定吸引优秀科技人才的优惠政策，把大批科技人才吸纳进企业来，使科技开发人员占企业职工总数的比例大幅度上升，不断壮大企业技术开发力量，增加技术开发投入，做到生产一代、储备一代、研制一代、预研一代，逐步从计划经济下的生产型向市场经济下的经营开发型转变。第二，要加快科研机构改革步伐。通过资产重组、人员分流、分类指导，动员绝大多数科技力量投向经济建设主战场，使科技"长入"经济，为社会创造物质财富。现有的科研机构中属技术开发型的要逐步由事业法人转变为企业法人，成为科工（农）贸一体化经营的科技型企业，或通过兼并、联合进入大企业和企业集团成为企业技术开发机构，或与企业相互参股投资改造为股份制企业。对基础研究型和社会公益型的科研机构，要进行结构调整，消除重复设置、重复研究，对确能体现广东优势和特色的予以保留，其余的转为开展应用技术研究。要使科技人员大部分分布在吃"皇粮"的事业单位的局面发生根本性的改变。第三，要充分发挥高等学校在全省科技进步中的生力军作用。高等学校有多学科互相渗透和人才聚集的优势，要在高等学校规划建设一些重点实验室，使之在基础研究和中长期开发相结合的研究领域发挥所长，有所作为。有条件的高校，要大力创办校办高新技术企业，使产学研有机地结合起来。第四，要大力发展民营科技企业。特别是要鼓励留学人员、离退休科技人员，采取合伙经营、股份合作制等多种形式，创办民营科技企业，并以此分流政府科研机构的科技人员。走出这条新路子，对广东跨世纪发展至关重要。广东也完全有条件走出这么一条新路子。

三、加速科技进步要建立以国民收入 一次分配为主的科技投入新机制

科技投入是科技进步的必要条件，是实施科教兴粤战略的基

本保证。科技投入不足，已成为社会各界共同关心的问题。但是，要从根本上解决科技投入不足的问题，必须改革现行的科技投入体制，建立适应社会主义市场经济的科技投入新机制。要从过去单纯注重在财政收入中增加科技投入，转到在增加财政分配中科技投入的同时，大幅度增加国民收入一次分配中的科技投入，使企业不仅是研究开发的主体，而且成为科技投入的主体。要制定财政税收优惠政策，鼓励、引导企业增加科技投入。我省通过依托企业建立工程技术研究开发中心，已有一批高新技术企业逐步成为科技投入的主体。如深圳的华为公司每年的研究开发经费投入超亿元；肇庆风华集团的科技投入占销售额的 5%，去年投入达 4000 多万元。如果大中型企业都能像华为、风华集团那样，全省的科技投入就会大大增加，科技投入不足的问题就能得到较好的解决，而且企业科技投入的资金使用效益也比财政投入的好。

强调增加国民收入一次分配中的科技投入，并不意味政府不要增加科技投入。各级政府都要树立科技投入是生产性投入的正确观念，继续稳定增加财政科技投入。全省各级财政科技投入的增长速度必须高于财政收入的年增长速度。与此同时，要适应市场在配置资源上起基础性作用的要求，改革财政科技经费的拨款和使用办法，科研经费要由主要养人转为主要干事。今后政府新增加的科技投入，要多用于支持省重点扶持的 50 家大企业（集团）建设好工程技术研究开发中心，多用于重点实验室建设和吸引高层次人才。各级政府通过各种政策支持企业科技进步的投入，都要作为新注入的国有资产，加强管理，提高资金使用效益。此外，要积极探索建立科技风险投资机制，在资本市场建立高科技企业板块，运用市场机制解决科技投入问题，多渠道筹集社会资金，支持高新技术及其产业的发展。

四、加速科技进步要充分发挥人才这一经济社会发展第一资源的重要作用

增创科技新优势，发展高新技术，实现产业化，最根本最重要的基础是人才。一个国家、一个地区或企业，如果没有一批优秀科技人才去开发、推广、应用高新技术，就不可能有技术含量高和附加值高的优质产品，也不可能在国内国际市场上有竞争力。各级党委和政府一定要把人才资源作为我省经济社会发展的第一资源，编制好人才发展战略和人才资源开发规划。

人才队伍建设，一是要抓培养。重点培养产业技术带头人、优秀专家和拔尖人才，特别要重视培养既懂现代科技又有经营管理才能的复合型人才。要进一步发挥高等学校培养人才的主渠道作用，鼓励高等学校与大企业联合培养硕士、博士研究生；采取措施扩大高等学校、科研院所的博士后科研流动站规模，支持企业办好博士后流动站，培养高层次的企业研究开发人才。二是要制定优惠政策，吸引海内外优秀科技人才来广东创业发展。要放宽科技人员入户限制、调整分配政策，吸引大批高层次的专业人才来我省工作。要建立留学人员创业园，鼓励和吸引各类留学人员来广东投资创办高新技术企业，转化科技成果。三是要让对增加社会财富作出重大贡献的科技人员经济上有实惠、政治上有荣誉、社会上有地位。要通过技术入股、利润分成等办法，充分体现知识的价值，要鼓励优秀的科技人才进入企业，让取得显著经

济效益和社会效益的科技人员先富起来。要大力宣传表彰有贡献的科技人员，形成尊重知识、尊重人才的良好社会风尚。要加强基础教育和职业技术教育，大面积地提高劳动者的素质。总之，我们要采取有力措施，创造良好的条件，把各方面的优秀专业人才吸引过来，聚集起来，充分发挥他们的聪明才智和专业特长，使广东成为英才荟萃、各展所长的一方热土。

五、加速科技进步最有力的保证在于
第一把手亲自抓第一生产力

科技进步能否有一个大的发展，取决于各级领导特别是第一把手对科技进步的认识和工作力度。面对科学技术在经济、政治乃至整个社会发展中所起的越来越重要的作用，我们的领导干部如果对世界科学技术发展的大趋势认识不清，甚至茫然无知，就把握不住时代的脉搏，容易被陈旧的观念束缚，难以开拓进取；如果对推动科技进步中的各种重大问题，没有正确的对策措施，不能及时解决，科技进步也就变为空谈。因此，各级党政第一把手要以战略的眼光和高度的历史责任感，亲自抓好第一生产力。要全面落实邓小平同志"科学技术是第一生产力"的思想，切实把加速科技进步放在经济社会发展的关键地位。要密切关注国际国内科学技术发展的新动向，研究制定本地区科技进步的战略和规划，并将之纳入国民经济和社会发展的总体规划。要从舆论宣传、制定政策、尊重人才等各个方面，营造有利于科技进步的社会环境。要统揽全局，协调各方，形成推进科技进步的合力，狠抓各项科技政策的落实，切实解决科技进步中的各种问题，不断

把科技进步推向前进。我相信，只要我们始终坚持和全面落实邓小平同志"科学技术是第一生产力"的思想，走出一条科技和经济紧密结合的科技进步的新路子，广东就能创出科技新优势，科教兴粤战略必将结出丰硕成果。

第一把手要抓第一生产力[*]

（1998 年 11 月 14 日）

产业结构的调整和优化升级、支柱产业的成长壮大、新经济增长点的培育和发展、农业现代化、提高出口产品在国际市场上的竞争力，乃至精神文明建设，无不需要依靠科技进步。当今世界，经济实力的竞争，综合国力的竞争，实质是科技实力的竞争。政治和军事的力量取决于经济、产业的发展，而经济、产业的发展又取决于科技的进步和突破，科技进步已越来越成为经济发展的决定因素。

1988 年，邓小平同志用马克思主义的宽广眼界看世界，在分析国际形势和科技发展趋势的基础上，提出了"科学技术是第一生产力"的光辉理论。这是马克思主义科技理论的重大发展，是继英国哲学家培根提出"知识就是力量"、马克思提出"科学技术是生产力"之后，人类对科技与经济结合认识的飞跃。"科

---

　　*　这是李长春同志发表在《广东科技报》上的文章。

学技术是第一生产力"理论，揭示了科学技术在当代经济社会发展中的重要作用，深刻阐明了科技是经济发展的动力。科技是物质文明和精神文明发展的基础，依靠科技进步是中国面向现代化、面向世界、面向未来的重要途径。信息技术革命推动全球经济增长方式发生根本转变，人类正逐步进入知识经济时代。这是当代科学技术对社会作用日益深化，科技与经济关系日益紧密化、高级化的结果。在知识经济时代，知识取代劳动力而成为最重要的生产要素，知识的生产、学习、创新将成为人类最重要的活动，科学技术起着真正的核心和关键作用。科技知识造就新的产业主体，知识型劳动者成为决定生产和管理运作的主体，人力资本或知识积累已成为改变经济系统产出的显著变量。历史的发展证实了邓小平同志"科学技术是第一生产力"理论的真理性、预见性。

1991 年，省委、省政府在作出依靠科技进步促进经济发展决策的同时，提出"第一把手抓第一生产力"，要求各级党政第一把手要重视科技，亲自抓科技进步。这是广东贯彻实施邓小平同志"科学技术是第一生产力"理论的重大举措。七年来，省委、省政府认真组织"第一把手抓第一生产力"工作，各级党委和政府狠抓落实，并结合本地实际，创造性地开展工作，促进了科技经济一体化，实现了经济、科技工作的战略性转变，取得了令人瞩目的成就：经济、科技综合实力增强，科技投入稳步增长，高新技术及其产业发展迅速，科技促进国民经济增长贡献显著，经济持续快速健康发展。实践以雄辩的事实证明，邓小平理论具有无比的正确性和无穷的威力。

今年是邓小平同志"科学技术是第一生产力"理论发表 10

2002 年 5 月 28 日至 30 日，广东省科技创新"六个一"工程成果展示会在广州召开。图为李长春参观展示会展馆。左三为广东省省长卢瑞华，左四为广东省委常委、副省长李鸿忠，右一为广东省人大常委会副主任、党组副书记卢钟鹤，右三为广东省科技厅厅长谢明权。

周年和改革开放 20 周年。在这个时候，组织全省各级第一把手，笔谈学习、实践邓小平同志"科学技术是第一生产力"理论的认识和体会，具有十分重要的意义。这实际上是在全省各级领导层对深入学习贯彻邓小平理论的又一次普遍宣传和发动，对推进"第一把手抓第一生产力"，对广东在新一轮经济发展中更坚定地依靠科技进步，促进经济增长方式转变，保持经济持续快速健康发展，必将起到积极作用。

　　广东怎样才能做好"增创新优势，更上一层楼，率先基本实现社会主义现代化"这篇大文章呢？依靠科技进步，提高产业技术含量，加速发展高新技术产业是极其重要的方面。产业结构的调整和优化升级、支柱产业的成长壮大、新经济增长点的培育和发展、农业现代化、提高出口产品在国际市场上的竞争力，乃至精神文明建设，无不需要依靠科技进步。当今世界，经济实力的竞争，综合国力的竞争，实质是科技实力的竞争。政治和军事的力量取决于经济、产业的发展，而经济、产业的发展又取决于科技的进步和突破，科技进步已越来越成为经济发展的决定因素。面对这种新形势，我们必须坚持邓小平同志"科学技术是第一生产力"理论，把加快科技进步放在经济社会发展的关键地位，使经济建设真正转到依靠科技进步和提高劳动者素质的轨道上来。面向 21 世纪的新时代，我们只有紧紧抓住科技这个第一生产力不放松，才能顺应世界经济、科技发展的新潮流、大趋势，才能抓住机遇，发展优势，把全省的改革开放和社会主义现代化建设事业推进到一个新阶段。

充分发挥重点大学的龙头带动作用 *

（1999 年 4 月 6 日）

"增创新优势，更上一层楼，率先基本实现社会主义现代化"，这个"新"更重要的就是要在科技和教育上建立新的优势。中山大学作为我省的最高学府，省委、省政府大力支持你们，争取纳入省部联建办世界一流大学的规划，在全省科教兴粤战略中发挥龙头带动作用。要在提高教学水平、提高人才质量上走在全省各高等学校前面，起到龙头带动作用。要在提高学术水平、科研水平上起到龙头带动作用。要积极推进产学研紧密结合，在推动广东产业结构、产品结构转型升级，增创新优势、率先基本实现社会主义现代化作贡献方面发挥龙头带动作用。要在深化高等学校的内部改革上为全省创造经验。在班子、队伍建设上，也要为全省高校创造经验。

---

* 这是李长春同志考察中山大学时讲话的一部分。

中山大学是历史非常悠久的高等学府，是在国内外享有盛誉的大学之一，有着光荣的革命传统，充满了"中山精神"和"中山文化"，多年来为国家培养了一大批优秀的人才，为广东经济社会发展作出了卓越贡献。

中山大学作为我省的最高学府，应该在全省的科教兴粤战略上发挥更大的作用。你们提出的定位我很赞成，要把中山大学建设成为走在国内一流大学前列、在国际上有一定影响的研究型综合大学。我看再加一句，要在广东省的高等教育中发挥龙头带动作用。广东改革开放 20 年发生了巨大的变化，经济实力居全国各省之首，经济体制改革也迈出了重大的步伐，在两个文明建设上都创造了很多好的经验。当前也是广东总结过去的 20 年，策划今后跨世纪征程怎么样进一步增创新优势、更上一层楼的关键时刻。在这个关键时刻，江泽民同志于去年和今年两次对我们作出了重要指示，要求我们"增创新优势，更上一层楼，率先基本实现社会主义现代化"。这个"新"更重要的就是要在科技和教育上建立新的优势，使得我们在科技水平上走在全国的前面，在一些领域、一些行业要占据制高点。要成为教育大省，必须有丰厚的人才实力作为后盾，这样才适应率先基本实现社会主义现代化的要求。这就要求高等学校在内的整个教育水平要有极大的提高，特别是要有一批能够进入全国一流水平的高等学校，并且为长远目标即进入世界名校行列奠定基础。我感到，学校提出的目标既是鼓舞人心，又是经过努力可以实现的。一个学校的发展第一位的还是学校本身。内因是基础，是根据，外因是条件，关键是我们全体师生员工的共同努力。我看从去年换届充实了领导班子之后，大家的精神状态很好，这是很有利的条件。要把广大教职员工发动起来，共同为学校新的定位努力奋斗。同时也要积极争取教育部的支持。教育部的支持很重要，它是国家主管教育的部门，对学校的发展至关重要。要把我们学校的想法、规划、安排及时地向教育部汇报，取得教育部的支持和帮助。与此同时，省委、省政府大力支持你们，争取纳入省部联建办世界一流大学的规划。我感到广东这个传统很好，对于部属院校在支持上、在发挥作用上，跟地方的院校一视同仁，要继续坚持这个做法。我想特别是重点学科、重点实验室建设，只要教育部确定了，纳入到重点计划之内给予大力支持的，省里都会积极给予支持。对于征地和进一步改善教职员工的居住条件，地方政府的态度是积极的，也是部里拿大头、地方上积极支持这么个原则。总之，支持你们在全省科教兴粤战略中发挥龙头带动作用。

关于如何发挥好龙头带动作用，也想谈点意见，供你们研究。龙头带动作用，高等学校最重要的任务是培养人才，要从以下几个方面努力：

第一，要在提高教学水平、提高人才质量上走在全省各高等学校前面，起到龙头带动作用。一个学校在社会上的地位，不是由上级封的，你是不是"211 工程"[1]大学、是不是一流的学校，这些都不是委任的，也不是由自己申报的，这个自荐精神当然是好的，但不是取决于这个，首先取决于人才质量如何。从客观规律看，培养的人才到社会上，基本上在某个岗位上待上一年到两年就可以看出这个人有没有潜力，有没有作为。如果中山大学培养出来的学生在社会的各个岗位上都能够是中坚和骨干力量，这样学校的地位就上去了，就得到了社会的承认。前提是学苗就得好，得争取到好学苗。好学苗就得靠学校在社会上的形象、学校的业绩、光荣传统、师资水平、学校的设施，这是一个综合因素，只有这样才能够吸引到好的学苗。有了好的学苗之后，关键还要有一套严格的培养程序，特别是在学生的基础理论、基本知识、基本操作技能（过去叫"三基"）训练上要高出其他学校一筹。现在清华大学的社会声望很高，很重要的原因是清华大学毕业出来的学生都被社会普遍承认"三基"比较好。此外，还要有好的思想作风，就是要德才兼备，希望学校在教学水平和教学方法上不断探索，为其他高等学校提供新鲜的经验，在教学水平、教育质量上发挥龙头带动作用。

第二，要在提高学术水平、科研水平上起到龙头带动作用。

1999 年 4 月 6 日，李长春考察中山大学分析与测试实验室。左一为广东省委常委、秘书长蔡东士，右一为广东省委常委、副省长卢钟鹤，右二为中山大学物理科学与工程技术学院院长许宁生。

学术水平和科研水平紧密联系在一起，要靠科学研究不断地促进学术水平的提高。像中山大学这样的重点大学要重视基础研究，在几个有基础、有优势的领域加大力度，每年在学术界都能有一批有影响的论文。过去我们讲基础研究不能搞低水平重复建设，特别是有些一般的研究单位，大家都搞基础研究，这个不行。但是，重点高等学校必须把基础研究作为重要任务，因为它有多学科互相渗透的有利条件，有和教学紧密结合的有利条件，有和国际进行广泛学术交流的有利条件。所以希望中山大学在基础研究及某些专业方面能够在国家的基础研究领域占有一席之地，在有影响、有水平的论文里面，中山大学要占一定的份额，这也是一个学校学术水平、科研水平、社会形象的重要方面。

第三，要积极推进产学研紧密结合，在推动广东产业结构、产品结构转型升级，为广东增创新优势、率先基本实现社会主义现代化作贡献方面发挥龙头带动作用。对广东优化结构、转型升级进而率先基本实现社会主义现代化的重大课题，省里要引入竞争机制，通过竞争机制引导学校积极参与，积极争取，直接为全省率先基本实现社会主义现代化作贡献。我们也希望学校在发展高新技术产业方面迎头赶上，要有自己的高新技术产业，有代表性的高科技公司。希望中山大学能够通过若干年的努力形成在社会上有影响的高新技术产业。

第四，要在深化高等学校的内部改革上为全省创造经验。现在整个改革已经深入到各个领域，这些年党政机关的改革又进一步深入了，国务院的改革去年进行了，今年进行地方党政机关的改革。高等学校内部的改革在全社会来看是比较滞后的。前不久，一位药学院的副教授给我写了一封信，建议推动高等学校内部改革，我看他摆了很多情况，讲的很多思路从方向上看都是对的，我也建议把那封信报给李岚清同志。我建议中山大学在高等学校的内部改革上走在前列。刚才学校提出来说，要从干部、人事制度改革入手，抓住考核、流动这两个环节，我赞成。高等学校改革就是要从调动人的积极性入手，改变当前普遍存在的办学效益不好、吃"大锅饭"较严重的现象。高校的人事改革不能靠简单的"下岗"，而是要采取内部分流，各得其所，都要发挥作用，关键是调动广大教职工的积极性，为社会作出贡献。高校的潜力大得很，要通过改革把大家的积极性调动起来。

第五，在班子、队伍建设上，也要为全省高校创造经验。一是班子建设。领导班子建设第一位是团结合作，第二位是工作水平。要像爱护眼睛那样，十分珍惜团结合作。班子建设的关键是按民主集中制办事。书记、校长是关键之关键，高校的领导体制是实行党委领导下的校长负责制。党委要管方向、干部、队伍、思想政治工作、重大问题的决策。党委要支持行政、校长的工作。重大问题要由党委统一决策，日常事务由行政负责。党委书记既要靠思想水平、政策水平来凝聚大家，也要靠人格魅力来团结同志，以诚相待。行政负责同志要自觉增强党的观念，重大问题要主动请示党委，争取党委的支持。书记、校长要形成坚强的领导核心。二是抓好队伍建设（包括教师队伍、干部队伍）。学校要抓紧培养、引进一批学术带头人，这是学校学术水平、教学水平的关键，没有一流人才不行。我感到很高兴的是，我们重点科研项目的第一负责人里面有70%是45岁以下的，这就是中山大学的后劲所在。刚才我们看的两个实验室的带头人也都很年轻。要千方百计地培养这么一批人。在班子队伍建设里面还有一个软件建设，就是校风，或者称为校园文化，要形成一个良好的校风。中山大学的校训是孙中山先生题的，叫"博学、审问、慎思、明辨、笃行"。要落实好这个校训，形成一个好的校风，校风搞好对广东有着非常现实的重要意义。我们处在改革开放的前沿，毗邻港澳，经济的市场化程度高，市场经济意识已经渗透到各个角落里面去了。在这种环境下，怎么办好高等学校，使其有好的校风、浓厚的学术氛围是很有现实意义的。希望中山大学发挥优良传统，把中山先生留下的校训，很好地落实到学校工作的各个环节，锤炼成一个好的校风并传承下去。

注　释

〔1〕"211工程"，即面向21世纪、重点建设100所左右的高等学校和一批重点学科的建设工程，于1995年11月经国务院批准后正式启动。"211工程"是新中国成立以来由国家立项在高等教育领域进行的规模最大、层次最高的重点建设工作，是中国政府实施科教兴国战略的重大举措、中华民族面对世纪之交的中国国内外形势而作出的发展高等教育的重大决策。

坚定不移地实施科技"五个一"工程[*]

（1999 年 10 月 11 日）

> 依靠科技进步推动产业结构优化升级必须坚定不移地实施"五个一"工程：牢固树立"科学技术是第一生产力"的思想，走出一条科技和经济紧密结合的新路子，把发展高新技术产业和以高新技术改造传统产业作为第一经济增长点，制定一套扶持高新技术产业发展的政策措施，一把手抓第一生产力。

省委对依靠科技进步推动产业结构优化升级非常重视，这是我省在跨世纪征程上能不能在全国保持优势的第一位的问题。去年，省委、省政府印发了《关于依靠科技进步推动产业结构优化升级的决定》（以下简称《决定》）。今年中央专门开了技术创新、发展高新技术产业的会议，现在看来我省的《决定》完全符合中央的要求。各级党委和政府要坚定不移地贯彻落实好这个《决定》，我想精髓是"五个一"工程。

---

* 这是李长春同志考察东莞国际电脑资讯产品博览会时的谈话。

第一个"一"，就是要在指导思想上牢固树立"科学技术是第一生产力"的思想。邓小平同志提出"科学技术是第一生产力"的思想，是对马克思主义社会发展动力学说的一个丰富和发展。我认为邓小平同志对社会发展动力学说在两点上有发展。一是提出改革也是解放生产力、发展生产力。特别在无产阶级取得政权之后，上层建筑和经济基础、生产关系和生产力虽然总体上适应，但在一些具体方面还不适应。怎么样解决社会的前进动力呢？那就要改革，改革是社会主义制度的自我完善。革命是解放生产力，改革也是解放生产力。二是提出科学技术是第一生产力。特别是当今经济全球化深入发展和科学技术突飞猛进，给我们带来新的机遇和挑战，我们更应该看到科学技术对社会发展的推动作用。实际上，美国经济一直保持快速发展的原动力是什么？是高新技术。它的经济总量从十年前占全球的23%，增长到现在的28%，比重增加了，而且由于经济的发展，不断地推动高新技术的发展，也缓解了资本主义社会的一些固有的矛盾。所以，科学技术是第一生产力，确实是对马克思主义社会发展动力学说的发展。

我们国家正在加快社会主义现代化建设的步伐，要实现三步走的目标，改革、开放都是手段，最终是要体现在综合国力的增强上，就是经济实力、国防实力和民族凝聚力要增强。所以，对我们广东来讲，要在跨世纪征程中继续走在全国的前面，关键是依靠科技进步推动产业结构优化升级。因此，各级领导干部必须有强烈的科技意识。换句话说，没有强烈的科技意识，这样的领导班子已经不适应跨世纪的广东的发展形势。

第二个"一"，就是必须走出一条科技和经济紧密结合的新路子。依靠科技进步推动产业结构优化升级，要走一条新路子，老路子不行。我们的愿望是要通过科技进步把经济发展水平搞上去，所以不走新路子是实现不了的。在传统体制下，科技和经济是"两张皮"，科技开发活动基本上游离于产业之外，大量的科技活动是处于"假戏真做"的状态，科技成果的转化率很低。一方面，我们的科技投入不足，另一方面还造成了大量的浪费。走出一条新路子，就是要建立起以企业特别是大型国有和国有控股企业为主体的技术创新体系，要增强自主开发知识产权的能力，有自主开发的知识产权，这是问题的关键。因此，我们要求所有的大型企业和企业集团，都要毫无例外地建立起工程技术开发中心。省里重点抓的 50 家大型工程技术开发中心，能够争取成为国家级的开发中心就更好，使之在不远的将来成为我省工业技术

　　2000 年 10 月 17 日，李长春考察东莞国际电脑资讯产品博览会。前排左二为东莞市委书记李近维。

的摇篮。省科委要把这件事抓住不放，要重实质不重形式。

同时要对科技机构进行改革，把全省的科技机构分成基础研究、公益性研究、应用研究三种类型。在基础研究方面，除在少数有广东特色、在全国又有一定地位的领域保留一部分外，其他转向应用研究。地方上搞很多基础研究是不可能的，过去我们搞的很多基础研究没有新发现，应用研究不能应用，研究成果就是到科委那里去领奖、报捷，然后评职称，这就完了。这么弄下去，"假戏真做"，要误国。公益性研究，政府也要支持，因为它的效益产生在全社会。但是，保留的基础研究也好，公益性研究也好，在体制上都要改革，变养人为干事，也就是要搞招投标。对搞应用研究的科研单位都要实行企业化，由事业法人转向企业法人。也就是说，你的科研活动要全部接受市场检验。你自己变不成企业的，也支持你进入企业集团，成为大企业和企业集团的开发机构。所以，科研院所要改革。高等学校既要育人，也要搞研究和开发。除重点院校要搞一些基础研究外，多数院校要搞高新技术及其产品的研究和开发，以推动全省产业结构升级。

实现科技和经济相结合，也需要对各级政府的科技管理体制进行改革。对技术开发型研究项目中没有市场前景、没有企业承接生产的，立项时就得卡住，一律不立项。科技成果的评价也要进行改革，把过去各级科委搞的这个奖、那个奖大大地收缩、合并一些，特别是对属于"假戏真做"范围的，要坚决调整。对于应用型的项目，就是主要接受市场检验。对科技人员的评价体系也要进行改革。关键要看他的技术开发成果对创造社会财富的贡献有多大，并以此来评价科技人员的作用，对科技人员的奖励也要和他创造的物质成果挂钩，更多地通过股权、专利权等体现科技成果的价值，主要体现在国民收入的一次分配上，以此来兑现他的分配。这都是属于新路子。走出一条新路子，还有很多内容，需要我们不断地探索。

第三个"一"，就是要把发展高新技术产业和以高新技术改造传统产业作为第一经济增长点。努力提高科技进步对经济增长的贡献率。当前，启动市场是我们各级都关心的一件大事。珠江三角洲地区要在 2010 年左右率先基本实现社会主义现代化，我们测算国内生产总值的年均增长要达到 9.3%。必须看到，我们现在面临的情况与改革开放以来的前 20 年有了很大的不同，其中最重要的一个方面就是由卖方市场转向了买方市场。这是我们社会主义现代化建设的重要阶段性成果。从过去什么东西都短缺，到现在初步繁荣，我们体会到，什么东西都短缺的时候，经济工作好组织，只要把资金吸引来，铺摊子搞建设，产品就不愁卖不出去。而在买方市场的形势下，经济工作第一位的任务是巩固和开拓市场，每年国内生产总值以 9.3% 的速度增长，市场在哪里？当然，启动市场、开发市场，国家在宏观调控上要采取很多措施，我们自己也要不断地开拓国际和国内市场。但是，所有这些措施中，发展高新技术产业和用高新技术改造传统产业是第一经济增长点。要看到我们国家现在在参加国际交换中，相当一部分高新技术靠进口。我们所说的相对繁荣富足是中低档的，是低水平的相对过剩，很多高新技术问题我们解决不了。所以，发展高新技术产业，大搞进口替代，这就是新的经济增长点。出口也是如此，目前我们出口产品的档次普遍较低，且大多是国际市场供过于求的，只有提高技术含量，才能开拓新的市场。搞出了新的东西，还能够启动新的消费，形成新的市场。过去我们有个电视机、有个收音机就觉得不错了，能看也能听声，现在开发出 VCD、DVD、多媒体等，这就提供了新的消费，而且越搞新的，技术附加值越高，经济效益越好。越是传统的产品，竞争越激烈，相互削价，几乎就没有利润。

当然高新技术产业不是每个市都有条件搞的。高新技术产业不能够到处搞达不到经济规模的重复建设。但是，用高新技术改造传统产业，大家都能搞。不用高新技术改造传统产业，高新技术也就没有市场。所以，用高新技术改造传统产业，就是为发展高新技术提供了市场。我看这次博览会上展出的玩具不少都有电脑装置，成了智能玩具了。玩具业就是传统产业，但是跟电脑结合起来，就是用高新技术改造传统产业，这就创造了新的消费。所以说，在启动市场的所有措施中，发展高新技术产业和用高新技术改造传统产业，应该成为第一经济增长点。从各级党委和政府到企业，都要把劲往这上面使。

第四个"一"，就是要制定一套扶植高新技术产业发展的政策措施。省委、省政府的《决定》中讲到了一些措施，各市根据自己情况，还要制定具体办法。这里面核心就是要支持企业增加科技投入，支持企业吸引更优秀的人才。用经济学的理论来讲就是，一个要增加活劳动，一个要增加物化劳动。科技投入、人才投入，核心是这两样。所以，我们希望有条件的企业，用于科技开发的投入能够达到销售额的 10%，科技开发的投入占销售额的比重要有大幅度的提高，科技开发人员占职工总数的比例要有大幅度增长，并且有一套调动科技人员积极性的激励政策，让作出贡献的科技人员名利双收。各级党委和政府要为企业吸引高级科技人员提供方便，要创造浓厚的尊重知识、尊重人才的气氛，使得科技人员感到你这个地方是创业的天堂。没有投入，人家是不好发挥作用的。所以，我希望珠江三角洲地区能够把国家重点大学的尖子尽可能吸引过来。我们到过日本、美国的一些大公司，都有许多各个名牌大学毕业生中的尖子，他们毕业后就业的第一选择就是要到大企业。我想珠江三角洲要积极创造条件，制定政策措施，大力吸引大学毕业生中的尖子。如果是二流、三流的毕业生到企业，那以企业为主体的技术创新体系就难以形成。我们回忆一下，在美国朗讯公司贝尔实验室，世界上很多新的东西都诞生在那里，第一支晶体管就是贝尔实验室 1947 年搞的。再如可控硅元件的发明使微电子技术和强电结合在一起，而这个元件并不是什么科研院所搞的，而是美国的通用电气公司研发的。可见，我们一定要下决心制定一套有利于科技进步的政策措施。

第五个"一"，就是一把手抓第一生产力。凡是想在某个方面要有突破性进展的事情，就必须一把手亲自抓、亲自管。广东依靠科技进步推动产业结构优化升级，从企业到党政机关，一把手都必须有强烈的科技意识，要下决心亲自抓，把大家发动起来，组织起来，带动全国、全民增强科技意识。

欢迎出国留学人员投身广东建设 *

（1999 年 12 月 28 日）

> 广东是留学生创业的好地方，为海外留学生创业提供了比较好的环境和条件。全省各地都制定了吸引人才、培养人才的政策，特别是鼓励出国留学人员建功立业的政策。出国留学生可以用各种形式参与广东的社会主义现代化建设，广东的大门始终对海外留学生敞开。

广东是留学生创业的好地方，为海外留学生创业提供了比较好的环境和条件。

第一，经济实力强。广东的生产总值占全国的 1/10，财政税收大约是全国的 1/8，各种税收可达 1500 亿元。银行储蓄、各类金融机构的存款总额为 14000 亿元，其中城乡居民的储蓄额是 9000 亿元，占全国的 1/7。

第二，经济外向度比较高。广东国际交往比较频繁，也就是说，在经济上与国际的联系程度远远高于其他省，这就为国际科

---

* 这是李长春同志在出国留学人员代表座谈会上讲话的一部分。

技交流、吸收先进成果创造了有利条件。去年广东的进出口总额是 1300 亿美元，占全国的 40％，其中出口创汇 757 亿美元，约占全国的 40％。吸引外资 151 亿美元，约占全国 1/3；累计吸引外资 900 多亿美元，占全国的 1/4。这足以表明广东对外经济往来的紧密程度。

第三，以公有制为主体，多种所有制经济共同发展的格局初步形成。党的十五大确定的基本经济制度在广东提前基本形成了。广东公有制经济（包括国有和集体）约占 60％，非公有制经济占 40％。这是广东经济在去年和今年，受亚洲金融危机冲击最厉害，遇到很大困难的情况下，能够稳定增长的重要原因。

第四，广东初步建立起社会主义市场经济体制框架。就科技实力来讲，广东比不上上海，也比不上北京，但是广东的经济体制在国内是比较活的。通常大家感觉到广东人善经营，市场经济意识强，既有人的因素，也有体制的因素，人也创造了体制。所以，为什么这个地方科技意识强，是与它的市场经济发展程度紧密联系起来的。如果"大锅饭"体制仍然很严重的话，就不可能有强烈的科技意识。

第五，对率先基本实现社会主义现代化目标的追求，成为全省增强国内外竞争能力的强大动力。广东要率先基本实现社会主义现代化靠什么？第一位的问题是产业结构优化升级，依靠科技进步推动产业结构升级，建立起新的产业优势，增强在海内外的竞争力。我们鲜明地提出了科教兴粤战略，为科技和教育创造比较好的条件。广东对科技教育的投入是全国各省最高的，既是认识高，也具备雄厚的经济实力。省委、省政府作出了依靠科技进步推动产业结构优化升级的决定，各市也都制定了鼓励科技进步的政策。

第六，从省到市初步形成尊重知识、尊重人才的强烈氛围。全省各地都制定了吸引人才、培养人才的政策，特别是鼓励出国留学人员建功立业的政策。出国留学生可以用各种形式参与广东的社会主义现代化建设。国家有三句话——"支持留学，鼓励回国，来去自由"，你用"来去自由"的方式也可以，愿意在广东定居，我们更欢迎，并在安家上提供方便，在各种政策上提供方便。你愿意用什么合作方式都行，成果转让也行，技术入股也行，拉来投资商和我们合资也行，或者到我们这里来找大企业、民营企业家投资也行，好的项目政府也可以用风险投资提供担保，可以提供银行贷款，比较好的企业还可以申请上市。一时合作不成也不要紧，可以逐步进行，来讲讲学，来作作报告，来搞搞考察，来旅游观光，每年这个洽谈会时来看一看，拿准主意再定。

广东的大门始终对海外留学生敞开，欢迎大家用各种方式投身于广东的社会主义现代化建设事业。

加快建立以企业为
主体的技术创新体系 *

（2000 年 3 月 21 日）

> 经济全球化、科技迅猛发展的形势，既给我们提供
> 了重要的机遇，也使我们遇到了空前的挑战。而能不能
> 抓住这个机遇，能不能迎接这个挑战，关键在于科技和
> 人才。因此，我们讲抓住机遇，关键是要增强我们的
> 技术创新能力。要加快建立以大企业为主体，以高等学
> 校、科研机构为社会科技依托，以市场配置资源为基本
> 途径，以发展高新技术产业和用高新技术改造传统产业
> 优化产品结构提高综合竞争力为目的，形成既适应社会
> 主义市场经济，又符合科技发展规律的科技创新体系。

　　省委、省政府印发的《关于依靠科技进步推动产业结构优化
升级的决定》，方向是对头的，措施是得力的。总的来看，各地
贯彻的情况是好的，全省广大干部群众的科技意识进一步增强，
技术创新的体系进一步建立，依靠科技进步推动产业结构优化升

---

　　* 这是李长春同志在广东省技术创新工作座谈会上的讲话。

级的工作在过去已经取得较好成绩的基础上又有所前进，但贯彻的力度还是不够，认识还不够高。江泽民同志这次来广东视察，对我们提出了很高的要求，寄予很大的期望。我们要以江泽民同志的讲话精神为动力，进一步落实好全国技术创新大会精神，加快我省科技进步和技术创新的步伐，促进经济结构优化升级，为率先基本实现社会主义现代化奠定更坚实的基础。

一、进一步提高思想认识

要在指导思想上牢固树立"科学技术是第一生产力"的观念，增强技术创新的紧迫感。邓小平同志提出"科学技术是第一生产力"的重要论断，江泽民同志也围绕这一重要论断进行了多次论述，指出："创新是一个民族进步的灵魂，是一个国家兴旺发达的不竭动力"，"科技创新是生产力的重要变革，经济体制创新是生产关系的重要变革"，等等。这些论述是对马克思主义社会发展动力学说的发展。马克思主义认为，人类社会的基本矛盾是生产力和生产关系、经济基础和上层建筑的矛盾。当生产关系阻碍了生产力的发展，上层建筑不适应经济基础，就要通过革命推动生产关系适应生产力，上层建筑适应经济基础。建立社会主义制度后，总体上，生产关系适应生产力的发展，上层建筑适应经济基础的需要，但是在一些具体方面也有不适应的地方。在这种情况下怎么办？邓小平同志讲改革也是解放生产力，改革是社会主义制度的自我完善，就是通过改革使生产关系进一步适应生产力，上层建筑适应经济基础。这是对马克思主义的社会发展动力学说的新发展。邓小平同志又提出"科学技术是第一生产力"的重要论断，同样也揭示了社会发展规律。人类进入文明社会走向第一个文明，是由于耕作技术的发明，由于人工养殖的发明，人类才由游牧走向定居，带来了农业文明。蒸汽机的发明使人类进入了工业文明时代。现代由于电子技术，特别是微电子技术的发展，人类进入了信息时代。整个人类社会的发展，也就是科学技术与重大发明推动了生产力的巨大发展，进一步推动了生产关系、上层建筑的变革的过程。因此，邓小平同志的"科学技术是第一生产力"的论断是对马克思主义社会发展动力学说的又一发展。

我们要从人类社会的基本矛盾运动，深刻认识科学技术的作用，深刻理解邓小平同志关于"科学技术是第一生产力"的思想，也要从我国经济发展处于关键的转折阶段来深刻认识技术创新的紧迫感。通过几十年来的社会主义建设，特别是20年的改革开放，我国的经济建设取得了重大的阶段性成果，由长期短缺经济实现了初步的买方市场，出现了通货紧缩的趋势。这种客观形势要求我们经济工作的指导思想必须有一个根本的转变，就是要加快实现两个根本性转变，把发展经济的指导思想真正转到依靠科技进步和提高劳动者的素质上来。再重复过去的老路子是走不通了，必须树立起新的经济发展观。只有这样，才能使我们的经济再跃上一个新台阶。

我们还要认识到，当前经济全球化的趋势在继续发展，世界科学技术在迅猛发展，我国加入世界贸易组织的谈判也取得了重要进展。在这种情况下，我们的企业不仅要参与国内的竞争，而且必须勇敢地参与国际竞争，这是关系到我们能不能够自立于世界民族之林的大问题。经济全球化、科技迅猛发展的形势，既给我们提供了重要的机遇，也使我们遇到了空前的挑战。而能不能抓住这个机遇，能不能迎接这个挑战，关键在于科技和人才。因此，我们讲抓住机遇，关键是要增强我们的技术创新能力。在激烈的国际竞争面前，国家的主权、国家的安全不仅仅是军事方面的概念，还包括经济主权、经济安全、经济竞争力，反映在经济实力、国际实力和民族凝聚力等问题上。

我们还要认识到，落实江泽民同志关于"增创新优势，更上一层楼，率先基本实现社会主义现代化"的要求，根本出路在于技术创新、体制创新，加快经济结构的战略性调整和体制转轨的步伐。江泽民同志强调广东在21世纪就是要靠技术创新、体制

2000年6月17日，李长春参观广东科技创新展示会展馆时虚心向工作人员请教广东省第一个太空诱变育种水稻问题。左二为广东省委常委、秘书长蔡东士，右一为广东省委常委、副省长卢钟鹤，右二为广东省省长卢瑞华，右三为广东省科技厅厅长方旋。

创新来增创新优势，率先基本实现社会主义现代化，而且再三嘱托我们，一方面要运用先进技术和高新技术改造、提升传统产业，另一方面要加速高新技术产业尤其是具有战略意义的新兴产业的发展，培育新的经济增长点。为此，"必须在那些关系国计民生的基础性、关键性的高新技术领域实现创新，占领科技制高点，以实现我国科技发展的跨越"。江泽民同志还勉励我们"完全可以搞得快一点"，"也应该做得更好一些"，"应该创造出更多一些经验来"。能不能抓住机遇把这次经济结构的战略性调整工作搞好，形成广东新的产业、技术优势，是直接关系广东的经济发展能否更上一层楼的一个重要前提。江泽民同志还勉励我们，在新的国际经济形势下，要勇于和善于参与经济全球化的竞争，充分利用好国外和国内两种资源、两个市场；肯定我们改革开放 20 年来"引进来"方面的成绩很大，要求我们"走出去"。所以，从全面贯彻落实江泽民同志视察广东所作的重要指示精神来看，我们也应该增强科技创新的紧迫感。

二、加快建立技术创新体系，走出一条科技与经济紧密结合的新路子

首先，要从体制上和机制上落实技术创新，建立技术创新体系。就是省委、省政府《关于依靠科技进步推动产业结构优化升级的决定》所要求的走出一条科技与经济紧密结合的新路子，即在政府的大力支持下，加快建立以大企业为主体，以高等学校、科研机构为社会科技依托，以市场配置资源为基本途径，以发展高新技术产业和用高新技术改造传统产业优化产品结构提高综合

竞争力为目的，形成既适应社会主义市场经济，又符合科技发展规律的科技创新体系。现在看，这段话概括得还是很准确很深刻的。这里面，核心问题是企业特别是大企业要成为技术创新的主体。这两年我们在过去的基础上，已经有一批企业建成了国家级和省级的工程技术研究开发中心，有一些还在论证，还要加快这个步伐。有一些企业的技术开发中心还在美国硅谷等地设立了分支机构，在国内的北京、上海一些重点高等学校设立了分支机构。这都非常好。一批企业的技术开发、生产制造、市场开发，由传统的橄榄型转为哑铃型，即过去是两头小中间大，现在出现了两头大中间小。我们去华为公司参观，感受就更明显了，这个企业的技术开发人员占企业职工总数的40%，市场销售、售后服务人员占企业职工总数的35%，生产工人加上管理人员占25%。我们到国外一些企业看到的也是这样的结构。我们现在已经有一批企业初步做到了生产一代、研制一代、预研一代，甚至储备一代。

要继续落实企业成为技术创新主体的要求，就要加快科技体制改革的步伐。科技体制创新，就是要从过去的科研单位游离于产业之外，转向投身到经济建设的主战场，融入经济活动之中。这个工作已有了明显的进展，要按照全国技术创新大会精神继续加大力度。我们前一段加大了科技体制改革步伐，将科研机构划分为有基础、有影响、有特色的基础研究，公益性研究，应用研究三大类，当然还有一部分属于科技咨询型的。现在看来，基础研究要进一步压缩重复设置；公益性研究要提高服务水平。咨询型的要加快企业化步伐，特别是原来的各种科技情报站（所），要么并入科研院所，要么搞成科技信息网络的企业；另一个办

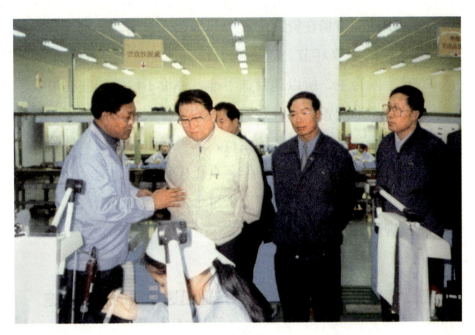

1999年1月19日，李长春在惠州考察麦科特集团光学有限公司。右一为惠州市市长李鸿忠，右二为惠州市委书记谭璋球。

法就是改成科技咨询公司当经纪人，转为企业法人或并入企业集团。我们高兴地看到，省直科研院所的改革正在顺利地进行，而且人们的思想认识也越来越统一，越来越一致，已经取得阶段性成果。要以贯彻全国技术创新大会精神为动力，继续加大力度，加快步伐。高等学校也加大了直接为科技创新服务的步伐，与企业创建的各种形式的产学研基地发展很快。这也是我们技术创新体系的一个重要环节。有条件的企业建博士后流动站，这是个好办法，是把产学研紧密结合的好形式。在深圳，企业、政府、高等学校结合起来建研究开发院，把培养博士生、硕士生这一工序拿到高新技术产业基地来，这都是产学研相结合的很好形式。要进一步加快民营科技企业的发展，推动国有企业加快改革步伐。

进一步推动市场在资源配置中起基础性作用，这也是我们技术创新体系的重要环节。过去我们在资源配置上还是以政府为主，行政手段为主，所以题目选不准，评价不科学，往往浪费了资金。以市场来配置资源，科研开发的项目来自市场，资源、资金、人才的配置按照市场办法运行，成果靠市场法则来检验，科技人员的分配按价值规律来操作，真正体现按劳分配。要走出这样一条路子来，改变我们长期以来过于依赖行政手段，奖项不少而对科技进步的推动不大的局面。

三、制定一套扶持高新技术产业迅速发展的政策措施

政策措施的核心是两个方面，一个是加大科技投入的政策措施，另一个是人才的政策措施。按照再生产理论，这都是投入：一个是活劳动投入，另一个是物化劳动的投入。物化劳动投入主要是资金。要鼓励企业在国民收入的一次分配中加大科技投入，就是企业按照销售额的一定比例进成本这种方式大幅度增加投入，这是我们财政所替代不了的。如果全省各种类型的企业能够按照销售额的1%用于科技投入，那么咱们整个工业增加值大概3000多亿，工业增加值一般占整个销售额的比重不到30%，1万亿销售额的1%就是100亿。卢钟鹤同志上午汇报企业投入去年是90多亿。省委、省政府《关于依靠科技进步推动产业结构优化升级的决定》中要求的是占3%—5%，有条件的还要多投入。在这个问题上，我们的财政部门、税务部门都要开明点，鼓励企业研究开发经费进成本，增加科技投入。与此同时，我们还要在社会上建立风险投资机制。在当前，政府先拿点钱垫底，吸

引方方面面来投入。如果银行感到直接对项目贷款不保险，我们也欢迎银行拿点钱来风险投资公司参股，以此作为过渡的办法。随着风险投资机制的逐步完善，再广泛吸收国民收入的二次分配里面的民间投资，包括来自股票市场的资金。

人才政策方面。一要培养人才，省里还要专门召开教育工作会议，研究加快我省高等教育事业的发展。二要吸引人才，特别是当前和近期，还得靠吸引为主。要千方百计把国内外一流人才吸引到我们广东来。办法由各个市、各个企业自己想。人才的待遇要跟他的成果挂钩，和效益挂钩。真正是人才，就不惜重金聘请。要冲破旧的体制，解放思想，要有激励政策，调动人才的积极性。在计划经济条件下，人才留不住，人才往外跑，其原因就是吃"大锅饭"，根本问题是分配问题。所以激励政策要充分体现按劳分配，使科技人员先富起来。如果说改革前期这20年，我们是使一部分善经营、能吃苦的人先富起来的话，那么现在我们就要使能够在科技创新上有本事并作出贡献的人先富起来。同时要尊重他们的劳动，在全社会形成尊重知识、尊重人才的氛围。要围绕这个指导思想制定人才政策，研究一些新的办法。广州市为了吸引留学人员研究了很多办法，关键是要让科技人才干事创业。

四、以发展高新技术产业为第一经济增长点，推动我省经济结构优化升级

这是技术创新的重点。我们希望各个市能够搞出特色来，有特色才能有规模，才能有市场形象，才能有竞争力。如果大家都

雷同，最后谁也不成气候，谁也上不去。要加强分类指导。我们希望广州、深圳在技术创新方面起龙头作用。经济特区、珠江三角洲要加快建立高新技术产业带，为率先基本实现社会主义现代化奠定产业基础。面上，有条件的地方可从自身实际情况出发，搞一些高新技术产业，但更多的是要用高新技术改造传统产业和推广先进适用技术。

发展高新技术产业，全省的重点是发展电子信息产业，以它为龙头，兼顾生物工程、新材料、光机电一体化。特别是当前，要按照江泽民同志讲的通过技术创新实现跨越式发展，就必须寻找新的经济增长点。经济增长就得扩大需求，包括出口需求、投资需求和消费需求。新的经济增长点在哪？就在技术创新，发展高新技术产业和用高新技术改造传统产业。高新技术产业发展了，我们的出口才能有新的增长，出口的效益才能提高。只有加强技术创新，才能扩大投资需求。在我们的投资需求里40％是设备，其中相当一部分是进口的，如果我们能够以产顶进，不就是新的经济增长点吗？同样，消费需求也是这样。发展高新技术产业和用高新技术改造传统产业的产品，才能开辟新的需求。不具备发展高新技术产业的地区和企业，我们也要实事求是。但是，用高新技术改造传统产业是各地都能做的，因为各地都在进行着传统产业的生产。像上午卢钟鹤同志讲的，南海纺织服装普遍都采用计算机进行设计，这就是用高新技术改造传统产业，这是大家都能做的。有一些农区、山区推广先进适用技术，也是依靠科技进步推进产业结构优化升级。

五、党政一把手要亲自抓第一生产力

在世纪之交，先进生产力的发展要求是什么？先进文化的前进方向是什么？最广大人民的根本利益是什么？需要我们各级党政主要领导干部在学习中深入思考这些问题。可以这样讲，重视不重视科学技术，重视不重视技术创新，是关系到我们能不能代表先进生产力的发展要求、先进文化的前进方向、最广大人民的根本利益这样一个重大问题。

抓第一生产力抓什么？我想，一是抓指导思想的转变。真正使科学技术是第一生产力这样的思想，使创新是一个民族进步的灵魂这样重要的思想，深入人心，建立起全民的科技意识、创新意识。特别要使我们各级领导干部建立起新的经济发展观，加快实现两个根本性转变。二是抓深化体制改革。就是经济体制、科技体制、教育体制，三个体制结合起来改革，这样才能够建立科技创新体系。教育方面的问题也很重要，因为人才直接来自教育。不改革教育体制，我们的科技创新体系就建立不起来。总体来说，我们应该肯定中国人是聪明的、勤劳的，模仿、创新也是快的。但是在大的突破、发明上，特别是近代以来，太少了。当前，我们的出口很多，高新技术产品统计也很多，但是关键技术我们掌握的并不多，很多还是跟着国外的大公司走。当然，能跟上也就不错了。特别是我们的风险意识、冒险精神、探险精神，跟欧美比是有差距的。当然，这与我们的教育制度也有关，不重视鼓励创新。现在中央很重视教育，强调素质教育，也是要解决创新是民族的灵魂的问题。三是抓方针、政策和措施的制定落实。包括中央制定的，省里制定的，关键是落实的问题。各市自已还可以制定，再细化。四是抓大环境的建设。要形成尊重知识、尊重人才的氛围；形成浓烈的学文化、讲科学的学习氛围；形成强烈的发明创造、创新的氛围。争取通过若干年的努力，在广东形成一个有利于科技进步、技术创新的环境。现在广东是消化各高等学校培养的博士生、硕士生量最大的地区，也就是说这个环境出现了好势头，还要不断营造这样的好环境，而且要使他们来了就感到能干成事。创造大环境也包括文化、语言环境，要加快推广普通话的步伐。

推动中医药现代化和全球化 *

（2000 年 6 月 5 日）

兰芳[1]并黄厅长[2]：

中医理论的阐述方式上要有新突破，和现代科学接轨，这样才能使中医走向世界。我省的中医研究院能否有所作为。

注释

[1] 兰芳，即李兰芳，时任广东省副省长。

[2] 黄厅长，即黄庆道，时任广东省卫生厅厅长。

---

* 这是李长春同志在《德国著名汉学家谈中医全球化的机遇与挑战》上所作的批语。

随着社会发展和现代医学的不断进步，中医药的发展有了良好机遇和优越条件，但在走向全球化的同时，又面临着前所未有的挑战和竞争压力。根据李长春同志批示精神，广东省中医药局召开了中医理论表述研讨会，探讨中医理论的现代语言表述方式，使中医更好地走向世界，为人类健康服务。广东先后出台了一系列支持中医药发展的新举措，使全省中医药发展保持良好势头。

增创新优势，根本在教育 *

（2000 年 8 月 23 日）

> 从世界现代化发展的态势来看，人类正跨过工业经济时代，逐步向知识经济时代迈进。信息和知识相对于自然资源和资本，在经济发展中越来越成为最主要的因素，智力成本或知识积累越来越成为经济系统产出的重要变量。我省的教育正进入一个从适应性教育转向满足性教育，从数量扩张型教育转向质量提高型教育的新的发展阶段。我们必须紧紧抓住这难得的历史性机遇，充分利用改革开放以来积累的丰厚基础和良好条件，继续发扬勇于探索、积极进取的精神，乘势而上，加快教育的改革和发展，真正建成教育强省。

自上次全省教育工作会议以来，我省的教育改革和发展取得了很大成绩。在全国率先实现了基本普及九年制义务教育和基本扫除青壮年文盲，幼儿教育、高中阶段教育迅速发展；全省基础

---

* 这是李长春同志在广东省教育工作会议上的讲话。

1998年9月8日，李长春到华南师范大学附属中学考察并看望化学特级教师曾汉泰。

教育实行"分级办学、分级管理"，高等教育实行中央与地方共建、部委属学校划转地方管理，教育管理体制、办学体制以及招生和毕业生就业制度的改革与探索，都取得了突破，有些在全国产生了示范效应；大幅增加教育投入，改善了教育的基础设施；采取多种措施改善和提高教师待遇等，使我省的教育事业在短短几年内上了一个新台阶，为全省经济持续快速发展和社会进步作出了重大的贡献。

一、率先基本实现社会主义现代化必须优先发展教育

中央要求我省率先基本实现社会主义现代化，人才是关键，教育是根本。省委、省政府明确提出，要以江泽民同志要求的

"增创新优势，更上一层楼，率先基本实现社会主义现代化"作为我省的总任务、总目标，统揽工作全局。围绕这个全局，需要做的工作很多，但最基础的是优先发展教育。现代化建设同教育是紧密联系在一起的。我们推进率先基本实现社会主义现代化进程，要实施三大战略，增创四大优势，大力发展高新技术产业，加快产业结构的优化升级；要加强精神文明建设，率先建立文明法治环境；要培养大批各级各类的专门人才，从整体上提高劳动者素质。所有这些，归根到底都需要有一流的教育作支撑。国运兴衰，系于教育。我省率先基本实现社会主义现代化事业，更有赖于教育的优先发展。各级党委和政府，特别是领导干部，要充分认识教育在率先基本实现社会主义现代化中的重要地位和作用，切实把教育作为先导性、全局性、基础性的知识产业和关键性的基础设施，摆在优先发展的战略地位。

从世界现代化发展的态势来看，人类正跨过工业经济时代，逐步向知识经济时代迈进。信息和知识相对于自然资源和资本，在经济发展中越来越成为最主要的因素，智力成本或知识积累越来越成为经济系统产出的重要变量。我们看到，美国经济连续107个月的高速发展，就是得益于知识经济，国际上也称"新经济"。"新经济"就是以知识和技术进步为主要特点，关键是知识和人才。世界各国之间经济实力和综合国力的竞争，实质上是知识和人才的竞争。而知识和人才的竞争，最集中、最基础地体现在教育。只有大力发展教育，才能培养和造就一大批高素质的劳动者和专业人才，才能使经济建设真正转到依靠科技进步和提高劳动者素质的轨道上来，才能在知识和人才上占优势，从而在竞争中赢得主动权。

从我省人口素质的现状来看，提高教育水平也是当务之急。改革开放以来我省经济迅猛发展，进入了全国先进行列，但人口素质并没有进入全国先进行列。我省虽然在全国率先实现了普及九年制义务教育，但总体上居民接受教育的水平仍较低。目前全省人均受教育年限只有 6.6 年，初中毕业生升学率只有 61%；每万人拥有在校大学生仅 47 人，略低于 50.43 人的全国平均水平，适龄青年高等教育毛入学率去年仅有 9.9%，远未达到高等教育大众化。我省过去 20 多年的改革开放发展在人才方面很大程度上是靠吸引了全国的人才，靠其他兄弟省市的支持，如果仅依靠自己的人才条件、人口素质，是难以支撑的。进一步说，使广大人民树立起建设有中国特色社会主义的共同理想，形成良好的社会公德、职业道德和家庭美德，秉持自尊、自信、自强的民族精神，使我们的社会能够有效地遏制封建迷信的愚昧思想，能够抵制黄赌毒丑恶现象，差距就更大了。要全面改善和提高人的素质和社会文明程度，最终要依靠教育的发展。对此，我们要有紧迫感。

当前，我省教育事业正面临着加快发展的大好形势和前所未有的好机遇。党中央对教育事业高度重视，全国上下形成了加快教育发展的良好社会氛围。第三次全国教育工作会议按照实施科教兴国战略的要求，将教育摆到优先发展的战略地位，并对此作出了重大部署，采取得力措施进一步扩大对教育的投入，大幅度地发展、提高各类教育，这不仅为我国教育跨世纪的发展指明了方向，而且给我们提供了非常有利的历史机遇。自省第八次党代会提出实施科教兴粤战略以来，各市、县纷纷制定了科教兴市、科教兴县的规划和措施，大大加快了教育改革发展的步伐。这次全省教育工作会议将要讨论的《中共广东省委、广东省人民政府关于贯彻〈中共中央、国务院关于深化教育改革全面推进素质教育的决定〉的实施意见》（征求意见稿），进一步明确我省在21世纪初，建设教育强省，实现教育现代化的目标和任务。可以说，省委、省政府推进教育改革和发展的决心是大的。各市县、社会各个方面对教育在率先基本实现社会主义现代化中的基础地位和重要作用的认识也日益加深，优先发展教育正成为全社会的共识。

人民群众对教育的迫切需求为加快教育发展提供了强大的推动力。随着我省经济的持续快速发展，城乡人民生活水平显著提高，全省已总体上进入了小康，特区和珠江三角洲地区进入了比较富裕的小康水平，人们的消费观念和消费方式发生了很大变化。现在的情况是，大多数商品出现买方市场，供大于求；唯有教育处于卖方市场，供不应求。越来越多的家庭把教育消费，让子女接受优质、高层次的教育放在第一位。越来越多的青年人，把接受业余继续教育、充实提高自己作为参与竞争、实现自我发展的追求。据有关方面调查，在当前教育、住房、汽车三大居民消费热点中，教育消费是第一热点。教育将成为今后一个时期我省经济新的增长点。

教育发展的物质基础大大增强，为教育加快发展创造了良好条件。经过改革开放20多年的探索、实践，全省已初步建立起比较完备的教育体系，各级各类学校的办学条件都有了明显改善，全省教育已进入了整体加速推进、全面提高质量阶段。这为新世纪我省教育事业的新发展奠定了坚实的基础，创造了十分有利的条件。

总之，我省的教育经过改革开放 20 多年的努力，走过了摆脱落后、迈向先进的历程。当前，我省的教育正进入一个从适应性教育转向满足性教育，从数量扩张型教育转向质量提高型教育的新的发展阶段。我们必须紧紧抓住这难得的历史性机遇，充分利用改革开放以来积累的丰厚基础和良好条件，继续发扬勇于探索、积极进取的精神，乘势而上，加快教育的改革和发展，真正建成教育强省，在推进全省率先基本实现社会主义现代化中率先基本实现教育现代化。

二、以素质教育为重点，加大教育 改革力度，加快教育发展步伐

全面推进素质教育，是党中央、国务院为加快实施科教兴国战略作出的一个重大决策，是教育事业的一次深刻变革，是教育思想和人才培养模式的重大进步，也是知识经济时代经济社会发展的客观要求。抓素质教育，就抓住了教育发展和人才培养的核心，抓住了全面贯彻党的教育方针的根本。我们必须以素质教育为重点，进一步深化教育改革，加快教育发展。当前，要突出抓好如下几点。

第一，转变教育观念，确立全面推进素质教育的指导思想。党的教育方针是要使每个学生在德、智、体、美等方面都得到全面发展，使他们成为社会主义事业的建设者和接班人。过去由于受传统教育思想的影响，学校教育往往重智轻德，重知识灌输轻创新精神培养。这种教育思想和模式，导致人才观和人才评价的偏差，甚至出现了片面追求升学率，认为听话才是好孩子，学生

缺乏创新精神这样一些现象，学校教育成为应试教育。这种状况必须从根本上改变。一要端正教育思想，狠抓德育工作。德育是素质教育的灵魂，忽视德育的教育就不成其为教育。教育就是教书育人，使学生增长知识又学会做人的道理。德育工作的主要任务是提高学生的思想政治素质，使之懂得怎样做人的道理。各级各类学校都要把德育工作放到重要位置，不断改进德育工作方式，不断探索适应不同年龄段、不同教育层次、不同学校类型的思想政治教育的形式和内容，提高德育教育的针对性和实效性。要紧紧抓住爱国主义、集体主义、社会主义思想教育这个德育工作的核心内容，把品德教育、纪律教育和法制教育以及心理健康教育有机结合起来，并体现于整个教育实践，渗透在教学的各个环节，使学生真正树立起正确的世界观、人生观和价值观。二要重点培养学生的创新精神和实践能力。各级各类学校都要在培养学生的创新精神和实践能力方面狠下功夫。要从小注意培养学生探索大自然和人类奥秘的好奇心、求知欲，鼓励学生多问、多思，增强创新意识、探险意识、风险意识，大胆试验，勇于创新，保护学生的探索精神、创新思维，为学生智力和潜能的充分开发创造宽松的环境；要坚持课堂教学与社会实践相结合，坚持教育与生产劳动相结合，重视培养学生的实践能力和实际操作能力；要继承和发扬中华民族教学相长的优良传统，建立平等的师生关系，提倡师生之间互相学习、互相启发、互相切磋，开展启发式、讨论式教学，激励学生青出于蓝而胜于蓝。

第二，进一步深化教育体制改革，建立与社会主义市场经济相适应、符合教育发展客观规律的教育新体制。要全面推进素质教育，必须坚持以改革为动力，加大教育体制改革的力度。一要改革办学体制，改变由政府包揽办学，大力鼓励社会力量以多种形式办学，形成以政府办学为主体、公办学校和民办学校共同发展的格局。要制定相关的扶持政策，调动社会各方面的积极性，建立起一个政府宏观调控，学校面向社会自主办学，适度竞争、优胜劣汰的新的办学体制。二要改革教育管理体制，根据各地经济社会发展情况，实行分类指导，明确各级政府的教育管理权限，理顺政府、学校和社会的关系。要强化对教育的依法管理。基础教育要进一步完善"分级办学，分级管理"的体制。对少数贫困县，省里将加大财政转移支付的力度，同时在银行设立教师工资专户，确保教师工资。高等教育以省级政府管理为主，加强指导、监督和评估，依法规范高校的办学行为。要进一步扩大学校，特别是高等学校的办学自主权，使学校真正成为独立的办学

1998年10月22日，李长春考察汕头大学。左二为广东省委常委、秘书长蔡东士，右二为汕头市委书记庄礼祥。

实体，增强学校的活力。三要按照实施素质教育的要求，进一步改革招生考试制度。四要改革毕业生就业制度。实行劳动准入制度，全面提高劳动者素质，没有获得职业资格证书的初高中毕业生不能进入有技能要求的劳动岗位。要加快与高校毕业生就业有关的人事制度、劳动用工制度、户籍管理制度和社会保障制度等的配套改革。要落实用人单位的用人自主权，减少中间环节，只要用人单位正式录用，有关部门就应为毕业生办理相关户口、人事等手续，扩大社会吸纳高校毕业生的能力。

第三，调整和优化教育结构。在各类教育中，首先要巩固、提高九年制义务教育，这是整个教育的基础，任何时候都不能忽视和放松。要加快和扩大高中阶段教育，通过资源重组，扩大高中办学规模。要大力发展各级各类职业技术学校，吸纳不能进入高等学校的城乡学生，使他们通过学习，掌握一门或几门生产技术与管理、服务技能，拓宽他们的立业创业之路。要大力发展高等教育。发展高等教育对我省率先基本实现社会主义现代化至关重要，已成为广大群众的迫切要求和全社会的共识。要用改革的思路和办法，调动各方面的力量，利用一切可以利用的资源，多形式、多渠道、多层次地发展高等教育，扩大办学规模。最近中央一些部属高校下放我省，这是我省高等教育进一步发展的良好契机。我们要进一步盘活和优化现有的高等教育资源，扶强汰劣，加快发展，提高质量，创办名校、名系、名专业，力争办成一两所全国一流、在国际上有一定知名度的大学，并加快一批省属重点高校建设，使其进入全国同类型学校的前列。高等学校在区域布局上要突出重点，广州、深圳等大城市主要办本科普通高等学校，其他中心城市应主要举办职业技术学院。高等学校既要扩大规模，更要注重内涵发展。要加速调整和优化高等教育的学科专业设置，大力发展工科，稳定提高理科和医科，调整提高人文社会学科，扶持农科。高等学校扩招部分要适应市场需求，重点是能直接参与创造物质财富的那些专业。要制定有关优惠政策，大力吸引省外、境外高等学校特别是名牌大学来我省合作办学，扩大高等教育规模，吸纳高层次人才。要选择一些区域，高起点规划，和全国的名牌大学合作建设功能定位富有特色的各类研究开发园区，像深圳、东莞那样，把名牌大学请来，地方投资，共同建设研究开发院，把高校培养研究生的工序拿到我们这里来，从生产实际中提出研究课题，直接推动当地经济的发展。要加强继续教育，构建社会化、开放式、多层次、多形式的全程学习教育体系。要利用网络技术，大力推进现代远程教育，使优质教育资源为全社会所共享。要完善自学考试制度，扩大覆盖面，鼓励自学成才。要充分利用高等学校、职业教育和成人教育机构以及社区设施，通过多种形式，开展具有针对性、应用性和实效性的教育培训，为在职干部、科技人员和管理人员的知识更新，以及转岗、分流、下岗职工的再就业创造条件。

第四，建设一支适应素质教育的高素质教师队伍。这是实施素质教育的关键。教师是人类灵魂的工程师，为人师表者乃"学多为师，德高为表"。因此，要把提高教师队伍素质作为推进素质教育的一项根本性任务来抓。一要狠抓师风师德建设。要在全省教育系统集中开展学习江泽民同志《关于教育问题的谈话》，加强师德修养的活动，增强教师教书育人、以身立教的使命感和责任感。要大力倡导乐于奉献、为人师表、敬业爱生、严谨治学的精神，使教师真正成为学生健康成长的指导者和引路人。要把师德作为教师工作考核的首要内容和聘任、晋升的重要依据。对一些师德败坏者，要坚决清理出教师队伍。二要切实加快教育系统干部人事制度改革的步伐。全面实行教师资格制度，对不称职的坚决调离教师岗位。要完善教师职务聘任制，建立和完善适度竞争、合理流动的机制，使教师队伍在流动中活起来，在竞争中得到提高。三要进一步提高教师的学历层次和专业知识水平，提高掌握现代教育技术，增强教育实际能力。要引进和培养一批各类教育的高水平学科带头人和教书育人专家，壮大教师的骨干队伍。四要十分重视对校长和党委（总支、支部）书记的培养和选拔，不断提高管理学校和教育的水平。五要努力营造尊师重教的良好氛围。我省现有近百万教师，这是最宝贵的教育资源。这支队伍的积极性、创造性和聪明才智能否得到充分发挥，直接关系到全省素质教育的实施和教育事业的发展。各级党委和政府必须切实贯彻《教师法》，为教师多办实事好事，改善教师的工作条件和生活待遇，并对工作优秀者进行表彰奖励。

第五，建立多层次、多渠道教育投入机制。我省教育投入的总量不小，并逐步增加，但教育经费与教育发展的矛盾仍然很突出。所以，要继续增加教育投入。必须用改革的思路，根据不同办学模式、办学层次，建立以国家财政拨款为主、收费为辅，或以收费为主、拨款为辅，或全成本收费等多层次、多形式、多渠道教育经费投入体制。要继续依法增加政府的教育投入，从2001年起，省本级财政支出中教育经费所占的比例，连续五年每年提高 1 至 2 个百分点。各市、县也要按照"分级管理，分级负责"的原则，相应地增加本级财政中教育经费的支出。要积极运用财政、金融和税收政策，引导全社会增加教育投入。可采取政府贴息的形式，引导金融机构增加对教育的投资。要逐步建立教育成本分担机制，根据社会对教育的需求和人民群众的承受能力，逐步提高非义务教育阶段的收费标准，但必须确保家庭经济困难的优秀学生不因经济原因而终止学业。要进一步调动华侨、港澳台同胞和社会力量办学的积极性，吸引更多的社会资金投资办学和捐资助学。

三、加强党对教育事业的领导

深化教育改革，加快教育发展，全面推进素质教育，是各级党委和政府的重要职责。重视教育就是重视根本，关心青少年就是关心未来。各级党委和政府必须切实加强领导，以重教为先，兴教为本，采取积极措施，调动全社会各方面力量，形成推进素质教育的整体合力，共同关心和积极支持教育事业的发展。

要切实把教育纳入现代化建设的总体规划，摆在优先发展的战略地位。当前全省上下正在制订"十五"计划，必须坚持把教育作为先导性、全局性、基础性的知识产业和关键的基础设施来规划布局，而且要适度超前。要像抓其他基础设施建设、产业建设那样抓教育的改革和发展。政府各职能部门要多为教育办实事，切实为教育解决一些实际问题。各级领导干部要以强烈的政治责任感，重视教育工作，为教育的发展当好后勤部长。要建立健全党政主要领导抓教育的目标管理责任制和党政领导联系学校制度，组织动员方方面面的力量齐抓共管，合力推进，发展教育。要建立党委、政府定期研究教育工作的制度，每年至少要召开一次专门会议，专门听取教育方面的汇报，专门研究教育改革和发展的新情况、新问题，并采取相应的解决措施，推动教育扎扎实实向前发展。

在教育改革发展中必须始终坚持社会主义办学方向。教育有产业的属性，同时又是一个特殊的产业，即有鲜明的公益性特点和教书育人的功能。这就是要把培养德、智、体、美全面发展的社会主义事业的建设者和接班人作为根本任务。因此，不管教育的改革发展进程如何，必须始终把教育的功能放在第一位，把社会效益放在首位。教育作为产业，在市场经济条件下，它的某些环节可以引入市场机制，进行产业化运作。但教育活动必须按照人的身心发展规律和人的认知规律来传播知识、培养人才，这是教育的自身规律。要反对见钱忘义，片面追求经济效益和违背教育规律、忽视教育质量的倾向。我省某些学校曾一度出现过乱办学的现象，造成不好的社会影响。我们要认真总结教训，进一步端正教育思想。

要解放思想，实事求是，把大胆创新和规范管理紧密结合起来，保证教育的改革和发展沿着健康的轨道前进。在市场经济条件下，推进教育改革，加快教育发展，会遇到许多新情况、新问题。要进一步解放思想，把贯彻执行党和国家的教育方针、政策与创造性地开展工作结合起来，大胆实践，勇于创新，敢闯敢试，不断探索加快教育发展的新途径、新方法。要把教育发展起来，发展是硬道理。同时要坚持"两手抓"，切实加强教育行政管理，做到放管有度，依法治教，放而不乱，管而不死。过去改革开放的实践证明，放的程度取决于管理的程度，越是抓发展就越要强调科学管理。从过去教育正反两方面的经验来看，学历教育仍然是管理的重点，要对办学者进行资格审查，要坚持统一

2000 年 11 月 1 日，广东省委、省政府在珠海召开现场办公会。图为李长春率与会人员考察珠海市第一中学。左一为广东省副省长许德立，左二为广东省委常委、珠海市委书记黄龙云，左四为广东省委常委、副省长卢钟鹤，右二为广东省副省长李兰芳。

考试，坚持有招生计划，要监督教学质量，严格考试纪律。在这方面，我们的教训也很深刻，前不久电白县高考出现舞弊，这不是推进教育改革和发展，恰恰是给教育改革发展抹黑。广播电视大学也出现过教育腐败案件。教育的腐败在某种程度上比经济的腐败危害性更大，因为它造成的社会问题很难收拾，给社会带来不稳定。各级教育行政管理部门在资格审查、统一考试、招生计划、教学质量监督、严格考试纪律等关键环节，一定要有一套相应的制度，实行严格的责任制。另外，社会方方面面，工商部门、人事部门、公安部门等，也要为全社会有一个发展教育的好环境创造条件。特别是要打击制售假文凭的违法行为。发展教育是一件好事，也是中央一个重要的决策，我们一定要把这个利国利民的事情办好，而不要成为新的社会风气恶化的源头。

要切实加强学校的党建工作。加强党对教育工作的领导，最基础、最根本的是要切实抓好学校党的建设，发挥党组织在学校工作中的政治核心作用。要按照"三个代表"重要思想的要求，建设好各级各类学校的领导班子，保证学校教育工作的正确方向。要下大力气抓好学校党的基层组织建设，充分发挥基层党组织的战斗堡垒作用和党员的先锋模范作用，以良好的党风带动校风、教风、学风建设。要大力加强学校的思想政治工作，根据新的形势和师生思想实际，运用各种手段和阵地，生动活泼地做人的思想工作，提高思想政治工作的针对性和实效性。最近，中央分别召开了高等学校党建工作和学校德育工作会议，省委教育工委、省教育厅要切实把会议精神贯彻好。这里还要强调，各级党委特别是高等学校的党委，要重视在教师和青年学生中发展党员的工作。这是保证在高等教育中加强党的领导的一个重要措施，也是关系到培养一大批优秀的社会主义事业接班人的大问题。实践证明，学校教育是青年世界观逐步形成的阶段，在这个时期加强党组织的教育，并且把符合条件的优秀分子吸收到党内来，继续接受党的教育，对他们今后的成长，对我们建设一支高素质的党政干部队伍、高素质的学科带头人队伍、高素质的企业经营管理者队伍，意义十分重大。希望各级党委特别是高校党委把这项工作作为一个重大的战略问题纳入议事日程。

借鉴印度经验，
把广东建设成为 IT 产业大省 [*]

（2001 年 6 月 6 日）

印度信息技术产业及网络经济经过十多年的快速发展，软件业发展速度和水平令世人瞩目。广东要借鉴印度的成功经验，建设成为软件大省。要办好重点软件园和高新技术园区；加强信息技术和英语教育；以研究开发为基础，以出口为导向，把信息产业的骨干企业做大做强；加快信息化示范工程的建设；加强软件产业的标准化工作；加强软件产业投融资体制的创新。

5 月 2 日至 18 日，我率中国共产党代表团到泰国、马来西亚、新加坡和印度四国进行友好访问，收获颇丰。各国都在大力发展高新技术产业，加快产业结构调整的步伐，给我留下深刻的印象。这里仅简要介绍印度方面的情况。

---

* 这是李长春同志 2001 年 5 月访问印度回国后撰写的考察报告。

一、印度信息产业发展情况

印度信息技术产业及网络经济的发展，始于 1986 年拉·甘地政府制定《计算机软件出口、软件开发和培训政策》。经过十多年的努力，得到快速发展，软件业发展速度和水平令世人瞩目。其主要成就是：

第一，形成了实力雄厚的人才队伍。印度每年培养 30 万名工程师，其中 IT 产业 10 万人。计划到 2005 年每年培养 IT 工程师达 50 万人。大学入学率达 6.15%，教育产业规模占国内生产总值的 4.7%，高出我国一倍多。其在校大学生人数超过中国，科技人员总数仅次于美国，居全球第二。印度的中、小学均开设

2001 年 5 月 15 日，李长春在印度进行友好访问时考察班加罗尔软件企业。

了信息技术普及课程，各工程技术学院培养信息技术专业人才，最优秀的大学工科毕业生接受研究生层次的教育。目前全印从事软件开发的专家有 35 万人，另外还有数量达 140 万人的庞大的"软件蓝领"队伍，即高中生经过培训编代码，这是我国目前最缺少的。

第二，软件出口已有相当规模。全球按客户要求设计的软件开发市场中，印度已占据了 16.7％的市场份额，成为仅次于美国的世界第二大计算机软件王国。从 1991 年以来，以年均 60％的速度强劲增长。1991 年出口 5000 万美元，2000 年出口 50 亿美元。政府预计，到 2008 年，软件产值达 850 亿美元，其中出口达 500 亿美元。他们还预计，十年后将占据世界软件市场的 50％。在市场结构上，现在出口到美国的份额占 75％，其余是欧洲和亚洲。目前印度正组织科技人员学习德语、日语和汉语，并进入这三个国家的市场，使美国与其他各国的市场份额各半。

第三，形成了一批有规模、有竞争力的骨干企业。印度已有 170 多家软件公司获得 ISO9000[1] 国际质量标准认证，是世界获得质量标准认证软件公司最多的国家。在获得卡内基—梅隆大学软件工程学会最高级别（五级）的全球 23 家计算机软件公司中，15 家是印度公司。在印度，超过 1000 人的软件公司有上百家，前五位的公司员工人数都在 5000 人以上，最多的达 15000 人。其中，第一家在纳斯达克上市的软件公司 Infosys 公司，员工 9500 人，去年营业额 2 亿多美元。类似的企业还有好多。他们可以按标准化、流程化、产业化进行软件生产。

第四，软件业的发展推动了印度的网络革命。自从 1995 年因特网在印度正式投入商业使用以来，因特网用户迅速发展。

1998 年因特网用户 17 万，去年发展至 150 万，预计 2004 年达 1720 万户。网站发展很快，目前已超过 10 万个，平均每天有 246 个网站问世。信息技术也给印度的传统产业插上了翅膀。1999 年印度议会通过信息技术立法，1999 年电子商务交易额为 970 万美元。预计到 2004 年将增加到 43 亿美元。虽处于起步阶段，但发展势头强劲。电子政务正在迅速发展，我们在海德拉巴市看到，他们正在以社区为单位，推行"一站式"便民电子服务站，凡涉及市民需要与政府打交道的内容，如申办证件（身份证、结婚证、驾驶证等）、完税、缴费、公证、项目审批等，均可得到"一站式"服务，政府的工作效率大大提高，形象大为改善。通向广大农村的带宽为 5.4G 的宽带网正在铺设。

印度的主要经验：

一是印度政府有明确的长远战略决策和规划。印度自 1991 年实行经济改革以来，制定了重点开发计算机软件技术的长远战略，并首先在班加罗尔建立了全国第一个计算机软件技术园区，成为印度的软件之都，吸引了海内外 400 多家著名信息技术公司，被誉为世界十大硅谷之一。在班加罗尔的带动下，马德拉斯、海德拉巴的高科技工业园区接踵而起，形成全国著名的计算机软件"金三角"。为了进一步发展计算机软件业，印度政府又将软件技术园区由南向北推进，形成全国的软件技术网络。如今印度全国已经建成了 17 个计算机软件技术园区，共有 5500 多家海内外公司在这些园区落户。

二是政策扶持，强力推动。1998 年印度成立了国家 IT 和软件发展特别工作组，总理亲自担任组长。次年，成立了信息技术部，邦一级政府也设立了单独的信息技术部。推出了一系列争取将印度在 2008 年建成"超级信息技术大国"的计划和政策。如全部出口的软件产品 2010 年以前免交所得税，两倍于研发费用的收入免除部分收入税，以鼓励企业增加研究开发的投入。印度发展信息技术的投资渠道有六个：风险投资（国内金融机构和国外各占 50%）、印外合资、外商独资、国内上市、海外上市、在美国硅谷工作过的印度技术人员回国创业。由于国内提供大量机遇，在美国硅谷和华尔街工作的印度人已经开始带着他们的知识、技术、经验和资金回国，成为印度新经济的领导者。

三是以出口为导向，进行高起点科技开发。由于印度的基础设施薄弱，其软件开发基本上是为了出口国际市场，因此有力地提升了软件企业的开发水平和面向全球的技术开发能力。目前全

2001 年 5 月，李长春在印度考察时与印度官员亲切交谈。右二为中国驻印度大使周刚。

球 500 家大公司中有 200 多家采用印度生产的计算机软件，印度已成为世界上的软件开发中心。

四是立法保障。印度立法程序繁杂且受诸多因素制约，许多法律往往要拖上几年，但是《信息技术法案》却顺利通过。该法案于 1999 年出台，使印度成为当今世界 12 个在计算机和因特网领域专门立法的国家之一。制定该法律的目的有两个：确认电子商务活动的法律地位，规范电子商务活动并防范、打击计算机和网络犯罪。由于有法律作保证，专家预言，印度电子商务的黄金时代很快就会到来。

五是英语基础好。良好的英语基础是印度信息技术发展的有利条件。

二、几点思考

信息技术代表了未来，我国综合国力大大超过印度，电信基础设施比印度完善，上网人数远远多于印度，只要措施得力，我国软件产业完全有可能在数年内赶上甚至超过印度。我省是信息大省，也应该成为软件大省，为我国软件产业乃至整个信息产业的发展作出我们的贡献。

第一，认真贯彻落实国务院关于扶持软件产业和集成电路制造业发展的政策。近期要进行一次全面检查。在此基础上，从本地的实际情况出发，在自己的权限内制定新的政策加大支持力度，特别是制定吸引外国大公司来粤投资搞软件的政策。要抓住当前有利时机，用优惠条件多形式地吸引在美国等发达国家学有所成的科技人员，特别是信息技术人才来粤工作。

第二，办好重点软件园和高新技术园区。要重点办好广州、深圳和珠海软件园，形成我省的软件"金三角"。要办好高新技术园区。要制定长远发展战略，搞好规划，上规模、上水平，使这些园区形成硅谷效应，辐射全省。吸引外国大公司进园创办软件公司和研发机构。加强与印度软件开发的交流和合作。对于办得不好的、确实没有条件搞园区的，可以摘牌。推动各级领导干部从重"硬"向"软硬兼施"和重"软"的转变。经过若干年的努力，实现从以出口初级劳动为主向出口高级劳动（知识）为主的转变。

第三，把加强信息技术和英语教育作为我省信息化的战略措施。加强英语教育，要成为我省发展的大战略。印度、马来西亚和新加坡都有良好的英语基础，英语要么是国语，要么是官方语言或工作语言，对外交流便利。我省的粤语与港澳交流有明显的优势，但随着进一步扩大对外开放，以及经济全球化和世界科学技术迅猛发展的新形势，已显露出明显的局限性。如不加强英语教育，是无法追赶亚洲"四小龙"以及新出现的"小龙"。因此，要高度重视。英语教育要从小学生抓起，尽快普及小学英语教育。要加强各类专业技术人员的英语教育，各专业大学毕业生英语水平应达到四级以上，对计算机软件专业的大学生要求应该更高。可试办一些用英语授课或先进预科学习英语而后再读本科的专业。对重点大学可扩大招收外国留学生，以创造语言环境。各级政府的涉外部门和重点开放城市的领导班子成员，要逐步配备政治上强，熟悉业务，又能用英语交流的干部。社会各服务窗口，要加强英语培训。电视要开辟英语教育专栏，便于全社会自学。同时，要继续加强普通话教育。要把提高英语水平和推广普通话作为改善投资软环境的重要措施来抓。要加强信息技术教育，建立完善的信息技术的人才培养体系。信息技术要从小学生抓起。建议立即着手制定规划。在三年内，全省实现电脑、因特网进小学，贫困地区年限可延后一些。对贫困地区，省政府可给予支持，其他地区由市、县、镇各级政府解决。所需设备从省内信息技术企业采购，开发专用软件，用省内市场支持企业做大做强。各大学要加快专业结构调整的步伐，有条件的大学要扩大IT产业和生物技术专业的招生规模。为了增强大学按市场需求调整专业结构和不断提高教育质量的自觉性，试行向社会公布各大学一次就业率。要排出几所大学作为培养信息技术专门人才的重点学校，重点武装其实验手段。支持有条件的重点大学创办高技术园区和高新技术企业。中山大学、华南理工大学要上水平，尽快跻身于全国重点院校行列。深圳、珠海要加快建设与全国重点大学合作的大学园和研究开发院，建立发展高科技所必需的科技和人才依托。在信息产业的骨干企业中设立国家级或省级研究开发中心和博士后流动站，使科研和生产紧密结合。在职业技术教育中要根据市场需求培养"软件蓝领"，形成更加合理的软件人才结构。加强信息技术和英语教育，关键是师资，要作出规划，加快培养和引进。各级领导干部要普及信息技术的基本常识。处级以上干部要学会电脑文字处理、浏览因特网、收发电子邮件三项基本功。

第四，以研究开发为基础，以出口为导向，把信息产业的骨干企业做大做强。要选出一批好苗，鼓励他们兼并重组，面向国内外资本市场直接融资，赋予其外贸经营权，开展国际合作，打入国际市场。特别是软件企业，只有瞄准国际市场才能上水平。

要尽快改变手工作坊式的生产方式，向标准化、规模化、产业化方向前进。

第五，加快信息化示范工程的建设。要坚持典型示范，以点带面的工作方法。各地、各部门要学习南海市的经验，尽快推出一批信息技术在各个领域应用的典型。要大力推进用信息技术改造传统产业，推广 CAD、CAM 系统；抓好电子政务的试点，东莞"一站式"社区电子服务系统示范工程要抓紧起步；加快电子商务地方立法，推进电子购物；广州、深圳、珠海的宾馆机顶盒上网示范工程要抓紧推进。全省信息化工作会议确定的各项示范工程都要加快进度。南海市要继续上水平，珠江三角洲要全面推进，广州、深圳要在信息化建设上走在全国的前面。

第六，加强软件产业的标准化工作。要推动软件企业技术开发与国际接轨，加强 ISO9000 国际标准认证，鼓励企业参与 CMM[2] 评估，为企业进入国际市场创造条件。要制定软件产品的省颁标准，进行质量认证，推动软件生产标准化、规模化、产业化的进程。

第七，加强软件产业投融资体制的创新，不断完善资本市场。在继续加大政府的支持力度的同时，吸引民间资本，办好风险投资公司。支持企业面向国内、国外和境外资本市场筹集发展资金。深圳股市要做好创业板出台的各项准备工作。积极引进国外、境外的风险投资公司参与高科技企业的投资。有条件的市和企业可设立创业基金，为科技人员技术创新提供支持。总之，要使我省成为资本和人才结合的理想之地，为科技人员提供优良的创业环境。

第八，加强领导，强力推进。各级党委和政府要把落实全省信息化工作会议精神纳入重要日程，主要领导要亲自抓，主管部门要加强协调，各有关部门要强化责任制，狠抓落实。近期都要对贯彻落实会议精神的情况进行检查，作出部署。要结合整治市场秩序，加大打击盗版的力度，保护知识产权，创造良好的软件技术生产、经营的环境。

注　释

〔1〕ISO9000，国际标准化组织设立的品质管理系统的国际标准。

〔2〕CMM，Capability Maturity Model 的缩写，即对软件开发和维护进行过程监控和研究。

把教育公平落到实处 *

（2001 年 8 月 28 日）

> 社会公平，最重要的是在受教育面前人人平等。教育公平体现了社会最大的公平。一定要让穷人家的孩子都能有接受教育的机会，不能因为家庭贫寒而埋没人才。

困难群众子女读书难、看病难、打官司难、住房难这"四难"问题，最难的是贫困家庭的孩子读书难，这里包括几个层次。以前教育厅研究过贫困家庭子女上大学难的问题，主要是通过奖学金、助学金、勤工俭学、贷学金四个途径来解决。现在要切实解决人均年纯收入 1500 元以下的贫困家庭子女义务教育阶段上学的问题。孩子读书难还有一个反映，就是现在房地产开发，小区配套建设的学校没有跟上。房子搞得很漂亮，却把孩子上学的事丢掉了。社会公平，最重要的是在受教育面前人人平等。逐步形成这样一种社会氛围，即人们在社会上的地位不是按

＊　这是李长春同志在听取广东省教育厅工作汇报时的谈话。

财富的多少，不是按家境的贫富与否，也不是家族的社会背景、实力，而是按人的德才条件、按智力水平来决定的。

整个社会在变革，发展方向是要坚持效率优先、兼顾公平的原则，这对于推动竞争，加强物质财富的积累是必要的。没有竞争就没有活力。在社会主义市场经济条件下，政府要创造平等的竞争环境，坚持"效率优先，兼顾公平"的原则。怎样做到兼顾公平呢？特别要强调弱势群体更需要党委和政府的关怀，要有更多的精力和财力去帮助弱势群体，保持社会公平。教育更有特殊性。教育公平体现了社会最大的公平。一定要让穷人家的孩子都能有接受教育的机会，不能因为家庭贫寒而埋没人才。

现在全省上下都在学习贯彻"三个代表"重要思想，"三个代表"重要思想最先是在广东提出来的。要把"三个代表"重要思想落实到党的建设和社会主义事业上来，要代表中国最广大人民的根本利益，这是"三个代表"重要思想的核心。我省落实"三个代表"重要思想，一定要联系实际，把为群众办实事，解决群众的实际困难和他们关心的问题作为其中的一个重要内容。当前，教育战线联系实际的一个重要方面，就是要落实好免收农村困难家庭子女义务教育阶段书杂费的工作。由于经济发展不平衡，有些家庭经济状况比较差。使困难家庭子女受到平等的教育，这是我们党的性质和全心全意为人民服务的宗旨所要求的。现任厅局级的干部年轻时读书大都是在党和政府的帮助下，靠党和政府的助学金上学，现在掌权了，一定不要忘记还有广大人民群众，要使自己的决策代表最广大人民的根本利益。希望教育厅把困难家庭子女入学问题，不管是哪一阶段的都要落实好、解决好。随着经济的发展，我们要不断加大这方面的工作力度，把这项工作做细、做实、做好，把党和政府对农村贫困家庭子女上学的关怀通过你们的辛勤劳动送到每个孩子的心坎上。

免收书杂费这件好事，如何真正办好？一定要先选准免收的对象，要让每一位贫困家庭子女都能享受到这一优惠政策。省委、省政府三令五申要把数据搞准。这次以扶贫办提供的数据为基础，先易后难，先少后多。但是，在这之外可能漏掉了一些人，也要实事求是，在群众申报的基础上认真地甄别、核实，要让扶贫办参与认定，争取做到每个贫困家庭的子女都不漏掉。至于和计生政策如何衔接的问题要和计生部门协商，现在已超生的孩子可允许与其他孩子一样免收书杂费，我们不能惩罚孩子。在落实免收农村困难家庭子女义务教育阶段书杂费工作中实行"加强监督、两个公开（学校、村里公开）"的措施很好。要加强社会监督，增加工作的透明度，防止腐败，一定要把好事真正办好。

教育是全党全社会的事情，不只是教育部门的事情。省委、省政府对解决困难家庭子女上学问题是很重视的。教育部门也要想法减轻学生的负担。全社会都不要从孩子身上挣钱。既然彩色版教材与黑白版教材差价不大，就可以用克数较低的纸张印彩版。这事要跟省新闻出版局商量。义务教育本来就是免费教育，我们是发展中国家，不可能尽善尽美。如果让免交书杂费的儿童用黑白版教材，就有可能在孩子的心灵里留下创伤，以为政府想省钱，有歧视，发给黑白版的。

高等学校也要做到不能有一个学生因家庭困难而上不了学，请各校先摸摸底，搞个调查。要把助学金、奖学金、勤工俭学、贷学金等四个途径用足、用到位，不能把能享受资助的学生全部推到贷学金方面来。教育部门要加强协调，与银行联系，确保政策到位。一定要加强检查，把工作落到实处。另外，要加强省内教育对口帮扶工作。经过这些年的建设，目前农村最好的房子是学校，但个别学校还有危房，完全由政府来包办解决有困难，要靠全社会的支持。同时，要组织好为贫困地区培养人才的工作。贫困地区的教育怎么办，要作为一个课题来探索。

科教兴粤，人才为本 *

（2001 年 11 月 15 日）

> 世界各国之间、国内各个区域之间经济实力的竞争，实质上是知识和人才的竞争。而知识和人才的竞争，最集中、最基础地体现在教育。只有大力发展教育，才能培养和造就一大批高素质的劳动者和专业人才，才能在知识和人才上占优势，从而在竞争中赢得主动权。

当前，经济全球化的进程不断加速，我们要在激烈的竞争中立于不败之地，就必须依靠科技进步大力提高经济素质和竞争力。而且，随着知识经济时代的到来，技术更新周期大大缩短，科技进步对经济增长的贡献率大大提高，科学技术已成为竞争取胜的决定性因素。广东正处在产业结构转型升级的重要时期。高新技术产业是国际经济和科技竞争的重要阵地，是产业结构升级的主要方向。我们明确，一定要狠抓高新技术产业不放松，这是

---

* 这是李长春同志在与湖南省党政考察团座谈时讲话的一部分。

依靠科技进步推动产业升级的最直接的落脚点。

世界各国之间、国内各个区域之间经济实力的竞争，实质上是知识和人才的竞争。而知识和人才的竞争，最集中、最基础地体现在教育。只有大力发展教育，才能培养和造就一大批高素质的劳动者和专业人才，才能在知识和人才上占优势，从而在竞争中赢得主动权。

广东在改革开放初先走一步，在全国形成"孔雀东南飞"的局面，为全省提供了重要的人力支持、人才支持。随着全国各地全方位开放格局的形成，广东虽然也还能从省外吸引一些优秀人才，但已经不是当年"孔雀东南飞"那个局面了。而且现在像上海、北京这样重点高等学校云集的地方，其优秀人才已经不大愿意到广东来了，多数人都愿意就地就业。面对新的形势，我们要认真研究和调整人才政策，要使广东成为对国内重点院校毕业的人才最具吸引力的地方之一。同时，要提高广东自身培养人才的能力，想办法用好人才。我们要求各级党委和政府一定要树立人才资源是经济社会发展战略资源的观念，把科技人才队伍建设摆上重要议事日程。

我们要加快发展高等教育，进一步盘活和优化现有的高等教育资源，扶强汰劣，提高质量，创办名校、名系、名专业，力争办成一两所全国一流、在国际上有一定知名度的大学，要积极争取省部合作，首先把中山大学纳入国家"985工程"[1]。与此同时，要加快一批省属重点高校建设，使其进入全国同类型学校的前列。要加快广州大学城[2]建设步伐，科学制订建设规划，合理确定功能定位，实现资源共享，把广州的重点高校吸引进来，整合起来，努力打造华南地区高级人才培养、科学研究和技术创新高地，为广东的率先发展提供人才和技术支撑。要进一步发挥高等院校培养科技人才的主渠道作用，支持高校和科研院所与大型企业联合办学，招收硕士生、博士生，培养企业研究开发人才。要鼓励高校的硕士、博士研究生在学期间参与企业科技开发，毕业后到企业工作。要充分发挥高等学校在全省科技进步中的生力军作用。高等学校有多学科互相渗透和人才聚集的优势，要在高等学校规划建设一些重点实验室，使之在基础研究和中长期开发相结合的研究领域发挥所长，有所作为。

我们要深化教育体制改革。改革办学体制，改变由政府包揽办学，大力鼓励社会力量以多种形式办学，形成以政府办学为主体、公办学校和民办学校共同发展的格局。要制定相关的扶持政策，调动社会各方面的积极性，建立起一个政府宏观调控，学校面向社会自主办学，适度竞争、优胜劣汰的新的办学体制。支持李嘉诚先生捐办汕头大学[3]，不断总结经验，鼓励境外爱国人士回广东投资办学。这里要特别说一说高校的改革。一些发达国家的大学与生产实践及企业结合很密切，而我们的很多大学在这方面比较薄弱，不是根据市场需要，而是由学科带头人的情况来确定招生；课题研究不是从生产实践、市场需求和产业化前景出发，而是单纯追求学术；对科研成果的检验不是以创造物质财富的多少、好坏来衡量，而是单纯看学术论文。当然，有条件的大学要搞部分基础研究，发挥多学科互相渗透、教学和科研紧密结合的优势。学校内部也要深化改革。内部改革的核心是人事制度改革，要改变吃"大锅饭"的局面，变"养人头"为干实事，最大限度地把方方面面的积极性调动起来。实践证明，哪里搞改革，哪里就有活力。改革虽然会带来暂时的阵痛，却从根本上解放了自己。

我们要有效利用省外优质教育资源。要制定有关优惠政策，大力吸引省外高等学校特别是名牌大学来广东合作办学，扩大高等教育规模，引进高层次人才。要选择一些区域，高起点规划，和全国的名牌大学合作建设功能定位富有特色的各类研究开发园区，像深圳、珠海那样，可以把名牌大学请来，地方投资，共同建设研究开发院，把高校培养研究生的工序拿到我们这里来，从生产实际中提出研究课题，直接推动当地经济的发展。现在深圳的清华、北大、哈工大三个研究生院已经开工建设，有条件的逐步办成分校。

我们要提升义务教育阶段水平。要加强英语教育。我省的粤语与港澳交流有明显的优势，但随着进一步扩大对外开放，以及经济全球化和世界科学技术迅猛发展的新形势，已显露出明显的局限性。英语教育要从小学生抓起，尽快普及小学英语教育。要加强信息技术教育，建立完善的信息技术的人才培养体系。信息技术要从小学生抓起。建议立即着手制定规划。三年内，全省要实现电脑、因特网进小学，贫困地区年限可延后一些。对贫困地区，省政府可给予支持，其他地区由市、县、镇各级政府解决。要实现全省农民人均年纯收入1500元以下的贫困家庭子女入学书杂费全免。免收书杂费这件好事，一定要先选准免收的对象，要让每一位贫困家庭子女都能享受到这一优惠政策。

我们要制定优惠政策吸引外来人才。我们吸引外来人才既要着眼于满足珠三角地区产业转型升级的需要，也要着眼于粤东等经济欠发达地区经济腾飞的需要。我们引进人才既要服务于高新技术产业的发展，也要充实到基础教育中去。我们在吸引外来人才的过程中，要制定切实有效的优惠政策。硕士、博士研究生毕业后被基层单位正式录用的，地方办户口要开绿灯，免收城市建设增容费。企业急需的大学本科毕业生，被聘用、试用一段时间后，企业提出申请，地方也要解决其入户问题。外地硕士、博士应聘到广东短期工作，工资福利待遇由聘用企业与其本人协商确定，不受工资级别限制，有关部门要为其子女入学提供方便。外省科技人员在不违反国家知识产权保护法规的前提下，带技术、成果来广东工作，可以采取技术入股、利润分成等办法，充分体现其知识和成果的价值。

总之，我们要采取切实有效的措施，培养一大批高层次人才，把各方面的专业人才吸引过来，聚集起来，为广东经济社会发展提供强有力的人才支持和智力支持。

注　释

〔1〕中山大学纳入国家"985工程"。1998年5月4日，江泽民同志在庆祝北京大学建校100周年大会上提出："为了实现现代化，我国要有若干所具有世界先进水平的一流大学。"1999年，国务院批转教育部《面向21世纪教育振兴行动计划》，"985工程"正式启动建设。2000年之前，先后进入"985工程"的学校只有九所，分别是北京大学、清华大学、复旦大学、上海交通大学、浙江大学、南京大学、西安交通大学、中国科学技术大学、哈尔滨工业大学。为加快中山大学发展，李长春同志及广东省委、省政府，积极向教育部争取。2001年10月，中山大学纳入国家"985工程"。

〔2〕广州大学城，位于广州市番禺区新造镇，面积为34.4平方公里。2001年3月，广州市委常委会确定大学城选址，并制定《广州大学城发展

规划》。同年 12 月，广东省政府批准大学城建设规划。2003 年 1 月，广州大学城建设正式启动。2004 年 9 月，一期进驻十所高校，分别是：中山大学、华南理工大学、华南师范大学、广州大学、广东外语外贸大学、广州中医药大学、广东药学院、广东工业大学、广州美术学院、星海音乐学院。二期工程完成后，暨南大学和广州医科大学进驻。广州大学城已成为产学研一体化发展的国家一流大学园区，中国南部的"信息港"和"智力中心"，为广东特别是广州的经济社会发展作出了积极贡献。

〔3〕李嘉诚先生捐办汕头大学。汕头大学是教育部、广东省、李嘉诚基金会三方共建的大学，也是全球唯一一所由私人基金会——李嘉诚基金会持续资助的公立大学。改革开放之后，广东省委、省政府决定筹办汕头大学。1980 年，国际著名企业家李嘉诚先生决定捐巨资兴办汕头大学。1981 年，国务院批准成立汕头大学。

发展职业技术教育是
推动产业优化升级的迫切需要 *

（2002 年 4 月 5 日）

> 随着产业结构的不断调整升级，对熟练技术工人也提出了更高的要求。如何通过职业技术教育来提高劳动者的素质，是我们重要的战略思考。特别是现在广大农村向城市化迈进，农村剩余劳动力越来越多，我们要加速对他们的职业技术培训，这样不但培养了他们的技能，而且可以增加收入，特别是对贫困家庭，可以帮助脱贫。因此，一定要把职业技术教育搞好。

进入新世纪后，我省面临从经济大省向经济强省的转变，要求经济增长更加依靠科学技术的进步和提高劳动者素质。改革开放初期，我省企业主要靠吸收大批外省劳动力来当工人，对产品进行初加工，这种做法在经济发展初级阶段发挥了重要的作用。但是，随着经济社会的进一步发展，仅仅停留在这个初级阶段是

＊ 这是李长春同志参观广东省首届职业技术教育展示会时的讲话。

不适应的，我省的经济结构和劳动者素质面临上档次、人才培养多层次的问题。企业是经济的细胞，需要经营管理、科学技术和熟练技术工人这三支队伍，三支队伍都要加强。目前社会上对经营管理人才、科技人才是重视的，但对熟练技术工人的培养重视不够。要增强我省经济的竞争力，三支队伍缺一不可，特别是熟练技术工人应引起重视。今天我看了展览，证明了这一点。看到的几所学校都谈到他们的毕业生就业率比较高，有些还供不应求，在市场上是紧俏的，说明职业技术教育是需要的。

我省的职业技术教育办得很有特色。一是冲破了中专、技校、职中的界限，按市场需求统一在中等职业教育这一层次上、在制度创新上先走一步。二是紧紧面向市场。市场需求就是职业技术学校的办学方向，市场在对职业技术学校的教育资源配置上

1998 年 4 月 7 日，李长春考察清远市技工学校。左三为清远市委书记骆雁秋，右一为清远市市长梁戈文。

起了基础性的作用。三是把培养学生与积极为企业职工在岗培训、岗前培训和转岗培训结合起来，这个模式很好。1985年我去德国考察，发现他们很重视工人的在岗培训和岗前培训，就业前训练大都在企业进行。前些年我到意大利等欧洲国家考察，发现他们的岗前培训已是社会化了。我们这个模式不错，要向社会大力推广。

随着广东产业结构的不断调整升级，对熟练技术工人也提出了更高的要求。现在加工技术、数控技术没有专门的熟练技术工人不行，不是博士生、硕士生就可以操作，学历高但动手能力不一定比得上中等职业技术学校的毕业生。博士生、硕士生去当操作员也是浪费。这里也有一个培养人才怎样更加经济、合理的问题。同样，软件设计需要大量一般的程序员，但我们很多软件公司都用高学历的人去做。时代前进了，现在需要的是大量的知识蓝领。要通过职业技术教育提高我省劳动者素质。长期靠外来工，对本省人才的培养不利，也给社会管理带来困难。如何通过职业技术教育来提高劳动者的素质，是我们重要的战略思考。特别是现在广大农村向城市化迈进，农村富余劳动力越来越多，我们要加速对他们的职业技术培训，这样不但培养了他们的技能，而且可以增加收入，特别是对贫困家庭，可以帮助脱贫。因此，一定要把职业技术教育搞好。要调查测算，城市居民最低生活保障线以下收入的家庭有多少，农村人均年纯收入1500元以下的有多少。这一部分家庭子女接受义务教育已得到了解决。但接受义务教育之后没有劳动技能还不行，如果有了技能，对家庭经济状况将有很大改善。政府、部门和学校要好好研究，要关心他们，为他们创造学习的机会，并与改善投资环境、关心弱势群体、推动城市化进程一起考虑，以改变农村落后的面貌。

展示会搞得很不错，要多向社会宣传，特别是向家长、学生宣传。培养一名熟练技术工人不简单，德国熟练技工的收入达到中级技术人员的工资水平。我大学毕业后到工厂，有这个体会。大学毕业生在五年内解决实际问题能力可能不如熟练技工顶用。特别是实践性较强的专业，熟练技术工人解决实际问题的能力比中级科技人员还要强。科技人员图纸画得再好，要转化为产品，还是要靠工人。机床再先进，还得靠工人去操作。

中国教育总体上对学生动手能力培养重视不够，一定程度上影响了民族创新能力的提高，我们要走出这一困境。20世纪80年代，我到美国一农户家里参观，这个农户有将近四万亩地，从剪草到收割全靠机械。有专用飞机，卡车、轿车都有，全是自己开。机修房有300多平方米，车、钳、铣、刨、磨都有，他一个人操作，卡车的斗车是自己设计、自己焊装的，他的动手能力很强。瑞典七八百万人口，是世界上为数不多能研制战斗机的小国家，是创新能力很强的民族。世界上很多技术是瑞典人发明的。瑞典的教育水平也很高，同龄人上大学的比例达80%以上。

总之，发展职业技术教育，培养熟练技术工人很重要。熟练技术工人是国家的宝贵财富，是一个重要的人才层次。要大力宣传职业技术教育，办好职业技术教育，把发展职业技术教育与改善经济环境、加快城市化步伐、关心弱势群体紧密结合起来，不断创造经验，总结经验，与时俱进，提高水平。

认真总结推广华为经验[*]

（2002 年 7 月 22 日）

丽满^[1]、幼军^[2]：

华为是民营科技企业的一面旗帜，也是深圳特区的骄傲，其丰富的经验，对我省从经济大省向经济强省转变意义重大。建议深圳市委、市政府认真总结华为经验，在深圳加以推广。

注　释

〔1〕丽满，即黄丽满，时任中共广东省委副书记、深圳市委书记。

〔2〕幼军，即于幼军，时任中共广东省委常委，深圳市委副书记、市长。

＊　这是李长春同志在科技部《关于华为技术有限公司的调研报告》上所作批语的部分内容。

华为技术有限公司于 1987 年在深圳成立，是一家生产通信设备的民营通信科技公司，该公司从两万元注册资金起步，发展迅猛。2002 年科技部对华为技术有限公司进行了专题调研，总结经验，提出了加快发展民营科技企业的建议。李长春同志批示后，广东省进一步加大对民营科技企业的支持力度。2004年下发了《广东省关于加快民营科技企业发展的实施意见》及相关的配套性政策文件。华为技术有限公司发展迅速，成为全球第二大通信设备供应商、第三大智能手机厂商和第二大电信基站设备供应商。在 2016 年《财富》世界 500强中，华为排行全球第 129 位。

加强中医中药研究开发 *

（2002 年 10 月 17 日）

> 中药研究的难点是有效成分的研究和提取鉴定。我们要把传统的方法和现代的科学技术手段结合起来，加快研究开发进程。运用现代的物理、化学、生物科学解释中医的治病机理，使中医药理论和实践得到国际社会公认，使中医药服务和产品逐步进入国际医药和保健主流市场，使中医独特的医疗保健康复模式及其价值逐渐被国际社会所理解和接受，是提高中医药国际化能力和国际市场份额的必由之路，也是历史赋予我们的责任。

中医中药在我国源远流长，可追溯到三皇五帝时期，是中华民族最具特色的历史文化遗产，是一个伟大的宝库，应该认真总结、继承和发扬。中医中药的起源问题虽然有许多不同的说法，

---

　* 这是李长春同志到广州中医药大学附属医院看望中共广东省委政策研究室主任关则文时与医务人员的谈话。

但从伏羲氏制九针、神农氏尝百草等传说和记载来看，应该是我国劳动人民在长期与自然灾害和疾病作斗争实践中逐步形成的。早在远古时期，中国的先民们就发现，很多自然界的物质可以防治疾病，这样最初的中医理念便产生了。从中医界的圣典《黄帝内经》到张仲景的《伤寒杂病论》、孙思邈的《备急千金要方》，再到李时珍的《本草纲目》，中医中药在实践的基础上不断发展完善，逐渐形成了自己独具特色的体系。中医学以阴阳五行学说为哲学基础，以整体观念为指导思想，以脏腑经络、精、气、血、津、液为理论基础，以"辨证论治"为诊疗特点，以"上工治未病"为养生特色。历史上，中医中药大家灿如繁星，他们对中医中药的发展作出了不可磨灭的杰出贡献，在国际上也有重大的影响。外科学鼻祖华佗将麻沸散用于外科手术时，其他国家的外科麻醉术尚在摸索初期。医圣张仲景创立伤寒病六经辨证体系，著成《伤寒杂病论》；药圣李时珍，敢为人先尝百草。几千年来，中医为中华民族的强身健体、繁衍兴盛作出了重要贡献，成为中华民族优秀文化的瑰宝。

近现代以来，随着西医西药在中国的迅速传播，以及我们自身对发展中医中药事业的重视不足等原因，我国的中医中药事业发展滞后，被远远甩在其他国家后面。目前，中药在世界市场的份额有160亿美元，而我国每年中药出口只有6亿美元，而进口要8亿美元。主要原因是，中医中药所具有的模糊性和经验性特点限制了中医中药的发展和传播。如何用现代科学理论解释中医中药的科学问题始终没有取得根本突破，成为影响中医中药走向世界的重要瓶颈。在这方面，日本、美国、韩国已走在我们前面，我国的很多处方都被人家"偷"去搞研究开发。比如，银杏叶对改善心脑血管微循环、治疗脑血栓等很有好处，在古代医书中有记载，在实践中也有运用，但原理就是弄不清楚。20世纪90年代初，我在河南工作时，很多城镇街道两侧都是银杏树，秋季叶落满地，清扫人员把收集起来的银杏叶大量出口。美国人用现代科技手段和方法分析其成分，把化学分子构成都搞出来了，德国人和日本人也早就把银杏叶的具体成分搞清楚了，并从中提炼出有用成分，以现代剂型出口到中国，真令我们汗颜，愧对祖先。中医中药不能用现代科学阐释，不能标明中药的具体成分，中药的权威性和安全性就受到质疑，自然也就无法开拓国际市场，走向世界。

中药研究的难点是有效成分的研究和提取鉴定。我们要把传统的方法和现代的科学技术手段结合起来，加快研究开发进程。运用现代的物理、化学、生物科学解释中医的治病机理，使中医药理论和实践得到国际社会公认，使中医药服务和产品逐步进入国际医药和保健主流市场，使中医独特的医疗保健康复模式及其价值逐渐被国际社会所理解和接受，是提高中医药国际化能力和国际市场份额的必由之路，也是历史赋予我们的责任。我省经济实力雄厚，中医基础、西医基础在全国都算好的，中医药应用和发展的社会氛围好，完全有条件在利用现代科技研究中医方面取得突破，走在全国前面。这方面不突破，理论先导起不来，就不可能发展，甚至还要萎缩。现在，在国际中医药市场上，美、日、韩所占份额都超过我们，实在说不过去。

广东要继续发扬敢为人先的精神，在中医中药研发领域集成国内外资源，开展中医药的知识创新和技术创新，在与中医药科学内涵相关的若干问题上取得突破，为中医药的现代化、国际化作出应有的贡献。咱们有一批像白云山制药这样的国际知名医药企业，有广州中医药大学等著名高等学校和科研机构，经济实力较强，要舍得增加科研投入，列出一批课题，选出一批首席科学家，把实际工作者、中医理论和西医理论专家、临床权威组织起来，武装一批实验室，建立中医学创新发展平台，将他们组织起来联合专门攻关。这件事急也不行，要一届届地干下去，一定要干成，力争在中医药研究开发的若干方面取得突破。这个工作做好了，我们就能证实和阐明中医药的科学内涵，构建中医药标准规范体系，为建立具有中国特色的新医药学打下基础，促进中医药进入国际主流市场，为我国中医中药大步走向世界作出应有的贡献。

着力解决基层群众困难，
切实保障和改善民生

下大力气解决好国企下岗职工
生活保障和再就业问题 *

（1998 年 6 月 25 日、2002 年 9 月 28 日）

> 解决国企下岗职工基本生活保障和再就业问题本身
> 就是调整结构、增创产业新优势的过程，就是完善市场
> 经济体制、增创体制新优势的过程。要把国有企业下岗
> 职工的解困和再就业工作，与促进经济发展紧密结合起
> 来。通过发展经济扩大就业，创造更多的就业机会，通
> 过扩大就业推动经济发展，实现两者的良性互动。

一

当前国有企业职工下岗是特殊历史条件下积累和遗留下来的
一个特殊问题。对此，我们必须有一个正确的认识。

为什么当前出现下岗现象？首先，它是计划经济体制下的
就业体制和就业政策在经济体制转轨过程中的必然反映。在计划

---

* 这是李长春同志在广东省国有企业下岗职工基本生活保障和再就业工
作会议、全省再就业工作会议上的讲话要点。

经济体制下，我国长期实行固定工制度和统包统配的就业政策，使国有企业内部沉淀着大量的富余人员，成为国有企业负担重的一个重要方面。现在，要从计划经济体制转向社会主义市场经济体制，国有企业要从原来国家给它分配任务转向参与市场竞争，在这个转变过程中，国有企业冗员过多，就成了参与竞争的重要障碍之一。因此，必须减员增效，才能同各种所有制经济成分平等竞争。

其次，它是经济增长方式转变过程中难以避免的问题。过去由于是短缺经济，卖方市场，再加上各地发展经济缺乏科学性，一哄而上，所以多年来出现盲目投资，重复建设，粗放经营。我们的经济发展到今天，必须使经济增长方式有一个彻底的转变，从过去的粗放经营转向集约经营，而过去长期的盲目投资，重复建设，必然产生现在的恶果，使得许多产品的生产能力大大超过社会需求。实现生产方式的转变，就必须进行结构调整。就整个产业构成来讲，要适当提高第二产业，大力发展第三产业。就第二产业内部来讲，生产要素要向优势企业集中，这种经济结构的调整就必然带来就业结构的调整。

再次，目前出现比较集中的国有企业职工下岗问题，也是国有企业经营机制深层次矛盾积累的结果。国有企业经营机制深层次的矛盾，核心是长期存在的"大锅饭""铁饭碗"。改革开放以来，凡是经营机制转换慢的，就必然会不适应社会主义市场经济体制，就必然在市场竞争中找不到自己的位置，拿不出有竞争能力的产品去参与市场交换，自然就是职工没活干，发不出工资，造成职工下岗。此外，要建立社会主义市场经济体制和现代企业制度，就必须存在劳动力的流动，市场经济体制就是要使市场在资源配置中起基础性作用。劳动力作为重要的生产要素，作为资源之一，也必须在市场机制作用下不断地进行配置，这本身就是一个动态的过程。问题是我们当前的市场体制还不完善，社会保障体系还不完善，这是前进中必然经历的历史过程。从长远看，随着改革的深入，科技的不断进步，结构的调整，劳动力的调整和流动也会经常发生。现在的问题是，由于多年来问题的积累、体制的转轨、社会保障的不完善，导致矛盾过分集中。

综合上述理由，在一个时期内，国有企业下岗职工增多，是不可避免地要出现的一个特殊的历史现象。我们必须辩证地看待这一问题，充分认识下岗分流、减员增效，是振兴国有企业的一项根本措施，是改革深化、社会进步过程中出现的问题，它可能会给企业和职工带来阵痛，但毕竟是发展中的问题，有利于经济发展和社会全面进步，也符合工人阶级的长远利益。正因为国有企业下岗职工问题是一个难以避免的历史现象，我们更要高度重视做好下岗职工的再就业工作，增强对这项工作的重要性、紧迫性的认识。

首先，解决好国有企业下岗职工的基本生活保障和再就业问题，是社会主义制度的本质要求，是由党和政府的性质决定的。目前，我省国有企业下岗未就业的职工 23.4 万人，他们过去为我省经济建设、改革开放和国有企业的发展壮大，作出了很大贡献，在国有企业转制过程中，广大职工服从大局，牺牲了一部分个人利益，部分职工下岗后，还没有实现新的就业，生活遇到困难。我们要把解决这个问题提高到践行全心全意为人民服务宗旨的高度，提高到全心全意依靠工人阶级的高度，正确认识和对待，急

873

群众之所急，想群众之所想，办群众之所盼，这也是对我们各级干部的群众观念、阶级感情的检验。第二，解决好这个问题，是深化国有企业改革，搞活国有企业的重大举措。因为国有企业在转换机制过程中，当前遇到三大包袱：冗员包袱、债务包袱、企业办社会的包袱。其中，冗员包袱是第一大负担。如果我们不能解决好国有企业下岗职工的基本生活保障和再就业问题，国有企业的历史包袱就难以解脱，就不能平等参与市场经济的竞争，走向振兴之路，也就从根本上严重阻碍了国有企业的深化改革和发展壮大。第三，这项工作与社会政治稳定紧密地联系在一起。如果下岗职工的基本生活得不到保障，再就业问题长期得不到解决，社会失业人员增多，必将成为群众关注的一个"热点"，成为重要的不稳定因素。中央一再强调的要处理好改革发展稳定的关系，也就很难落实。目前，我省总体上这个问题还不太突出。第四，这项工作是关系到能不能建立社会主义市场经济体制、关系到改革成败的大问题。党的十五大明确提出，要在本世纪末，初步建立起社会主义市场经济体制的框架，到 2010 年，要建立起比较完善的社会主义市场经济体制。在社会主义市场经济体制里面，企业改革是建立这个体制的核心。如果解决不好下岗职工基本生活保障和再就业这个问题，就严重影响了国有企业改革的步伐，也就影响了建立起社会主义市场经济体制的进程。那么，当前两种体制转换过程中的阵痛，就会持续更长的时间，就会影响整个改革开放和社会主义现代化建设的大局。因此，各级党政领导和全体干部务必从改革发展稳定的全局着眼，增强紧迫感和责任感，在思想上行动上和中央保持一致，真正把这项工作放在首位，高度重视，亲自动手，团结和依靠广大干部群众，动员和组织全社会力量，群策群力，把这件头等大事抓紧抓好。

（1998 年 6 月 25 日在广东省国有企业下岗职工基本生
活保障和再就业工作会议上的讲话要点）

二

对中央和省里明确规定的各项政策措施，各地各部门要结合
实际制定具体的操作办法，确保这些政策措施不折不扣地逐条得
到落实。有条件的地方，可以从实际出发加大对再就业的扶持力
度。各地要调整和优化财政支出结构，增加财政对再就业的投
入。再就业是事关改革发展稳定全局的大事，为了办好这件大

2002 年 9 月 25 日，李长春在广州市东山区看望慰问开肠粉店的下岗女工。在店里
品尝完肠粉后李长春高兴地说："下岗创业，自谋出路，大有前途啊！"右二为广东省委
副书记、广州市委书记黄华华。

事，财政该花的钱还是要花。各地要想方设法克服困难，即使财政再困难，也要拿出钱来支持再就业工作。各级财政投入的再就业资金，要精打细算，加强监管，把有限的资金真正用在刀刃上，提高资金使用效益。

第一，要抓发展，提高经济增长对就业的拉动能力。解决国有企业下岗职工的基本生活保障和再就业问题，根本出路在于发展经济。要把国有企业下岗职工的解困和再就业工作，与促进经济发展紧密结合起来。通过发展经济扩大就业，创造更多的就业机会，通过扩大就业推动经济发展，实现两者的良性互动。一是向非公有制经济要就业岗位。进一步鼓励、扶持和引导"三资"企业、个体私营企业、民营科技企业健康发展，这是我省重要的新的经济增长点。今后我省要进一步调整政策，鼓励和引导社会方方面面和下岗职工兴办多种形式的非公有制经济，并实行特事特办。对下岗职工自谋职业、自办企业的，在税收、信贷等方面给予支持、优惠；对下岗职工从事个体和私营经济的，可考虑从再就业基金中进行贷款贴息等。二是向第三产业要就业岗位。大力发展第三产业，特别是进一步放开发展各种所有制形式的信息咨询、社会中介、房地产经营和旅游业，以及商饮服务、交通运输、社区服务业等。把这些行业发展起来，既有利于实现产业结构调整，又有利于扩大就业。特别是旅游业的潜力很大，要很好地发挥这方面的优势。三是向农业综合开发要就业岗位。鼓励下岗职工回原籍，到农村承包荒山、荒坡、荒水、荒滩，搞综合开发，发展"三高"农业和农业产业化经营，提高农业效益，实行"退二进一"[1]，转到第一产业再就业。这方面的典型不少，需要各级党委、政府加强引导。四是大力发展外向型经济，实

2002年7月19日，李长春考察广州市劳动力市场时与求职群众亲切交谈。后排左一为广东省劳动和社会保障厅厅长方潮贵，左三为广州市市长林树森。

行"引进来"与"走出去"并举，通过创办更多的外资企业，扩大出口，少进口，多替代，增加更多就业机会。五是大力发展高新技术企业和名优新产品，向优势产品、优势企业要就业岗位。加快国有企业改革步伐，大力发展高新技术产业，用高新技术改造传统产业，不断地发展、壮大一批名牌产品，扩大市场覆盖率，从而带动相关企业的发展，增加就业岗位。六是大力发展小企业，向星罗棋布的小企业要就业岗位。国有企业实行"抓大放小"，要形成一批集团化企业，也特别要重视小企业的作用。大企业有大企业的功能，小企业也有小企业的功能，小企业能解决千家万户的饭碗，就业容量大。我们在抓大的同时，不要忽视小企业的作用，要大力发展各种所有制形式的小企业，广泛吸纳劳动力就业。这样，通过大力发展新的经济增长点，本身也就推动我省经济结构的调整，推动我省增创新优势，更上一层楼，那么下岗职工的基本保障和再就业问题，也就容易得到解决。

第二，要加强和完善再就业服务体系建设。建立公共就业服务制度和再就业援助制度。各地都要建立公共职业介绍机构，设立为下岗失业人员服务的专门窗口，为下岗失业人员提供有针对性的职业介绍、职业指导和职业培训等就业服务；而且这些服务要一律免费，所需经费由地方财政负担，财政有困难的地区由省财政给予适当补助。正规的劳动力市场要建立起来，同时要打击非法的中介行为，对蒙骗、坑害求职者的非法行为，要严厉打击，维护劳动力市场的正常秩序。各有关部门要简化下岗失业人员自谋职业的相关手续，为他们创业提供便利的服务。加快劳动力市场信息网络建设，建立下岗失业人员信息库，尽快实现全省联网，及时掌握下岗失业人员情况，把工作落实到每个人身上。对再就业对象实行"人盯人"的服务。把社区就业和社会保障工作体系建设作为促进再就业的一项重要的基础工作来抓，解决好基层再就业服务的人员编制和经费问题。

第三，要为下岗职工广开就业门路。坚持以市场为导向，积极引导下岗失业人员通过劳动力市场自主择业、自主创业，实现再就业。按照"劳动者自主创业，市场调节就业，政府促进就业"的就业方针，充分发挥市场机制在劳动力资源配置中的基础性作用，同时加大政策扶持的力度。特别是政府开辟的公益性就业岗位，要全部面向下岗失业职工。发展第三产业，尤其是旅游业和社区服务业，发展民营经济和对外经济，开辟更多的就业岗位。还要鼓励下岗失业人员通过非全日制、非固定单位、临时性、季节性、弹性工作等灵活多样的方式实现再就业。

第四，要认真抓好下岗失业人员的再就业培训。大力加强职业技术培训，全面提高劳动者的就业能力、工作能力、创新能力和适应职业变化的能力。充分利用各类职业培训机构开展各种技能培训，提高下岗失业人员的再就业能力。全面推行劳动预备制度和就业准入制度，普遍做到先培训后就业，实现提高青年劳动者就业能力和调节劳动力供给双重目标。大力加强在职培训，推行职业资格证书制度，提高职工队伍的工作能力和创新能力，特别是掌握新技术、新工艺、新材料、新设备的能力，以适应技术进步的要求。从我省长远发展出发，我们一定要重视对下岗失业职工的培训，重视对广大农村后备劳动力大军的培训，提高劳动力的素质。

第五，要进一步完善社会保障体系。当前，我省社会保障制度存在的主要问题是保险覆盖面窄，非公有制企业投保率低，政策不统一，保险与福利政策不衔接，成为下岗职工分流安置的主要障碍。各地要把完善社会保障体系作为实施再就业工程的重要配套措施，做到"市级统筹、省级调剂、强化征缴、扩大覆盖、规范支出、社会发放"。进一步做好社会保险扩面征缴工作，把社会保险覆盖到各种所有制企业、所有用人单位和劳动者。加大社会保险费征缴力度，壮大社会保险基金规模，增强支付能力。完善市级统筹。经济发达地区要自觉按规定上缴省级调剂金，省里要加大对困难地区的调剂力度。在社会保险金的运行上，要继续坚持"税务征缴、财政监管、社保使用"的运行机制，还要完善企业减员和下岗职工就业中心的社会保险接续政策和跨地区就业的社会保险关系的转移办法。坚持国有企业下岗职工基本生活保障制度、失业保险制度、巩固"两个确保",全面实行居民最低生活保障制度,实现"三条保障线"[2]的相互衔接,切实做到应保尽保。

做好国企下岗职工基本生活保障和再就业工作,是深化国企改革必须解决的首要问题,也是促进经济发展,维护社会稳定的重大举措。各级党政领导一定要高度重视,把它摆上突出位置,作为头等大事抓紧抓好抓实。

第一,要建立再就业工作责任制,加强督促检查。各级党委、政府是促进下岗失业人员再就业工作的责任主体,对本地区的再就业工作负总责。党政一把手是第一责任人,对再就业工作要亲自抓,一级抓一级,层层抓落实,确保各项方针政策和工作措施落到实处。对一些重大问题,主要领导要亲自过问,及时拿出解决问题的办法和措施。要把净增就业岗位、落实再就业政策、建立再就业资金和控制失业率等工作目标,作为政绩考核的重要内容,分解到各地区和各责任部门,定期考核。中央和省委对做好就业和再就业工作的大政方针已经明确,现在关键是要狠抓贯彻落实。各地各部门要建立再就业工作督促检查机制,把日常检查和不定期抽查结合起来,对再就业工作进行专项检查。对发现的问题,要及时作出处理;对落实不力的,要坚决督促改正。要充分发挥新闻媒体的舆论监督作用,推广再就业的先进经验和典型,对违反政策规定、侵害劳动者权益等方面的典型事件要予以曝光和通报批评。要把再就业工作置于社会监督和群众监督之下,通过各种形式广泛宣传再就业的方针政策,做到家喻户晓,使再就业各项政策和措施真正落实到基层单位和下岗失业人

2002 年 9 月 28 日，李长春在广州市东山区就业培训中心考察时与培训人员亲切交谈。左二为广东省副省长汤炳权，左三为广东省副省长游宁丰，右一为广东省委副书记、广州市委书记黄华华。

员身上。

第二，要动员全党全社会力量，齐心协力搞好就业再就业工作。各级党委和政府要加强统筹协调，凝聚全党全社会的力量，共同参与就业再就业工作，在全社会形成关爱下岗失业人员、大力支持再就业工作的氛围。各地各部门要齐抓共管，切实履行职责，认真研究本地本部门应该为下岗失业职工再就业做些什么，哪些工作还没落实，如何尽快落实。特别是党政一把手要负起责任，各级劳动和社会保障部门要给党委、政府当好参谋助手，同时协调方方面面，切实落实各项工作。要充分发挥工会、共青团、妇联等人民团体和各民主党派、工商联的作用，群策群力，共同做好工作。各级机关要切实转变作风，深入基层，深入群众特别是困难企业和下岗职工家庭，及时了解他们的状况，认真倾听他们的意见和建议。要及时研究新情况，提出新对策，能当即解决的问题要马上解决，一时不能解决的要跟踪落实。要多做"雪中送炭"的工作，多搞扶贫济困的义举，多办排忧解难的实事，让困难群众感受到党和政府的温暖。希望各级领导干部从关注信访信件中，从亲朋好友中，从业务部门的汇报中，从到困难群众家庭私访听取意见中找线索，发现和解决问题，千方百计推动各项政策的落实。要充分发挥党的思想政治工作优势，把做好就业再就业工作作为得民心、顺民意、解民忧的工程，始终怀着对下岗失业人员的深厚感情，把党和政府的关心和温暖送到每个下岗失业人员身上，使广大下岗失业人员充分理解和支持党的政策，自觉维护稳定，真心诚意地与党和政府一起克服困难。要教育广大下岗失业人员转变就业观念，在国家扶持和社会帮助下，自立自强，依靠自身努力实现再就业。

第三，在做好就业再就业工作的同时，要注意全社会的稳定。做好就业再就业工作，是维护全社会稳定，密切党与人民群众血肉联系的一项基础工作。只有把这项工作做好了，才能确保全省上下统一思想，凝聚力量，振奋精神，才能确保改革开放和社会主义现代化建设的各项工作顺利推进。各级党委和政府要注意下岗失业人员的思想情况，及时解决他们的问题，把工作做在前面。认真落实中央和省里制定的各项政策，在做好下岗失业人员再就业工作的同时，对其他困难群体，也要给予关怀，有什么困难就解决什么困难。对一些不合理的要求，要做耐心细致的思想工作。对那些利用群众的意见、别有用心搞煽动策划的人，凡触犯刑律的，要依法严厉打击，确保全省稳定。

（2002 年 9 月 28 日在全省再就业工作会议上的讲话要点）

注　释

〔1〕"退二进一"，即退出第二产业，进入第一产业，从事种植业和养殖业。

〔2〕"三条保障线"，指国有企业下岗职工基本生活保障制度、失业保险制度、城市居民最低生活保障制度。

切实减轻农民负担 *

（1998 年 11 月 9 日）

瑞华[1]：

要高度重视增加农民收入问题，明年以整顿电价为突破口，把农民负担降下来。另外，粮食的保护价、收购价是否合理，也研究一下，因为单一渠道收购、垄断就容易克扣农民。粮食又是基准价，对各种农产品起基准作用。请在考虑明年工作时一并研究一下。

---

　* 这是李长春同志在中共广东省委政研室《山区农村的若干现实情况反映》上所作的批语。

1998 年，省委政研室到粤北山区 4 个在当地属于中等发展水平乡镇的 43 户农户家中，开展为期 10 天的调查。据调查，近两年农民收入水平明显下降，负担加重，农民表示强烈不满。李长春同志作出批示后，省委、省政府进一步加快农电管理体制改革和农网改造工作。同时，明确国有粮食购销企业严格按保护价敞开收购农民余粮，实行订购价与保护价并轨，按质论价。2000 年，又改进公粮（农业税）征收办法，公粮实物任务改按货币支付，一定 3 年不变；允许并鼓励经审核批准的用粮企业、粮食经营企业和粮商直接到农村收购粮食；鼓励农民到农村粮食集贸市场出售自产余粮，不受数量限制等。这些措施有效减轻了农民负担，增加了农民收入。

注　释

〔1〕瑞华，即卢瑞华，时任广东省省长。

保护和利用好新丰江水资源[*]

（1999 年 5 月 30 日）

瑞华[1]：

此报告很好。1.要加大力度，依法保护"一泓净水"。2.要组织研究广州、深圳等发达城市的分质供水，这应是率先基本实现现代化的标志。3.用经济办法对库区周围有所补偿。请政府研究。

---

　　* 　这是李长春同志在广东省政协《新丰江水资源保护和利用问题的调研报告》上所作的批语。

　　新丰江水库（又称万绿湖）为河源市管辖，是珠江流域三大水系之一——东江流域最大的多年调节大型水库，承担着向珠三角部分城市和香港供水的重要任务，总供水人口近 4000 万人。水库原功能以发电为主，一些跨市交接断面水质污染严重，水库库区机动游船和旅游设施对库区水质造成一定威胁。李长春同志作出批示后，广东加大财政专项经费支持，将新丰江水库的功能调整为以防洪、供水为主，提高开发利用效益，先后出台相关法规，加强水系水质和生态保护。新丰江水库水质常年达到Ⅰ类标准，东江干流河源段水质保持Ⅰ—Ⅱ类水平。万绿湖获得"国家 4A 级旅游区"称号，被国家旅游局评为全国"水库旅游开发的典范"。

注　释

〔1〕瑞华，即卢瑞华，时任广东省省长。

保护好打工者的合法权益 [*]

（1999 年 7 月 6 日）

宁丰 [1]：

1. 要保护打工者的合法利益。

2. 对欠发工资、携款逃跑的外商要研究予以依法惩处（抓典型，依法严肃处理）。

注 释

〔1〕宁丰，即游宁丰，时任广东省副省长。

---

　　* 这是李长春同志在中央政策研究室反映珠江三角洲外来工生存处境问题材料上所作的批语。

　　20 世纪 90 年代末，大量外来务工人员进入珠江三角洲地区打工，但在一些外资私营企业中，侵犯劳动者权益现象频发。广东省劳动保障部门落实李长春同志批示精神，全面推进劳动年审工作，进一步加强劳动监察机构建设，健全与公安、司法等有关部门沟通协调、相互备案通报制度，及时查处企业欠薪违法行为，保护打工者合法权益。1999 年，为 35 万多名打工者追回被拖欠工资 4.75 亿元；受理劳动争议案件 3.5 万宗，结案率 98%。

改革农村电价*

（1999 年 8 月 25 日，2000 年 2 月 14 日、7 月 18 日）

一

瑞华[1]、启权[2]：

1. 建议对差距大的市长，面对面地指导、加压。对县一级要强调责任制，不认真抓，达不到要求的抓个典型，免职。

2. 每月由政府通报一次，同时报纸要刊登进度（像全国刊登物价那样）。总之，决策了的事情就要一抓到底。

（1999 年 8 月 25 日在《中共广东省委办公厅、广东省人民政府办公厅关于我省农村电价治理整顿情况的通报》上所作的批语）

---

* 这是李长春同志关于广东农村电价问题的几则批语。

1999 年以前，广东农村电价长期居高不下，个别地方甚至高达 4 元 / 千瓦时，部分农村出现了"有电不敢用，又燃煤油灯"的情况。广东省委、省政府从 1999 年起在全省部署推进农电"两改一同价"（农电管理体制改革、农网改造，城乡用电同网同价）工作，要求年内将全省农村住宅到户电价降到 1 元 / 千瓦时以下。同年底，全省农村电价降至 0.89 元 / 千瓦时，下降了 0.43 元 / 千瓦时，仅此一项每年可减轻农民负担 35 亿元。

二

瑞华、启权：

这项工作抓得好，社会反映也很好，要总结经验，指导其他工作。今后，政府工作每年都要抓住几件与广大群众关系密切的大事，抓住不放，一抓到底，不达目的，决不罢休。

（2000年2月14日在《广东省农电"两改一同价"工作取得成效》上所作的批语）

1999年12月15日，李长春在云浮市考察时，在云城区腰古镇公路边一家农户前亲切询问村民电价问题。李长春问村民调整前每度电多少钱，村民用粤语回答说："亚门狗嚎狗（一块九毛九）。""调整后多少钱一度？"回答说："狗嚎狗，真无谂过会降咁多（九毛九，真没想过会降这么多）。"在场的人都大笑起来。右三为云浮市市长郑利平，右四为云浮市委书记温耀深。

三

瑞华、启权同志阅。我到粤西听"三讲"汇报时，徐闻县汇报到电价 1.9 元 / 度，为什么出现了死角，要限期压下来。

（2000 年 7 月 18 日在《关于农电价调查情况和
处理意见的报告》上所作的批语）

注　释

〔1〕瑞华，即卢瑞华，时任广东省省长。

〔2〕启权，即钟启权，时任广东省副省长。

千方百计保证群众赶上房改末班车 [*]

（1999 年 12 月 24 日）

对房改这个问题，省委、省政府多次强调，凡是有条件的地方都要尽可能地让职工群众赶上房改末班车。当前是办手续最关键的时刻，建议各市的房改部门 24 小时上班，双休日也不要休息了，抓紧为群众办手续。需要加以明确的政策问题，请炳权^[1]同志牵头召集有关部门研究一次，各地各单位该请示的抓紧请示，解决一批因政策未明确或不够具体而产生障碍不能及时房改的问题。对一些处在政策边缘的，可以办也可不办的情况，原则上要给办。"居者有其屋，耕者有其田"，自古以来就是人们所向往的。现在中央有了好政策，我们不要在具体工作中设置障碍，一定要在这个事情上为群众办好。如果是由于房改部门人手紧、任务重的原因造成超过办理期限的，可先确认后补办。

注 释

〔1〕炳权，即汤炳权，时任广东省副省长。

致全省助残志愿者的信

（2000 年 5 月 9 日）

广大助残志愿者：

5 月 21 日是第十个法定"全国助残日"。残疾人工作协调委员会、中宣部、团中央、中国残联等 22 家单位联合组织今年的助残日活动，并且把活动主题定为"志愿者助残"，充分体现了党和国家对残疾人、残疾人事业的深切关注和高度重视，体现了倡导文明风尚，扶助弱势群体，奉献、友爱、互助、进步的志愿者精神。

残疾人事业是文明进步的事业，是社会主义精神文明建设的重要内容。广东有 270 万残疾人，是一个特殊而困难的群体。他们在生活保障、劳动就业、医疗康复、文化教育、平等参与社会生活以及维护自身合法权益等方面存在着不同程度的障碍，需要得到特别的扶助。这种扶助，既需要依靠党和政府，也需要广泛动员社会力量来实现。开展志愿者助残活动，为残疾人提供经常的、切实有效的服务，既是人道主义的具体体现，又符合近年来国际社会志愿者行动蓬勃发展的趋势，对促进残疾人"平等、参与、共享"目标的实现，增进和谐友爱、团结互助的人际关系，培养良好的社会风尚，推动我省的精神文明建设和残疾人事业的持续发展，都具有积极的意义。

志愿者助残活动是组织社会力量扶助残疾人的一种重要形式。广东是最早开展志愿者助残的省份之一，以党团员为主体的青年志愿者发挥了积极的作用。去年，我省颁布实施了全国首部志愿者服务的地方性法规——《广东省青年志愿者服务条例》，扶弱助残成为青年志愿者服务的一项重要内容。新千年伊始，江泽民同志对青年志愿者工作作了重要批示，指出"青年志愿者行动，是当代社会主义中国一项十分高尚的事业"，"是大有希望的事业"，"努力进行好这项事业，有利于在全社会树立奉献、友爱、互助、进步的时代新风"。江泽民同志的重要批示，不仅充分肯定了青年志愿者行动，也为全社会广泛开展志愿者助残活动指明了方向。

广东要增创新优势，更上一层楼，率先基本实现社会主义现

2002年2月5日，李长春在惠州市亲切慰问惠城港务局残疾职工范日友。

代化，不仅要充分发展生产力，最大限度地满足人们的物质生活需要；还要下大力气丰富人们的精神文化生活，推进精神文明建设。经济的繁荣、社会的进步、人类的文明，需要道德的发展和完善。目前全省正在积极开展"致富思源，富而思进"教育活动，就是要引导人们饮水思源、富而尚勤、富而好学、富而重教、富而崇德、富而求序，提高全民的道德水平和整体素质。开展志愿者助残活动，就是用实际行动贯彻落实江泽民同志的批示精神，用实际行动积极开展"致富思源，富而思进"教育。希望全体志愿者，尤其是青年志愿者踊跃参加助残活动，让广大残疾人在切切实实的帮助中感受社会主义大家庭的温暖，让广大青年志愿者在"为人民服务"的实践活动中陶冶情操，经受锻炼，奉献社会，完善自我，使助残活动成为广东思想教育的一个闪光点。

星星之火，可以燎原。愿广大志愿者行动起来，走进千家万户，服务千家万户！愿包括残疾人在内的一切需要帮助的人们，都能分享改革开放的成果，分享人世间最珍贵的关爱！

李长春

2000 年 5 月 9 日

建立法律援助最低经费保障制度 *

（2000 年 6 月 27 日）

东士[1]、陈坚[2]：

建立法律援助最低经费保障制度的建议很好。但不要由省专项拨款，而是按现行财政体制办。省财政对贫困地区已有转移支付。省里统一定政策，按现行财政体制列预算。在制定解决群众困难问题的若干意见的文件中明确一下。

---

　　* 这是李长春同志在广东省法律援助中心主任蒲皆祜来信上所作的批语。

　　2000 年 5 月 12 日，蒲皆祜写信反映法律援助工作情况和遇到的困难，建议建立法律援助最低经费保障制度。同年 11 月，广东省委、省政府下发《关于解决特困群众 "四难" 问题的意见》，明确建立法律援助最低经费保障制度。2001 年 10 月，省政府颁布《〈广东省法律援助条例〉实施细则》，将法律援助所需经费列入财政预算。从 2001 年起，广东省政府每年安排转移支付法律援助专项经费给贫困县（市、区）和山区县（市、区）的法律援助机构，在全国率先建立起法律援助最低经费保障制度和省财政转移支付法律援助经费制度。2002 年 7 月，广东省决定建立公职律师制度。同年底，全国首家公职律师机构——广州市公职律师事务所成立。

注　释

〔1〕东土，即蔡东士，时任中共广东省委常委、秘书长、办公厅主任。

〔2〕陈坚，时任广东省政府秘书长、办公厅主任。

监督落实贫困家庭子女免收书杂费 *

（2001 年 8 月 24 日）

鸿忠[1]：

　　各级教育部门要切实负起责任，各级监察机关要专项监督，保证省委、省政府的决策落实到千家万户贫困子女的头上。要增加对社会的透明度。

注　释

　　[1] 鸿忠，即李鸿忠，时任广东省副省长。

---

　　*　这是李长春同志在 2001 年 8 月 24 日《羊城晚报》短评《喜中有忧》上所作的批语。

　　为解决困难家庭子女上学难问题，广东省从 2001 年开始，免收农村人均年纯收入 1500 元以下的困难家庭子女义务教育阶段书杂费。此举在社会上引起强烈反响，媒体对如何有效监管资金、确保政策落实表示担忧。李长春同志作出批示后，广东省教育厅加大监督检查力度，各地坚持"三评两公开"原则，重新核准免收书杂费对象名单；审计、监察部门参与扶困工作，查处营私舞弊和克扣挪用专项资金行为。2002 年，全省共有 103 万名学生免交书杂费。2002 学年初，全省初中在校生数比 2001 学年增加 10 万人，其中 4 万人为招生增加数。免收书杂费有效地控制了中小学生流失。

为特困群众打官司提供法律援助 *

（2001 年 9 月 7 日）

> 切实解决特困群众打官司难的问题，是更好地实践全心全意为人民服务宗旨的要求，也是真正做到法律面前人人平等，做到公正司法的重要方面。要建立健全公职律师队伍，探索有中国特色的律师队伍新模式。政府及司法机关要为特困群众提供多种形式的法律援助，对困难群众诉讼费用实行减、缓、免。要形成一个机制，使老百姓有冤情能有地方申诉，渠道畅通，没有钱也能打官司。

怎样才能做到使特困群众真正实现在法律面前人人平等，解决特困群众打官司难的问题，是一个非常重要的问题。我讲几点意见：

第一，提高各级党政领导、司法机关的思想认识。在发展社会主义市场经济的过程中，我们一方面要创造平等竞争的环境，

---

* 这是李长春同志在解决特困群众打官司难座谈会上讲话的一部分。

给人们充分展示才能的机会；另一方面各级党委和政府要特别关注特困群众，这是社会公平正义的重要体现，是加强社会主义人权建设的重要体现。切实解决特困群众打官司难的问题，是更好地实践党的全心全意为人民服务宗旨的要求，也是真正做到法律面前人人平等，做到公正司法的重要方面。我们的各级领导一定要牢固树立群众观念，为人民群众掌好权，为人民群众办好事。因此，政府及司法机关要为特困群众提供多种形式的法律援助，对困难群众诉讼费用实行减、缓、免，把解决困难群众打官司难的问题作为一件大事切实抓好落实。

第二，建立健全公职律师队伍，使法律援助工作有可靠的组织保证。律师队伍要坚持多种所有制共同发展。法律上明确有公立的律师事务所，应该在发展多种所有制律师队伍的同时，建

1998 年 7 月 30 日，李长春考察广东省人民检察院时在信访室与来访群众亲切交谈。前排左二为广东省检察院检察长张学军。

立、健全一支高信用、高素质的公职律师队伍。公职律师队伍作为司法行政机关直属事业单位或者工会直属事业单位、妇联直属事业单位，也是今后我们法院选拔法官的重要来源之一。我们要探索有中国特色的律师队伍新模式，就法律援助工作而言，应该以公职律师为主体，同时发动其他律师机构承担相应义务。可以一套人马挂两个牌子，既是法律援助机构，又是律师事务所，经费按事业单位划拨。全省要有司法行政部门直属的法律援助机构，工会、妇联这些群众团体也要有法律援助机构，小城市和县一级也可以集中在司法机构下设事业单位的法律援助机构，实现省、市、县三级及少数发达的镇均有法律援助网络覆盖。同时，社会上的各种民营律师事务所的律师要承担一些法律援助的案件，并和年审结合起来。

第三，重视社会宣传，让法律援助家喻户晓。解决"四难"中弱势群体打官司难的问题，要增加透明度，通过广泛宣传，让有困难的群众都知道这条渠道，走这条渠道，也要让他们知道怎样正确行使这种权利，维护自己的利益。为了规范起见，司法厅要在以前规定的基础上，起草一份权威性的文件，并由省委、省政府批转。对困难群众的诉讼费用，要实行减、缓、免等措施，要在原来的基础上进一步完善。根据江泽民同志的"七一"讲话精神和最高人民法院、省委、省政府的有关要求，结合过去的经验，起草一份关于解决"四难"问题的文件，由省委、省政府转发。适当时候通过媒体宣传，让人民群众家喻户晓。法律援助机构要对社会公开电话，形成网络，方便群众联系，可以与司法厅现有的"148"法律服务热线结合起来，进行法律咨询和服务。

第四，改进作风，提高办事效率。切实解决"门难进、脸难

2001 年 9 月 7 日，李长春考察广东省高级人民法院。左三为广东省高级人民法院院长吕伯涛。

看、话难听、事难办"这"小四难"的问题。一般老百姓进司法机关是迫不得已的，司法机关在老百姓的心目中是权威的、神圣的。司法机关在作风建设方面采取了很多措施，如法院院长接待日、检察长接待日等，效果是好的。要形成一个机制，使老百姓有冤情能有地方申诉，渠道畅通，没有钱也能打官司。司法机关要进一步研究改善服务态度的问题，采取有效措施，使群众到司法机关就像有了主心骨，有冤有处说。同时要加强廉政建设，秉公执法，不能出现"杨乃武与小白菜"式的冤情。

减轻群众看病负担 *

（2002 年 2 月 11 日）

瑞华〔1〕、启权〔2〕：

医保问题，为减轻群众看病负担，尽量减少个人承担比例，当年收缴的医保费，原则上当年花光（如 90% 左右）。群众对看病负担重呼声太高了。特殊重危病人，还研究点什么特殊办法。

注　释

〔1〕瑞华，即卢瑞华，时任广东省省长。

〔2〕启权，即钟启权，时任广东省副省长。

＊　这是李长春同志在《中共广东省委办公厅、广东省人民政府办公厅关于 2001 年全省社会保险扩面征收工作情况的通报》上所作的批语。

2001 年，广东省建立城镇职工医疗保障制度，但部分特困职工由于无法落实参保资金，尚未纳入医保覆盖范围，少数特殊重危病人医疗费用个人负担比例偏重等问题突出。根据李长春同志的批示精神，省劳动保障部门加快深化基本医疗保险体制改革，做好困难企业退休人员和下岗、失业人员等参加基本医疗保险工作，建立健全补充医疗保险、大病保险等制度，控制个人负担比例，提高参保职工待遇水平。至 2002 年底，全省参保职工达 689 万人，比 2001 年同期增加 159.1 万人。

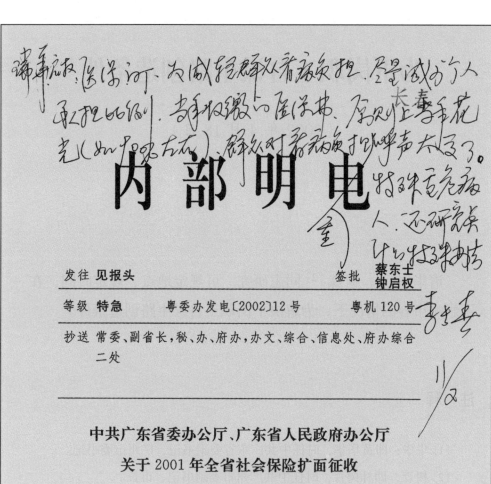

内 部 明 电

发往 见报头   签批 蔡东士
                                          钟启权

等级 特急   粤委办发电〔2002〕12号   粤机 120 号

抄送 常委、副省长,秘、办、府办,办文、综合、信息处、府办综合
     二处

中共广东省委办公厅、广东省人民政府办公厅

关于 2001 年全省社会保险扩面征收

工 作 情 况 的 通 报

各市、县党委和人民政府,省直各局以上单位:

2001 年,我省各级党委、政府以江泽民同志"三个代
表"重要思想和党的十五届六中全会精神为指导,认真贯彻
落实省委提出的"扩大覆盖、强化征缴、规范支出、改善服

广东省委办公厅机要局   2002 年 2 月 8 日发出

这是李长春在《中共广东省委办公厅、广东省人民政府办公厅关于 2001 年全省社会
保险扩面征收工作情况的通报》上的批示手迹。

为下岗职工自谋生路创造条件 *

（2002 年 4 月 18 日）

请华华[1]、树森[2]同志研究。可规定地点、规定时间，在不影响市容的情况下，为解决下岗职工自谋生路创造条件。

注　释

〔1〕华华，即黄华华，时任中共广东省委副书记、广州市委书记。

〔2〕树森，即林树森，时任中共广州市委副书记、市长。

---

　　* 　这是李长春同志在广东政协信息《对城市的小商贩、小修理工给予出路》上所作的批语。

　　省政协委员马恩成反映，在广州街头经常看到城市综合纠察队追逐、驱赶、处罚小商贩和小修理工，并没收其赖以营生的小资本的场面。建议通过划定地段或时间范围准其经营、开放各类经营集市接纳就业等方法，给予这些弱势群体生活出路。李长春同志作出批示后，广州市进一步加强城市综合管理，建设一批临时市场，并对全市下岗职工生活、再就业制定优惠政策，给予相关资助扶持，有效地遏制了乱摆乱卖现象。

多渠道资助经济困难大学生 *

（2002 年 4 月 27 日）

鸿忠[1] 并德涛[2]：

学校收费中的 15% 用于困难学生的助学金和奖学金，这是主渠道（因大学新生中，困难学生比例约占 15%—20%）。另外再落实好贷学金。不能用贷学金取代助学金和奖学金。

注　释

〔1〕鸿忠，即李鸿忠，时任中共广东省委常委、副省长。

〔2〕德涛，即郑德涛，时任广东省教育厅厅长、省委教育工委书记。

＊　这是李长春同志在中共广东省委办公厅反映部分地方落实国家助学贷款发放情况不佳有关材料上所作的批语。

从 2000 年起，广东省全面启动国家助学贷款工作，资助经济困难学生。由于贫困学生的急剧增加，申请人数与银行贷款额度之间还有一定的距离，国家助学贷款不能满足所有经济困难学生的需要。李长春同志对这一问题作出批示后，省教育厅制定《广东省普通高等学校学生勤工助学暂行管理办法》，建立健全大学生成才的服务和保障体制，确保高校学生勤工俭学和奖学金工作的落实。2002 年，全省发放国家奖学金 458.8 万元，共有 10784 名学生签订国家助学贷款合同，发放贷款金额 6438.14 万元。此外，广东省教育厅向全省普通高校下达专项资金 96 万元，用于资助经济困难学生。

提高社会保险统筹层次[*]

（2002 年 8 月 6 日）

瑞华[1]、广源[2]、宁丰[3]：

中央政治局会议重申，社会保险统筹的层次是地级市，不搞省统筹。我省实行的市统筹、省调剂的办法完全符合国务院领导同志的要求，要继续坚持不变。请税务部门不断完善征缴办法，覆盖全社会。请社保部门加强监督管理，便于个人随时查询。

　　＊　这是李长春同志在关于提高社会保险统筹层次有关材料上所作的批语。

　　2001 年 9 月，广东省人民政府要求从 2002 年 7 月 1 日起，各地级以上市应在市区范围内实行统一的社会保险费征缴和待遇计发标准，并加大调剂力度，尽快向全市统筹过渡。由于全省区域经济发展极不平衡，各市之间养老金基数和费率差距较大，加上"分灶吃饭"的财税体制，统筹推进工作进展缓慢。李长春同志对此作出批示后，消除了市县思想顾虑，解决了提高养老保险统筹层次的定位问题。2003 年 7 月，省政府印发广东省养老保险市级统筹工作指导方案。至 2004 年底，全省实现了社会养老保险市级（区）统筹、省市两级调剂的基本目标。

注　释

〔1〕瑞华，即卢瑞华，时任广东省省长。

〔2〕广源，即欧广源，时任中共广东省委常委、副省长。

〔3〕宁丰，即游宁丰，时任广东省副省长。

解决严重缺水地区群众
用水难问题刻不容缓 *

（2002 年 8 月 24 日）

> 解决群众用水难问题是民心工程、生命工程、基础工程，可以取得良好的经济效益、社会效益和政治效益。要把解决吃水问题作为严重缺水地区党委、政府第一要务中的要务，因地制宜，只争朝夕，打一场歼灭战，真正把这个广大群众关心的、世世代代解决不了的问题，在我们这一任上解决好。

　　我省个别地区，如韶关、清远的石灰岩地区，由于缺水，确实不具备生产、生活的基本条件，其他地方缺水的问题虽然没有这两个地方这么严重，但也不同程度地存在。解决这些地区用水难问题，是老百姓世世代代想解决而一直未能解决的问题，刻不容缓。韶关市解决了石灰岩地区群众用水难问题，办了一件大好事，为全省解决严重缺水地区群众用水难问题创造了好的经验。

---

　　* 这是李长春同志在广东省解决严重缺水地区群众用水难问题现场会上讲话的一部分。

各地要借鉴韶关的经验，结合实际，采取有力措施，解决好群众用水难问题。

第一，增强解决问题的紧迫感和责任感。我省从总体上讲是个水资源较丰富的省份，但在个别地区还不同程度地存在着群众生产、生活用水难问题。当前特别要把一些地方一年四季都存在严重用水难的问题摆上重要议事日程。在山区开发建设上，要认真贯彻好全省加快山区发展工作会议精神，尤其是群众生产、生活用水有严重困难的地区，要把解决群众用水难问题作为山区开发的切入点。解决群众用水难问题是民心工程、生命工程、基础工程，可以取得良好的经济效益、社会效益和政治效益。

第二，因地制宜，只争朝夕，打一场歼灭战。因地制宜是韶关的经验，要作为一个思路，从各地实际出发，来研究如何解决

2002年8月23日至24日，广东省解决严重缺水地区群众用水难问题现场会在韶关市召开。图为李长春和与会代表考察乳源瑶族自治县大桥镇猪仔峡村的食水蓄水池建设情况。右一为广东省人大常委会副主任李近维。

　　2002 年 8 月 23 日至 24 日，李长春走访村民用水情况时，在乳源瑶族自治县大桥镇下西山村村民许际铭家门口，打开水龙头捧起清凉的山水喝了一口，高兴地说："跟矿泉水差不多啊！"

全省严重缺水地区群众用水难问题。韶关的经验适合山区、丘陵地区，特别是农户比较分散、建水库比较困难的地方。它的好处是投资少，见效快，能动员广大群众参与。在 1998 年湛江现场办公会上，针对雷州半岛地区的干旱问题，结合当地原有水库还有扩容余地、水渠是土渠等实际情况，我们提出了"扩库硬渠上井群，改善生态调结构"的思路，实践证明效果是好的。[1]粤东地区缺水问题主要是水质性缺水，省里已经开会进行协调，拟从水系上进行改善。就是说，各地缺水的情况不一样，解决问题的方法也不一样。要把解放思想与实事求是结合起来，学习借鉴韶关的经验，对现在提出的解决吃水用水方案重新进行审议。

所谓只争朝夕，指的是解决严重缺水地区群众用水难这项工作不能拖。只有解决了水的难关问题，解决了基本的生存条件问题，才能谈调整结构等其他问题。解决严重缺水地区群众用水难问题，在方法上要先试点，后推广。试点要积极，总结要科学，推广要慎重。要吸取过去搞群众运动的教训，学习韶关的经验，把群众的积极性引导好、保护好、发挥好。同时，还要把坡地改造、建水池、调整结构三者有机地结合起来。这并不是要大家开山辟地，而是要把已经耕种的坡地改造成梯田，能保水、保土、保肥，这样才能进一步调整农业产业结构。

第三，加强领导，抓好落实。凡是群众生产生活用水有严重困难的地区，主要领导要亲自抓，亲自调查研究，总结群众创造的经验，加以提炼升华，形成新的思路，用来指导工作。要把解决吃水问题作为严重缺水地区党委、政府第一要务中的要务。解决这个问题，要立足于相信群众、依靠群众、组织群众、宣传群众、发动群众，把群众自力更生、艰苦奋斗的主观能动性调动起来。在这个基础上，各地政府给予一定的补助，省里也会给予一定的支持，共同把这个问题解决好。要做到认识到位，领导到位，措施到位，后勤保障到位，真正把这个广大群众关心的、世世代代解决不了的问题，在我们这一任上解决好。

注　释

〔1〕雷州半岛按照"扩库硬渠上井群，改善生态调结构"思路治旱后，成效显著。到 2002 年，南亚热带农业示范区办起 47 个各具特色的示范点，种植南亚热带作物 1.4 万公顷。农业和农村经济结构调整步伐加快，调减粮食种植面积 0.3 万公顷，增加外运菜种植面积 0.6 万公顷。雷州半岛徐闻、雷州、遂溪三个市（县）农民人均纯收入从 1998 年的 3009 元、2613 元、2749 元分别增加到 2002 年的 4104 元、2805 元、3351 元。湛江市通过改水治旱和建设南亚热带农业示范区工作，推进了农业二次创业，促进了农业结构的调整优化，实现了农业增产，农民增收，地方财税增长。

综合治理珠江，保护好母亲河 *

（2002 年 10 月 9 日）

> 珠江是我们的母亲河。重视不重视人们赖以生存的生态环境建设，重视不重视当前问题突出的水资源保护，重视不重视珠江的综合整治，是关系到让群众喝上干净水，呼吸上新鲜空气，吃上放心食物，为子孙后代留下丰富的物种和资源，为国家和民族的长远发展奠定基础的重大问题。我们要把环境保护与发展经济两者很好地结合起来，更好地体现社会主义的生产目的。

珠江是我们的母亲河，综合整治珠江是关系到珠江两岸子子孙孙、千秋万代的大事，事关广东经济社会发展的全局，事关全省人民群众的切身利益，意义重大而深远。

---

* 这是李长春同志在广东省综合整治珠江工作会议上的讲话。

一、充分认识珠江整治工作的重要性和紧迫性

珠江当前的污染及整治形势，局部虽有好转，但总体严峻，必须引起高度重视。

第一，重视环境问题，是贯彻"三个代表"重要思想，维护最广大人民根本利益的具体体现。珠江流域在我省有11.01万平方公里的国土面积，约占全省陆地总面积17.98万平方公里的61.2%；现有13个地级以上市位于珠江流域，占全省21个地级以上市的62%；有5317万的人口生活在珠江流域，占全省总人口的61.5%。此外，珠江还担负着向香港、澳门特别行政区供水的重大任务，战略意义非常突出。但近20年来，珠江遭受了严重污染，特别是流经城镇的河段，水质变差，甚至发黑发臭。这些污染河流直接影响到饮用水源，影响到人民群众的正常生活和身心健康。我省年降雨量1700毫米左右，但有很多地方没有水喝，除了石灰岩山区外，主要是水质性缺水问题，供水没有达到饮用水标准。我们绝不能低估这个问题的紧迫性和严重性。重视不重视人们赖以生存的生态环境建设，重视不重视当前问题突出的水资源保护，重视不重视珠江的综合整治，是关系到让群众喝上干净水，呼吸上新鲜空气，吃上放心食物，为子孙后代留下丰富的物种和资源，为国家和民族的长远发展奠定基础的重大问题。我们一定要保护好珠江，让珠江绿水长流，泽被后世，把这样一件众望所归的大事办好。

第二，综合整治珠江，是我省建设经济强省，率先基本实现社会主义现代化的重要举措。珠江水系支流众多，河网密布，水量充足，航运便利，为我省经济社会发展和现代化建设提供了得

天独厚的有利条件。它使珠江三角洲地区成为全国发展最快的地区之一。可以说，没有珠江水就没有我省的率先基本实现社会主义现代化。省第九次党代会提出要增创环境新优势，珠江的环境如何，是能否增创环境新优势的重要标志之一。综合治理珠江本身就是增创新优势的一项很直接很具体的内容，是我们实现从经济大省向经济强省质的转变的重要标志。保护好、整治好、利用好珠江丰富的水资源，是我们建设经济强省、率先基本实现社会主义现代化的题中应有之义。

第三，综合整治珠江，是由社会主义的生产目的所决定的。如果我们片面地以牺牲环境换取经济发展，最后必然会破坏我们赖以生存的环境。如果连基本的生存条件、生态环境都给破坏了，就会从根本上破坏了满足人们物质和文化需要的基础。显然，这是与社会主义的生产目的相违背的。有少数领导同志，在认识生产与环境的关系上陷入片面性。因此，必须从社会主义的生产目的来看待珠江治理问题。在社会主义制度下，我们在向大自然索取资源的过程中，要最大限度地防止对环境的破坏。我们要把环境保护与发展经济两者很好地结合起来，更好地体现社会主义的生产目的。

第四，综合整治珠江，是实现可持续发展战略的迫切要求。省第九次党代会确定了可持续发展战略，作为我省的四大战略之一。珠江水遭受污染，生态遭到破坏，已严重影响到我省的可持续发展。人口的膨胀、土地锐减和环境污染所造成的后果，是用几倍代价甚至永远都无法挽回的。要树立新的发展观，绝不能搞"一代人的政绩、几代人的包袱"，竭泽而渔，杀鸡取卵，急功近利的短期行为。各级干部要树立正确的政绩观，绝不要那种

"上游获利，下游受害""吃祖宗饭，断子孙路"的"政绩"，实际上那是败绩不是政绩。必须用可持续发展的观点来克服认识上的片面性和实践上的盲目性，使全省经济的发展始终沿着健康的轨道前进。广大山区是全省各大河流的源头，更要树立可持续发展的观点，重视做好环境保护工作，以免给下游地区带来严重后果。我们与发达国家差距最大的，第一是城乡差别，第二是生态环境。我们对目前取得的成绩千万不要盲目自满，一定要确实树立可持续发展的思想。解决经济发展与生态环境之间的关系问题，关键还是在于各级领导的思想认识。

二、加强领导，确保珠江整治工作任务的落实

第一，各级党委要加强对珠江整治工作的领导。在生态环境建设上、在珠江整治工作上，各级党委责无旁贷，要列入工作议程，作出部署决策，旗帜鲜明地支持政府抓好贯彻落实，形成重视环境的舆论氛围和用人导向，在对干部的考核、使用、任用上，要真正体现贯彻可持续发展的思想，把经济发展与人口资源环境紧密结合起来。在保护环境、实现可持续发展的重大问题上，党政一把手要亲自抓，亲自去看一看辖区内的河涌，看一看辖区内的重点污染源。我为什么反复强调到 2005 年广州市党政主要领导要带头到珠江游泳，就是体现党政一把手要亲自抓。要一个工厂一个工厂管住，一条河涌一条河涌治理，新上项目要把好环保关。要真正体现党政领导齐抓共管，认识到位、责任到位、措施到位，把珠江整治的任务落实好。

第二，各部门协调行动，社会力量动员起来，形成整治珠江

的合力。整治珠江、保护生态，与政府的计划、经贸、财政、建设、环保、交通、水利、农业、林业、渔业等部门都关系密切，大家要协调工作，不能简单地把环保看成是环保部门的工作。应该明确，环保工作是全党、全民的任务。环保局要认真组织协调各个部门，省委、省政府要建立珠江整治联席会议制度，联席会议日常工作由环保局负责。环保局作为《环保法》的执法机关，要挺直腰杆，用铁的手腕来抓环保。各市、县、镇及区域之间，都要相互支持，密切合作，共同努力，形成合力，共同推动珠江整治工作。

第三，多渠道解决工作经费，加大综合治理的资金投入。认真落实排污收费的政策，坚持"谁污染谁治理"。各级财政要千

2002年10月8日至9日，广东省综合整治珠江工作会议在广州召开。图为李长春实地察看珠江水质状况。

方百计筹集一部分资金，财政困难的地方要通过财政转移支付给予支持。要积极争取国外政府、国际组织对环保的赠款和优惠贷款。要充分发挥市场机制的作用，对有效益的环保项目、对循环经济采取多元化、社会化的投融资机制，引导民间资本、外资等社会资本投入城市环境基础设施建设。要努力探讨环境基础设施建设的体制改革，把政府这只有形的手和市场这只无形的手紧密结合起来，按照"谁投资谁受益"的原则，投资建设、经营环境污染治理项目，努力使环境基础设施建设项目建立起自主经营、自负盈亏、自我发展的良性机制，促进环境污染治理的市场化、产业化。要用市场需求来培育新兴的环保产业，各地要加大污水处理厂投资力度，把污水处理厂建设标准化、系列化、产业化，形成新的产业，同时要避免搞重复建设和低水平建设，花了很多钱却未能形成有规模的环保产业。

第四，加大环保宣传教育力度，提高全社会的环保意识。充分利用各种媒体，广泛宣传环境保护的法律法规和科学知识，及时报道各地整治珠江工作取得的成效和经验，动员全社会都来关心、支持珠江整治工作。整治工作中可能会遇到很多矛盾和问题，要做好拆迁户的思想工作，使他们服从整体规划，同时也要为他们的生计作出安排，做好善后工作。要继续开展"南粤环保世纪行""保护母亲河"等多种形式的环境宣传教育活动。对破坏珠江流域生态环境的单位和个人，要及时曝光，发挥舆论的监督作用。

第五，建立有效的监督机制，确保整治工作取得成效。各级政府要层层签订珠江整治责任书，要认真考核，严格落实。对水污染防治和饮用水源保护情况要进行执法检查。省环保部门要配备监测船，到各河涌取样，随时进行监督。从 11 月 1 日开始，月报各监测点的水质情况，半年后改为周报。科学确定监测点，制定科学的指标体系。建立珠江整治的报告制度，各级人大要结合珠江整治开展执法检查，各级政协要组织视察。各市、县、镇政府要定期向上级有关部门报送珠江整治工作的进展情况，有关职能部门对各地珠江整治工作要进行定期或不定期检查，并对各地的情况进行通报。对未完成珠江综合治理任务和超过排污总量控制指标的，要追究沿江各市有关党政领导和省直有关部门负责人的责任，对企业则要严格按《环保法》的规定依法处理。

扎实推进文明法治建设，
营造良好发展环境

严惩逼良为娼的凶手，全力救治洪招娣[*]

（1998 年 6 月 22 日、11 月 3 日）

一

看了此消息，令人发指。要严惩逼良为娼的凶手，为民除害。并通知县委，全力救治洪招娣^[1]。

二

请国忠^[2]和小方^[3]一起去，代表我转达问候，并赠送一些慰问品，鼓励她勇往直前，创造未来。也请南方日报写篇评论，通过洪招娣几个事件，要唤起人们的良知，加大扫除黄毒赌的力度，净化社会环境，使改革开放发生了巨大变化的南粤大地更加灿烂辉煌。也感谢新闻单位发挥舆论监督作用，扶正压邪，为民请命。

---

　　* 这是李长春同志分别在《羊城晚报》新闻报道《一纵身，跳楼抗争》及洪招娣来信上所作的批语。

注　释

〔1〕洪招娣，安徽省宿松县人，因家贫辍学，本想到广东打工挣学费复学，1998 年 6 月被人骗到广东省吴川市，并被强迫卖淫，她宁死不从，纵身从 3 楼跳下，导致脊柱骨折，下肢几乎不能动弹。此事经媒体报道后，引起社会极大关注。李长春同志在看到有关报道后，即刻批示要严惩逼良为娼的凶手，为民除害，并要求吴川市委全力救治洪招娣。司法机关迅速破案并将罪犯刘峰、韩丽娟绳之以法。后来，洪招娣转往广州中山医科大学附属第三医院进行救治。李长春同志非常关注洪招娣的治疗情况，专门委派广东省委副秘书长唐国忠和省委办公厅副主任方健宏代表他到医院慰问，并送上一本他亲自题写了"自强不息，努力向上"的《新编汉语词典》，勉励她出院后要努力学习，掌握本领，更好地为现代化建设服务。经精心治疗，洪招娣身体机能基本得到恢复，并在随后的 7 年时间里以超常的毅力完成了中专、大专学业。2005 年，在广东省委、省政府的关怀下，洪招娣毕业后进入民政系统从事救助安置工作。

〔2〕国忠，即唐国忠，时任中共广东省委副秘书长。

〔3〕小方，即方健宏，时任中共广东省委办公厅副主任。

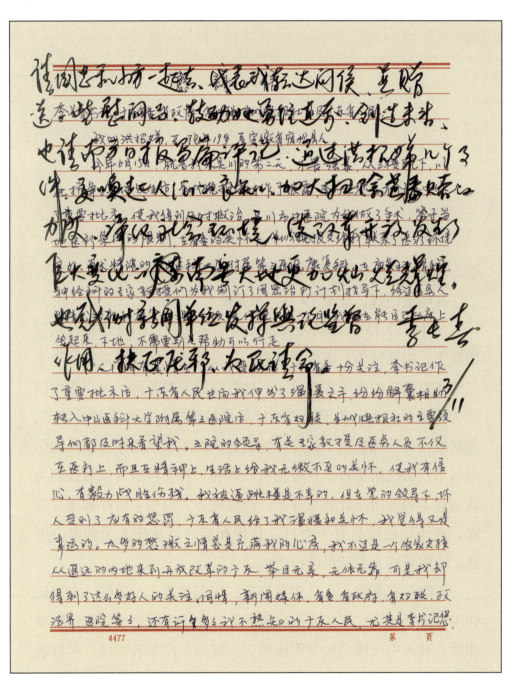

这是李长春在洪招娣来信上的批示手迹。

附：

感谢信

李长春书记，广东省委、省政府、省妇联、羊城晚报社以及广东省人民：

我叫洪招娣，现年 19 岁，系安徽省宿松县人。

今年 6 月 15 日，就是我来吴川的第二天，不畏强暴，从三楼跳下，以死抗争。事件发生后，羊城晚报及时作了披露，李书记您在万忙之中作了重要批示，使我得到及时救治，吴川市中医院为我做了手术，鉴于当地医疗条件的限制，在省委的关怀下，羊城晚报又给我联系了医疗环境良好、医术精湛的中山医科大学附属第三医院康复科。在康复科、骨科、神经科的专家教授们为我制订了周密治疗计划指导下，经过医务人员精心治疗和康复护理，在该院住院只有一个月，我现在能自己从床上坐起来，下地，不需要别人帮助可以行走。

人间自有真情在。从我受伤后，广东省委十分关注，李书记作了重要批示后，广东省人民也向我伸出了温暖之手，纷纷解囊相助，转入中山医科大学附属第三医院后，广东省妇联、羊城晚报社的主要领导们都及时来看望我。三院的领导，有关专家教授及医务人员不仅在医疗上，而且在精神上，生活上给我无微不至的关怀，使我有信心，有毅力战胜伤残。我被逼跳楼是不幸的，但在党的领导下，坏人受到了应有的惩罚，广东省人民给了我温暖和关怀，我觉得又是幸运的。太多的感激之情总是充满我的心房，我不过是一个农家女孩从遥远的内地来到开放改革的广东，举目无亲，无依无靠，可是我却得到了这么多好人的关注、同情，新闻媒体、省委、省政府、省妇联、政法界、医院等等，还有许许多多我不熟知的广东人民，尤其是李书记您真让我感激之情无以言表，我想都没有想到啊。这是正义的胜利，这是广东省精神文明建设的证明。为此，我衷心地感谢李书记，省委省政府、省妇联、羊城晚报社及广东省人民，感谢救治我的两家医院的领导和医务人员，向你们致以崇高的敬意！

李书记，您犹如我的再生父母，让我重获新的人生，我相信在您的领导下，广东的社会风气将会得到根本的好转。在扶正祛邪的斗争中，我想我的牺牲是值得的。伤好后，我将继续实现我的梦想，刻苦学习，掌握建设社会主义的本领后，为社会作出应有的贡献，决不让李书记和曾经为我付出劳动和辛勤汗水的人及所有关心我的人们失望！

我很快就出院了，心里多高兴啊，值此之际，我能否冒昧请求拜见您。这是一个曾经得到您关怀的农家女孩目前最大的心愿。但我知道您非常繁忙，如果安排不了时间，我也能充分理解。顺祝您：工作愉快，身体健康！

此致

敬礼！

洪招娣　敬上

1998 年 10 月

旗帜鲜明地打击走私[*]

（1998 年 7 月 27 日）

> 要教育我们的干部善于从政治上观察问题，提高政策水平和法制观念，进一步提高对走私活动的危害性和反走私斗争重要性、必要性的认识，正确处理好眼前利益与长远利益的关系、地方利益与国家利益的关系，以及局部利益与全局利益的关系。打击走私不仅是一场经济斗争，而且是一场严肃的政治斗争，是反腐败斗争的一个重要方面，也是新时期加强党的建设和政权建设的一个重要组成部分。

打击走私活动是一项长期的工作任务，关系到党和国家事业的发展，关系到国家的长治久安。党中央、国务院高度重视打击走私工作，专门召开会议作出了相关部署，我们一定要认真贯彻落实好。

---

[*] 这是李长春同志在广东省打击走私工作会议上的讲话。

一、各级党委、政府要进一步提高认识，旗帜鲜明地打击走私活动

我们必须清醒地看到，我省毗邻港澳，地处反走私斗争的前沿阵地，反走私斗争的形势依然严峻。海上走私增多，重点商品走私仍然突出，法人走私涉及面广、性质严重、数额巨大。这些走私犯罪活动带来的危害十分严重：一是冲击国内市场和威胁民族工业的生存和发展；二是偷逃国家税收，影响国家财政收入；三是破坏进出口管理政策和公平竞争规则；四是破坏了我省的投资环境；五是腐蚀干部队伍，污染社会风气；六是严重影响政令畅通，损害党和政府的形象，影响政权的巩固。

反走私斗争是一项长期的重要任务。我省处于毗邻港澳的特殊的地理位置，是反走私的前沿阵地。由于存在两个市场、两种价格，反走私斗争历来尖锐复杂。我们对打击走私活动绝不能打一阵停一阵，更不能幻想"一劳永逸"，要牢固树立"长期斗争，严厉打击"的思想，扎扎实实地狠抓反走私斗争。

刹住走私猖獗的歪风，扭转我省反走私工作的被动局面，关键是要真正解决广大干部群众尤其是各级领导干部的思想认识问题。当前，要坚决纠正在一些地方干部群众中存在的"走私致富""走私脱贫""走私创收"等错误思想，彻底清除其影响。要教育我们的干部善于从政治上观察问题，提高政策水平和法制观念，进一步提高对走私活动的危害性和反走私斗争重要性、必要性的认识，正确处理好眼前利益与长远利益的关系、地方利益与国家利益的关系，以及局部利益与全局利益的关系。要使各级干部和广大群众充分认识到，走私活动是一种违法犯罪行为，打击

走私不仅是一场经济斗争，而且是一场严肃的政治斗争，是反腐败斗争的一个重要方面，也是新时期加强党的建设和政权建设的一个重要组成部分。全省各级干部都要在思想上、政治上自觉地与党中央保持一致，从维护改革发展稳定大局的高度，从加强党的建设、政权建设的高度，从保证广东社会主义现代化建设健康发展和维护改革开放形象的全局，充分认识深入开展反走私斗争的重要性和紧迫性，旗帜鲜明地打击走私活动。

二、以查处大案要案为突破口，以打击法人走私为重点，扎扎实实地开展反走私斗争

对走私大案要案查处不力，是一些地方走私活动屡禁不止，走私分子气焰越来越嚣张的一个重要原因。中央要求，要集中力量查处大案要案，查处的重点是法人走私，特别是那些有特殊背景的法人走私。查处案件要来真的、动硬的，不论案件涉及到什么人、什么单位、什么背景，都要一查到底，依法从快从严惩处，决不姑息。请海关、政法机关和纪检机关都要排出一批大案要案，一查到底。任何单位、任何人都不能做走私者的后台，都不准支持、纵容和参与走私。我们要坚决贯彻执行中央的指示，各地党政军机关和执法、司法部门一定要严肃查处下属单位所办的一些公司和挂靠公司中存在的走私护私问题，还要限期同所办的公司在人、财、物等方面彻底脱钩。对这些年来参与走私的这些公司，要追查到底，严肃处理。今后如继续参与走私的，除对直接人员从严惩处外，还要追究其主管领导的责任。要坚决落实中央作出的决定，武警、政法部门一律停止经商活动。

　　各地各部门必须坚决纠正过去只注重查扣私货而不重视查办案件的偏向，把查处走私大案要案作为加大反走私斗争力度的一项重要措施来抓。对重点案件特别是在当地已造成恶劣影响的案件，主要领导要亲自过问，分管领导要亲自挂帅组织查处，一定要千方百计抓到主犯。在查办案件中要敢于冲破关系网，顶住说情风。党员和国家干部，特别是领导干部，一律不准为走私分子说情。为走私分子说情，是无党性、无原则的行为，是纵容犯罪的行为。办案部门一定要敢于坚持原则，排除来自任何方面的说情干扰，秉公办案。对涉及党政干部和执法人员参与、支持、纵

　　2000年2月3日，李长春听取海关总署广东分署及下属各海关工作情况汇报。图为李长春与海关总署广东分署主任刘文杰亲切交谈。

容、包庇走私的案件，纪检监察部门和检察机关要分别对有关人员作出严肃处理。对说情的要建立登记上报制度，将何人来说情、为谁说情，逐一登记，向上级主管部门和纪检、监察部门详细汇报，以便备查。今后，凡是为走私说情的党员、干部，要给予党纪政纪处分。

三、加强领导，落实责任，确保
反走私斗争取得显著成效

我省反走私斗争的各项任务能否真正落到实处，反走私斗争能否真正取得成效，关键在于各级领导。各级党委和政府，特别是第一把手要旗帜鲜明地打击走私活动，坚决落实江泽民同志提出的对打击走私要决心大、行动快、措施硬、惩治严的要求。省各有关职能部门和重点市、县的领导尤其要下定决心，真抓实干，以高度的政治责任感，真正负起反走私斗争的领导责任。近年来，我省各级政府层层签订了反走私责任书，建立反走私领导责任制，现在关键是要狠抓落实。一是各级领导要真正负起责任，真抓实干，对本地区存在的问题和新出现的走私苗头，要严肃对待，严肃查处，严厉打击。同时，要切实抓好各部门的协调配合，综合治理。二是健全和强化反走私责任制。各市、县和乡镇的党委、政府对本地区的反走私工作负全责，党政主要领导负领导责任，分管领导负具体责任。要一级抓一级，层层抓落实，一定要落实到基层，落实到每一个单位。各市、县都要有专职的负责同志来牵头落实责任制的工作。同时，各级政府要明确负责检查、监督的职能部门，并有专人负责，狠抓落实，做好经常性

的监督和检查工作。省委、省政府决定成立打击走私领导小组，成立关于武警、政法部门停止经商工作领导小组。三是要把反走私工作作为领导干部政绩考核的内容。今后，凡一个地方出现走私严重的，搞地方保护主义制造阻力导致严重后果的，要追究当地党委、政府主要领导和分管领导的责任。如果一个地区走私活动猖獗并且长期不能扭转局面，情节特别恶劣、影响特别坏、工作特别不得力的，上一级党委、政府要及时派出工作组对其进行整顿和改组。建立反走私领导责任制，关键在于狠抓落实，否则，就会流于形式。

各缉私职能部门要明确职责范围，落实具体责任。中央明确

2002年7月8日，武警广东省总队向广东省委、省政府和武警总部领导进行汇报演习。图为李长春观看最新装备展示。左三为武警广东省总队总队长洪少虎，右二为广东省省长卢瑞华，右三为武警广东省总队政委朱凤云。

今后由海关统一负责缉私工作，希望我省海关不负众望，负起这个重要责任。按照中央的要求，海关还准备建立缉私警察队伍。这支队伍从一开始就要重视人员素质，充分发挥其作用。公安、边防、工商等职能部门必须按照分工各司其职，密切配合，形成合力。各个方面都要大力支持海关履行职责。属职责范围内的问题，职能部门要及时认真处理；处理不了的，要及时报告当地党委、政府和上级主管部门。如果出现问题不及时处理，或不能处理又不报告以致造成严重后果的，要追究职能部门有关领导的责任。要加强缉私队伍的自身建设，提高广大缉私人员的政治素质和业务素质。缉私执法人员要依法行政，秉公执法，忠于职守，高效廉洁，克服地方和部门保护主义倾向。对缉私执法人员中存在的执法犯法、参与走私护私的，要坚决查处。各行业主管部门要强化本行业的管理。省经委、外经委、贸易委、交通厅、烟草专卖局等要对所管辖的部门加强管理，加强教育，制定本行业加强反走私综合治理措施，层层建立反走私责任制。凡属本行业应该管的事情，必须认真管好，不能推卸责任，对管不好的要追究责任。特别是当前来往港澳的小型船舶走私相当严重，省经委、省交通厅要会同有关部门对来往港澳的小型船舶彻底进行清理整顿。

口岸各部门要一手抓打击走私，一手抓好口岸服务。我省是外向型经济比重比较大的省份，省第八次党代会明确我们要实施外向带动战略，对外经济贸易是我省的"命根子"。特别是今年我们的经济形势出现了很多新情况、新问题和新挑战，各有关部门要深化改革，加强管理，不断提高工作效率，提高服务水平，搞好通关服务。不能因为开展打击走私斗争而影响我们正常的进出口贸易。我省实现今年出口总额增长 10%、力争 15% 的目标还相当艰巨。省委、省政府确定一定要坚持这个目标，全力以赴做好工作，坚决背水一战。在当前国际市场出现新情况的形势下，要使我省对外经济贸易有稳定的增长，对全省实现国内生产总值增长 10% 目标作出应有贡献，口岸等部门要努力取得打击走私和促进对外经贸发展双丰收，为增创我省对外开放新优势再立新功。各级党委、政府一定要将反走私工作摆上重要议事日程，按照全国和省里的统一部署，积极开展反走私联合行动和专项斗争，共同把反走私工作抓紧抓好，夺取反走私斗争的新胜利。

提高思想认识，
切实加强精神文明建设 *

（1998 年 9 月 25 日）

> 社会主义精神文明，同社会主义的政治制度、经济制度一样，是社会主义社会的重要特征，是建设有中国特色社会主义的重要组成部分，是党在社会主义初级阶段基本纲领的重要内容。广东在全国改革开放中所处的地位，决定了加强精神文明建设的特殊重要性。精神文明建设搞得好不好，直接关系到改革开放形象，直接关系到全党、全国人民坚持党的基本理论、基本路线不动摇这个大问题。要善于从全局上、从历史的角度和我们所面临的重要任务上，深刻认识加强社会主义精神文明建设的长期性、艰巨性、复杂性，从而做到加大力度，坚持不懈。

在新形势下如何使广东的两个文明建设再上新台阶，这已经

---

　　* 这是李长春同志在中山市召开的广东省创建文明城市现场经验交流会上的讲话。

成为当下迫切需要解决的重要问题。在这个问题上，全省干部要在以下四个方面求得共识、统一思想。

第一，要从精神文明建设的地位和作用来看精神文明建设的重要性。社会主义精神文明，同社会主义的政治制度、经济制度一样，是社会主义社会的重要特征，是建设有中国特色社会主义的重要组成部分，是党在社会主义初级阶段基本纲领的重要内容。它既是现代化建设的重要手段和保证，又是现代化建设的重要目标。社会主义精神文明作为重要手段，能够凝聚和激励全国各族人民的智慧和力量，因而也是综合国力的重要标志。这次在抗洪抢险斗争中所体现出来的社会主义精神文明的巨大威力，就充分说明它是我们综合国力的重要标志。当前，我们的改革开放和社会主义现代化建设遇到了许多新情况、新问题，面临着复杂的国内国际形势，迫切需要精神文明建设为其提供思想保证、精神动力、智力支持、舆论环境。所以，我们必须从社会主义精神文明建设在社会主义现代化建设中的重要地位和作用来看待精神文明建设的重要性，它不是可有可无的，也不仅仅是个手段和保证，它本身就是有中国特色社会主义的应有之义，是其中的重要组成部分。

第二，要从在发展社会主义市场经济和对外开放条件下建设社会主义来看待精神文明建设的长期性、艰巨性和复杂性，从而做到坚持不懈、持之以恒。我们党总结我国几十年建设社会主义正反两方面的经验教训，同时也总结了国际上其他国家社会主义建设正反两方面的经验教训，得出结论：必须建立社会主义市场经济体制。这是唯一正确的选择，是建设有中国特色社会主义的必由之路。市场经济在优化配置资源上有着明显的优越性，同时对精神文明建设也有着重要作用。比如，市场经济形成的积极向上的竞争机制、效益观念、法制意识等，对精神文明建设也是有积极意义的。但也应该看到，市场经济本身也有负面效应，如容易诱发拜金主义、享乐主义、极端个人主义。所以，党中央确定我国搞社会主义市场经济，把市场经济和社会主义基本制度结合起来，用社会主义制度固有的政治优势去抵御市场经济的负面影响，这就给我们提出了"两手抓，两手都要硬"的艰巨任务。

同时，我们还要看到，社会主义建设必须是在对外开放的情况下进行的，这也是我们总结几十年正反两方面经验教训所得出的结论。对外开放是我们一项长期的基本国策。对外开放能引进国外的先进技术、资金、人才和管理经验，能把人类创造的文明成果引进来为我所用。但在对外开放过程中，"苍蝇"和"蚊子"也会飞进来，资本主义腐朽的东西会对我们进行"渗透"和影响。由于西方资本主义国家掌握着经济和科技的优势，必然对我们构成某些压力，他们在意识形态方面也会对我们进行"渗透"，包括对我们进行"西化""分化"。因此，在这样的形势下建设社会主义精神文明，是我们中国共产党人面临的一个历史课题、历史任务和历史性考验。各级领导干部要善于从全局上、从历史的角度和我们所面临的重要任务上，深刻认识加强社会主义精神文明建设的长期性、艰巨性、复杂性，从而做到加大力度，坚持不懈。

第三，要从我省的实际情况和我省在全国改革开放中所处的地位来看加强精神文明建设的特殊重要性。党的十一届三中全会之后，我省在全国率先进行改革开放，而且这项工作一直是在邓小平同志等老一辈无产阶级革命家的亲切关怀下、在以江泽民同志为核心的党的第三代中央领导集体的亲切教导下进行的。在《邓小平文选》第三卷中，邓小平同志多次提到广东，特别是在南方谈话中要求广东用 20 年时间赶上亚洲"四小龙"，不仅经济要上去，社会秩序、社会风气也要搞好，两个文明建设都要超过他们，这才是有中国特色的社会主义。江泽民同志明确要求我们"两手抓，两手都要硬"，交好物质文明建设和精神文明建设两份答卷。我们一定要牢记邓小平同志和江泽民同志的教导，搞好精神文明建设，以实际行动来报答党中央和老一辈无产阶级革

1998 年 9 月 23 日至 25 日，广东省创建文明城市现场经验交流会在中山市召开。图为李长春考察孙文西路文化旅游步行街。右一为中山市市长陈根楷，右二为广东省委常委、宣传部部长于幼军。

命家对我们的亲切关怀。

同时，我们还要看到，广东毗邻港澳，处于"一国两制"的前沿，资本主义腐朽的东西时刻都在对我们进行"渗透"、腐蚀，境外敌对势力也通过这个渠道对我们进行"渗透"、破坏。但对外开放是我们的基本国策，必须长期坚持，不能因噎废食。因此，我们担负的加强社会主义精神文明建设的任务比内地更加艰巨。我们的精神文明建设搞得好不好，直接关系到改革开放的形象，直接关系到全党、全国人民坚持党的基本理论、基本路线不动摇这个大问题。对基本理论、基本路线的干扰，不论是来自"左"还是右的方面，在我们前进的道路上都是难免的。来自右的干扰，主要是资产阶级自由化。我们毗邻港澳，发展市场经济先走一步，他们会把广东作为"渗透"破坏的重点地区。来自"左"的干扰，就是"左"的势力常常说我们改革开放是走资本主义道路，他们也会从广东暴露出来的一些问题找根据。如果我们搞得不好，就会授人以柄，客观上助长"左"的方面对基本理论、基本路线的干扰。因此，我们的责任非常重大。

历届省委高度重视"两手抓，两手都要硬"，采取了很多措施，也取得了明显的成效。现在广东在全国的形象，总体上是好的，作为改革开放的先行区，通过 20 年的改革开放，经济快速发展，城乡面貌发生了巨大变化，对内地影响很大。但正因为我们面临的任务特别重，也存在一些影响广东形象的东西，这些东西在经济领域和社会领域都存在。在经济领域，一个是走私贩私。广东是打击走私贩私的重点地区，内地走私贩私的源头不少是在广东。我省的经济也因走私活动受到严重干扰。经济领域另一个影响我们形象的就是经济欺诈，包括假冒伪劣，如假增值税发票、骗退税、假出口、假报关、套汇逃汇等，干扰了正常的经济秩序，严重影响了我省的形象。在社会领域，突出的也是两个方面：一个是黄赌毒现象较严重；再一个是社会治安问题较多，特别是带黑社会性质的团伙犯罪。这个问题已经成为影响我们投资环境的一个因素。所以，从我省所处的地理位置、我省在全国改革开放事业中的特殊重要性和当前我省"两手抓"的现状这几个方面来看，我们要深刻认识到，我们肩负的任务更加艰巨，经受的历史考验更加严峻。我们两手都硬起来了，对全国就是一个贡献。

第四，要高度重视、积极推广中山市创建文明城市的经验。中山市从创建文明城市入手，推动城乡精神文明建设不断发展，走出了一条加强精神文明建设的新路子。中山市经验的意义就在于此，省委之所以这样重视他们的经验，也在于此。以提高市民素质和城市文明程度为目标的创建文明城市活动，是党的十四届六中全会确定的群众性精神文明创建活动的重点。搞好文明城市创建活动，不仅对推动当前我省两个文明建设有着重要意义，而且对我省今后基本实现社会主义现代化也有深远的影响。以创建文明城市为龙头，我认为起码有三大好处：

一、创建文明城市是城乡两个文明建设的龙头工程，对城乡两个文明建设起主导、带动、辐射和示范作用。城市人口集中、工商业发达，通常也是周边地区的政治、经济、教育、科技、文化、信息的中心，对一个地区的经济发展和精神文明建设都能起到主导、带动、辐射和示范作用。而市民素质、道德风尚、社会环境、教育、文化、科技水平等状况，又直接影响到城市功能的发挥。因此，创建文明城市，发挥其在区域中的辐射和带动力，对推动一个区域两个文明建设，有着重要的意义。它是城乡两个文明建设的一个重要载体和抓手，是再上新台阶的动力，是发动广大群众参与精神文明建设的有效途径，能够解决虚功实做的问题。创建文明城市的内容丰富，覆盖面广，辐射力强，影响力大。其内容既包括思想道德文化建设，也包括城市建设、环境卫生、交通秩序、社会治安、优质服务等。所以，抓住了创建文明城市这一环，就抓住了提高城乡文明水平的"牛鼻子"，有利于发挥中心城市对广大农村、广大基层的带动作用，有利于各行各业、各个部门工作质量的提高，有利于促进整个社会的文明进步。

二、创建文明城市也是为人民群众办实事、得民心顺民意的民心工程。我们应该始终把创建文明城市作为进一步提高广大群众精神文化生活水平的一个重要途径，这也是体现全心全意为人民服务宗旨的有效途径。特别是现在全省人民基本上解决了温饱，珠江三角洲地区的人民生活已经步入小康，广大人民群众必然对生活质量和精神文化生活提出更高的要求，迫切要求拥有一个文明舒适的工作、学习、生活环境，要求获得优质高效的社会服务和丰富多彩的精神生活，从而提高整个生活质量。中山市坚持不懈地开展创建文明城市活动，正是满足了广大人民群众的这一要求，为人民办了实事、好事，得到人民的拥护和支持。所以，创建文明城市是一项功在当代、利在千秋、造福于民、为群众办实事好事的民心工程。

三、创建文明城市也是进一步改善投资环境和经营环境，为经济建设这个中心服务的好形式。在抓精神文明建设中，怎样防止精神文明建设和物质文明建设出现"两张皮"的现象？怎样使精神文明建设更好地为经济建设这个中心服务？这个问题一直是我们探索的问题，有时甚至是感到困惑的问题。中山市创建文明城市给我们一个重要的启示就是，通过创建文明城市，把精神文明建设为经济建设这个中心服务的有效形式体现出来了。通过创建文明城市，提高人们的文明素质，塑造独特的人文景观，营造良好的投资环境和优美舒适的工作、学习、生活环境，可以使城市成为投资、居住、购物、旅游的好去处，让老百姓安居乐业，让投资者安心放心，让观光者赏心悦目，有利于提高城市的知名度，增强城市吸引力，从而树立起现代文明城市的形象。因此，创建文明城市也是两个文明建设的最佳结合点。中山市从创建文明城市入手，带动城乡两个文明建设这个重要经验，值得全省借鉴推广。

既要打击走私又要保护台商合法经营 *

（1998 年 9 月 30 日）

炳权[1]并文杰[2]：

如属实，应立即煞住此风。打击走私要突出重点，主要抓大案要案，不得搞人人过关，草木皆兵。对面上的一般性问题，要注重今后再加强监管，一般不要找后账，更不能普遍摊派罚款。要注意保护台商合法经营，要做到两个坚定不移，即打击走私犯罪坚定不移，保护外商合法经营、支持服务外资企业坚定不移。

---

* 这是李长春同志在广东省台办《关于我省台资企业对海关近期税务稽查工作的情况反映》上所作的批语。

1998 年 9 月，广东省台办反映，省内海关统一部署对境外投资企业开展偷漏税现场稽查行动，台港澳企业特别是加工贸易企业受到影响。李长春同志批示后，广东海关认真贯彻落实，既打击走私，又继续扶持企业的正常生产，采取有力措施促进地方外经贸发展。1998 年，广东海关共查获走私案件 5688 起，案值 40.92 亿元；广东外贸进出口总值达 1298 亿美元，加工贸易进出口占进出口总值的 75.4%。

注　释

〔1〕炳权，即汤炳权，时任广东省副省长。

〔2〕文杰，即刘文杰，时任海关总署广东分署主任。

努力交出两个文明建设好答卷[*]

（1998 年 11 月 19 日）

> 精神文明建设渗透在整个物质文明建设之中，贯穿于政治、经济、文化、社会生活的各个方面，是一项全局性、社会性的综合工程，它不是哪一个部门所能单独担负起来的工作，需要全党动员、全民参与，发动和组织社会各个方面共同努力，才能抓得好，抓得实。要建立"党委统一领导，党政齐抓共管，党政主要领导负总责，分管领导具体抓，文明委组织协调，各部门分工负责"的领导体制和工作机制。

全省各级党委和政府一定要认真贯彻落实江泽民同志"增创新优势，更上一层楼，率先基本实现社会主义现代化"的重要指示精神，充分认识加强精神文明建设的重大意义，进一步加强领导，精心组织，扎实工作，努力向党和人民交出物质文明建设和

---

　　* 这是李长春同志发表在中共中央宣传部《宣传工作》1998 年第 49 期上的文章，原题为《大力推动精神文明建设》。

精神文明建设两份好答卷。

第一，加强精神文明建设，必须加强党的领导，建立起强有力的领导体制和工作机制。精神文明建设渗透在整个物质文明建设之中，贯穿于政治、经济、文化、社会生活的各个方面，是一项全局性、社会性的综合工程，它不是哪一个部门所能单独担负起来的工作，需要全党动员、全民参与，发动和组织社会各个方面共同努力，才能抓得好，抓得实。因此，必须建立起强有力的领导体制和工作机制。省委、省政府经过研究，确定了"党委统一领导，党政齐抓共管，党政主要领导负总责，分管领导具体抓，文明委组织协调，各部门分工负责"的领导体制和工作机制。文明委受省委、省政府委托，统筹全省精神文明建设工作，

1999 年 2 月 16 日（农历正月初一），李长春在广州市龙口西路慰问正在现场作业的环卫工人。右一为广州市市长林树森，右三为广东省委副书记、广州市委书记黄华华，右五为广东省副省长许德立。

主要是负责组织协调，重大事情由省委统一决策。各市可参照省里的做法，把领导体制和工作机制明确下来。

第二，加强精神文明建设，必须坚持以邓小平理论为指导。要把兴起学习邓小平理论新高潮作为当前全省精神文明建设的首要任务，用邓小平理论武装全体党员和干部。在兴起学习邓小平理论新高潮的过程中，特别要重视学习邓小平同志对广东工作的一系列教导，重温江泽民同志对广东工作的一贯要求，尤其是精神文明建设方面的重要指示。各级领导班子要对加强精神文明建设形成共识，统一思想。

第三，加强精神文明建设，必须始终坚持经济建设这个中心不动摇。精神文明建设方方面面的工作，都要促进经济建设，不能搞"两张皮"，要实实在在地为经济建设提供思想保证、精神动力、智力支持、舆论环境。当前，我们在改革发展中遇到许多新情况、新问题，更要发挥精神文明建设对经济建设的保证作用。要贯彻好省委工作会议精神，大力弘扬伟大的抗洪精神，在全省干部群众中形成确保实现今年经济增长目标的浓厚氛围。要把经济建设搞得好不好，作为衡量精神文明建设搞得好不好的最重要标志，切实抓好落实。

第四，要从创建文明城市入手，加大工作力度，推动全省精神文明建设不断发展。创建文明城市，要从群众最关心的问题入手。根据省第八次党代会对精神文明建设的总要求，从创"三优"入手，进一步加强创建文明城市的工作。"三优"，即优美环境、优良秩序、优质服务。优美环境就是要重点整治脏乱差，实现环境净化、绿化、美化，为广大人民群众提供良好的工作、生活环境。优良秩序涵盖优良的交通秩序、社会治安秩序、经济秩序等内容。优良的交通秩序，就是要切实解决交通拥挤、混乱的局面。优良的社会治安秩序，包括扫除黄赌毒、严厉打击各种刑事犯罪活动，使其得到有效遏制。创建文明城市，不仅是绿化、卫生等硬件要搞好，而且软件也要搞好，要坚持"两手抓"，不能"一手软一手硬"。优良的经济秩序，就是要打击假冒伪劣、诈骗行为，保护公平竞争。优质服务要全面推行职业道德建设，尤其是旅店、商店、车站、空港、医院等服务窗口要文明服务，提高服务水平。行政执法机关要文明执法，与纠正行业不正之风结合起来，坚决纠正"门难进，脸难看，不给钱不办事，给了钱乱办事"的现象。司法机关要坚决遏制司法腐败，保证司法

2000年10月16日，李长春在广东珠岛宾馆与参加第27届悉尼奥运会载誉归来的广东省运动员和教练员等合影。前排左一为广东省政府副秘书长程良洲，左二为广东省委常委、秘书长蔡东士，左三为广东省省长卢瑞华，右一为广东省副省长许德立，右二为广东省委副书记黄丽满，二排右一为广东省体育局局长董良田。

公正。诚然，创建文明城市活动也要有一个由初级到高级逐步提高水平的过程，不可能一下子把各方面工作都搞得很好，但我们一定要朝着"三优"目标去不断努力。在创建文明城市活动中，要始终保证创建活动沿着健康的轨道发展。特别要注意处理好软件和硬件的关系。创建活动应有必要的投入，但要量力而行。当前，我们经济上的困难还不少，国有企业效益不高，下岗职工增加，外资企业的流动资金也比较困难，一些地方化解金融风险的任务还很艰巨。在这种情况下，硬件建设必须量力而行，不能搞乱摊派。但在城市管理等软件上，从现在起就必须严格要求，特别要重视提高人的思想道德水平。开展创建文明城市活动，自然要有评比、表彰，但要注意防止乱检查、乱评比、乱表彰，要注意防止在这个过程中可能出现弄虚作假现象，坚持省第八次党代会提出的"四防四实"，即：防止主观主义、官僚主义、形式主义、虚报浮夸，做到说实话、办实事、鼓实劲、求实效。开展创建文明城市活动，一定要自始至终坚持以群众满意不满意、高兴不高兴、赞成不赞成、答应不答应作为我们工作取舍的根本标准，不能脱离群众。对检查评比，我主张以经常性的督促检查为主，以基层申报为主，以社会评议为主；不要层层搞检查评比，不要搞大规模的检查评比。要多用社会的办法，比如在报纸上公开评比等，这样既求得社会公认，又可减少扰民。要认真研究探索出比较科学、规范的好办法，确保在整个精神文明建设活动中，处处都能体现出文明来。

政法工作要为改革发展
营造良好社会环境*

（1999 年 1 月 20 日）

> 要正确处理改革、发展、稳定的关系，改革是动力，发展是目的，稳定是条件，没有社会政治稳定，什么事情都办不成。各级党委、政府和政法各部门都要有强烈的政治敏感性，要居安思危，从讲政治、讲党性的高度，充分认识维护社会政治稳定的极端重要性，把确保社会政治稳定放在突出的位置，坚持不懈地抓好维护社会政治稳定的工作。

省委、省政府对这次政法工作会议十分重视，决定到深圳来开，而且把深圳政法工作一些好的经验、好的做法提供给大家借鉴。完成今年的政法工作任务十分艰巨，也十分光荣。

---

* 这是李长春同志在广东省政法工作会议上的讲话。

一、各级党委、政府要高度重视，把维护
社会政治稳定放在突出位置

当前，我们面临的形势总的是好的。但是，我们必须看到，现实世界并不太平。从国际上看，西方国家对我们进行"西化""分化"的政治图谋仍在继续，并且加紧利用台湾问题、人权问题、宗教问题以及贸易问题，对我国进行多方面的干涉和各种"渗透"活动。最近一个时期，国内外敌对势力加紧勾结，妄图同我们党和政府进行政治上的较量，企图制造事端。从国内形势看，我国的改革开放和经济建设取得了很大成绩，这是举世瞩目的事实。但我们也要清醒地看到前进道路上面临的问题和困难还不少，亚洲金融危机的影响继续在加深。我们多年高速发展，打下了良好的基础，同时也必然积累和暴露一些问题，比较突出的就是金融问题。这些情况都说明，搞好社会政治稳定，任务还十分繁重。要正确处理改革、发展、稳定的关系，改革是动力，发展是目的，稳定是条件，没有社会政治稳定，什么事情都办不成。各级党委、政府和政法各部门都要有强烈的政治敏感性，要居安思危，从讲政治、讲党性的高度，充分认识维护社会政治稳定的极端重要性，把确保社会政治稳定放在突出的位置，坚持不懈地抓好维护社会政治稳定的工作。

搞好社会政治稳定，各级党委、政府要高度重视正确处理人民内部矛盾。去年第四季度我到省委信访办调研发现，当前信访和群众来访总体呈大幅度上升的趋势，群体性上访更是明显增加，其中第一位是金融问题，第二位是农村土地补偿问题，第三位是城市拆迁问题，第四位是基层干部工作作风、账目不清等造

成的干群关系紧张的问题。政法部门要积极配合党委和政府，把这些棘手的人民内部矛盾处理好。就我们省的整体经济实力来看，金融这个难关是可以渡过的，关键是要软着陆，做好方方面面的思想工作，不要简单化。要正确对待群体性上访事件，切实做好信访工作。随着改革的深入，因利益结构的调整，各种矛盾必然增加，群众上访也会增多。信访来访是群众表达自己意见、反映情况诉求的重要渠道。信访工作是党委和政府了解社情民意、正确处理人民内部矛盾的重要途径。群众来访，也是广大人民群众对党委和政府信任的表现，所以我们必须耐心细致地听取群众的意见，认真对待群众的诉求，对于正确合理的意见，要坚定不移地迅速给予解决，通过接待群众上访解决实际问题，推动各级党委和政府为广大群众办实事。对一些群众的要求，虽然有道理，但由于政策或者其他某些原因，暂时还没有条件解决的，要做耐心细致的思想工作。同时我们一定要认真细致地把这些矛盾解决在萌芽状态，解决在基层，不要让这些问题越搞越大。上访是社会主义民主的一种重要形式，但是无序的、越级的、激烈的上访，容易影响社会秩序，被坏人所利用，因而我们要予以抑制。

二、进一步加强社会治安综合治理，严厉打击各种刑事犯罪活动

我省社会治安形势总体上仍然是比较严峻的，这不是我们的工作做得还不够，而是广东的情况太特殊了，地理位置毗邻港澳，香港、澳门的黑社会、恶势力"渗透"破坏捣乱的机会就

多。我省经济上先富裕起来了，因此就把一些想富但不想勤劳致富、想"走捷径"的人吸引到我们这里来了，他们违法犯罪，流窜作案占整个刑事案件的一半以上，这也是很特殊的情况。也有香港、澳门在这边做生意的，他们内部的矛盾，往往通过黑社会方式解决。还有少数地方恶势力横行乡里，群众怨声载道。总之我们这个地方的情况太特殊了，因此"严打"的方针必须坚定不移。要把打击的矛头始终指向严重暴力犯罪，打击带黑社会性质的团伙犯罪，以及走私、骗汇、逃汇、金融诈骗、偷税抗税、贪污贿赂等严重扰乱市场秩序的经济犯罪。

我们还要坚决扫除黄赌毒等严重影响广东形象的社会丑恶现象。关于扫除黄赌毒的问题，各级领导的思想认识是一致的，但在实践当中，还有少数地方少数基层干部有这样那样的不正确认识，还需要进一步统一思想。

首先，要充分认识取缔黄赌毒等丑恶现象，对我们省来讲非常重要。建设有中国特色社会主义道路，不是平坦的、一帆风顺的，在前进道路上，会受到来自"左"的和右的干扰。我们不能低估来自"左"的干扰，它挑你改革开放的毛病，往往就是看广东、看深圳，以阴暗面的东西为论据，干扰党的基本路线和邓小平理论的贯彻落实。因此，坚决扫除黄赌毒等社会丑恶现象，对于排除"左"的干扰，使全党、全国人民坚定不移地坚持邓小平理论，坚定不移地执行党的基本路线，有特别重大的意义。

其次，要充分认识"两手抓"是邓小平理论的重要组成部分。搞社会主义市场经济，就是要用社会主义制度的政治优势，抵御市场经济的负面影响。广东这块热土是邓小平同志亲自关怀、亲手栽培的试验田。要充分认识社会主义精神文明是有中国特色社会主义的重要组成部分，是现代化建设的应有之义。改革开放 20 年，我们取得了很大成绩，为世人所瞩目。更上一层楼，就要不断前进，要在继续加快经济建设的同时，加大精神文明建设的力度。我非常希望，通过全体干部和广大群众的努力，一起探索有中国特色社会主义，用我们的实践来证明邓小平理论的正确，证明有中国特色社会主义道路的前途是光明的。我们不愿意看到来自"左"的和右的干扰，利用改革开放前沿存在的问题作借口来干扰党的基本路线。在这个问题上，我们要统一思想。

再次，要充分认识黄赌毒和走私一样对社会的极大危害性。一是败坏社会风气；二是诱发一系列刑事案件；三是黄赌毒和走私发展到一定程度都会滋生黑社会组织，跟政府对抗；四是腐蚀

1999 年 12 月 9 日，李长春在广州参观禁毒展览。左二为广州市市长林树森，左六为广东省省长卢瑞华，左七为广东省教育厅厅长江海燕。

干部，首先是政法队伍，黄赌毒和走私发展到一定程度都要在公安队伍里找"保护伞"，腐蚀瓦解我们的队伍。对这个问题我们一定要有高度的政治敏感性。

我们扫除黄赌毒丑恶现象、打击走私活动，就是用实际行动捍卫党的基本路线，排除来自"左"的和右的对基本路线的干扰。如果深圳和珠江三角洲把这个问题解决好，确实对全国非常有说服力，这也是一个非常有意义的事情。广东能够搞出样板，说明在社会主义现代化建设中，完全能够交出两份好答卷，这多么有说服力。我们广东的干部能够亲身实践这个伟大的事业，应该增强光荣感和责任感。

三、切实维护农村稳定，积极开创农村工作新局面

这几年随着经济的发展，我省农村总体的形势是好的。但是也应该看到，随着农村人口的流动，同外界交往、接触的扩大，农村不稳定因素和犯罪率有增长的趋势。党的十五届三中全会和省委八届二次全会都专门对农村工作作了决定，对维护农村稳定的工作提出了新的更高的要求，我们一定要认真贯彻，维护好农村稳定，保证党的农村政策得到全面落实，努力开创农村工作新局面。

一要认真加强领导，确保村委会民主选举工作的顺利进行。我们去年对管理区改为村民委员会的工作进行了试点，全省试点了2000多个村，今年上半年要全面展开，这是加强基层民主的一个重要措施。在工作中会出现许多新情况、新问题。因此，各级党委和政府要采取切实有效的措施，保证村委会民主选举的顺

利进行。特别要注意掌握村委会选举工作的各种动向，严防别有用心的人插手破坏选举工作。注意做好村民的思想政治工作，防止宗族派性封建势力和社会恶势力左右和操纵选举，对选举中的不法活动要坚决打击。要把真正拥护共产党领导，正派公道、思想政治素质好、群众信任的人选到村委会班子中来。

二要排出一批治安问题多、秩序不稳定的村，由市、县组派工作组，从党的基层组织建设和基层政权建设入手，限期把班子和治安问题解决好。特别要认真解决封建迷信、黄赌毒、走私造假、宗族活动猖獗以及干群关系紧张的问题。

三要认真组织一次农村社会治安的专项整治行动。目前，广大农村总体是稳定的，但一些地方因为山林土地权属、承包合同纠纷激化而酿成的刑事犯罪和治安案件呈上升趋势；一些地方黑恶势力横行乡里，违法犯罪活动猖獗；有的基层组织，财力不清，少数基层干部以权谋私，集资款难以兑付的问题引发的群体性事件增多，这些问题都影响着农村的稳定。要通过开展整治行动，打击农村中的各种违法犯罪活动，维护农民的合法权益，使广大农村的治安状况和精神面貌有明显变化。

四要加强以党支部为核心的基层组织建设，加强治保会、调解会等群众组织的建设。这是当前和今后一个时期搞好农村群防群治的根本措施。政法部门要加强对他们的培训，让他们真正发挥作用。

五要进一步推进农村安全小区和文明村镇建设，努力解决封建迷信、聚众赌博等陋习，打击吸毒、贩毒活动，组织村民学习科学知识，开展各种有益的文化活动，提高农村的安全文明程度。

四、加强政法队伍建设，确保公正执法

我省的政法队伍，总体上是好的，是一支政治可靠、党和人民完全可以信赖的队伍。每逢有急难险重的任务，政法公安干警都冲在前面，这使我们感到很放心，很有底，信得过。但我们也要看到，一些地方政法队伍中存在的违法乱纪、消极腐败现象还是比较突出的。我们必须充分认识在新的形势下建设一支高素质政法队伍的重要意义，切实加强和改善党对政法工作的领导，下大力气建设一支高素质的政法队伍。政法队伍出了问题，不光影响非常大，对广大人民群众的信心也是极大的挫伤，因为政法部门是国家的专政机关，比一般的行政执法队伍重要性要大得多，要充分意识到我们的责任，通过在座同志们的努力，带出一支好

2001 年 1 月 24 日，李长春考察广州市海珠区南华西街派出所。左二为广州市市长林树森。

的队伍。

我希望，各级政法部门要在去年教育整顿的基础上，按照中央要求，在全省政法队伍中大兴学习之风，组织广大干警学习邓小平理论和江泽民同志的有关指示。通过学习，使我们的队伍思想上有明显提高，纪律上有明显增强，作风上有明显改进。要落实江泽民同志提出的"严格执法，热情服务"的要求，对犯罪活动和丑恶现象要疾恶如仇，对人民群众要满面春风，始终把保护人民群众的利益放在首位，坚持把人民满意不满意、高兴不高兴、赞成不赞成、答应不答应作为衡量政法工作和评价干警的根本标准。

在加强思想教育的同时，也要加强组织建设，进一步加大政法干部交流的力度。最近省委已经下发文件，根据干部在一个地区工作的时间和任现职的年限，确定了交流的原则，目的是给大家创造一个良好的执法环境。要在地区交流、系统交流、多方面交流上加大力度。今后地级市的公安局长也可以从优秀县市委书记中挑选，公安局长也可以过来做检察长，甲地到乙地、甲系统到乙系统，扩大交流的幅度，扩大干部的知识面，为干部创造良好的执法环境。同时要坚决把那些执法犯法、贪赃枉法的害群之马从政法队伍中清除出去。

各级政法委员会是党委领导、组织、协调政法各部门工作的重要职能部门，加强党对政法工作的领导，大量的工作是通过政法委来实现的。多年的实践证明，政法委的作用非常重要，必须继续加强政法委的建设。中央办公厅、中央组织部、中央政法委关于加强政法委建设的一系列文件都要不折不扣地贯彻落实。从今年开始，政法部门停止一切经商活动，要吃"皇粮"，这是中央的一个重要决策，各级政府和财政部门要坚决贯彻中央指示，采取有力措施，切实保证政法部门履行职能所需要的经费。要在政法队伍中树立一批人民的好公仆、好法官、好警察、好检察官，树立一批好典型，使全社会更加了解政法部门的工作，在全社会树立政法部门的良好形象。

坚持正确舆论导向，
积极发挥舆论监督作用 *

（1999 年 2 月 11 日）

坚持"政治家办报"的原则，对党报、党刊和党台来说，就是必须坚持新闻工作的党性原则，把对党的事业负责与对人民利益负责一致起来，把坚定正确的政治方向放在一切工作的首位，坚持正确的舆论导向；就是在任何时候任何情况下，都要在政治上、思想上和党中央保持高度的一致，忠实地传播党和人民的声音，围绕经济建设这个中心，处理好改革、发展、稳定三者的关系，为全党全国的工作大局服务；就是要以对党和人民高度负责的态度，把社会效益放在首位，兢兢业业地做好工作，从正确的立场出发，发挥舆论监督的积极作用。

---

　*　这是李长春同志在中央驻粤及省直新闻单位迎春座谈会上讲话的一部分。

一、坚持正确的舆论导向，为全省中心工作的顺利实施创造良好的舆论环境

坚持正确的舆论导向，要紧紧围绕全党全国的工作大局。服从服务于全党的中心工作，一切新闻宣传的内容，都应有利于确保我省国民经济持续快速健康发展，有利于确保全省的社会政治稳定，有利于进一步加强精神文明建设、民主法制建设和党的建设，有利于动员、鼓舞、激励全省广大干部群众实现中央提出的24字总要求：统一思想、坚定信心，抓住机遇、知难而进，团结一致、艰苦奋斗。

对于把握正确的舆论导向，江泽民同志有十分深刻的阐述。关于舆论导向正确是党和人民之福，舆论导向错误是党和人民之祸的论述，是我们党总结历史正反两方面的经验和教训得出的正确结论。我们要认真学习，深刻理解，并且在工作中加以贯彻。那么，怎样才能做到把握好舆论导向呢？首先，关键的一条，就是坚持"政治家办报"的原则。所谓坚持"政治家办报"的原则，对党报、党刊和党台来说，就是必须坚持新闻工作的党性原则，把对党的事业负责与对人民利益负责一致起来，把坚定正确的政治方向放在一切工作的首位，坚持正确的舆论导向；就是在任何时候任何情况下，都要在政治上、思想上和党中央保持高度的一致，忠实地传播党和人民的声音，围绕经济建设这个中心，处理好改革、发展、稳定三者的关系，为全党全国的工作大局服务；就是要以对党和人民高度负责的态度，把社会效益放在首位，兢兢业业地做好工作。"政治家办报"，就是要求新闻战线的同志要有正确的政治态度和坚定的政治立场，要有高度的政

治敏锐性和政治责任感；不仅要求新闻单位的主要领导同志具备政治家的素质和品格，而且要求新闻单位整个领导集体都具备政治家的素质和品格。其次，就是要增强大局意识，自觉维护全党和全国工作的大局，即深化改革，扩大开放，促进发展，保持稳定。对人民关心的热点问题，尤其是一些涉及社会稳定、涉及广大群众切身利益的问题，要善于从大局出发，入情入理地作出正确的回答，引导群众正确地分析问题，认识问题，以化解矛盾，化消极因素为积极因素。不要片面去猎奇，追求"轰动效应"。再次，就是要坚持团结、稳定、鼓劲和以正面宣传为主的方针。今年我们遇到的新情况多，大事喜事多，又是迎接新世纪的一年，要大力宣传各地区各行业落实党的十五大和省第八次党代会精神，落实省委工作会议确定的部署和任务，克服困难，抓住机遇，开拓前进，动员、鼓舞、激励全省干部群众按照中央24字总要求，做好各个方面的工作。

二、从正确的立场出发，发挥舆论监督的积极作用

我们省的新闻单位，总的来说是比较好地发挥了舆论监督的作用，对省委的工作起了很好的推动作用。这一点我印象很深，我也在一些报纸上作过多次批示。舆论工作是社会主义新闻宣传工作的一项重要职责，是推动工作深入开展的重要途径之一，也是加快社会主义民主政治建设、完善民主监督的重要一环。在新闻舆论工作中，对党内和社会生活中消极腐败现象、不正之风，对工作中的官僚主义、形式主义、虚报浮夸等不良风气，进行批评报道，开展舆论监督，对依法治国，消除腐败现象，密切

1999年2月11日，李长春在中央驻粤及省直新闻单位迎春座谈会上就如何坚持正确舆论导向等问题发言。

党和人民群众的联系，反映广大群众的利益和愿望，促进两个文明建设，维护和弘扬社会正气，打击歪风邪气，都有非常重要的意义。希望我们省的新闻单位继续发扬好的传统，做好舆论监督工作。

正确发挥舆论监督作用，就要明确舆论监督的目的是为了推进社会主义民主法制建设，帮助各级党委、政府及有关部门改进工作，解决问题，增进人民团结，维护社会稳定。因此，舆论监督要从大局出发，从党和人民的根本利益出发，在任何时候都要把社会责任、社会效益放在首位，把对党的事业负责和对人民的利益负责统一起来，真正把党和人民希望解决而又有能力解决的问题反映出来，而不是简单地为暴露而暴露。特别是对那些党和政府反复在抓、在强调，而由于某种原因仍然没有得到落实，使得基层群众还不满意，而从实际情况看，又确有能力有条件解决的问题，最适合用舆论监督的形式，配合党委和政府排除阻力加以解决。中央领导同志对中央电视台的《焦点访谈》给予了很高的评价，就是这个道理。他们就是抓住了领导关心的、反复强调反复抓的问题，人民群众不满意，而实际条件又完全可能解决的问题。我们要学习中央电视台《焦点访谈》的成功经验，这样就能充分发挥舆论监督的作用。这样监督的结果，不是削弱了党的领导，不是涣散人心、引发矛盾，而是急群众之所急、办群众之所盼，有利于贯彻党的路线方针政策，有利于维护社会稳定，这样才能取得好的效果。正确地进行舆论监督，还要树立全局观念，要吃透党中央、国务院、省委、省政府各个时期的中心工作、重大决策和总体要求，善于选择带倾向性的问题，选择有教育意义的典型，来进行批评报道。这一点《焦点访谈》也是处理得比较好的。比如，中央作出了粮食流通体制改革的决定，办了学习班，就在这个时候，他们能够及时反映基层农民的意见，恰好就与中央抓的事情想到一起了。这样作用就大，效果就好。正确的舆论监督，还要把握一个很重要的原则：坚持新闻的真实性，出以公心，实事求是，事实准确。真实是新闻的灵魂。如果不真实，一切就没有意义。为确保真实，建议新闻单位在内部要有审批程序，重要问题的揭露批评要与当地党委、政府交流或与主管宣传的领导部门沟通，主要是为了保证真实，保证更好的效果。兼听则明，要各方的意见都听一听，作出判断，然后新闻单位再内部讨论，再搞不准的，可向党委主管宣传的领导，或者主要领导请示汇报。

三、以政治强、业务精、纪律严、作风正
为标准，加强新闻队伍建设

今年，中央在党的建设上提出了"三讲"为主要内容的学习要求，要讲学习、讲政治、讲正气。新闻单位要按这个要求加

强"三讲"教育，开展树立马克思主义新闻观、新闻工作的党性原则和正确的职业道德观为主要内容的学习教育活动，更好地加强新闻观建设、职业道德建设和作风纪律建设。希望全省新闻队伍，在跨世纪的征途上，为我省的改革开放、现代化建设作出更大的贡献。

另外，借这个机会，我跟大家谈一谈如何看待我省目前存在的问题。第一，广东现在出现的问题和20年来取得的成绩相比，是一个指头和九个指头的关系，是支流和主流的关系。这些问题也是难以避免的。有的是体制转换过程中必然出现的，有的是伴随着开放和发展市场经济难免出现的负面效应，或者说难免要付点代价，也有的是我们没有经验，比如金融的问题，我们的知识准备不足，等等。所以要正确对待。第二，要重视存在的问题，下大决心解决，不能讳疾忌医。而且要认识到，我们先遇到并先解决了这些问题，也是对全国改革开放的新贡献。第三，要采取正确的方针来解决好这些问题。特别是省委提出来的不埋怨、不争论、不刮风，有什么问题解决什么问题，而且在解决这些问题的过程中，要始终注意保持干事创业的良好的大环境，鼓励干事者，支持改革者，教育失误者，鞭挞空谈者，惩治腐败者，追究诬告者。始终注意引导好、保护好、发挥好广大干部群众探索建设有中国特色社会主义的积极性。第四，要增强信心。在党中央国务院的领导下，省委、省政府紧密依靠全省各级干部和全省人民，有能力解决前进中的问题。请大家坚持以正面宣传为主，树立广东的好形象。我们对存在的问题绝不讳疾忌医，而是主动从严要求，认真治理。黄赌毒虽然其他地方也有，但毕竟我们是较早出现的，而我们省是邓小平同志亲自倡导设立的试验田，邓小平同志要求我们要用 20 年时间赶上"四小龙"，不仅经济要搞好，社会风气也要搞好，要超过他们。因此我们更要高标准严要求，加大狠抓的力度。广东的这些问题，与邓小平同志改革开放的路线是两码事，不是实践党的基本路线必然要出现这些问题，而且也无损于广东干部群众 20 年改革开放所取得的巨大成就。所以希望新闻宣传单位把广东的真实面貌介绍给国内外。对于存在的问题，也从增强信心的角度如实地告诉国内外。我们有信心，而且正在加大力度解决这些问题。

坚决打击黑恶势力 *

（1999 年 3 月 26 日）

　　此件加按语，增发各市市委书记，要求进行排查，狠狠打击黑恶势力，还老百姓一方平安。各级党委要旗帜鲜明，嫉恶如仇，守土有责，对黑恶势力的保护伞也要追究责任。

---

　　* 这是李长春同志在中共广东省委政法委《政法要情专报》中《湛江市在雷州开展"打黑除恶"专项斗争震动大效果好》一文上所作的批语。

　　1999 年 2—3 月，湛江市在雷州集中开展了声势浩大的"打黑除恶"专项斗争，初步改变了雷州地区治安混乱的状况。李长春同志作出批示后，4—12月全省组织开展了以打黑除恶为主要内容的专项斗争，珠江三角洲地区同时开展了打击澳门黑社会跨境犯罪系列专项行动，全省共打掉黑恶团伙 700 多个，成员 3000 多人，破获各类刑事案件 5.5 万宗，抓获各种违法犯罪嫌疑人 6 万多名，有效地维护了社会稳定。

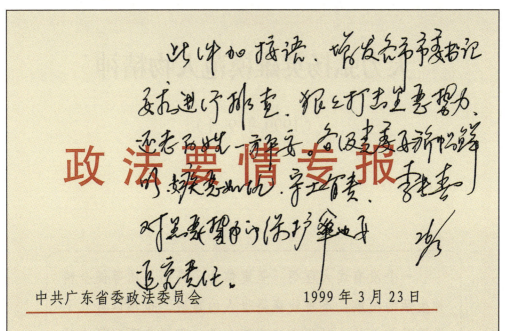

中共广东省委政法委员会　　　　　　1999年3月23日

湛江市在雷州开展"打黑除恶"
专项斗争震动大效果好

　　为贯彻落实省委、省政府湛江现场办公会精神，今年
2月以来，湛江市在雷州集中开展了声势浩大的"打黑除
恶"专项斗争，至3月14日，已破获黑恶势力等各类犯
罪团伙23个，抓获黑恶势力分子59人及其他犯罪嫌疑人
280多人，初步改变了雷州地区治安混乱的状况。

　　一、领导高度重视，精心组织部署

· 1 ·

　　这是李长春在《湛江市在雷州开展"打黑除恶"专项斗争震动大效果好》一文上的
批示手迹。

大力弘扬英雄模范人物精神[*]

（1999 年 9 月）

> 一个没有远大理想、坚定信念、高尚品质等健全精神生活的民族，不可能赢得世人的尊敬，也难以自立于世界民族之林。时代潮流滚滚向前，凝聚在不同历史时期英模人物身上的崇高理想和道德风范不仅没有被湮没，反而在新时期先进人物身上焕发出新的光彩，成为激励和鼓舞我们奋发前进的巨大力量。

当我们庆祝共和国 50 华诞的时刻，花城出版社推出《共和国英雄谱》一书。该书收集了新中国成立以来中国职工著名劳动模范先进人物、全国公安战线一级英雄模范、中国人民解放军一级英雄模范 400 多人的特写，他们以国家主人翁的意识和保家卫国建设社会主义的责任感和使命感，立足本职，艰苦创业，开拓进取，无私奉献，胸怀大局，不怕牺牲，创造出可歌可泣的英雄事迹。他们中有黄继光、邱少云、孟泰、王进喜、赵梦桃、

---

* 这是李长春同志为《共和国英雄谱》一书所作的序言。

向秀丽、时传祥、张秉贵、常香玉、严凤英、雷锋、王杰、麦贤得、欧阳海、焦裕禄、孔繁森、赖宁、张海迪、华罗庚、陈景润、蒋筑英、罗健夫、周礼荣、王琇瑛、孙晋芳、邓亚萍、史光柱、徐洪刚、邱娥国、卢振龙、钱学森、邓稼先、高建成、李向群、邵云环、许杏虎、朱颖等。他们的名字与50年以来我们党领导亿万人民所取得的伟大成就同辉，他们的精神与继往开来的改革开放和社会主义现代化建设事业同在。时代潮流滚滚向前，这些凝聚在不同历史时期英模人物身上的崇高理想和道德风范不仅没有被湮没，反而在新时期先进人物身上焕发出新的光彩，成为激励和鼓舞我们奋发前进的巨大力量。

《共和国英雄谱》是一幅瑰丽多姿的历史画卷。江山多娇，群星灿烂。从某种意义上说，它所展示的是我们国家50年曲折而壮丽的奋斗史。黄继光、邱少云的名字和"抗美援朝""保家卫国"的神圣使命联系在一起，"孟泰精神""铁人精神"反映了新中国成立初期人们对建设美好家园的憧憬和克服困难、自立自强的英雄气概；"雷锋精神"体现了一个人人向上的时代风貌，他的崇高理想、道德和情操至今为人们所景仰；焦裕禄带领兰考干部群众艰苦奋斗，反映了困难时期我们的党员干部特别是领导干部，与人民同甘共苦的精神境界和工作作风；陈景润、蒋筑英、罗健夫的出现，显示着一个尊重知识、尊重人才的新时期的到来；乒乓小将和女排姑娘顽强拼搏、为国争光，喊出了"实现四化、振兴中华"的时代强音；孔繁森廉洁奉公，勤政爱民，展现了改革开放的新时期共产党员、领导干部形象；邓稼先隐姓埋名，研制"两弹"，为的是建立一个强大的国防。高建成抗洪救灾，表现了人民军队压倒一切困难的英雄气概。邵云环、许杏虎、朱颖是为反对霸权主义、强权政治而牺牲的，永远激励着我们为祖国的利益、为世界和平和人类的发展而奋斗。这400多位英雄模范人物出自新中国成立后的各个历史时期，他们的工作岗位不同，人生经历不同，所处的时代背景不同，但有一点是共同的，就是他们身上集中地反映了中国共产党人的最本质的特征：坚定的共产主义信念、辩证唯物主义的世界观、科学的态度、求实的作风、全心全意为人民服务的思想。这些，是中国共产党人在长期革命、建设和改革的奋斗中锤炼出的特殊品格，它蕴含着中华民族源远流长的优良传统，又具有鲜明的时代特征。英雄模范人物对当代中国人的影响是巨大的。他们的形象镌刻在人民心里，他们的思想渗透在我们生活的各个方面，成为我们民族精神和民族品格的一部分，因而是一笔弥足珍贵的精神财富。

一个没有远大理想、坚定信念、高尚品质等健全精神生活的民族，不可能赢得世人的尊敬，也难以自立于世界民族之林。这是一个真理。在中国，志士仁人的表率作用自古以来就是引导人们精神生活的一个重要的方面。比如，天下为公、疾恶如仇、自强不息、戒奢尚俭、助人为乐、"先天下之忧而忧，后天下之乐而乐""国家兴亡，匹夫有责""富贵不能淫，贫贱不能移，威武不能屈"等等优秀思想品格，就是通过模范人物的示范作用体现出来的。而模范人物一旦成为人们学习的榜样，成为大多数人的自觉追求，就会化为改造社会的巨大精神力量。

今天，我们大力弘扬英雄模范人物的精神具有更加重要、更加特殊的意义。我国的社会主义现代化建设正处在关键时期，改革和发展的任务十分繁重，国际间的竞争日趋激烈，形势和任务需要我们以极大的勇气和热情应对困难，迎接挑战。我们的党员干部和人民群众没有一种艰苦奋斗，奋发向上的精神是不行的。另一方面，我国正经历着深刻的社会变革，我们的人民思想解放，豪情满怀，以巨大的建设热情推进社会主义现代化建设。但也不必讳言，在接受外来文化中进步一面的同时，也受到某些腐朽思想的影响；在发展市场经济过程中，也受到一些消极的、不健康的思想意识的冲击。拜金主义、极端个人主义、享乐主义滋长，封建迷信活动和黄赌毒等丑恶现象沉渣泛起，腐败现象在一些地方蔓延。尤其是像邪教的歪理邪说居然在一些地方惑乱人心，包括党员干部在内的许多人上当受骗。这一切都说明，在改革开放的条件下，对我们的党员干部和人民群众进行革命理想教育和革命传统教育，进行唯物论和无神论教育，加强社会主义精神文明建设的极端重要性、紧迫性。而要做到这一点，一个重要的方面就是要以英雄模范人物的榜样的力量，大力弘扬爱国主义、集体主义和社会主义精神，把我们的人民凝聚起来，在全社会形成奋发向上的社会风尚。

宣传思想和教育战线的工作极为重要。实践证明，对思想舆论阵地，马克思主义不去占领，非马克思主义和反马克思主义的东西就会去占领；我们不去弘扬健康向上的思想，一些人就会宣扬乌七八糟的东西；我们不去做群众的思想政治工作，一些人就会和我们争夺群众。我们要通过一切途径，动员社会各方面的力量，加强和改进思想政治工作，坚持不懈地培养先进典型，宣传先进典型，把它作为落实"用高尚的精神塑造人"的重要途径，从而提高全社会的文明水平，为改革开放和社会主义现代化建设提供强有力的精神支持和政治保证。

讲学习、讲政治、讲正气,《共和国英雄谱》的出版正逢其时,它给我们一个学习英雄模范事迹的机会。花城出版社做了一件有意义的事情,在此向参与本书编纂工作的全体同志表示谢意。

开展"两思"教育，坚定理想信念[*]

（2000 年 2 月 29 日）

> 开展"致富思源、富而思进"教育，就是要解决理想信念问题，引导广大干部群众高举邓小平理论伟大旗帜不动摇，进一步增强对中国共产党、对社会主义的热爱，进一步坚定对建设有中国特色社会主义伟大事业的信念和信心。"富而思进"，就是要"富而尚勤""富而好学""富而重教""富而崇德""富而求序"，努力增创发展新优势。

江泽民同志在广东检查指导工作期间发表重要讲话，特别强调，在先富裕起来的地方要开展"致富思源、富而思进"的教育活动。这对广东有很强的针对性，对我们当前加强和改进思想政治工作具有重要的指导意义，为我们动员全省人民增创新优势，更上一层楼，率先基本实现社会主义现代化，提供了重要的载体和很好的抓手。

＊ 这是李长春同志在广东省宣传工作座谈会上的讲话。

一、充分认识开展"致富思源、富而思进" 教育活动的重要意义

江泽民同志指出，经过 20 多年的改革开放，我国的经济和社会发展取得了巨大的成就，人民生活水平显著提高。这是很了不起的。越是在这样的情况下，我们越有必要在广大干部群众特别是在经济发展较快地区的干部群众中开展"致富思源、富而思进"的教育活动，使广大干部和群众都弄清楚，为什么我们能够取得改革和建设的显著成就，怎样坚定信念，戒骄戒躁，在已经取得的成绩基础上继续不懈地奋斗。江泽民同志的讲话非常重要，特别是对我省有很强的针对性。我们要认真学习深刻领会讲话的精神实质，深刻认识开展"致富思源、富而思进"教育的重要意义。

一方面，开展这一主题教育活动，对于加强我省的思想政治工作，具有重要的指导和推动作用，有利于把理想信念教育用一个群众喜闻乐见的形式落到实处；有利于增强广大干部群众的全局观念和大局意识；有利于在广大党员干部中深化"讲学习、讲政治、讲正气"的"三讲"教育，加强党风廉政建设；有利于在改革开放条件下有效地抵制种种腐朽思想观念和生活方式的侵蚀，荡涤社会上存在的消极腐败因素和不良风气，坚持和弘扬中华民族优秀思想文化；有利于引导广大干部群众进一步克服小进即满、小富则安，甚至少数人不思进取、不求上进的狭隘思想，进一步把"五破五树"教育引向深入，为率先基本实现社会主义现代化奠定思想基础。

另一方面，开展这一教育活动，非常符合广东的实际。改革

开放 20 多年来，广东确实是取得了巨大成就，这里有全省广大干部群众的努力，这是不容置疑的，但也必须看到，更重要的是改革开放路线和党的正确领导。没有这一条，广东条件再好也不会有今天这样的局面。今后广东的发展依然要靠高举邓小平理论伟大旗帜，靠全面贯彻执行党的基本路线，靠党中央、国务院的正确领导。因此，在广东开展这个教育活动非常重要，非常及时、非常有针对性，特别适合基层的思想政治工作状况。全省各级党组织和广大干部群众，一定要充分认识开展"致富思源、富而思进"教育活动的重要意义，迅速行动起来，认认真真、扎扎实实地把这一教育活动开展起来，深入下去，力争取得好的效果，以此带动全省思想政治工作和精神文明建设的全面开展。

二、紧密结合干部群众的思想实际和
工作实际开展教育活动

第一，要以"致富思源、富而思进"教育活动为切入点，切实有效地推进理想信念教育。江泽民同志提出的"致富思源、富而思进"教育，是理想信念教育的一个很好的载体和切入点，有利于我们把理想信念教育落实到基层，落实到群众。我们要通过这个主题教育活动，紧紧抓住理想信念这个核心，联系广东 20 多年的发展变化，联系人民生活水平的大幅度提高的实际，进一步增强广大干部群众对马克思主义、对邓小平理论的信仰；对建设有中国特色社会主义伟大事业的信念；对改革开放和社会主义现代化建设的信心；对以江泽民同志为核心的党中央和中国共产党的无限信任。"致富思源"，"源"在何处？广东 20 多年的发

展变化，包括民营企业、私营企业的发展，靠的就是邓小平理论的指引，靠的就是中国共产党的正确领导，靠的就是社会主义制度的优越性，靠的就是党的改革开放和社会主义现代化建设的路线方针政策。理想信念教育，就是要着重把这些道理向广大干部群众讲清楚，引导大家坚持高举邓小平理论伟大旗帜不动摇，进一步增强对中国共产党、对社会主义的热爱，进一步坚定建设有中国特色社会主义的信心。

开展"致富思源、富而思进"教育解决理想信念问题，要同用邓小平理论武装全党、深入开展马克思主义唯物史观的教育结合起来，帮助和引导干部群众树立正确的世界观、人生观和价值观，正确认识社会主义和共产主义的历史必然性；同深入开展党的基本理论、基本路线、基本纲领的教育结合起来，引导人们坚持党在社会主义初级阶段的路线方针政策不动摇，坚持走有中国特色社会主义道路不动摇；同爱国主义、集体主义、社会主义的教育结合起来，引导人们正确处理共同理想与个人理想的关系，自觉在为共同理想的努力奋斗中实现个人的理想抱负和人生价值；同形势教育紧密结合起来，引导人们正确认识改革发展过程中遇到的矛盾、消极因素与暂时困难，分清正确与错误、主流与支流、必然与偶然，进一步增强从事社会主义现代化建设事业的信心。

第二，通过开展这一主题活动，进一步增强广大干部群众的全局观念和大局意识，自觉与以江泽民同志为核心的党中央保持高度一致。"致富思源"，很重要的一条就是要看到广东的建设和发展能取得今天这样巨大的成就，人民生活水平能够有这样快的提高，离不开社会主义制度集中力量办大事的优越性，离不开党中央和国务院的正确领导，离不开全国人民的大力支持。一句话，离不开全党、全国工作这个大局。经过 20 多年的改革开放，广东率先发展起来、富裕起来了，这是中央对广东实行特殊政策、灵活措施的结果，是兄弟省市大力支持、为广东发展创造条件的结果。就是现在广东在前进过程当中出现了困难和问题，中央仍给予了广东大力的支持。现在中央作出了西部大开发的战略决策，加强了税收的征管等等，这都需要我们增强大局意识。今天，我们开展"致富思源、富而思进"教育，一定要增强全局观念，树立大局意识，正确处理全局与局部的关系，自觉地站在全局、大局的高度来观察和认识问题，自觉地做到局部服从全局、小局服从大局，在政治上、思想上同党中央保持高度一致，坚定不移地贯彻党的路线方针政策，自觉地维护党中央的统一领导，维护党中央的权威，坚决贯彻社会主义共同发展、共同富裕的原则，主动为国家作出更大的贡献，积极支持党中央提出的西部大开发战略的实施，通过产业转移和地区协作，支持西部地区的发展。

从广东自身的情况来看，也有一个树立全局观念的问题。广东虽然在总体上经济发展较快，走在全国前列，但各地经济发展也很不平衡，尤其是在粤西、粤北和粤东，还有一些比较贫困的地区。树立全局观念，就要求珠江三角洲发达地区对贫困县进行对口帮扶。增强大局意识、全局意识，还要求我们正确处理长远利益与眼前利益、国家利益与个人利益的关系。需要我们通过开展"致富思源、富而思进"教育，帮助广大干部群众增强全局观念，自觉支持改革，努力克服眼前困难，为推动改革开放向纵深发展作出自己的贡献。

1998 年 7 月 14 日，李长春深入肇庆市封开县红星村慰问受灾群众。

第三，要通过开展这一主题教育活动，把广大干部群众的智慧与力量最大限度地凝聚起来和充分发挥出来，努力增创发展新优势，为广东率先基本实现社会主义现代化提供强大的精神动力。要通过开展"富而思进"的教育，引导干部群众继续"五破五树"，特别要破除小进则满、小富即安、不思进取、贪图享乐的思想。要使人们认识到，我们过去 20 多年取得的成绩，只是万里长征的第一步。珠江三角洲是广东最富裕的地区，但离基本实现社会主义现代化，与邓小平同志要求我们用 20 年左右的时间赶上亚洲"四小龙"的目标还有相当大的差距。因此，我们不能有丝毫的骄傲自满思想。我们还要看到，当前既面临机遇，也面临挑战。特别是在世界科技快速发展的今天，如何尽快建立科技创新机制，增强国际竞争力，我们还面临很大的压力。我省的高科技虽有一定发展，但我们自己掌握的核心技术有限，技术创新和产业再转移的能力不强。所以，全省全面贯彻党的十五大精神，实现省第八次党代会提出的各项目标，落实增创广东发展新优势的各项决策，率先基本实现社会主义现代化，任务十分艰巨。任何骄傲自满、故步自封的思想都是不对的。我们一定要通过大力开展"致富思源、富而思进"的教育，牢固树立锐意进取意识，弘扬开拓前进的创业精神，进一步加快广东改革发展的步伐，保证跨世纪宏伟目标的实现，并不断为全国创造新鲜经验。

第四，要通过开展这一教育活动，在集中力量推进经济发展的同时，提高全省干部群众的思想道德素质和科学文化素质，加强社会主义精神文明建设，实现经济和社会的协调发展。我们要通过"致富思源、富而思进"的教育，在精神文明建设上进一步思进。要教育人们懂得劳动致富的道理，提倡"富而尚勤"；懂得政策致富、科学致富和文明致富的道理，提倡"富而好学"；懂得知识经济和信息时代的到来，将对专门人才和劳动者的素质提出更高的要求，提倡"富而重教"；懂得精神文明是现代化的目标之一和发展物质文明的重要条件，提倡"富而崇德"；懂得致富之后一定要注重社会的协调发展，提倡"富而求序"。在现代化过程中加强社会管理的问题非常突出、非常重要，江泽民同志在视察广东的讲话中，也特别强调了这个问题，指出广东毗邻港澳、处于对外开放前沿，海外各种传媒和西方敌对势力对我们的"西化""分化"活动，都妄图从广东等地首先打开缺口，要求我们对此保持高度警惕。我们要按照这些要求，认真研究把握社会各种动态以及群众思想情绪的新动向、新变化，有针对性地做好思想教育和引导工作。对于错误思想和政治观点，不能放任自流，必须旗帜鲜明地进行批评和纠正。要严格宣传纪律，加强对宣传思想文化阵地的管理，绝不允许为错误的政治言论、错误思潮提供传播阵地。

三、加强领导，扎扎实实地开展好"致富思源、富而思进"的教育活动

按照江泽民同志的要求，把"致富思源、富而思进"的教育活动扎扎实实地开展好，关键在于加强领导、精心组织。要围绕贯彻中央和省委的意见，把全省人民的智慧和力量凝聚到率先基本实现社会主义现代化上来这个重点，把这个教育活动作为今年思想政治工作的抓手来抓。全省的新闻舆论都要动员起来，大造声势，大力宣传江泽民同志的讲话和开展这个教育活动的重要意义，使之深入人心。党校、讲师团等理论教育部门，也要积极地行动起来，加强这方面的宣传教育。特别是要把基层的教育活动生动活泼地开展起来。各地、各单位的主要领导同志都要对群众进行有关这个教育的宣讲。要结合我们身边的事、结合广大群众切身利益的变化和本地区本单位改革开放 20 多年来的变化，用群众自己的切身体会形象生动地开展这个教育。特区和珠江三角洲要通过 20 多年来的巨大变化，从邓小平理论和率先基本实现社会主义现代化的伟大实践的紧密结合上，来教育大家。在广大农村，可以通过让群众算账对比、参观走访、组织村民讨论等方式，联系思想实际谈体会、谈认识，使群众深刻懂得"富从何来，富后何去"的道理。

深入开展"致富思源、富而思进"的教育，要做到"四个结合"：一要与"三讲"教育紧密结合起来；二要与加强基层组织建设紧密结合起来；三要与加强党风廉政建设紧密结合起来；四要与思想文化阵地的建设紧密结合起来。在"致富思源、富而思进"教育活动中，各级党委要加强领导，精心组织，宣传部门要具体筹划，各地要结合本地区本单位情况不断创新形式和载体。

强力整治广州火车站的脏乱差 *

（2000 年 4 月 30 日、10 月 1 日）

> 一定要把广州火车站区的问题抓住不放，解决好。我们的工作作风就应该这样，不抓则已，一抓就要抓到底，必须要让群众满意，必须向人民负责。凡是人民群众反映强烈的热点问题、难点问题，就是我们各级党委、政府工作的重点。

一

我今天看了以后，感到广州站条件差，与华南中心城市的地位不相称。

首先是硬件不行，旅客旅行条件差，广场到处都比较拥挤，

---

* 这是李长春同志两次考察广州火车站的谈话要点。

针对群众来信反映广州火车站环境和管理上存在的问题，李长春同志于 2000 年 4 月 30 日下午亲自到广州站、广州东站进行暗访。暗访结束后，在广州东站召集广铁集团和广州市领导同志开会，通报暗访有关情况。10 月 1 日，李长春同志再次来到广州火车站，考察整治情况，慰问节日坚守岗位的铁路职工。

不仅旅客没有多少空间，而且连公共汽车都无法掉头。站内候车室也比较拥挤，据说候车室原设计能力只有 3 万人，现在平常就有 5 万人，更不用说节假日上 10 万人甚至将近 16 万人的高峰期了。广大群众出门旅行，上下火车是件大事，而广州站的客流量今后也只会上升，不会下降，所以广州站的改造迫在眉睫，越快越好，把硬件搞上去是关键。

广州站的改造要与广州市的整体改造结合进行，也得搞成高架式候车室，充分利用空间。广州站前广场已十分拥挤，无法拓展了，所以车站跨线的高架候车室起来后，要考虑拓展北面的通道，建成南北旅客出入的双向通道。总之，广州火车站的改造，以及市里的配套设施建设都要加快，地铁改造也要日夜兼程，加

2000 年 10 月 1 日，李长春在广州火车站考察时亲切接见武警战士。右一为广铁集团公司党委书记江林洋，右二为广铁集团公司董事长、总经理张正清，右五为广东省委副书记、广州市委书记黄华华。

快进度，尽快完成广场地面设施建设，早日封盖。其他项目宁可晚上两年，一定要把关系到广大群众的火车站摆在前边，下决心搞好。

其次，广州站不仅硬件不行，而且管理也不行。最近，我接到几封旅客的投诉信，都是反映火车站脏乱差问题的，今天我看了以后也有这样的感觉。站前地面凹凸不平，污水横流，果皮、纸屑到处都是，有的地方积水发臭了，旅客在这种地方连行李都无处放。一定要加大管理力度，尽快进行整治，迅速改变面貌，给旅客创造一个良好的候车和乘车环境。广州站脏乱差与广州市率先基本实现社会主义现代化很不适应。广州站的问题，要按照群众满意不满意、高兴不高兴、赞成不赞成、答应不答应的标准来解决。群众不方便的地方、需要改进的地方，就是我们工作的重点。"五一""十一"等节假日客流增大时，铁路部门要采取措施加开客车，并加强车站疏导组织工作，加强售票管理，做到想走的旅客都能买到票，走得了。

再次，火车站秩序不好，旅客一下车经常有被偷被抢的。据说长期在广州站流窜作案的有5000多人，每天被收容的只有200—300人，还有倒卖假票的，并且这些流窜犯还有团伙作案性质的。这样是不行的，要重点整治，加大收容量。过去郑州站是脏乱差出了名的，后来加大整治力度，使犯罪分子不敢到郑州站去了。现在广州站也要营造这种气氛，加大打击力度，通过打击使犯罪分子"闻穗丧胆"，也不敢到广州站来了。

广场的治安管理应以案发地为主来划界，谁管辖的地方发生案件，就由谁一抓到底。铁路和地方公安要搞好配合，可以联手行动，成立治安秩序综合治理指挥部。总之，要千方百计，下大决心，花大气力，把广州站治安秩序整顿好。

（2000 年 4 月 30 日考察广州火车站时的讲话要点）

二

广州火车站是我们广东一个重要的窗口，也是我们广东经济社会形势的一个晴雨表，过去存在着治安秩序不好、乘车秩序不好、顾客不满意的问题，通过半年的整顿，已有好转，可以说是初见成效。

我们在看到整顿工作初见成效的同时，也必须看到任务还是很艰巨的，而且很多整治的措施还需要实践检验，最重要的考验是明年春运。不能把成绩估计过高、过满，要把群众满意不满意、高兴不高兴、赞成不赞成、答应不答应作为检验广州站整治好坏的根本标准。

前一阶段初步整顿的措施，都以元旦为一个时限阶段，作为"小变"的要求，在元旦前都要落实好，并在春运中接受检验，看看到底我们实现没实现"小变"。然后把抓紧改造硬件，加快广州火车站高架候车室建设，进一步扩大候车能力，地铁工程与铁路衔接配套，把出租屋的管理、流动人口的管理纳入正轨，视为我们中期的目标，作为"中变"的要求。至于长远怎么样使广州客运水平达到现代化，也作为"大变"的要求，跟广州市的"大变"结合起来。概括起来说，就是春运前"小变"接受检验，然后加快"中变"的步伐，"中变"的措施和"小变"的措施可以交叉进行。然后看通过多长时间的努力实现"大变"。广州铁路客运的长远规划要跟广东率先基本实现社会主义现代化相吻合，这要作为一个"大变"的目标。

春运之前，这一仗很关键，人大代表、政协委员也都来视察了，既给予肯定、鼓励，也给予鞭策。对已经采取的措施，落实情况怎么样，我们领导小组元旦前再进行一次检查，确保元旦前所有的措施都到位，接受春运的检验。我们一定要把广州火车站区的问题抓住不放，解决好。我们的工作作风就应该这样，不抓则已，一抓就要抓到底，必须要让群众满意，必须向人民负责。要进一步加强领导，落实责任制。地方和铁路要密切配合，互相支持，互相提供方便，重大问题在一起商量。各方面都要顾全大局。这个大局是什么？就是人民，以人为本，就是要让人民满意。凡是人民群众反映强烈的热点问题、难点问题，就是我们各级党委、政府工作的重点。

（2000 年 10 月 1 日考察广州火车站时的讲话要点）

重典治乱，让不法分子"闻粤丧胆"*

（2000 年 7 月 3 日）

伯涛[1]：

我省毗邻港澳，内地流窜作案也较多，为不断改善我省投资环境，增强群众的安全感，树立良好的社会形象，必须体现重典治乱，把讲法治和讲政治统一起来，使不法分子"闻粤丧胆"，这也是落实"三个代表"重要思想的重要体现，是广大人民群众"高兴的""满意的""赞成的""答应的"。望全省法院同志继续努力。

---

　　* 这是李长春同志在广东省高级人民法院《全省法院开展"两打一扫"专项斗争 80 天来的情况汇报》上所作的批语。

　　20 世纪 90 年代中后期，广东省治安形势严峻。针对省内各地犯罪案件呈现出高发、多发、频发的态势，广东省委、省政府于 2000 年 4 月上旬，部署开展"两打一扫"（打黑、打拐、扫除黄赌毒）专项斗争。全省法院积极主动参与专项斗争，掀起依法从重从快打击犯罪的新高潮，有力地打击了犯罪分子的嚣张气焰。当年下半年全省重大刑事案件下降 25.5%，李长春同志作出专门批示，对法院的工作给予充分的肯定和鞭策。

注　释

〔1〕伯涛，即吕伯涛，时任广东省高级人民法院院长。

全面推进依法治省工作，
努力创建文明法治环境[*]

（2000 年 7 月 24 日）

> 一个文明进步的社会，必然是法治的社会。现代化的内涵，既包括经济建设的现代化，也包括社会文明进步，这些都需要通过法律来规范，依靠法治来实现。如果说工业化、信息化、城镇化是现代化的硬件，那么，法治、文明、秩序就是软件，两者缺一不可；而在所有的软件中，法治占有十分重要的地位。它是经济健康发展、社会全面进步的保证。

进一步提高对依法治省重要性和迫切性的认识，把这项工作摆上更重要的位置。

第一，深刻认识依法治省是贯彻"三个代表"重要思想的具体体现，是改善党的领导和提高执政水平的重大举措。我们党是执政党，肩负着领导全国各族人民实现社会主义现代化宏伟目标，使国家走向富强，人民走向富裕的历史重任。"三个代表"

＊　这是李长春同志在广东省依法治省工作经验交流会上讲话的一部分。

重要思想，为我们在新的历史时期提高领导水平和执政水平指明了方向。党的十五大确立了党领导人民依法治国的基本方略，这是落实"三个代表"重要思想、提高执政水平的根本途径。通过立法将党的各项主张，转变为国家意志，成为全社会和全体人民的行为规范，并通过依法治国推动和保障实现这些主张。因此，我们只有贯彻落实依法治国的基本方略，坚持依法治省，才能把坚持党的领导、发扬人民民主和严格依法办事统一起来，从制度和法律上保证党的基本路线、基本方针的贯彻实施；才能使党的领导在改善中得到加强，使党的领导水平和执政水平不断得到提高，从而在新的历史时期不断巩固党的执政地位。

第二，深刻认识依法治省是发展社会主义市场经济的迫切需要。建立社会主义市场经济体制，必须有一套完备的法规体系。这是因为，市场主体的行为要靠法律规范，各方利益关系要靠法规调节，市场运行的秩序要靠法律保障，市场宏观调控也要靠法律来调整。从这个意义上说，社会主义市场经济也是法治经济，加强法制建设是市场经济发展的内在要求。在从计划经济转向市场经济的过程中，需要不断地打破旧体制的束缚，不断建立新的规章制度，不断出台新的政策措施，并在经过一个阶段的实践检验之后把它们上升为法律法规，逐步建立新的体制；需要依法治理在两种体制转换中出现的各种问题。因此，只有实行依法治省，才能建立起维护社会主义市场经济发展所必需的经济秩序，从根本上有效地解决经济社会生活中的各种矛盾和问题，促进经济和社会协调健康发展。

第三，深刻认识依法治省是发展社会主义民主政治的必由之路。我们党从执政之日起，就以大力发展社会主义民主政治为己任，在发展民主、健全法制上作了不懈努力。邓小平同志曾经指出，"为了保障人民民主，必须加强法制。必须使民主制度化、法律化，使这种制度和法律不因领导人的改变而改变，不因领导人的看法和注意力的改变而改变。"发展民主和健全法制是一个事物不可或缺的两个方面。民主是法制的基础和前提，法制是民主的手段和保障，发展社会主义民主就必须健全法制。发展民主要沿着法治轨道前进，实行依法治理。这就是广大人民群众在党的领导下，当家作主，依照宪法和法律规定，通过各种途径和形式管理经济、社会、文化事务。同时，人民群众的各项民主权利和合法权益依法得到保障，实现民主的制度化、法制化。

第四，深刻认识依法治省是我省率先基本实现社会主义现代化的重要任务。一个文明进步的社会，必然是法治的社会。现代化的内涵，既包括经济建设的现代化，也包括社会文明进步，这些都需要通过法律来规范，依靠法治来实现。如果说工业化、信息化、城镇化是现代化的硬件，那么，法治、文明、秩序就是软件，两者缺一不可；而在所有的软件中，法治占有十分重要的地位。它是经济健康发展、社会全面进步的保证。当前，我省的发展进入一个新的历史时期，这对依法治省工作提出了新的任务和要求。改革开放和现代化建设的前进，带来经济快速发展和社会巨大进步，增强了人们的竞争意识、效率意识、开拓创新意识和民主法治意识，为我们推进依法治省工作创造了更好的物质基础和思想条件。但伴随社会经济成分、组织形式、物质利益和就业方式日趋多样化，市场经济活动中消极因素带来的负面影响不可低估，人民内部矛盾的内容和表现形式更加复杂多样。特别是我省毗邻港澳，随着对外开放的扩大，外来腐朽思想文化、黑社会组织、国际犯罪集团和敌对势力的渗透更加频繁，增加了我们维护社会稳定的工作压力。这些新情况和新问题，要求我们大力加强法治建设，更好地运用法治调整和规范各种经济社会活动过程中的法律关系，制裁违法犯罪活动，遏制党内腐败现象，为不断推进我省改革开放和两个文明建设保驾护航。

突出重点，促进依法治省工作全面落实。

一是切实加强党对依法治省工作的领导。各级党委要切实发挥在依法治省工作中总揽全局、协调各方的领导核心作用。加强对人大、政府、政协和司法机关的领导，积极抓好依法治国方略和依法治省要求在本地区、本单位的规划和实施，纳入党委重要议事日程，及时研究作出部署。要建立健全依法治省工作责任制，把它纳入到各级党委工作考核的重要内容。各级党组织要加强组织协调和督促检查，推动依法治省各项工作的落实。各级党委要加强人大、政府和司法机关的班子建设，通过法定程序向同级权力机关、行政机关和司法机关推荐年富力强、有较高法律素质、德才兼备的干部。各级党委要依靠法治加强和改善党的领导，进一步把主要依靠行政手段实施领导工作的方式转变为把法律的、行政的、经济的和思想政治工作的手段紧密结合起来。要善于把党的路线方针政策通过法律和制度体现出来，依靠法律和制度实施党委领导。特别要结合我省实际，把改革决策与加强地方立法、坚持依法办事结合起来，以法治巩固和促进改革。要坚持和有效实施人大代表和政协委员向同级党政领导反映民意、提出意见的"直通快车"制度，充分发挥各级政权机关、人民团体在依法治省中的积极作用。

二是充分发挥各级人民代表大会及其常委会在依法治省中的

主导作用。各级人民代表大会及其常委会担负着保证宪法和法律在本地区实施的光荣使命，要在党委的领导下，认真履行宪法和法律赋予的各项职权，充分发挥主导作用。认真贯彻《立法法》，并善于创造性地开展工作。继续围绕适应我省率先基本实现社会主义现代化的总要求，根据改革发展中出现的新情况、新问题，及时研究和确定地方立法项目。当前，要着重抓好保障和促进国有企业改革与发展、科技进步、住房商品化改革、环境资源保护、建立社会保障体系、规范市场秩序，以及加强精神文明建设、社会治安等方面的立法工作。坚持走群众路线，广泛征求各方意见，逐步扩大各方面专家和广大人民群众参与的程度。探索和建立符合我省实际的立法公开制度。要注意根据形势发展，及时修订、废止不适应社会主义市场经济体制要求的地方性法规。要把监督工作放在与立法工作同等重要的位置，逐步实现监督工作规范化。加强乡镇人大组织建设和制度建设，正确处理好村党支部与村委会的关系，加强基层党支部在村级组织中的领导核心作用，引导和支持村委会依法履行职责，推动扩大农村基层民主，保证党的路线方针政策更好地落实到基层。

三是充分发挥人民政协和社会监督的作用。要坚持和完善中国共产党领导的多党合作和政治协商制度，继续推进人民政协政治协商、民主监督、参政议政的规范化、制度化。广泛发动各级政协委员、各民主党派、社会各界人士参与依法治省工作，积极就依法治省的重要问题向党委、政府献计献策。有针对性地组织开展专项视察、检查活动，使人民政协更好地发挥民主监督职能。各级政协要发挥广泛联系社会各界的特点，积极协助党委和政府做好协调关系、化解矛盾、宣传法治等工作，维护社会和政治稳定。要创造条件扩大广大人民群众的知情权，以利于他们行使好监督权，形成人人监督法治、支持法治的局面。要不断完善人民群众举报、领导接待日等制度，疏通人民群众反映意见的渠道。发挥新闻媒体的舆论引导和监督作用，建立舆论监督、举报受理等制度，营造有利于建设文明法治环境的舆论氛围。

四是狠抓落实依法行政。衡量这项工作是否落实，主要是"三看"。一看是否把全省经济社会文化等各项事业的活动和管理逐步纳入法治轨道。各级行政机关及其工作人员都要从根本上转变那些不适应依法行政要求的传统观念、工作习惯和工作方法，努力学习和掌握宪法和法律法规，不断增强法律意识和法治观念，不断提高依法行政的自觉性和依法行政的能力与水平。二看是否切实转变政府职能，实行政企分开。各级行政机关应当按照发展社会主义市场经济和我国加入世界贸易组织后的形势要求，以摆正政府与市场的关系作为突破口，以政府机构改革为契机，实行政企分开，理顺行政执法体制，改革审批制度，切实把政府职能转变到经济调节、社会管理、公共服务上，处理好政府同市场、政府同企业、政府同社会的关系。三看是否广泛实行行政执法责任制，提高执法水平和效率。要把建立健全执法责任制与改革审批制度和转变政府职能结合起来，强化管理和服务职能；要与评议考核制度结合起来，加大对政府及其工作人员监督的力度。

五是切实保证公正司法。这是依法治省的重点内容。要加快司法工作改革步伐，建立和完善司法机关和司法程序的内部制约机制和责任追究制；强化监督力度，把冤案、错案责任追究制同个案监督结合起来，促进冤案、错案责任追究制的落实；推进审判公开、检务公开，有效防止司法腐败。要加强司法队伍建设，健全完善政法干警的录用、培训、交流与淘汰制度，加强职业道德教育，严格要求，严格管理，努力在全省造就一支政治坚定、公正清廉、纪律严明、业务精通、作风优良的政法干警队伍。要大力推广法律援助制度，保证社会弱势群体能够获得法律保护。

六是依法规范经济运行秩序。运用法治手段规范经济运行，是依法治省进程中越来越重要的一个方面。要紧密结合改革开放的进程，围绕我省增创体制、产业、科技和对外开放新优势的要求，加强经济法治建设。要依法引导、促进、规范和保障国有企业的改革和发展，建立以企业法人治理结构为核心的现代企业制度，理顺产权关系，促进政企分开，维护企业经营自主权。要依法推进社会保障工作，积极创造条件，加快建立覆盖全社会的社会保障体系，加大依法保护职工合法权益的力度。要加强和改善产业发展的法律调控和管理，促进产业结构优化升级。当前，特别是要依法加强安全生产管理。要加强知识产权和无形资产的法律保护，形成有效调动科技人员积极性和促进科技进步的法律机制。要进一步建立和完善土地批租市场、建筑有形市场、产权交易市场、劳务市场及其他生产要素市场，加强对各种市场行为和中介机构的监管，营造和维护守法经营的市场环境。要依法加强和改进外贸管理，简化办事程序，改善投资环境，以加入世界贸易组织为契机，促进更好地"引进来"和"走出去"。坚决依法查处和制裁经济领域各种违法和侵权行为，特别是对严重破坏经济秩序的突出违法犯罪活动，要加强专项整治。特别是在重点地区，一定要集中力量依法查办这类案件，改善地区形象。要依法治理乱集资、乱拆借、乱担保等扰乱金融秩序的行为，打击各种金融犯罪活动，积极防范和化解金融风险。坚决纠正地方和部门保护主义，严厉打击生产、销售假冒伪劣产品的不法行为。

七是切实加强社会管理。要从维护社会政治稳定和人民群众根本利益的高度，加强依法管理。切实加强对外来人口、流动人口和出租屋的管理，加强社会治安综合治理。从实施可持续发展战略的高度，认真解决人口、资源和环境保护等问题。把我省土地利用总体规划加以法定化，强化土地、水源、森林等自然资源的依法管理；完善现行环境保护的法规和政策，实行环境保护目标考核制度，强化环境保护。坚决依法打击各种刑事犯罪活动和社会丑恶现象，整治突出治安问题。针对我省社会治安形势依然严峻的情况，积极探索建立综合治理、打防结合的有效工作机制。当前，要集中力量打掉一批黑恶势力和拐卖妇女儿童犯罪团伙。要坚持不懈地扫除黄赌毒。对于治安混乱的地区和严重影响群众安全感的暴力犯罪活动，要实行重典治乱，有效扭转局面。

八是大力加强全民普法教育。提高公民法律素质是一项带根本性的长期任务。司法、宣传、文化、教育等部门以及工青妇等群众团体和社会团体都要大力开展宪法和法律法规的宣传教育。各级党组织和领导干部要自觉、积极地组织和参加学法活动，提高依法办事能力。要加快建立和完善以学校教育为主、家庭教育和社会教育有机结合的青少年法治教育工作体系。新闻媒体要发挥宣传引导作用，采取群众喜闻乐见的多种形式进行普法活动，使人民群众不仅了解、遵守法律，而且学会依法参加国家管理和维护自身合法权益，使法律在现实生活中真正发挥保障人民权利、实现人民利益的作用。要结合普法，加强律师队伍建设，加快发展公证、基层法律服务、法律援助、法律咨询等法律服务中介机构，逐步完善法律服务体系，提高法律服务水平。

巩固广州火车站整治成果 *

（2000 年 11 月 13 日）

此报告很好，既肯定了成绩，又指出了问题。请树森[1]、正清[2]同志组织领导小组研究一下，以人大代表意见为动力，再找差距，特别是从制度上、机制上研究如何巩固的办法，以不负全省人民的重托。

注　释

〔1〕树森，即林树森，时任广州市市长。

〔2〕正清，即张正清，时任广铁集团公司董事长、总经理。

---

*　这是李长春同志在广东省人大代表视察组《关于视察广州火车站及周边地区社会治安治理情况的报告》上所作的批语。

2000 年春节后，李长春同志先后三次视察和暗访广州火车站地区。针对该地区治安秩序乱问题，要求有关方面坚决整治，严打犯罪活动，使犯罪分子"闻穗丧胆"，并纳入"中变"工作，年内见成效。经过重典整治，广州火车站治安秩序明显好转，刑事犯罪活动猖獗势头得到有效遏制，硬件建设有较大改观，群众满意度明显提高。

文 件 送 阅 表

密级：　　　　　　紧急程度：　　　　　　编号：C000568

来文单位	省人大办公厅	收文日期	2000.10.20	种类	主报省委办

【拟办意见】

　　此件反映省人大办公厅组织部分全国和省人大代表，对广州火车站及周边地区社会治安工作进行视察，并就当前仍存在的一些问题提出7条对策建议。

　　拟送长春同志阅。

　　请健宏同志核。

20/10

综合督查处
2000.10.20　徐

【领导批示】

此报告很好，既肯定了成绩，又指出了问题。请树春、玉清同志组织有关部门研究一下，以人大代表意见为动力，再接再励，特别是从制度上、机制上研究如何兴利除弊，以不负全省人民的重托。

李长春

10/11

阅批后请退回：省委办公厅综合督查处

　　这是李长春在《关于视察广州火车站及周边地区社会治安治理情况的报告》上的批示手迹。

1003

深入开展社会治安综合治理[*]

（2001 年 4 月 9 日）

> 严厉打击严重刑事犯罪活动，切实保障人民群众生命财产安全，是各级党委和政府肩负的重大责任。要从实际出发，突出重点，什么问题突出就解决什么问题，哪里问题严重就整治哪里。要始终坚持走群众路线，紧紧依靠和广泛发动群众。要打防结合，建立实施科学的社会治安综合治理考核体系和办法，建立健全防范机制。

社会治安事关全局，极端重要。社会治安，不仅是一个重大的社会问题，也是一个重大的政治问题。要深入贯彻落实全国社会治安工作会议精神，进一步加强全省社会治安工作。

一要深刻认识当前做好社会治安工作的极端重要性，切实增强责任感和紧迫感。必须看到，我省的社会治安形势仍然严峻，人民群众缺少安全感。同全国各地一样，我省社会治安状况也

---

* 这是李长春同志在广东省社会治安工作会议上讲话的一部分。

出现不少新的情况和问题：一是严重暴力犯罪和"双抢"[1]犯罪比较突出，直接危害群众的安全。二是港澳台黑社会组织对我省"渗透"活动加剧。三是黄赌毒活动屡禁不止。四是刑事发案主要集中在外来人口密集的珠江三角洲地区和粤东、粤西一些基层基础工作比较薄弱的地区。五是各种治安灾害事故，尤其是恶性爆炸事件时有发生，人身伤害和财产损失严重。此外，由人民内部矛盾引发的群体性事件也呈现上升势头。对上述情况，我们必须有清醒的认识，进一步增强责任感和紧迫感，切实加强社会治安工作，全力维护社会政治稳定。

　　1998 年 12 月 25 日，广东省公安机关侦破"9810"案（即张子强特大暴力犯罪团伙案）表彰大会在广州召开。图为李长春为获奖集体和个人颁奖。左一为广东省政协主席郭荣昌。

二要迅速组织开展声势浩大的"严打"整治斗争，坚决把犯罪分子的嚣张气焰打下去。严厉打击严重刑事犯罪活动，切实保障人民群众的生命财产安全，是我们党委和政府肩负的重大责任。在这方面犹豫手软，就是极大的失职。全省各级党委和政府，必须坚决按照中央的部署和要求，迅速组织力量，重拳出击，在全省范围内掀起一场以"三打一扫"为重点内容的"严打"整治高潮。重点打击三类犯罪，即：有组织犯罪、带黑社会性质的团伙犯罪和流氓恶势力犯罪；爆炸、杀人、抢劫、绑架等严重暴力犯罪；盗窃等严重影响群众安全的多发性犯罪。坚决扫除黄赌毒等社会丑恶现象，严惩违法犯罪分子。各地要从实际出发，突出重点，什么问题突出就解决什么问题，哪里问题严重就整治哪里。一定要打出严惩罪恶的气势，打出人民民主专政的威风。

三要依法在从重从快从严上做文章。要想在比较短的时间内使社会治安工作取得重大的阶段性成果，最根本的办法就是依法从重从快，严厉打击违法犯罪活动。这也是最重要的综合治理措施。要通过我们广东的"严打"行动，让犯罪分子"闻粤丧胆"。不管是港澳台的黑社会成员，还是外省的流窜作案人员，使他们不敢来广东。即使来了，一旦作案了，能够迅速破案，坚决打击。对我省公安的破案工作我是满意的，特别是一些重大案件，破案率比较高。如果迟迟破不了案，本身就助长了犯罪分子的气焰。政法各部门要密切配合，在从重从快和稳、准、狠上下功夫。对黑恶势力犯罪、涉枪涉爆等暴力性犯罪、"双抢"等多发性犯罪三类严重刑事犯罪分子，要依法从重从快惩处。如果在"严打"整治斗争中，对犯罪分子抓不住，判不下，或者在哪个环节上就权钱交易了，"严打"的"严"字从何谈起？人民群众要求对严重危害社会治安犯罪严厉打击的心情非常迫切，如果我们仍然不能解决问题，就做不到让人民满意，让中央满意。对于群众举报的犯罪线索，要逐一地落实责任，认真核查，各级公安机关要建立严格的责任制，凡是对治安重点问题漏报、漏查、漏摸的，要追究责任。公安厅要列一批重点案件，重点督办，或者直接派力量去办，把犯罪分子的嚣张气焰压下去。

四要打防结合，建立健全防范犯罪机制。以下这些问题的综合治理一定要在这次"严打"斗争中有大的进展：一是出租屋和外来人口的管理。现在广州和深圳都有典型经验，但是推广得不够，请省综治办帮助他们把这些典型经验完善起来，适当的时候开一次经验交流会。二是废旧物品市场管理。对旧摩托车市场、旧汽车市场、旧手机市场、旧金饰市场，要进行整顿，规范管理，不能让其成为"双抢"和盗窃犯罪分子销赃的场所。这项工作以市为单位来搞，不管是哪个领导分管，你们该找谁找谁，不允许扯皮，更不允许不落实。三是建立居民小区联防。要发挥群防群治的作用，物业管理公司切实负起责任，居民联防可把退休职工组织起来，进行看大院活动，增强群众的安全感。四是对港澳台黑社会人员，要建立灰名单和黑名单，摸准情况，主动上报，取得公安部的支持。

五要明确衡量"严打"整治斗争取得成效的根本标准。检验"严打"整治斗争搞得好不好，必须遵循实践是检验真理的唯一标准。一看影响当地的主要治安案件是否降下来了，群众反映尖锐的治安问题是否得到解决。二看群众的安全感是否增强，要采取一些民意测验的办法，直接听听群众的意见。三看社会治安混乱的重点地区、主要的犯罪窝点、主要的犯罪团伙、主要的治安隐患是不是都排查清楚，在这次"严打"斗争中整治没有，效果怎么样，治安面貌是不是改变了。四看预防犯罪的综合治理措施是不是得到全面的贯彻和落实。通过这四看，哪个地区"严打"整治斗争搞得怎么样，就比较清楚了。

六要广泛发动和宣传，形成强大的"严打"声势。要使"严打"真正打出声势、打出威势，必须始终坚持走群众路线，紧紧依靠和广泛发动群众。要为群众壮胆，为群众撑腰，动员广大群众积极参与"严打"整治斗争。进一步完善群众举报系统，办好110电话，设立110信箱，为群众揭发、举报、提供线索创造条件，并为参与的群众提供有力的保护。对见义勇为者，要从政治名誉、社会舆论、伤残治疗和生活保障等方面给予有效支持。对人民群众以及人民警察的正当防卫，要给予法律支持。要形成"老鼠过街，人人喊打"的局面，使犯罪分子无处遁形。政法、宣传部门要加强配合，加大宣传力度，广泛宣传"严打"整治斗争的重大意义和重大成果，宣传党和政府惩治犯罪、为民除害的决心和信心，宣传政法干警和广大人民群众与犯罪分子作斗争的英雄事迹。各新闻传媒要组织记者深入基层、深入群众，协助党委、政府摸查群众对社会治安不满意的问题，摸查突出的社会治安问题和突出部位；要把内参办好，直接上报省委，以便省委能够更直接地了解情况。同时，要加强舆论监督。通过强大的宣传舆论攻势，广泛发动群众大力支持和积极参与，使犯罪分子受到震慑，人民群众得到鼓舞。

七要坚持从严治警，全面提高政法队伍的素质和战斗力。必须采取切实有效的措施，把我们的政法队伍建设成政治合格、纪律严明、作风过硬、业务精通、执法如山的钢铁队伍。一是进一步加强政法队伍的思想政治教育，提高政法队伍的政治素质。要在全省政法干警中开展学习麦杰俊[2]活动。二是进一步加强各级政法领导班子建设。要选准配强一把手，把政治强、业务精、有魄力、有威信，能够适应政法工作的优秀干部选拔到领导岗位上来。要严格落实党风廉政建设责任制。三是严把政法队伍的"进口"关。严格执行新进干警统考统招的规定。要果断疏通"出口"。总之，要通过不断加强队伍建设，通过"严打"整治斗争，进一步在人民群众中树立政法队伍的良好形象。

八要建立科学的社会治安综合治理指标体系和考核办法。社会治安发案数据的统计对我们制定政策、把握方向至关重要，但由于以前如实立案的工作做得不好，使数据的纵向和横向对比都失去了意义，这不利于我们对整个斗争形势的掌握和决策。我省的经济发展数字由统计局负责，独立于各部门之外开展工作，具有较强的客观性。社会治安的发案就是公安自己统计，而且和公安业务工作考核紧密结合在一起，这种体制本身就没有客观性。公安机关从上到下的指挥体系要独立地反映发案数字，准确反映治安情况，不能受到内部和外部的各种干扰。实事求是，有多少报多少。也不要把发案率和当地派出所干警的工资奖金挂钩，一挂钩肯定就有假。对一个地区的社会治安综合治理实行一票否决，到底应该怎么考核，必须进行认真研究，要从有利于实事求是，反映治安本来面貌，有利于加强这方面的工作，有利于分析决策的角度出发，请省政法委、省综治办组织研究这个问题，出台一套比较科学的指标体系和考核办法。

注　释

〔1〕"双抢"，指抢劫、抢夺两种违法犯罪行为。

〔2〕麦杰俊，湛江市霞山区公安分局爱国派出所户籍民警，从警30余年，坚持为群众排忧解难，被群众视为身边的"活字典""贴心人"和"保护神"，先后被评为全国优秀人民警察、公安战线一级英模，被授予全国"五一"劳动奖章。

整顿和规范市场经济秩序[*]

（2001 年 4 月 9 日）

> 进一步理顺政府部门职能，解决越位、缺位、错位、不到位问题，切实减少行政性审批，强化政府对市场的监督管理职能；进一步完善市场法规，加强执法机构和执法队伍建设，坚决纠正有法不依、执法不严、违法不究的现象；进一步建立信用备案制度和市场监督的体系，建立对企业分类管理办法，完善执法技术手段，加快建设先进的电子监控网络；进一步加强思想道德教育，提高全社会的商业道德水平。

大力整顿和规范市场经济秩序，严厉打击严重经济犯罪活动，对全国具有普遍意义，对我们广东更具有很强的针对性。市场经济秩序混乱是当前经济社会生活中的突出问题。从我省揭露出来的走私、骗税、制售假冒伪劣商品，建筑领域招投标弄虚

---

　　* 这是李长春同志在广东省整顿和规范市场经济秩序工作会议上讲话的一部分。

作假，以及社会信用紊乱、逃废债务和金融领域等大案要案来看，破坏市场经济秩序的犯罪活动之猖獗、问题之严重、性质之恶劣，令人触目惊心。我们必须从贯彻落实"三个代表"重要思想的高度，从认真落实"增创新优势，更上一层楼，率先基本实现社会主义现代化"的高度，从关系国家安危、民族兴衰和现代化建设事业成败的高度，充分认识整顿和规范市场经济秩序的重要性和紧迫性。整顿和规范市场经济秩序要着重抓好以下几个方面。

一要突出整治重点。根据我省实际情况，整顿和规范市场经济秩序的重点主要包括六个方面：一是打击制售假冒伪劣商品犯罪活动；二是整顿和规范有形建筑市场；三是打击走私贩私、偷

2002年5月13日，李长春出席汕头信用网开通暨名牌产品（广州）博览会开幕式，并点击打开刚开通的汕头信用网，了解展示内容。右一为汕头市委书记李统书，左三为汕头市市长李春洪。

税骗税、逃汇骗汇等犯罪活动，规范市场主体行为；四是依法清债，打击恶意逃废债务行为，整治金融信用紊乱；五是整顿和规范文化市场；六是整治部门和行业垄断性经营行为，反对不正当竞争。要突出对重点地区、重点商品、重点市场、重点企业进行整治。围绕这些重点，要制定具体的整治方案，组织开展专项整治，力求取得明显成效。

二要着眼长远，标本兼治。必须注重从体制、机制、制度上查找漏洞，通过深化改革和加强法制从根本上解决问题。要进一步理顺政府部门职能，解决越位、缺位、错位、不到位问题，切实减少行政性审批，强化政府对市场的监督管理职能；进一步完善市场法规，加强执法机构和执法队伍建设，坚决纠正有法不依、执法不严、违法不究的现象；进一步建立信用备案制度和市场监督的体系，建立对企业分类管理办法，完善执法技术手段，加快建设先进的电子监控网络；进一步加强思想道德教育，提高全社会的商业道德水平。这方面也是依法治省、依法治市的重要组成部分。希望广州、深圳先行一步，为全省提供经验。

三要注意政策，一手惩治违法犯罪，一手保护守法经营。整顿和规范市场经济秩序的工作，要十分注意政策。要坚持以教育为主，辅之以必要的打击；坚持教育大多数，惩治打击少数；一手抓打击，一手抓保护和服务。对于违法经营、严重破坏市场经济秩序的企业及经营者，要依法严厉惩处。当前，要从查处大案要案入手，侦办一批典型案件，严厉打击犯罪团伙和首恶分子。同时，要保护守法经营的企业，教育有一般问题的企业，不要草木皆兵、人人自危。总之，惩处和保护的目的是一致的，就是要保护和促进生产力的发展。

一手抓整治，一手抓发展 [*]

（2001 年 7 月 3 日、2002 年 10 月 18 日）

一

统书^{〔1〕}、木声^{〔2〕}：

要一手抓整治、一手抓发展，当前的经济状况从根本上说是经济秩序长期混乱，自己砸了自己的饭碗。务必加大力度抓发展，大力招商引资（投资环境有了初步的改善），迅速扭转被动局面。

---

20 世纪末，粤东部分地方走私贩私、制假售假、骗取出口退税等违法犯罪活动猖獗，严重扰乱市场经济秩序。2001 年 2 月下旬，广东省委、省政府在汕头召开现场办公会，帮助粤东四市（汕头、潮州、汕尾、揭阳）着力整治市场秩序和社会秩序。汕头市、揭阳市落实现场办公会和李长春同志批示精神，大力开展专项整治行动，严厉打击各种经济违法犯罪活动。同时，深化行政审批制度改革，加强社会信用体系建设，改善投资软环境，推动经济社会加快发展。

二

统书：

粤东的基础设施条件是好的，基本适应当前发展的需要。当前最突出的是以信用建设为重点的软环境建设，而信用建设好坏的重要标志首先是看海外侨胞能否回家乡投资。侨乡的优势充分发挥起来，是粤东的巨大发展潜力，也是最现实的途径。

注　释

〔1〕统书，即李统书，时任中共汕头市委书记。

〔2〕木声，即林木声，时任中共揭阳市委书记。

政协广东省委员会办公厅文件

粤协办[2002]26号

关于潮汕地区经济发展研讨会的情况报告

由省政协主办的潮汕地区经济发展研讨会,于 2002 年 9 月 日至 6 日在广州举行。郭荣昌主席、李金培、张展霞、彭禹贤、王珣章、石安海、王兆林副主席和李国泰秘书长,林若、吴南生、张汉青等老同志,出席了会议。参加会议的还有省政协委员、政协机关和各专门委员会负责人,省直有关单位负责人,汕头、汕尾、潮州、揭阳市的党政领导,广东潮人海外联谊会理事,专家学者等,共 101 人。中共广东省委副书记、省长卢瑞华应邀到会并就全省经济运行情况作了讲话。郭荣昌主席在会议闭幕时作了总结讲话。

这次研讨会是在省委、省政府的支持下召开的。会前,省政协办公厅和广东潮人海外联谊会组织了省政协委员、广东潮人海外联谊会理事、专家学者,对潮汕四市进行了深入的调查研究。

-1-

这是李长春在《关于潮汕地区经济发展研讨会的情况报告》上的批示手迹。

1016

优化投资软环境，
推进软环境建设上水平 *

（2002 年 10 月 29 日）

> 优化软环境是广东发展的生命线。如果没有良好的投资软环境，外资不进来，或者进来了留不住，对广东发展影响极大。我们必须建设廉洁高效的政务环境、公平公正的法治环境、规范有序的市场和社会信用环境、良好的人文环境、舒适美好的生活环境，推进软环境建设上新水平。

优化投资环境特别是投资软环境工作，是我省增强国际竞争力、适应我国加入世界贸易组织的一个重要问题。广东 1/3 的固定资产投资来自外资，一半以上的产品依赖国际市场，外向依存度高。如果没有良好的投资软环境，外资不进来，或者进来了留不住，对广东发展影响极大。因此，优化投资软环境是广东发展的生命线，要抓好以下五项重点任务，努力推进软环境建设上新

---

* 这是李长春同志在广东省优化投资软环境促进吸收外资工作座谈会上讲话的一部分。

水平。

第一，建设廉洁高效的政务环境。应对加入世界贸易组织要解决的问题，首先是政府加入世界贸易组织的问题，而政府加入世界贸易组织的关键是建设廉洁高效的政务环境。一要深化行政管理体制的改革和创新，加大政府职能转变的力度，按照世界贸易组织规则和社会主义市场经济要求，建立和完善精简高效、运转协调、行为规范的行政管理体制和运行机制。要加快推进政企分开、政事分开，把政府职能转到经济调节、市场监管、社会管理和公共服务上来，运用经济和法律的手段管理经济，提高驾驭市场经济的能力，解决好政府越位、缺位、错位的问题。二要深化行政审批制度改革和创新政府工作模式。进一步减少审批事项，凡是不符合社会主义市场经济要求的行政审批要坚决取消，要按照公开、公平、公正的原则改革审批办法，规范审批行为，简化审批手续，实现公开、规范、依法审批；加快某些审批制向登记备案制过渡，继续完善经营性土地使用权公开招标拍卖制度，以及国家投资建设工程、公有资产产权交易、政府采购公开招标等制度，实现办事程序公开化和规范化。三要大力推进政务信息化，实行行政审批和办事程序公开化、透明化和制度化，切实提高行政效率与政策透明度，推进廉洁从政。大力推进电子政务工程建设，广泛运用计算机、网络等信息技术手段，使行政决策结果接受社会的广泛监督和约束；尤其是要加快政府部门之间的联网，大力整合信息资源，实现信息资源共享，提高政府的行政效率和科学决策水平。四要加快广东"大通关"建设步伐。建立和完善"大通关"联合工作机制，加大工作力度，提高口岸资源配置的整体效率。当前重点要加快推行海关、外经贸、检验检疫、税务与加工贸易企业联网监管，以及加工贸易深加工结转新模式，推进口岸电子执法系统，逐步取消手册，既提高通关效率，又做到监管有效，促进加工贸易企业"落地生根"，发挥珠三角综合配套能力强的优势。

第二，建设公平公正的法治环境。适应我国加入世界贸易组织的需要，首先要按照世界贸易组织规则和我国政府的承诺，抓紧做好地方性涉外经济法规、行政规章和规范性文件的"立、改、废"工作，特别要加强反倾销、反补贴等地方性经济立法，提高法规、规章和政策的统一性和公开性，积极运用世界贸易组织规则保护我省的产业和市场。其次要加快推进依法治省进程。加强普法教育，重点提高领导干部、执法人员、青少年法律素质，在全社会树立法治观念，提高全体公民的法律意识，强化公民的规则意识，形成全社会遵纪守法、依法办事的法治氛围。要深化司法改革，加强国家行政机关、司法机关队伍建设，提高执法、司法队伍素质和执法、司法水平。要落实好行政执法责任制，加强执法监督，做到严格执法、文明执法和公正司法。要依法保护知识产权。要大力整治社会治安秩序，维护社会稳定，打击各种严重违法犯罪活动，扫除黄赌毒等社会丑恶现象，为社会稳定创造条件。

第三，建设规范有序的市场和社会信用环境。一是为各类经营主体实行国民待遇创造公开、公平、平等竞争的条件，打破行业垄断和地区封锁，营造各类市场主体公平竞争的环境。二是进一步整治和规范市场经济秩序，建立和完善现代信用制度。集中力量规范建筑市场、土地市场、产权市场、资本市场和中介组织等。继续严厉打击制假售假、走私贩私、偷税骗税、逃汇骗汇，以及侵犯知识产权等违法犯罪活动，注重从机制上、源头上治理和规范。按照"加强整治，完善制度，创造环境，分步推进，提高信用"的原则，加快建立健全社会信用制度和信用体系，提高社会信用水平。重点建立信用评价系统和失信惩罚机制，加强行业自律，重视发挥新闻媒体和社会舆论的监督作用，形成诚信为本、操守为重的良好社会风尚。三是坚决禁止向外商投资企业乱收费，切实减轻企业负担。由省物价局牵头会同电力部门按照省网结算价规范各市的电价，有计划地降低电价。由省交通厅牵头，会同省物价局，落实好撤并公路收费站的工作。省国土厅、省物价局要确保土地收费都有效地用在垦复土地上，保证占补平衡，在这个前提下，挖掘潜力降低地价，地价偏高的珠江三角洲地区要通过综合成本确立自己的竞争优势。省水利厅要牵头研究堤围费的问题，逐步减少这方面的收费。涉及法规修改的，要及时提出修订意见。四是大力发展现代服务业，提高为外商服务的水平，特别是现代物流、金融服务，以及商会和行业协会等中介机构的服务，为外商提供方便。我们要树立一个观念，就是围绕提高效率和效益、降低成本，让外商获得利润，我们得到发展。

第四，建设良好的人文环境。一是落实《公民道德建设实施纲要》精神，加强思想道德建设，坚持用共同理想凝聚全省人民的力量，大力倡导"爱国守法、明礼诚信、团结友善、勤俭自强、敬业奉献"的基本道德规范，提高公民道德水平。二是大力加强文化建设，提高文化品位，弘扬科学精神和现代人文精神。三是有强有力的科技教育和人才的支撑条件，有吸引人才的良好的尊重知识、尊重人才的环境，有发达的高等教育、科研作为企业研究开发的支撑，广开人才渠道，创新引进人才的方法、手段

　　2001 年 3 月 1 日，广州地区党政军民汇集广州天河公园，举行以"携手共创绿色世纪"为主题的植树活动。图为李长春和大家一起挥锹植树。右一为广州军区政委刘书田。

等等。

　　第五，建设舒适美好的生活环境。一要坚持可持续发展战略，加快实施"青山、碧水、蓝天、绿地"工程，加强对环境污染的治理和生态环境的保护。二要继续抓好大中城市的规划管理和建设水平，使生活服务设施配套齐全，努力创造良好、安定、舒适的人居环境。三要搞好社会保障工作，扩大社保的覆盖面，建立统一、规范、完善的社会保障体系，完善城镇居民最低生活保障制度，切实依法维护包括外来务工者在内的全体劳动者的合法权益。四要改善教育、文化、卫生、体育、旅游等公共设施和社会福利设施，完善公共服务。

加强政治建设和党的建设，为率先基本实现社会主义现代化提供坚强保障

充分发挥人民政协作用 [*]

（1998 年 3 月 25 日）

> 各级党委要进一步重视政协工作，把政协工作摆到议事日程上来。要充分发挥政协组织、政协常委和委员的作用，广泛听取他们的意见，还要逐步探索把政治协商、民主监督、参政议政规范化、制度化的办法。各级党委及主要领导同志，都要加强和各民主党派、工商联负责人和社会各界知名人士的沟通、交流，带头做好政治协商的工作。

中国共产党领导的多党合作和政治协商制度是我国的基本政治制度。人民政协是这一基本政治制度的重要机构，是发扬社会主义民主的重要组织形式。所以，我们要充分发挥人民政协的作用。希望政协充分发挥人才荟萃、联系广泛等一系列优势，按照中央确定的政协三大职能，即政治协商、民主监督、参政议政，紧紧围绕党的总目标总任务和省委的中心工作以及在改革开放中

---

* 这是李长春同志在广东省政协八届二次常委会议上的讲话。

广大人民群众关心的热点、难点问题，充分发挥作用。目前来讲，建议在四个方面发挥作用。

第一，在实施科教兴粤战略、推动我省经济实现两个根本性转变上作贡献。江泽民同志在九届全国人大一次会议参加广东代表团讨论时，给我们提出了一个命题，就是"增创新优势，更上一层楼，率先基本实现社会主义现代化"。那么，广东怎样增创新优势？要开展调查研究。我想，通过依靠科学技术，推动产业结构优化升级，是我们需要增创的首要优势。要在若干行业占据全国制高点，这就要依靠科学技术，依靠提高劳动者素质。我们政协的常委很多都学有专长，是科技战线、教育战线的骨干，在这个方面大有可为。

第二，在进一步扩大对外开放、提高利用外资水平上作贡献。我们要充分利用各民主党派、工商联、无党派人士、各界爱国力量（特别是与海外有广泛联系的这样一批力量），推动我省对外开放上新水平，特别是利用外资上新水平。我们要充分发挥对外开放的有利条件，建立起我们的支柱产业，建立起我们的科技创新机制，进一步加强同国际上大的财团、大的公司交流与合作，进一步扩大海外市场。

第三，在加强精神文明建设、交出两个文明建设好答卷上作贡献。因为我们是改革开放的先行区，发展社会主义市场经济就是要把市场经济结合到社会主义基本制度上来。市场经济在配置资源上有明显的优势，但市场经济本身又有负面的效应。怎样用我们社会主义制度的政治优势抑制市场本身的负面效应，防止极端个人主义、拜金主义滋生蔓延，切实加强精神文明建设，是一个非常重要的课题，非常现实，也非常紧迫。这个问题作为先行区搞好了，对全国影响很大。希望我们政协委员在这方面作出重要的贡献。

第四，在正确处理人民内部矛盾、保持全省团结稳定的大局上作贡献。随着改革的不断深化，人民内部的具体利益关系出现了许多新变化。怎样正确处理好人民内部矛盾，调动一切积极因素，团结一切可以团结的力量，化解人民内部矛盾，始终保持一个团结、稳定的大局，是很重要的。这是我们继续前进的基础。政协委员是来自社会各界的代表人物，完全可以在党委、政府和广大人民群众之间架起一座桥梁，做好疏导的工作。

2000年1月20日至25日，广东省政协八届三次会议在广州召开。图为李长春与广东省政协副主席康乐书亲切握手交谈。左一为广东省政协主席郭荣昌，右二为广东省政协副主席李金培。

　　各级党委要进一步重视政协工作，把政协工作摆到议事日程上来。要充分发挥政协组织、政协常委和委员的作用，广泛听取他们的意见，还要逐步探索把政治协商、民主监督、参政议政规范化、制度化的办法。各级党委及主要领导同志，都要加强和各民主党派、工商联负责人和社会各界知名人士的沟通、交流，带头做好政治协商的工作。

　　作为我个人，也在这里对政协工作表个态。一是紧紧依靠。就是紧紧依靠各民主党派、工商联、无党派人士和各界爱国人士的支持、帮助。二是大力支持。大力支持人民政协按照政协章程履行三项职能。三是接受监督。充分发挥各民主党派、工商联、无党派人士及社会各界爱国人士的民主监督作用，对省委班子，对我个人进行民主监督。我们要团结一致，共同把广东的改革开放和社会主义现代化建设事业继续推向前进。

建设坚强有力的领导班子 *

（1998 年 3 月至 11 月）

一、必须把党的建设摆在十分重要的地位

一定要认真解决高度重视党的建设的问题，不管怎么改革，都要加强党的领导。企业的改革也好，机关的改革也好，党的领导只能加强，不能削弱。党的领导要加强，也要改善，改善的目的是为了更好地加强。这是新时期领导干部必须具备的政治敏感性。

（摘自 1998 年 3 月 29 日在广州接见参加广东省
组织工作会议全体同志时的讲话）

实现广东迈向新世纪的宏伟目标，关键在于坚持、加强和改善党的领导，进一步把全省各级党组织建设好。我们必须紧紧围绕新时期党的建设总目标，坚持从严治党的方针，从思想上、组织上和作风上全面加强党的建设，增强各级党组织的战斗力。

（摘自 1998 年 5 月 22 日在中国共产党
广东省第八次代表大会上的报告）

---

* 这是李长春同志关于加强领导班子建设的谈话摘录。

一个班子、三个党组要拧成一股绳。一个班子就是党委，三个党组就是人大党组、政府党组和政协党组。"东西南北中，党委是核心。"各个党组都要认真贯彻执行党委的决议、决定，自觉地服从党委的领导，紧紧围绕党委的中心工作，在宪法和法律赋予的权限内积极主动地、独立负责地、协调一致地做好工作。党委也要在宪法和法律范围内活动，依法办事，加强对人大、政府、政协的领导，既不包办代替，同时又要加强领导，协调好各方工作。不允许任何地方有两个或三个中心，只能有一个中心，就是党委。方方面面都要摆正自己的位置，都要在党委领导下开展工作。党委要把坚持党的领导，充分发扬民主，坚持依法办事三者紧密结合起来。决策前要充分发扬民主，听取不同意见。党委、人大、政府、政协都要按照这三句话来办事。

（摘自 1998 年 7 月 13 日至 15 日在肇庆市、阳江市检查指导工作时的讲话）

完善选人用人机制，这是搞好领导班子思想政治建设的组织基础。要全面贯彻领导干部"四化"方针和德才兼备原则，选好配强各级领导班子特别是县以上党政领导班子。要以贯彻落实党的基本路线的态度和实绩作为考核干部的主要标准。荀子说："口能言之，身能行之，国宝也；口不能言，身能行之，国器也；口能言之，身不能行，国用也；口言善，身行恶，国妖也。治国者，敬其宝，爱其器，任其用，除其妖。"我们就是要有一套选"国宝"、除"国妖"的机制，在实践中成长一批能够跨世纪担当重任的德才兼备的干部。要加快干部制度改革步伐，完善竞争激励机制，努力创造公开、公平、竞争、择优的识才选人环境，扩大公选、招聘、考任领导干部的范围，逐步推广竞争上岗，加大干部交流和轮岗的力度。

（摘自 1998 年 11 月 12 日在中共广东省委
八届二次全会闭幕时的讲话）

二、把各级班子建设成为坚强的领导核心

大力加强干部队伍建设特别是各级领导班子建设，是加强和改善党的领导，增强党组织战斗力的关键。必须努力把全省各级领导班子建设成为政治坚定、团结实干、开拓创新、廉洁为民，能够胜任跨世纪历史重任的坚强领导核心。

（摘自 1998 年 5 月 22 日在中国共产党广东省
第八次代表大会上的报告）

搞得好的地方和单位，肯定有一个好班子；搞得不好的，可能原因有这样那样许多种，但归根到底就是班子不坚强。最近我省个别地区和单位出现的问题，教训十分深刻。因此，我们必须高度重视在新形势下加强各级领导班子建设。

（摘自 1998 年 11 月 12 日在中共广东省委
八届二次全会闭幕时的讲话）

三、要提高各级干部执行民主集中制的自觉性

大力加强民主集中制教育，提高各级干部执行民主集中制的自觉性，建立健全相应的各项具体制度。开展认真负责的批评与自我批评，提高民主生活会的质量，增强各级领导班子解决自身问题的能力。充分发扬党内民主，善于听取社会各界的意见，推进决策民主化和科学化。要把加强团结作为加强各级领导班子建设的重要基础。各级领导班子成员都要加强党性修养，立党为公，胸怀宽广，严以律己，宽以待人，自觉维护党内团结。党政主要负责同志对领导班子的团结负有特殊责任，要在执行民主集中制、守纪律、顾大局、讲团结方面率先垂范。

（摘自 1998 年 5 月 22 日在中国共产党广东省第八次代表大会上的报告）

加强班子自身建设，就是加强民主集中制，这是我们班子建设的法宝。加强民主集中制在班子建设上，主要是坚持和健全集体领导和个人分工负责相结合的制度。作为一个班子，既要强调集体领导，也要强调个人分工负责。不论担任何种职务，从事何种工作，都要摆正在党内生活的位置。作为班长，要注意不要搞"一言堂"，作为成员要注意不要个人凌驾于集体之上。该汇报的不汇报，集体决定之后不执行，各行其是，这都是个人凌驾于集体之上的表现。需要常委集体决策的问题，要事先通知，使每个成员有充分的酝酿时间，讨论时充分发表意见，包括发表不同意见。在常委会上完全是一个声音，也不一定是好现象。特别是一把手，要创造一种使大家都能够充分发表意见的民主气氛。

在决策前充分发扬民主，然后按照少数服从多数的原则进行决策。常委内部有不同意见，除非是紧迫的，一般情况下可以不急于决策，给大家一点时间调查研究后再议。作为书记、委员在党内是平等的，都是一票。因此，决定问题不能书记一人说了算。另一方面，书记的作用又很重要，在集体领导中负有主要责任，在具体决策当中，对于决策正确与否，负有主要责任。所以在重大事项的决策中，书记要善于听取意见，集思广益；也要善于判断正确意见，进行正确引导，作出正确的决策。作为班子的每个成员，既要勇于提出不同意见；又要在多数人都不赞成自己的意见、集体决策没有采纳自己的意见的情况下，善于放弃自己的意见，虚心地接受正确意见。一旦集体决策了，对外只能有一个声音，不能有杂音。班子每个成员要互相信任、互相支持、互相谅解，大事讲原则，小事讲谅解、讲友谊。

（摘自 1998 年 7 月 13 日在肇庆市检查指导工作时的讲话）

坚持执行民主集中制，这是实现决策民主化、科学化，增强领导班子团结最有力的制度保证。要继续建立健全民主集中制的各项具体制度，特别要完善集体领导和个人分工负责制，坚持重大问题集体讨论决策。健全领导班子议事规则及各项具体工作规则，防止工作上的主观随意性。进一步提高领导班子民主生活会质量，活跃党内生活。

（摘自 1998 年 11 月 12 日在中共广东省委
八届二次全会闭幕时的讲话）

四、要搞好领导班子的团结

班子建设至关重要。班子建设首要的是团结问题。实践证明，团结出凝聚力，团结出战斗力，团结出生产力。班子不团结一事无成，就会使得一些干部欲干不能、欲罢不忍。最后机遇都在内耗中丢掉了，苦的是老百姓。几年过去了，机遇丢掉了，发展不起来。要像爱护眼睛一样爱惜来之不易的团结的好形势。

（摘自 1998 年 4 月 4 日在韶关市检查指导工作时的讲话）

班子搞好团结，最重要的是党政一把手。这是我自己多年的体会。行政工作我做过，党的工作也做过，两个位置都体会了，也在经常琢磨这个问题。党政机关和企业不一样，不能党政一把手一个人兼。面对党政分设的现实情况，怎样搞好团结？关键是党的一把手。我是省委书记，首先要高标准要求市委书记。东西南北中，书记处于核心位置，要善于议大事，抓大事，把握全局。要注意发挥副手的作用，重大问题拿到常委会来决策，决策后大家分头干。经常性的工作放手让大家去做。副手遇到麻烦，一把手要主动承担责任，帮他解解围，为他工作创造好的环境。一把手要成为贯彻民主集中制的模范，既要勇于拿出点子拿出办法，又要善于听取多数人的意见，特别是不同的意见，尊重班子成员的民主权利和每个人的智慧，不搞"一言堂"。书记、市长要大事讲原则，小事讲谅解、讲友谊。重大事情注意经常地个别沟通，自觉地协调思想，协同步调。书记要豁达大度，不要斤斤计较，更不能小心眼。政府工作，市长可能出面多一点，出面多了，说明他积极性高。政府工作做好了，首先有你书记一份。政府工作做不好，书记也不光荣。书记既要有比较高的思想政治水平，也要有人格魅力，以诚待人，用人格魅力凝聚大家。市长、县长要注意摆正位置。党委是核心，不能出现两个核心。要主动地争取党委的领导，重大问题必须拿到党委会讨论。行政首长负责制和党委民主集中制，二者是统一的，不是对立的。行政工作越是得到党委支持，行政首长就越有权威。我当市长、当省长的时候，越强调行政首长负责制，我就越往党委靠。得到党委的支持，党委书记做你的后盾，你的权威就更大了，就更能发挥行政首长的作用。一个人如果脱离了组织，那么个人威信从哪里来呢？特别是像我们这样的，没有革命战争时期的战功，如果没有党和人民的重用，没有历史的机遇，我们个人有什么威信？必须处处维护党组织的威信。行政领导要特别注意，书记不是孤立的个人，是一级党组织的核心。邓小平同志说，没有核心是靠不住的。所以要有核心，作为副手要自觉地维护这个核心，不是为了某个人，而是为了党的事业。所以，党政一把手是班子团结的关键。

书记和副书记是党委核心的组成部分，重要的事情，要通过核心沟通思想、统一步调。加强书记之间的沟通不能代替常委会。它不是一个决策层，是议事性的，是为常委会作准备的。要注意用好书记碰头会、书记办公会，进行沟通和协调。再一个就是党委会，它是按民主集中制进行运作，大家要对集体领导负责，一旦决策下来，都要一个声音，不准有杂音。决策之前，充分发扬民主，一旦决策下来就要高度集中。而且要把贯彻民主集中制的情况，作为每一次民主生活会的重要内容，始终在这个问题上抓住不放，这样才能保证党委会的战斗力。书记在常委会上只是一票，要善于集中大家正确的意见。作为每一个成员既要勇于发表自己的看法，又要善于听取多数人的意见，放弃个人意见，不因个人的意见没被采纳而破坏团结。特别是在干部任用上，一定要强调按党的原则办事，不能搞个人"卖好"。这也是党性修养的一个标志。

（摘自1998年4月4日在韶关市检查指导工作时的讲话）

不管在哪个机关做领导的同志，都要有一个观念，东西南北中，党是核心。重大问题加强党委的统一领导；经常性的工作，党委要充分发挥各自的职能，放手让他们独立负责。暂时认识不一致的，可以先放一放，大家都酝酿酝酿，不要急于定。确实是很急的，党政一把手酝酿，加强协调；与人大、政协有关的，把人大主任、政协主席吸收进来酝酿，然后再逐步形成共识，把工作做细。团结的问题这么讲很抽象，但是这个问题不论对哪个市都很现实。团结问题搞不好，一切都谈不上。

（摘自1998年4月4日在韶关市检查指导工作时的讲话）

党委书记对班子的团结负有特殊的责任。党的组织派你到一个地方去主持一级党委的工作，就是要把大家团结起来，把党的路线方针政策贯彻下去。这一根本任务，你完不成，实现不了，在小道理上你抓了再多也没有用。因此，我们要求一把手一定要模范地执行民主集中制，不搞"一言堂"。要善于发挥一班人的作用，尊重大家的民主权利和政治智慧，善于集中大家的意见。要敢于负责，勇于承担责任。

（摘自1998年4月16日在广东省经济工作座谈会上的讲话）

五、要搞好领导班子的作风建设

我们这一代还不至于要抛头颅，就是要求我们多为人民办事。如果对这个事业三心二意，你就要早下决心，该下海就下海，该发财就发财去。否则，既耽误你的事，也耽误党的事。一旦你出了问题，对党的影响很大。谁出了问题，都会给党抹黑。党组织为我们都创造了一定的工作与生活条件，哪个领导干部没房子住、没车子坐？你为 10 万、20 万元弄个身败名裂，按老百姓的话说，不值啊！对信仰坚定起来，就要体现在坚定不移地贯彻执行党的基本路线上，全身心地投入到为人民服务上。

（摘自 1998 年 4 月 4 日在韶关市检查指导工作时的讲话）

2002 年 9 月 18 日，李长春在云浮市黎少镇调研农村党员干部责任制落实情况。左三为云浮市委书记温耀深。

作风建设的核心就是密切联系群众。革命战争时期，党如果不植根于群众，就没有立足之地。越是在长期执政的情况下，越是在新老交替、干部的构成发生变化的情况下，越要强调党的密切联系群众的光荣传统。现在地方组织法和选举办法也改革了，上级组织提名的和代表联名提名的具有同等法律地位，在一起讨论选举。这就要求我们党的组织推荐的干部一定要合民意、顺民心，否则就选不上。这就推动我们一定要密切联系群众，一定要注意在人民群众中的形象。

（摘自 1998 年 4 月 4 日在韶关市检查指导工作时的讲话）

班子每个成员都要有一个好的精神状态。作为领导集体，要为全地区形成良好的干事、创业大环境做出表率。要形成鼓励干事者、支持改革者、教育失误者、鞭挞空谈者、惩治腐败者、追究诬告者的浓烈氛围。

（摘自 1998 年 7 月 13 日至 15 日在肇庆市、
阳江市检查指导工作时的讲话）

强化监督约束机制，这是确保领导干部廉洁从政，遏制腐败行为的关键措施。要进一步严格党内生活，加强党内和领导班子内部的监督；充分发挥纪检监察机关的职能作用，加强党纪政纪监督；要把党内监督同群众监督、社会监督、民主监督、舆论监督有机结合起来，形成强有力的监督体系。

（摘自 1998 年 11 月 12 日在中共广东省委
八届二次全会闭幕时的讲话）

开行人大代表"直通快车"*

（1998 年 3 月 30 日）

我们党是执政党，党和人民群众的关系，也体现在国家机关
与人民群众的关系上。总体上看，党深受人民群众拥护和爱戴；
但是，不可否认的是，在少数地区和单位，的确也存在严重脱离
群众的问题。我们党长期处于执政地位，加上新老干部交替，如
果不注意自觉改造世界观、强化宗旨教育，就容易产生脱离群众
的问题，发展到极端就是腐败。怎样解决这个问题？要靠思想
教育，要靠完善党内监督和司法行政监督，更重要的一点，是要

---

   * 这是李长春同志在看望出席广东省九届人大常委会第二次会议代表时
讲话的一部分。

   根据李长春同志提议，1998 年 4 月 10 日，广东省委、省人大、省政府联
合发出《关于快速办理人大代表提出的重要建议的意见》，提出对恶性突发事
故的报告当天送达省领导，恢复使用省人大代表建议专用信封，省人大常委会
设立人大代表热线电话等。它标志着人大代表和党政机关之间"直通快车"正
式开通。1998 年 5 月 7 日，李长春同志又在《广东政协信息》第 25 期《建议
给政协委员开通"直通快车"》上批示："直通快车"应包括政协委员。从此，
一条为人大代表、政协委员直接快速向高层领导反映情况，也为高层领导倾听
群众呼声、了解基层情况的新渠道在各级人大代表、政协委员与各级领导之间
架设起来了。"直通快车"的开通，调动了广大人大代表和政协委员当家作主、
参政议政的热情。

靠广大人民群众的监督。实践证明，人民代表大会制度是适合我国国情的很好的政治制度，我们要继续坚持不断完善这个制度，发挥其民主监督作用。

人大代表是一支非常强大的监督力量，各级人大要成为代表们的家，为人大代表参政、议政、实行依法监督搞好服务。人大代表是一支很了不起的力量，把全省15万人大代表发动起来，组织起来，对于推动深入开展反腐败斗争，密切党和人民群众联系有着重要意义。要给人大代表开通一个"直通快车"，将人大代表的重要意见直接反映到同级党委、政府，使他们的意见得到落实，发挥他们对各级政府的监督作用，依法维护人民群众的权益。省人大常委会组成人员要密切联系人大代表和群众，及时将意见反映到人大机关和党委。省人大常委会组成人员反映情况，可以给我直接写信，咱们也来个"直通快车"。凡是人大代表、人大常委会组成人员的信，一律可以直接交给我。

加强领导班子的团结 *

（1998 年 4 月 17 日）

> 团结出凝聚力、出战斗力、出生产力。没有班子的团结，一事无成，必然使一些想干事的人，欲干不能，欲罢不忍。班子的团结关键是一把手，一把手对一个班子的团结负有特殊重要的责任。能够把大家团结起来，把党的路线方针政策在这个地方和部门贯彻落实好，这是一把手最重要的任务。

一个地区能不能够把大家凝聚起来，把工作搞上去，首先要加强领导班子的团结。团结出凝聚力、出战斗力、出生产力。没有班子的团结，一事无成，必然使一些想干事的人，欲干不能，欲罢不忍。班子的团结关键是一把手，一把手对一个班子的团结负有特殊重要的责任。能够把大家团结起来，把党的路线方针政策在这个地方和部门贯彻落实好，这是一把手最重要的任务。如果没有把大家团结起来，落实好党的路线方针政策，就是最大的

　＊　这是李长春同志在中共广州市委常委扩大会议上讲话的一部分。

失职。因此，我们要求一把手，必须模范执行民主集中制，善于发挥每个副手的作用，善于抓大事，把握大局。善于从政治上观察问题，重视倾向性问题。大事管住，小事放开，尊重班子中每个成员的民主权利，充分发挥班子的集体智慧。善于听取各种各样的意见，包括反面意见，也善于集中大家正确的意见，形成党委的决定。特别是党政一把手的团结，是整个班子团结的核心。作为书记，要支持行政领导的工作，重大问题拿到党委会讨论，日常工作要发挥政府的作用，让政府放手去做；当副手工作遇到困难时，主要领导同志还要解解围，给予支持。大事讲原则，小事讲谅解、讲支持、讲友谊。

一把手要有宽阔的胸怀。总有人在两个一把手之间说点这种话，说点那种话。要有宽阔的胸怀，不去斤斤计较。对于日常工作谁出面多，谁说了算，正确的态度和做法应该做到重大的问题，拿到党委集体讨论、决策，作为一把手不搞"一言堂"，但是要善于集中。政府工作千头万绪，要处理大量具体事务，必然出面多一些，抓得具体一些。书记要支持行政负责同志的工作，政府负责同志出面多是工作的需要，政府负责同志积极性高，把政府工作做好了，本身就有书记的一份。作为行政负责同志，要有比较强的党的观念。我做过行政负责人的工作和党委负责人的工作，时间基本是各半。在每个位置我都反复琢磨。我当书记的时候，支持市长的工作，他的积极性越高越好，最后把工作做好了，不是有我一份吗？就是这个道理。我当市长、当省长时，越是强调行政首长负责制，我就越要主动争取党委领导和党委的支持。行政首长负责制与加强党的领导和党的民主集中制，是一致的，不是矛盾的。因为作为行政负责人，你的主张，你的建议，得到了党委的支持，得到了书记的支持，贯彻的力度、威力就更大。相反，孤家寡人，没有得到党委的支持、没有得到书记的支持，再强调行政首长负责制，你的权威从哪里来？就个人来讲，你有什么了不得的威信可言？我们不是像我们的老一辈一样，对建立新中国有不朽的功绩。我们都是在和平环境下，在党的"四化"方针指引下成长起来的，我们赶上了历史机遇，当然也有个人努力。首先是党组织的培养，党组织的信任，人民的重托，才走到领导岗位上。个人的威信，离开了组织是不存在的。所以，要主动地把重大问题提交党委集体决策。日常的工作，放手大胆去做。有的不一定需要集体决策，也要多与书记沟通。今后，不论是企业改革，还是经济体制改革、政治体制改革、党政机关机构改革，党的领导只能加强，不能削弱。当然，党的领导也要不断改善，改善的目的，是为了更好地加强。从苏联解体、东欧剧变的教训中，更要强化这样的信念。我想，在这个问题上，是政治上成熟的党员领导干部都应该具备的政治敏感性。如果党政一把手之间，能够做到这些，我想这个班子的核心就没有问题了。

书记、副书记是党委的核心，也要不断协调认识，统一思想。要用好书记办公会和书记碰头会。虽然书记办公会、书记碰头会不是决策程序，是为常委决策做准备工作的，但对统一思想，协调认识具有重要作用，对整个班子的团结至关重要。搞好班子团结，还要处理好书记和常委的关系。每位常委，都要积极、主动参加集体领导，勇于发表自己的意见，包括不同的意见，同时也要顾全大局。当自己意见没有被采纳时，要勇于放弃自己的意见。当集体做出了决策后，要愉快地接受集体的意见，对外只能是一个声音，不能再讲我在常委会上不是这个意见，口出"杂音"。这是党的纪律不允许的。特别是在讨论干部问题时，这是各种关系的焦点。过去我所在的地区有的班子就存在这样的问题。提拔干部时，有的成员主动到被提拔人那里"卖好"，说是我给你说的话。当哪一个提拔对象没有通过，就说我都给你说了好话，主要是一把手不同意，把一把手给出卖了。大家都要高度维护这个集体，维护一把手的威信。当然，书记在常委中他也是一票，他也要接受大家的监督，不能搞"一言堂"。但是，书记是一级党组织的核心的核心。我们维护书记，不是维护他一个人，而是维护党的事业，维护一级组织的权威。这些是处理书记与常委的关系中必须注意的问题。我们讲团结，不是无原则的团结，是建立在党的基本理论、基本路线基础上的团结。发现重大原则问题，每个成员都有权利向上级党组织报告。

我想，还要处理好党委和人大、政府、政协之间的关系。这也是一个地区党委班子有没有凝聚力、战斗力的重要表现。不论你是做党委工作，还是做人大工作，还是做政府工作，必须明确一条：东西南北中，党委是核心。都要在党委的统一领导下，按照各自的章程和法律赋予的职责开展工作，重大问题还是要拿到党委来讨论，作出了决策，大家分头去办。各个组织和党委的关系，不是平分秋色的关系，必须自觉接受党委的领导。党委要有一位书记负责联系人大、政协的工作，加强协调。党委也要充分发挥各个组织的职能，不能搞包办代替。特别是随着社会主义民主和法制建设的不断完善，要善于不断改进党委的工作。要模范践行人民代表大会这一根本政治制度，要善于把加强党的领导、严格依法办事、充分发扬民主三者结合起来；要善于贯彻落实中国共产党领导的多党合作和政治协商这一基本政治制度，并且努力探索规范化、制度化的方法。总之，既加强党委对各个方面的领导，又充分调动各个方面的积极性，各自按法律规定的职能、章程开展工作。我衷心希望广州市委能够在班子团结上，出经验，做示范，在全省继续带个好头，成为政治坚定、开拓创新、求真务实、廉洁为民的好班子。

妇联在社会文明法治建设中大有可为[*]

（1998 年 10 月 28 日）

妇女工作是党和国家全局工作的重要组成部分。妇女是半边天，在广东的改革开放和两个文明建设中发挥了重要作用。前段省委、省政府开展的"增创新优势"专题调研分十个专题进行，各个方面的工作都离不开妇女这支伟大的力量的支撑。教师节期间，我听了人民教师许美云[1]的事迹报告，她的事迹非常感人，充分体现了一个母亲的崇高品格和伟大的中国妇女精神。当前广东改革进入关键阶段，妇女在实施我省三大发展战略、增创四大发展新优势中大有可为。各级妇联在全面履行自己的职能的同时，要配合各级党委和政府，把两件虽然很具体但又难度很大、与妇女关系极为密切的事情办好：

第一，做好我省计划生育新条例的宣传贯彻。可持续发展战略是广东发展三大战略之一。我省人口问题非常突出，人均占有耕地 4.9 分，粤东一些地方只有 1.9 分，很多地方宅基地矛盾也十分突出。人口矛盾非常尖锐，再不抓，将严重影响广东未来的发展。最近，我省修订了计划生育条例，调整了计生政策。这是

---

　　* 这是李长春同志到广东省妇联看望干部职工时的讲话要点。

符合广大人民群众的根本利益和长远利益的，但与部分群众的眼前利益和旧的习惯势力会有冲突。妇女与人口有着天然的联系，希望妇联能把控制人口增长当成大事来抓。妇联网络比较健全，管理区、自然村都有妇女干部，你们的工作很重要的一项就是提高妇女的素质，改变她们的生育观。妇女观念转变了，也可以做丈夫的工作，对推动家庭生育观念转变起着很重要的作用。妇联还要帮助计划生育户首先富起来，妇女经济地位提高了，也就能够当家作主了。贯彻计生条例，妇联可以大有作为。

1998 年 8 月 29 日，李长春亲切接见即将赴北京参加第八次全国妇女代表大会的广东省代表。

第二，要旗帜鲜明地配合党委和政府扫除黄赌毒等社会丑恶现象，维护妇女的合法权益。老百姓对黄赌毒深恶痛绝，它们是各种违法犯罪的源头，一方面污染了我们的社会环境，另一方面把我们的干部腐蚀了，把党风和社会风气搞坏了。我们扫除黄赌

1999 年 12 月 13 日至 15 日，广东省妇女第九次代表大会在广州召开。图为李长春亲切接见出席会议的代表。右二为广东省省长卢瑞华。

毒，有些基层干部不理解，认为影响了经济发展。对解决"包二奶"问题，妇联要积极向党委、政府、司法机关献计献策。省纪委、省监察厅出台了《关于严禁党员、国家工作人员参与色情性异性按摩活动的暂行规定》，妇联要依法、依纪旗帜鲜明地维护妇女的权益。对于一些丈夫"包二奶"，妻子由于顾及家庭、孩子等原因不敢揭发的，妇联组织要敢于站出来为妇女说话。要发挥妇女群众自治组织的作用，组织"三禁协会"[2]，让群众自己教育自己。要提高妇女素质尤其是青年妇女的素质，加强对妇女的"四自教育"[3]，引导其勤劳致富，走自食其力的道路。

注 释

〔1〕许美云，广州市建设六马路小学英语教师。她爱岗敬业，两岁儿子患恶性淋巴瘤后，她一边照顾重病儿子，一边钻研业务提高教学水平，所教毕业班学生考试成绩优异。痛失爱子后，她一如既往爱生如子，创新教学，大胆实践，鼓励后进生，体现了高尚的师德师风。她先后获得广东省劳动模范、广东省南粤优秀教师、广州市精神文明建设十大杰出教师等称号。

〔2〕"三禁协会"，指广东省基层群众自愿组成的禁黄、禁赌、禁毒的社会团体。

〔3〕"四自教育"，指中华全国妇女联合会面向全国妇女开展的，以树立自尊、自信、自立、自强的新女性意识为目的的教育活动。

强化机制和制度建设，
从源头上防御和治理腐败 *

（1999 年 1 月 26 日）

> 加强党风廉政建设和反腐败斗争，必须标本兼治，综合治理，重在治本。要强化制度，重视机制建设，用制度管人管事，用机制约束治理。要适应市场经济发展的新形势，有计划有目的地实行关口前移，建章立制，努力从源头上防御和治理腐败，从根本上铲除滋生腐败现象的土壤。

广东当前以及今后一段时间加强党风廉政建设和反腐败斗争的一个重点，就是在严肃查处大案要案的同时，要重在制度建设，重在今后，严格加强管理。要按照中央部署，在坚持三项工作格局的基础上，始终坚持"两个坚定不移"，坚持"三不一有"和"六者"的原则。"两个坚定不移"，就是改革开放、发展经济坚定不移，坚持发展是硬道理，任何时候都要以经济建设为中心；加强党风廉政建设、反对腐败坚定不移，严肃查处严重经济

＊ 这是李长春同志在中共广东省纪委第二次全体会议上讲话的一部分。

违纪违法案件。"三不一有"，就是要不埋怨、不争论、不刮风，有什么问题就解决什么问题，是什么问题就解决什么问题。要把"三不一有"作为我们当前处理前进道路上出现各种问题的一个原则，以此凝聚党心、民心。"六者"，就是要旗帜鲜明地支持干事者，鼓励改革者，教育失误者，鞭挞空谈者，惩治腐败者，追究诬告者，保护大多数干部群众改革开放、发展经济的积极性，努力创造一个团结向上干事创业大环境。各级纪检监察机关在执行政策和纪律时，要注意体现惩处少数，教育多数。要划清在改革过程中由于经验不足而出现的失误与失职渎职的界限，划清企业在改制中国有资产正常流动与违规造成国有资产流失的界限，划清按市场规则、市场规律、市场要素的投入所得与通过非法手段谋取不义之财的界限，划清正常业务往来、正常企业行为与挥霍浪费公款、搞不正之风的界限，正确掌握政策，严格执行纪律，保证全省经济建设和改革开放沿着健康的轨道前进。

加强党风廉政建设和反腐败斗争，必须标本兼治，综合治理，重在治本。这就需要强化制度，重视机制建设，用制度管人管事，用机制约束治理。要适应市场经济发展的新形势，有计划有目的地实行关口前移，建章立制，努力从源头上防御和治理腐败，从根本上铲除滋生腐败现象的土壤。在这方面，当前要重点做好"四抓"：

一是抓教育，解决"不愿为"的问题。就是通过强有力的反腐倡廉教育，使党员干部增强抵制腐朽思想和保持廉洁自律的能力，自觉筑起反腐防变的思想长城。要结合"三讲"教育和"纪律教育学习月"活动，在广大党员特别是各级领导干部中，大力开展党风廉政建设和反腐倡廉教育。

二是抓法制建设，解决"不能为"的问题。就是通过立法，健全和完善制度，使腐败分子没有空子可钻。当前党风廉政建设中出现的问题，究其原因，有的是体制问题，有的是经验不足造成的，也有的是法制不健全、制度不完善造成的。省人大、省政府要结合依法治省工作，按照建立社会主义市场经济体制的要求，加快行政立法步伐，进一步完善廉政法规和规章，省直各部门、各市也要结合实际，制定切实可行、操作性强的规章制度，逐步实现依法行政、依规办事。要进一步扩大实行"收支两条线"管理的范围，建立和完善政府采购制度。要完善干部任用条例，不断健全规章制度，加大干部交流力度，纠正和防止干部人事上的不正之风。

三是抓监督约束机制，解决"不敢为"的问题。就是强化监督约束，对少数严重违法违纪者，在组织上、法律上和经济上从严惩处。这是加强党风廉政建设，确保领导干部廉洁从政，遏制腐败行为的关键措施。要进一步完善党内监督制度，充分发挥纪检机关在党内监督中的作用。纪检机关要本着从严治党，严肃党的纪律、维护中央和省委权威，保障党员和干部合法权益的原则，按照建立社会主义市场经济体制的要求，规范党组织和党员的行为，对什么可以做、什么不可以做，提倡什么、反对什么，以及党内监督的程序、处理办法等作出明确规定，并强化监督约束机制。同时要重视发挥工会、共青团、妇联等群众团体的监督作用。广泛推行村务公开、厂务公开和政务公开制度，加强群众对党组织和党员干部的监督。各级人大要组织人大代表对一些重点部门和行业进行民主评议，切实发挥权力机关的法律监督职能作用。各级政协也要实行民主监督。此外，还要重视发挥新闻媒体的舆论监督作用。总之，要把党内监督与群众监督、社会监督、法律监督、舆论监督有机结合起来，形成强有力的监督体系。

四是抓有形市场建设，铲除滋生腐败的土壤。就是建立规范的有形市场，从源头上防范和治理腐败。腐败现象很多是在市场经济活动中产生的，如土地批租、建设工程招投标、国有资产转让问题等等。广东的土地批租、建设工程市场比较活跃，这方面的教训也尤其深刻。当前最重要的是要把制度跟上，管住今后。我省工程招投标的量很大，去年达 2500 亿元。纪委去年重点抓了有形建筑市场，成效明显。今年要在去年的基础上，不断规范完善，有效地运作起来。规范市场运作，表面上看，削弱了一部分人的权力，实际上是对干部的爱护，是铲除滋生腐败土壤的有效措施。没有制约的权力就是腐败的温床。的确如此。各地各部门要下大决心，强化监督管理，扎扎实实地把有形建筑市场抓好。同时，要尽快建立土地批租、国有资产评估、产权交易等要素市场，尽快规范运作。

总之，要不断加大改革的力度，积极推进有形市场建设，团结奋斗，共同耕耘好邓小平同志亲手缔造的这块改革开放的试验田，把广东这块热土建设成为有中国特色社会主义的示范区。

培训农村基层干部，整顿后进村 *

（1999 年 2 月 17 日）

祀仁[1]、凤仪[2]：

1.关于对农村基层干部培训问题，再抓一抓，省委组织部也可作为示范，直接培训一部分大老难的村和先进的村。

2.对 1133 个后进村抓好整顿。

上述两方面情况，出几期简报反馈一下。

　＊　这是李长春同志在中共广东省委农村基层建设领导小组办公室《广东农村社会不稳定管理区（行政村）存在问题的情况反映》上所作的批语。

　1998 年 12 月，中共广东省委组织部、农村基层建设领导小组办公室对农村后进管理区（行政村）的问题进行了调查，形成有关情况报告。省委组织部贯彻落实李长春同志对调研报告的批示精神，于 1999 年上半年举办了两期全省农村基层干部培训班，对 20 多万名乡村基层干部进行了一次轮训。同时，开展整顿后进管理区（行政村）工作，省委组成 30 个工作队，到经济落后、党支部软弱涣散、社会不稳定三种类型的农村管理区（行政村）帮助工作。通过培训和整顿，加强了农村基层组织建设，进一步提升了基层干部工作能力和水平，解决了一大批群众反映强烈的热点难点问题，维护了社会和谐稳定。

注　释

〔1〕祀仁，即高祀仁，时任中共广东省委副书记。

〔2〕凤仪，即刘凤仪，时任中共广东省委副书记、省委组织部部长。

仁股同志：关于对后进管理区干部培训问题，可抓一
抓，省委组织部也可作为示范，直接培训
部分关键地方的村书记和支部主任。

同时，对1133个后进村，抓好整顿。

上述两项情况，可以定期向我反馈
一下。

广东农村社会不稳定管理区（行政村）
存在问题的情况反映

李长春

7/2

　　根据省委领导的指示精神，最近，省委组织部、省
委农村基层办组织各市对农村后进管理区（行政村）的
问题进行了调查，还走访了省委办公厅信访处、国土厅、
公安厅、民政厅等有关部门。据全省21个市的调查统计，
全省22506个管理区（村）中，目前达到或基本达到"五
个好"的管理区有21373个，占95％，　仍处于后进状态
的有1133个，占5％。后进状态的管理区中，　属经济落后
型的有868个（含滑坡450个），占后进管理区总数的76.6％，
目前已派工作队进驻帮助的有781个，占此类管理区数的
89％；属党支部软弱涣散型的115个，占后进管理区数的
10.2％，目前已派工作队进驻帮助的有112个，占此类型

1

　　这是李长春在《广东农村社会不稳定管理区（行政村）存在问题的情况反映》上的
批示手迹。

村干部培训是农村工作的重要环节 *

（1999 年 3 月 25 日）

> 农村改革的推进、经济的发展、社会的稳定，都离不开党支部战斗堡垒作用和党员先锋模范作用的发挥。加强农村基层干部培训，提高基层干部的素质是整个农村工作的重要一环。干部培训，关键是端正学风，坚持理论联系实际。要联系农村经济如何上新台阶、实行村务公开、加强民主管理、落实党在农村的各项政策等实际工作加强学习研究，把培训和指导工作紧密结合起来，确保取得实实在在的效果。

加强农村基层干部培训，是提高农村基层干部整体素质和工作水平的重要途径。从大家的发言中，我更感到省委决定在全省农村基层干部中普遍进行一次轮训非常必要。在这里，我强调两点意见。

第一，对全省农村基层干部进行一次轮训非常必要。

---

* 这是李长春同志在广东省农村基层干部培训示范班上讲话的一部分。

一是由农村基层党组织所处的地位、所担负的重要任务决定的。农村基层党组织是我们党在农村全部工作和战斗力的基础，担负着直接联系群众、组织群众、宣传群众、团结群众，把党的路线、方针、政策落实到基层的重要责任。农村改革的推进、经济的发展、社会的稳定，都离不开党支部战斗堡垒作用和党员先锋模范作用的发挥。一句话，建设好农村基层党组织是整个农村工作的"牛鼻子"。而培训农村基层干部，提高他们的素质是整个农村工作的重要一环。

二是实施三大战略，增创四大优势，加大"两手抓"的力度，需要提高基层干部工作水平。我省农村人口大约占三分之二，农村工作的状况如何，对全省能否实现跨世纪的发展蓝图举足轻重。当前，关键要把广大的农村基层干部培训好。这是关系

2001 年 6 月 19 日，李长春在台山市参加纪念建党 80 周年横湖村党支部党日活动。

到我们能否很好落实江泽民同志"增创新优势，更上一层楼，率先基本实现社会主义现代化"的总要求，关系到省委经过调查研究作出的一系列决策能不能落到实处的大问题。

三是当前农村出现了一系列新的情况，急需广大基层干部进一步提高领导水平，提高驾驭能力。第一个新情况是，农村经济发展面临新的问题。经过 20 年来的改革，我国农业有了很大发展，很多农产品也开始由卖方市场转向买方市场，由过去的以产定销转向以销定产。新的形势给农村经济提出了新课题，要求我们一手要增加科技含量，发展高质、高产、高效农业，提高农产品的竞争能力；另一手要在生产组织上进一步深化改革，走产业化经营路子，以解决千家万户和大市场之间的衔接问题。我们的农村基层干部只有充分认识、了解这些不断发展变化的新形势，才能够增强驾驭市场经济的能力。第二个新情况是，党的十五大提出了依法治国的方略，要加大社会主义民主建设的步伐，特别要扩大基层民主，进一步贯彻村民委员会组织法，实行村务公开、民主管理。我省还要实行由管理区向村民委员会的转变，实行"四民主"——民主选举、民主决策、民主管理、民主监督。这也是一个很大的变化，因为改革深化了，利益关系更加复杂，各个经济组织、各个联产承包责任制的家庭都更加关心自己的利益。经济关系复杂了，必然要求民主监督、民主选举，群众参政、议政的愿望也增强了，如果还用过去的带有家长式的方式去管理就行不通了。第三个新情况是，随着农村经济的发展，农民比过去富了，在这种情况下，如何加强社会主义精神文明建设，加强法制建设，如何正确引导好广大农民，也更现实地提到议事日程上来了。第四个新情况是，随着农村形势的发展，也遇到了怎样更好地把党在农村的各项政策进一步落到实处的问题。党在农村的政策，其中一个最重要的政策就是家庭联产承包责任制，中央确定这是社会主义初级阶段长期坚持的农村基本经济制度。减轻农民负担也是党在农村的重要政策，我省在这方面总体上是好的，但个别地方也还需要按党的政策进一步抓好落实。第五，以党支部为核心的基层组织建设，也出现了一些新情况。上述一系列新的情况，都要求我们的农村基层干部进一步提高水平，只有这样才能保持我省农村自改革开放以来出现的好势头。所以，省委提出今年要下决心对全省的广大农村基层干部进行一次培训，各级党委要把这项工作高度重视起来，纳入重要日程。请各级组织部门积极给党委当好参谋助手，配合党委认认真真地抓好这项工作。

第二，密切联系实际，把这次干部培训作为推动农村工作上

2002年2月5日，李长春在惠州市小金口镇柏岗村党支部考察当地农村基层组织建设情况。图为李长春在党员之家与党员座谈。左一为惠州市委书记肖志恒，左二为广东省副省长李容根，左四为广东省人大常委会副主任、广东省总工会主席汤维英。

水平的重要措施。

干部培训，关键是要坚持理论和实际相结合，把培训和指导工作紧密结合起来。在联系农村工作实际方面，主要有四条：

一要联系农村经济如何上台阶的实际。要抓住经济建设这个中心，抓住发展不动摇。对珠江三角洲，我们提出要为率先实现农业现代化奠定基础，省里规划了 10 个农业现代化的示范基地。对广大农村，我们提出要加速农业产业化经营的步伐，提高组织化程度。既要坚持家庭联产承包责任制，又要实现产业化经营。对广大山区和贫困地区，则要加速脱贫奔康步伐，改善生产条件。全省广大农村都要结合自己的实际，认真研究如何推动经济发展再上一个新台阶。

二要联系推行村务公开、民主管理的工作。今年全省要全面推行村务公开、民主管理，理顺管理体制，将管理区变为村民委员会。省委去年抓了 2000 多个试点村，今年上半年全面推开，下半年扫尾。要结合管理区变村民委员会，全面推行"民主选举、民主决策、民主管理、民主监督"，进一步密切基层的党群关系和干群关系。在此基础上，认真贯彻中央的农村基层组织工作条例和村民委员会组织法。

三要联系如何进一步落实党在农村的各项政策。中央强调当前要巩固、完善和加强家庭联产承包责任制、粮食流通体制改革、减轻农民负担等几项政策，特别是完善家庭联产承包责任制的政策，一定要认认真真落到实处。

四要联系怎样加强农村精神文明建设的问题。要采取各种形式，如创建文明户、文明村镇等，在农村普遍开展群众性的精神文明创建活动。

在联系思想实际方面，主要有两条：一是通过学习邓小平理论和党的路线方针政策，增强走建设有中国特色社会主义道路的信念，高举邓小平理论伟大旗帜，坚决贯彻执行党的基本路线。二是牢固树立全心全意为人民服务的宗旨，改进工作作风，廉政勤政，密切联系群众，为群众多办实事。

以整风精神开展"三讲"教育[*]

（1999 年 4 月 5 日）

> 要积极主动创造让群众畅所欲言发表意见的条件和氛围，鼓励大家畅所欲言，实事求是地谈情况，提意见。发扬民主，走群众路线，还有一个重要环节，就是自觉接受群众监督，搞好整改工作。领导班子、领导干部要抓住群众意见大的突出问题，立说立行，积极整改，并以适当方式向群众通报整改措施和结果，让群众参与对"三讲"教育实际效果的检验。

在县级以上领导班子深入开展以"讲学习、讲政治、讲正气"为主要内容的党性党风教育，对于进一步加强领导班子和干部队伍建设，提高干部党性修养和政治素质，推进社会主义现代化建设事业具有十分重要的意义。

---

　　* 这是李长春同志在广东省级领导班子"三讲"教育动员大会上讲话的一部分。

一、充分认识深入开展"三讲"教育的必要性和重要性

江泽民同志强调，党的干部特别是领导干部，一定要讲学习、讲政治、讲正气。党的十五大要求全党："继续在县级以上领导干部中深入进行以讲学习、讲政治、讲正气为主要内容的党性党风教育。"这完全符合我省党政领导班子和领导干部队伍的实际，符合人民群众的愿望和全省跨世纪发展要求。深入开展"三讲"教育，是增创发展新优势，实现跨世纪奋斗目标的迫切需要；是加强领导班子和领导干部队伍建设，适应社会主义现代化建设事业要求的迫切需要。从"三讲"教育试点的效果来看，中央关于深入开展"三讲"教育的决定是正确的、必要的。我们一定要充分认识"三讲"教育的重大意义，把思想真正统一到中央决策部署上来。

有的同志担心，这次教育能不能真正解决问题，会不会走过场。这种担心是可以理解的，确实需要我们高度重视。我们有中央的正确领导和邓小平党建理论的指导；有开展"三讲"教育的一系列正确的指导思想和基本原则；有广大干部群众的关心、支持和积极参与；有各级党委的高度重视，特别是主要领导真抓实干、率先垂范；有试点单位的成功经验，一定会收到实效，防止走过场。

有的同志担心搞"三讲"是不是又搞运动，搞"左"的一套。这种担心是没有必要的。中央明确指出，这次"三讲"教育要始终立足于学习提高。要坚持按照"团结—批评—团结"的原则解决问题，严禁泄私愤，借机整人，决不允许重复过去搞政治运动那种"左"的做法。

还有的同志担心"三讲"教育查找问题会不会否定改革开放的成绩。这种担心也是多余的。中央对广东20年来改革开放和经济建设所取得的成就，从来是充分肯定的。但存在的问题不解决，反而会影响、延缓我们进一步的发展。"坚持真理，修正错误"，从来是我们党对人民郑重负责的态度。我们通过认真学习理论，总结经验教训，整顿思想，改进作风，必将更好地推进我省的两个文明建设。我省的方案就是在中央"三讲"教育广东巡视组的指导下制定，并且经过中央"三讲"办批准的，我们应该充满信心，搞好"三讲"教育。

二、"三讲"教育的目的要求和必须遵循的原则

这次"三讲"教育的主要对象是县级以上领导干部，重点是县以上党政领导班子。总的目的要求是，推动县级以上党政领导班子和领导干部深入学习邓小平理论和党的十五大精神，提高政治素质，加强党性修养，端正思想作风，增强在改造客观世界的同时改造主观世界的自觉性。特别是在政治信念和大局观念、民主集中制、坚持宗旨和保持廉洁、树立求真务实的作风四个方面收到实际效果。

这次"三讲"教育，采取自上而下、分级分批形式进行。省级领导班子和领导干部先开展。从现在起，省级领导班子、领导干部"三讲"教育正式开始。省级领导班子是全省决策机关和首脑机关，省级领导干部对全省两个文明建设负有重大责任。搞好省级领导班子和领导干部的"三讲"教育，不仅对提高省级领导班子的思想政治素质和领导水平，增强驾驭复杂局面、解决实际

问题的能力具有重大意义，而且对于全省县级以上党政领导班子、领导干部的"三讲"教育，具有重要的示范和带动作用。我们省级领导班子、领导干部要充分认识开展"三讲"教育的重要性，发挥表率作用，为全省做出榜样。我们要结合实际，将开展"三讲"教育与贯彻省委八届二次全会通过的《关于加强各级领导班子思想政治建设的决定》结合起来，发扬整风精神，切实抓住学习理论、开展批评与自我批评、切实解决存在的突出问题等关键环节，努力提高省级领导班子、领导干部的思想政治素质和驾驭复杂局面、解决实际问题的能力，使省级领导班子进一步成为政治坚定、开拓创新、团结实干、廉洁为民的坚强集体，领导干部做到思想上有明显提高，政治上有明显进步，作风上有明显转变，纪律上有明显增强。要实现这一目标要求，在教育中必须注意把握好以下几点。

第一，加强学习，提高思想政治素质。这是搞好"三讲"教育的前提和基础。"三讲"教育是结合改革开放和社会主义现代化建设新的实际，对领导干部进行的一次马克思主义理论的自我教育。无数事实告诉我们，领导班子和领导成员政治上不坚定与理论上不清醒有直接关系，工作上的失误与理论水平不高密切相关，作风上的问题也与理论基础不牢固有联系。只有认真学习，在理论上提高了，才能提高思想境界，掌握分析解决问题的方法，明辨是非，坚持正确的，纠正错误的。因此，一定要下大力气抓好理论学习，坚持和发扬理论联系实际的学风。要把学习理论、武装头脑同整顿思想、改进作风密切结合起来，并贯穿于"三讲"教育的全过程。要努力做到"两个深入"：一是读书要深入。对中央和省委规定学习的有关文件和必读篇目，要反复研读，仔细思考，掌握精神实质，不能浅尝辄止。二是联系实际要深入。在学习中要敢于自我剖析、把自己摆进去，边认真读书，边深入思考，要把学习提高与查摆问题、自我剖析结合起来，要联系自己的思想实际和工作实际，特别是在贯彻执行党的路线方针政策，加强党性锻炼，改造主观世界方面的实际，找出领导班子和个人存在的突出问题。

第二，抓住重点，有针对性地解决领导班子、领导干部在党性党风方面存在的突出问题。要找准突出问题，一是从群众意见比较集中、反映强烈的问题中梳理班子或个人存在的突出问题。对收集上来的群众意见，认真归纳、整理和分析，从中找出突出问题。二是从领导班子存在的突出问题中反思个人的问题。一个班子存在的突出问题往往与班子每个成员都有联系，尽管由集体负责，但从总结教训、提高认识的角度，也要敢于把自己摆进去，要从正面总结经验，从反面吸取教训。三是从工作的实际状况找重点问题。工作中的薄弱环节和突出问题，也是领导班子、领导干部必须紧紧抓住、重点解决的问题。四是要从发生的重大案件和事件中总结经验教训，找领导班子或个人需要解决的重点问题。五是要联系发生过的一些重大问题，从中查找重点。查摆问题涉及到领导班子、领导干部个人时，不论是前任的还是现任的，都要坚持辩证唯物主义和历史唯物主义的态度，实事求是，对事不对人，具体问题具体分析，把产生问题的原因放到特定的历史背景和时间环境中进行分析，着眼于吸取经验教训，提高思想认识。

第三，以整风精神，认真开展批评和自我批评，进行积极健康的思想斗争。是否开展认真的批评和自我批评，是能否解决突出问题的关键，也是衡量这次"三讲"教育是否体现了整风精神，有没有走过场的重要标志。在这次"三讲"教育中，领导干部都要在学习文件、提高认识、找准问题、充分准备的基础上，集中时间，开展认真的而不是敷衍的，深刻的而不是肤浅的，负责的而不是草率的批评和自我批评。做到自我批评不遮掩，不护短，既摆出问题，又从世界观深处查根源；开展批评要直言相陈，既讲原则，又与人为善，既解决问题，又从思想上划清是非界限，达到真正解决问题，互相帮助，增进团结，共同进步的目的。

第四，充分发扬党内民主，坚持走群众路线。这是保证"三讲"教育取得成效的基本方法。"三讲"教育不能关起门来搞，要发动群众，依靠群众，实行开门整风，民主整风。这样，才有助于把"三讲"教育引向深入。发扬党内民主，走群众路线，一要广泛征求意见，帮助查摆突出问题。二要认真搞好民主评议，深入剖析问题。我们要积极主动创造让群众畅所欲言发表意见的条件和氛围，鼓励大家畅所欲言，实事求是地谈情况，提意见。发扬民主，走群众路线，还有一个重要环节，就是自觉接受群众监督，搞好整改工作。领导班子、领导干部要抓住群众意见大的突出问题，立说立行，积极整改，并以适当方式向群众通报整改措施和结果，让群众参与对"三讲"教育实际效果的检验。

第五，把开展"三讲"教育与干部考察工作结合起来。这次"三讲"教育，对县级以上领导干部是一次现实的考察，尤其是发动干部群众评议领导干部，是考察识别干部的好机会。省级领导干部是党的高级干部，更要接受组织考察，经得起干部群众的检查和评议。要通过"三讲"教育深入考察干部，全面了解干部，并与领导班子的调整、充实以及后备干部的培养结合起来。对素质好、有潜力的，要进一步培养重用；对"三讲"教育表现好的，要进行表扬；对问题突出，又不认真检查，不积极进行整改的，要严肃批评，促其改正；对不接受教育，确属不称职的干部，要适当调整；对主动交代违法违纪问题的，可依法从轻处理。

第六，必须紧紧围绕全面贯彻党的基本路线，把开展"三讲"教育同推动当前工作结合起来。要坚持边整边改，把开展"三讲"教育与推动当前工作结合起来，对群众提出和查摆出的问题，能改的一定要马上改。要围绕工作大局，通盘考虑，妥善安排，防止顾此失彼。要始终坚持经济建设这个中心不动摇，确保今年我省国民经济持续快速健康发展。通过"三讲"教育，有效地促进党的路线方针政策和中央决策的全面落实，推动我省改革、建设和各项工作的健康发展，做到"三讲"教育和当前工作双丰收。

三、对省级领导班子和领导干部"三讲"教育的几点要求

第一，切实加强领导，真正把"三讲"教育作为事关大局的一项重要任务来抓。"三讲"教育搞得好不好，关键在于领导得力不得力，而领导得力与否的关键又在于对"三讲"教育的认识程度如何。我们一定要深刻领会和认真贯彻中央指示精神，自觉把"三讲"教育作为当前党建工作的头等大事，切实做到思想认识到位，工作措施到位，加强领导到位，扎扎实实地抓好这次

"三讲"教育，抓出成效。为了切实加强"三讲"教育的组织领导，省委已成立了领导小组。省级其他几套班子也要成立领导小组，省人大、省政府、省政协党组为本班子"三讲"教育领导小组，党组书记为领导小组组长；省纪委"三讲"教育领导小组由正副书记组成，纪委书记为组长。

第二，端正态度，正确对待批评。省级干部是党的高级干部，在"三讲"教育中要切实做到"四个认真""四个正确对待"：认真学习理论，认真自我剖析，认真开展批评和自我批评，认真整改；正确对待班子中存在的问题，正确对待自己，正确对待同志，正确对待别人的批评。

第三，出以公心，充分发扬民主。要使"三讲"教育取得显著成效，就必须坚持以党的事业为重，出以公心，认真按照党内政治生活的准则和有关法规及中央有关文件的要求办事，做到知无不言，言无不尽，充分反映各方意见，进一步提高民主监督和民主评议水平。

第四，统筹兼顾，合理安排，使"三讲"教育和改革开放、经济建设等各项工作相互结合，相互促进。要处理好开展"三讲"教育与做好当前工作的关系，做到"三讲"教育不走过场，日常工作也必须抓好。各个领导班子和领导干部应该参加的集体学习教育活动一定要参加，应当完成的教育任务一定要完成，确保"三讲"教育按照规定的步骤顺利进行。同时，要妥善安排好工作，做到当前工作和开展教育两不误。

第五，同心同德，进一步把各级领导班子建设好，巩固和发展团结和谐的局面。在"三讲"教育的过程中，要始终注意保护好、引导好、发挥好广大干部和群众勇于开拓、大胆创新的积极性,始终保持良好的干事创业大环境。我们要通过正确地掌握批评和自我批评的武器,严肃认真地遵循"团结—批评和自我批评—团结"的原则,实实在在地搞好"三讲"教育,在更高的思想基础和更高的发展层次上巩固和发展团结和谐的局面。

加强人大工作，推进依法治省 *

（1999 年 12 月 27 日）

> 各级党委要尊重宪法和法律规定的人大及其常委会的地位，重视人大的作用，保障和支持人大及其常委会依法行使职权。加强民主法制建设是人大经常性的工作任务，各级人大及其常委会在推进依法治省工作中起着主导作用。因此，加强和支持人大工作，从这个意义上说，实际上就是加强和支持依法治省工作。法制既是现代化的内容，也是实现社会主义现代化的保障。要建立社会主义市场经济体制，不仅要"破"，更重要的是"立"，"破""立"结合。"立"的重要方面，就是要建立完善的法制，实行依法治省。

20 年前，五届全国人大二次会议通过的修改宪法的决议和新的地方组织法，规定县级以上地方各级人大设立常委会。1979年 12 月 26 日，在省五届人大二次会议上选举产生了广东省人大

---

　　* 这是李长春同志在纪念广东省人大常委会设立 20 周年大会上的讲话。

常委会。此后，县级以上地方各级人大都设立了常委会，这标志着我省人大工作进入了一个新的阶段。

省人大常委会设立以来的 20 年，正是广东的改革开放和经济建设不断向前发展的 20 年，也是民主法制建设取得长足进步的 20 年。在这 20 年里，在历届中共广东省委的领导和支持下，省人大常委会围绕我省工作的大局，认真履行宪法和法律赋予的职责，勇于实践，开拓进取，做了大量工作。20 年的实践充分证明，我省地方各级人大常委会设立以来，为坚持和完善人民代表大会制度，加强民主法制建设和实行依法治省，推进我省的改革开放和社会主义现代化建设，发挥了极其重要的作用。我们相信，有各级党委的领导和支持，有各级人大常委会设立 20 年来积累的经验，有一支政治强、素质高、作风好的人大工作队伍，我省各级人大及其常委会在推进广东的改革开放和社会主义现代化建设，特别是在推进依法治省工作中，必将发挥越来越重要的作用。

我想结合人民代表大会制度建设和人大工作，就加大依法治省力度，建设文明法治社会问题谈几点意见。

一、进一步认识新形势下推进依法治省的极端重要性和迫切性

实行依法治国，建设社会主义法治国家，是党的十五大郑重提出的党领导人民治理国家的基本方略，并在九届全国人大二次会议写进了宪法。依法治国既是党的基本治国方略，也是国家宪法的重要原则；既体现了党和人民的意志，也体现了国家的意

志，具有最高法律效力。江泽民同志今年 3 月在参加九届全国人大二次会议广东代表团讨论时，要求广东进一步加快改革开放步伐，率先基本实现社会主义现代化，在包括整顿社会秩序、建立文明法治环境等四个方面创造新鲜经验。这是党中央对广东的极大信任和殷切期望。当前，我省的改革发展正处于关键时期，各项工作都要按照率先基本实现社会主义现代化的总要求，增创新优势，更上一层楼。因此，全面推进依法治省，既是贯彻依法治国方略在广东工作中的具体实践，也是落实江泽民同志重要指示精神的一项重大政治任务，这对于维护改革、发展、稳定的大局，促进我省现代化建设事业沿着法制轨道健康发展，加快建立文明法治社会，显得尤为重要和迫切。

第一，依法治省是我省率先基本实现社会主义现代化不可缺少的重要内容。现代化是一个综合概念，除经济、科技、教育、文化、生活等要求外，还有民主法制健全的内容。法制既是现代化的内容，也是实现社会主义现代化的保障。1992 年邓小平同志视察南方时就十分明确地指出："广东二十年赶上亚洲'四小龙'，不仅经济要上去，社会秩序、社会风气也要搞好，两个文明建设都要超过他们，这才是有中国特色的社会主义。"他指出的精神文明建设，就包括了搞好法制建设、依法治省的内容。江泽民同志也要求我们交出物质文明和精神文明建设两份好答卷，建设文明法治环境。我们只有加强民主法制建设，实行依法治省，才能建立和巩固符合中国国情的社会主义经济制度，保证经济发展的社会主义方向，保护经济建设的成果，维护正常的生产环境和社会秩序，保障国家、集体的财产和公民的合法财产不受侵犯，充分调动人民群众当家作主、创造财富的积极性，推动我省经济建设和社会全面进步。这已为近 20 年来广东法制逐步健全，经济大步发展的事实所充分证明。

第二，依法治省是发展社会主义市场经济，推动我省经济持续快速健康发展的客观要求。省第八次党代会提出五年内要初步建立社会主义市场经济体制，这是我省一项全局性的重要任务。市场经济就是法治经济，建设完善的社会主义市场经济体制需要有完备的法制作保障。我省得改革开放风气之先，在冲破旧体制过程中，很多方面走在全国前列，经济快速发展。要建立社会主义市场经济体制，不仅要"破"，更重要的是"立"，"破""立"结合。"立"的重要方面，就是要建立完善的法制，实行依法治省。通过加强法制建设，规范市场运行秩序和政府的宏观调控行为，保障以公有制为主体、多种所有制经济共同发展的基本经济

2001 年 7 月 26 日，李长春亲切接见"三五"普法先进集体和个人。右三为广东省人大常委会主任张帼英。

制度，发挥市场对资源配置的基础性作用，推动技术进步，引导企业在对外开放中按国际惯例办事，依法治理市场经济运行中的不规范、不完善的表现，诸如打击假冒伪劣、经济欺诈、走私贩私、逃汇骗税等各种经济犯罪活动，保护合法经营，最大限度地调动广大群众创造社会财富、发展生产的积极性。只有全面推进依法治省，创造良好的法制环境，不断改善经营环境和投资环境，增强我省对海内外的吸引力、辐射力，全省经济才能够持续快速健康发展。

第三，依法治省是维护社会稳定的有力保障。维护社会稳定是推进改革开放和社会主义现代化建设的重要保障，是新时期我们始终要十分重视的一项重要工作。没有稳定，就谈不上改革和发展，就没有经济社会的全面进步，就什么事情也干不成。历史经验表明，"法令行则国治，法令弛则国乱"。随着改革开放的深入和市场经济体制的建立与完善，各种利益关系日趋复杂，必然会出现一些新的矛盾和问题。要解决这些矛盾和问题，维护社会稳定，实现长治久安，最可靠、最有效、最根本的措施就是实行法治，使我们的各项工作具有稳定性、权威性和科学性。通过运用法律手段调整多种经济关系，调解经济社会生活中出现的矛盾和问题，规范法人及其他经济组织的经济活动和公民活动；规范国家机关及其工作人员的公务活动；进一步改善党群、干群关系，化解矛盾；防范和打击各种犯罪活动，加强社会治安综合治理，实现政治稳定和社会安定。只要我们扎实推进依法治省工作，使越来越多的群众知法、懂法，依法治省工作就有了基础；更多的领导干部学会依法办事，学会运用法律手段调整和规范社会关系，化解冲突和建立秩序，解决存在的矛盾和困难，做好我省工作就有了保障。

第四，依法治省是建设社会主义民主政治的有效途径。发展社会主义民主政治，是我们党始终不渝的奋斗目标，也是实施依法治国、依法治省的奋斗目标。法制同民主紧密相联，社会主义民主是社会主义法制的基础和前提，社会主义法制是社会主义民主的保障。我国是人民民主专政的社会主义国家，人民是国家的主人，要坚持和完善人民代表大会制度，切实保证并真正实现人民当家作主，保证公民享有广泛的权利与自由，就必须使民主制度化、法制化，必须实行法治，建设社会主义法治国家。实行依法治省，就是要运用法制手段，保证广大人民群众通过多种渠道和途径，参与决策、参与立法、参与管理我省经济和社会发展事务，使他们的各项民主权利和合法权益切实得到保障。只有充分发挥人民群众在依法治省中的主体作用，才能把依法治省变成全省人民的自觉行动，才能把这项工作抓实、抓好，推动我省民主法制建设扎实向前发展。

二、突出重点，大力推进依法治省工作

第一，要紧紧围绕改革和发展的需要，继续加强地方立法工作。有法可依是推进依法治省的前提。改革开放以来，省人大及其常委会在地方立法中做了大量的工作，20 年来先后制定和批准了 305 个地方性法规，使我省的政治、经济和社会生活的主要方面基本上做到了有法可依。可以说，我省社会主义物质文明和精神文明建设所取得的巨大成就，是与法制建设，尤其是与立法工作分不开的。地方立法作为一项开创性工作，要继续积极探

索，勇于实践。要根据我省改革发展的总体部署和"补充性、先行性、试验性"的要求，继续以经济立法为重点，抓紧制定规范市场主体和市场行为、维护市场经济秩序等方面的地方性法规。当前要着重抓好保障和促进国有企业的改革与发展、科技进步、住房商品化改革、环境资源保护、建立社会保障体系、规范市场秩序以及加强精神文明建设、社会治安等方面的立法工作。经济特区的立法，要结合特区的实际，在符合宪法规定和法律、行政法规基本原则的前提下，继续大胆探索，制定新的法律规范。在立法过程中，要坚持维护国家整体利益和人民根本利益的原则，防止立法中的地方保护主义和部门分割的倾向；同时要从我省省情出发，大胆吸收和借鉴省外、境外的立法经验，取人之长，为我所用。立法要走群众路线，加强立法的调研和论证，使立法的过程成为普法的过程、发扬民主的过程、集思广益的过程。省人大常委会近年把与人民群众的切身利益密切相关的重要法规草案，在新闻媒体公开刊登，征求人民群众的意见，以及建立立法听证的程序等做法很好，今后要不断完善，坚持下去。要在实践中不断总结经验，提高立法质量和水平，使我省的各项事业基本实现有法可依、有章可循。

第二，加大执法力度，全面推进依法行政和公正司法。严格执法是加大依法治省力度的重要环节。当前我省要把严格行政执法和公正司法作为重点，切实解决有法必依、违法必究的问题，保证各项法规制度的正确实施。在严格行政执法方面，重点是建立执法责任制，推动政府机关依法行政。各级国家行政机关都要进一步健全和落实执法责任制。按照建立社会主义市场经济体制的要求，把转变政府职能与加强宏观管理、改革审批制度相结合，依法规范行政行为。要全面推广深圳市改革政府审批制度、实行"窗口式"办公等好的经验和做法，促进政府行政机关从严治政，依法办事，依法管理。在公正司法方面，重点是继续加大司法制度改革的力度，完善司法程序，坚持审判公开和检务公开，建立和落实冤案、错案责任追究制度。加强司法队伍建设，反腐倡廉。要保证司法机关依法独立行使审判权和检察权，坚决排除关系网、人情网、地方和部门保护主义等对公正司法的干扰，创造良好的公正司法环境。

第三，加强执法监督，确保法律法规的顺利实施。建立健全有效的执法监督机制，加强对依法办事的监督，是实施依法治省的重要保证。目前，在一些地方和部门有法不依、违法不究、执法不严的情况仍比较突出，必须下决心坚决制止和纠正这种现象。在推进依法治省工作中，最重要的是严格执法，保证已经制定的法律法规的实施。为此，要完善监督制度，把党内监督、权力机关的监督、行政机关的监督、法律监督、群众的监督和舆论监督等有机地结合起来。各级人大尤其要在保证法律法规的实施上发挥主导作用，抓好法律监督工作，加大监督力度。各级人大常委会应当按照宪法和法律的规定，以保障宪法和法律、法规在我省的实施，促进"一府两院"及其工作人员依法行政、公正司法作为根本出发点和工作重点，改进和加强监督工作，完善监督机制，增强监督实效；抓住法律和法规实施过程中存在的突出问题和社会热点问题，有计划、有针对性地开展执法检查；定期听取"一府两院"的工作汇报，督促本级人大及其常委会有关决定、决议的贯彻执行；加强和改进对"一府两院"工作的民主评议和对由人大选举及其常委会任命的国家机关工作人员的述职评议，促进"一府两院"及其工作人员依法办事、勤政廉政；把人大的监督与群众监督、舆论监督结合起来，提高监督实效。"一府两院"要自觉接受人大及其常委会的监督，不断改进工作，切实做到依法行政，公正司法。

第四，加强民主政治建设，推动依法治省深入开展。依法治省涉及政治、经济、文化、社会的各个方面，涉及人民群众的切身利益。依法治省的主体是广大人民群众，要把人民群众管理国家，管理经济、文化事业和社会事务的积极性引导好、保护好、发挥好，就要把最广大人民群众的根本利益实现好、维护好、发展好。因此，实施依法治省，必须重视抓好基层民主政治建设，坚持民主法制教育与民主法制实践相结合，切实保护公民的合法权益，从而增强广大人民群众对依法治省工作的信心，激发他们

2002年2月2日，李长春参观"依法治国在广东"图片展。前排左二为广东省人大常委会主任张帼英，右一为广东省政协主席郭荣昌，右二为广东省省长卢瑞华。

参与依法治省的积极性和创造性。在依法治省过程中，要积极推进基层民主法制建设，坚持不懈地推进各地区、各行业的依法治理；要把农村民主政治建设同解决群众关注的热点、难点问题结合起来，重点抓好"四民主两公开"，即民主选举、民主决策、民主管理、民主监督，政务公开、财务公开，推进基层的民主自治，让广大农民、企事业单位的广大职工以及个体私营企业的员工，在政治、经济和社会生活中有更大的知情权、发言权、自主权。这样，我们才能形成社会主义民主最深厚、最坚实的基础，从而推动依法治省工作的深入开展。

三、切实加强领导，为落实依法治省各项任务创造条件

依法治省是一项全局性、长期性的历史任务，是一项复杂的社会系统工程，涉及全省政治、经济、社会、文化等各个方面，在立法、执法、司法和普法教育等方面都有大量的工作要做，必须加强党的领导，保证依法治省按照党的十五大指引的方向有步骤、有计划地推进。

第一，各级党委要提高认识，增强自觉性，切实负起推进依法治省工作的领导责任。要加强对依法治省工作的领导，把握依法治省的方向和进程，切实发挥在依法治省工作中总揽全局、协调各方的领导核心作用。要把依法治省工作列入党委重要议事日程，省委和有立法权的市的党委要加强对立法的领导，立法计划和重要法律、重要条款要经党委讨论。各级党委都要定期召开专门会议，研究和决定依法治省工作的重大问题，作出部署。要及时分析研究依法治省工作中出现的问题，指导、协调和督促检查

各职能部门落实依法治省各项任务。建立健全依法治省工作领导责任制，把依法治省工作作为各级领导干部的重要考核内容。各级领导干部要从讲政治的高度认识依法治省的重要意义，自觉地在宪法和法律的范围内开展活动，将工作和权力的行使置于人民的监督之下；要把长期习惯的主要依靠行政手段来领导工作的方式，逐步转变为主要依靠法律手段、依照法律程序，把法律的、行政的、经济的和思想政治工作的手段紧密结合起来；要以身作则，做严格守法、依法办事的模范，认真学习法律知识，努力掌握运用法律手段管理经济和社会事务的本领，提高领导艺术和工作水平。

第二，各级人大及其常委会和"一府两院"在依法治省中要切实负起各自的职责。必须在党委统一领导下，协调动作，分工负责，狠抓落实，以保证依法治省各项任务落到实处。省人大及其常委会是地方权力机关，民主与法制建设是人大经常性的工作任务，要依照宪法和法律赋予的权力，结合我省实际，制定地方性法规，并采取多种形式加强对法律、法规实施的监督检查。省政府要统筹协调和指挥依法行政工作；各级政府及其职能部门要严格按照法律法规办事，全面推行依法行政。各级司法机关要根据国家的法律和省委的部署，认真履行审判和检察职责，积极推进司法制度改革，树立公正严明、热情服务的司法形象，维护法制尊严和司法公正。

第三，进一步加强和改善党对人大工作的领导，保障和支持人大充分履行职责。我们党是执政党，是我国社会主义事业的领导核心，这是我国宪法规定的原则。我们任何时候都必须坚持党的领导，不能有丝毫的怀疑和动摇。党的执政地位，是通过党对国家政权机关的领导来实现的。各级政权机关，包括人大、政府、法院、检察院和军队，都必须接受党的领导，坚决贯彻党的路线方针政策。当然，党和政权机关的性质不同，职能不同，组织形式和工作方式不同，党不能代替人大行使国家权力。党的领导是政治领导，是通过政治原则、政治方向、重大决策的领导和向国家政权机关推荐重要干部等来实现的。党对国家政治生活的领导，最本质的内容就是组织和支持人民当家作主。我国的人民代表大会制度，是党领导的人民民主制度，是实现人民当家作主的最好形式。因此，只有在党的领导下，才能充分发挥人民代表大会制度的作用；而人民代表大会制度的加强和完善，可以更好地实现党的领导。各级党委要尊重宪法和法律规定的人大及其常委会的地位，重视人大的作用，保障和支持人大及其常委会依法行使职权。加强民主法制建设是人大经常性的工作任务，各级人大及其常委会在推进依法治省工作中起着主导作用。因此，加强和支持人大工作，从这个意义上说，实际上就是加强和支持依法治省工作。各级党委要加强对人大工作的领导，把人大工作列入重要议事日程，定期听取人大常委会党组的汇报，讨论研究人大的工作，关心人大的建设，帮助解决实际困难和问题。地方各级党委书记担任同级人大常委会主任，是政治体制改革的重要举措，这有利于加强党的领导，更好地做好人大工作。各级党委书记要处理好党委工作和人大工作的关系，做到思想到位、工作到位，切实把人大工作摆上重要位置。要重视发挥人大及其常委会的党组织和人大代表、常委会组成人员中的中共党员的作用，通过他们贯彻党委的决定和意图。各级人大常委会党组要自觉地接受同级党委的领导，主动与党委联系、沟通，重要情况和重大问题要及时向党委请示汇报，争取党委的领导和支持，贯彻好党委的决定和意图。人大代表是人民代表大会制度的生命源泉，要在全社会形成尊重人大代表的风气，支持他们履行职责。各级党委、人大常委会和"一府两院"都要密切同人大代表的联系，重视发挥他们的作用，为他们履行职责创造条件。要继续加强和完善快速办理人大代表提出的重要建议和意见的工作，使反映民意的"直通快车"更加畅通。要加强队伍建设，努力造就一支高素质的人大干部队伍，更扎实高效地做好人大工作，更好地发挥人大的作用。

让我们进一步解放思想，同心同德，勇于创新，开拓进取，为广东在下世纪初率先基本实现社会主义现代化，率先建设成为文明法治社会作出新的贡献！

加强对年轻干部的培养选拔 *

（2000 年 10 月 1 日）

凤仪 [1]：

我们要重视这个问题，在选拔年轻干部时，要有计划地安排他们到艰苦和复杂的环境中去锻炼。

注　释

〔1〕凤仪，即刘凤仪，时任中共广东省委副书记、省委组织部部长。

＊　这是李长春同志在中共中央组织部《组工通讯》评论文章《在实践中加强磨炼——二谈培养选拔人才》上所作的批语。

为贯彻落实李长春同志批示精神，广东省委印发了《关于进一步加强培养选拔优秀年轻干部工作的若干意见》等文件。广东省委组织部采取有关措施，加大了优秀年轻干部的选拔配备力度。通过安排年轻干部挂职锻炼，选派参与重点工作等形式，推动年轻干部走向基层，在实践中加强磨炼，建立健全了从基层来、到基层去的干部培养选拔链，树立了崇尚基层的良好导向。

领导班子建设中如何选准人的思考 *

（2000 年 11 月 21 日）

> 要选准人，必须贯彻德才兼备的原则。要重视干部的思想政治素质，思想政治素质不好的，坚决不用；重视干部基层和实践经验，提拔干部要经过必要的"台阶"和艰苦环境的锻炼；重视干部的文化知识水平，特别是真才实学；重视干部在群众中的威信和形象，坚持群众公认原则；坚持正确的政绩观，坚决克服"一代人的政绩，几代人的包袱"现象；坚持"五湖四海"，重视干部交流；重视选好一把手，标准应更高更严；加强组织部门自身建设，防止用人失察。

加强各级领导班子建设是加强党的建设，增强党组织战斗力的关键。在贯彻干部队伍革命化、年轻化、知识化、专业化的"四化"方针和德才兼备原则时，要高度重视以下几个问题。

---

* 这是李长春同志发表在《南方日报》上的文章。

一、要高度重视干部的思想政治素质

干部的基本素质是管根本的，是干部德和才的内在保证。我们坚持德才兼备的原则选人用人，要突出强调把思想政治素质放在第一位。宋代的司马光曾经对不同德才素质的人作过这样的划分："才德全尽谓之圣人，才德兼亡谓之愚人，德胜才谓之君子，才胜德谓之小人。"又说："自古昔以来，国之乱臣，家之败子，才有馀而德不足，以至于颠覆者多矣。"〔1〕因此，思想政治素质是干部基本素质中最重要的素质，是德的内在保证。它决定了干部的政治立场、政治方向、政治观点、政治纪律、政治鉴别力和政治敏感性，决定了干部的党性修养和思想道德品质。我们正处在世纪之交，如何实现跨世纪发展的宏伟目标，关键在党，关键在人，关键在于把各级领导班子建设成为政治坚定、开拓创新、团结实干、廉洁为民，能够担当跨世纪历史重任的坚强领导核心。领导班子成员的素质如何，特别是思想政治素质如何，是关系到党和国家前途命运的大问题。因此，选用干部要坚持政治标准，思想政治素质不好的，坚决不能用。

思想政治素质的核心是树立正确的世界观、人生观、价值观，坚持"三个代表"重要思想的要求，有坚定的理想和信念，即要坚定不移地坚持邓小平理论和有中国特色社会主义道路；忠实执行党在社会主义初级阶段的基本路线、基本方针、基本纲领，在政治上、思想上、行动上与党中央保持高度一致。理想信念不是抽象的，而是具体的、明确的，它要回答和解决"为谁服务"这个根本问题。在新时期，领导干部是否有正确、坚定的理想信念，主要看能否解决好"参加革命是为什么？在领导岗位上应该做点什么？将来身后应该留点什么"的问题，从而坚持和落实党的全心全意为人民服务的宗旨，全身心地投入到建设有中国特色社会主义的伟大事业中，为人民办实事、办好事，把改造客观世界同改造主观世界紧密结合起来。

德为才之帅，但对德的检验和认定，并非轻而易举。思想政治素质作为德的内核，并不都是直露外显的，这就给考察干部透达其里、选准其人增加了难度。全面、准确地考察干部的思想政治素质，是防止用人失察、失误的前提。为此，要改进考察工作，在把握干部的思想政治素质上下功夫。一要扩大考察范围，全面掌握干部在工作圈、社交圈和生活圈的情况。二要注意考察干部在关键时刻，如换届选举、工作调动、重大政治事件中的表现。三要在考察内容上坚持"五看"。一是看立场。看干部是否讲学习、讲政治、讲正气，用邓小平理论武装头脑，坚定不移地走有中国特色社会主义道路，政治敏感性和鉴别力强，在大是大非问题上立场坚定。二是看纪律。看干部是否执行党的路线、方针、政策，保证政令畅通，顾全大局，并善于把上级的要求同本地的实际结合起来，创造性地工作。三是看党性。看干部是正确对待个人的名位以及工作中的成绩和失误，还是追逐个人名位，吹吹拍拍、拉拉扯扯，搞小圈子，闹不团结。四是看作风。看干部是保持勤政为民的工作作风，深入群众，关心群众疾苦，还是脱离群众，官僚主义、形式主义；是工作实干，还是作风漂浮；是为人正派，言行一致，还是说的一套，做的另一套。五是看道德。看干部是践履廉洁奉公的从政道德，保持艰苦奋斗的优良传统，还是追求享受，以权谋私，甚至违法乱纪。用群众的语言就是"党味儿"浓不浓。

二、要高度重视干部的基层经验、实践经验

在实践中发现、锻炼和选拔干部是我们党培养干部的成功经验。毛泽东同志在《实践论》中阐述的马克思主义认识论告诉我们，人的正确认识来源于实践。实践既是培养干部德才的主要渠道，又是检验干部德才的根本标准。干部只有通过实践锻炼，才能获得亲知、真知、深知，才能培养德才、增长才干。古人曾经说："宰相必起于州部，猛将必发于卒伍。"[2]说的就是治国安邦之才，必须经过基层实践锻炼。

没有基层经验和实践经验，其群众观念和群众感情是不牢固的，领导和驾驭全局能力就不会很强，甚至是靠不住的。因此，一是选拔干部要重视"台阶"，提拔到上一级岗位的干部必须有下一级岗位的实践经验。对于选拔主渠道的领导干部（省、市、县党委和政府），更应如此。一般来说，对于选拔市委、市政府领导班子的成员，要重视其在县和国有大中型企业担任主要领导的经历。对于特别优秀的年轻干部，可以"小步快跑"，简化不必要的过细的"台阶"，但必要的"台阶"还是需要的，即讲"台阶"而不唯"台阶"。二是对年轻干部的选拔，要特别重视其在艰苦环境和复杂环境的锻炼，以检验其解决复杂问题的能力。古代思想家孟子曰："故天将降大任于斯人也，必先苦其心志，劳其筋骨，饿其体肤，空乏其身，行拂乱其所为。"[3]那些在工作基础薄弱、环境条件艰苦、人事关系复杂的地方和单位经受住考验、作出了成绩并积累了领导经验的干部，才是能够担负重任的干部。对于不愿意到艰苦环境、复杂环境锻炼的年轻干部，不宜重用。三是在提拔干部时，不

能只注重原来的级别，更要看其担任的实际工作岗位。必须承认，同一个级别的干部，担子有轻有重。比如，担任实职的和担任非实职的不一样；担任主要领导和担任副职不一样；担任独立单位的主要领导和机关内设处室的不一样。因此，其实践经验也不一样。不要简单地看级别，要注意选拔那些"带过兵打过仗"、压过重担并经受住考验、作出成绩的干部。对于从家门到学校门又到机关门的干部，要创造条件让他们到基层锻炼，充实实践经验。

现在在我们的干部队伍中，有少数人没有在艰苦环境、复杂环境和基层工作岗位上干出成绩，喜欢干"窍活儿"，甚至靠着"关系""背景"，左窜右跳，就把级别"弄"上去了，这种现象

2001年6月18日，李长春接见全省先进基层党组织、优秀共产党员、优秀党务工作者先进事迹报告团成员。前排左一为广东省委常委、组织部部长刘玉浦，左二为广东省委副书记、广东省政协副主席刘凤仪，右一为广东省委常委、宣传部部长钟阳胜，右二为广东省委副书记黄丽满。

影响了多数干部的积极性，应采取措施坚决纠正。

省直机关的干部，一般来说，视野比较宽广，理论水平、政策水平比较高，但有些人缺少实践经验。因此，对于素质好的年轻干部，要选调一些到基层任职（不是挂职），在实践中锻炼成长。这些年实行的挂职锻炼的办法，是为上级机关干部了解基层，密切同群众的联系而开辟的渠道，是常规性、普及性的措施，今后还要坚持，但不能作为培养年轻干部的主要渠道。因为这种办法是临时挂职，基层拿他当客人，本人也没有长远打算，有"镀金"之嫌，不利于干部的培养锻炼。必须创造条件让他们在基层和艰苦的环境中真刀真枪地摸爬滚打一番，这样才能真正检验干部的德和才，使他们增长才干。这叫作"师傅领进门，修行在个人"。我们去年开始从应届大学毕业生中选拔德才兼备的优秀者派到乡镇，从基层做起，是个好办法。

三、要高度重视干部的文化知识水平

我们党历来重视选拔有文化知识的干部，特别是改革开放以来，一大批文化知识水平较高的干部走上了各级领导岗位，发挥了重要作用。面对正在兴起的知识经济浪潮和"增创新优势，更上一层楼，率先基本实现社会主义现代化"的要求，干部必须具备较高的科学文化水平，才能迎接挑战，始终站在时代发展的前列。江泽民同志说："当今世界，科技进步对生产力发展带来了巨大推动力量，这就要求全党同志必须加强学习，能够敏锐地把握世界科技和生产力的发展方向。"江泽民同志还说："培养造就一大批思想政治素质好、文化知识水平高、领导能力强的年轻干部，是我们面临的一项紧迫而重大的政治任务。"[4]因此，高度重视干部特别是年轻干部的文化知识水平，是时代的要求；是在新的历史条件下，始终保持党的先进性的内在要求；是干部有较强的适应性，工作具有系统性、预见性、创造性的必备条件和基础，也是干部的潜力和后劲之所在。

重视干部的文化知识水平，关键要注重干部的实际知识水平，即真才实学。一是要重视选拔接受过正规教育的学历较高的干部。今后新提拔的地厅级年轻干部原则上应以具备大学本科的知识水平，并有丰富的实践经验为主渠道。特别是要在恢复高考以后入大学，80年代初中期大学毕业的人中选拔一批年轻干部。二是要重视选拔具有丰富的实践经验，刻苦自学并经实践证明确有真才实学的自学成才的干部。三是要看学历，但不唯学历，特别是要防止"泡沫学历"对干部队伍建设的干扰。近几年来，我们注意选拔有真才实学的高知识层次的干部进班子，提高了班子的知识化和专业化水平，今后要继续加强。对于班子成员中文化知识层次比较低又缺少年轻干部的市厅级班子，要抓紧配备较高知识层次的年轻干部。职数已满、一时没有空缺的，可以"先进后出"。

四、要高度重视干部在群众中的威信和形象

尊重民意，走群众路线，是党的密切联系群众的优良传统作风在组织工作中的体现；是进一步扩大群众在干部选任上的知情权、参与权、选择权和监督权，发展社会主义民主，完善党内民

主，推进政治体制改革的必然要求；是防止用人上的不正之风的重要措施。它有利于把加强党的领导，坚持依法办事和充分发扬民主紧密地结合起来；有利于使干部把对上级负责和对人民群众负责统一起来；有利于把真正在人民群众中享有威信的干部选拔到重要岗位上来。

要选准人，必须重视干部在社会中、群众中的基本形象。干部生活在群众中，干部的形象如何直接影响到党和人民政府在群众心目中的形象。坚持群众公认原则，是提高选人的准确性的保障。因为群众公认是人民群众正确意见的集中反映，是人心向背的晴雨表。实践证明，在群众中威信高、形象好，得到公认的干部绝大多数是好干部。为此必须坚持群众公认的原则，要在干部工作中充分发扬民主，坚持走群众路线，让群众更多地参与对干部的考察、识别、举荐等工作。进一步完善民主推荐、组织考核、党委集体讨论的干部任用程序，从制度上保证选拔的人得到群众公认。要积极推行干部公开选拔、竞争上岗、公示制、任期制，以及基层单位的民主选举等行之有效的群众参与办法，并不断总结经验，成熟的要积极推广。

特别要防止少数心术不正的干部，他们只对决定他升迁命运的少数人负责，舍得"下功夫"，甚至于花钱买官，他们对上"攀龙附凤"，所谓"神通广大"，对下傲视群众，以权谋私。用了这种人，必后患无穷。干部队伍中出问题的，很多是这种人。各级组织部门要善于识别这种人，总围着组织部门转的，不一定都是好干部。各级党委主要负责同志，也要有所警惕。要通过充分走群众路线，使这种人没有市场。

五、要高度重视以正确的政绩观检验干部的德和才

政绩是干部德才素质在工作实践中的综合体现，是党的干部队伍革命化、年轻化、知识化、专业化方针的出发点和落脚点。"凭政绩用干部"的原则是辩证唯物主义、历史唯物主义和实事求是思想路线在干部工作中的体现和运用，符合党的群众路线，符合"实践是检验真理的唯一标准"，是对干部队伍"四化"方针和德才兼备原则的深化和实化，体现了党的干部路线服从和服务于政治路线的指导思想，是人民"拥护"的、"赞成"的、"高兴"的、"答应"的。实行这一原则，有利于干部把解放思想和实事求是统一起来，把贯彻上级的部署和指示，与从本地实际情况出发，创造性地工作结合起来；有利于培养干部的创新精神，使干部按照"三个有利于"的根本标准，大胆创新，勇于开拓；也有利于防止在使用干部中容易出现的抽象地就素质论素质，忽视开创新局面能力的倾向，形成正确的干部工作导向，从而使干部工作更好地为抓住机遇、加快发展这一全党工作大局服务。

实行这一原则，必须做到准确、完整、科学地理解和把握政绩观。政绩观是世界观、人生观、价值观在干部工作中的具体体现。领导干部有没有正确的政绩观，直接关系到一个地区、一个部门、一个单位的事业能否健康顺利发展；党委和组织部门的同志有没有正确的政绩观，直接关系到我们能否正确地评价和使用干部，并进而影响到我们的党风和社会风气，影响到社会主义现代化的伟大事业。因此，我们要树立正确的政绩观，在创造和评价政绩的问题上，要处理好以下几个关系。

一是开拓进取与按经济规律办事的关系。发展是硬道理。为

"官"一任，就有造福一方的责任。各级领导干部要始终坚持以经济建设为中心，牢固树立奋发有为的思想，振奋精神，开拓进取，反对安于现状，碌碌无为，为"官"一任，山河依旧。但抓发展一定要坚持从实际出发，按经济规律办事，把改革的力度、发展的速度和财政的承受能力、群众的承受能力统一起来。要树立正确的发展观，把经济工作的着力点放到优化结构、提高经济增长质量和效益上来，实现速度、结构、效益和质量的统一。

二是对上负责与对下负责的关系。一方面，要严格遵守政治纪律，对上级的政策、决策必须坚决执行，决不容许有令不行，有禁不止，阳奉阴违。另一方面，要坚持一切从实际出发，实事求是，坚持"三个有利于"的根本标准，坚持全心全意为人民服

2000年9月29日，李长春在广东省委礼堂出席中共广东省委党校成立50周年大会并参观建校50周年图片展。左一为广东省委原书记、广东省原省长梁灵光，右三为广东省委原第一书记任仲夷。

务的宗旨，从群众最关心、最迫切需要解决的重大问题入手，做好工作，创造政绩。这就要努力做好上级政策和要求与本地实际结合的文章，完整、准确地把握上级决策的精神实质，立足本地实际，创造性地贯彻执行。如果不从实际出发，甚至不惜损害群众的利益，这样创造出来的绝不是政绩，而是影响党的形象、危害党的事业的败绩。

三是物质文明建设和精神文明建设的关系。我们所说的政绩，是社会主义现代化建设的政绩。因此，领导干部必须坚持两手抓、两手都要硬，要在集中精力抓好经济建设的同时，努力抓好社会主义精神文明建设和民主法制建设，推动社会全面进步，绝不能以牺牲精神文明为代价而换取一时的经济发展。我们在评价干部时，也要防止以偏概全，简单地以经济指标评价干部政绩的大小。

四是工作成绩与客观条件的关系。对领导干部政绩的评价，要与他所处的客观环境联系起来进行分析。在干部队伍素质较高、各方面工作基础较扎实、客观条件较好的地方和单位，领导干部的工作比较容易见成效；反之，其工作成效就比较难显示出来。因此，我们在评价干部的政绩时，就要区别不同情况，把他的工作放在其所处的具体环境加以客观地分析，不能简单地进行横向比较，要把横向比较和纵向比较结合起来，全面地、客观地、辩证地、发展地看问题，这样才能作出准确、科学的判断，也才有利于调动干部到欠发达地区和后进单位工作的积极性。

五是近期效益与长远效益的关系。政绩表现有两种，一种是"显绩"，即容易见到的成效；一种是"潜绩"，即周期长，短期不易见到成效，而又非常重要的基础性工作。作为一名领导干部既要注重近期效益，又要注重积聚后劲，致力于长远发展，为今后打下良好的基础。要坚决克服"杀鸡取卵，竭泽而渔""一代人的政绩，几代人的包袱"的现象，坚决防止和纠正急功近利、投机取巧，甚至虚报浮夸、欺世盗名的恶劣作风。

六是局部利益和整体利益的关系。党和人民需要的是以有利于整体利益为前提的、局部利益与整体利益高度统一的政绩。领导干部一定要讲大局，顾大局，切不可为了本单位本地区的利益而不惜损害全局的利益。对那种上游获利、下游受害的破坏性的资源开发项目，对走私贩私、骗汇逃汇、偷税漏税、制假售假等危害全局的违法犯罪行为，必须旗帜鲜明地加以制止和纠正，绝不能为了个人的"政绩"、局部利益和本位思想而加以包庇、纵容。总之，要防止"泡沫政绩"。

七是个人政绩和缺点、过失的关系。金无足赤，人无完人，在现实生活中，干部总会有这样那样的缺点和毛病，不能苛求，要看干部的主流。比如，有的干部干工作很投入，敢抓敢管，政绩很明显，但工作干得多，得罪人多，难免也有失误。而有的干部主要精力没用在工作上，不触及矛盾，没有什么政绩，热衷于拉关系，人缘搞得不错，可能推荐票还比前者多。因此，要坚持正确的干部工作导向，旗帜鲜明地鼓励干事者、支持改革者、教育失误者、鞭挞空谈者、惩治腐败者、追究诬告者。

六、要高度重视"五湖四海"的原则

在干部工作中坚持"五湖四海"的原则，是我们党的组织工作的光荣传统。它有利于民主集中制的贯彻和落实；有利于干部开阔视野，交流和增长新的知识，防止"近亲繁殖"带来的"退化"，发挥"杂交优势"；有利于调动方方面面的积极性，增进党内团结，从而增强班子的战斗力和凝聚力；有利于改善干部的工作环境、执法环境，防止关系网、人情网对干部的困扰。

搞"五湖四海"就必须重视干部交流。要逐步推行避籍任职。市、县的主要领导一般不在本人出生、成长的地方为"官"。几个关键岗位，如组织部长、纪律检查委员会书记、法院院长、检察院检察长、公安局长等，也要根据任职年限进行交流或者轮岗。封建社会都能做到八百里内不做官，对于交通和通讯都很发达的现代，作为共产党人、人民公仆，进行干部交流应该是不成问题的。近年来，广东不但结合领导班子换届和机构改革对大批领导干部进行交流轮岗，还有计划地对市、县的"五长"（纪委书记、组织部长、法院院长、检察院检察长、公安局长）进行了交流轮岗，效果是好的，群众是普遍赞成、拥护的。今后，推行干部交流轮岗制度不但要继续进行下去，而且要加大力度，扩大范围。

除了有计划、成批地对现有领导干部进行交流轮岗之外，我们平常在选拔任用干部时，也要认真贯彻落实"五湖四海"的原则。比如，在选配和调整市、县领导班子时要注意挑选一些非本地籍的干部进班子，尤其是现有领导成员基本上都是本地籍干部的地方更应该这样。在选拔年轻干部时，要创造条件更多地采取异地任职的方式。要坚决防止有的地方和单位出现的"派不进，调不出"的倾向。也要注意部门之间跨系统交流干部。实践证明，"远缘杂交"总比"近亲繁殖"好。同时，也要处理好交流和稳定的关系，做到相对稳定。一般来说，一个地区的主要领导同志，从调查研究，了解情况，提出思路，取得共识，作出决策，组织实施，见到成效，没有五年左右的时间是难以做到的。

另外，在选拔干部时也要拓宽视野。不要仅在自己熟悉的范围和人员中选人，而要在全社会范围内通过多种形式、多种渠道发现人才。

七、要高度重视选好各级的一把手

这里所说的一把手是指各级党政主要负责同志，特别是党委的一把手。虽然在党委会上他只有一票，但他是"班长"，是班子的核心，是正确实行民主集中制原则的关键，对一个地区的工作负有主要领导责任。因此，选准一把手，至关重要。如果一把手选不准，将会给党的事业造成重大损失，革命战争时期是这样，和平建设时期也是如此。因此，对各级一把手，务必精心培养，精心选拔。

对领导干部的德才素质条件，党章和《党政领导干部选拔任用工作暂行条例》已有明确的规定。对一把手来说，标准应该更高，考核应该更严。一把手要具备更好的思想政治素质，有较强的政治意识、大局意识，在重大原则问题上能够明辨是非，始终保持政治上的清醒和坚定；具备一定的理论基础，特别是在理论和实践的结合上有较深的见地，工作上要有较强的预见性、主动性和创造性；具备更丰富的科学文化知识，知识面要宽，善于根据工作的需要不断学习吸收新的知识，尤其是市场经济、科学技术、法律、历史等方面的知识；具有更好的党性修养和人格魅力，特别是要带头贯彻执行民主集中制，并做到心胸宽广，严于律己，公道正派，任人唯贤，搞"五湖四海"；具有丰富的领导经验，有较深的阅历，一般要经过党的领导工作和行政领导工作的锻炼，经过两个以上下一级地区或部门的主要领导工作的锻炼，有较强的决策能力、统揽全局能力和处理复杂问题的能力；具有敏捷的思维和较强的抽象思维能力。一把手一般来说也是上一级选拔干部的重要来源之一，因此，还要重视干部的潜力和后劲。

选好一把手，是上级党委的重要责任，要作为"一把手工程"纳入各级党委的重要议事日程，主要领导要亲自抓。对一把手人选，组织部长要亲自考核，党委主要领导同志也要亲自考核；调整、选配领导班子时要重点考核，平时也要有计划地进行重点考核，超前培养选拔。

八、要高度重视组织部门自身建设

组织部门是党委管干部的重要职能部门。组织部门的工作指导思想正确不正确，干部素质高不高，对于能否选准用好干部，有着直接的重要影响。因此，组织部门要进一步明确新时期干部工作的指导原则，同时不断提高组织工作干部队伍的素质。

要坚持党的组织路线为政治路线服务的原则。新时期组织路线要为党在社会主义初级阶段的基本理论、基本路线、基本纲领服务。要把建设一支适应时代要求的、勇于献身于党和人民事业的、宏大的高素质干部队伍作为新时期干部工作的目标，从而为顺利推进改革开放和社会主义现代化建设事业，为保持党和国家的长治久安提供坚实的组织保证。经过长期的探索和实践，我们党的干部工作形成了一整套很好的传统和制度，但在新的形势下也面临许多新的情况，也存在着与新任务不相适应的问题。因此，组织部门要十分重视加强思想政治建设和业务建设，更好地把党的干部工作的优良传统和改革开放、发展社会主义市场经济的时代要求结合起来，更好地为全党工作大局服务。

坚持党管干部的原则，改进党管干部的方法。不管怎么改革，都要坚持这一原则不动摇，但在制度上方法上要改进。要努力探索在发展社会主义民主和健全社会主义法制的形势下，贯彻落实党管干部原则的具体运作方法，把加强党委的领导、坚持依法办事和充分发扬民主统一起来。党委要坚持干部选拔任用程序，充分发挥职能部门的作用。组织部门要在党委的统一领导下做好职能部门的工作，为党委当好参谋和助手。要紧紧围绕贯彻落实党管干部原则，加大调查研究、制定政策、监督检查、协调服务的力度。同时也要协助党委直接管理一部分重要干部。直接管理的干部，要管少、管好，原则上是下管一级。对党、政、群、团的领导干部，组织部门要实行统一管理，不宜分口管理。这有利于统一掌握干部标准，便于干部交流，但要注意听取方方面面的意见。对国有和国有控股企业的干部管理，可部分分流到国有资产管理机构的党委，但要加强检查指导，而且要组织有关方面探索一套适应于社会主义市场经济体制的企业领导干部的管理办法。在新形势下坚持党管干部原则，对于组织部门来讲，既要解放思想，又要提高工作水平。因此，组织部门的同志要加强学习，不断提高。

要加大干部制度改革的力度。进一步扩大民主、完善考核、推进交流、加强监督，形成有利于优秀人才脱颖而出、有利于防止和遏制干部人事工作中的不正之风和腐败现象的干部选拔管理机制，不断提高干部工作的水平。要以制度建设为根本，走规范化、法制化的路子，由以人选人转为以制度选人。要建立和完善干部推荐责任制和考察任用责任制。对用人失察、失误要追究责任。组织部门是第一道工序，要首先强化责任，认真负责地做好工作，敢于坚持原则，坚持按标准选人、按程序办事。

组织部门的干部更要注重思想政治素质。选拔组工干部，要优中选优，更要搞"五湖四海"，防止"近亲繁殖"。要注意选拔担任过基层一把手的干部充实到组织部门来。他们对如何选准用好干部，对干部工作如何更好地为全局服务，有实践经验，可以防止组织工作出现纸上谈兵的倾向。组织部门要通过选好、用好、管好自身的干部，为各级做出表率，凡是要求下级做到的，自己必须首先做到。严禁组织部门的干部以个人名义向下级"打招呼"，干预那一级党组织权限内的干部工作。对下级的监督指导要规范，要以组织名义按组织程序办理。组织部门的干部在社会交往中更要注意讲政治、讲正气，自觉抵制各种腐朽思想的侵蚀。

注　释

〔1〕出自《资治通鉴·周纪·威烈王二十三年》。

〔2〕出自韩非子《显学》。

〔3〕出自《孟子·告子下》。

〔4〕江泽民：《在新的历史条件下更好地做到"三个代表"》，《江泽民文选》第三卷，人民出版社 2006 年版，第 4 页。

围绕中心，服务大局，做好统战工作 *

（2001 年 3 月 27 日）

> 团结一切可以团结的力量，调动一切积极因素，化消极因素为积极因素，这是统一战线全部工作的出发点，是统一战线工作的过程和归宿，是统一战线的安身立命之本。统一战线工作必须坚持和完善中国共产党领导的多党合作和政治协商制度，做好知识分子工作，做好港澳台和海外统战工作，做好非公有制经济人士的统战工作，做好民族宗教工作。

统一战线工作是我们党的一个重要法宝。在新的历史时期，做好统战工作对于我省改革开放和社会主义现代化建设事业具有十分重要的意义。

---

* 这是李长春同志在广东省统战工作会议上讲话的一部分。

一、统一思想，把统一战线工作摆上更加重要的位置

中共中央在去年底召开的全国统战工作会议，是我们党的统一战线历史上具有里程碑意义的一次会议。我们一定要认真学习、深刻领会江泽民同志重要讲话和中央文件的精神实质，增强政治意识、大局意识、忧患意识，把认识统一到全国统战工作会议的精神上来，把行动落实到中央的要求上来。学习贯彻江泽民同志的重要讲话精神，有这么几个重要观点要进一步取得共识：要深刻领会江泽民同志强调的巩固和壮大最广泛的爱国统一战线是一个硬道理的重要思想，增强政治意识。要深刻领会江泽民同志论述的富强、民主、文明、统一离不开统一战线的重要思想，增强新时期做好统战工作的自觉性。要深刻领会江泽民同志关于统战工作"作为党的一个重要法宝，绝不能丢掉；作为党的一个政治优势，绝不能削弱；作为党的一项长期方针，绝不能动摇"的思想。要深刻认识中国共产党领导的多党合作和政治协商制度，是有中国特色的基本政治制度，是统战工作的重要任务，从而增强把这一政治制度坚持好、完善好、落实好的自觉性。总之，团结一切可以团结的力量，调动一切积极因素，化消极因素为积极因素，这是统一战线全部工作的出发点，是统一战线工作的过程和归宿，是统一战线的安身立命之本。

二、抓好统一战线各项方针、政策和任务的贯彻落实

按照中央部署和要求，认真抓好各项政策、任务和措施的贯彻落实，在这里我再强调几项重要的工作：

第一，自觉坚持和完善中国共产党领导的多党合作和政治协商制度。中央对此已有明确的要求，省委也作出了规定，我们要继续贯彻落实好，按这些要求，制定和完善配套措施，使多党合作进一步规范化、制度化。要扩大民主党派的知情范围和参与程度，进一步搞好参政议政，把政治协商纳入决策程序。要坚持协商于决策之前，对重大决策的出台，重要工作的部署和重要人事安排，要事先征求民主党派、工商联负责人和无党派代表人士的意见。把坚持共产党的领导和发扬社会主义民主结合起来，寓民主监督于决策实施过程之中，加强与民主党派的对口联系，全面贯彻落实党对民主党派和党外代表人士的政策，自觉接受人民群众和民主党派的监督。各级党委要定期组织有关部门对多党合作制度的执行情况、有关政策的落实情况进行检查督促，不断探索新的形式，使这一制度更趋规范和完善。

人民政协是中国共产党领导的多党合作和政治协商制度的重要机构，是发扬社会主义民主的一条重要渠道。今后，我省各级政协组织要继续发挥人民政协在政治协商、民主监督、参政议政等方面的重要作用。

第二，做好知识分子工作。党外知识分子工作是统一战线的一项基础性工作，尤其要重点做好有代表性、有影响的党外知识分子的工作。要做到政治上一视同仁，工作上放手使用，生活上关心照顾。要按照"培养人才、用好人才、吸引人才"的新要求，在加强知识分子思想政治工作的同时，结合新的形势和任务，研究制定更好地发挥知识分子作用的措施和办法。特别是我们各级领导班子实行"四化"方针之后，知识结构有了很大的变化，知识层次高的同志担任领导干部的越来越多，这些同志比较了解知识分子的心理，更应该主动地做好知识分子工作，千万不能够认为"我也是知识分子，你有什么了不起"。个别素质不高的干部反而傲视党外知识分子和其他知识分子，这是不对的。要探索建立党外知识分子工作机制。要通过开展知识分子统战工作，为全省的现代化建设创造良好的人才环境。

第三，做好港澳台和海外统战工作。港澳台和海外统战工作是爱国统一战线的重要内容。我们要坚决按照党中央的方针政策和统一部署，积极做好港澳台和海外统战工作。要坚持"一个中国"的原则，只要反对"台独"、反对分裂，拥护祖国统一，无论什么阶层、什么党派、什么团体、什么人，我们都要同他们加

1999 年 8 月 19 日，迎澳门回归宣传周暨《今日澳门》系列展览开幕式在广州举行。图为李长春和社会各界代表参观展览。左二为澳门特别行政区行政长官何厚铧，左三为广东省人大常委会主任朱森林，右一为广东省省长卢瑞华，右二为全国政协副主席、澳门特别行政区筹委会副主任马万祺。

强联系，广泛团结；坚持"一国两制"的方针，壮大爱国爱港爱澳力量，支持特区政府依照《基本法》施政，促进港澳的长期稳定、繁荣和发展；要切实保护华侨和归侨、侨眷的合法权益。这方面，我们广东的任务很重，包括过去历史上的遗留问题，如"烂尾楼"问题、对外债务等问题都涉及华侨华人的利益，各个单位、各个地区要合情合理地加快处理好，敦促我们的企业对外讲信誉，依法解决。统战部门要积极推动方方面面，提高办事效率，加快依法解决、公正解决。要增进与华侨华人的友好情谊，为统一祖国、振兴中华贡献力量。特别是我们广东改革开放20多年来取得了很大的成绩，我们不能忘记老朋友，包括港澳的老朋友、海外华侨华人。不仅要把它看作是经济工作，更重要的要看作是政治工作。广东有着天然的优势，要始终重视这项工作。

第四，做好非公有制经济人士的统战工作。我们要继续坚持"团结、帮助、引导、教育"的方针，努力培养一支坚决拥护党的领导，具有一定经济实力和较强社会影响的非公有制经济代表人士队伍；坚持工商联党组的领导核心作用，支持工商联履行统战性、经济性、民间性人民团体和民间商会的职能，充分发挥其在做好非公有制经济人士思想政治工作中的积极作用。要继续慎重做好非公有制经济人士的政治安排工作，将这一群体合理的愿望要求纳入到社会主义民主法制轨道。当前，各级统战部、工商联要以"致富思源，富而思进"教育活动为切入点，大力加强非公有制经济人士的思想政治工作，引导他们勤劳致富、遵纪守法、照章纳税。要在非公有制经济代表人士的政治安排上把好关。

第五，民族宗教工作方面。民族和宗教问题是一个十分复杂、十分敏感的问题。民族问题对我们省来讲，任务量不大，我省少数民族数量不多，民族关系比较融洽。但是，我们也要重视少数民族工作，加快少数民族聚居区的经济发展步伐。我省毗邻港澳，对外交往频繁，宗教问题十分重要。要全面正确地贯彻执行党的宗教信仰自由政策，依法加强对宗教事务的管理，积极引导宗教与社会主义社会相适应；坚持独立自主、自办教会，坚决抵制和打击境外敌对势力利用宗教进行政治和思想"渗透"；坚持政教分离，反对宗教干预行政、司法、教育等，打击利用宗教进行的违法犯罪活动。我省少数地方还存在落实宗教房产的遗留问题，要通过贯彻全国统战工作会议精神，推动这些问题的解决。要采取有力措施，制止滥建寺庙和兴建带有宗教色彩旅游景点的现象。

2002年10月22日，李长春在广州会见第十一世班禅额尔德尼·确吉杰布。

三、统一战线工作要突出重点，更好地 围绕中心、服务大局

统一战线工作必须围绕中心、服务大局。当前，党和国家的大局就是稳定，就是发展。统一战线就是要通过扎扎实实的工作，为维护稳定、促进发展作出新的贡献。

对于我省来说，稳定和发展的具体目标就是要为实现江泽民同志提出的"增创新优势，更上一层楼，率先基本实现社会主义现代化"的伟大事业而奋斗。这就是中心，这就是大局。几十年的实践证明，我国需要稳定，没有稳定，什么事情都搞不成，已经取得的成果也会失掉；我国需要发展，没有发展，就无法解决存在的许许多多问题，而且还会出现许多新的问题。稳定才能发展，发展才有利于稳定。稳定和发展，事关人民群众的根本利益，事关中华民族的前途命运，事关我们国家在世界上的地位和影响。特别是在新世纪之初这个关键时期，稳定、发展显得更为重要。

改革开放20多年来，我省各个方面取得了很大的发展。但是，稳定和发展两个方面的任务还很艰巨。从稳定方面来看，我省同全国一样，总的形势是好的，经济发展、社会进步、人民生活水平不断提高，这是社会政治稳定的基础。但是也要看到，我省也存在一些不稳定的因素。随着改革开放的深入，各种利益格局的调整，某些消极腐败现象的存在，一些群众中存在不满情绪，境内外敌对势力千方百计进行"渗透"破坏活动，严重危害社会政治稳定。我们一定要保持清醒的头脑，统一认识，立场坚定，旗帜鲜明，居安思危，增强忧患意识。只要我们重视民情，

顺应民意，争取民心，就会赢得人民群众真心实意的拥护。统一战线要发挥自己的优势，多做协调关系、化解矛盾的工作，多做了解社情民意、理顺群众情绪的工作，多做联络友谊、沟通感情的工作，促进上下左右、方方面面的团结，在维护社会政治稳定中发挥不可替代的作用。在发展方面，虽然我们取得了很大的成就，成为经济大省和经济强省，但与先进的地区比，还有不少差距；跟亚洲"四小龙"相比，还有较大的差距。要实现新世纪之初的奋斗目标，任务十分艰巨。我们要做好统一战线方面的工作，凝聚方方面面的力量，为增创四个优势，实施三大战略作出积极的贡献，特别是要抓住加入世界贸易组织这个历史机遇，进一步扩大对外开放，不断提升粤港澳台的合作水平，进一步扩大与发达国家的合作。海外华人华侨和港澳台同胞，都是我们进一步扩大对外开放的重要力量和桥梁，需要我们进一步加强工作。

按照"三个代表"重要思想要求，全面加强党的建设[*]

（2001 年 4 月 7 日）

> 党的建设最根本的是思想政治建设，党委领导主要是思想政治领导。越是形势复杂多变，越要加强思想政治领导。各级党委要进一步增强政治意识、大局意识，不断在实践中丰富自己的政治经验，善于从党和国家的大局、从中国人民和中华民族的根本利益的高度，来分析处理问题，做到在复杂形势下头脑清醒，在原则问题上是非分明，在政治斗争中态度坚决。

要把中国的事情办好，关键在党。在新世纪，我们党要带领人民把建设有中国特色社会主义事业不断推向前进，实现既定的宏伟目标，关键仍然在于加强党的建设。江泽民同志去年视察广东时提出"三个代表"重要思想，我们要从讲政治的高度，认真学习、深刻领会其精神实质，切实把"三个代表"重要思想贯穿到党的建设各项工作中去。

＊ 这是李长春同志在中共广东省军区第九次代表大会上讲话的一部分。

一、按照"三个代表"重要思想要求加强党的建设，必须增强政治意识和大局意识

要充分认识我们当代中国共产党人的历史使命。建设有中国特色社会主义事业，是前无古人的事业，是在复杂的国际环境下开拓前进的事业。因此，更需要各级领导干部时时刻刻保持清醒头脑，有较强的政治意识。在不久前召开的全国社会治安工作会议上江泽民同志讲了三个问题：第一个是关于社会治安，第二个是关于坚持四项基本原则，第三个是关于政治体制改革。为什么在这样一个会议上强调坚持四项基本原则的问题？因为这些年来，在实际工作中，有一部分同志在坚持以经济建设为中心、坚持改革开放上讲得比较多，抓得也比较多，而对四项基本原则讲得不够，抓得不够实，这个问题要引起各级领导干部高度重视。我们要深刻认识和坚持"三个绝不能"：绝不能搞私有化，绝不能搞西方式的多党轮流执政、两院制、三权鼎立，绝不能搞指导思想的多元化。所以，四项基本原则和改革开放一样，两个基本点，缺一不可，这个重要的思想要体现到我们的工作中去。

我们要深刻领会中央对政治体制改革的认识，政治体制改革，我们是要搞的，而且一直在搞，并且一定要搞好。发展社会主义民主是我们党始终不渝的奋斗目标，中国共产党奋斗了80年，其中一个重要目标就是要争取和发展人民民主。改革开放以来，我们不断地推进政治体制改革，并且取得了重大成果。我们恢复和发扬党内民主和人民民主，废除了实际上存在的领导干部终身制；我们加强和改善党的领导，加强自身建设，改进党的领导方式和执政方式，以党代政、党政不分的现象得到了很大的改

2001 年 7 月 24 日，李长春率领广东省"八一"拥军慰问团到广州军区陆军航空团慰问。前排左一为广州军区政委刘书田。

进；我们坚持和完善人民代表大会制度，人民代表大会在国家政治生活中发挥了重大作用；我们坚持和完善中国共产党领导的多党合作和政治协商制度，政治协商、民主监督、参政议政，取得了重大进展；我们不断加强城乡基层民主建设，在农村进行村委会直接选举，健全城镇居民委员会组织，坚持实行企业职工代表大会制度，扩大人民群众民主选举、民主决策、民主监督、民主管理的权利；我们坚持依法治国，社会主义法律体系基本形成，坚持法律面前人人平等，进一步制定和完善了保障公民民主权利的法律；我们推进政府职能的转变，精简政府机构，实行政企分开，使企业在市场中发挥主体作用；等等。但是这里面有一个问题，就是说我们不要一听到西方有人在炒作这个问题，我们自己就不明白了。其实无论我们怎么做，只要我们在政治制度、政治体制上坚持共产党的领导，坚持社会主义制度，坚持人民民主专政，不搞西方那一套，西方国家以及国内外敌对势力就不会罢手，就会始终对我们进行攻击。在这个问题上，我们同他们不仅没有共同语言，也没有调和的余地。

我们要深刻领会到政治体制改革必须坚持六项原则：第一，改革党和国家的领导制度，不是要削弱党的领导，而是为了加强和改善党的领导，要有利于巩固社会主义制度，有利于巩固党的领导，有利于在党的领导和社会主义制度下发展社会生产力；第二，改革的目标是要始终保持党和国家的活力，克服官僚主义，提高工作效率，扩大基层民主，调动基层和工人、农民、知识分子的积极性；第三，坚持不懈地加强和完善党内民主，以不断促进人民民主的发展；第四，改革是否成功，关键看国家的政局是否稳定，看能否增进各族人民的团结，改善广大人民的生活，看生产力能否得到持续发展；第五，不能丢掉我们社会主义制度的优越性，不能搬用西方那一套所谓的民主，要根据我国自己的实践、自己的情况来决定改革的内容和步骤；第六，政治体制改革很复杂，每一措施都涉及千千万万人的利益，要分步骤、有领导、有秩序地进行。在这样一些重大的政治原则问题上，我们要更加清醒，把思想统一到中央的认识上来。

中国共产党领导的多党合作和政治协商制度，是有中国特色的一项基本政治制度，是历史形成的，是中国人民历史经验和政治智慧的结晶。这样一项制度，既不是一党专政，也不是多党执政。因为各个民主党派是参政党，不是反对党，而且中国共产党领导的多党合作是历史形成的，是新中国成立时就初步建立的基本政治制度。这样一个政治制度，既避免了多党竞争、相互倾轧造成的政治动荡，同时又避免了一党专政、缺乏监督造成的弊端，是我们一个很大的政治优势。我们应该理直气壮地贯彻好这一制度，并把它坚持好、完善好、落实好。

二、按照"三个代表"重要思想要求加强党的建设，必须确保党对军队的绝对领导

我们这支军队，是党缔造的，是完成党的政治任务的武装集团，从一开始就置于党的绝对领导之下。在革命战争年代，主要是完成党赋予的武装夺取政权的任务；在和平建设时期，主要是完成党赋予的保卫国家安全和人民劳动果实的任务。这是我军性质之所系，生命之攸关，胜利之保证。

现在，西方敌对势力企图搞垮我们党，搞乱社会主义中国的一个重要手法，就是千方百计地离间党和军队的关系，利用各种机会，通过各种途径极力鼓吹军队"非党化、非政治化"和"军队国家化"，企图使我军脱离党的领导，改变我军的性质，从而达到"西化""分化"的政治图谋。在这个重大的政治原则问题上，我们必须始终保持清醒的头脑，在任何时候、任何情况下，都不能有丝毫的动摇。

要坚持不懈地进行党对军队绝对领导的教育，坚决抵制和批驳各种反动政治观点和错误论调，不断强化"军魂"意识，牢固树立"党指挥枪"的观念。要高举邓小平理论伟大旗帜，维护党中央的权威，这是坚持党对军队绝对领导的根本要求，也是同党中央保持高度一致的最集中、最实际的体现。

三、按照"三个代表"重要思想要求加强党的建设，必须保持党组织和党员队伍的先进性

一是要努力把各级党委建设成为实施思想政治领导、把握政治方向的坚强核心。党的建设最根本的是思想政治建设，党委领导主要是思想政治领导。在长期的和平环境中，我们同敌对势力的较量不像战场上那么界线分明，而且还往往与社会其他矛盾交织在一起。如果我们不提高政治鉴别力和政治敏感性，没有一定的政治斗争水平和经验，就很难把握和应对各种复杂的政治斗争。当前，国际国内形势发生了深刻变化，思想政治领域面临许多新的考验和挑战。西方敌对势力利用强大的经济、科技优势对我国施加压力，加紧推行"西化""分化"战略，从政治上、经济上、文化上对我进行"渗透"和遏制。国内随着改革的深化，社会处于转型期，社会经济成分、组织形式、利益关系、就业方式的"四个多样化"，对人们的思想观念、价值取向、行为方式都产生了很大的影响。越是形势复杂多变，越要加强思想政治领导。各级党委要进一步增强政治意识、大局意识，不断在实践中丰富自己的政治经验，善于从党和国家的大局、从中国人民和中华民族的根本利益的高度，来分析处理问题，做到在复杂形势下头脑清醒，在原则问题上是非分明，在政治斗争中态度坚决。

二是要努力把基层党支部建设成为坚持党性原则、团结带领群众的战斗堡垒。"支部建在连上"是我们军队的传家宝。党的基层组织是党的全部工作和战斗力的基础。基层党组织建设得怎么样，作用发挥得如何，直接关系到党对军队的绝对领导能否落到实处，直接关系到党的路线方针政策和各级党委的决定指示能

否真正落实。中央对基层党的建设非常重视，当前地方正在进行基层"三讲"学习教育活动，通过"三讲"，把基层党支部建设得更坚强。我听说省军区这几年坚持每年对基层党支部进行一次普遍整顿，对问题突出的支部进行重点帮助，去年还进行了"三讲"教育，目前全军区没有明显后进的党支部，这个做法很好。抓基层党的建设贵在经常，难在经常，只要坚持常抓不懈，就一定能取得成效。基层党组织要切实加强对党员的教育管理，尤其是要把干部管住管好；要关心、爱护和凝聚群众，把群众紧密团结在党组织周围，无论在什么情况下都能保证党员和群众听党

2002 年 7 月 24 日，李长春率领广东省"八一"拥军慰问团到海军广州舰艇学院慰问。右一为广东省副省长李容根，右二为广州市市长林树森。

话、跟党走。

三是要努力把党员队伍特别是干部队伍建设成为实践党的宗旨、完成党的任务的先锋模范。每个党员都要把个人的前途命运与党的生死存亡紧紧联系在一起，树立"党兴我荣、党衰我耻"的观念，真正与党同呼吸、共命运，把自己的全部心思和精力倾注到党的事业中去。要时刻牢记党员的责任和义务，始终坚持党和人民的利益高于一切，不做局外人，不当旁观者，自觉从我做起，以主人翁的姿态建设我们的党，自觉为这个新的伟大工程添砖加瓦，自觉为党分忧。党的干部特别是高、中级干部，要以身作则，率先垂范，带头实践"三个代表"重要思想的要求，为广大党员和群众做好榜样。每个领导干部都要经常想想自己参加革命为什么，现在当干部应该做什么，将来身后应该留点什么，真正做到立党为公、无私奉献，始终保持与领导干部地位、责任和身份相适应的政治觉悟、道德品质和精神状态，自觉为党的崇高理想和事业不懈奋斗。

四、按照"三个代表"重要思想要求加强党的建设，必须努力改进党的作风

党的作风问题，也是党的形象问题，作风不正，形象好不了，必然脱离群众，脱离实际。历史和现实都表明，一个政权，一个政党，其前途和命运最终取决于人心向背，不能赢得最广大人民群众的支持，就必然垮台。各级党委一定要从事关党的生死存亡的高度，充分认识加强和改进党的作风的极端重要性。要认真按照"八个坚持、八个反对"的要求，抓好本单位、本部门党

风建设。结合省军区的实际，当前要大力倡导三种风气。

一是倡导"刻苦学习、勇于实践"的风气，克服浅尝辄止、学用脱节的态度。端正学风，是改进党的作风的第一位工作。党员干部要"学习学习再学习，实践实践再实践"。无论对党还是对党的干部来说，理论上成熟都是政治上成熟的基础。面对复杂的国际国内形势和层出不穷的新情况新问题，我们的党员特别是党的领导干部，只有坚持学习，切实掌握马克思主义的立场、观点和方法，不断提高理论思维能力，才能够把握大局，应对自如。学习是永无止境的，要克服不求甚解、学用脱节的现象，切实做到深学和真用。要系统地而不是零碎地、实际地而不是空洞地学习马克思列宁主义、毛泽东思想、邓小平理论和江泽民同志的重要论述，掌握其基本立场、观点和方法，打下坚实理论基础。要学有所思，学有所感，学有所获，真正融会贯通。要不断改造主观世界，使自己保持坚定的理想信念和清醒的政治头脑，树立正确的世界观、人生观、价值观，努力成为具有崇高思想境界的共产党人。要把马克思主义的基本原理运用于改革开放和社会主义现代化建设的新实践。作为军队的同志来讲，特别要围绕如何实现"打得赢""不变质"，探索新形势下"治军带兵"的特点和规律，形成科学的工作思路、工作方法和工作措施，从而对部队实施正确指导。

二是倡导"紧跟时代、开拓创新"的风气，克服因循守旧、不思进取的思想。创新是民族进步的灵魂。能不能始终坚持解放思想、实事求是的思想路线和工作作风，能不能不断推进理论创新、体制创新、科技创新，是一个关系党和国家事业继往开来、兴旺发达的大问题，必须在建设有中国特色社会主义的伟大事业中坚持创新、创新、再创新。各级党组织和广大党员要以高昂的热情、旺盛的斗志和科学的态度，把党的路线方针政策同本单位、本部门的实际结合起来，勇于探索实践，大胆改革创新，努力开拓进取。

三是倡导"艰苦深入、务真求实"的风气，克服官僚主义和形式主义。在工作作风上，当前有两种倾向要认真加以纠正。一种是不把工作的重点放在抓落实上，而是习惯于一般性的号召，上面开个会，下面也开个会，上面发个文，下面也发个文，没有真正扑下身子抓落实，结果使不少工作在一通落实声中落了空。另一种是报喜藏忧，隐情不报，讲成绩一套一套，讲问题寥寥几句，或者干脆不讲，把矛盾捂起来，这是十分有害的。地方上存在这个问题，有的还相当严重。各方面工作都要注意这个问题。各级党委机关一定要以对党的事业高度负责的态度，痛下决心，坚决克服官僚主义、形式主义，坚持深入实际、深入基层、深入群众，加强具体指导，着力解决实际问题；坚持干实事、鼓实劲、出实招、求实效，切实把工作落到实处。

党的事业光辉灿烂 *

（2001 年 6 月 29 日）

> 中国共产党之所以能够不断地发展壮大，能够在中国革命和建设的伟大事业中取得辉煌成就，能够在广大人民群众中深深扎根，就是因为我们党坚持不懈地加强自身建设，使我们党始终保持工人阶级先锋队的性质和坚持全心全意为人民服务的宗旨，始终保持党的先进性和纯洁性，保持蓬勃的生机和活力。

党领导人民为民族解放、中华振兴而奋斗，已走过光辉的80 年，谱写了一部波澜壮阔、震撼天地的历史诗篇。全省共产党员和广大人民回顾历史，前瞻未来，更加豪情满怀，信心百倍。我们将更加坚定不移地努力实践"三个代表"重要思想，意气风发地迈向新征途，谱写新篇章。

---

* 这是李长春同志在广东省庆祝中国共产党成立80 周年大会上讲话的主要内容。

一、党的奋斗历程雄辩地证明，中国共产党是伟大、光荣、正确的党

我们伟大的党已经走过 80 年的光辉历程。80 年前，我们党召开第一次代表大会的时候，全国只有 50 多名党员。今天，中国共产党已经拥有 6400 多万名党员，领导着占世界六分之一人口的东方大国，沿着建设有中国特色社会主义的道路，谱写中国历史的新篇章。中国共产党的历史，闪烁着高举反帝反封建旗帜，推翻反动统治王朝的艰苦斗争的光辉；中国共产党的历史，闪烁着带领人民消灭剥削制度和剥削阶级，全面建设社会主义伟大事业的光辉。中国共产党的历史，闪烁着开创建设有中国特色社会主义道路，带领人民走向小康，努力实现社会主义现代化的光辉；中国共产党的历史，归根结底，就是把马克思主义同中国实际相结合，不断开创马克思主义理论新境界，指导和推动民族振兴、国家发展的光辉历史。

广东是中国近现代革命的策源地，有着光荣的革命传统。1923 年中国共产党第三次全国代表大会在广州召开，确定了实行国共合作，建立革命统一战线的方针政策，使广东作为统一战线的发祥地而名载史册。广东党组织作为我党最早建立的地方组织之一，在海陆丰农民运动、省港大罢工、北伐战争、广州起义、开辟华南敌后抗日游击战场、发动和组织爱国华侨抗日，以及解放战争时期建立游击根据地、配合南下大军消灭南逃残敌等斗争中，前仆后继，百折不挠，在党的历史上留下了可歌可泣的英雄篇章。新中国成立以后，特别是改革开放以来，在党中央的直接领导下，广东各级党组织和广大党员团结带领全省人民，积极

2001 年 6 月 19 日，李长春以普通党员身份与台山市附城镇横湖村党支部党员一起过党日，并给 80 岁老党员黄道庆送上慰问金。右一为江门市市长雷于蓝，右二为江门市委书记蒋进。

探索建设有中国特色社会主义的道路，大力推进改革开放，经济社会发展蒸蒸日上，各项事业取得巨大进步。今日的广东，已经从原来一个贫穷落后的边陲省份，一跃成为全国经济最发达的省份之一。人民生活总体上超过小康，正在向富强、民主、文明的社会主义现代化目标大步迈进。广东的革命、建设和改革开放所取得的每一个胜利和成就，都是在党中央的英明领导下取得的，都是广东各级党组织和广大党员带领全省人民团结奋斗的结果，是共产党人和各界人士、党外朋友团结奋斗的结果。

回顾 80 年，我们深深地体会到：中国共产党是伟大、光荣、正确的党。没有共产党，就没有新中国。只有中国共产党才能领导中国人民取得民族独立、人民解放和社会主义的胜利，才能开辟建设有中国特色社会主义的道路，实现民族振兴、国家富强和人民幸福。这是历史的结论。在共产党领导下，我们的事业光辉灿烂，我们的前途无限光明！

二、深入学习领会"三个代表"重要
思想，肩负起新的历史使命

"三个代表"重要思想，是我们党第三代中央领导集体对党80年历史经验的科学总结，是对马克思主义的重大理论创新。它从根本上进一步回答了在充满挑战和希望的 21 世纪，把我们党建设成为一个什么样的党和怎样建设党这两大历史性课题，是在新的历史条件下全面加强党的建设的伟大纲领和行动指南，是我们的立党之本、执政之基、力量之源。"三个代表"重要思想是江泽民同志去年 2 月在广东考察工作时向全国提出来的，我们对这一重要思想倍感亲切。广东的各级党组织和每位共产党员要更加自觉地深入学习"三个代表"重要思想，以此作为指导思想，观察形势，判断是非，扎实工作，开创新局面。

我们要进一步深化对"代表中国先进生产力的发展要求"的认识，坚持以经济建设为中心，坚持改革开放，集中精力发展社会生产力。我们党 80 年所作的一切努力和奋斗，归根到底都是为了解放和发展生产力，推动社会进步。党领导人民推翻了"三座大山"，砸碎了束缚生产力发展的旧的上层建筑和生产关系。社会主义基本制度的建立，为社会生产力创造了大力发展的无限前景。实践证明，社会主义的生产关系还必须随着生产力的发展而不断完善，必须大力改革生产关系和上层建筑中与生产力的进一步发展不相适应的方面，为发展先进社会生产力开辟道路。在现阶段，我们通过改革进一步解放和发展社会生产力，就要继续

坚持和完善公有制为主体，多种所有制经济共同发展的基本经济制度；继续坚持和完善社会主义市场经济体制，使市场在国家宏观调控下对资源配置起基础性作用；继续坚持和完善按劳分配为主体的多种分配方式；继续紧紧抓住发展这个主题，努力实现两个根本性转变，保持国民经济持续快速健康发展。

我们要进一步深化对"代表中国先进文化的前进方向"的认识，坚持"两手抓，两手都要硬"的方针，建设有中国特色社会主义文化，为经济发展和社会全面进步提供强大的精神动力和智力支持。中国共产党在长期的革命和建设中，努力代表中国先进文化的前进方向，为发展中国的先进文化作出了巨大的贡献。今天，面对科学技术迅猛发展和综合国力激烈竞争，面对世界范围内各种思想文化相互激荡，面对小康社会人民群众日益增长的文化需求，我们必须按照党的十五大关于社会主义初级阶段的文化纲领的要求，以马克思列宁主义、毛泽东思想和邓小平理论为指导，以培育有理想、有道德、有文化、有纪律的公民为目标，发展民族的、科学的、大众的，面向现代化、面向世界、面向未来的文化，努力提高全民族的思想道德素质和科学文化水平。立足中国现实，以马克思列宁主义为指导，大胆继承优秀历史文化传统，吸收全人类文化有益成果，熔铸当代中国的先进文化。

我们要进一步深化对"代表中国最广大人民的根本利益"的认识，坚持全心全意为人民服务的宗旨，切实实现好、维护好和发展好人民群众的利益。我们党的性质和宗旨，决定了党的一切工作都是为了实现人民群众的根本利益。中国共产党的80年，是全心全意为人民谋利益的80年。改革开放以来，我们党从社会主义初级阶段的实际出发，制定和实施了一系列符合国情的路线方针政策，探索出一条建设有中国特色社会主义的成功道路，使我国经济和社会面貌发生了前所未有的巨大变化，人民实实在在地享有共同奋斗的成果。代表最广大人民的根本利益，就要时刻牢记党的宗旨，始终把人民群众的根本利益放在第一位。越是改革开放，越是发展经济，越要紧紧依靠人民群众，关心人民生活，维护群众的根本利益。只有这样，我们党才能始终赢得人民的信赖和拥护。

"三个代表"重要思想是密切相关、相辅相成的统一整体，是对党的先进性和代表性的完整概括，体现了建设有中国特色社会主义伟大事业的本质要求。代表先进生产力的发展要求是基础。按照历史唯物主义的观点，谁代表先进生产力的发展要求，谁就掌握了推动历史前进的根本动力，就能有力地推动经济发展和文化繁荣，最大限度地实现人民群众的根本利益。代表先进文化的前进方向，就是为发展生产力提供强大的精神动力和智力支持，满足人民群众日益增长的文化需求。代表先进生产力的发展要求和先进文化的前进方向，最终都落脚于代表最广大人民群众的根本利益。面对实际生活中错综复杂的矛盾和困难，我们要完整把握"三个代表"重要思想的深刻内涵，把握大局，厘清思路，解决问题。这是我们全面贯彻落实"三个代表"重要思想的基本要求。

三、按照"三个代表"重要思想的要求，把广东各级党组织建设得更加坚强有力

中国共产党之所以能够不断地发展壮大，能够在中国革命和

建设的伟大事业中取得辉煌成就，能够在广大人民群众中深深扎根，就是因为我们党坚持不懈地加强自身建设，使我们党始终保持工人阶级先锋队的性质和坚持全心全意为人民服务的宗旨，始终保持党的先进性和纯洁性，保持蓬勃的生机和活力。进入新世纪，世界多极化和经济全球化的趋势在发展，科学技术日新月异，我们既面对着前所未有的机遇，也面临着激烈的国际竞争。抓住机遇，迎接挑战，开拓进取，加快发展，是中国共产党人对国家、对民族必须肩负起来的历史责任。人民对我们党寄予厚望。我们必须按照"三个代表"重要思想的要求，切实加强和改进党的建设，团结和带领人民把改革开放和社会主义现代化建设不断推向前进。

按照"三个代表"重要思想的要求全面加强党的建设，就是要把党建设成为用邓小平理论武装起来，全心全意为人民服务，思想上政治上组织上完全巩固，能够经受得住风险考验，始终走在时代前列，领导全国人民建设有中国特色社会主义的马克思主义政党。我们要全面贯彻党的十五大关于加强党的建设的总体部署，抓住用邓小平理论武装全党这个根本，围绕不断提高党的领导水平和执政水平、增强拒腐防变和抵御风险的能力这两大历史性课题，全面推进党的建设。

必须坚持不懈地加强党的思想建设。坚定不移地用邓小平理论武装全党。邓小平理论是马克思主义同当代中国实践和时代特征结合起来的正确理论，是指导中国人民在改革开放中胜利实现社会主义现代化的正确理论。我们必须努力学习这个理论，全面、准确地把握其科学体系，用以指导我们的思想和行动，并在改革开放和社会主义现代化建设中丰富和发展这个理论。江泽民

2001 年 6 月 29 日，广东省庆祝中国共产党成立 80 周年晚会结束后，李长春与演职人员亲切握手。

同志强调："创新是一个民族进步的灵魂，是一个国家兴旺发达的不竭动力，也是一个政党永葆生机的源泉。"加强党的思想建设，就要更加坚定地贯彻党的解放思想、实事求是的思想路线，要继承和坚持已经取得的成功经验，但不能局限于已有的经验，必须打开新的思路；要学习和掌握马克思主义的基本原理，但不能局限于"本本"，必须着眼于新的实践和新的发展，研究新情况，解决新问题，创造新理论，开创新局面。

必须坚持不懈地加强党的组织建设。坚持思想上建党的原则，更广泛地吸收社会各方面的优秀分子，巩固党的阶级基础，扩大党的群众基础和社会影响力，保持党的工人阶级先锋队性质，更好地实现"三个代表"重要思想的要求。坚持、完善和发展党的民主集中制，进一步发扬民主，充分发挥全党的积极性和创造性；维护中央权威，在思想上、政治上、行动上同中央保持一致；健全党委集体领导和个人分工负责相结合的制度，更好地发挥党的领导核心作用。按照"四化"方针和德才兼备的原则，建设一支能够担当历史重任、经得起各种考验的高素质干部队伍。改进基层党组织的工作方法、工作作风和活动方式，充分发挥基层党组织的战斗堡垒作用和党员的先锋模范作用。

必须坚持不懈地加强党的作风建设。党的作风问题，也是党的形象问题。作风不正，形象不好，必然脱离群众，脱离实际。加强新时期党的作风建设，要贯彻落实"三个代表"重要思想的要求，坚定不移地发扬党的优良传统和作风，力戒形式主义和官僚主义，把理论联系实际、密切联系群众、批评和自我批评的作风更好地发扬起来。认真总结我们党加强作风建设的历史经验和新鲜经验，结合新的形势和任务，抓住当前思想作风、工作作风、领导作风、干部生活作风等方面存在的突出问题，认真加以解决，把作风建设提高到一个新水平。

必须始终坚持党要管党，从严治党。这是我们党的优良传统和宝贵经验。江泽民同志指示，治国必先治党，治党务必从严。从严治党必须全面贯彻于党的建设的方方面面，切实体现到对各级党组织、广大党员和干部进行教育、管理、监督等各个环节中去。对领导干部尤其要严格要求、严格教育、严格管理、严格监督。教育和督促广大党员，特别是党的领导干部，自觉抵制各种腐朽思想的侵蚀，做廉洁奉公的表率，保证我们党真正做到"三个代表"。

四、团结一致，同心同德，为我省率先基本 实现社会主义现代化而努力奋斗

我们今天回顾党的历史，庆祝党的生日，目的是为了着眼现实，做好工作，展望未来，增强信心。中国共产党是中国工人阶级的先锋队，同时是中国人民和中华民族的先锋队。中国革命和建设的成功，就是我们党用自己的先进思想和广大党员的先锋模范行动，团结带领最广大人民群众共同奋斗的结果。作为共产党人，我们的责任是高举邓小平理论伟大旗帜，坚定不移地贯彻执行党的基本路线，继承和发扬党的光荣传统，在党中央领导下，积极投身于改革开放和社会主义现代化建设事业，发挥先锋模范作用，做好本职工作，同广大人民群众一道，把建设有中国特色社会主义的伟大事业不断推向前进。这是我们对党的 80 周年生日的最好庆祝，是对党的历史的最实际的贡献。

广东处于改革开放的前沿，在党中央的领导下，经过 20 多年的奋斗，全省经济社会发展取得了举世瞩目的成就，对全国作出了重要贡献。党中央历来十分关心广东。江泽民同志要求广东"增创新优势，更上一层楼，率先基本实现社会主义现代化"。这是对广东的最大的信任和鼓励，全省 300 多万共产党员，应该为此深感自豪和振奋。我们要以极大的责任感和使命感，更加紧密地团结起来，同心同德，为完成党中央交给我们的任务而努力奋斗。

当前，全省各级党组织和广大党员，要以邓小平理论和"三个代表"重要思想为指导，以增创新优势，更上一层楼，率先基本实现社会主义现代化为总目标、总任务统揽全局，继续实施省

第八次党代会确定的外向带动、科教兴粤、可持续发展三大战略，增创体制、开放、产业、科技四大优势，进一步加快新型工业化、信息化、城镇化和农业产业化步伐，推动经济发展不断迈上新台阶。正确处理改革、发展与稳定的关系，坚持"两手抓，两手都要硬"的方针，努力实现物质文明建设和精神文明建设协调发展，社会全面进步，为实施"十五"计划开好头、起好步。

要按照党的十五届五中全会精神的要求和国家及我省"十五"计划的安排，抓住机遇，加快发展，集中精力发展社会生产力。以结构调整为主线，在发展中推进经济结构调整，在结构调整中保持经济的快速发展。按照"调整布局、有进有退、强优汰劣、优化结构"的方针，加快国有经济布局战略性调整以及企业改组、改造的步伐，发挥其骨干作用；坚持以公有制为主体，多种所有制经济共同发展的基本经济制度，为多种所有制经济创造平等竞争的环境，大力发展外资、个体、私营等各种非公有制经济；加快发展高新技术产业和利用先进技术改造传统产业的步伐，提高产品的科技含量；大力调整农业和农村经济结构，全面提高农业产业化、市场化和现代化的水平，以农业增效、农民增收为中心，继续加强农业的基础地位；大力发展现代服务业，加快第三产业发展的步伐；坚持速度与效益、数量与质量、规模与结构的统一，坚持经济发展与人口、资源、环境相协调，实施可持续发展战略；紧紧依靠科技进步和技术创新，大力推进国民经济和社会信息化，切实转变经济增长方式，着力提高我省经济的整体素质、综合竞争力和发展后劲；以改革为动力，努力推进体制创新，不断完善社会主义市场经济体制；进一步扩大对外开放，以我国加入世界贸易组织为契机，加快实施"走出去"

的战略，努力跻身于当代世界先进生产力的行列。

要大力推进有中国特色社会主义文化建设，促进两个文明协调发展。必须以马克思列宁主义、毛泽东思想、邓小平理论和"三个代表"重要思想为指导，加强理想信念教育，巩固共同的理想和精神支柱，使全省广大干部群众坚定对马克思主义的信仰、对社会主义的信念，增强对改革开放和现代化建设的信心、对党和政府的信任。坚持依法治省和以德治省相结合的方针，大力加强社会主义精神文明建设，逐步建立与社会主义市场经济体制相适应的思想道德体系。大力弘扬科学精神和人文精神，努力提高全体社会成员的科学文化素质。加强社会主义民主法制建设，加大依法治理力度，加强社会治安综合治理，建立文明法治环境，提高全省法制化水平。

要以不断提高人民生活水平为根本出发点，努力实现好、维护好、发展好人民群众的根本利益。加快广州、深圳社会主义现代化中心城市的建设步伐，使其在全省发挥龙头带动作用；大力推进经济特区和珠江三角洲率先基本实现社会主义现代化，发挥其示范作用；加大扶贫力度，使贫困地区早日脱贫奔康；加快粤北、粤西和广大山区的发展步伐，促进全省区域经济的协调发展并支持国家西部大开发。切实维护人民群众的利益，关心群众疾苦，扎扎实实地为群众办实事、办好事。关心困难职工、下岗职工、退休职工的生活，为社会弱势群体提供援助，帮助他们解决在住房、医疗和养老保险，以及子女教育、法律援助等方面的实际问题。

回顾历史，党的光辉成就给我们以深刻的教育和启迪，激励我们投身于建设有中国特色社会主义的伟大事业。展望未来，党

2001 年 7 月 5 日，李长春参观《党的光辉照广东》大型图片展。右三为广东省委常委、宣传部部长钟阳胜。

描绘的新世纪蓝图给我们以极大的信心和动力，鼓舞我们为实现中华民族的伟大复兴而奋力拼搏。中国共产党人将永远站在时代的最前列，领导中国人民实现社会主义现代化建设的宏伟目标。我们对未来充满信心！

越是改革开放和发展市场经济，越要坚持反腐败斗争 *

（2001 年 7 月）

> 越是改革开放和发展市场经济，越要坚持反腐败斗争不动摇。广东地处改革开放前沿，广大党员干部面临的考验更为严峻，反腐败斗争任务更为艰巨。必须加大治本工作力度，从源头上预防和治理腐败。要加强理想信念教育，构筑思想道德防线，使人"不想腐败"；加强制度建设和监督管理，铲除产生腐败的土壤，使人"不能腐败"；依法严肃执法执纪，查处案件，警钟长鸣，使人"不敢腐败"。

加强反腐倡廉建设关系党的执政地位，关系党的生死存亡，是党必须始终抓好的一项重要政治任务。当前反腐败斗争形势依然严峻，必须采取有力措施，从源头上抓好预防和反腐败工作。

---

　　* 　这是李长春同志发表在中共中央纪律检查委员会《党风与党纪》2001年第 7 期上的文章，原题为《统一认识、加大力度，深入推进党风廉政建设和反腐败斗争》。

一、把思想认识统一到党中央和中纪委五次全会精神上来

江泽民同志在中央纪委第五次全会上的重要讲话，高度概括了我国反腐败斗争实践所形成的重要认识和经验，深刻阐述了我们党的执政地位对党员干部队伍带来的影响，精辟论述了人心向背决定政党、政权兴亡的历史规律，强调要坚持标本兼治，加大从源头上预防和治理腐败的力度。这个讲话，高瞻远瞩，分析透彻，针对性强，是我们进行党风廉政建设和反腐败斗争的有力武器。学习贯彻江泽民同志的重要讲话精神，要着重从以下几个方面提高认识。

第一，要正确判断和把握当前反腐倡廉工作的形势。江泽民

2000年7月2日，李长春在广州参观《广东省党风廉政建设和反腐败斗争成果》展览。左一为广东省省长卢瑞华，右一为广东省政协主席郭荣昌，右二为广东省人大常委会主任朱森林，右三为广东省原省长梁灵光，右四为广东省委原书记林若。

同志在讲话中指出，如何正确看待当前反腐倡廉工作的形势，是一个很重要的政治问题。因此，我们对当前的党风廉政建设和反腐败斗争形势必须保持全面、正确和清醒的认识。这个问题在当前复杂的国际形势下，更有着特殊重要的意义。正确认识反腐败斗争的形势，首先一点要认识到当前我们党和国家反腐败工作的力度是不断加大的，党员干部廉洁自律的意识在不断增强，反腐败斗争取得了重要的阶段性成果。这是我们反腐败工作的主流。从我省的情况来看，也同样可以得出这个结论。同时我们也要认识到，当前反腐败斗争的形势仍十分严峻，任务还相当艰巨和繁重。有些腐败现象蔓延的势头还没有得到有效遏制，重大违纪违法案件一再发生，有些不正之风还比较严重，反腐败工作离广大干部群众的要求还有较大差距。应当指出，腐败与我们党的根本宗旨，与"三个代表"重要思想是格格不入的。党中央在实行改革开放的同时，对腐败易发多发现象的认识是清醒的，态度是坚决的，带领全党对腐败现象进行了不懈的斗争，不然腐败现象滋生蔓延的程度比现在还要严重得多。这个问题也是当前在所有的发展中国家和经济转型的国家中普遍存在的。真正坚决查处腐败的，就是中国共产党。我们揭露和惩处腐败分子，正是要使我们党和干部队伍更加纯洁和有战斗力，使党领导的有中国特色社会主义建设事业能够顺利进行，这是我们党有信心和有力量的表现，说明我们党完全有能力消除腐败。当前，西方敌对势力对我们实行"西化""分化"，千方百计地对中国共产党进行妖魔化宣传，企图推翻中国共产党的领导和社会主义制度，实现霸权主义的野心。凡是有利于中国动乱的事情，他们都支持；凡是反对中国共产党的力量，他们都鼓励。我们要提高警惕，既要严肃认真地抓好反腐败斗争，不要授人以柄，又要对他们的反动宣传保持清醒头脑，正确估计反腐败斗争形势，真正把思想统一到"三个理直气壮"上，即：理直气壮地肯定我们党反腐败的指导思想和方针政策以及取得的明显成效；理直气壮地阐明我国现阶段出现的腐败绝不是根本制度性的腐败；理直气壮地肯定我们党和干部队伍的主流是好的，我们党完全有能力解决腐败问题。

第二，执政党必须始终抓好自身建设不放松。江泽民同志在讲话中特别强调，我们党从夺取政权的革命时期到掌权执政的建设时期，党的地位和党员干部的地位都发生了重大的变化，党所面临的形势和任务也发生了变化，这使各级党组织和每个党员、干部都面临新考验，也给我们党的自身建设提出了新课题。这既是每个党员干部必须面对的现实问题，也是关系我们党生死存亡的重大问题。因此，越是执政时间长，越要抓紧党的自身建设，越要加强对党员和干部的教育管理，不能有丝毫的放松。我省地处改革开放的前沿，经济发展快，开放度高，经济成分、利益关系、组织方式和社会生活方式的多元化，价值观念、思想意识受外来的影响和冲击大，使广大党员干部面临的考验更为严峻。我们一定要充分认识这种变化带来的影响，按照江泽民同志的要求，坚持不懈地从思想上、政治上、组织上、作风上、制度上、纪律上全面加强党的自身建设。越是改革开放，越是发展市场经济，越要坚持加强党风廉政建设和反腐败斗争不动摇。

第三，党员干部尤其是领导干部要树立起正确的利益观。这是江泽民同志在讲话中非常突出强调的一个问题。他要求所有的党员干部必须坚持党和人民的利益高于一切，个人利益服从党和人民的利益，并正确处理好先富与共同富裕的关系，警惕"既得利益"问题。这个问题在我们省也有重要的现实意义。我省经济发展较快，相当一部分人富起来了，但也容易产生一些负面影响。少数党员干部不能正确看待个人"清贫"，因此就容易忘记党的宗旨，个人主义和享乐主义抬头了，群众观念淡薄了，理想信念动摇了。事实说明，这往往是造成腐败的思想根源，从而直接影响到如何正确履行职责和行使权力。每个领导干部都要经常好好想一想：参加革命是为什么？现在当干部应该做什么？将来身后应该留点什么？要在这些基本问题上取得正确的认识。在当前发展市场经济的情况下，我们党政机关的党员干部确实清贫一些，但是社会的发展总有这个过程，总有从少数人富裕到共同富裕的过程；而少数人的富裕绝不会首先让党政领导干部先富起来，社会的前进总是要求站在时代前列的骨干分子、社会精英在一定时期要有所奉献。先天下之忧而忧，后天下之乐而乐。在旧中国历史赋予那一代人的任务，是民族独立，国家解放，推翻"三座大山"建立新中国。那时社会的一些骨干分子、精英分子，即中国共产党人，不是一个清贫的问题，而是抛头颅洒热血的问题，所以两千万先烈经过浴血奋战才换来新中国。现在，历史赋予我们这一代人的使命，就是要使祖国强大起来，国富民强，中华崛起，实现社会主义现代化。这一历史任务要求社会的先进分子先清贫一段，但不至于是抛头颅洒热血。如果这一点都做不到的话，就不要在党政机关当党员干部。具有了这个思想，就要坚持党的宗旨，就要为人民掌好权，用好权。

第四，坚持按"三个代表"重要思想和"三讲"的要求，全面加强党风廉政建设和反腐败斗争。江泽民同志用历史和现实事例告诫我们，任何政党只要失去人民群众的支持，就必然走向衰亡。我们要深刻认识执政党与人民群众的关系问题、人心向背问题。我们党代表最广大人民的根本利益，必须始终保持同人民群众的血肉关系。人民群众痛恨腐败，我们开展党风廉政建设和反腐败斗争，是符合人民群众根本利益的，必然会得到广大人民群众的支持，提高党在人民群众中的威望。全党特别是各级领导干部要时时刻刻用"三个代表"重要思想和"三讲"的要求约束和规范自己的行为，自觉抵制消极腐败现象。尤其要勤于学习、善于学习，通过学习，提高政治认识和精神境界，做到一身正气，堂堂正正，不断增强拒腐防变的能力。

第五，坚持标本兼治，建立"不想腐败、不能腐败、不敢腐败"的"三不机制"。"不想腐败"，就是要加强理想信念教育，坚持"三讲"，构筑思想道德防线，使人"不想腐败"；"不能腐败"，就是要进行体制改革，加强制度建设和监督管理，堵塞漏洞，铲除产生腐败的土壤，使人"不能腐败"；"不敢腐败"，就是要依法严肃执法执纪，查处案件，警钟长鸣，使人"不敢腐败"。

二、加大治本工作力度，从源头上预防和治理腐败

这是中央纪委五次全会特别强调的一个重点，也是江泽民同志特别强调的。同时，这也是我们这两年纪检监察工作的一个特色。在这个问题上，我想，就是要强调继续深化、继续完善，狠

2002 年 7 月 19 日，李长春考察广东省政府采购中心。右一为广州市市长林树森。

抓落实。很多工作我们是做了，但是有的是停留在典型经验上；有的是形式上做了，但内容上没有完全到位；有的是我们监督检查的力度不够。这几种情况都有。因此，我们今年就是要全面加强、完善，进一步加大监督检查的力度。要关口前移，从源头上预防和治理腐败，关键是抓好如下几个环节：一是以改革行政审批制度为突破口，建立权力运作的约束机制。简化审批程序，该取消的行政审批项目一定要取消，能够运用市场机制来运作的，都要运用市场手段来运作；对不能运用市场手段处理的而且是必要的审批权力，要合理分解，规范程序，集体讨论，增加透明度，接受社会和群众监督。通过审批制度的改革，对要搞腐败的人"釜底抽薪"。二是继续深化和完善有形建筑、土地批租、产权交易三个要素市场的运作。现在市场是初步建立起来了，但发展不平衡。有的千方百计躲过市场，搞个人审批。对在工程招投标中发生的问题，各级纪检监察机关要会同有关部门加强监督检查。首先要把工程造价降下来，现在工程造价太高，已经成为影响我们竞争能力的一个大问题。其中一个重要的原因是层层转包，有的路段由个体户总包，再层层分包，工程投资到具体施工队伍，钱不到一半。要通过规范有形建筑市场来解决这个问题。三是实行政府采购，改革采购制度，并实行招投标。四是强化资金管理，落实收支两条线，清理小金库。五是推进干部制度改革。中央已颁发了干部人事制度改革纲要，省委也下发了干部人事制度改革的具体办法。今后，对新提拔的厅级干部一律实行公示制，对空缺的副职公开向社会招聘，从而弱化各级组织部门和领导人个人选人的权限，使权力阳光化，解决买官卖官的问题。六是加强公正司法，主要是司法程序公开化，增加透明度，加大监督力度，包括各级人大的执法监督。七是认真抓好政务、村务、厂务公开。

三、加强党对党风廉政建设和反腐败斗争的领导

关于党风廉政建设和反腐败斗争的领导体制和工作机制，党的十五大有明确的阐述，就是"党委统一领导、党政齐抓共管，纪委组织协调，部门各负其责，依靠群众的支持和参与"。我们要切实落实，这本身就是落实党风廉政建设责任制。党委统一领导，就是党委必须把党风廉政建设作为党的建设重要方面，纳入重要议事日程，要求各级一把手亲自负总责。党政齐抓共管，就

2002 年 7 月 24 日，李长春考察广州市产权交易所。右二为广州市市长林树森，右三为广东省副省长李容根。

是不论是党委还是政府都要一齐抓。因为现实中党风廉政建设问题往往跟经济工作、行政工作紧密联系在一起，既要查处大案要案，更要从源头上进行治理和预防，很多是从改革入手，所以必须党政齐抓共管。这里要特别强调的是，各级党政一把手在党风廉政建设上负有特殊重要的责任。一个单位也好，一个地区也好，党风廉政建设搞得怎么样，风气正不正，关键看一把手。我们解剖一些混乱的地区，第一种情况是主要领导思想认识陷入了误区，把经济建设和党风廉政建设、精神文明建设对立起来，这个地方的经济建设必然是低水平的，发展也是暂时的；第二种情况是有的单位主要领导患得患失，怕得罪人，怕丢选票，当老好人，不敢抓；第三种情况是这个单位的主要领导本身就不干净，不敢抓，腰杆子不硬。他在上面讲反腐败，下面就可以指他的鼻子："你自己就在搞腐败，有什么资格反腐败。"我们应该在这个问题上有个清醒的认识，特别是作为主要领导，负责掌舵、领头、导向，更应该有清醒的认识。广大干部和群众是希望我们党建设得好的，只是少数腐败的人害怕你抓反腐败，你越是抓了，把这些人从关键位置拿下来，该处理的处理，净化我们的干部队伍，支持你的人就越多。各级一把手必须从党的生死存亡的高度切实负起责任，完全把这个事情交给纪委不行，必须全党抓，特别是一把手要负起教育的责任，带班子的责任。

纪检监察干部队伍肩负着党风廉政建设和反腐败斗争的重任，多年来辛勤努力，默默奉献，甘于清贫，赢得了党和政府的信任，受到了人民群众的尊敬。事实证明，我省的纪检监察干部队伍是一支精神面貌好、经受得住考验、能打硬仗的队伍。但是，纪检监察干部长期处于腐蚀和反腐蚀斗争的风口浪尖，面临着日益复杂和严峻的斗争形势，而且现在有的腐败分子已经把腐蚀的目标瞄准了纪检监察干部。如何在这场斗争中使自己的政治立场更坚定，作风更坚强，纪律更严明，斗争的技巧更成熟，是摆在每一个纪检监察干部面前的重大课题。随着经济的发展，经济工作越来越复杂，越需要纪检监察干部不断学习新的知识，弄清经济运作里面的是是非非。纪检监察机关的同志政治上要坚定，业务上要精干，要按照"三个代表"重要思想的要求，坚定信心，开拓进取，创造性地开展工作，并在实践中不断提高政治思想素质和业务能力，锻造出一支不负重托、不辱使命、刚正不阿，使党和人民放心的高素质干部队伍。各级党委、政府要进一步加强对纪检监察工作的领导，经常听取他们的汇报，支持和关心纪检监察队伍建设，支持他们履行职责，关心他们的工作和生活。在即将开始的市、县机构改革中，要加强纪检监察机关的组织建设，保持纪检监察队伍的稳定。要不断强化纪检监察班子建设，特别是纪检监察机关的主要领导要政治上强，熟悉业务，作风好。

弘扬辛亥革命精神，
实现中华民族伟大复兴[*]

（2001 年 10 月 10 日）

发生于 20 世纪初的辛亥革命，是一场划时代的民主革命运动，也是一场伟大的爱国运动。当时，帝国主义掀起瓜分中国的狂潮，中国陷于民族危亡的历史关头。清王朝的封建专制统治，造成了近代中国政治黑暗、经济落后、民不聊生的悲惨局面。以孙中山先生为代表的具有民主主义思想的革命先驱，发动了旨在推翻清王朝、建立资产阶级共和国的民主革命运动。孙中山先生创立兴中会，组织中国同盟会，提出资产阶级民主纲领。他倡导的三民主义，反映了近代中国人民谋求国家独立、民主和富强的强烈愿望。资产阶级革命党人以鲜明的革命民主派立场和高度的革命热情，宣传民主革命思想，积聚革命力量，发动反清武装起义，经过百折不挠的斗争，终于推翻了清王朝的专制统治，埋葬了在中国延续两千多年的封建帝制，建立了民主共和国，揭开了中国近代历史的新篇章。

广东是孙中山先生的故乡，是辛亥革命运动的策源地，又是孙中山先生长期从事革命宣传和武装反清的基地。辛亥革命前，

---

* 这是李长春同志在广东省各界纪念辛亥革命 90 周年大会上的讲话。

2001 年 10 月 10 日，广东省各界纪念辛亥革命 90 周年大会在广州召开。图为李长春在大会上发表讲话。

革命党人在我国南方地区发动的十次武装起义中，就有八次是在广东进行的。特别是 1911 年的"三二九"广州起义[1]，振奋了全国人民，对革命形势的发展起到了巨大的推动作用，成为辛亥革命高潮来临的前奏。武昌起义爆发后，广东革命党人以各种方式表示对共和制度的拥护，于 1911 年 11 月 9 日结束了清政府在广东的统治，建立了由革命党人掌权的广东军政府。不久，广东又组织了北伐军，开赴江苏、安徽，为捍卫新生的共和政权进行了英勇的斗争。

辛亥革命期间，许许多多中华民族的优秀儿女投身于孙中山先生领导的革命事业，抛头颅，洒热血，百折不回，舍生取义。他们的英雄业绩，永远为后世所敬仰。

爱国华侨、港澳同胞始终是辛亥革命的坚强后盾。他们关心民族的前途和命运，切望祖国独立强盛，不仅慷慨资助革命，很多人还参加了革命党，不少热血青年积极回国参加武装起义，为革命事业壮烈捐躯。黄花岗七十二烈士中，有将近三分之一是华侨青年。爱国侨胞、港澳同胞崇高的报国精神，永远为后人所赞叹。

迈入新世纪，回眸历史，辛亥革命无愧是中国近代史上一座伟大的里程碑。它的伟大历史意义在于：以武力砸碎了封建君主专制统治的枷锁，开创了民主共和的新纪元，谱写了中国现代化的开篇，对推动中国的社会进步和思想解放，起到了不可估量的作用。以孙中山先生为代表的革命先驱爱国、强国、民主的思想，对中国共产党争取民族独立、国家统一、人民幸福，夺取新民主主义革命的胜利，继而进行社会主义革命和现代化建设的伟大事业产生了深远的影响。

毛泽东同志指出："现代中国人，除了一小撮反动分子以外，都是孙先生革命事业的继承者。"在历史上，中国共产党人是孙中山革命事业的坚定支持者和友好合作者，孙中山先生在晚年把新生的中国共产党当作自己的同志和朋友，与之并肩合作，掀起国民革命高潮。孙中山先生逝世后，中国共产党人继承他的遗志，团结和领导全国各族人民和一切爱国力量，进行了艰苦卓绝的斗争，付出了巨大的牺牲，终于完成了他未竟的民主革命，并把民主革命发展为社会主义革命，从根本上改变了中华民族的命运，使中国的面貌发生了翻天覆地的变化。孙中山先生"振兴中华"的宏愿，正一步步地由中国共产党领导全国各族人民付诸实践。

江泽民同志在庆祝中国共产党成立 80 周年大会上的讲话中指出："孙中山先生领导的辛亥革命，推翻了统治中国几千年的君主专制制度，对中国社会进步具有重大意义"。虽然，由于历史条件的制约，辛亥革命"未能改变中国半殖民地半封建的社会性质和人民的悲惨命运"，但是它为中国打开了进步的闸门；又以它后来的历史证明，在帝国主义和封建势力的双重压迫下，中国民族资产阶级不可能领导民族民主革命走向彻底胜利。资本主义道路、资产阶级共和国方案不可能救中国。90 年来中国所发生的变化向世界昭示：没有共产党，就没有新中国；只有社会主义才能救中国，只有社会主义才能发展中国。这是中国人民的正确选择，也是历史发展的必然。

我们纪念辛亥革命，就是要继承和发扬辛亥革命志士伟大的爱国主义精神，共同为振兴中华、统一祖国而奋斗。祖国统一是孙中山先生的遗愿，也是中华民族的意志。今天，我们对辛亥革命的最好纪念，就是要努力实现祖国的完全统一。我们已经按照"和平统一、一国两制"的方针成功地实现了香港、澳门的回归。我们将继续遵循这一方针，争取台湾问题的早日解决。我们坚信，只要坚持"和平统一、一国两制"的方针，海内外同胞团结一心，增强互信，携手奋斗，祖国统一的神圣使命就一定能完成！

我们纪念辛亥革命，就是要继承辛亥革命志士的未竟之志，实现祖国的现代化和中华民族的伟大复兴。辛亥革命的仁人志士，他们投身革命就是为了创建民主文明的共和国，为了谋求国家的富强和人民的幸福。孙中山先生在致力于革命的同时，尤为关注中国的经济建设，提出过许多改变祖国经济落后面貌的正确主张。这些宝贵的精神财富，对我们今天的社会主义现代化建设仍具有重要的借鉴意义。进入新世纪，广东面临着良好的发展机遇，也面对着严峻的竞争挑战。我们必须发扬光大辛亥革命志士"敢为天下先"的精神，以更加积极的姿态，进一步解放思想，开拓创新，变压力为动力，视困难为挑战，振奋精神，扎实工作，确保在新一轮发展中继续走在前列，为广东增创新优势，更上一层楼，率先基本实现社会主义现代化而努力奋斗。

我们纪念辛亥革命，就是要继承辛亥革命志士与时俱进的革命精神，为建设有中国特色的社会主义，为人类进步和世界文明作出应有的贡献。面对前进过程中出现的新情况、新问题，我们要发扬孙中山先生适应世界潮流、顺乎人民需要的与时俱进精神，按照代表中国先进生产力的发展要求、代表中国先进文化的前进方向、代表中国最广大人民的根本利益的要求，解放思想，开拓创新，抓住机遇，迎接挑战，矢志发展，实现中华民族的伟大复兴，为人类进步和世界文明作出更大的贡献。

今天，我们缅怀和宣传孙中山等革命先辈致力于国家统一、民族团结和中华振兴的伟大业绩，对于弘扬爱国主义精神、加强中华民族的大团结，对于进一步扩大海峡两岸的联系和交流、促进祖国统一大业的早日实现，对于调动和激发全国各族人民的积极性、加快社会主义现代化建设，都具有十分重要的现实意义。让我们高举邓小平理论的伟大旗帜，按照"三个代表"重要思想的要求，继往开来，为创造中华民族更加辉煌灿烂的明天而努力奋斗！

注　释

〔1〕"三二九"广州起义，即 1911 年 4 月 27 日（农历三月二十九），同盟会在广州举行的武装起义，史称"辛亥广州起义"，又称"黄花岗之役"。

切实加强和改进党的作风建设 *

（2001 年 11 月 2 日）

> 执政党的党风，关系人心向背，关系党和国家的生死存亡。如果说，思想理论建设是党的建设的灵魂，关系到党的信念、方向，党的组织建设是贯彻党的思想路线、政治路线的保证，那么党的作风建设就关系到党的形象，是党的凝聚力、战斗力之所在。从我们党的历史看，党风好，人民就心向着党，党的事业就兴旺发达；党风不好，就会损害群众利益，使党的事业遭到严重危害。抓住了作风建设，就抓住了党的建设的"牛鼻子"，就抓住了保持党的先进性、纯洁性和增强党的创造力、凝聚力和战斗力的关键。

加强党的作风建设，关系党的形象，关系人心向背，关系党和国家的生死存亡，对于我们党永远立于不败之地，对于开创建设有中国特色社会主义事业新局面具有十分重要的意义。

---

* 这是李长春同志在中共广东省委八届八次全会上讲话的一部分。

一、深刻领会和认真贯彻党的十五届六中全会精神

党的十五届六中全会讨论通过的《中共中央关于加强和改进党的作风建设的决定》（以下简称《决定》），以"三个代表"重要思想为主线，以邓小平理论和江泽民同志"七一"重要讲话精神为指导，明确提出了加强和改进党风建设的指导思想、任务和目标，充分反映了全党和全国人民的迫切愿望，是指导党的作风建设的纲领性文件。江泽民同志在六中全会上的重要讲话，从战略和全局的高度，提出了贯彻落实《决定》的明确要求，思路清晰、目标明确、重点突出，具有很强的思想性和针对性。各级领导干部和全体党员，一定要认真学习、深刻领会、坚决贯彻好十五届六中全会精神。

充分认识加强和改进党的作风建设的极端重要性和紧迫性。为什么党中央把党风建设摆在如此突出的位置？那是因为执政党的党风，关系人心向背，关系党和国家的生死存亡。如果说，思想理论建设是党的建设的灵魂，关系到党的信念、方向，党的组织建设是贯彻党的思想路线、政治路线的保证，那么党的作风建设就关系到党的形象，是党的凝聚力、战斗力之所在。从我们党的历史看，党风好，人民就心向着党，党的事业就兴旺发达；党风不好，就会损害群众利益，使党的事业遭到严重危害。古今中外执政党和国家的兴衰，都说明了"水能载舟，亦能覆舟"这个道理。从我省当前情况看，广大人民群众对党恢复了实事求是的思想路线是拥护的，对"一个中心、两个基本点"的基本路线是赞成的，对改革开放和社会主义现代化建设所取得的成就，以及城乡人民生活水平的不断提高是高兴的。但是，实事求是地

讲，当前人民群众还有一些不满意的地方，一些地方党群关系、干群关系还很紧张。什么原因？一个重要的问题就出在党的作风上。党风方面存在的问题已成为影响我们党的形象和威望的严重问题，成为贯彻落实党的路线方针政策的重要制约因素。因此，要解决提高党的领导水平和执政水平、提高拒腐防变和抵御风险能力这两大历史课题，必须全面推进党的建设，当然也必须加强和改进党的作风建设。抓住了作风建设，就抓住了党的建设的"牛鼻子"，就抓住了保持党的先进性、纯洁性和增强党的创造力、凝聚力和战斗力的关键。全省各级党组织和广大党员必须树立高度的责任感和紧迫感，在推进党的思想建设、组织建设的同时，大力加强和改进党的作风建设。

正确分析估计我省党风建设的现状。我们要实事求是地肯定我省各级党组织和各级干部在作风建设方面主流是好的，绝大多数党员干部能够经受住考验，保持和发扬党的优良传统和优良作风。但是必须看到，我省党风现状也不容乐观。前段省委组织对全省党风建设情况进行了调查，结果表明，中央《决定》中指出的存在问题，我省都不同程度地存在，有的还比较突出、比较严重。这次省委的贯彻意见，把我省党风方面的问题具体概括为八个方面。这些问题虽然发生在一些地方和少数人身上，但严重地侵蚀了党的肌体，败坏了党的声誉，损害了党群干群关系，社会反映强烈，已经到了非抓不可的地步。因此，必须强调，对我省党的作风状况要有清醒的全面估计，看不到主流，悲观失望，是错误的；看不到问题的严重性，丧失警惕，不下大力气加紧解决，是危险的。只有正确分析判断我省党风建设的形势，肯定主流，找准问题，对症下药，才能进一步搞好党的作风建设。

　　既要充分认识党的作风建设的艰巨性，又要坚定抓好党风建设的信心。党的作风方面存在的问题，有其复杂而深刻的社会根源和思想根源，中央的《决定》作了深刻的分析，这些因素的存在，使党的作风建设的任务十分艰巨。党风建设是在发展变化着的复杂环境中使党自身不断完善，并贯穿于党执政和社会主义现代化建设全过程的一项系统工程。对搞好党风建设我们是有信心的。只要我们统一认识，真抓实干，在抓紧解决当前作风方面存在的突出问题的同时，树立持久作战的思想，持之以恒地抓下去，就一定能够把党风建设提高到一个新的水平，给人民群众交出一份比较满意的答卷。

　　2001 年 3 月 22 日，李长春在高州市潭头镇乾坡村探访民情时，接过全村群众写的感谢信："农民冷暖记心头，心系民情解民忧，书记督办解难结，鸿恩永在乾坡留。"该村村民感谢李长春亲自召开会议，帮助解决了拖欠 3 年之久的扩改 207 国道用地补偿款问题。右一为广东省政协副主席王兆林，右五为广东省农业厅厅长司徒绍。

二、把思想作风建设摆在党的作风建设的首位，坚持解放思想、实事求是、与时俱进、开拓创新

坚持解放思想、实事求是的思想路线和思想作风，是我们党顺应时代进步潮流、永葆先进性的根本要求。我们一定要按照中央《决定》的要求，把思想作风建设摆在作风建设的第一位，以学习贯彻江泽民同志"七一"重要讲话精神为强大动力，促进全省范围的新的思想解放。

以科学的态度对待马克思主义，处理好坚持、继承和发展的关系。马克思主义是我们认识和改造世界的强大思想武器，是全国各族人民团结奋斗的共同理论基础。马克思主义的基本原理任何时候都必须坚持。但是，马克思主义具有与时俱进的理论品质，是不断发展的科学。只有与时俱进，在坚持中发展，才能使马克思主义始终保持旺盛的生命力；只有进行不断的理论创新，在发展中坚持，才能使我们党不迷失前进的方向。马克思主义经典作家和我们党中央三代领导核心，都以科学态度对待马克思主义，为我们树立了光辉的典范。各级领导干部特别是中高级干部，要围绕"不断推进马克思主义的中国化"这个重大命题，坚持以马克思列宁主义、毛泽东思想、邓小平理论为指导，按照"三个代表"重要思想，以宽广的眼界观察、处理问题，一切从实际出发，研究新情况，解决新问题，总结新经验，推动我们的事业不断前进。

以科学态度对待马克思主义，坚持解放思想、实事求是，就要按照中央的《决定》和江泽民同志在六中全会上的重要讲话精神，坚决克服各种错误思想倾向的干扰，坚持有"左"反"左"，

有右反右，要警惕右，但主要是防止"左"，不断提高贯彻党的基本理论、基本路线、基本纲领的自觉性和坚定性。全省各级党组织要在政治上、思想上和行动上同党中央保持高度一致。

围绕率先基本实现社会主义现代化这个总目标总任务抓思想作风建设。"增创新优势，更上一层楼，率先基本实现社会主义现代化"，是以江泽民同志为核心的党中央对广东的殷切期望和重托。我省党的思想作风建设，要紧紧围绕这个总目标、总任务来进行，把解放思想、实事求是的思想路线和思想作风，落实到改革开放和社会主义现代化建设的各项工作中去。要坚定不移地贯彻党的基本路线，按照实践是检验真理的唯一标准，坚持用"三个有利于"标准判断各方面工作的是非得失，自觉地把思想认识从那些不合时宜的观念、做法和体制中解放出来，从对马克思主义的错误的和教条式的理解中解放出来，从主观主义和形而上学的桎梏中解放出来，使我们的思想和行动更加符合客观实际，更加符合社会主义初级阶段的国情和时代发展的要求；要按照马克思主义的实践观点和发展观点，正确认识和妥善处理生产力与生产关系、经济基础和上层建筑的矛盾，不断把各项改革推向前进；要继续坚持"五破五树"，以与时俱进的思想观念和奋发有为的精神状态开展工作，不断推进理论创新、制度创新、科技创新。

三、抓住密切联系群众这个核心问题，
切实加强我省的党风建设

江泽民同志指出，加强和改进党的作风建设，核心问题是保

持党同人民群众的血肉联系。马克思主义执政党的最大危险就是脱离群众。这是极为重要的政治观点，也是极为重要的政治要求。我们一定要牢牢抓住这个核心问题，把群众满意不满意、赞成不赞成、高兴不高兴，作为我们一切工作的出发点和落脚点，做到勤政为民、真抓实干，不断提高贯彻执行党的群众路线的自觉性，做最广大人民群众根本利益的忠实代表。

对广大干部深入开展党的宗旨教育，树立牢固的群众观点和正确的政绩观。群众观点是马克思主义的基本观点。共产党员如何对待群众，是一个根本的立场问题、世界观问题和党性问题。各级党委要坚持不懈地深入开展党的宗旨和群众路线教育活动，使广大党员特别是各级领导干部，牢固树立人民群众是历史创造者的观点、人民的利益高于一切的观点、我们的权力是人民所赋予的观点、对上级负责与对群众负责一致性的观点，坚持同群众同呼吸共命运，真心实意为群众谋利益。要正确对待政绩。我们需要的是局部利益与整体利益相统一、眼前利益与长远利益相一致的政绩。要坚决克服经济工作中热衷于搞不切实际的"形象工程""政绩工程"，以及"杀鸡取卵，竭泽而渔""一代人的政绩，几代人的包袱"的现象。各级干部要切实防止主观主义、形式主义、官僚主义，大兴求真务实之风。

坚持诚心诚意为群众办好事实事。这是衡量群众观点强不强，工作实不实，实践"三个代表"重要思想要求好不好的重要试金石。要按照"使干部受到教育，让群众得到实惠"的要求，加强作风建设一定要落实到群众的具体利益上。要特别关心困难群体的疾苦，对省委的贯彻意见中列举的关心困难群众的各项实事都要认真办好。除此之外，各级党委、政府还要在近期内把当前群众最迫切要求解决的其他问题，比如饮水问题、污水治理问题、城乡垃圾处理问题、社会治安问题、农民用电同网同价问题、教育乱收费问题、看病难问题、水库移民问题等等，按轻重缓急排排队，能办的立即办，暂时办不了的要创造条件办，同时向群众作耐心的解释，求得群众的理解。让我们切实加强和改进党风建设，以作风建设的实际成效，推动党的建设上新水平，推动各项工作上新台阶。

广大青年要努力走在时代前列 *

（2002 年 5 月 10 日）

> 要进一步加强理想信念教育，引导团员青年树立正确的世界观、人生观和价值观，树立为实现中华民族伟大复兴而奋斗的崇高理想，自觉地肩负起时代赋予的历史使命，矢志不渝地为广东率先基本实现社会主义现代化奉献青春、智慧和力量。

进入新世纪，我省处于加快率先基本实现社会主义现代化的关键时期。抢抓机遇，乘势而上，实现新的更大发展，是时代赋予我们的历史重任。新的形势和任务为共青团服务大局、建功立业创造了良好条件，为广大团员青年奉献青春、施展才干提供了广阔舞台。全省各级团组织一定要认清形势，明确责任，在邓小平理论和"三个代表"重要思想指引下，带领广大团员青年紧跟着党走在时代前列，解放思想，实事求是，与时俱进，开

---

　　* 这是李长春同志在广东省纪念中国共产主义青年团成立 80 周年大会上讲话的一部分。

拓创新，在新的起点上实现新发展，创造新业绩。

一、用"三个代表"重要思想武装各级团组织和
广大团员青年，做到信念坚定、政治合格

"三个代表"重要思想，全面体现了党的基本理论、基本路线、基本纲领，是马克思主义中国化的又一理论丰碑，是指导我们开展一切工作的强大思想武器和行动指南。"三个代表"重要思想是江泽民同志在广东视察工作时首次向全国提出来的，我们

1999 年 6 月 27 日，李长春考察首届广东青年"三高"农业博览会。

既感到十分亲切，又感到肩负的责任重大，更应该学习好、贯彻好、实践好。全省各级团组织，要按照"三个代表"重要思想的要求，进一步加强团员青年理想信念教育，始终坚持培育"四有"新人的根本任务，引导青年树立正确的世界观、人生观和价值观，树立为实现中华民族伟大复兴而奋斗的崇高理想，自觉地把个人理想和奋斗融入到率先基本实现社会主义现代化的宏伟目标中，进一步坚定对马克思列宁主义、毛泽东思想、邓小平理论的信仰，坚定对走建设有中国特色社会主义道路的信念，增强对改革开放和社会主义现代化建设的信心，增强对以江泽民同志为核心的党中央的信任。要以"三个代表"重要思想为指导，不断增强团员青年的政治鉴别力和政治敏锐性，教育团员青年学会用马克思主义立场观点方法观察形势、分析问题、判断是非，自觉抵御西方敌对势力对我进行"西化""分化"的政治图谋。要把"三个代表"重要思想落实到坚定正确地贯彻执行党的路线方针政策中，落实到团的各项工作中，做"三个代表"重要思想的坚定实践者。

二、用率先基本实现社会主义现代化的宏伟目标激励各级团组织和广大团员青年，做到开拓创新、建功立业

"增创新优势，更上一层楼，率先基本实现社会主义现代化"，是江泽民同志和党中央交给广东人民的光荣而艰巨的任务。我们要以此为总目标总任务统揽全局，以提高国际竞争力为核心，充分利用改革开放20多年来打下的坚实的物质技术基础和"先走一步"参与国际经济合作与竞争所积累的丰富经验，抓住

加入世界贸易组织的机遇，主动出击，迎接挑战，趋利避害，增创先发优势。全省各级团组织要团结带领广大团员青年为增创加入世界贸易组织的先发优势，率先基本实现社会主义现代化，作出积极而重要的贡献。要帮助团员青年牢固树立创新观念，挖掘创造潜能，为增创科技自主创新能力新优势作贡献。要带领青年积极投身于农业产业化经营、国有企业改革、发展高新技术产业和用高新技术及先进适用技术改造传统产业的实践中，为增创产业新优势作贡献。要引导青年特别是青年企业家扩大视野、放眼全球，不失时机地"走出去"，为增创开放新优势作贡献。要教育引导团员青年支持改革、参与改革，加快建立比较完善的社会主义市场经济体制，为增创体制新优势作贡献。要教育引导团员青年认真学习、宣传、贯彻《公民道德建设实施纲要》，牢固树立与社会主义市场经济发展相适应的道德观念和诚信意识，自觉参与信用体系建设，努力提高社会信用水平，弘扬团员青年开风气之先的优良传统，学习科学知识，破除封建迷信，倡导健康文明的生活方式，为增创环境新优势作贡献。

三、用党的全心全意为人民服务的宗旨和群众路线教育各级团组织，做到服务青年、造就人才

党的宗旨观念、群众路线具体反映到共青团工作上，就是竭诚服务青年，做最广大青年根本利益的忠实代表。共青团要把青年欢迎不欢迎、赞成不赞成、满意不满意作为开展工作、评价工作的标准。要深入了解青年，密切联系青年，准确把握青年的思想动态和实际情况，围绕青年的学习、就业、成才、维权和精神

文化需求，提供实实在在的服务。要积极做好进城务工青年、下岗青年、贫困学生等青年群体的工作，千方百计帮助他们排忧解难。服务青年的根本目的是培养人才。各级团组织一定要牢固树立"人才资源是第一资源"的观念，努力提高青少年整体素质，大力培养和输送高素质青年人才。要努力把共青团组织建设成一个学习型组织，引导团员青年牢固树立终身学习、勤奋学习的观念，认真学习新知识、新技术和人类文明的一切优秀成果，把理论学习同社会实践结合起来，把立足本国同放眼世界结合起来，把创新精神同科学态度、求实作风结合起来，不断提高自身素质，增长才干。当前，特别要适应加入世界贸易组织的新形势，着力培养一大批精通外语的高新技术青年人才、国际金融和贸易青年人才、工商管理和跨国经营青年人才。要大力开发青年人才资源，特别要积极做好留学回国青年人才的引导和服务工作，吸引更多的留学青年到广东创业。共青团还要当好党的后备军，积极向各级党政部门输送各种类型的青年人才。

四、大力加强团组织的自身建设，做到基础稳固、作风优良

当前，我们党正按照"三个代表"重要思想的要求，全力推进党的建设新的伟大工程。全省各级团组织要以此为契机，紧跟党建步伐，借鉴党建经验，切实加强团的自身建设。要结合我省非公有制经济发展较快、城市化进程加快、产业结构调整升级、进城务工青年队伍不断壮大等新特点，研究新情况，寻求新突破，进一步加强团的基层组织建设，大胆创新基层团建的方式方

法，积极探索基层团建的新路子。要按照党的作风建设"八个坚持、八个反对"的要求，进一步加强和改进团的作风建设，始终保持与青年的血肉联系，不断增强团组织的凝聚力和战斗力，把广大团员青年紧密团结在团组织的周围。要教育引导团干部始终坚定正确的政治方向，加强思想素质、政治素质、道德素质和能力素质的培养，做合格的团干部，做青年的表率。要按照江泽民同志在庆祝北京大学建校 100 周年大会上的讲话中提出的"四个统一"的要求，即坚持学习科学文化与加强思想修养的统一、坚持学习书本知识与投身社会实践的统一、坚持实现自身价值与服务祖国人民的统一、坚持树立远大理想与进行艰苦奋斗的统一，教育引导广大团员青年自觉地肩负起时代赋予的历史使命，矢志不渝地为广东率先基本实现社会主义现代化奉献青春、智慧和力量，努力把他们培养成为一代"四有"新人，不断为党输送新鲜血液。

提高民主党派工作水平 *

（2002 年 7 月 15 日）

> 中国共产党领导的多党合作和政治协商制度是我国的基本政治制度。这一制度是中国共产党把马克思主义关于政党理论的基本原理同中国实际相结合，在深刻总结国内外历史教训的基础上，与各民主党派共同创立的新型政党制度，是中国人民经过长期艰苦摸索的唯一正确选择，也是我国一大政治优势。各民主党派要围绕中心、服务大局，进一步提高参政议政、民主监督水平，更好地把各民主党派广大成员的意志和力量凝聚到社会主义现代化建设上来。

我省各民主党派新一届领导班子，是在各民主党派进入新世纪的第一次代表大会上，在各民主党派的政治交接中产生的。希望新一届领导班子在各民主党派中央和中共广东省委领导下，带

---

　　*　这是李长春同志在广东省各民主党派新一届领导班子成员座谈会上的讲话。

领广大民主党派成员承前启后，继往开来，把民主党派工作提高到一个新的水平，共同推进我省的改革开放和社会主义现代化建设事业。

一、充分认识坚持和完善中国共产党领导的 多党合作和政治协商制度的重要意义

中国共产党领导的多党合作和政治协商制度是我国的基本政治制度。这一制度是中国共产党把马克思主义关于政党理论的基本原理同中国实际相结合，在深刻总结国内外历史教训的基础上，与各民主党派共同创立的新型政党制度，是中国人民经过长期艰苦摸索的唯一正确选择，也是我国的一大政治优势。这一政党制度的显著特征是，共产党领导、多党派合作，共产党执政、多党派参政，各民主党派不是在野党和反对党，而是同共产党亲密合作的友党和参政党；共产党和各民主党派在国家重大问题上进行民主协商、科学决策，集中力量办大事；共产党与各民主党派互相监督，促进共产党领导的改善和参政党建设的加强。这与国外一党制和多党制有着根本的区别，既避免了多党之争、相互倾轧造成的政治动荡，又避免了一党专制、缺少监督导致的种种弊端。新中国成立 50 多年来，正反两个方面的经验反复证明，中国共产党领导的多党合作和政治协商制度是符合中国国情、经得起实践检验的政党制度，具有巨大的优越性。从我省的情况看，改革开放 20 多年来，我省多党合作事业的健康发展和政治协商制度的不断完善，对于发扬社会主义民主，维护安定团结的政治局面，推动社会生产力的大发展，实现全省广大人民群众的

根本利益都起到了非常重要的作用。我们一定要从国家长治久安和我省发展大局的高度，充分认识坚持和完善中国共产党领导的多党合作和政治协商制度的重要意义，作为我省中共党组织和各民主党派共同的政治责任。

二、围绕中心，服务大局，进一步提高参政议政、民主监督水平

我省各民主党派要紧紧围绕加快率先基本实现社会主义现代化这一总目标、总任务，不断提高参政议政和民主监督水平。

首先，要在更大范围和更深程度上搞好参政议政。参政议政是民主党派的主要职能。要进一步履行好这一职能，就必须坚持围绕中心，服务大局，突出重点，有的放矢。省委在部署今后五年工作的时候，特别强调要以增强国际竞争力为核心，努力建设经济强省；在原来实施外向带动、科教兴粤、可持续发展三大战略的基础上，增加了实施区域协调发展战略的要求；在原来增创开放、产业、科技、体制四大优势的基础上，要求增创环境新优势，率先建立文明法治环境。这些新任务能否落实，直接关系到我省加快率先基本实现社会主义现代化的目标能否实现。在我国加入世界贸易组织的新形势下，我省经济建设和社会发展也还会遇到各种可以预见或难以预见的新情况、新问题。无论是落实新任务，还是解决新问题，都需要发扬民主、集思广益，这就为民主党派参政议政提供了更加广阔的舞台。希望各民主党派进一步增强责任感和主人翁意识，围绕关系我省改革开放和社会主义现代化建设全局的重大问题，深入进行考察和调研，积极提出符合

实际的意见和建议，为省委、省政府的决策提供依据。特别要注意把广大群众普遍关注的问题，作为调查研究、建言献策的重点，使省委、省政府更好地解决部分群众的实际困难和问题，把广大群众的积极性更充分地调动起来。

其次，要推进民主监督的规范化和制度化。推进民主监督的规范化和制度化，是加强社会主义民主政治建设的题中应有之义，也是我们共同的责任。中共各级党委和领导干部要完善民主监督机制，畅通下情上达的渠道，主动接受民主党派监督，闻过则喜，从善如流。民主党派的同志则要当我们的诤友，敢于针对问题讲真话、提意见、作批评，加大民主监督的力度。我们在省委主要领导和人大代表、政协委员、民主党派以及无党派人士

2002 年 7 月 15 日，李长春出席广东省各民主党派新一届领导班子成员座谈会。图为李长春与广东省政协副主席周天鸿亲切握手。左一为广东省政协副主席彭禹贤，左三为广东省人大常委会主任张帼英，右一为民进广东省主委、广东省农科院院长罗富和。

中间开设的"直通车",现在看来,这不仅是民主党派建言献策的一个直接的渠道,也是民主党派实行民主监督的一个直接的形式。希望各民主党派新一届领导成员,通过"直通车"等多种形式,搞好民主监督。当前,尤其要加强在党风廉政建设、依法行政、公正司法、行业风气、企业信用以及维护群众合法权益等方面的监督,并逐步规范监督程序和制度,推进民主监督的规范化和制度化。

再次,要更好地把各民主党派广大成员的意志和力量凝聚到社会主义现代化建设上来。进一步发挥民主党派人才荟萃的智力优势和联系广泛的群体作用,引导广大成员尤其是中青年知识分子在本职岗位上开拓创新、建功立业,为我省率先基本实现社会主义现代化作出新的贡献。明年初,省人大、省政府、省政协将要换届,各民主党派要协助省委做好党外人士的政治安排和实职安排工作。在人大、政协得到政治安排和在政府部门、司法机关得到实职安排的民主党派同志,要积极履行职责、发挥作用。要继续按照积极有为、量力而行的原则,组织好各种有利于推进两个文明建设的社会实践和社会服务活动,进一步树立民主党派良好的社会形象。

三、切实加强以政治交接为主线的参政党自身建设

我省各民主党派要以政治交接为主线,以思想建设为核心,以组织建设为基础,以制度建设为保证,努力把参政党自身建设提高到一个新水平。

第一,要继续搞好政治交接。我省各民主党派通过换届,进

一步推进了新老合作与交替，为搞好政治交接打下了良好的组织基础。政治交接最重要的是思想政治上的交接，是在坚持党的基本理论、基本路线、基本纲领这一中国共产党和民主党派长期合作的共同政治基础上的交接。因此，新当选的各民主党派负责同志要认真学习邓小平理论和"三个代表"重要思想，不断增强坚持四项基本原则的政治坚定性，加深对建设有中国特色社会主义的认识，坚决抵制各种错误思潮的影响。尤其要坚定坚持中国共产党的领导的信念，在政治上接好老一辈的班。只有这样，才能以较高的政治素质，经受住各种困难和风险的考验，把共产党领导的多党合作事业推向前进。

第二，要以政治引导为主要内容，加强思想建设。近年来，我省各民主党派成员结构发生了很大变化，老一辈领导因年事已高，相继离开领导岗位，大批新成员进入领导岗位，迫切需要加强教育和培养。年轻一代民主党派成员多数是和新中国一起成长起来的中青年知识分子，有着自身的特点和优势，思想政治基础较好。但是，在他们的身上也存在一些不足之处，如缺乏老一辈与共产党长期合作的丰富阅历，不太熟悉合作中应遵循的政治原则和政治规则，政治敏锐性和政治鉴别力不够强，等等。因此，加强民主党派的思想建设，关键是加强对年轻一代成员的政治引导。要通过做好思想政治工作和教育培养工作，引导他们在政治上和中国共产党同心同德，在思想上树立起建设有中国特色社会主义的共同理想。

第三，要以培养好新一代代表性人物为工作重点，推进组织建设。加强对民主党派新一代代表性人物的培养，对于巩固和发展中国共产党同民主党派的长期合作，具有十分重要的战略意义。这方面工作，中共党组织要做，民主党派组织也要做。做好这项工作，一方面要坚持政治标准，防止在新一代代表性人物的选拔上，片面追求高学历和高学位，以学术标准代替政治标准的倾向；另一方面要加大培养力度，建立健全选拔和培养新一代代表性人物和领导骨干的工作机制，把物色、考察、培养、选拔的各项工作制度化、规范化，对他们进行比较系统的理论培训和多党合作优良传统教育，注重他们的实践锻炼，为他们的成长铺台阶、搭舞台。

第四，要以建立健全工作机制为核心，完善制度建设。各民主党派新一届领导班子要在集体领导中加强民主集中制建设，制定明确的议事规则，正确处理集体领导和个人分工负责的关系，确保决策的科学化、民主化，形成领导成员之间的紧密团结，树立班子的集体威信。通过加强规章制度建设，建立健全参政议政工作机制、反映社会政治信息机制、内部思想教育机制和内部管理监督机制，为履行参政议政和民主监督职能，提供坚强有力的制度保证。

进一步坚持和完善中国共产党领导的多党合作和政治协商制度，是发展社会主义民主政治的需要，也是加强和改善共产党的领导的需要。全省中共各级党委要以强烈的政治责任感，牢固树立大局意识，进一步重视民主党派工作，为民主党派充分发挥参政议政、民主监督职能创造良好条件，为多党合作事业的发展营造宽松稳定、团结和谐的政治环境，切实帮助民主党派解决存在的实际问题，更好地发挥民主党派人才荟萃、智力密集、联系广泛、社会影响大的优势，共同致力于有中国特色社会主义现代化建设事业。

充分发挥工人阶级主力军作用 *

（2002 年 7 月 25 日）

> 我们党和国家的性质、我国工人阶级的历史地位和作用，决定了我们必须始终不渝地坚持全心全意依靠工人阶级的根本指导方针。实践反复证明，只有全心全意依靠工人阶级，发挥工人阶级的主力军作用，我们党执政的阶级基础才能得以巩固，工人阶级领导地位和主人翁地位才能得以实现，我们的事业才能不断向前推进。

面对新形势和新任务，工会工作比以往任何时候都显得更重要，涉及面更广，任务更繁重，要求也更高。各级党委和政府要从巩固我们党执政的阶级基础以及维护改革发展稳定大局的高度，充分认识加强工会工作的重要性，增强责任感和紧迫感，更加重视和支持工会工作，更好地发挥工会的作用。

---

* 这是李长春同志在广东省工会工作会议上的讲话。

一、深刻认识新时期加强工会工作的重要意义

第一，加强工会工作是巩固共产党执政地位的需要。工人阶级是我们党的阶级基础，是社会主义国家的领导阶级，是先进生产力和生产关系的代表，是社会主义物质文明建设和精神文明建设的主力军。我们党和国家的性质、我国工人阶级的历史地位和作用，决定了我们必须始终不渝地坚持全心全意依靠工人阶级的根本指导方针。当前，我国进入了全面建设小康社会、加快推进社会主义现代化的新的历史发展阶段。社会主义市场经济体制的初步建立，社会经济成分、组织形式、就业方式、利益关系、分配方式发生的深刻变化，经济关系、劳动关系显现的复杂化、多样化，这一切都没有改变中国工人阶级的历史地位和先进性，没有改变中国工人阶级作为国家和企业的主人翁地位。为什么要强调这个问题？因为有少数干部认为全心全意依靠工人阶级的观点已经过时了，这种认识是不对的。实践反复证明，只有全心全意依靠工人阶级，发挥工人阶级的主力军作用，我们党执政的阶级基础才能得以巩固，工人阶级领导地位和主人翁地位才能得以实现，我们的事业才能不断向前推进。工会是党领导下的工人阶级群众组织，是党密切联系群众的桥梁和纽带，工会在党和国家工作大局中发挥着重要的作用。在改革开放和社会主义市场经济深入发展的新形势下，只有进一步加强和改善党对工会工作的领导，充分发挥工会组织的作用，才能不断地巩固党的阶级基础，才能切实增强党的工作的影响力和渗透力，巩固党的执政地位。在新世纪、新阶段，我们要更加自觉地按照"三个代表"重要思想的要求，加强对工会工作的领导，确

保党的全心全意依靠工人阶级这一根本指导方针更好地贯彻落实到各个地区、各个部门、各个单位中去，更好地贯彻落实到社会政治、经济、文化生活的各个方面中去，真正把广大职工的积极性引导好、保护好、发挥好，从而更好地推进改革、促进发展、维护稳定。

第二，加强工会工作是全面贯彻落实"三个代表"重要思想的具体体现。"三个代表"重要思想是我们党的立党之本、执政之基、力量之源，是党的建设的指导思想，也是工会工作的指导思想。我们党和国家的全部任务，说到底是为人民谋利益，是团结带领工人阶级和广大劳动群众为实现自己的利益而奋斗。党和国家的一切工作都要以是否符合工人阶级和广大劳动群众的利益为最高衡量标准。工会是党领导的工人阶级群众组织，是党联系

2001 年 1 月 15 日，李长春率领广东省"送温暖"慰问团到劳动模范麦志强家中慰问。左一为广东省委副书记、广州市委书记黄华华。

职工群众的桥梁和纽带，肩负着维护职工合法权益的基本职责。工会的职责、任务、目标与"三个代表"重要思想的要求是完全一致的，加强工会工作就是实践"三个代表"重要思想的客观要求和具体体现。

第三，加强工会工作是工会自身适应形势发展变化的需要。在新形势下，工会工作的领域、重点、方式等正在发生深刻变化，工运理论也要在新的形势下与时俱进，开拓创新。因此，工会工作既面临着难得的机遇，又面临着严峻的挑战。工会参与协调社会利益和劳动关系，维护职工合法权益等方面的任务不是比过去轻而是更繁重了，不是比过去简单而是情况更复杂了。我省是改革开放的前沿阵地，面对西方敌对势力对我实施"西化""分化"的政治图谋，工会工作是抵制西方敌对势力"西化""分化"的一个重要领域，因而工会工作的任务更加艰巨。因此，各级工会组织必须增强创新意识，完善工作思路，改变工作方式方法，增强工作的针对性和实效性，才能更好地适应新形势、新任务的需要，才能确保长治久安。

第四，加强工会工作是推进广东这一新兴工业基地的建设，加快率先基本实现社会主义现代化的需要。前不久召开的省第九次党代会，提出了努力实现我省从经济大省向经济强省转变，率先基本实现社会主义现代化的奋斗目标。要实现这一宏伟目标，迫切需要动员全社会的力量共同为之奋斗，尤其要充分发挥工人阶级主力军作用。改革开放以来，我省经济迅速发展，工业化进程明显加快，成为新兴的、正在迅速崛起的工业基地。与此同时，很多农民洗脚上田，成为产业工人，职工队伍迅速壮大，成为我省经济建设和社会发展的重要力量。在这个过程中，外来务工人员也成为我们职工队伍的重要组成部分，为我省加快工业化进程、建设新兴工业基地作出了重要的贡献。因此，特别需要把他们的积极性、主动性和创造性引导到率先基本实现社会主义现代化的伟大实践上来。但由于历史原因，我省作为新兴的工业基地，工会工作的基础还比较薄弱，还不能很好地适应经济快速发展的要求；与广东作为经济大省的地位还很不相称。这种不适应反映在多个方面，在组织建设上还不适应形势发展的要求，在维护职工权益方面，工会的声音还比较小，侵犯职工合法权益的事情还时有发生。因此，各级党委和政府要从加快率先基本实现社会主义现代化的高度，从进一步把迅速壮大的职工群众的积极性引导好、保护好、发挥好的高度，进一步认识加强工会工作的重要性。

二、切实加强领导，确保工会工作各项任务的落实

在新形势下，各级党委要站在讲政治的高度，按照"三个代表"重要思想的要求，进一步加强和改善党对工会工作的领导。

第一，把工会工作作为党的工作的重要组成部分列入议事日程。工会工作同党的其他方面的工作一样，都是党的重要工作，是党的群众工作。要定期听取汇报，经常研究和解决工会工作中涉及全局的重大问题和实际困难，帮助工会把握正确的政治方向，支持工会依照法律特别是《工会法》《劳动法》和自己的章程独立自主、创造性地开展工作。党委要有一名副书记分管工会工作。政府也要有一名领导专门联系工会工作。要

加强与工会各种形式的沟通，并且推动有关部门与工会建立健全协商机制，为工会工作的开展创造良好的条件。中国共产党领导的工会是我们党很重要的一个政治优势，党领导的工会既能维护职工的利益，又能协调方方面面的关系，确保社会稳定，这是西方国家的工会无法相比的。因此，对这一政治优势要更加珍惜和发挥好。如果我们不把工会工作加强起来，境内外敌对势力就要与我们党争夺对工会的领导权。所以在这个问题上，我们一定要从政治的高度去认识，把加强工会工作摆在各级党委的重要议程上。

第二，选好配强工会的领导班子，加强工会干部队伍建设。这是党委加强对工会工作领导的重要方面。要按照干部队伍革命化、年轻化、知识化、专业化的方针和德才兼备原则，把那些政治坚定、思想解放、群众观念强、敢为职工说话办事的优秀干部，选配和充实到工会领导岗位。这四个要求是紧密联系的，是统一的，所以要把符合这四个要求的干部选拔到工会的领导班子中来。要结合换届工作，各地级以上市工会主席要由同级党委常委或人大副主任兼任，这是硬指标。县一级要看工作量的大小，区别对待，逐步配备。要加强工会自身建设，不断提高工作水平。现在的工会工作确实不同于改革开放前的工会工作，过去的企业都是国有、集体的，情况比较简单，现在的情况复杂多了。要注意处理好发展与维权的关系，既要不断改善投资环境，增强对外资的吸引力，同时对外资企业侵犯职工合法权益的现象要敢于说话，敢于和善于维护职工的合法权益。因此，各级党委要认真关心工会的建设，切实加强工会领导班子和队伍建设，不断提高工会干部的政治素质，提高工作水平。

第三，切实发挥工会在管理国家和社会事务中的民主参与和民主监督作用。各级政府要支持工会工作，凡是涉及职工切身利益的重大改革措施和政策的制定，都要充分听取工会和广大职工的意见，使各项政策更能代表和保障职工群众的利益。地方政府领导要这样做，基层单位也要这样做。当然不同的所有制企业要探索不同的方式。在这个问题上，各级党委和政府要从加强社会主义民主政治建设、实践"三个代表"重要思想的高度来认识，不要以为提意见的部门多了会添麻烦，而恰恰相反，多一些部门提意见正是我们民主决策、科学决策的需要，而且这也是工会代表职工群众参与国家和社会事务管理的一个重要形式，是《工会法》赋予工会组织的职责。

第四，各级党委要努力为工会开展工作创造一个良好的外部环境。特别是对于我们这样一个新兴的工业大省来说，工会工作的重要性往往还不被方方面面所认识。在这样的情况下，党委的一个重要职责就是要为工会工作的开展创造一个良好的外部环境。各级党委要帮助工会协调与社会各方面的关系，支持工会依照法律和章程独立自主地开展工作，努力形成党委领导、政府支持、工会运作、各方配合的工会工作格局。各级人大、政协要加强对有关工会和职工权益的法律法规执行情况的监督检查。我很赞成组织人大对《工会法》《劳动法》《职业病防治法》的执行情况开展专项执法检查。凡是涉及与广大职工利益相关的一些执法检查、一些行政的调查、行政的专案组，如重大火灾、安全事故的处理等，都要有工会的同志参加。各级宣传部门要加大对工人阶级、劳动模范和工会工作的宣传力度，要把《工会法》《劳动法》作为各级党校干部培训的内容。当前解决"四难"问题，要

2002年2月12日（农历正月初一），李长春考察广州汽车站售票窗口时与职工亲切交谈。左一为广东省交通厅厅长张远贻。

充分发挥工会的作用。解决"打官司难"要发挥工会的作用，工会要办好法律援助机构；解决"就医难"也要发挥工会的作用，各种特殊救治要接受工会推荐、要有工会参与；解决"住房难"标准的制定要有工会参加，职工群众具体困难的解决落实都要有工会的参与，等等，使工会在开展工作中涉及的各个领域都有一个很好的外部环境。

第五，党委要帮助工会努力探索新形势下工会工作的新经验。各级党委要加强领导、帮助和指导，要把党的建设与工会建设紧密结合起来一起抓。特别是在非公有制企业里面，靠工会自身开展工作，难度是很大的，更需要把党的建设与工会建设结合起来。希望各级党委指导工会抓一些不同类型的点，取得指导工会工作的主动权，如外资企业、私营企业、国有集体企业股份制后工会工作的点，以及经济发达的乡镇村企业的点。要帮助工会培训工会干部，提高他们的工作水平。各级工会要在党委的领导下，按照"三个代表"重要思想的要求，解放思想，实事求是，与时俱进，开拓创新，研究新情况，解决新问题，创造新业绩，开拓新局面。

结语篇
爱撒南粤　山高水长

我的述职报告 *

（2001 年 12 月 13 日）

> 我出身于普通的老百姓家庭，也是从基层成长起来的。是党和人民的信任、培养，是改革开放大潮，把我推到现在的领导岗位上。我深知老百姓的疾苦、愿望和要求。我十分珍惜党和人民的信任，经常自勉要用党和人民赋予的权力，为人民多办实事、好事。

我于 1998 年 2 月底调到广东。一晃儿，时间已经过去将近四年了。四年来，毛主席的"我们共产党人好比种子，人民好比土地。我们到了一个地方，就要同那里的人民结合起来，在人民中间生根、开花"的教导时时激励着我。我从到广东的第一天起，就努力实践把广东作为自己新的家乡的诺言，全身心地投入到广东改革开放和社会主义现代化建设事业，和省委一班人一道，在历届省委打下的比较好的工作基础上，担负起把广东的改

---

　　* 这是李长春同志在中共广东省委全委（扩大）会议上所作的述职报告。

革开放和社会主义现代化建设继续推向前进的历史重任。当时面临的突出问题是：亚洲金融危机给广东这样一个外向依存度比较高的省带来了严重困难；我省多年来高速发展过程中积累的一些问题逐步暴露，特别是由于亚洲金融危机的引爆，使我省的金融风险已经成为影响改革发展稳定的突出问题；国内市场形势发生了根本性的变化，在长期短缺经济下形成的经济结构、产业结构、产品结构以及企业组织结构，与发展了的市场经济形势明显不相适应，发展后劲不足，调整经济结构和产业优化升级的任务十分艰巨，等等。在党中央、国务院的亲切关怀下，在全省各级党委、政府和广大干部群众的密切合作和艰苦努力下，我们战胜了前进道路上的困难，尽管还有很多问题，但全省继续保持了经济持续快速健康发展的好势头，社会政治稳定，城乡面貌不断改善，人民生活水平继续提高，初步交出了物质文明和精神文明建设两份好答卷，基本实现了第八次党代会确定的目标和任务。

几年来，我和省委一班人一道，坚决贯彻执行党的路线方针政策，在思想上、政治上、行动上和党中央保持高度一致。坚持把"增创新优势，更上一层楼，率先基本实现社会主义现代化"作为总任务总目标统揽工作全局，使其成为全省广大干部群众继续解放思想、战胜困难、开拓创新、继续前进的强大动力，努力把中央的要求和我省实际紧密结合起来，力求创造性地开展工作。主要有如下几方面：

一、增创发展新优势，紧紧扭住经济建设这个中心不放松，保持经济持续快速健康发展。我和省委同志们一道，在发动全省各级干部进行增创新优势调查研究的基础上，确立了外向带动、科教兴粤、可持续发展三大发展战略，努力增创体制、产业、开放和科技四项新优势。先后作出了关于依靠科技进步推动产业结构优化升级的决定；关于加快国有企业改革和发展的实施意见；关于大力发展个体私营经济的决定；关于加快城乡建设，推进城市化进程的若干意见；关于推进国民经济和社会信息化的意见；关于大力推进农业产业化经营的决定等各项决策。几年来，国有企业基本实现了三年脱困目标，效益有所提高，科技和教育继续得到了加强，以发展高新技术产业为重点的结构调整步伐明显加快，高新技术产品产值以年均 30% 以上的速度增长，占整个工业产值的比重由 1997 年的 9% 提高到去年的 17.2%，有力地推动了我省国民经济持续快速健康发展。1998 年以来国内生产总值年均增长 10% 以上，财政收入年均增长 20% 以上，外贸出口和外商直接投资继续保持增长，综合经济指标继续位居全国前列。

二、千方百计化解金融风险，努力排除继续前进的障碍。在亚洲金融危机的冲击下，引爆了我省的金融风险，内债、外债全面告急，严重影响我省社会稳定和社会主义现代化建设。我和省委一班人一道，提出要坚持"内紧外松、标本兼治、分级负责、未雨绸缪、维护信用、确保稳定"的方针。在解决广东多年高速发展所积累的问题特别是金融问题上，坚持"不埋怨，不争论，不刮风，有什么问题解决什么问题"的方针，最大范围地团结广大干部，克服困难，渡过难关。在党中央、国务院的亲切关怀下，在各级干部的艰苦努力下，我省在保持经济快速发展的同时，较好地解决了支付风险，确保了全省的稳定，为进一步化解金融资产风险赢得了时间。现在，化解金融资产风险工作也有了一定进展。

三、坚持"两手抓、两手都要硬"的方针，努力交出物质文明和精神文明建设两份好答卷。中央领导同志一再要求我省要率先建立文明法治环境，交出物质文明和精神文明建设两份好答卷。我和省委一班人一道，以中央领导同志的要求为动力，加大了两手抓的力度。首先，总结和推广中山市创建文明城市的经验，用群众性文明城市创建为载体推动全社会的精神文明建设，并在全社会开展"致富思源、富而思进"的教育活动，在全省涌现了一批文明城市。其次，坚持重典治乱，大力整治社会治安秩序。持续不断地深入开展"严打"整治斗争，打击黑恶势力、各种暴力犯罪和多发性犯罪，狠扫黄赌毒。再次，大力整治和规范市场经济秩序，严厉打击严重经济犯罪活动。同时，加强依法治省和民主法制建设。我们高兴地看到，凡是上述措施落实好的地方，已经产生明显的效果，进一步改善了软环境，为改革开放和社会主义现代化建设的顺利进行提供了保证。

四、坚持以民为本，求真务实，为群众办实事，办好事。我出身于普通的老百姓家庭，也是从基层成长起来的，是党和人民的信任、培养，是改革开放大潮，把我推到现在的领导岗位上。我深知老百姓的疾苦、愿望和要求。我十分珍惜党和人民的信任，经常自勉要用党和人民赋予的权力，为人民多办实事、好事。我和班子的同志一道，注意加强自身的作风建设，身体力行"三个代表"重要思想。坚持倡导防止主观主义、形式主义、官僚主义、弄虚作假，倡导说实话、办实事、鼓实劲、求实效。坚持为人大代表、政协委员开辟反映意见的"直通车"，做好人民群众来信来访工作。重视弱势群体的困难，推动解决困难群众就医难、打官司难、住房难和子女上学难（即"四难"）问题。推动雷州半岛治旱，潮汕地区治理水污染。推动改善贫困地区的基础设施，全省行政村基本实现了通机动车、通讯、通邮、通电、通广播电视。推动石灰岩地区的石花地改造和水源建设。推动落实贫困户"四个一"（贫困户每人要有一块旱涝保收的"保命田"，每户要有一人外出打工，要掌握一项脱贫奔康的技术，要挂上一个农业龙头企业）的脱贫奔康措施。推动落实国有企业下岗和离退休职工的"两个确保"，完善社会保障体系和城市最低生活保障。推动加大转移支付力度，解决少数地方欠发工资问题，等等。倡导哪里有重大灾情，哪里就要有省委、省政府领导的身影。就我个人来讲，也努力创造条件更多地体察民情。我让秘书统计了一下，以去年为例，我批阅了群众来信482封，信访部门编印的各种材料和人大代表、政协委员通过"直通车"递上来的材料337件，总共是819件。按照一年250个工作日计算，平均每天批阅3件多一点，通过这些具体信件的批示，推动了群众关心的一些问题的解决。

五、坚持解放思想、实事求是的思想路线，与时俱进，开拓创新。几年来我与省委班子成员一道，努力实践解放思想、实事求是、与时俱进、开拓创新的要求，力求创造性地开展工作。坚持从广东实际情况出发，按照因地制宜、分类指导的原则，努力促进区域经济的协调发展。推动广州、深圳加快建设社会主义现代化的经济中心城市，并发挥其在全省的龙头带动作用；推动珠江三角洲在2010年左右率先基本实现社会主义现代化，发挥其在全省社会主义现代化建设中的火车头作用；加快粤东、粤西地区的发展步伐，进一步夯实产业基础，改善软、硬环境，增强经济实力和发展后劲；加强广大山区和贫困地区的基础设施建设，努力改善区位环境。加大扶贫开发的力度，开展扶贫"两大会战"，努力在"十五"期间实现脱贫奔康的目标。

坚持一般号召和具体指导相结合的原则，努力增强领导的有效性。几年来，省委、省政府先后在广州、湛江、珠海、汕头召开了一系列现场办公会，这对于更好落实省委、省政府的决策，帮助这些市进一步统一思想，解决突出问题，改变工作面貌，以及对推动全省的工作，都起到了明显的促进作用。

坚持典型引路，推动面上工作的方法，千方百计抓落实。这些年，我们先后总结推广了广州市国有企业改革和城市建设的经验，深圳市科技进步和依法治市的经验，中山市创建文明城市的经验，东莞市出口创汇的经验，东学梅州、西学高州的山区综合开发经验等。所有这些，都有力地推动了全省各项工作的落实。

坚持理论联系实际的学风，加强调查研究，力求提高领导水平。省委在 1998 年就作出了《关于加强调查研究的决定》，对省级领导干部每年到基层开展调查研究提出了具体的要求。省委的很多重大决策，都是省委常委同志深入基层调查研究，把基层干部和广大群众的创造性实践，加以总结、升华，找到事物的内在规律，实现从实践到认识的飞跃，进而变成新的决策，再去指导实践。我本人也同省委常委一道，努力实践省委的要求。我让秘书统计过，以去年为例，下基层调查研究的时间大约是 60 天。结合为省委决策提供依据，先后也撰写了几篇意见和调查报告，如《关于加快我省城乡建设步伐的建议提纲》《走农业产业化经营的路子》《领导班子建设中如何选准人的思考》《关于国有企业改革与发展的建议大纲》《关于实施信息技术及产业发展战略的建议提纲》《关于印度等国信息技术产业发展情况的考察报告》等。

坚持在发展中去解决前进道路上遇到的问题，始终坚持发展不动摇。在解决广东多年高速发展所积累的问题上，如何做到既解决存在的问题，又把干部群众的积极性保护好、引导好、发挥好，是我经常考虑的问题。省委鲜明地提出"不埋怨，不争论，不刮风，有什么问题解决什么问题"的方针；在对待人的问题上，省委坚持"鼓励干事者、支持改革者、教育失误者、鞭挞空谈者、惩治腐败者、追究诬告者"的方针；对全省性大案要案的查处，提出要坚持"惩治少数、教育多数、解脱一批"的方针；等等。对于全省共性的问题，主要是通过"三讲"进行正面教育，总结教训，始终注意保持良好的干事创业的大环境。实践证明，这些方针对于我省广大干部群众齐心协力渡过难关，继续保持良好的发展势头起了重要作用。

六、以"三讲"教育、"三个代表"重要思想学习教育活动为动力，全面加强和改进党的建设。我和省委常委同志努力通过这些学习教育活动，推动各级党委、特别是领导干部的思想作风建设。省委专门召开了八届五次全会，作出了《关于深入学习贯彻江泽民同志"三个代表"重要思想的决议》，还组织了大批干部深入基层推动全省的教育活动。总体上看，这些教育活动对于提高各级党委的领导水平，增强驾驭全局和解决复杂问题能力，密切同人民群众的联系，起了重要的推动作用。我本人通过这些教育活动，对新的历史时期和新的发展阶段建设一个什么样的党和怎么样建设党有了新的认识，对以科学的态度对待马克思主义的认识有了新的提高，进一步增强了坚持解放思想、实事求是、与时俱进、开拓创新和全面贯彻执行党的基本路线的自觉性，更加坚定了建设有中国特色社会主义的必胜信念。

我们还注意紧密联系我省实际，解决突出问题，大力加强基层组织建设。围绕密切联系群众这个核心问题，有什么问题就解决什么问题。对各级党委排出的问题突出的县、镇、村进行了重点整治，取得了一定的效果。

我们努力探索加强各级领导班子组织建设的措施。加大培养选拔年轻干部的力度。近年来，从省直机关中青年干部和应届大学毕业生中选调优秀者到基层任职，连续三年从全省选派一批高层次管理人才到国外进修。加大干部制度改革的力度，实行公开选拔、竞争上岗、公示制、任期制、交流轮岗等措施，努力扩大群众参与的程度，为干部创造公平、公正的环境。

加强党风廉政建设。我和省委常委一班人一道，注意加强制度建设和体制创新，从源头上遏制腐败，把反腐败的关口前移。建立和完善建筑工程、土地批租、产权交易等有形市场，落实"收支两条线"的规定，改革政府采购制度，简化政府审批事项等。严肃查处了一批大案要案，并充分利用其警示作用，教育广大干部。不断完善党风廉政建设责任制，形成反腐保廉的机制。我本人能够注意廉洁自律，自觉遵守党章和中纪委的各项规定。今后，还要和班子的同志一道，带头落实好《中共中央关于加强和改进党的作风建设的决定》，继续严格要求自己。

七、坚持民主集中制，努力增强省委班子的凝聚力和战斗力。总体上看，省委常委班子贯彻民主集中制的情况是好的。比较重视重大问题集体讨论决定，不搞个人说了算，坚持决策的科学化和民主化。努力健全党委工作规范，认真执行集体领导、民主集中、个别酝酿、会议决定的基本制度，把集体领导和个人分工负责结合起来，注意听取不同意见，不搞"一言堂"。注意发挥人大、政府、政协的作用，重大问题省委讨论，决策之后分头去办。几大班子都能围绕着省委的中心工作，按照有关法律和各自的职能，各负其责，相互支持，团结协作。坚持中国共产党领导的多党合作和政治协商制度，省委在重大决策作出前，能够认真听取民主党派负责人的意见。注意加强对非党干部的培养、选拔和使用。支持民主党派的工作。注意开好民主生活会，能够听取各种批评意见，用于改进工作。

我欣喜地看到，亚洲金融风暴冲击给我省带来的负面影响基本得到了克服；影响我省继续前进的主要问题有了明显的缓解；第八次党代会所确定的任务和目标正在得到贯彻落实，并陆续开始开花结果。如果说省委做了一些工作，取得了一些成效，首先是党中央的正确领导，是历届省委及 20 年改革开放奠定的坚实基础，是老同志的大力支持，是全省广大干部群众的辛勤努力，是省委各位常委、委员集体领导的结果，我只是尽了一点应尽的职责而已。在此，我感谢省委常委和委员同志们的支持，我为有这样好的工作环境而高兴。

在欣慰之余，我也清醒地认识到，全省的工作还有很多不尽如人意的地方，还存在很多困难和问题。面对加入世界贸易组织的新形势，我省的国际竞争力亟待提高，特别是科技创新能力和人才资源严重不适应；产业结构、产品结构、企业组织结构、民营资本结构亟待优化，结构调整的任务还很繁重；地区之间发展很不平衡，加快欠发达地区发展步伐的任务十分艰巨；农民收入增长缓慢，农业、农村、农民的问题还要高度重视；以整治社会治安秩序和市场经济秩序，加强社会信用建设为重点的软环境还亟待改善；以治理环境污染，控制人口增长为重点的可持续发展的任务还十分繁重；党风廉政建设和精神文明建设的成绩还不能估计过高，群众意见还很多，还需要常抓不懈；等等。

上述这些问题和不足，作为省委的主要负责人，我是负有重要责任的。除此以外，面临着复杂的国际国内形势和任务，自己深感理论水平、知识水平不适应，学习不够刻苦、不够勤奋，对自己要求不够高。在深入基层调查研究方面，虽然走的地方不少，但还缺少专题性、系统性的调查研究，走马观花多，在干部层活动多，直接接触群众少。对于有的地方出现的严重骗税问题，有失察的责任。我一定虚心接受各位委员和同志的批评，努力改进工作。

新世纪我国社会主义现代化建设进入了新的发展阶段，我们面临着难得的发展机遇，也面临着严峻的挑战。我们要高度重视国际政治经济形势的新变化，特别是加入世界贸易组织的新形势，不断增强我们的国际竞争能力和应变能力；高度重视以上海为龙头的长江三角洲发挥后发优势迅猛发展的势头，虚心学习，取长补短，变压力为新的发展动力；高度重视我省在前进道路上所暴露的不足，努力增强发展后劲和综合竞争能力。同时要看到，我省在新阶段继续走在全国的前面有利条件很多：我省已经初步建立了社会主义市场经济体制，有着明显的体制优势；已经初步形成了全方位、多层次、宽领域的对外开放格局，充分利用两个市场、两种资源为我们扩大了回旋余地；已经初步确立了以社会主义公有制为主体，多种所有制经济共同发展的社会主义初级阶段的基本经济制度，经济活力比较强；改革开放先行一步，为我们奠定了雄厚的物质技术基础，赢得了"时间差"；特别是我们有商品意识强、勤劳勇敢、勇于开拓的 7400 万南粤人民，有兄弟省市的大力支持，有党中央的正确领导和亲切关怀，有"增创新优势，更上一层楼，率先基本实现社会主义现代化"的前进方向，广东明天一定会更美好。对此，我充满了必胜的信心。我愿意和全省人民一道为实现美好的明天而鞠躬尽瘁。

希望广东各项事业蒸蒸日上 *

（2002 年 11 月 23 日）

刚刚闭幕的党的第十六次全国代表大会是我们党具有重大历史意义的一次大会。在十六届一中全会上，我光荣地当选为中共中央政治局常务委员，这不仅是对我个人的信任和鼓励，而且是对我们广东省委一班人的充分肯定，更是对广东省各级党组织、各级干部、全体党员和人民群众高举邓小平理论伟大旗帜，全面贯彻落实"三个代表"重要思想，按照江泽民同志提出的"增创新优势，更上一层楼，率先基本实现社会主义现代化"的要求，不断推进广东社会主义现代化事业的充分肯定。借此机会，对多年来一直给予我大力支持的在座的同志们，并通过你们向全省广大党员、干部和全省人民表示崇高的敬意和衷心的感谢！

刚才，中共中央政治局委员、中央组织部部长贺国强同志宣布了中共中央关于中共广东省委书记职务变动的决定，我完全拥护中央的决定。

1998 年 2 月 21 日中央决定调我来广东工作，随即举家南迁，

---

　　* 这是李长春同志在党的十六届一中全会当选中共中央政治局常委后在广东省领导干部大会上的告别讲话。

一晃已经 4 年零 9 个月了。几年来，毛主席的"我们共产党人好比种子，人民好比土地。我们到了一个地方，就要同那里的人民结合起来，在人民中间生根、开花"的教导时时激励和鞭策着我。我从来到广东的第一天起，就努力实践把广东作为自己新的故乡的诺言，全身心地投入到广东改革开放和社会主义现代化建设事业中，和省委一班人一道，承担起把广东的改革开放和社会主义现代化建设事业继续推向前进的历史重任。

当时我省面临的形势是：一方面改革开放 20 年奠定了坚实的良好的基础，另一方面在前进道路上也遇到了比较严重的暂时困难。突出的问题是：亚洲金融危机的爆发给广东这样一个外向依存度比较高的省的经济发展带来了严重困难；我省多年来高速发展过程中积累的一些问题逐步暴露，特别是由于亚洲金融危机的引爆，我省的金融风险已经成为影响改革发展稳定的突出问题；社会治安秩序、市场秩序、政务环境、法治环境等软环境严重制约我省的发展，"两手抓"的任务十分繁重；国内市场形势发生了根本性的变化，由长期以来的短缺经济转为买方市场，国际市场竞争激烈，我省的出口结构与很多国家和地区雷同。因此，我省产业结构、产品结构调整的任务十分艰巨，发展后劲问题突出，等等。

几年来，全省上下高举邓小平理论伟大旗帜，全面贯彻"三个代表"重要思想，以江泽民同志提出的"增创新优势，更上一层楼，率先基本实现社会主义现代化"为总目标、总任务统揽工作全局，认真贯彻党的十五大和省八次、九次党代会精神，努力实施外向带动、科教兴粤、可持续发展和区域协调发展战略，增创体制、产业、开放、科技和环境新优势，坚持"不埋怨、不争论、不刮风，有什么问题就解决什么问题”的“三不一有”方针，旗帜鲜明地“鼓励干事者、支持改革者、教育失误者、鞭挞空谈者、惩治腐败者、追究诬告者”，努力营造良好的干事创业环境。令人欣慰的是，在全省各级党委、政府和广大干部群众的通力合作和艰苦努力下，我们战胜了前进道路上的重重困难，迅速克服了亚洲金融危机给我省带来的负面影响，成功地化解了金融风险；全省经济继续保持了持续快速健康发展的好势头，经济总量又上了一个大台阶，经济实力大大增强；以高新技术产业和现代服务业迅猛发展为标志的产业结构调整初见成效，大企业集团、知名品牌和自有知识产权不断壮大，国民经济素质进一步提高；对外开放进一步扩大，对外经济贸易增长较快，对外经济质量有所提高；经济体制改革进一步深化，国企改革取得成效，个体、私营等各种形式的非公有制经济迅猛发展，社会保障体系进一步完善，市场秩序有所好转，市场体系日益完善，社会主义市场经济体制进一步确立；广州、深圳两个中心城市的龙头带动作用日益明显，珠三角高新技术产业带正在崛起；以“公司＋农户”为主要形式的农业产业化经营迅速发展，广大山区的基础设施有所改善，山区开发的步伐加快；城乡面貌有较大改观，扶贫开发力度加大，困难群众“四难”（住房难、就医难、打官司难、子女入学难）问题得到重视，人民生活水平继续提高；社会主义精神文明和民主法制建设进一步加强，一些社会丑恶现象有所遏制，社会风气不断改善；深入开展“三讲”和“三个代表”重要思想教育，努力探索建立从源头上预防和治理腐败的机制，党的建设得到加强。

很多同志说，现在，全省政治稳定，经济繁荣，社会进步，人们的精神面貌昂扬向上，初步向中央交出了物质文明和精神文明建设两份好答卷。我想，这些成绩的取得首先应归功于党中央的正确领导和亲切关怀，归功于邓小平理论、"三个代表"重要思想和"增创新优势，更上一层楼，率先基本实现社会主义现代化"总要求的正确指引。我们不会忘记，在我省金融风险最严重的时刻，党中央作出了向我省一揽子贷款的决定，使我们渡过了难关；我们不会忘记，在我们前进道路上遇到了很多新情况、新问题的关键时刻，在1998年的全国人代会上江泽民同志到广东代表团勉励我们要"增创新优势，更上一层楼，率先基本实现社会主义现代化""交出物质文明和精神文明建设两份好答卷"，给我们以巨大的鼓舞和力量；我们不会忘记，2000年2月下旬，江泽民同志亲自到高州作"三讲"教育动员，并在我省第一次阐述了"三个代表"重要思想，为我省和全国党的建设和社会主义现代化建设指明了方向，谱写了又一曲《春天的故事》。同时，这些年我省成绩的取得，也是全省各级干部和人民群众团结奋斗、扎实工作的结果，是中央驻粤各单位、各民主党派、驻粤部队、武警官兵以及港澳同胞和海外侨胞大力支持的结果，是与历届省委和改革开放20多年打下的坚实基础分不开的。特别是，省委一班人团结合作，几大班子密切配合，老同志真诚支持，各级党委、政府认真贯彻落实的工作环境，始终给我以鼓舞、力量和信心，在此，对各个方面所给予我的鼎力支持，再一次表示衷心感谢！

回首往事，欣慰之余，深感由于自己的水平所限，还有很多事情没有做好，没有做到。很多事情决策了、部署了，但还没来得及完全落到实处。有的工作，虽然是看准了，但推动的力度不够，因此效果不甚明显。有的虽然有一定成效，但基础仍不稳固，仍须反复抓，抓反复。也有的事情有失误。所有这些，我将认真总结教训，加以改进，也请大家谅解，并欢迎大家继续提出批评意见。

在近 5 年的时间里，我走遍了广大城乡，踏遍了广东的山山水水，我深深地爱上了这块曾在我国近现代史上，特别是在探索中国特色社会主义道路的伟大事业中作出重大贡献的热土。我为能亲身参与建设这方热土而感到自豪。广东广大干部群众勤奋、务实、开拓、创新的优秀品格深深地感染了我，使我也深深爱上了广东人民。在团结奋斗的岁月里，我和在座的同志们结下了深

2008 年 10 月 19 日，中共中央政治局常委李长春和夫人张淑荣来到东莞市万江街道拔蛟窝社区，与社区工作人员亲切交谈。右三为中共中央政治局委员、广东省委书记汪洋，左一为文化部部长蔡武，左二为中共中央宣传部常务副部长雒树刚。

厚的情谊，也从同志们身上学到了很多有益的东西。这里的工作环境、创业氛围以及已经全面展开、正在如火如荼进行中的率先基本实现社会主义现代化的伟大事业，都使我依依不舍，难以忘怀。广东已经成为我又一个新的故乡，不论走到哪里，我都会想念共同奋斗的同志，怀念这里的山山水水，关心这里的一切。我将把这些化为继续前进的动力，在新的岗位上努力践行"三个代表"重要思想，认真贯彻落实党的十六大提出的各项任务，为实现中华民族的伟大复兴贡献自己的绵薄之力。

刚才，贺国强同志说了很多对我褒奖的话，我深感其实难副，我将把它作为鞭策自己继续前进的动力。在即将走上新的工作岗位之时，我思绪万千，心情很不平静。首先这是党和人民的高度信任，是党长期培养教育，是人民特别是东北、河南、广东人民哺育的结果，作为一名受党教育多年的党的干部，没有比党和人民的高度信任更崇高的了。同时，我也深知责任之重大。人贵有自知之明，按党和人民的要求我还有很多缺点和不足，对于新的工作，还有很多不适应的地方。面临新的挑战，我将勇于担当，努力提高自己，不负党和人民的重托，特别是要时刻牢记这权力是党和人民给的，只能用来为人民谋利益。胡锦涛同志在党的十六届一中全会上向党的高级干部提出了高举旗帜、与时俱进，发扬民主、团结统一，艰苦奋斗、求真务实，清正廉洁、一心为民的要求。我将努力实践这些要求，以实际行动回报党和人民对我的选择。

中央决定调中共中央政治局委员张德江同志到广东接任我的工作，我非常赞成。张德江同志年富力强，政治上强，知识面宽，勤奋好学，思维敏捷，经过多个省和多个岗位锻炼，政绩突出。他来广东工作，一定会比我做得更好。希望大家像支持我一样，全力支持他的工作。

现在，我国已经进入全面建设小康社会的社会主义现代化建设的新阶段，全国形势喜人，催人奋进；形势逼人，不进则退。衷心希望广东更加紧密地团结在以胡锦涛同志为总书记的党中央周围，以学习贯彻党的十六大精神为动力，与时俱进、开拓创新，加快推进率先基本实现社会主义现代化，各项事业蒸蒸日上，继续走在全国的前列。

因为赴任时间紧迫，不能到各市、各单位告别了，请各位转达我对广东干部、群众的亲切问候。也向以各种方式对我表示祝贺的同志们、朋友们表示衷心的感谢！

最后，衷心祝愿广东繁荣昌盛，人民富裕幸福。衷心祝福在座的各位身体健康，工作顺利，万事如意。

附　录

李长春五载广东情

　　正如观察家所分析的那样，由于李长春在党的十六大上当选中央政治局常委，广东省委书记一职必然会有新的人选。这一分析昨日得到证实：李长春不再兼任广东省委书记，将正式赴京履新，十六大新当选的中央政治局委员张德江主政广东。

　　毫无疑问，在十六大刚刚为中国描绘出全面建设小康社会的蓝图之际，作为中国改革开放的桥头堡，作为占中国 GDP 十分之一强的华南大省，广东省的高层变动必然会引起格外关注，正如 1998 年 3 月李长春来粤就任时引起举国关注一样。

　　弹指间，李长春在广东主政已近 5 年。而 1998 年 3 月 9 日江泽民在参加九届人大一次会议广东团讨论时对李长春的评价言犹在耳："李长春同志既在工业大省（辽宁）工作过，也在农业大省（河南）工作过，具有丰富的领导经验。"

　　那么，从千里冰封万里雪飘的关外，到兵家必争文化深厚的中原，再到得改革风气之先的南粤，阅历羡人的李长春近 5 年来究竟给广东带来了什么呢？我们手头有一份今年 5 月份广东省九次党代会的《工作报告》，这个报告回顾了 1998 年到 2002 年四年来的成绩。撮其要言之：其一，广东 GDP 不断攀升，年均增长 10%，去年突破万亿元，占全国 GDP 十分之一强。年均增长 10%，高于全国 2 个百分点尚多，且这一速度是在一个巨大基数上取得的，殊为难得。其二，城乡居民储蓄存款余额超万亿元，广东省人民生活水平已经总体进入小康。其三，改革开放迈出新步伐。目前广东进出口总额已经突破2000亿美元。其四，"两手都要抓，两手都要硬"，精神文明建设和民主法制建设取得新成效。"致富思源、富而思进"深入人心。其五，广东作为"三个代表"重要思想的发源地，"三个代表"重要思想学习活动推进扎实有效。

如果说，以上都是枯燥的数字和抽象的描述的话，那么，诸如广州"中变"、九运会成功举办、社会治安明显好转、湛江特大走私案查处、广信清盘、粤海重组等等，相信广东百姓会看在眼里，记在心头。

也许，李长春在十六大上当选中央政治局常委本身，就是一个颇有说服力的证据。十六大代表、奥运会冠军陈小敏说："李书记能够当选政治局常委我们感到很高兴、很骄傲，这是广东人民的光荣，也是他这几年来为我们广东事业作出巨大贡献的成果。"广东省委副书记、常务副省长黄华华说："李长春当选中央政治局常委，是广东人民的骄傲，也是全国人民对广东改革开放所取得成绩的信任。"

细心的人士会留意，在江泽民对李长春的那段著名的评价后面，还有一句颇为关键的话："这次中央决定他为广东省委书记，主要是考虑到广东的重要地位而决定的。"这句话意味深长：广东地位举足轻重，无疑更需要德才兼备、年富力强的领导人掌舵。现在看来，李长春已经交上了一张令党中央满意的答卷。

"道由白云尽，春与清溪长。"有人用唐人刘眘虚的诗句解读李长春的名字。相信李长春这位中国政坛最年轻的中央政治局常委，会在新的岗位上大展宏图，为中国作出更大贡献。

如上所述，近年来广东经济发展举国瞩目，但毋庸讳言，广东下一步的发展亦将面临一些挑战。第一，中国入世后，国际市场国内化、国内市场国际化的格局，迫使广东不得不面对发展战略大转换的挑战；第二，广东目前是中国经济发展水平差距最大的地方之一，地区发展平衡问题将成为广东能否较快率先基本实现现代化的一个关键所在；第三，未来 30 年，从珠三角到粤北山区，从海洋环境到东西两翼，广东都面临着环境、资源保护的新挑战。

刚刚闭幕的十六大提出了一个新词：战略机遇期，即本世纪头 20 年是中国发展的重要时机。其实，机遇往往与挑战并存，机遇抓不住就意味着落后。怎么抓住这个战略机遇期，相信这将是以张德江为班长的广东省委一班人着力思考的问题。

张德江，曾任吉林省委书记、浙江省委书记，已经有正省级工作经历多年，刚刚在十六大上当选中央政治局委员。张德江在浙江任职期间，浙江经济飞速发展。2001 年浙江省人均 GDP 达到 14850 元，继续保持中国省区（不含直辖市）第一的位置；外贸收入和城镇居民人均可支配收入 2001 年位居中国省区（不含直辖市）第一。由中央政治局委员、浙江省委原书记张德江兼任广东省委书记，既再次表明了中央对广东发展的高度重视，也表明了中央对张德江的肯定。

广东和浙江省情相近，两省同属沿海发达地区，经济外向程度很高，个体私营经济发达，投资环境以及政府机构办事效率等方面均有很大的相似之处。这些相似之处将有利于张德江主政广东后最快地进入角色。

10 年前，邓小平视察南方，对广东提出了加快发展的殷切期望；之后，江泽民明确要求广东率先基本实现社会主义现代化。以李长春为班长的省委一班人已经为广东率先基本实现现代化奠定了良好基础，相信珠江两岸的百姓对以张德江为班长的省委一班人亦寄予了厚望。

"潮平两岸阔，风正一帆悬。"世纪之交，瞄准新的发展机遇期，珠江儿女正蓄势待发。

政务篇·为官一任造福一方

在南方日报报业集团的内部网上，键入"李长春"3个字，立即跳出5035篇相关报道。这些报道是李长春主政广东期间主要活动的忠实记录，更是5年来广东省政治经济各方面突飞猛进的发展史。鼠标轻击，细细翻阅，历史的厚重感宛然在握。透过纷繁的文字，渐渐地，我们梳理出李长春在广东的轨迹。在我们眼里，李长春的形象更清晰了，也更亲切了……

李长春首次走进广东人的视野，是在1998年3月的九届全国人大一次会议上，引荐人正是江泽民同志。江泽民同志对李长春的评价很多人至今仍记忆犹新："李长春同志既在工业大省（辽宁）工作过，也在农业大省（河南）工作过，有较丰富的领导经验。中央任命他为广东省委书记，主要是考虑到广东的重要地位。"岁月如梭，转眼间5年过去了，李长春完成了他在广东的使命，步上了更重要的工作岗位。

翻看李长春所作的《领导班子建设中如何选准人的思考》一文，"为'官'一任，就有造福一方的责任。各级领导干部要牢固树立无功就是有过的思想，反对安于现状，碌碌无为，为'官'一任，山河依旧……作为一名领导干部既要注重近期效益，又要注重积聚后劲，致力于长远发展，为今后打下良好的基础。"这是李长春对下属的要求，也是对自己的要求。这个要求，他不但说到，而且做到了。

5年来，广东的发展成绩斐然有目共睹。省会广州三年一"中变"，老城换新颜，南粤大地生机勃发，八方百姓安居乐业。在今年5月20日召开的中共广东省第九次代表大会上，李长春代表中共广东省八届委员会作的题为《以"三个代表"重要思想为指导，加快率先基本实现社会主义现代化》的报告中，对这5年来广东取得的成绩作了中肯的总结：2001年广东GDP突破万亿大关，城乡居民储蓄超过万亿元，全国税收中广东占了七分之一……

在广东的这5年，必定是李长春人生长河中十分重要的阶段。我们在这里罗致的只是他诸多重要活动的一小部分，从这些片段中我们可以触摸到历史的脉络，倾听历史的呼吸。

声 音

"我们这届省委肩负着承前启后、继往开来的历史重任，肩负着全省党组织和290多万党员的深切期望。我们一定要接好'接力棒'，同心同德，奋发图强，在邓小平理论伟大旗帜和党的十五大精神的指引下，带领全省人民努力完成这次党代会提出的各项任务，决不辜负江泽民同志要求我省'增创新优势，更上一层楼'的重托，为广东力争在下世纪初基本实现现代化奠定更坚实的基础。"

——1998年5月27日，李长春在中共广东省第八届
委员会第一次全体会议上当选省委书记时说

"古人曾经说：'宰相必起于州部，猛将必发于卒伍'。说的就是治国安邦之才，必须经过基层实践锻炼。……那些在工作基础薄弱、环境条件艰苦、人事关系复杂的地方和单位经受住考验、作出了成绩并积累了领导经验的干部，才是能够担负重任的干部。"

——摘自李长春《领导班子建设中如何选准人的思考》一文

"各级党政一把手在党风廉政建设上负有特殊的责任，一个单位也好，一个地区也好，党风廉政建设搞得怎么样、风气正不正，关键看一把手。"

——2001年1月11日，李长春在省纪委
第五次全会上作重要讲话

大事记

1998 年

2 月　中共中央决定，李长春任广东省委书记。

5 月 22 日　中共广东省第八次代表大会开幕，李长春代表中共广东省七届委员会向大会作了题为《增创新优势，迈向新世纪，全面推进广东现代化建设》的报告，报告分为五大部分，提出今后 5 年的基本任务和奋斗目标，强调统揽全局，突出重点，着力增创四大优势。

5 月 27 日　在中共广东省第八届委员会第一次全体会议上，李长春当选省委书记。

7 月 31 日　省委、省政府在广州召开城市建设现场办公会，李长春对广州城市面貌提出了"一年一小变、三年一中变、到 2010 年一大变"的目标。

1999 年

10 月 5 日　首届高交会在深圳揭幕，李长春出席开幕盛典。在此后 4 年里，李长春每年都亲临大会了解交易情况。

12 月 21 日　省委、省政府隆重举行大会庆祝澳门回归，李长春向刚刚诞生的澳门特别行政区政府表示热烈祝贺。

2000 年

2 月 19 日　李长春陪同江泽民总书记考察高州。江泽民出席高州市领导干部"三讲"教育会议之后，围绕加强新时期党的建设和推进高新技术产业发展这两个题目在广东进行了调研。

3 月 14 日　李长春同志根据多年来的实践，把所见、所闻、所思进行总结，撰写了《领导班子建设中如何选准人的思考》一文。这篇文章运用邓小平理论，总结历史和现实的经验，从理论与实践结合的高度对在班子建设中如何选准人的问题作了全面、深刻的阐析。

11月14日　深圳隆重庆祝特区建立20周年，李长春出席庆祝大会并发表重要讲话。李长春说，深圳经济特区的今日，昭示着珠江三角洲乃至广东全省的明天。

2001 年

10月29日　省委、省政府在广州召开检查广州市"三年一中变"工作现场办公会，李长春充分肯定了广州城市建设"中变"取得的巨大成绩。

11月11日　九运会在穗隆重举行，国家主席江泽民出席开幕盛典。开幕式结束后，李长春与九运会组委会常务副主任、副省长许德立亲切拥抱，盛赞开幕式成功十分难得。

2002 年

5月13日　汕头信用网正式开通，李长春出席仪式并希望汕头建设成为全国信用最好城市之一。

5月20日　中共广东省第九次代表大会开幕，李长春代表中共广东省八届委员会向大会作了题为《以"三个代表"重要思想为指导，加快率先基本实现社会主义现代化》的报告，李长春全面回顾了省八次党代会以来的工作，谈到了4年来工作的主要体会，深入分析了当前我省面临的国际国内形势，首次提出广东要从经济大省向经济强省跨越的目标，并强调要通过实施"四大战略"、增创"五大优势"，实现我省经济发展的战略性转变。

5月26日　李长春在中共广东省第九届委员会第一次全体会议上

当选省委书记。

11 月 15 日　中共十六届一中全会选举李长春为中央政治局常务委员会委员。新当选的中共中央总书记胡锦涛向中外记者介绍李长春时亲切指出，这是新一届中央政治局常务委员会中最年轻的委员。

足迹篇·走遍南粤情满珠江

1998 年 4 月 11 日，新华社播发长篇通讯《探寻山区发展新思路——李长春粤北山区调查研究纪实》，从这篇文章里，广东的老百姓开始见识这位新书记的作风：上任伊始，李长春把深入基层调查研究的第一站，选在了广东最贫困的粤北山区。3 月 31 日，他只带了少数随行人员，乘坐普通列车，首先来到广东最北面的韶关市。由该地出发，他先后到了韶关、清远两个地级市的 12 个县市区，足迹几乎遍及粤北主要的区域。

这种稳健扎实的作风自始至终贯穿于李长春就任广东省委书记的履历里。近 5 年来，他的足迹遍及南粤大地，从珠三角，到粤东、粤西，调研、慰问，访贫问苦。其中一个细节令我们难以忘怀：在贫困的乡村，他常常揭开村民的锅盖，看看他们都吃的是什么。这是个习惯性的动作，从这个动作中，我们似乎可以感受到他那一刻的心境。

广东是个台风频繁的地区，于是，在大自然肆虐的日子里，我们都会看到李长春奔忙于灾区的身影。在洪水泛滥的恩平，他握着灾民的手，关切地问道："救济食品能不能按时领到？""吃的是什么？""睡怎么办？"

在郁南县，李长春蹚着泥水一路看，一路向当地领导了解情况。他对在灾害中失去 3 位亲人的灾民徐权初说："对你的遭遇，我的心情很沉痛。希望你化悲痛为力量，在党委、政府的帮助下，尽快重建家园。"

这一切，广东人民不会忘记。

题 词

"起个大早，赶个晚集；急起立追，后来居上。"

——1999 年 3 月 26 日上午，广州本田雅阁

轿车正式下线，李长春当场题词

声 音

"劳模是先进生产力的代表，党和政府时刻关心着你们。像劳模这种特殊群体，就要用特殊办法解决。"

——2002 年 2 月，李长春看望全国劳动模范、原广东省

惠阳航运局直属船队中队长刘源富时说

"人间正道在实业。"

——2001 年初，李长春在潮阳考察时说

"治乱用重典，才能有力震慑犯罪分子的嚣张气焰，才能扶正祛邪，才能使人民群众满意，这是讲政治和讲法治的统一。越是犯罪突出、治安混乱的地区，越要体现重典治乱。"

——2000 年 5 月，李长春在三访广州火车站后说

"东学梅州，西学高州。"

——1999 年 8 月，李长春在全省山区工作会议上说

"农民富起来，我们高兴。"

——1999 年 4 月 8 日，李长春考察深圳龙岗区试点村时说

"西安有个兵马俑，我们深圳也有个化石森林。"

——1999 年 12 月，李长春考察深圳时说

大事记

1998 年

4 月　刚到广东工作的李长春便到粤北的韶关、清远开展调研，10 天走访了 12 个县市区。当他了解到乐昌市沙坪镇还有部分群众饮用水困难时，要求各级政府一定要早日解决这个问题。在连南，他指示通过搬石造地增加耕地面积。在清远，李长春提出安排每个贫困家庭 1 个孩子到技工学校培训，"培训一人、输出一人、脱贫一户"。

6 月 27 日　李长春赴恩平视察灾情，恩平市连遭特大暴雨袭击，23 万多人被洪水围困。

6 月 29 日晚 11 时　因洪水凶猛，南海市丹灶镇荷村水闸堤围出现崩塌，李长春连夜赶到现场。

9 月 14 日至 16 日　李长春到河源市调研，提出山区要大力组建农业龙头企业，采取"公司＋基地＋农户"的模式，带动农民脱贫奔康。

9 月 24 日　全省创建文明城市现场经验交流会在中山市召开，李长春要求进一步推动全省创建文明城市活动深入开展。

12 月底　李长春到湛江调研，提出用 3 至 5 年时间解决雷州半岛的干旱问题，把雷州半岛建设成南亚热带农业示范区。

1999 年

1 月　李长春考察顺德，希望顺德在新形势下增创新优势。

1 月 19 日至 20 日　李长春到惠州市重点考察国有企业。

8 月 27 日　在深圳召开的广东省经济特区和珠江三角洲改革开放

工作座谈会上，李长春要求深圳再超前一步。

10月12日　李长春参观第一届东莞电脑资讯产品博览会，并与东莞市领导进行座谈。

2000 年

1月31日　李长春顶着凛冽的寒风来到肇庆，慰问了两家困难企业、3个特困户和1户劳模家庭。

6月7日至8日　李长春在珠海主持召开珠江三角洲西部四市座谈会。

8月16日至17日　李长春亲临清远市检查扶贫"两大会战"，亲自参加了"村村通机动车"的修路劳动。

12月3日至5日　李长春在茂名考察并参加茂名市党政领导班子民主生活会，强调必须以江泽民总书记"三个代表"重要思想为指针，全面推进党的建设和各项工作。

2001 年

2月26日至27日　省委、省政府召开汕头现场办公会，李长春亲自主持会议研究如何整治好汕头、揭阳、潮州、汕尾的市场秩序和社会秩序，确定以汕头为全省社会信用体系建设试点城市的契机，推进社会信用体系建设。

3月21日至23日　李长春到茂名考察，深入了解农村"三个代表"重要思想学习教育活动和农业产业化的进展情况。

4月　李长春考察东莞，提出东莞要从出口加工基地型的城市向中心城市转变，并逐步建成一个具有特色的现代化中心城市。

7月6日　李长春顶着大风骤雨，深入广州白云区及从化、增城农村，就如何加快农业产业化经营问题进行专题调研。

8月 李长春到韶关调研,第一站就奔赴石灰岩地区,要求当地党委和政府当年内将建造蓄水池和改造石花地两件事情办好。

9月初 李长春深入汕尾市陆河田间地头进行考察,要求该县在16个贫困县中脱颖而出。

9月上旬 李长春到广东高院考察工作,与广东省公、检、法、司及省总工会、省妇联等有关部门的负责人座谈,强调要努力实践"三个代表"重要思想,实施法律援助。

2002 年

1月23日 李长春视察东深供水工程工地,勉励建设者努力拼搏,保质保量早日完成工程施工任务,早日让香港同胞喝上优质水。

2月28日 李长春出席潮州供水枢纽工程奠基典礼,启动了这项造福264万粤东人民的民心工程。

3月 李长春到惠州小金口镇考察,充分肯定了农村党员联系村务工作责任制。

4月29日 省委、省政府召开推进广州南沙开发现场会,李长春指出"南沙开发是珠江三角洲进一步发展的一个新的支点"。

8月14日至16日 李长春深入韶关市的乐昌市、乳源瑶族自治县、北江区和浈江区考察,看望灾民。

8月28日 李长春参加东莞市委民主生活会,勉励东莞要从加工基地向制造服务基地转化。

10月11日 珠江三角洲城际快速轨道交通广州至佛山段工程试验段开工,李长春启动开工按钮。

民生篇·点滴折射广博胸襟

在这里，我们不经意间找到一个视角，不是仰视，而是平视。

1999 年春节是李长春在广东过的第一个春节，大年廿九，他出现在逛花市的人潮里。"新年好！""恭喜发财！"人们发现，李书记的广州话越说越好了。喜庆的气氛中，书记与市民的心贴近了。

广州火车站曾经以脏乱差而"闻名"，一名来自上海的学子忍无可忍投书报社，令他万没想到的是，他所写的正是李长春书记所想的。在李长春的批示和多次过问、探访下，广州火车站终于变了样。

"烈女"洪招娣纵身一跃，写下惊心动魄的故事，令世人为之震动。李长春在有关报道上批示要严惩逼良为娼的凶手时，我们可以想见他的心情是多么的激愤。当洪招娣康复出院时，李长春送上一本他亲笔题写了"自强不息，努力向上"的《新编汉语词典》，其殷殷的期望又是那么的真切。

近期最让老百姓津津乐道的便是春林苑饮食店了。这个下岗女工开的小店一直让李长春牵挂不已，他出人意料的探访引起了轰动效应。李长春"帮衬"的岂止是一个小小的肠粉店？他"帮衬"的是整个下岗职工群体的再就业。

这些事例在一个省委书记的政治生涯中也许算不了什么，可是中国人信奉一句话"见微知著"。点点滴滴，可以折射江河湖海，正是这些"小事情"让人们看到一个更加可亲、更加生动的形象。

人们也许不易记住经济增长了几个百分点的数字，但一些鲜活的"小事情"，在人们心中留下的印记却难以磨灭。

声 音

"初三不读不行啊！叫他念。处于义务教育阶段的特困职工的孩子，一定要保证念上书。再苦也不能苦了孩子。"

　　　　　　——1998 年 5 月 1 日看望广州下岗职工梁金球时说

"少生孩子多种菜，早日脱贫奔小康。"

　　　　　　——1999 年 2 月 15 日到清远慰问时送给村民黄金顺的话

"要下一道死命令，切实将农民负担减下来。"

　　　　　　——2000 年 3 月 6 日在全国两会广东代表团全体会议上说

"现在广州没有鸽子、天鹅敢落下来，因为一落下来就成了一煲汤了。"

　　　　　　——2001 年 3 月 5 日在参加全国人大会议小组
　　　　　　讨论谈及保护野生动物问题时说

"温氏养的猪和鸡一定要成为百姓的放心肉！温氏是全省最大的农业龙头企业，一定要成为生产放心食品的榜样。经济效益好，社会效益也要好。既增加了农民的收入，又让百姓吃上放心食品。"

　　　　　　——2002 年 3 月 6 日在全国两会期间论及食品安全时说

"人民给了各级领导干部一定的权力，我们一定要用好这个权力，为人民办实事办好事。"

　　　　　　——2002 年 5 月 1 日在慰问广州困难职工时说

"给你提个建议，把普通话学好，各个地方的客人都来，你的营业额就能提高 20%。"

　　　　　　——2002 年 9 月 25 日在探访春林苑饮食店时提了个小建议

大事记

1998 年

5 月 20 日 李长春看到《南方日报》刊登的消息《小丽在呼救》后，批示要立即组织解救，严惩人贩子。当日，省公安厅解救小组和陆丰市公安局民警立即赶往碣北镇，被拐卖近 3 年的小丽被安全解救出来。

6 月 20 日 6 月 13 日，19 岁的安徽姑娘洪招娣到广东打工，被同乡刘峰骗到吴川市覃巴某发廊，强迫她卖淫。洪招娣宁死不从，纵身从 3 楼跳下，导致腰椎粉碎性骨折。李长春在看到有关报道后，批示要严惩逼良为娼的凶手，为民除害，并要求吴川市委全力救治她。

1999 年

2 月 14 日 大年廿九，羊城街头鲜花盛开，金橘满枝，一派节日气氛。李长春在省、市领导陪同下，来到广州市越秀区逛花市。他边走边看边问，时不时用广州话祝群众"新年好！""恭喜发财！"听说当年花卉品种丰富，价格比较便宜，成交量也大，李长春高兴地说，逛花市是广州人过年的老传统，要让群众过一个欢乐祥和的春节。

12 月 23 日 李长春一大早看了报上有关房改问题的报道后，便给有关领导作出指示，要求"近日协调拍板一批政策性问题，让符合条件的群众赶上末班车"。

2000 年

5 月 9 日 李长春对广州火车站及周边地区的整治极为重视，4 月下旬以来已三度微服探访并多次作出指示。9 日，《南方日报》刊发了读者上海复旦大学学生尹连根的来信《火车站前看广州》后，李长春指示有关方面要加强管理、改善服务。根据李长春的指示精神，广州市开始对广州火车站及周边地区进行全面整治。广州市政府召开专门协调会议，讨论有关综合整治方案，并全面作出具体部署，决定对火车站及周边地区动"大手术"，全面整治治安、卫生、交通和买票难、进场难、进站难、出站难等问题。经过艰苦的工作，广州火车站的面貌焕然一新。事后李长春多次过问整治进展情况。

2001 年

3月8日 参加全国人大会议的广东女代表举行"三八"节座谈会，李长春赶来向女代表祝贺。"派'利市'、派'利市'。"不知是哪位代表向李长春提出要求，刚好走到红线女面前的李长春停下脚步，拿出一支钢笔，当作"利市"送给了红线女，大家不由得开心地笑起来。

6月1日 湖南籍外来工曾少明在广州患职业病需要进行骨髓移植，二姐和二姐夫索价 10 万元作为捐髓报酬，妹妹和妹夫却鼎力相救，不惜把 5 个月大的胎儿引产无偿为哥哥捐髓。这个感人的事迹经传媒报道后，引起李长春的高度关注，他委托有关人士专程看望这位妹妹。

2002 年

3月2日 广州三元里街派出所全体民警给李长春写信，向他报告了一个好消息：去年 4 月 30 日，李长春到这个所慰问并视察工作时，要求该所两年内"双抢"案件下降 50%。经过努力，该街的"双抢"案就下降了 55%。李长春阅信后非常高兴，作了批示：对你们取得的成绩表示祝贺和谢意。望再接再厉，与时共进，取得更大的成绩。

3月23日 李长春就《南方日报》当天刊登的报道《含泪捐款救优秀少年》作批示："请调查一下，对有特殊困难的群众，要实行特别救助"。在李长春深情关注下，李本灏入住南方医院血液科进行治疗。

9月25日 7月19日，劳贞波和几位下岗的工友在广州市劳动力市场商量怎么开一家肠粉店时，李长春来了，鼓励她们创业上岗，还说："你们开张后，我有时间一定去品尝！"经过短短两个月的奔忙，劳贞波和几位工友终于在明月二路开起了春林苑饮食店。这天，李长春兑现诺言，带着黄华华、蔡东士、林树森等省、市领导光顾了这家小店，一时传为佳话。临走时李长春还破例题词，写下了"物美价廉，宾至如归"八个字。

印象篇·我们眼中的李长春书记

在昨天的全省领导干部会议上，李长春动情地说，广东已经成为他又一个新的故乡。不论走到哪里，他都会想念共同奋斗的同志，怀念这里的山山水水，关心这里的一切。其实，李长春书记的形象早已在广东人民心中扎下了根。

下岗女工、"春林苑"肠粉店老板劳贞波说，他"亲切温暖的感觉就像老朋友"；新机场迁建指挥部总指挥长张春林不会忘记，他视察完工地临行前语重心长地叮嘱"要工程保质保量，干部一个不倒"；广州市副市长李卓彬感慨："在我最困难的时候他送给我一句话"，"给了我莫大的支持"；台商杨永祥说："希望他到中央工作后，两岸能有更多的沟通和交流，能促使两岸三通工作早日实施"。

在李长春书记即将辞别广东、北上履新之际，本报记者奔赴南粤各地，走访了不少与李长春书记有过接触的机关干部、基层干警、下岗工人、台商以及广东省的老领导等人士，他们从自己的亲身体会出发，向记者描述了"自己眼中的李长春"。当这些印象交织在一起时，一个平易近人、勤政爱民的身影就凸显了出来。

老同志焦林义："他表现得很虚心"

李长春书记在广东5年给我留下的深刻印象就是对老同志尊重、关心、爱护，对此，其他的老同志也跟我一样有同感。

记得他1998年刚到广东走马上任时，就立刻到我们这些退下来的老同志家里挨家挨户地登门拜访，跟我们聊聊以前广东的情况，征求我们的意见，表现得很虚心。

对于李长春书记的工作评价，我已退下来，跟他没有工作上的接触，不太好说。但我知道他刚到广东时就亲自到粤北山区实地考察了一番，这说明他注意掌握第一手材料。相信以他这种踏实的工作作风到中央后同样也能胜任新岗位，把工作搞好。

乐昌市委干部朱国昌："群众疾苦挂心头"

前年的时候，李书记来过我们乐昌，当时是来检查我们石灰岩地区吃水困难问题。当时南方日报社的领导杨兴锋也在场。李书记视察时对杨兴锋开玩笑似地说，你们南方日报可以在这里帮助建一个水库。后来南方日报社果真在我们这里建了一个水库。经过几年的努力，我们石灰岩地区原来吃水难的问题已经解决了，现在我们吃水很方便。我感觉他是非常关心群众疾苦的。

广州火车站前站长吴宝韶："多次暗访火车站"

李书记到火车站共有6次，这6次中只有第一次和最后一次是事先通知的，其他都是暗访。那几次都是公安先认出他，等到我们接到通报赶过去的时候，他已经坐在值班室或者候车室同工作人员、旅客聊上了。

对李书记我记忆中最深刻的一个印象是，他每次来都要翻看公安值班室的记录本。每次他来了以后，铁路公司和火车站的领导都要向他汇报整改以来的成果，但他只是点点头，不轻易发表什么意见。然后，他总要到公安值班室中，亲自翻翻记录本，看看最近的发案情况。他的这个习惯让我觉得，他做工作是非常细心的。

劳动保障厅厅长方潮贵："情系下岗工传佳话"

我印象最深的莫过于李长春书记关心下岗职工开肠粉店的事情。全国再就业工作会议召开时，李长春书记带着我们广东代表上北京，会议期间李长春书记让我开完会后回去打听一下，劳贞波她们的肠粉店开了没有，如果开店了就告诉他。可以说，李书记关心下岗职工再就业的事情已经被传为佳话。

下岗女工劳贞波："他像老友般亲切"

不用我说大家都知道，我们这间小店就是在李长春书记的直接关怀下开的。肠粉店开张时，他亲自来到我们店里品尝肠粉。虽然之前他早说过要来，但他工作这么忙，我们根本没想到他会真的亲自来。记得那天他和林树森市长等领导一起来到我们这间肠粉店，他握着我的手说："今天来尝尝你做的肠粉味道，我想来很久了。"那种亲切温暖的感觉就像老朋友一般，根本不像是身居要职的领导人。现在我们这间肠粉店的生意还不错，算是能维持，不亏本。

新机场迁建总指挥长张春林："工程要保质保量"

今年 3 月 27 日，李长春书记陪同当时的中共中央政治局常委尉健行视察正在建设中的广州新白云机场。视察结束之后，紧随尉健行准备上车的李书记突然放缓脚步，他转过头，握住我的手，语重心长地说："春林同志，要工程保质保量，干部一个不倒。"虽然是短短的一句话，但我却感到意味深长。当时我马上对李书记说："我们保证按您的要求，努力创优质、廉洁工程，请您放心。"李书记满意地点了点头。

现在新机场的建设工程已经过半，所有已经完工的工程都达到了"优良"，170个招投标项目中没有一起有效投诉。我想新机场没有辜负李书记的嘱托。

三元里派出所干警李曙光："他关心广州治安"

李长春书记对三元里街的工作一直都非常关心。去年"五一"前，李长春书记到三元里慰问派出所的干警，他当时表示，三元里处于广州比较重要的位置，治安形势比较严峻。他说，他很关心、很关注三元里街。我记得这句话他说了3次。今年春节前，三元里街派出所写了一封信，以全体干警的名义汇报了当时开展整治后三元里出现的新局面，没想到很快就得到了李长春书记的答复。

李长春书记对三元里街的关注也使街道受到很大的鼓舞。我一直都用李长春书记的要求来要求街道的工作人员和居民，要把三元里街搞好。

博物馆讲解员王小迎："我见他会心一笑"

李书记是展览开幕的第二天来我们馆的，至今印象深刻的是他对展览的四处地方停下来看了比较长的时间，看得很仔细。其中之一是一个农民发自内心写了一首诗赞扬扶贫攻坚确实给农村带来了实惠。当时身边的工作人员给他念这首诗，他听完以后会心地笑起来了。我想，他心里可能比较欣慰。

台商杨永祥："台商对他印象好"

这几年，广东省每次召开对台招商会，李长春同志都来听取台商代表们的意见，在广大台商们中的印象非常好，因此我们很多台商也经常鼓励台湾的企业来广东投资、来珠海投资。

这次李长春当选中央政治局常委，我们和广东人民一样，非常高兴。我们希望他到中央工作后，两岸能有更多的沟通和交流，能促使两岸三通工作早日实施。

美术馆馆长王璜生："一席话倾倒艺术家"

我的印象中，李长春书记对广东美术界艺术界是非常支持的。他刚来广东不久，就与广东的老艺术家们接触，了解他们的生活状况。记得有一次看完"广东当代国画名家10人展"后，他表现出很留恋的样子，到我们馆的贵宾厅坐下来与艺术家交谈。身边的随从人员提醒他时间紧张，接着还有活动的时候，他说我想和艺术家再多谈一谈。他谈起在沈阳的时候与艺术家的交往，谈到河南的中原文化，谈到对广东的印象，可谓滔滔不绝，很多艺术家都听得入神了。我们希望新的省委书记也能够这样支持艺术界。

省博物馆馆长古运泉："他与大家亲切合影"

今年10月9日那天，李长春书记临时决定到我们馆来看《"三个代表"在广东的实践图片展览》。当时还有很多观众在看，他说不要清场。但为了维护展场的秩序，其他的观众被安排到了另外一个展场去看。观众中有一个小学老师带着学生们来看，她提出希望学生们与李书记照一张相，李书记欣然接受了。与老师学生照相的时候，场面很热闹，他也很高兴。当时数百个在场的群众看到了，都热烈地鼓起掌来。后来，我走过去，跟他说："书记，我是省博的馆长，我们想和您照张相。""可以啊。"他很爽快地答应了。至今，这张照片还摆放在我的办公室里。

广州市副市长李卓彬："他是一个好领导"

一踏入李卓彬副市长的办公室，就会看见他和李长春书记在珠江游船上的合影。在这张合影下，李卓彬副市长与记者进行了一番谈话。

1998 年 7 月 31 日，省委、省政府召开了广州市城市建设现场办公会。李卓彬记得李长春书记当时这样问了一句："广州这么乱，能治好吗？"李卓彬副市长立即坚决地回答："有信心把工作做好。"李卓彬副市长清楚地记得，在过去的 5 年中，李长春书记先后 11 次视察过广州市城建，所有的小变、中变工地他都亲自去过。

在日前举行的李长春书记送别会上，李卓彬副市长代表广州市全体青年向李书记表示祝贺。他说："在感情上我们不舍得书记离开广东，但从国家改革开放的大局和全国人民的利益来讲，应该把广东、广州改革开放的经验带到全国去。广东过去五年是经历亚洲金融风暴的冲击、经济不退反进的五年；是广东改革开放地缘优势削弱、增创新优势的五年；是社会稳定、经济持续快速发展、实现两个一万亿的五年；是城乡规划建设全面进步、人民安居乐业、生活水平迅速提高的五年；是改革开放在广东取得新经验、新成就的五年。我作为广东干部的一员，作为广州人民的一员，感谢李长春书记对广东所做的一切工作。"

采访中，李卓彬副市长这样形容自己心目中的李长春书记，"他是一位平易近人、作风扎实、敢于开拓创新的人，是一位好领导"。当记者问及是否知道李长春书记心目中的自己时，李卓彬副市长很坦诚地回答："不知道。"接着他又说："不过他曾在我最困难的时候送给我一句话：'一个能承受最艰难磨炼的人，才能最终成为有出息的人。'这句话在 2000 年给了我莫大的支持。"

（原载 2002 年 11 月 24 日《南方都市报》）

探寻山区发展新思路

——李长春粤北山区调查研究纪实

新华社记者　胡国华

　　清明前后，正是寒威将尽，草木欣欣向荣的季节，中共中央政治局委员、新任广东省委书记李长春，专程到广东最贫困的粤北山区调查研究。他深入了不少特困县的村镇，走访了许多农户，和干部群众进行了广泛交谈，掌握了大量第一手材料，对山区今后如何稳定脱贫、进而致富的问题，形成了思路。

　　为了全面贯彻党的十五大精神，认真落实江泽民总书记对广东提出的"增创新优势，更上一层楼"的要求，广东省委常委会决定，近期内就如何增创广东改革开放新优势的问题，开展一次全省性的专题调查研究。新近接任广东省委书记的中共中央政治局委员李长春把深入基层调查研究的第一站，选在了广东最贫困的粤北山区。3月31日，他只带了少数随行人员，乘坐普通列车，首先来到广东最北面的韶关市。由该地出发，他先后到了韶关、清远两个地级市的12个县市区，足迹几乎遍及粤北主要的区域。在调查研究的十天里，他夙兴夜寐，时间抓得很紧，实地察看了仁化县的锦江梯级电站、特困县乳源的民族经济开发区、南雄市澜河毛竹深度加工基地、连南瑶族自治县三排乡瑶胞村寨、清新县石灰岩移民安置点、英德市速生林基地等几十个调查点。

　　李长春作风非常深入。每到一处，除了和当地干部交谈，向他们了解情况外，还一定要深入群众家庭，察看他们的生活情况，倾听他们的意见。在全国特困县之一的乳源，他特地来到东坪镇东田管理区瑶族同胞聚居的村庄，走访了几户瑶胞家庭。每到一户，他都要从客厅到卧室，再到厨房、猪圈，里里外外全走一遍，认真察看他们的生活状况。在赵外养家，李长春除了一一询问他家的人口、经营、收入、孩子等情况外，还来到他家灶台前，掀开锅盖，观看他家吃的是什么。到被称为广东最贫困的"四大金刚"之一的石灰岩特困镇沙坪那天下午，气温骤降，不一会儿就下起了雨，山区曲折的小道变得更加难行。李长春仍冒雨踏着泥泞，来到雷家窝管理区新开路村，走访了几家较贫困的农户，详细了解他们的生活情况，嘘寒问暖，使群众深受感动。

群众的疾苦，始终是他最关心的问题。在清远市调查时，他了解到，这个全省贫困人口最多的市，近几年用建移民新村的办法，把居住在石灰岩地区的农户迁移出来，先后共移民十八万人。对此他十分关心，并很想了解移民现在的生活情况。于是，他特地接连走访了连南县金坑乡高岭移民新村、南岗镇蜈蚣田移民新村、清新县三坑镇明联瑶族新村等移民点。到高岭移民新村那天，正好是清明节，他和随行的干部受到了正在家中过节的瑶族同胞的热烈欢迎。一群瑶族姑娘给他们戴上了瑶族红头巾，并请他们品尝瑶族的家酿米酒。瑶胞的真诚和热情，使李长春十分感动，当即给敬酒的姑娘回赠了一支圆珠笔。他还来到房亚十等瑶胞的家中，探问他们的生活情况。当得知这个村原来住茅寮泥屋的瑶胞各方面的生活条件都比过去有很大改善时，李长春放心了。他充分肯定了这种异地移民的办法，并要求当地干部继续关心移民村的群众，帮助他们稳定脱贫。

贫困山区的群众在脱贫后如何致富，逐步缩小和珠江三角洲等富裕地区群众的差距，显然是李长春一直在思考的问题。他发现到过的几十户农民家，每户平均养猪都没有超过两头，收入最多也只有1000元，深感这方面潜力还没有挖掘出来。在瑶胞赵伟民家，他看到这家也只养了两头猪，便对陪同考察的当地干部说："贫困山区的群众要脱贫，现阶段靠办企业还不行。现在连不少国有企业都很难办，山区想办好就更难了。比较切合实际的办法，还是应该发展种养业。但像目前这样每户养两头还不行，这是'养猪过年，养鸡换盐'的水平。要脱贫致富，种养都得有一定规模。"

为了探寻山区脱贫致富的具体办法，李长春还实地考察了几家已有一定规模的种养基地和企业。南雄市翠屏公司创办的三元杂交良种猪场，是一家以引进的大约克、长白、杜洛克等良种猪进行三元杂交，繁育商品仔猪的养殖企业。该企业采取"公司＋基地＋农户＋市场"的经营模式，将猪苗供应给农户，农户预付一半的种苗款，其余待猪出栏后再还清；公司则提供技术、防疫、饲料、销售等服务。目前，已有3000多农户加入了这种经营模式。这家企业的做法，显然和李长春正在思考的问题比较合拍，他希望该企业进一步扩大规模，为山区脱贫致富作出贡献。

在调查研究的过程中，李长春特别关注那些农业产业科技含量较高，已经形成科农贸相结合的经营体制的典型。设在清远市清城区的长青高科技农园有限公司，是一家由外商投资的农业企业。从1994年开始，该公司租用了源潭镇近130公顷土地，投入资金245万美元，引进了番石榴、芒果等十类60多种国外优良水果品种，用高科技的方法进行培育。目前，多数品种已开始挂果。李长春到这里考察时，公司董事长外商孔锦雄告诉他，该公司对到中国投资很有信心，准备扩大投资，使各类水果种植面积达到667公顷，产值达452万美元。今后，除安排1000多人就业外，还将把有的品种扩散到农户，由他们提供种苗和科技服务，由农民负责管理，形成生产能力后，再由他们负责产品销售。李长春对这种科农贸相结合的经营体制十分赞赏，热情鼓励他们扩大投资，在为粤北山区作出贡献的同时，取得更大的经济效益。他还破例为该公司题了"一片中国心，满园花果香"十个字，以示勉励。

在粤北山区经过十多天的调查后，李长春形成了关于山区脱贫致富的较系统的看法。在几个场合，他都对当地干部说：一定要走农业产业化的路子，加快山区开发和扶贫开发。前段时间，解决温饱的扶贫开发主要是用行政的办法。要进一步实现脱贫致富，行政的办法要和经济的办法紧密结合起来，而且更多地用一些经济的办法。实践证明，走农业产业化的路子，不仅是发达地区发展"三高"农业的好办法，也是欠发达地区开发性扶贫的好办法。

如何推进农业产业化？他认为，关键要抓住五个环节：立足优势资源；确立主导产业；创办龙头企业；建设商品基地；辐射带动农户。五个环节中，关键是创办龙头企业。而龙头企业的特征，就是触角能伸向国际国内市场，龙尾能摆向千家万户，用经济关系作纽带，用经济合同的形式，把千家万户的小生产和千变万化的大市场连接起来，形成"公司＋基地＋农户"的经营方式，在农民和市场之间架起一座桥梁。这种经营方式，与现行的政府加事业单位的站所加农户的体制相比较，有几方面的优越性：一是有利于使农业从自给半自给的小农经济、统购包销的计划经济转向社会主义市场经济；二是有助于在稳定家庭联产承包责任制的前提下，把小生产变为大生产，实现规模化、集约化，解决了千家万户分散经营和千变万化大市场接轨的问题；三是有助于把依靠科技发展农业落到实处；四是有利于农业的对外开放。

那么，怎么样形成农业龙头企业呢？李长春说："我认为，农业龙头企业形成可以有几种渠道：一是国营的流通企业和合作的流通企业延伸服务和深化改革，改造成农业龙头企业。二是结合党政机关机构改革，分流的人出来领头办农业龙头企业，这在很多地方都有成功的先例。三是有的涉农事业单位创办或整体转为农业龙头企业，特别是畜牧、种子等先天具备条件的单位，应该率先转变为农业龙头企业。四是乡村集体经济组织办那些围绕'农'字做文章的农业龙头企业。再一个途径，就是民办。专业大户、农村能人、外商，或各方入股来办。"

李长春还特别提醒道，走农业产业化的路子，既要积极，又要稳妥，不能一哄而起，不能在形成农业龙头企业的过程中，搞低水平的重复建设。一定要从市场需求和本地优势出发，确立主导产业，而且要各具特色，形成规模。

如何提高贫困山区劳动力素质的问题，也是李长春此行十分关心的问题。清远市技工学校创造的经验，引起了他的关注。这个设在清远扶贫经济开发实验区的学校，是经省政府批准成立的山区职业技能开发基地。1995 年 10 月建成开学后，很快形成了技术培训、技能鉴定、就业介绍三位一体的技能开发运作体系，为提高山区劳动力素质，解决山区多余劳动力出路，发挥了一定作用。该校为帮助山区贫家子弟解决读书难、就业难的问题，打破常规，实施常年招生步骤，不断扩大招生规模，并优先为他们解决就业问题。对特别困难的学生，该校还注意少收和缓收费用，并于 1997 年经政府批准设立了"扶贫助学金"。到目前为止，该校已向清远和珠江三角洲地区输送了 3000 多名技校毕业生和短训班学员。

实地调查后，李长春对该校的做法表示赞成，并对当地干部说，提高贫困山区劳动力素质，是一个十分重要的问题。贫困山区除走农业产业化的道路外，还应设法把剩余劳动力安排到珠江三角洲等需要劳力的地方就业。目前贫困山区劳动力的素质，显然还不够适应，这就要培训。办这种技工学校，是个好办法。要使现在在册的贫困户，每家都有一个劳力参加培训，提高他们的素质。今后需要新增劳力的企业，都可以到这里招工。当然，要实行学校推荐，双向选择，不包分配的办法。但只要把专业确定好，合乎市场需要，与岗前培训衔接，这样的学生肯定是会受欢迎的。这方面可以和对口扶贫的地区合作，把对口帮扶活动提高到一个新水平。如果能想办法让贫困地区的农户，每家有一个孩子在三角洲等地区就业，再加上农业产业化，就完全可以实现贫困山区的稳定脱贫。

在清远石灰岩地区，他看到这一带虽然石多地少，但有的山坡并不太陡，感到这些地方完全具备改造的条件。因而，在和山区的干部交谈时，希望他们要继续发扬艰苦奋斗精神，发动群众，充分利用积累工、义务工的潜力，大搞以山、水、林、田、路综合治理为内容的农田基本建设，移石造地，坡地改梯田，努力改善山区农业生产条件。

在粤北调查研究时，李长春还察看了韶关钢铁集团公司、韶关发电设备厂、清远金泰集团化纤厂等一批国有企业，并就继续打好国有企业改革攻坚战，加快调整和完善所有制结构步伐等问题，发表了意见。他希望国有企业要通过改革走出一条提高自我发展水平的路子，以改革求发展。各级政府要通过各种形式为国有企业的改革和发展创造良好的条件。要坚决制止向企业的"三乱"行为。同时，各级政府要有计划地执行适度从紧的财政政策，把有限的财力用在扶植重点骨干企业的发展上，用在困难企业职工、下岗职工的困难补助上。在深化企业改革中，要注意搞好配套改革，完善社会保障制度，探索国有资产的监管和运营体制，以及再就业工程。

他还就进一步加强领导班子建设等问题，发表了重要意见。他强调，不管是企业改革，还是机构改革，党的领导只能加强不能削弱。

李长春在粤北虽然只逗留了十多天，但他深入的作风，清晰的思路，务实的精神，已给当地干部群众留下了很深印象。他们由此感到，贫困山区脱贫大有希望。

（原载 1998 年 4 月 11 日《南方日报》）

力争率先实现现代化

——访中共中央政治局委员、广东省委书记李长春

新华社记者　胡国华

金秋时节，中华人民共和国成立 50 周年大庆即将到来，我国改革开放前沿的广东正在以什么样的实际行动迎接这一盛典，又准备以什么样的步伐迈向 21 世纪？记者专门走访了中共中央政治局委员、广东省委书记李长春同志。

李长春首先对广东 50 年来的发展历程作了回顾。他说："新中国成立后特别是改革开放以来，广东发生了举世瞩目的变化。1978 年，广东的国内生产总值还只有 184.73 亿元，到 1998 年，国内生产总值已达到 7937.23 亿元。特别是广东的经济特区和珠江三角洲地区，经济社会发展成就更为显著。这个地区的面积只占全省的 23.5%，常住人口只占全省的 40%，但国内生产总值却占全省的 67%，财政收入占全省八成，实际利用外资占全省的 78.6%，外贸出口占全省的 88%。目前，这个地区的人均国内生产总值已达 22785 元（折合 2745 美元），城市化水平已达 67%，成为全国比较发达的地区之一。广东取得的成就说明，走有中国特色的社会主义道路的无比正确。"

李长春颇为感动地说："党中央领导人对广东十分关心、信任，寄予厚望，同时又从跨世纪的大方向、总目标上给我们指明了道路，使全省干部群众受到了极大的鼓励和鞭策。经过 20 年的改革开放，广东全省总体上已实现了小康，经济特区和珠江三角洲正在走向初步富裕。当

前要确定一个新的更高的目标，去鼓舞、激励、鞭策广大干部群众继续前进，实现新的发展蓝图。省委确定的率先基本实现现代化的总体思路是：以邓小平理论为指导，以江泽民同志有关'增创新优势，更上一层楼'和'率先基本实现社会主义现代化'的指示为动力，以率先基本实现现代化为总任务、总目标，统揽工作全局，全面贯彻党的十五大精神，继续解放思想，开拓创新，实施外向带动、科教兴粤、可持续发展三大战略，增创体制创新、扩大开放、产业升级、科技创新四大优势，率先创建文明法制环境，到2010年，要把经济特区和珠江三角洲建设成为我国高新技术产业的重要基地；与港澳密切合作、与国际经济紧密联系的外贸出口基地；社会主义市场经济体制的先行区和可持续发展的示范区。基本达到经济繁荣、结构优化、设施完善、城乡一体、法制健全、社会文明，率先基本实现现代化，为全省基本实现现代化起示范带动作用。"

随后，李长春具体阐述了要率先实现现代化今后需要注意的问题。他认为，继续解放思想，勇于开拓，大胆创新，是率先基本实现现代化的重要前提。他还说："广东要率先实现现代化，还必须继续坚定地按照'三个有利于'的标准，大胆实践，勇于开拓，敢闯敢试，大胆创新。对于重大的决策要坚决与党中央保持一致，站在全局的高度，维护大局利益，同时又要从实际出发，把中央的要求和本地的实际结合起来，创造性地开展工作。最近中央给予广东不少重大的试验权，如批准广东为科技体制综合改革试验省，批准珠江三角洲作为国家高新技术产业带试点等。广东应该充分利用党中央赋予的试验权、探索权，拓宽视野，开阔思路，放开手脚，大胆试验，大胆探索。对于重大的探索，要勇于提出，经请示批准后大胆实践。"

最后，李长春说："率先建立文明法制环境，是率先基本实现现代化的题中之义和重要条件。其核心是加大依法治省力度，依法行政，依法管理经济，依法治理社会。当前一是要规范市场秩序。二是要规范行政执法行为。三是要以创建文明城市活动为载体，推进社会主义精神文明建设。四是要进一步加强社会治安综合治理，有效遏制黄赌毒等社会丑恶现象，确保社会稳定和人民生活安全。五是要坚持可持续发展战略，依法控制人口增长，加强自然资源的管理和保护，加大环境整治保护的力度。"

（原载 1999 年 9 月 13 日《新华每日电讯》）

走村串户探民情

杨兴锋

春分时节，地处粤西的茂名荔花烂漫、万物峥嵘。中共中央政治局委员、广东省委书记李长春于 21 日至 23 日来到这里考察，深入了解农村"三个代表"重要思想学习教育活动和农业产业化的进展情况，旨在更好地为解决农业、农村、农民面临的问题掌握丰富的第一手材料。

高州是我省农村"三个代表"重要思想学习教育活动的先行点，也是李长春挂的点。早在一个月之前，李长春就对该市的学习教育活动作了重要批示。为了实地考察高州市该项活动的进展情况，了解农民群众在想什么、盼什么，对党和政府有什么意见和要求，李长春 21 日中午一到茂名，下午便直奔高州市根子镇元坝村，与 10 余位村民代表及党支部、村委会干部座谈。他对村民代表说，我们今天是来听大家说心里话的，说错了也不要紧，村委会和党支部不准打击报复。

李长春的循循善诱，使村民代表打消了疑虑，他们争相发言，直抒胸臆。他们用朴实的语言说道：想不到"三个代表"重要思想学习教育活动搞得这么扎实，让农民群众得到了实惠。通过学习教育活动，镇、村干部的精神面貌确实发生了很大变化，工作作风深入了，教育等方面的乱收费整治了，抓经济工作也主动积极了。与此同时，他们也直陈村里存在的问题，希望党和政府帮助解决。有的盼望解决水利失修、农田严重缺水问题；有的要求加快农村电网改造，降低农业用电价格；有的恳请搞好社会治安，让群众增强安全感；有的呼吁采取措施搞活流通，解决丰收年"卖果难"问题……

倾听着村民代表的发言，李长春时而插话提问，时而认真做笔记。在充分听取意见之后，他与村民代表和各级干部一起，逐条商量解决上述问题的对策和措施。座谈会刚结束，他又先后访问了村民吴树胜、吴邓民的家，从客厅、卧房到厨房，看得很细，从人口、生活到流通、收入，问得很深。不少村民想看看省委书记是怎样深入基层关心农民群众的，三三两两围了过来。李长春笑着迎上前去，亲切地问他们："今年水果生产能不能获得丰收？""荔枝能不能卖得出去？""计划生育工作落实得怎么样？"当得到肯定的答复之后，李长春风趣地叮嘱他们："少生孩子多栽树，奔向共同致富路！"村民们随即报以热烈的掌声。

高州市潭头镇乾坡村，在去年县级"三讲"教育中是出了名的地方。该村群众由于对扩改 207 国道用地的赔偿不满意而多次越级上访，引起了上级领导的高度重视。去年县级"三讲"教育期间，李长春专门召集省、市领导和有关部门负责同志精心研究，拿出了一个妥善的解决方案。高州市也抽调 100 多名干部组成 8 个工作组，到村里与群众"三同"，做了 4 天 4 夜深入细致的思想工作，最后达成了让群众满意的处理协议，解决了这个拖了 3 年之久的遗留问题。这次到高州考察，李长春牵挂着乾坡村的群众，便于 22 日下午来到该村探访民情。在那里，镇干部告诉李长春：拖延多时的 207 国道乾坡新建路段已经建成通车，市镇两级领导分别通过"三讲"教育和"三个代表"重要思想学习教育，积极帮助该村群众办实事，引进兴建了一家灰沙砖厂，安排 30 多人就业；扶持 30 多户村民发展养猪业，扶持一批村民种植优质香蕉、荔枝、龙眼等，受到了村民们的普遍好评。李长春闻言非常高兴，他步入灰沙砖厂和村民养猪场，询问农民群众对党和政府还有什么意见和要求。村民们听说李长春来了，纷纷拥过来连声称谢，村委会主任列千培还代表全村群众给李长春呈上一封用大红纸写的感谢信，上面写道："农民冷暖记心头，心系民情解民忧，书记督办解难结，鸿恩永在乾坡留。"李长春笑着摆摆手说："要谢就谢当地党委政府。"

在高州考察期间，李长春还主持召开了部分镇、村干部座谈会，进一步了解该市开展农村"三个代表"重要思想学习教育活动的体会、经验、收获和建议。据介绍，该市的学习教育活动从2月2日开始，已完成了"思想发动、学习培训"阶段的工作，目前转入了"对照检查，听取意见"阶段。全市6000多名干部分别到439个村委会和7703个自然村建立了联系点，进村入户达52866户，收集群众意见19771条，并针对群众反映的突出问题，实行领导包案责任制，一件一件加以解决，扎扎实实为群众办了一批好事实事。李长春听后满意地说，我觉得高州市为了确保学习教育活动不走过场，有几个环节是抓得比较好的，可以在全省各地推广：一是为了让领导班子和个人的反思有更强的针对性，规定每个领导干部必须走访10户农户听取意见，并在全镇发问卷调查、在股级以上干部中发征求意见表，同时通过开设热线电话、接受群众来信来访、召开座谈会、开展个别谈话等方式，充分收集群众意见，帮助领导班子和成员找准存在的主要问题。二是为了使领导班子和成员进行深刻反思，对反思材料建立了严格的审查把关程序。与此同时，采取交心谈话、背靠背评议、民主生活会等方式，在领导班子成员中开展互相帮助。三是把学习教育和抓紧整改紧密结合起来，实行领导包案责任制，解决存在的热点难点等突出问题，为群众办好事实事。

怎样才能进一步提高学习教育活动的质量呢？李长春提出了两点要求：一是要通过学习教育活动，切实提高干部领导农村经济工作的水平。靠传统的政府加农户的模式去办农业，已经不能适应形势的需要，市场和农民呼吁农业产业化。抓住了农业产业化经营，就抓住了调整农业生产结构、扩大农业生产规模、提高农民收入水平的"牛鼻子"。对于这个问题，一定要有足够的思想认识，要有强烈的紧迫感。二是要通过学习教育活动，进一步加强农村基层基础工作。为此要实行分类指导。要结合纪念建党 80 周年，在今年"七一"表彰一批"五好党支部"、"六好乡镇党委"和"先进县（市）党委"。同时，各市要认真排查出后进的县、镇、村，通过学习教育活动，采取派工作组、组织调整等措施认真整改，促进转化，以夯实农村基层基础工程。

加快农业产业化经营的步伐，是李长春茂名之行非常关心的问题。他与省直有关部门的负责同志和当地党政领导走一路议一路，并用一天时间着重考察了信宜松香厂、信宜市联兴工艺制品有限公司、化州市铁路专线服务有限公司、广东民昌果业有限公司等农业龙头企业，与基层干部、龙头企业负责人广泛交换意见。他认为，实行农业产业化经营，关键在于创办农业龙头企业，实行"公司＋农户"的模式。这种模式既能够稳定以家庭承包经营为基础的经营体制，又能够在千家万户的分散经营与千变万化的大市场之间架起一座桥梁，在将科学技术转化为农业生产力方面开辟出一条新路，也是推进农业结构调整的有效载体，是提高农民收入水平的好途径。他强调，各地在推进农业产业化进程中，必须抓好五个环节：一是弄清当地资源优势；二是确立主导产业；三是创办农业龙头企业；四是建设商品生产基地；五是辐射带动千家万户。每到一地，他都鼓励当地干部群众努力催生一批农业龙头企业，有条件的地方要建立中高级农产品批发市场及交易中心，大步迈向农业产业化。

在三天的茂名之行中，李长春还在省政协副主席王兆林的陪同下，参观了高州、信宜、化州的一些工农业企业、城市基础设施、小城镇建设等。他勉励茂名广大干部群众要紧紧抓住农村开展"三个代表"重要思想学习教育活动的机遇，切实加快工业化、农业产业化、城镇化的步伐，努力使茂名经济在近年内跃上一个新台阶。

（原载 2001 年 3 月 25 日《南方日报》）

拳拳之心　殷殷之情

——李长春在广州看望下岗职工侧记

褚庆喜

一场夜雨，给沉浸在"五一"国际劳动节喜庆气氛中的广州带来了滋润。清晨，中共中央政治局委员、广东省委书记李长春顶着薄雾，来到广州市海珠、白云、荔湾区，看望慰问下岗职工，考察失业职工转岗培训和再就业工程的实施，把党和政府的关怀，送到下岗职工的心里。

8 时 45 分，李长春一行乘坐的中巴车停在海珠区素社郭墩新街口。首先下车的李长春踏着泥泞的道路，来到居住在新街八号 102 室的广州有线通讯工业公司下岗工人陈德源家里。

在只有 19 平方米的狭小居室里，李长春拉着陈德源和自己一起挤坐在一条旧沙发上，亲切地问："你家几口人？"陈德源回答："两口人，只有我和一个孩子。"

"你爱人呢？"李长春关切地问。

陈德源说，上个月病逝了。

李长春沉吟向他表示亲切慰问。

李长春又询问了陈德源下岗的时间，小孩上学的情况。当听说陈德源每月领取 250 元特困职工生活补助金时，问："够不够用？"

陈德源说："不够用。还要交水费、电费。"

李长春鼓励他说："你的困难是暂时的。企业部分职工下岗，是企业体制改革的必然现象，从发展看，也是符合工人阶级长远利益的。要体谅政府的困难。对下岗能想得通吧？"

"想得通，大家都这样。"

房顶上的电扇在不停地旋转，狭小房间依然闷热。在这闷热的三维空间里，李长春与陈德源越谈越热乎。他热情地鼓励刚刚丧偶的陈德源等心情平静之后，尽快学会一些再就业的技能。把下岗当成实现自身价值的一次新的机遇。

陈德源十分感谢政府和领导同志对下岗职工的关怀，把李长春一直送到车上。

9时35分，李长春一行又驱车来到位于珠江之滨的白云区松南路松南街松南二横路，走进广州市航运局疏浚打捞航运公司下岗职工梁金球的家里。

在亲切轻松的交谈中，梁金球说，家里有80多岁的母亲、妻子、两个孩子，每月从政府和企业能领到救济金380多元。妻子本来想在市场上摆地摊，因管理费收得较高而未果。

李长春立即对坐在身边的广东省委副书记、广州市委书记黄华华说：市委、市政府研究一下，对摆地摊的特困职工免收管理费。要对他们自谋就业门路开绿灯。

当李长春听说梁金球正上初三的儿子因交不起学费而辍学时，神色十分凝重。他对广州市长林树森说："初三不读不行啊！叫他念。处于义务教育阶段的特困职工的孩子，一定要保证念上书。再苦也不能苦了孩子。"

出了梁金球家，李长春一路无语。走进车里，他依然惦记着那个辍学的孩子。他深情地对陪同看望的副省长钟启权说："这个问题应该引起我们的重视。孩子的教育不能受影响。"一路上，李长春都和同行的省市领导谈论资助特困职工子女上学问题。

10时30分，风尘仆仆的李长春一行来到荔湾区劳动就业培训中心视察。

李长春参观了该中心的"失业职工报到处"、"转岗培训报名处"、"职业介绍服务处"，以及美容美发、语音、电脑培训室，对荔湾区委、区政府投资 1300 多万元为下岗职工兴建劳动就业培训中心的做法给予肯定，对培训中心在近 3 年来共举办各类就业培训班 406 期，培训下岗职工 25000 多人（次）予以表扬。

李长春指出：当前，党中央、国务院非常重视下岗职工的再就业和生活。省委、省政府也非常关心这个问题。我们要统一思想认识，正确对待当前社会上存在的国有企业下岗职工问题。使方方面面都能正确理解和支持改革，把由下岗带来的社会问题、个人家庭问题，缩小到最低限度。各级党委、政府要更加关心这一群体，把下岗职工解困、再就业纳入重要的议事日程，切实认真抓好。特别是党政一把手要亲自抓、负总责。

当前，各级财政要执行适度从紧的政策，把一些锦上添花的工程压缩一下，挤出资金，更多地兴办再就业培训中心。劳动部门在下岗职工解困和再就业培训方面负有非常重要的责任，要给党委、政府当好参谋。要指导全社会把再就业网络建立起来。再就业服务，不仅劳动部门要办，企业也要办。全社会各个方面都要为下岗职工解困服务。工会是工人之家，妇联是妇女之家，都要搞好再就业服务。工商部门在市场管理上要为特困职工再就业开绿灯。

在交谈中，李长春强调要三管齐下，下岗职工自主择业，市场调节就业，政府促进就业，不断扩大再就业比重。他还谈到要建立解困的四道防线：最低工资保障、下岗职工生活补助保障、社会保险金保障、城市居民最低生活保障。

李长春要求广州市在下岗职工解困和再就业方面，走在前面，为全省提供经验。

　　"我们的宗旨是为人民服务。下岗职工解困和再就业工作事关宗旨。我们只能做好，不能做坏。"李长春一再向随行的省市和部门领导同志强调。一席话满怀着对下岗职工的拳拳之心，殷殷之情。

（原载 1998 年 5 月 2 日《南方日报》）

肠粉店里笑声喧

王垂林　　沈　惠

昨天，中共中央政治局委员、省委书记李长春吃上了惦念多时的一碟肠粉。

位于广州市东山区明月二路的春林苑饮食店刚刚开业一个星期，店主劳贞波怎么也没想到，李书记说来就来了。7月19日，她和几位下岗的工友再次来到广州市劳动力市场，当她们正在特困失业人员就业服务区商量怎么开一间肠粉店时，李长春来了，鼓励她们创业上岗，还说："你们开张后，我有时间一定去品尝！"经过短短两个月的奔忙，在劳动部门的张罗和帮助下，劳贞波和几位工友终于选中了这个地方，办起了一间卖粥卖肠粉的小饮食店。没想到，省委书记还一直惦记着这件事！

昨天上午11时多，当李长春一行出现在春林苑饮食店时，劳贞波激动地跑过来，把大家迎进店里。店面不大，地面和墙上贴上了仿古砖，天花板是蓝色的木格子，墙上最显眼的地方挂着李长春在劳动力市场与劳贞波她们聊天的照片；店里冰箱、消毒柜等应有尽有，用玻璃隔开的厨房干净整洁。李长春满意地说："不错，不错！"他问正在吃粥的一位顾客："好不好吃？"客人回答说："味道不错，两块五一碗，很便宜。"

李长春招呼同行的省委副书记、广州市委书记黄华华，省委常委、秘书长蔡东士，副省长游宁丰，广州市市长林树森："大家坐下来，一块儿尝尝。"

李长春问劳贞波："你是店主？"

劳贞波说："我们4位下岗的工友合伙办的，我是法人代表。"

"能赚钱吗？"

"我们算过了。店面每月租金3800元，加上人工等，一个月大约要1万元的费用。"

"一天350元。这几天怎么样？"

"从19日开业以来，每天营业额约600元，能赚钱。"

李长春高兴地说："你们下岗创业，自谋出路，大有前途啊！"

这时，粥和肠粉端上来了。李长春尝了尝："味道不错嘛！你们以前做过吗？"

劳贞波告诉书记："经过培训，学学就会了。"

"对。再就业关键是培训，劳动部门要做好这方面的工作。"李长春笑着对劳贞波说："给你提个建议，把普通话学好，各个地方的客人都来，你的营业额就能提高20%。"

在一片欢声笑语中，大家都吃完了。林树森掏出200元："今天我请客。"劳贞波不肯收，李长春说："一定得收下。以后大家带着全家来品尝，就是对再就业工作最实在的支持。"

李长春看了看时间："你们的营业高峰是什么时候？"

"12点至1点。"

"快12点了，咱们走吧。"

劳贞波递上一个大红签名本请李长春题词。李长春笑了："我本来是不题词的，今天就破例了。"他提笔写下了"物美价廉，宾至如归"八个字，并请省市领导一起签名留念。

走出店门，李长春看到隔壁是一间桂林米粉店，便走过去跟店主打招呼："恭喜发财……"

（原载2002年9月26日《南方日报》）

附　记

2002 年 7 月 19 日，已从广州市东风建材五金厂下岗多时的劳贞波到广州市劳动力市场找工作时，与同厂的 3 名下岗工友商议开肠粉店事宜，巧遇正在此地调研的广东省委书记李长春。李长春听到了她们商量开店的事情，当即表示鼓励："很好啊，下岗人员就是要主动寻找出路再就业，你们就做个榜样吧！"并且表示会在店子开张的那一天，要亲自去尝尝。

经过两个月的奔忙，在劳动部门的帮助下，劳贞波和几位工友选中了东山区明月二路的一个店铺，办起了一家卖粥卖肠粉的小饮食店"春林苑"。2002 年 9 月 25 日，饮食店刚开业一个星期，李长春便来到店里品尝肠粉并题词鼓励。随着经营进入正轨，店里的生意越来越红火。

2003 年 9 月 25 日，劳贞波等 4 人给已担任中共中央政治局常委的李长春写了一封信，汇报了一年的工作情况。11 月 10 日，她们收到了李长春的回信。李长春在信中鼓励她们说："得知在你们的辛勤努力下，'春林苑'办得红红火火，又有了新的发展，我很高兴。希望你们再接再厉，继续发扬艰苦创业的精神，带动更多的下岗职工实现再就业，在自主创业的道路上不断取得新成绩。"

（文稿编辑组整理）

培育一批打头阵的"国家队"

前日，中共中央政治局委员、省委书记李长春深入华为技术有限公司考察调研。李长春充分肯定了华为公司在发展民族信息产业方面所取得的突出成绩，勉励他们继续加快体制创新、科技创新和管理创新，并希望深圳进一步优化投资环境，加大对高新技术企业的扶持力度，培育一批能够在国际市场打头阵的"国家队"。

位于坂田的华为基地绿意盎然，生机勃勃。6月2日上午9时，李长春在省委副书记、深圳市委书记张高丽的陪同下到华为公司考察调研。近年来，华为公司不断加大科研投入，开发出了一大批高新技术产品，其交换、传输、数据、移动等系列产品在国内市场占较大份额，并成功进入德国、俄罗斯、美国等40多个国家和地区。去年，华为公司销售额达到220亿元，向国家缴纳各种税收27.8亿元。

李长春边走边看，不时询问产品的技术性能、市场占有率、公司管理运作等方面的情况。听说华为公司一线生产工人大多有大专以上学历，懂计算机、会英语，李长春风趣地说："你们的工人可以说是'知识蓝领'。"当李长春看到华为公司开发的智能化住宅小区管理系统具有"网上抄表"、"防盗、防火、防有毒气体"、"视频点播"及"网上银行"等功能时，当即对一旁的张高丽说，这种技术对提高小区管理服务水平很有价值，深圳应加快推广，为全省住宅小区信息化建设带个好头。

随后，李长春一行与华为公司任正非等负责人就国内外高新技术产业发展形势、如何更好地帮助高新技术企业发展等问题进行了座谈。李长春说，华为公司这些年来在发展民族信息产业方面取得了突出成绩，为深圳、为广东、为国家争了光。华为公司是体制创新、科技创新、管理创新的典范，这三种创新的紧密结合，成为公司长期快速发展的不竭动力。华为的发展壮大，得益于党的改革开放政策，得益于深圳良好的体制环境、政策环境、法制环境和独特的区位优势。依托这种良好的综合环境，华为公司的一班领头人有胆有识，勇于开拓，团结带领全体员工创造出了骄人业绩，成为我国信息产业的佼佼者。

李长春强调，当今世界科技发展日新月异，国际市场风云变幻，我国民族信息产业发展面临着新的机遇与挑战。新的形势下，华为公司一定要居安思危，开拓进取，力争有更大作为。要坚定不移地实施走出去战略，到国际市场上和著名跨国公司同场竞技，在竞争中壮大自己；要不断加大科技创新力度，掌握核心技术，抢占制高点；要积极探索社会主义公有制多种实现形式，加快体制创新和管理创新步伐，增强企业的生机活力。

李长春指出，当前经济全球化趋势日益明显，深圳要认真总结推广华为公司的创新经验，努力培育出一批在全国乃至在国际上有影响力和竞争力的明星企业，使他们成为在国际市场上打头阵的"国家队"。对这些企业，政府要给他们开"直通车"，及时排忧解难，切实搞好服务，支持他们加快发展。要采取更加灵活优惠的政策，不断优化投资环境，引进国内外名牌大学和科研院所来深圳创办研发机构，吸引国内外优秀人才来深圳发展，使深圳成为国内外投资者和优秀人才创业的热土。

（原载 2001 年 6 月 4 日《南方日报》）

雷州半岛大有希望

——李长春赴徐闻检查治旱和南亚热带农业示范区建设情况

杨兴锋　蔡日锦

　　茂名、湛江片县级"三讲"教育汇报会刚刚结束，中共中央政治局委员、广东省委书记李长春便风尘仆仆赶到徐闻，检查雷州半岛治旱和南亚热带农业示范区建设情况。他指出，这项工作要在目前已见成效的基础上加大力度，完善提高，切实抓紧抓好。

　　1998年底，省委省政府在湛江召开现场办公会，李长春在会上提出要按照"扩库硬渠上井群，改善生态调结构"的总体思路，用5年左右时间，解决长期困扰雷州半岛西南部的干旱问题，并建立南亚热带农业示范区。一年多来，李长春时时牵挂着这件事，牵挂着在苦旱条件下生活的雷州半岛群众。前天下午，茂名、湛江片的县级"三讲"教育汇报会一结束，他就在欧广源副省长和湛江市主要领导陪同下，从茂名驱车近300公里，到徐闻县检查工作。上车之后，他急切地向湛江市的负责同志详细询问了有关情况。听说一年来雷州半岛改水治旱和建设南亚热带农业示范区工作进展较快，共投入资金29884.46万元，完成治旱工程87宗，新增灌溉面积10.98万亩，恢复和改善灌溉面积19.41万亩，解决了4.51万人和3.2万多头牲畜饮水困难，并办起46个南亚热带农业示范点，总面积达23万多亩，农业经济效益有了明显提高，李长春的脸上露出了满意的笑容。

　　前天下午和昨天上午，李长春深入徐闻县治旱和南亚热带农业示范区进行现场检查。在该县城南示范区，他深入西瓜地、香蕉园、良种试验基地等，向干部、农民详细了解种植、经营情况。在角尾乡苞西垌示范区，李长春在田边与农民邓仁高聊起改水治旱后的生产情况。邓仁高掩饰不住内心的喜悦，高兴地说，两年前他还是个贫困户，全家年收入仅有 7000 元，去年县里改水治旱后，他调整农作物结构，种了 5 亩葱，人均收入就达 7000 多元，今年打算将茅草房改建为楼房。李长春一听，笑着向他表示祝贺："恭贺你发财呀！"

目睹改水治旱和建设南亚热带农业示范区后雷州半岛发生的变化，李长春很有感慨，他说："虽然行程匆匆，但越看越想看。一年时间能搞到这个样子，蛮不错。像这样发展下去，雷州半岛大有希望。"他对湛江市的领导同志说，这项工作开局良好进展顺利，说明省委省政府的决策是正确的，市县的措施是有力的，农民群众是欢迎的。今后，这项工作要加大力度，完善提高。加大力度就是在政府投资启动的基础上，大量吸纳银行贷款，调动民间投资的积极性。完善提高就是要走产业化经营的路子。示范区建设要做到区域化布局、专业化生产、企业化经营，实行"公司＋基地＋农户"的经营模式，实现的载体就是农业龙头企业。县里要重点抓 3 至 5 个农业龙头企业。

李长春在检查工作时还强调，抓改水治旱、调整农业生产结构和建设南亚热带农业示范区，这件事本身就体现了江总书记所提出的"三个代表"重要思想的要求，我们一定要齐心协力，扎扎实实地把这件事抓好，争取用 5 年左右的时间，切实改变雷州半岛干旱地区的落后面貌。

（原载 2000 年 4 月 15 日《南方日报》）

让阳光洒遍每个角落

王进江 　郑　君

2002 年 1 月 17 日，对博罗县泰美镇岭子头小学学生利子仪、利子宇姐妹俩来说，是一个难忘的日子。

凛冽寒风中，省长卢瑞华一行来到这个困难家庭，嘘寒问暖，并关切地询问姐妹俩的学习情况。姐姐噙着激动的泪花，抢先回答："省长爷爷，我的语文考了 96 分。"卢瑞华欣慰地笑了。曾几何时，这对小姐妹因家境窘迫已面临辍学，是省委、省政府关于免收书杂费的政策，延伸了这两个聪颖可爱的小姑娘的读书梦。

在广东，像利子仪姐妹这样出自困难家庭的孩子，目前还有 88 万！值得庆幸的是，在省委、省政府和社会各界的关怀下，他们现在同样可以免除失学或辍学之忧了。

困难群众子女读书难、住房难、看病难和打官司难，被并列为当今社会的"四大难"。解决这"四大难"，既是一项艰巨而宏大的"民心工程"，同时也是对一个地方党委、政府是否真正代表人民根本利益的严峻考验。

广东，主动地迎接了这场考验。

省委书记彻夜难眠·广东向"四难"宣战

2000年初春的一个寒夜。

正在外地出差的中共中央政治局委员、省委书记李长春，接到远在沈阳的老母亲的电话。夜深了，老人家的一席话仿佛仍在他的耳边回荡："儿啊，眼见周围不少人下岗了，有的半年没拿到工资，生活过得苦啊。你现在做官了，要多替这些人想想啊。"

李长春心潮起伏，辗转反侧，彻夜未眠，他的思绪在南粤的山山水水间驰骋翻腾。自到广东工作以来，他曾多次深入山区、贫困地区调查研究，多次走访慰问困难群众家庭，同时倡导为人民代表来信开"直通快车"制度，并坚持亲自批阅"直通快车"信件。他深知广东虽然整体经济水平名列全国前茅，但由于历史和自然条件等多方面原因，发展很不平衡，仍有相当部分群众生活处于困难或比较困难的境况。近年来，省委、省政府十分重视解决这一群体的困难，制定实施了一系列扶持救助措施，取得了显著成效。但从总体看，要解决弱势群体的困难，任务仍然非常艰巨，因而有必要出台一个比较系统、全面的原则性规定，进一步加大解决困难群众"四难"问题的力度，让困难群众实实在在感受到社会主义制度的优越性和社会主义祖国大家庭的温暖。

次日清早，李长春第一件事就是同省委有关领导商议，提出要组织有关部门对广东弱势群体的总体状况进行调查摸底，以便有的放矢地解决问题。

经省委办公厅会同民政、司法、教育、卫生、总工会等部门深入进行专项调查研究，2000年6月1日，一份洋洋万言、有理有据的调查报告《当前我省弱势群体存在的"四难"问题及建议》摆到了李长春的案头。

针对报告提出的问题，李长春当天就作了批示："看来这个问题很大，有些规定还没有完全落实，有些还没有解决办法，根据'三个代表'的要求，要把弱势群体问题纳入各级党委和政府的日程。我建议：以省委、省政府名义搞一个'关于解决困难群众若干问题的意见'，提出总的原则、要求、措施办法，然后由职能部门制定具体办法。"

在调查报告首页批示的同时，李长春在报告内文多处作了眉批。如报告里谈到一些地方数千名小学生因家庭困难辍学，李长春在旁边奋笔疾书："这是不允许的，要迅速使他们恢复上学。"其殷切之情跃然纸上。

6月2日，省长卢瑞华也作了批示。

6月3日，省委、省政府领导的批示被复印分送省直有关部门办理，并列入催办事项。省委、省政府办公厅也开始进行意见汇总和文件起草工作。其运作之快速，印证了解决"四难"问题在省委、省政府工作中的分量。

经反复酝酿讨论和广泛征求意见，2000年11月27日，《广东省委、省人民政府关于解决困难群众"四难"问题的意见》正式出台。

这份凝聚着无数人心血的文件，站在全面贯彻落实"三个代表"重要思想的高度，一揽子地提出了解决我省困难群众"四难"问题的原则和办法。

这是广东向"四难"现象宣战的檄文和号角，同时也是省委、省政府在新千年送给数百万困难群众最好的礼物。

异乎寻常的省长办公会议。广东在紧急行动

2001年8月6日上午，省长办公会议。议题：每年安排专项资金3亿元，用于解决农村困难家庭子女的读书问题。

以往，每逢讨论从"省长口袋"里拿钱的事，一般都免不了会有一

番争论，而这一次却出奇地顺利。一听说是为穷孩子解决读书问题，与会者不仅一致叫好，而且还有人提议扩大资助范围，要让全省所有家庭困难的孩子都能读上书。有人则提议干脆连书本费也全免了，虽然这样一来我们的财政会紧张一些，但孩子上学更有保证了。所有这些提议都赢来了一片叫好声。

按原计划，"3亿元方案"是当年试点，次年在全省铺开。讨论到最后，卢瑞华省长动情地说："此事不要再拖了，有多少孩子会因此耽误学业，一定要马上实施。"

在这里，我们看到了共产党人的群众情结和胸怀。

解决困难群众"四难"问题的《意见》甫一出台，立即在全省引起了强烈反响，各地、各有关部门都紧急行动起来了。

为帮助高校贫困生完成学业，我省高校普遍建立了奖、贷、助、补、减为主体的多元资助政策体系。此外，普遍推行学年制和弹性学年制，为困难学生因故暂时中止学业勤工俭学创造条件。

穷人最怕生病，怎么办？在省政府着手实施和完善农村合作医疗制度的同时，"八仙过海，各显神通"，梅州市设立了特困群众就医卡，对特困群众免收或减收门诊费和治疗费等，防疫部门免收特困群众就业体检费、子女读书体检费和儿童计划免疫劳务费等。深圳市1683名享受最低生活保障的城镇居民在2000年就全部落实了医疗补助金。江门市建立了困难群众医疗保障制度，同时鼓励社会力量对困难群众开展多种形式的医疗救助活动。

与此同时，广东率先在全国实施了城乡一体的最低生活保障制度。目前，全省得到最低生活保障救济的42.7万人中，农民占了25万。

为改善困难群众的居住条件，江门市加快了安居工程的建设，紧急投入1.25亿元，建设了22幢总面积达13万平方米的解困房；广州市计划在2002年前全部解决已登记在册的2079户"双特困"家庭的居住问题，并在"十五"后期向近2万户最低收入家庭提供廉租房。茂名市在市区每年建设经济适用房800套，并从今年起至2010年，每年从土地出让费中安排30万元用于补助困难户购建经济适用房或支付廉租房租金。梅州市则计划在今年6月底前将仍住在危、残房的五保户全部接到敬老院供养。

"不仅要让穷人打得起官司，有理的还要打得赢官司"，这就需要法律援助。至目前为止，全省已设立146个政府法律援助机构和59个社团设立的法律援助分支机构，基本上形成了省、市、县（区）三级政府法律援助网络。几年来，我省法援机构已为弱势群体办理法律援助案件36220件，接待来访、咨询26万多人次。

马年来临之际，广州市又传出福音：从2002年起，广州市政府决定每年至少拿出3000万元，以缓解最低生活保障对象患重大疾病无钱医治的问题。

广东在行动，无数有社会责任感的人在行动，为了同一蓝天底下数百万渴望救助的眼睛。

奉献你的爱心，为了我们共同的心愿

在梅州市白渡镇的一个小山村里，22岁的黄军明躺在轮椅上，含泪向记者述说着他的不幸和有幸：3年前，他在为某老板打工时，不幸触电从高处摔下，造成胸十二椎体压缩性骨折并腰部以下高位瘫痪。他是独子，家中唯一的经济支柱，一出事，家中立刻断了经济来源，而且还因救他一命而欠了一屁股债。在向雇主索赔遭拒后，想打官司又没钱请律师。经好心人指点，他的老父亲找到了梅州市法律援助中心。原本只是想试试看，没想到援助中心非常热情，不仅免费受理了案件，几位律师出于同情，还自个掏了几百元给黄军明治病。后经援助中心律师据理力辩，法院判决被告支付黄军明各项赔偿金及医疗费5.8万元，同时支付1万元精神损失赔偿费。

自古以来，穷人就怕"衙门朝南开，有理无钱莫进来"。是法律援助的关怀，使一个轮椅上的年轻人感受到了法律阳光的公正。

身患绝症的广州市白云区少年冯汉均终于没能圆就大学梦，因为接到录取通知书不久他就不幸过世了，但他的家人日前在接受记者采访时仍感激涕零。冯汉均以绝症之身一边为同样患上癌症的哥哥寻医问药，一边顽强坚持学习，终于在去年考入大学。在有关党政领导的关心下，当时，白云区各界为冯家兄弟捐助了20万元，录取冯汉均的广东工业大学则表示为其免去学费、住宿费、实验实习费和书杂费，直至大学毕业。

点点滴滴，春风化雨。正是通过这样一桩桩具体问题的解决，省委、省政府的关怀延伸到了数以万计的困难家庭。

在一次座谈会上，李长春突然问省司法厅长王旭东："旭东同志，你父母是干什么的？"王旭东回答："农民。"李长春环顾与会人员，语重心长地说："在座的许多同志可能都是农民出身，懂得生活的艰辛，我们一定要怀着深厚的感情，做好弱势群体的保障工作，切实维护他们的合法权益。"

这种真挚而深厚的感情，正是党和政府同困难群众心心相连的桥梁。

由于省委、省政府的大力倡导，同时由于各级党政领导干部身体力行，目前扶贫济困在我省蔚然成风，解决弱势群体"四难"问题已不仅仅是政府层面的事情，而是变成了各界共同关心、共同参与的社会性崇高事业。

去年，省妇联发起"献爱心，万名春蕾女童助学"行动，计划在5年内资助1万名困难家庭的女童入学。这一行动立即得到了社会各界的热烈响应，短时间里全省捐资达 700 万元。

去年 5 月，广东青少年事业发展基金会组织了全省 11 个市 130 名贫困山区的孤儿和单亲家庭的孩子，到广州让社会热心人士认捐，以帮助这些学童完成小学阶段的学业。消息传开后，仅几天时间，130 名学童便被全部认捐，许多没赶上的热心人士便认捐没来参加会亲活动的孤儿，其情其景，十分感人。

在省委、省政府《意见》的推动下，去年广州市筹集扶困助学专项基金 1665 万元，远远超过了原计划目标，保证了今后 3 年内每年将有近万名贫困学生得到资助，患重病且经济困难的师生也将获得不同额度的治疗资助。

在刚刚结束的"健康直通车"志愿服务周活动中，来自我省各地的近千名卫生志愿者，深入我省 16 个贫困县的数百个村庄，走家串户，访贫问苦，义务为困难群众送医送药，在僻寂苍凉的瑶寨苗村留下了一串串美丽动人的故事。

冬去春来，南粤大地荡漾着阵阵暖流。

（原载 2002 年 2 月 16 日《南方日报》）

省委书记考"户管"

苏荣才　方兴业

　　昨天下午，中共中央政治局委员、广东省委书记李长春来到我市宝安区西乡镇固戍村考察依法管理外来人口及出租屋的情况，对该村"户口协管员"进行了现场"考试"。

　　固戍是西乡镇最大的行政村，暂住人口近4万人，出租屋2239间。1996年以来，固戍村建章立制，成立了专门队伍，配合公安机关对出租屋及外来人口进行全方位管理，有效地促进了治安的好转。

　　走进固戍村治安办，8名户管员一字列开。宝安区公安分局副局长宋富杰迎上前来，对李长春说："他们都是本村村民，每个人都对所管的出租屋及外来人口情况十分熟悉，请李书记现场测试。"

　　李长春走到一名叫周兴华的女户管员面前，拿起厚厚的登记本，问："请问你管多少户、多少人？"周兴华镇静了一下答道："375户，1112人。"

　　"住在南昌旧村9号后楼6号房的是什么人，租的是谁的房？"李长春翻开登记本，随便挑了一间出租屋问。"住着郭长云、胡云香夫妇，他们在固戍的长营厂上班，这间屋子的户主叫周牛胜，电话是7496806。"李长春连续问了几户，周兴华均对答如流。

　　李长春又问道："在你们这里租房子需要什么手续？"

　　"要有身份证、计划生育证，有工作的还要有暂住证；另外，租房子时还要与户主签订协议书。"

听着户管员的回答，李长春风趣地说："你的业务很熟呀！"末了，他关切地问："你现在年轻有积极性，再干20年老了怎么办？"

李书记的话引起一阵笑声，周兴华也不好意思地低下头。宋富杰接过话茬道："固戍的户管员实行轮岗。"

"这个办法好！"李长春高兴地说："用本村人不仅情况熟悉，而且可以解决就业；另外，也减轻了公安机关警力的负担。"说到这里，他转身对省委副书记、广州市委书记黄华华说："广州的三元里应该到这里来参观学习。"

宋富杰还告诉李书记：1993年至1995年，固戍发生了9起凶杀案。1996年加强对出租屋管理以来，该村没有出现一起凶杀案。去年全国"追逃"期间，凭借这种管理办法，有关方面在固戍抓获了8名负案在身的犯罪嫌疑人。

现场"考试"结束后，李长春又走进狭小的电脑室，认真察看对出租屋及外来人口的登记归档情况。他勉励固戍村进一步完善管理制度，加强基层的依法治理，把社会治安搞得更好。

李长春书记的话激起了大家的一阵掌声。

（原载2000年7月25日《深圳特区报》）

作者后记

党的十八大我从工作岗位上退下来之后，一些老同志建议我说，你经过的省份比较多，而且都具有典型性，对过去地方工作文稿整理出版，很有意义。根据我在辽宁、河南、广东工作期间的文稿和照片等资料，在中宣部和辽宁、河南、广东三省省委的大力支持下，在身边工作人员的协助下，经过几年时间的搜集整理，先后编辑了《辽沈大地改革潮》《中原大地奋进曲》《南粤大地创新篇》三部工作文集。出版社的同志将这三部文集，统称为"大地三部曲"。在这"大地三部曲"最后一部——《南粤大地创新篇》即将付梓之际，抚今追昔，感慨良多。

20世纪70年代末80年代初，党中央作出了改革开放的重大决策，吹响了新时期建设中国特色社会主义的奋进号角。根据党的十一届三中全会确定的改革开放路线和干部队伍"四化"方针，我荣幸地走上了党的高级领导岗位，先后担任沈阳市市长、辽宁省委副书记兼沈阳市委书记，辽宁省省长；河南省省长、河南省委书记，中共中央政治局委员、河南省委书记；中共中央政治局委员、广东省委书记。辽宁是工业大省，面临着老工业基地如何改革开放和振兴发展，重新焕发青春的问题；河南是内陆农业大省和人口大省，面临着如何在不断强化农业基础地位的同时走出加速工业化的新路子和内陆省份如何走出封闭实行全方位对外开放，改变贫困落后状况的问题；广东是对外开放的前沿省份，面临着如何增创新优势，更上一层楼，率先基本实现社会主义现代化的问题。可以说，在我国改革开放的全局中，这三个省都具有鲜明的典型性和代表性，同时也都具有严峻的挑战性和复杂性。把三省的工作文稿整理出版，既是对个人过去工作的一种梳理总结，也从一个侧面为人们了解我国波澜壮阔的改革开放事业的历史提供鲜活记录。

光阴似箭，岁月如梭。回首在三省做领导工作的 20 年时间，正是我人生最宝贵的时光。感到欣慰的是，我珍惜了党和人民为我提供的平台，为中国特色社会主义事业添了砖加了瓦。我与各省领导班子的同志们一道团结奋斗，积极迎接挑战，不断改革探索，努力把中央的路线方针政策同各地实际结合起来，开拓新局面，努力践行毛泽东同志"我们共产党人好比种子，人民好比土地。我们到了一个地方，就要同那里的人民结合起来，在人民中间生根、开花"的教导，力求坚持权为民所用、情为民所系、利为民所谋，为官一任、造福一方，在建设中国特色社会主义征程的大田径场上跑完了历史赋予自己的那一棒。当然，在工作中自己定会有很多瑕疵，后面的每一棒都跑得更好，给予了弥补完善，并进一步开拓创新。在此过程中，自己也得到了历练，增长了知识和经验，丰富了阅历和才干。三省的工作实践，使我更加深刻地了解了中国的国情，更加密切了同人民群众之间的深厚感情，更加坚定了只有中国共产党才能救中国、只有中国特色社会主义才能实现中华民族伟大复兴的理想信念，也为我后来走上中央领导岗位奠定了基础。

在这里，我衷心感谢改革开放的伟大时代，感谢党中央和各级党组织的培养教育，感谢三省曾经与我并肩战斗过的同事们，感谢三省淳朴善良的广大干部群众给予我的支持。我深切地感到，这三部文集，虽然是以我个人名义出版的，但体现的是三省省委、省政府的集体智慧和广大干部群众的实践创造，展现的是各级干部如何把党的路线方针政策变为人民群众自觉行动，以及在此过程中所作出的无私奉献和践行全心全意为人民服务根本宗旨的殷殷公仆情，记录的是人民群众在党中央的坚强领导下，自力更生、艰苦奋斗，锐意进取、开拓创新，依靠自己的力量砸碎套在脖子上的贫困枷锁，不断把改革开放事业和社会主义现代化建设推向前进的辉煌历程，书写的是人民作为历史的主人，努力创造历史和推动历史发展的生动画卷。

我还要特别真诚地感谢我的爱人张淑荣，正是她撑起了家庭的全部，才使我能够全身心地投入到工作中。她既是贤内助，勤俭持家，任劳任怨，树立了良好家风；又不顾个人事业得失，跟随我南征北战，不断适应新环境开拓新事业，做到了家庭事业两不误。她无论是在企业、科研院所、商检机构都做出了成绩，受到了好评，并成为国务院特殊津贴获得者。特别是她作为农家女儿特有的在困难面前所表现出的坚定意志和顽强勇气，时时感染和激励着我。我所取得的成绩，离不开她在背后的默默支持。正如歌中所唱的那样，军功章里，有我的一半也有她的一半。

当前，全国各族人民正在以习近平同志为核心的党中央坚强领导下，按照"五位一体"总体布局和"四个全面"战略布局，为实现"两个一百年"奋斗目标而奋勇前进。我完全相信，中华民族伟大复兴的中国梦一定能够实现，我愿为此努力发挥余热。

最后，再一次对为"大地三部曲"的编辑出版给予支持、帮助的各单位和同志们，致以诚挚的谢意。

李长春

2017 年 4 月

编后记

　　《南粤大地创新篇——世纪之交广东改革发展的探索与实践》一书选编了李长春同志 1998 年 3 月至 2002 年 11 月期间的讲话、谈话、文章、报告、批示、书信等共 169 篇，绝大部分内容为第一次公开发表。有些文稿是讲话和谈话的节选或摘录，少数文稿根据当时的记录整理而成，在题注中均作了说明。全书共使用图片 229 张。

　　本书选用的讲话、谈话、文章、报告、批示、书信和图片等，真实记录了世纪之交广东应对危机、迎难而上、增创新优势的发展历程，生动反映了南粤大地广大干部群众百折不挠、顽强拼搏、攻坚克难、奋力争先的精神风貌。在收入本书时，李长春同志逐篇作了修改审定。本书编辑期间，李长春同志还征求了广东省市领导和各有关部门领导的意见，并专程赴广东召开征求意见座谈会，听取曾经共同奋战的老同事对本书的意见，对书稿作了进一步充实完善。

　　为方便读者了解世纪之交广东经济社会发展的历史状况，本书对正文中涉及的中央和广东的一些方针政策和决策部署，部分人物、事件和专有名词等作了注释。书中领导同志的职务均为时任职务。

广东省委、省政府及主要领导同志对本书的资料搜集和编辑工作高度重视，广东省委办公厅、省委宣传部、省委政策研究室、省档案局、省出版集团等有关部门，积极参与本书编辑工作。广东省有关部门和部分地市为本书提供了资料、照片等原始材料并给予多方面支持。中共中央宣传部对本书的编辑工作提供了帮助。在此，一并表示谢忱。

参加本书编辑工作的有唐国忠、蒋斌、吴茂芹、黄卓、黄建勋、莫震、罗文清、魏安雄、王宁、林国徐、古子薇、张蓓蓓、陈文君、曾玉寒同志。赵奇、郑伟、朱云河、李亮、王兆鹏同志参加了本书后期编辑工作。

人民出版社　广东人民出版社

2017 年 4 月

责任编辑：郑　治
责任校对：吕　飞
封面设计：马淑玲
版式设计：汪　莹

图书在版编目（CIP）数据

南粤大地创新篇：世纪之交广东改革发展的探索与实践：全2册 / 李长春　著 .
——北京：人民出版社，2017.8
ISBN 978－7－01－018242－1

I.①南…　II.①李…　III.①李长春－文集②社会主义建设－研究－广东－
文集　IV.① D2－0 ② D676.5－53

中国版本图书馆 CIP 数据核字（2017）第 221718 号

南粤大地创新篇

NANYUE DADI CHUANGXINPIAN

世纪之交广东改革发展的探索与实践

李长春　著

人 民 出 版 社
广东人民出版社　出版发行

（100706　北京市东城区隆福寺街 99 号）

北京中科印刷有限公司印刷　新华书店经销

2017 年 8 月第 1 版　2017 年 8 月北京第 1 次印刷
开本：710 毫米 × 1000 毫米 1/16　印张：81.75
字数：940 千字　插页：14

ISBN 978－7－01－018242－1　定价：198.00 元（上、下）

邮购地址 100706　北京市东城区隆福寺街 99 号
人民东方图书销售中心　电话（010）65250042　65289539